U0664009

函海

□清 李調元 輯

仿萬卷樓原本

人民出版社

函海及其刻主李調元

《函海》是清代學者李調元編輯彙刻的一部大型古籍叢書，由於卷帙浩繁，有四十函之多，故名《函海》。《函海》所收著作大致分爲四部分：一部分是罕見的宋元蜀人著作，一部分是明代學者楊慎的著作，另外兩部分是李調元輯佚及自撰的著作。這是一部以收錄罕見典籍爲主的私刻叢書，又是一部彰顯蜀人著作的叢書，具有濃厚的地方色彩。

是書所收兩晉到唐宋元明的著作有六十餘種，在全書中所占的比重較大，且多爲罕見之書。如龔鼎臣《東原録》，晁公武《讀書志》、陳振孫《書録解題》、馬氏《文獻通考》、《宋史·藝文志》均不載，其罕見可知；元郭翼的《雪履齋筆記》世無傳本，李調元稱僅載於《學海類編》中，但今本《學海類編》並無此書，亦爲難得。其中更多的是輯自《永樂大典》的輯佚書，如《易傳燈》、《卮言》、《洪範統一》、《諸蕃志》、《舊聞证誤》、《珍席放談》、《常談》、《金華子雜編》、《産育寶慶集》、《顱顖經》、《翼玄》、《月波洞中記》、《省心雜言》等，世無傳本，亡佚已久。《四庫全書》雖予收録，但僅是鈔本，沒有刊本。在這方面，《函海》則彌補其不足，使其重見天日。

明代四川學者楊慎，字用修，學識淵博，著述豐富，經史、詩文、書畫以及訓詁、文學、音韻、名物皆有涉及。王世貞《藝苑卮言》卷六列其著述四十五種，編纂作品亦有四十五種，故稱「明興，博學稱饒著述者，蓋無如用修」。明代簡紹芳所作《楊文憲升庵先生年譜》有附録書目，稱其「生平著述百餘種」。李調元對楊慎著作評價很高，稱楊慎「雄才博雅，精於考證，爲有明一代之冠。」《函海》收楊慎著作四十種。

至於李調元本人，其一生著述極爲豐富，約一百三十種，收入《函海》者計四十餘種。其著述內容廣泛，一方面是對前人著作的輯佚補缺，如《蜀碑記》是李調元從宋人王象之撰《輿地紀勝》（僅存輿地碑記目）中所輯，先列原本《輿地碑記目》，依清代郡縣名次序，又作《蜀碑記補》，兩書爲四川碑目文化保存了大量的資料。又如李調元所輯《全五代詩》一百卷。此書從三百餘種古籍中采集資料，故頗完備，有作家小傳，並有少量箋注。其中多取王士禛《五代詩話》材料，爲五代詩僅有的較好輯本。該書與鄭方坤編纂的《五代詩話》共同開創了五代文學研究的先河。乾隆本《函海》作九十卷，後道光、光緒本《函海》則爲一百卷，增入南齊詩九卷，北漢詩一卷，補遺一卷。

另一方面是李調元自己的著作。李調元著書立説，終其一生，著作内容廣泛，群經小學、古文奇字、方言風俗、古文詩詞、詩話賦話、雜記筆録、制義書法，皆有撰著。除此之外，李調元還利用體察民情，寫出頗具價值的廣東地方文獻《南越筆記》十六卷。此書撰於乾隆四十二年，李調元親視學廣東，遍歷全省諸郡縣，細心體察粤地風土民俗、山川地貌、奇景異物以至鳥木魚蟲，前後凡三年方成。

《函海》一書傾注了李調元半生心血，所收書籍都經李氏精心校勘，且多有序跋，敘其原委。此書彙輯始於乾隆四十六年（一七八一），次年完成。有乾隆刻版，一度被毁。後又有乾隆中李氏萬卷樓刊本、嘉慶十四年李鼎元重校本，道光五年李朝夔補刊印本。光緒年間，又有廣漢鍾登甲樂道齋刊本，其題「仿萬卷樓本」，所收書與之相同。此次影印，以爲底本，收書一百五十九種。

《函海》收書多稀見本，故王雲五《叢書集成初編》收入六十種，加以排印，可見其價值。不過，《函海》所收書中有幾種與通行本並不一致。如《博物要覽》，《函海》題《博物要覽》十二卷，清谷應泰撰。《清史稿·藝文志三》亦稱。然谷應泰有《明史紀事本末》，並未見《博物要覽》。李調元又有《骨董志》十二卷，稱「參之谷應泰《博物要覽》中采輯成卷，予説與谷半焉。」而究其内容，與《函海》所收《博物要覽》一致，或即改題單行。四庫提要稱《博物要覽》十六卷，明谷泰撰。此書《四庫全書存目叢書》有清鈔本，題作者爲「長史谷君寧宇」，不詳何人。與《函海》所收相比，多碑刻、書、畫、硯四卷，其餘各卷文字差别也較大。或李調元所見爲别一書。清翟灝《通俗編》，通行本爲詞條式，而《函海》所收爲隨筆式，頗不便使用。然而，瑕不掩瑜，《函海》在保存、流傳古籍方面，發揮了重要作用，影響很大。

李調元能夠搜集刊刻這麽多稀見珍本，一方面是他勤奮好學，自經史百家以及稗官野乘，無不博覽，又性喜收藏典籍，遇有善本珍籍無不鈔録；另一方面，李調元家富藏書，有藏書樓稱「萬卷樓」，是蜀中有名的藏書大家，時人稱爲「西川藏書第一家」。李調元詩稱「我家有樓東山北，萬卷與山齊嵯峨。」其萬卷樓藏書中，有許多非常珍貴的文獻資料，「分經史子集四十櫥，内多宋槧，鈔本尤夥。」（《漁村詩話補遺》卷三）其藏書非常有特色，内容廣泛，四部皆備，尤其注重巴蜀文獻的收集，而形式不拘書籍圖録、金石碑拓，兼收並蓄，版本多樣，精善本與通行本并存。可惜如此珍貴藏書於嘉慶五年（一八〇〇）毁於祝融之災。

李調元，字雨村，四川綿竹人。乾隆二十八年（一七六三）進士。與修《四庫全書》，得以借觀内府藏書之副本，每得善本就雇人鈔録，收得不少從漢代到明代罕見之珍籍。李調元對鮑廷博所輯《知不足齋叢書》極爲贊賞，於是步其後塵，取鮑氏叢書所未收，輯刻成《函海》，亦刊刻史中一壯舉也！

編者　二〇一二年四月

總　目

第一册

第二冊

第三冊

第四冊

第五冊

第六冊

第七冊

第八冊

第九冊

第十册

第一冊目録

川西李雨村編

仿萬卷樓原本

光緒壬午年鑴於樂道齋

函海總序

萬派混茫九洲各注千頃澎湃百川易盈何則其流愈分則其集不廣也若夫海爲百谷之王其含蓄也靡涯其變幻也無盡故古人著書彙說部而成全集者必以海名之如稗海學海之類昭昭也昔趙簡子嘗歎雀入海化爲蛤雉入海化爲蜃蓋不特書之爲海而人之化於書亦覩乎海也夫人生而穉沌沌爾及漁經獵史珠唾錦心則蒙也而化爲哲里居而寠寠爾及鵠薦蛟騰金章丹轂則陋也而化爲顯有能羽儀天下則化爲鳴岡之靈鳳有能霖雨天下則化爲見田之神龍是皆化鵠化蜃之極觀也余不能化於書而酷有嗜書癖通籍後薄遊京師因得遍訪異書手自校錄然自漢魏叢書津逮祕書而外苦無足本幸際

聖天子重修永樂大典採遺書開四庫于是人間未見之書駢集麇至石渠天祿莨以加矣余適由廣東學政任滿蒙

特恩監司　畿輔去京咫尺而向在翰院同館諸公又時獲鱗素相通因以得借觀

天府藏書之副本每得善本輒雇胥錄之始於辛丑秋

迄於壬寅冬裒然成帙真洋洋大觀矣有客諛余所好勸開雕以廣其傳遂欣然爲之余蜀人也故各書中于錦里諸耆舊著作尤刻意搜羅梓行者居其大半而新都升菴博學鴻文爲古來著書最富第一人現行世者除文集詩集及丹鉛總錄而外皆散軼不傳故就所見已刻未刻者但覩足本靡不收入書成分爲四十函自一至十三皆刻自晉六朝以至唐宋元明諸人未見書自十四至二十二專刻明升菴未見書自二十三至二十七則兼刻各家未見書參以考證自二十八至四十則附以拙纂名曰函海蓋非

徒誇富麗實恐年衰欲借讀書以化其鑿枘不入之頑質也近年來海內皆推尊杭州鮑氏所刻知不足齋叢書爲善本玆所得則又皆知不足齋所未採者以字有篆隸故體例不一總期珠璣錯落不在格式整齊庶幾覩此書者不目之爲景星卿雲則珍之爲明珠拱璧必有與漢魏津逮知不足齋所刻其列爲四部以炳耀乎宇內者則又不特余之能化而大而化之將無不在風雲鼓盪之內也是則區區之心所願與天下共寶之又豈徒藏之童山爲奕世所世守之寶也乎是爲序

乾隆四十七年十二月初六日

賜進士出身中憲大夫分巡直隸通永遵等處地方兼管

北運河道加三級綿州李調元雨村撰

函海後序

古無以數人之書合爲一編而別題一總名者惟隋志載地理書一百四十九卷目錄一卷註曰陸澄合山海經以來一百六十家以爲此書澄本之外其舊書並多零失見存別部自行者惟四十二家又載地記二百五十二卷註曰梁任昉增陸澄之書以爲此記其所增舊書亦多零失見存別部行者惟十二家是爲叢書之祖然猶一家言也左圭百川學海出始兼裒諸家雜記至明而卷帙益繁而漢魏叢書津逮祕書近日知不足齋叢書皆於各家著作全錄其書皆爲一集其或於叢書略加節取者則如說郛稗海藝圃搜奇紀錄彙編之類其或附已書於說部叢書末者則如祕笈彙門廣牘之類皆是也余所刻函海書共三十集其前十六集皆古人叢書也而已書亦附焉蓋用後體例也小卷不計總全卷共一百五十種書始於戊戌春迄於壬寅冬閱五年而成予在通永道遭事去官板片零散又半在梓人林姓家以鐫貲未楚居奇不發時余獲罪在保陽臬司獄方將遠戍萬里無暇及此自料此書不能維完矣會予姻親永定觀察南部陳公韞山諱琮者枉過通廨覘予兒

女見板片零落慨然曰此雨村不朽業也奈何使之中棄乎問知其故立出三百金交予弟檢討鼎元壘莊使贖板歸適予亦荷總制袁清恪公保奏得贖回通因完公羈留之暇修成此書凡有校讐責之余季子壘莊其去取余獨任之時雖前序云成於壬寅冬實成於甲辰春其所以獲成實韞山力也善不可沒因爲序其顛末於後云童山李調元撰

函海總目

第一函書一種

華陽國志十二卷

第二函書三種

翼莊一卷

古今同姓名錄二卷

長短經九卷

第三函書八種

說文解字篆韻譜五卷

緝古算經一卷

主客圖一卷

續孟子二卷

伸蒙子三卷

素履子三卷

廣成子解一卷

蜀檮杌二卷

第四函書七種

金華子雜編二卷

心要經一卷

寶藏論一卷

易傳燈四卷

敷文鄭氏書說一卷

洪範統一一卷

孟子外書四卷

第五函書三種

蘇氏演義二卷

程氏考古編十卷

唐史論斷三卷

第六函書九種

烏臺詩案一卷

藏海詩話一卷

益州名畫錄三卷

山水純全集一卷

月波洞中記一卷

采石瓜洲斃亮記一卷

產育寶慶集二卷

顱顖經一卷

出行寶鏡一卷

第七函書四種

翼元十二卷

農書 三卷
芻言 三卷
常談 一卷
第八函 書十二種
靖康傳信錄 三卷
淳熙薦士錄 一卷
江南餘載 二卷
江淮異人錄 二卷
青溪弄兵錄 一卷
張氏可書 一卷

珍席放談 二卷
鶴山筆錄 一卷
建炎筆錄 三卷
辯誣筆錄 一卷
家訓筆錄 一卷
舊聞證誤 四卷
第九函 書一種
建炎以來朝野雜記甲集 二十卷
第十函 書一種
建炎以來朝野雜記乙集 二十卷

第十一函 書十種
州縣提綱 四卷
諸蕃志 二卷
省心雜言 一卷
三國雜事 二卷
三國紀年 一卷
五國故事 二卷
東原錄 一卷
肎綮錄 一卷
燕魏雜記 一卷

夾漈遺稿 三卷
第十二函 書二種
龍洲集 十卷
龍龕手鑑 四卷
第十三函 書九種
雪履齋筆記 一卷
日聞錄 一卷
鳴鶴餘音 一卷
吳中舊事 一卷
詩音辯 二卷

卮詞一卷
大學古本旁註一卷
中麓畫品一卷
蜀語一卷

第十四函書二種
升菴經說十四卷
檀弓叢訓二卷

第十五函書五種
石鼓文音釋三卷
山海經補註一卷

莊子闕誤一卷
古雋八卷
譚苑醍醐八卷

第十六函書二種
秇林伐山二十卷
哲匠金桴五卷

第十七函書三種
丹鉛雜錄十卷
謝華啓秀八卷
均藻四卷

第十八函書十種
轉注古音略五卷 附古音後語一卷
古音叢目五卷
古音獵要五卷
古音附錄一卷
古音餘五卷
奇字韻五卷
古音略例一卷
古音駢字五卷
古音複字五卷

希姓錄五卷

第十九函書一種
升菴詩話十二卷 詩話補遺二卷

第二十函書六種
升菴詞品六卷 詞品拾遺一卷
升菴書品一卷
升菴畫品一卷
法帖神品目一卷
名畫神品目一卷
墨池瑣錄二卷

第二十一函書六種

金石古文十四卷

麗情集一卷 厈麗情集一卷

墐戸錄一卷

世說舊注一卷

古文韻語一卷

風雅逸篇十卷

第二十二函書九種

古今風謠一卷

古今諺一卷

異魚圖贊四卷

異魚圖贊補三卷 附閏集一卷

雲南山川志一卷

滇載記一卷

玉名詁一卷

俗言一卷

升菴年譜一卷

第二十三函書二種

金石存十五卷

粤風四卷

第二十四函書七種

易古文三卷

尚書古字辨異一卷

古文尚書証訛十一卷

童山詩音說四卷

左傳官名考二卷

春秋三傳比二卷

春秋左傳會要四卷

第二十五函書七種

周禮摘箋五卷

儀禮古今考二卷

禮記補註四卷

月令氣候圖說一卷

夏小正箋一卷

逸孟子一卷

十三經注疏錦字四卷

第二十六函書五種

蜀碑記十卷

蜀碑記補十卷

博物要覽十二卷

然犀志 二卷
出口程記 一卷
第二十七函 書一種
南越筆記 十六卷
第二十八函 書一種
通俗編 二十五卷
第二十九函 書六種
雨村詩話 二卷
賦話 十卷
雨村詞話 四卷

雨村曲話 二卷
樂府侍兒小名錄 二卷
方言藻 二卷
第三十函 書三種
諸家藏書簿 十卷
諸家藏畫簿 十卷
制義科瑣記 四卷
第三十一函 書二種
卍齋瑣錄 十卷
奇字名 十二卷

第三十二函 書一種
淡墨錄 十六卷
第三十三函 書一種
井蛙雜記 十卷
第三十四函 書五種
尾蔗叢談 四卷
古音合 二卷
六書分毫 三卷
通詁 二卷
勦說 四卷

第三十五函 書一種
蜀雅 二十卷
第三十六函 下四函書一種
全五代詩
第三十七函
全五代詩
第三十八函
全五代詩
第三十九函
全五代詩 上四函共一百卷

第四十函 書三種

醒園錄 二卷

粵東皇華集 四卷

羅江縣志 十卷

凡四十函計書一百五十九種

華陽國志

光緒七年立
重鋟于廣漢

校刊華陽國志序

唐已前方志存者甚少惟三輔黃圖及晉常璩華陽國志最古三輔黃圖爲宋人增亂華陽國志明刻本俱缺卷十之上中兩卷近時始有補完本而皆舛誤不可讀予家益土念搜討古迹莫先於此志求善本不得前十餘年由中州葉令擢守京江唐刺史仲冕告予謂陽湖孫觀察星衍有李氏振宜家所錄宋嘉泰四年李𡌴刻本擬卽借刊後以右遷觀察至豫章未遂其願及再來江淮司轉運之事官閣餘暇披閱此書因借數本合校之又參以書傳所引舊文訂定

譌錯按李𡌴序稱凡一事而先後失序本末舛逆者則考而正之一意而詞旨重複句讀錯雜者則刊而去之設或字誤而文理明白則因而全之是其本已經𡌴刪改故蜀志汶山郡與越巂郡誤連而少汶山屬縣及漢嘉郡士女讚少巴郡第二又三國志注引此書有李宓陳情表而今本無之此類悉加補正或附按語以諗學者雖元豐間呂汲公大防所刻不可得見無以全復常氏舊觀其視𡌴本則固有過之無不及矣元和顧茂才廣圻是正諸書最稱審密竭半歲之力爲予督工開雕故能精致古雅不減宋元佳

刻孫觀察雅好流傳古書又見近世脩志者空無故實慨古地理書多放佚嘗欲刊行舊本以備一方掌故先校刊三輔黃圖長安志於關中又刊建康志於江左每惜浙中未將乾道咸湻臨安兩志付梓又因脩志松江先刊楊潛雲間志今此書成於晉魏之間古字古義尤足證佐經史後有脩滇蜀方志者據以爲典則誠藝林之勝事也其書稱華陽者晉代梁益甯三州故禹貢梁州之域爲今四川省及雲南省陝西漢中迤南之境按禹貢華陽黑水惟梁州注疏以華爲華岳恐此華在迤東陽爲荆州非梁州秦本紀武公元年伐彭戲氏至於華山下居平陽封宮正義曰封宮在岐州平陽城內也則此華山在岐州之北其南正値梁益與太華不同黑水據括地志云源出梁州成固縣西北太山亦與三危之黑水殊異說經者誤以此爲滇池之黑水又謂瀘水皆誤然常氏書以此爲名而未記載辨析惟蜀志云五岳則華山表其陽特用補其義云嘉慶十九年歲在甲戌淸明節

兩淮都轉鹽運司使鄰水廖寅序

金陵劉文奎弟文楷模鐫

華陽國志序

先王之制自二十五家之閭書其恭敏任䘏等而上之或月書其學行或歲考其道德故民之賢能姦惡其吏無不與知之者焉漢魏以還井地廢而王政闕然猶時有所考察旌勸而州都中正之職尚脩於郡國鄉閭士女之行多見於史官隋唐急事緩政此制遂廢而不舉潛德隱行非野史紀述則悉無見於時民日益澆俗日益卑此有志之士所爲歎惜也晉常璩作華陽國志於一方人物丁甯反覆如恐有遺雖蠻髦之民井臼之婦苟有可紀皆著於書且云得之陳壽所爲耆舊傳按壽嘗爲郡中正故能著述若此之詳自先漢至晉初踰四百歲士女可書者四百人亦可謂眾矣復自晉初至於周顯德僅七百歲而史所紀者無幾人忠魂義骨與塵埃野馬同沒於丘原者蓋亦多矣豈不重可歎息哉此書雖繁富不及承祚之精微然議論忠篤樂道人之善蜀記之可觀未有過於此者鏤行於世庶有益於風教云宋元豐戊午秋日呂大防微仲譔

重刊華陽國志序

古者封建五等諸侯國皆有史以記事後世罷封建爲郡縣然亦必有圖志以具述蓋以疆域既殊風俗各異山川有險要阨塞之當備郡邑有廢置割隸之不常至於一士之行一民之謡皆有不可没者顧非筆之於書則不能也周官職方氏掌天下之地圖辨其邦國都鄙夷蠻閩貊五戎六狄之人民與其財用之數要至於九穀之所宜六畜之所產亦未嘗不佔畢而紀其詳況夫環數千里之地分城置邑殆踰數十中間時異事變往往裂爲偏方霸國其理亂得失

蓋有繫天下大數安可使放絶而無聞乎此晉常璩華陽國志之作所以有補於史家者流也予嘗考其書部分區别各有條理其指歸有三焉首述巴蜀漢中南中之風土次列公孫述劉二牧蜀二主之興廢及晉太康之混一以迄於特雄壽勢之僭竊繼之以兩漢以來先後賢人梁益甯三州士女總贊序志終焉就其三者之間於一方人物尤致深意雖侏離之氓賤俚之婦苟有可取在所不棄此尤足以弘宣風教使善惡知所懲勸豈但屑屑於山川物產以資廣見異聞而已乎本朝元豐間呂汲公守成都嘗刊是書以廣其傳而載䄠荒忽刓缺愈多觀者莫曉所謂予每患此久矣假守臨邛官居有暇蓋嘗博訪善本以證其誤而莫之或得因摭兩漢史陳壽蜀書益部耆舊傳互相參訂以決所疑凡一事而先後失序本末舛逆者則考而正之一意而詞旨重複句讀錯雜者則刊而去之設或字誤而文理明白者則因而全之其他旁搜遠取求通於義者又非一端凡此皆有明驗可信不誣者若其無所考據則亦不敢臆決姑闕之以俟能者然較以舊本之訛謬大略十得五六矣鋟木既具輒敘所以冠於篇首好古博雅與我同

志者願無以夏五郭公之義而律之嘉泰甲子季夏朔眉丹稜李至叔廑甫謹序

華陽國志附錄

晉書李勢載記大司馬桓溫率水軍伐勢至成都城下縱火燒其大城諸門勢衆惶懼無復固志其中書監王嘏散騎常侍常璩等勸勢降

崔鴻十六國春秋蜀錄常璩字道將蜀郡人少好學著華陽國志十篇序開闢以來迄於李勢皆有條理云

隋書經籍志史霸史漢之書十卷常璩撰華陽國志十二卷常璩撰梁有蜀平記十卷蜀漢僞官故事一卷亡

古今正史十六國春秋篇蜀初號曰成後改稱漢李勢散騎常璩撰漢書十卷後入晉祕閣改爲蜀李書璩又撰華陽國志具記李氏興滅

舊唐書經籍志乙部史錄僞史類華陽國志三卷常璩撰蜀李書九卷常璩撰

唐書藝文志乙部史錄僞史類常璩華陽國志十三卷又漢之書十卷蜀李書九卷

宋史藝文志史類別史類常璩華陽國志十卷霸史類常璩華陽國志十二卷

晁公武郡齋讀書志史部僞史類華陽國志十二卷晉常璩撰華陽梁州地也紀漢以來巴蜀人物呂微仲跋云漢至晉初四百載間士女可書四百人亦可謂盛矣復自晉至周顯德僅七百歲而史所紀者無幾人忠魂義骨與塵埃同没何可勝數豈不重可歎哉

鄭樵通志藝文略史類霸史華陽國志十二卷晉常璩撰以巴漢風俗及公孫以後據蜀者各爲之志漢志書十卷常璩撰蜀李書九卷

陳振孫直齋書錄解題雜史類華陽國志二十卷晉散騎常侍蜀郡常璩道將撰志巴蜀地理

風俗人物及公孫述劉焉劉璋先後主以及李特等事迹末卷爲序志云肇自開闢終乎永和三年（原誤劉璋乃焉之子）

王應麟玉海藝文雜史唐藝文志乙部史錄其類十三三曰僞史類華陽國志至三十國春秋一十七家二十七部五百四十二卷

馬端臨文獻通考經籍考史僞史霸史華陽國志十二卷（一作二十卷）

劉知幾史通雜述篇史氏流別殊途並騖摧而爲論其流有十焉九曰地理書九州土宇萬國

山川物產殊宜風化異俗如各志其本國足以明此一方若盛宏之荆州記常璩華陽國志辛氏三秦羅含湘中此之謂地理書者也

楊慎丹鉛錄卷二地志曰地志諸家予獨愛常璩華陽國志次之則盛宏之荆州記

焦竑國史經籍志史類霸史華陽國志十二卷晉常璩漢書十卷常璩蜀李書九卷

陶珽重輯說郛弓第五十八西州後賢志常璩梓潼士女志常璩漢中士女志常璩

歲庚午還滇方朴山先生主衡州紫陽書院講席言華陽國志有足本令瑤田求索於歙之藏書家而不可得也今於　京師見之而吾友丁小山與陳竹厂諸君廣求宋明以來諸刻互相校斟成此善本余借讀之卒業因跋數言於簡末以歸小山惜朴山先生不及見也乾隆戊戌七月朔歙浦程瑤田

華陽國志十二卷較俗本多卷十上中二卷蓋書賈僅知挨次卷數刊刻未審第十卷內復分上中下三卷耳是本蘇郡朱文游所藏有惠氏鈐印爲紅豆齋舊物乾隆戊戌仲秋金榜幷識

此本得之丁小山爲從來未見之足本新安程晉芳魚門書以相問較之漢魏叢書幾多至一半攷校精詳博雅典覈小山以余蜀人此志爲蜀諸志之祖割愛以貽余合諸志參之益深服膺因梓而行之其偏傍字畫悉照丹稜李氏宋本不妄改一字有與諸刻不合者則分注於下至各家刻華陽國志體例各不同究以李叔廑爲定本故卷首仍用李序以各序附於卷末云乾隆辛丑十一月中浣緜州李調元雨村識於直隸通永道署之心如水齋

華陽國志目錄

華陽國志卷第一

巴志

昔在唐堯洪水滔天鯀功無成聖禹嗣興導江疏河百川蠲脩封殖天下因古九囿以置九州仰禀參伐俯壤華陽黑水江漢爲梁州厥土青黎厥田惟下上厥賦惟下中厥貢璆鐵銀鏤砮磬熊羆狐狸織皮於是四隩既宅九州攸同六府孔脩庶土交正底眘財賦成貢中國蓋時雍之化東被西漸矣歷夏殷周當作歷虞夏殷脫虞字衍周字九州牧伯率職周文爲伯西有九國及武王克商并徐合青省梁合雍而職方氏猶掌其地辨其土壤甄其寶利迄於秦帝漢興高祖藉之成業乃改雍曰涼革梁曰益故巴漢庸蜀屬益州至魏咸熙元年平蜀始分益州巴漢七郡置梁州治漢中以相國參軍中山耿黼爲刺史　元康六年廣漢益州當作廣益梁州更割雍州之武都陰平荊州之新城上庸魏興以屬焉凡統郡一十一當作二按巴漢七郡者巴一巴東二涪陵三巴西四宕渠五漢中六梓潼七也所廣益者武陵八陰平九新城十上庸十一魏興十二故梁州之統郡一十二也縣五十八

洛書曰人皇始出繼地皇之後兄弟九人分理九州爲九囿人皇居中州制八輔華陽之壤梁岷之域是其一囿囿中之國則巴蜀矣其

分野與鬼東井其君上世未聞五帝以來黃帝高陽之支庶世爲侯伯及禹治水命州巴蜀以屬梁州禹娶於塗山辛壬癸甲而去生子啟呱呱啼不及視三過其門而不入室務在救時今江州塗山是也帝禹之廟銘存焉會諸侯於會稽執玉帛者萬國巴蜀往焉周武王伐紂實得巴蜀之師著乎尚書巴師勇銳歌舞以淩殷人前徒倒戈故世稱之曰武王伐紂前歌後舞也武王既克殷以其宗姬封於巴爵之以子古者遠國雖大爵不過子故吳楚及巴皆曰子

其地東至魚復西至僰道北接漢中南極黔涪土植

五穀牲具六畜桑蠶麻紵魚鹽銅鐵丹漆茶蜜靈龜巨犀山雞白雉黃潤鮮粉皆納貢之其果實之珍者樹有荔枝蔓有辛蒟園有芳蒻香茗給客橙（當衍）蔆（當作蠚蠚卽橙字） 其藥物之異者有巴戟天椒竹木之璝者有桃支靈壽其名山有塗籍靈臺石書刊山　其民質直好義土風敦厚有先民之流故其詩曰川崖惟平其稼多黍旨酒嘉穀可以養父野惟阜丘彼稷多有嘉穀旨酒可以養母其祭祀之詩曰惟月孟春獺祭彼崖永言孝思享祀孔嘉彼黍既潔彼犧惟澤蒸命良辰祖考來格其好古樂道之詩曰日月明明亦惟其名誰能長生不朽難獲（當有誤） 又曰惟德實寶富貴何常我思古人令問令望而其失在於重遲魯鈍俗素樸無造次辨麗之氣其屬有濮賨苴共奴獽夷蜑之蠻　周之仲世雖奉王職與秦楚鄧爲比春秋魯桓公九年巴子使韓服告楚請與鄧爲好楚子使道朔將巴客聘鄧鄧南鄙攻而奪其幣巴子怒伐鄧敗之其後巴師楚師伐申楚子驚巴師　魯莊公十八年巴伐楚克之　魯文公十六年巴與秦楚共滅庸　哀公十八年巴人伐楚敗於鄾是後楚主夏盟秦擅西土巴國分遠故於盟會希

戰國時嘗與楚婚及七國稱王巴亦稱王　周之季世巴國有亂將軍有蔓子請師於楚許以三城楚王救巴巴國既寧楚使請城蔓子曰藉楚之靈克弭禍難誠許楚王城將吾頭往謝之城不可得也乃自刎以頭授楚使王歎曰使吾得臣若巴蔓子用城何爲乃以上卿禮葬其頭巴國葬其身亦以上卿禮

周顯王時楚國衰弱秦惠文王與巴蜀爲好蜀王弟苴（當有侯字）私親於巴巴蜀世戰爭　周慎王五年蜀王伐苴侯苴侯奔巴巴爲求救於秦秦惠文王遣張儀司馬錯救苴巴遂伐蜀滅之儀貪巴苴之富

因取巴執王以歸置巴蜀及漢中郡分其地爲一（當衍）縣儀城江州司馬錯自巴涪水取楚商於地爲黔中郡　秦昭襄王時白虎爲害自秦蜀巴漢患之秦王乃重募國中有能煞虎者邑萬家金帛稱之於是夷朐忍廖仲藥何射虎秦精等乃作白竹弩於高樓上射虎中頭三節白虎常從羣虎瞋恚盡搏煞羣虎大呴而死秦王嘉之白虎歷四郡害千二百人一朝患除功莫大焉欲如約王嫌其夷人乃刻石爲盟要復夷人頃田不租十妻不算傷人者論煞人雇死倓錢盟曰秦犯夷輸黃龍一雙夷犯秦輸清酒一鍾夷

人安之漢興亦從高祖定亂有功高祖因復之專以射白（當衍）虎爲事戶歲出賨錢口四十故世號白虎復夷一曰板楯蠻今所謂弜頭虎子者也　漢高帝滅秦爲漢王王巴蜀閬中人范目有恩信方略知帝必定天下說帝爲募發賨民要與共定秦秦地既定封目爲長安建章鄉侯帝將討關東賨民皆思歸帝嘉其功而難傷其意遂聽還巴謂目曰富貴不歸故鄉如衣繡夜行耳徙封閬中慈（李善蜀都賦注引風俗通有鳧字疑此脫）鄉侯目固辭乃封渡沔縣（當衍目錄無此字）侯故世謂亡秦范三侯也目復除民羅朴昝鄂度夕龔（李善蜀都賦注引風俗通作龔疑此誤今本後漢書板楯傳作龔蓋李垩依彼改耳）七姓不供租賦　閬中有渝水賨民多居水左右天性勁勇初爲漢前鋒陷陣銳氣喜舞帝善之曰此武王伐紂之歌也乃令樂人習學之今所謂巴渝舞也天下既定高帝乃分巴置廣漢郡　孝武帝又兩割置犍爲郡故世曰分巴割蜀以成犍廣也　自時厥後五教雍和秀茂挺逸英偉既多而風謠旁作故朝廷有忠貞盡節之臣鄉黨有主文歌詠之音巴郡譙君黃仕成哀之世爲諫議大夫數進忠言後遂避王莽又不事公孫述述怒遣使賫藥酒以懼之君黃笑曰吾不省藥乎

其子瑛納錢八百萬得免國人作詩曰肅肅清節士執德寔固貞違惡以授命沒世遺令聲　巴郡陳紀山爲漢司隸校尉嚴明正直西虜獻眩王庭試之分公卿以爲嬉紀山獨不視京師稱之巴人歌曰築室載直梁國人以貞眞邪娛不揚目枉行不動身奸軌辟乎遠理義協乎民　巴郡嚴王思爲揚州刺史惠愛在民每當遷官吏民塞路攀轅詔遂留之居官十八年卒百姓若喪考妣義送者賫錢百萬欲以贍王思家其子徐州刺史不受送吏義崇不忍持還乃散以爲食食行客巴郡太守汝南應季先善而美

之乃作詩曰乘彼西漢潭潭其淵君子愷悌作民二
親没世遺愛式鏡後人　漢安帝時巴郡太守連
失道國人風之曰明明上天下土是觀帝選元后求
定民安孰可不念禍福由人願君奉詔惟德曰親
永初中廣漢漢中羌反虐及巴郡有馬妙祈妻義
玉元憤妻姬趙蔓君妻華夙喪夫執共姜之節守一
醮之禮號曰三貞遭亂兵迫匿懼見拘辱三人同時
自沈於西漢水而没死有黄鳥鳴其亡處徘徊焉國
人傷之乃作詩曰關關黄鳥爰集於樹窈窕淑女是
繡是黼惟彼繡黼其心匪石嗟爾臨川邈不可獲

永建中泰山吳資元約為郡守屢獲豐年民歌之
曰習習晨風動澍雨潤乎苗我后卹時務我民以優
饒及資遷去民人思慕又曰望遠忽不見惆悵嘗徘
徊恩澤實難忘悠悠心永懷　孝桓帝時河南李
盛仲和為郡守貪財重賦國人刺之曰狗吠何讙讙
有吏來在門披衣出門應府記欲得錢語窮乞請期
吏怒反見尤旋步顧家中家中無可為思往從鄰貸
鄰人已言匱錢錢何難得令我獨憔悴　漢末政
衰牧守自擅民人思治作詩曰混混濁沼魚習習激
清流温温亂國民業業仰前脩　其德操仁義文

學政幹若洛下閎任文公馮鴻卿龐宣孟元文和趙
温柔龔升侯楊文義等播名立事言行表世者不勝
次載者也　孝安帝元初三年涼州羌入漢中殺
太守董炳擾動巴中中郎將尹就討之不克益州諸
郡皆起兵禦之三府舉廣漢王堂為巴郡太守撥亂
致治進賢達士貢孝子嚴永隱士黄錯名儒陳髦俊
士張璊（案巴郡士女目錄越巂太守張璊字子玉堂察舉孝廉以後漢書訂之璊當作湍）太守
皆至大位益州刺史張喬表其尤異徙右扶風民為
立祠　孝桓帝以并州刺史泰山但望字伯闔為
巴郡太守勤恤民隱郡文學掾宕渠趙芬掾宏農馮

尤墊江龔榮王祈李温臨江嚴就胡良文愷安漢陳
禧閬中黄閶江州毋成陽譽喬就張紹牟存平直等
詣望自訟曰郡境廣遠千里給吏兼將人從冬往夏
還夏單冬複惟踰時之役懷怨曠之思其昏喪吉凶
不得相見解緩補綻下至薪菜之物無不躬買於市
富者財得自供貧者無以自久是以清儉天柱不聞
加以水陸艱難山有猛獸思迫期會隕身江河投死
虎口咨嗟之歎歷世所苦天之應感乃遭明府欲為
更新童兒匹婦懽喜相賀將去遠就近釋危蒙安縣
無數十民無遠邇恩加未生澤及來世巍巍之功勤

於金石乞以文書付許掾史人與同符必獲嘉報芬
等幸甚望深納之郡戶曹史枳當有脫白望曰芬等前
後百餘人歷政訟訴未蒙感寤明府運機布政稽當
皇極爲民庶請命救患德合天地澤潤河海開闢以
來今遇慈父經曰奔奔梁山惟禹甸之有倬其道韓
侯受命比隆等盛於斯爲美永興二年三月甲午望
上疏曰謹按巴郡圖經境界南北四千東西五千周
萬餘里屬縣四十鹽鐵五官各有丞史戶四十六萬
四千七百八十口百八十七萬五千五百三十五遠
縣去郡千二百至千五百里鄉亭去縣或三四百或

及千里土界遐遠令尉不能窮詰姦凶時有賊發督
郵追案十日乃到賊已遠逃蹤跡滅絶罪錄逮捕證
驗文書詰訊即從春至冬不能究訖繩憲未加或遇
德令是以賊盜公行姦宄不絶榮等及隴西太守馮
含上谷太守陳宏說往者至有劫闕中令楊殷終津
侯姜昊傷尉蘇鴻彭亭侯孫曾雍亭侯陳巳殷侯樂
普又有女服賊千有餘人布散千里不即發覺謀成
乃誅其水陸覆害煞郡掾枳謝盛塞威張御魚復令
尹尋主簿胡直若此非一給吏休謁往還數千閉囚
須報或有彈劾動便歷年吏坐踰科恐失冬節侵疑

先死如當移傳不能待報輒自刑戮或長吏忿怒冤
枉弱民欲赴訴郡官每憚還往太守行桑農不到四
縣刺史行部不到十縣郡治江州時有溫風遙縣客
吏多有疾病地勢剛當作側見水經注險皆重屋累居數有
火害又不相容結舫水居五百餘家承三當作二見水經注
江之會夏水漲盛壞散顛溺死者無數而江州以東
濱江山險其人半楚姿態敦重墊江以西土地平敞
精敏輕疾上下殊俗情性不同敢欲分爲二郡一治
臨江一治安漢各有桑麻丹漆布帛魚池鹽鐵足相
供給兩近京師榮等自欲義出財帛造立府寺不費

縣官得百姓懽心孝武以來亦分吳蜀諸郡聖德廣
被民物滋繁增置郡土釋民之勞誠聖主之盛業也
臣雖貪大郡以自優假不忍小民顛隮薇隔謹具以
聞 朝議未許遂不分郡分郡之議始於是矣 順
桓之世板楯數反太守蜀郡趙溫恩信降服於是宕
渠出九穗之禾朐忍有連理之木 光和二年板
楯復叛攻害三蜀漢中州郡連年苦之天子欲大出
軍時征役疲弊問益州計曹考以方略益州計曹掾
程包對曰板楯七姓以射白虎爲業立功先漢本爲
義民復除徭役但出賨錢口歲四十其人勇敢能戰

昔羌數入漢中郡縣破壞不絕若綫後得板楯來虜彌（當作殄）盡號爲神兵羌人畏忌傳語種輩勿復南行後建甯（舊校云後漢作建和）二年羌復入漢牧守遑遑賴板楯破之若微板楯則蜀漢之民爲左衽矣前車騎將軍馮緄南征雖授丹陽精兵亦倚板楯近益州之亂朱龜以并涼勁卒討之無功太守李顒以板楯平之忠功如此本無惡心長吏鄉亭更賦至重僕役過於奴婢箠楚隆於囚虜至乃嫁妻賣子或自剄割陳冤州郡牧守不理去闕庭遙遠不能自聞含怨呼天叩心窮谷愁於賦役困乎刑酷邑域相聚以致叛戾非有深謀至計僭號不軌但選明能牧守益其資穀安便賞募從其利隙自然安集不煩征伐也昔中郎將尹就伐羌擾動益部百姓諺云虜來尚可尹將殺我就徵還後羌自破退如臣愚見權之遣軍不如任之州郡天子從之遣太守曹謙宣詔降赦一朝清戢

獻帝初平元年征東中郎將安漢趙穎建議分巴爲二郡穎欲得巴舊名故白益州牧劉璋以墊江以上爲巴郡江南龐羲爲太守治安漢以江州至臨江爲永甯郡朐忍至魚復爲固陵郡巴遂分矣　建安六年魚復蹇（允）白璋爭巴名璋乃改永甯爲巴郡以

固陵爲巴東徙羲爲巴西太守是爲三巴於是涪陵謝本白璋求以丹興漢髮二縣爲郡初以爲巴東屬國後遂爲涪陵郡分後屬縣七戶二萬去洛三千七百八十五里東接朐忍西接蔣（當作符符縣在江陽郡）縣南接涪陵北接安漢德陽　巴子時雖都江州或治墊江或治平都後治閬中其先王陵墓多在枳其畜牧在沮今東突硤下畜沮是也又立亭於龜亭北岸今新市里是也其郡東枳有明月硤廣德嶼（按此有誤也以水經注訂之當作黃葛硤故下文言巴亦有三硤續漢書志注引此作廣德嶼當是傳寫之誤而李埅又依彼誤改此耳）故巴亦有三硤　巴楚數相攻伐故置扞關陽關及沔關　漢世郡治江州巴水北有甘橘官今北府城是也後乃遷南城劉先主初以江夏費瓘（當作觀見水經注）爲太守領江州都督後都護李嚴更城大城週迴十六里欲穿城後山自汶江通水入巴江使城爲州求以五郡置巴州丞相諸葛亮不許亮將北征召嚴漢中故穿山不逮然造蒼龍白虎門別郡縣倉皆有城嚴子豐代爲都督豐解後梓潼李福爲都督　延熙中車騎將軍鄧芝爲都督治陽關

十七年省平都樂城常安　咸熙元年但四縣以鎮西參軍隴西（當有脫）怡思和爲太守二部守軍

江州縣　郡治　塗山有禹王祠及塗后祠北水有銘書詞云漢初犍爲張君爲太守忽得仙道從此升度今民曰張府君祠縣下有滴水穴巴人以此水爲粉則膏暉鮮芳貢粉京師因名粉水故世謂江州墮休（當作林見水經注）粉也有荔芰園至熟二千石常設廚膳命士大夫共會樹下食之縣北有稻田出御米陂池出蒲蒻藺席其冠族有波鉛毋謝然楊白上官程常世有大官也

枳縣　郡東四百里治涪陵水會土地确瘠時多人士有章常連黎牟陽郡冠首也

臨江縣　枳東四百里接朐忍有鹽官在監塗二溪一郡所仰其豪門亦家有鹽井又嚴甘文楊杜爲大姓晉初文立實作常伯約言左右楊宗符有（當作稱）武隆（當作陵讀以楊宗有傳武陵六字爲一句後賢志及目錄宗作崇）人在吳爲孫氏虎臣也（按此有誤也考三國志甘寧傳云巴郡臨江人也當是人上脫甘寧縣三字）

平都縣　蜀延熙時省大姓殷呂蔡氏

墊江縣　郡西北中水四百里有桑蠶牛馬漢時龔榮以俊才爲荆州刺史後有龔揚趙敏以令德爲巴郡太守淳于長寧雅有美貌黎夏杜皆大姓也

樂城縣　在西州江（當有誤）三百里延熙十七年省

常安縣　亦省

巴東郡先主入益州改爲江關都尉　建安二十一年以朐忍魚復（舊有空格當是脫漢豐也朐忍一魚復二漢豐三羊渠四巫五北井六故云六縣也巫北井本屬宜都郡故云及宜都之巫北井也）羊渠及宜都之巫北井六縣爲固陵郡武陵康立爲太守　章武元年朐忍徐惠魚復蹇機以失巴名上表自訟先主聽復爲巴東南郡輔匡爲太守先主征吳於夷道還薨斯郡以尚書令李嚴爲都督造設圍戍嚴還江州征西將軍汝南陳到爲都督到卒官以征北大將軍南陽宗預爲都督預還內領軍襄陽羅獻爲代蜀平獻仍

其任拜淩江將軍領武陵太守　泰始二年吳大將步闡唐諮攻獻獻保城咨西侵至朐忍故蜀尚書郎巴郡楊宗告急於洛未還獻出擊闡大破之諮退獻遷監軍假節安南將軍封西鄂侯入朝加錫御蓋朝服吳武陵太守孫恢寇南浦安蠻護軍楊宗討之退走因表以宗爲武陵太守住南浦誘郵武陵蠻夷得三縣初附民獻卒以犍爲太守天水楊攸爲監軍攸遷涼州刺史朝議以唐彬及宗爲代晉武帝問散騎常侍文立曰彬宗孰可用立對曰彬宗俱立事績在西不可失者然宗才誠佳有酒睹彬亦其人性在

財欲惟陛下裁之帝曰財欲可足酒嗜難改遂用彬爲監軍加廣武將軍　迄吳平巴東後省羊渠置南浦　晉太康初將巫北井還建平但五（當作四）縣去洛二千五百里東接建平南接武陵西接巴郡北接房陵奴獽夷蜑之蠻民

魚復縣　郡治　公孫述更名白帝章武二年改曰永安咸熙初復有橘官又有澤水神天旱鳴鼓於傍即雨也

朐忍縣　郡（舊脫此字今補正）西二百九十里水道有東陽下瞿數灘山有大小石城勢靈壽木（當有橘圃二字水經注引不誤）鹽井靈龜咸熙元年獻靈龜於相府大姓扶先徐氏漢時有扶徐荆州著石（當作名舊校非）楚訪（當作記舊校非）有弱頭白虎復夷者也（舊校云著石楚訪四字未詳弱其兩切又魁移切弓強皃又渠羈切又渠梁切文一垂音三）

漢豐縣　建安二十一年置在郡西北彭溪源

南浦縣　郡南三百里晉初置主夷

郡與楚接人多勁勇少文學有將帥材

涪陵郡巴之南鄙從枳南入折丹涪水本與楚商於之地接秦將司馬錯由之取楚商於地爲黔中郡也漢後恆有都尉守之舊屬縣五去洛五千一百七十里東接巴東南接武陵西接牂柯北接巴郡土地山險水灘人戇勇多獽蜑之民縣邑阿黨鬬訟必死無蠶桑少文學惟出茶丹漆蜜蠟漢時赤甲軍常取其民蜀丞相亮亦發其勁卒三千人爲連弩士遂移家漢中　延熙十三年大姓徐巨反車騎將軍鄧芝討平之見元猿緣其山芝性好弩手自射猿中之猿子拔其箭卷木葉塞其創芝嘆曰嘻吾傷物之性其將死矣乃移其豪徐藺謝范五千家於蜀爲獵射官分羸弱配督將韓蔣名爲助郡軍遂世掌部曲爲大姓晉初移弩士於馮翊蓮勺其人性質直雖徙他所風俗不變故迄今有蜀漢關中涪陵其爲軍在南方者猶存　山有大龜其甲可卜其緣可作叉世號靈叉

涪靈縣　郡治

丹興縣　蜀時省山出名丹

漢平縣　延熙十三年置

萬寧縣　孝靈帝時置本名永寧

漢髮縣　有鹽井

諸縣北有獽蜑又有蟾夷也

巴西郡屬縣七去洛二千八百一十五里東接巴郡

南接（當脫）有西接梓潼北接涼（宕衍）西城土地山原多平有牛馬桑蠶其人自先漢以來傀偉倜儻冠冕三巴及郡分後叔布榮始周羣父子程公宏等或學兼三才或精秀奇逸其次馬盛衡承伯才藻清妙龔德緒兄弟英氣曄然黃公衡應權通變馬德信王子均勾孝與張伯岐建功立事劉二主之世稱美荆楚乃先漢以來馮車騎范鎮南皆植斯鄉故曰巴有將蜀有相也及晉譙侯修文於前陳君煥炳於後並遷雙固倬犖穎世甄在傳記搢紳之徒不勝次載焉

閬中縣　郡治　有彭池大澤名山靈臺見文

緯書（按文緯書當作孔子內見續漢書志注）讖大姓有三狐五馬蒲趙任黃嚴也

南充國縣　和帝時置有鹽井大姓侯譙氏

安漢縣　號出人士大姓陳范閻趙

平州縣

其二縣爲郡（按二當作三郎宕渠郡之宕渠漢昌宣漢三縣也）

宕渠郡延熙中置以廣漢王士爲太守郡建九年省永興元年李雄復置今遂爲郡長老言宕渠蓋爲故賨國今有賨城盧城秦始皇時有長人二十五丈見宕渠秦史胡毋敬曰是後五百年外必有異人爲大人者及雄之王祖世出自宕渠有識者皆以爲應之先漢以來士女賢貞縣民車騎將軍馮緄大司農元賀大鴻臚龐雄桂陽太守李溫等皆建功立事有補於世緄溫各葬所在（當作任）常以三月二子之靈還鄉里水暴漲郡縣吏民莫不於水上祭之其列女節義在先賢志

宕渠縣　郡治　有鐵官石蜜山圖所採也

漢昌縣　和帝時置大姓勾氏

宣漢縣　今省

右巴國凡分爲五郡二十三縣

譔曰巴國遠世則黃炎之支封在周則宗姬之戚親故於春秋班侔秦楚示甸衛也若蔓子之忠烈范目之果毅風淳俗厚世挺名將斯乃江漢之含靈山岳之精爽乎觀其（舊校云闕）足以知其敦壹矣昔沙麓崩卜偃言其後當有聖女興元城郭（當作建見漢書）公謂王翁孺屬當其時故有政君李雄宕渠之斯伍略陽之黔首耳起自流隸君獲（當作獲君說倒）士民其長人之魄良有以也

華陽國志卷第一

華陽國志卷第二

漢中志

漢中郡本附庸國屬（當有脫）周赧王二年秦惠文王置郡因水名也漢有二源東源出武都氐道漾山因名漾禹貢流漾爲漢是也西源出隴西（當有西縣二字水經注引不誤）嶓冢山會白水經葭萌入漢始源曰沔故曰漢沔在詩曰滔滔江漢南國之紀其應上昭於天又曰惟天有漢其分野與巴蜀同占其地東接南郡南接廣漢西接隴西陰平北接秦川厥壤沃美賦貢所出略侔三蜀六國時楚彊盛略有其地後爲秦恒成爭地漢

高帝既克秦獲子嬰項羽封高帝爲漢王王巴蜀三十一縣帝不悅丞相蕭何諫曰雖王漢中之惡不猶愈於死乎且語曰天漢其稱甚美夫能屈於一人之下則伸於萬乘之上者湯武是也願大王王漢中撫其民以致賢人收用巴蜀還定三秦天下可圖也帝從之都南鄭及項籍弑義帝高帝東伐蕭何常居守漢中足食足兵既定三秦蕭何鎮關中資其衆卒平天下以田叔爲漢中守屬縣十二去洛一千九十一里叔既饋以軍饟又致名材立宮室帝嘉之後爲魯相然以帝業所興不封藩王自叔之後世脩文教有俶儻之士異人並挺鄧公抗言於孝景之朝以明忠枉之情張騫特以蒙險遠爲孝武帝開緣邊之地賓沙越之國致大宛之馬入南海之象而車渠瑪瑙珊瑚琳碧㻞寶明珠玳瑁虎魄水晶琉璃火浣之布蒲桃之酒筇竹蒟醬殊方奇玩盈於市朝振揚威靈被於幽裔遂登九列杖節繡衣剖符博望谷口子真秉箕潁之操湛然岳立不營不求德聲邈流楊王孫應至人之槩　自建武以後羣儒脩業開按圖緯漢之宰相當出坤鄉於是司徒李公屢登七政太傅子堅奕世論道其珪璋瑚璉之器則陳伯臺（當有脫）李季子（當脫陳字陳術字申伯見士女讚及目錄）申伯之徒文秀緯曤其州牧

郡守冠蓋相繼於西州爲盛蓋濟濟焉　莽時公孫述據蜀跨有漢中當秦隴之徑每罹於其害

安帝永初二年陰平武都羌反入漢中煞太守董炳沒略吏民　四年羌復來太守鄭廑出屯褒中欲與羌戰王簿段崇陳諫（舊誤禪今改正）以爲但可堅守來虜乘勝其鋒不可當廑不從戰敗績崇與門下史王宗原展及崇子勃兄子伯生力戰捍廑并命功曹程信素居守馳來赴難冒寇殯殮廑虜遂大盛天子乃拜巴郡陳禪爲漢中太守虜素憚禪更來盤詰禪知攻

守未可卒下而年荒民困乃矯詔赦之大小咸服既誅其亂首天子善之徙禪左馮翊太守程信怨恥乃結故吏冠蓋子弟嚴孳李容姜濟陳巴曹廉勾矩劉旄等二十五人誓志報羌各募壯士豫結同死以待寇太守鄧成命信爲五官孳等門下官屬　元和（和當作初）二年羌復來巴郡板楯救之信等將其士卒力奮討大破之信被八創二十五人戰死自是後羌不敢南向　五年天子下詔褒嘆信崇等賜其家穀各千斛宗展孳等家穀各五百斛列畫東觀每新太守到必先存問其家以羌畏服陳禪拜禪子澄漢中太守　漢末沛國張陵學道於蜀鶴鳴山造作道書自稱太清（元）元以惑百姓陵死子衡傳其業衡死子魯傳其業魯字公祺以鬼道見信於益州牧劉焉魯母有少容往來焉家　初平中以魯爲督義司馬住漢中斷谷道魯既至行寬惠以鬼道教立義舍置義米義肉其中行者取之量腹而已不得過多云鬼病之其市肆賈平亦然犯法者三原而後行刑學道未信者謂之鬼卒後乃爲祭酒巴漢夷民多便之其供道限出五斗米故世謂之米道扶風蘇固爲漢中太守魯遣其黨張脩攻固成固人陳調素遊俠學

兵法固以爲門下掾說固守捍禦寇之術固不能用踰墻走投南鄭趙嵩嵩將俱逃賊盛固遣嵩求隱避處嵩才還固又令鈴下偵賊賊得鈴下遂得殺固嵩痛憤杖劍直入調亦聚其賓客百餘人攻脩戰死魯遂有漢中數害漢使焉上書言米賊斷道　至劉焉子璋爲牧時魯益驕恣　建安五年殺魯母弟魯說巴夷杜濩朴胡袁約等叛爲讎敵魯時使使漢朝亦漫驕帝室以亂不能征就拜鎮民中郎將漢寧太守不置長吏皆以祭酒爲治璋數遣龐羲李思等討之不能克而巴夷日叛乃以羲爲巴西太守又遣楊懷高沛守關頭請劉先主討魯先主更襲取璋　二十年魏武帝西征魯魯走巴中先主將迎之而魯功曹巴西閻圃說魯北降歸魏武贊以大事宜附託不然西結劉備以歸之魯勃然曰寧爲曹公作奴不爲劉備上客遂委質魏武武帝拜魯鎮南將軍封襄平侯又封其五子皆列侯　時先主東下江安巴漢稽服魏武以巴夷王杜濩朴胡袁約爲三巴太守留征西將軍夏侯淵及張郃益州刺史趙顒等守漢中遷其民於關隴　二十四年春先主進軍攻漢中至定軍淵郃顒來戰大爲先主所破將軍黃忠

斬淵首　魏武帝復西征先主先主曰孟德雖來無能爲也我必有漢川矣先主遂爲漢中王將還成都當得重將以鎮漢中衆皆以必張飛張飛心亦自許先主乃以牙門義陽魏延爲鎮遠將軍漢中太守先主大會羣臣問延曰今委卿以漢中卿居之若何對曰若曹操舉天下而來請爲大王拒之若偏將十萬而來請爲大王吞之衆壯其言初魏武之留淵部也以雞肋示外外人莫察惟主簿楊脩知之故曰夫雞肋棄之如可惜食之無所得以比漢中也是後處蜀魏界固險重守自丞相大司馬大將軍皆

鎮漢州　蜀平梁州治沔陽　太康中晉武帝子漢王廸受封更曰漢國郡但六縣

南鄭縣　郡治　周貞王十六年秦厲公城之有池水從旱山來入沔大姓李鄭趙氏

沔陽縣　州治　有鐵官又有度水水有二源一曰清檢二曰濁檢有魚穴清水出鱸濁水出鮒常以二月八月取蜀丞相諸葛亮葬定軍山

褒中縣　孝昭帝元鳳六年置本都尉治也山名扶木有唐公忌祠也

成固縣　蜀時以沔陽爲漢城成固爲樂城

蒲池縣

西鄉縣

魏興郡本漢中西城縣　哀平之世縣民錫光字長沖爲交州刺史徙交趾太守王莽篡位據郡不附莽方有事海內未以爲意尋值所在兵起遂自守更始即位正其本官世祖嘉其忠節徵拜爲大將軍朝侯祭酒封鹽水侯　後漢中數寇亂縣土獨存漢季世別爲郡　建安二十四年劉先主命宜都太守孟達從秭歸北伐房陵上庸自漢中又遣副軍中郎將劉封乘沔水會達上庸以申耽弟儀爲建信將

軍西城太守達耽降魏黃初二年文帝轉儀爲魏興太守封鄖鄉侯　蜀平遂治西城屬縣六戶萬去洛一千七百里土地險隘其人半楚風俗略與荊州沔中郡同

西城縣　郡治　元康元年封越騎校尉蜀郡何攀爲公國也

錫縣

安康縣

興晉縣　晉置

鄖鄉縣　本名長利縣縣有鄖鄉（當作關見漢書地理志）

洵陽縣　洵水所出

上庸郡故庸國楚與巴秦所共滅者也秦時屬蜀後屬漢中　漢末爲上庸郡　建安二十四年孟達劉封征上庸上庸太守申耽稽服遣子弟及宗族詣成都先主拜耽征北將軍封鄖鄉侯仍郡如故　黄初中降魏文帝拜耽懷集將軍徙居南陽省上庸并新城孟達誅後復爲郡屬縣五戶七千去洛一千七百里

上庸縣　郡治

北巫縣

安樂縣　咸熙元年爲公國封劉後主也按常有誤也上文言屬縣五而今有六縣或不數公國耳但考晉書地理志幽州燕國有安樂國相蜀主劉禪封此縣公明不得屬上庸此之云然所未詳矣

武陵縣

安富縣

微陽縣

新城郡本漢中房陵縣也秦始皇徙呂不韋舍人萬家於房陵以其險地也　漢時宗族大臣有罪亦多徙此縣　漢末以爲房陵郡　建安二十四年孟達征房陵煞太守蒯祺進平三郡與劉封不和封奪達鼓吹關羽圍樊城求助於封達封達以新據山郡未可擾動爲辭羽爲吳所破殺達既忿封又懼先主見責遂拜書先主告叛降魏魏文帝善達姿才容觀以爲散騎常侍建武將軍襲劉封封敗走達據房陵文帝合三郡爲新城以達爲太守後蜀丞相諸葛亮將北伐招達爲外援故貽書曰嗟乎孟子度邇者劉封侵凌足下以傷先帝待士之望慨然永歎每存足下平素之志豈虛託名載策者哉都護李嚴亦與書曰吾與孔明並受遺詔思得良伴吳主孫權亦招之達遂背魏通吳蜀表請馬努於文帝撫軍司馬

宣王以爲不可許帝曰吾爲天下主義不先負人當使吳蜀知吾心乃多與之過其所求　明帝太和初達叛魏歸蜀時宣王屯宛知其情乃以書喻之曰將軍昔棄劉備託身國家委將軍以疆埸之任任將軍圖蜀之事可謂心貫白日蜀人愚智莫不切齒於將軍諸葛亮欲相破惟苦無路耳模之所言舊校云郭模亮遣詐降洩孟達謀者非小事也亮豈輕之而令宣露此殆易知耳達乃以書與亮曰宛去洛八百去此千二百里聞吾舉事當表上天子比相反覆一月間也則吾城已固諸軍足辦則吾所在深險司馬公必不自來諸將

來吾無患矣及兵到達又告亮曰吾起事八日而兵至城下何其神速也亮以其數反覆亦不捄遂爲宣王所誅滅　宣王分爲三郡新城屬縣四戸二萬去洛一千六百里

房陵縣　郡治舊脫此二字今補正　有維山維水所出東入瀘舊校云瀘疑誤當作漢今按當依漢書地理志作東至中瀘入沔又水經沔水篇云又東過中廬縣東維水自房陵縣維山東流注之亦其明證舊校非也

沶鄉縣

昌魏縣

綏陽縣

右三郡漢中所分也在漢中之東故蜀漢謂之東三郡蜀時爲魏屬荊州晉元康六年始還梁州山水艱阻有黃金子午馬騘建鼓之阻又有作道九君摶土作人處而其記及漢中記不載又不爲李雄所據璩識其大梗概未能詳其小委曲也

梓橦郡本廣漢屬縣也　建安十八年劉先主自葭萌南攻州牧劉璋留中郎將南郡霍峻守葭萌城張魯遣將楊帛誘峻求共城守峻曰小人頭可得城不可得也帛退劉璋將向存扶禁由巴閬水攻峻歲餘不能克峻衆才八百人存衆萬計更爲峻所破敗

退走成都既定先主嘉峻功　二十二年分廣漢置梓橦郡以峻爲太守屬縣六當作五戸萬去洛二千八百三十八里東接巴西南接廣漢西接陰平北接漢中土地出金銀丹漆藥蜜也世有雋彥人侔於巴蜀

梓橦縣　郡治　有五婦山故蜀五丁士所拽虵崩山處也有善板祠一曰惡子民歲上雷杼十枚歲盡不復見云雷取去四姓文景雍鄧者也舊校云一本作梓潼按當作潼

涪縣　去成都三百五十里水通於巴於蜀爲東

北之要蜀時大將軍鎮之有岩田本稻田房水出房山有源出金銀鑛洗取火融合之爲金銀陽泉出石丹大司馬蔣琬葬此大姓楊杜李八士多見者舊傳也

晉壽縣　本葭萌城劉氏更曰漢壽水通於巴西又入漢川有金銀鑛民今歲歲洗取之蜀亦大將軍鎮之漆藥蜜所出也大將軍費禕葬此山大姓葬此者多

白水縣　有關尉故州牧劉璋將楊懷高沛守也

漢德縣舊作廣漢縣德陽縣誤衍今刪正漢德縣沈約以爲疑劉氏所立廣漢郡之廣漢縣德陽

縣自在蜀志中不得屬梓橦也　有劍閣道三十里至險有閣尉
桑下兵民也（當有誤）
武都郡本廣漢西部都尉治也　元鼎六年別為
郡屬縣九戶萬去洛一千八百七十八里東接（當有脫）
梓潼西接天水北接始平土地險阻有麻田氏傁多
羌戎之民其人半秦多勇𥡴出名馬牛羊漆蜜（水經注漾水篇引常璩云郡居河池一名仇池地方百頃疑此有脫文）有瞿堆百頃險勢氏
傁常依之為叛漢世數征討之分徙其羌遠至酒泉
敦煌其攻戰壘戍處所亦多　建安二十四年先
主遣將軍雷同吳蘭平之為魏將曹洪所破敗

魏益州刺史天水楊阜治此郡阜以濱蜀境移其氏
傁於汧雍及天水略陽　建興七年丞相諸葛亮
遣護軍陳戒伐之遂平武都陰平二郡還屬益州
魏將夏侯淵張郃徐晃征伐常由此郡而蜀丞相
亮及魏延姜維等多從此出秦川遂荒無留民其氏
傁楊濮屬魏魏遙置其郡（當重有郡字）屬蜀　蜀平屬
雍州　太康六年還梁州　八年氐傁齊萬年
反郡罹其寇晉民流徙入蜀及梁州　永嘉初天
水氏傁楊茂搜率種人為寇保據其郡貢獻長安愍
帝以胡寇方盛欲懷來戎瞿拜驃騎將軍　左賢
王劉曜破長安丞相平昌公上隴據天水茂搜數饋
平昌公拜茂搜長子難敵征南將軍少子堅頭龍驤
將軍種衆彊盛東破梁州南連李雄威服羌戎時平
昌公為劉曜所破陳安作賊於時并氏傁如一國茂
搜死敵堅代為主數歲劉曜自攻武都敵堅南奔雄
至晉壽遣子為質又厚賂雄兄晉壽守將稚曜不獲
敵堅（當重有敵堅二字）引還武都恃險驕慢攻走雄陰平太
守羅演演稚舅也稚忿恚白兄含與雄求征之雄使
含稚將數千人攻之時敵妻死葬於陰平含稚徑至
下辨入武街城以深入無繼竟為氏傁所破煞

敵堅死子盤毅復代為主咸康四年敵從弟初殺盤
毅兄弟代為主迄今　自茂搜父子之結據也通
晉家及李雄劉曜石勒石虎張駿皆稱臣奉貢受其
官號所向用其官及其年號
下辨縣　郡治　一曰武街
武都縣　東漢水所出有天池澤
上祿縣（舊脫縣字今補正）
故道縣
河池縣　泉街（舊衍縣字今刪正）水入沮合漢也
沮縣　河池（按河池二字當作沮見漢書地理志此沮水水經注所謂沔水一名沮水）

者也水所出東猥谷也

平樂縣

脩成縣

嘉陵縣

陰平郡本廣漢北部都尉　永平後羌虜數反遂置爲郡屬縣四戸萬去洛二千三百四十四里東接漢中南接梓潼西接隴西北接酒泉土地山險人民剛勇多氐傻有黑白水羌紫羌胡虜風俗所出與武都略同　漢安帝永初二年羌反燒郡城郡人退住白水會漢陽諸羌反溢入漢絲太守漢陽杜琦自

稱將軍叛亂廣漢郡屯葭萌漢使御史大夫唐喜討琦進討羌經年不下詔賜死更遣中郎將尹就討羌亦無功諸郡太守皆屯涪　元初五年巴郡板楯軍救漢中漢中大破羌羌乃退郡復治置助郡都尉

劉先主之入漢中也爭二郡不得　建興七年諸葛亮始命陳戒平之　魏亦遥置其郡屬雍州自景谷有步道徑江油左儋行出涪鄧艾從之伐蜀　元康六年還屬梁州　永嘉末太守王鑒粗暴郡民毛深左騰等逐出之相率降李雄晉民盡出蜀氐羌爲楊茂搜所占有

陰平縣　郡治　漢曰陰平道也

甸氐縣　有白水出徼外入漢

平武縣　有關尉自景谷有步道徑江油左儋出涪鄧艾伐蜀道也劉主時置義守號關尉

剛氐縣　涪水所出有金銀鑛

右梁州

譔曰漢沔彪炳靈光上照在天鑒爲雲漢於地畫爲梁州而皇劉應之洪祚悠長蕭公之云不亦宜乎

華陽國志卷第二

華陽國志卷第三

蜀志

蜀之爲國肇於人皇與巴同囿至黃帝爲其子昌意娶蜀山氏之女生子高陽是爲帝嚳封其支庶於蜀世爲侯伯歷（當脫唐虞二字）夏商周武王伐紂蜀與焉其地東接於巴南接於越北與秦分西奄峨嶓地稱天府原曰華陽故其精靈在井絡垂耀江漢遵流河圖括地象曰岷山之精（舊脫精字今補正）上（舊誤下今改正）爲井絡帝以會昌神以建福夏書曰岷山導江東別爲沱泉源深盛爲四瀆之首而分爲九江其寶則有璧玉金銀珠碧銅鐵鉛錫赭堊錦繡罽氂犀象氈毦丹黃空青桑漆麻紵之饒滇獠賨僰僮僕六百之富其卦值坤故多班綵文章其辰值未故尚滋味德在少昊故好辛香星應輿鬼故君子精敏小人鬼黠與秦同分故多悍勇在詩文王之化被乎江漢之域秦豳同詠故有夏聲也　其山林澤漁園囿瓜果四節代熟靡不有焉　有周之世限以秦巴雖奉王職不得與春秋盟會君長莫同書軌　周失綱紀蜀先稱王有蜀侯蠶叢其目縱始稱王死作石棺石槨國人從之故俗以石棺槨爲縱目人冢也　次王曰柏灌次王曰魚鳧王田於湔山忽得仙道蜀人思之爲立祠

後有王曰杜宇教民務農一號杜主時朱提有梁氏女利遊江源宇悅之納以爲妃移治郫邑或治瞿上

七國稱王杜宇稱帝號曰望帝更名蒲卑自以功德高諸王乃以褒斜爲前門熊耳靈關爲後戶玉壘峨眉爲城郭江潛綿洛爲池澤以汶山爲畜牧南中爲園苑會有水災其相開明決玉壘山以除水害帝遂委以政事法堯舜禪授之義遂禪位於開明帝升西山隱焉時適二月子鵑鳥鳴故蜀人悲子鵑鳥鳴也巴亦化其教而力農務迄今巴蜀民農時先祀杜主君（當作若）開明（當重有開明二字）位號曰叢帝叢帝生盧帝盧帝攻秦至雍生保子帝　帝攻青衣雄張（當作長）獠僰　九世有開明帝始立宗廟以酒曰醴樂曰荊人尚赤帝稱王時蜀有五丁力士能移山舉萬鈞每王薨輒以大石長三丈重千鈞爲墓志今石筍是也號曰筍里未有謚但以五色爲主故其廟稱青赤黑黃白帝也　開明王自夢郭移乃徙治成都　周顯王之世蜀王有褒漢之地因獵谷中與秦惠王遇惠王以金一笥遺蜀王王報珍玩之物物化爲土惠王怒羣臣賀曰天承我矣王將得蜀

土地惠王喜乃以石牛五頭朝瀉金其後曰牛便金有養卒百人蜀人悅之使使請石牛惠王許之乃遣五丁迎石牛既不便金怒遣還之乃嘲秦人曰東方牧犢兒秦人笑之曰吾雖牧犢當得蜀也　武都有一丈夫化爲女子美而豔蓋山精也蜀王納爲妃不習水土欲去王必留之乃爲東平之歌以樂之無幾物故蜀王哀之乃遣五丁之武都擔土爲妃作冢蓋地數畝高七丈上有石鏡今成都北角武擔是也後王悲悼作臾邪歌隴歸之曲其親埋作冢者皆立方石以志其墓成都縣內有一方折石圍可六尺長

三丈許去城北六十里曰毗橋亦有一折石亦如之長老傳言五丁士擔土擔也公孫述時武擔石折故治中從事任文公歎曰噫西方智士死吾其應之歲中卒　周顯王二十二年蜀侯使朝秦秦惠王數以美女進蜀王感之故朝焉惠王知蜀王好色許嫁五女於蜀蜀遣五丁迎之還到梓潼見一大蛇入穴中一人攬其尾掣之不禁至五人相助大呼拽蛇山崩時壓殺五人及秦五女并將從而山分爲五嶺直頂上有平石蜀王痛傷乃登之因命曰五婦冢山川（當作穿屬下讀）平石上爲望婦堠作思妻臺今其山或名五丁冢　蜀王別封弟葭萌於漢中號苴侯命其邑曰葭萌焉苴侯與巴王爲好巴與蜀仇故蜀王怒伐苴侯苴侯奔巴求救於秦秦惠王方欲謀楚羣臣議曰夫蜀西僻之國戎狄爲鄰不如伐楚司馬錯中尉田眞黃曰蜀有桀紂之亂其國富饒得其布帛金銀足給軍用水通於楚有巴之勁卒浮大舶船以東向楚楚地可得得蜀則得楚楚亡則天下并矣惠王曰善　周愼王五年秋秦大夫張儀司馬錯都尉墨等從石牛道伐蜀蜀王自於葭萌拒之敗績王遯走至武陽爲秦軍所害其相傅及太子退至逢鄉死於

白鹿山開明氏遂亡凡王蜀十二世　冬十月蜀平司馬錯等因取苴與巴　周赧王元年秦惠王封子通國爲蜀侯以陳壯爲相置巴郡以張若爲蜀國守戎伯尙强乃移秦民萬家實之　三年分巴蜀置漢中郡　六年陳壯反殺蜀侯通國秦遣庶長甘茂張儀司馬錯復伐蜀誅陳壯　七年封子惲爲蜀侯司馬錯率巴蜀衆十萬大舶船萬艘米六百萬斛浮江伐楚取商於之地爲黔中郡　五年惠王二十七年（按此有誤也考史記赧王二年公子繇通封蜀四年蜀相殺蜀侯五年誅蜀相秦惠王立十三年明年更元又十二年凡二十五年而爲赧之二年是赧三年當惠二十六年也赧

四年當惠二十七年也是年惠王卒赧五年當秦武王元年也必繆宋人改竄遂不可通耳儀與若城成都周迴十二里高七丈郫城周迴七里高六丈臨邛城周迴六里高五丈造作下倉上皆有屋而置觀樓射蘭　成都縣本治赤里街若徙置少城內城營廣府舍置鹽鐵市官并長丞脩整里闠市張列肆與咸陽同制其築城取土去城十里因以養魚今萬歲當作頃池是也惠王二十七年也　城北又有龍壩當作堤池城東有千秋池城西有柳池當有西北有天井池津流徑通十字見水經注冬夏不竭其園囿因之平陽山亦有池澤蜀之魚畋之地也　赧王十四年蜀侯惲祭

山川獻饋於秦孝文王惲後母害其寵加毒以進王王將嘗之後母曰饋從二千里來當試之王與近臣近臣卽斃文王大怒遣司馬錯賜惲劍使自盡惲懼夫婦自殺秦誅其臣郎中令嬰等二十七人蜀人葬惲郭外　十五年王封其子綰為蜀侯　十七年聞惲無罪寃死使使迎喪入葬之郭內初則炎旱三月後又霖雨七月車溺不得行喪車至城北門忽陷入地中蜀人因名北門曰咸陽門為蜀侯惲立祠其神有靈能興雲致雨水旱禱之　三十年疑蜀侯綰反王復誅之但置蜀守張若因取笮及其江南

地也　周滅後秦孝文王以李冰為蜀守冰能知天文地理謂汶山為天彭門乃至湔氐縣見兩山對如闕因號天彭闕髣髴若見神遂從水上立祀三所祭用三牲珪璧沈濆漢興數使使者祭之　冰乃壅江作堋穿郫江檢江別支流雙過郡下以行舟船岷山多梓柏大竹頹隨水流坐致材木功省用饒又溉灌三郡開稻田於是蜀沃野千里號為陸海旱則引水浸潤雨則杜塞水門故記曰水旱從人不知飢饉時無荒年天下謂之天府也外作石犀五頭以厭水精穿石犀溪於江南命曰犀牛里後轉置犀牛二

頭一在府市市橋門今所謂石牛門是也一在淵中乃自湔堰上分穿羊摩江灌江西於玉女房下白沙舊誤自涉今改正郵作三石人立三水中與江神要水竭不至足盛不沒肩時青衣有沫水出蒙山下伏行地中會江南安觸山脇溷崖水脈漂疾破害舟船歷代患之冰發卒鑿平溷崖通正水道或曰冰鑿崖時水神怒冰乃操刀入水中與神鬭迄今蒙福　僰道有故蜀王兵蘭亦有神作大灘江中其崖嶄峻不可鑿乃積薪燒之故其處懸崖有赤白五色　冰又通笮通當作道文舊誤汶今改正井江徑臨邛與蒙溪分水白大

江會當有王字武陽天社山下合江又導洛通山洛水或出瀑口經什邡郫別江會新都大渡　又有緜水出紫巖山經緜竹入洛東流過資中會江陽皆溉灌稻田膏潤稼穡是以蜀川人稱郫繁曰膏腴緜洛爲浸沃也　又識齊水脉穿廣都鹽井諸陂池蜀於是盛有養生之饒焉　漢祖自漢中出三秦伐楚蕭何伐蜀漢米萬船南給助軍糧收其精銳以補傷族雖王有巴蜀南中不賓也　高祖六年始分置廣漢郡　高后六年城僰道開青衣　孝文帝末年以廬江文翁爲蜀守穿湔江口溉灌繁田千七

百頃是時世平道治民物阜康承秦之後學校陵夷俗好文刻當作翁乃立學選吏子弟就學遣雋士張叔等十八人東詣博士受七經還以教授學徒鱗萃蜀學比於齊魯巴漢亦立文學孝景帝嘉之令天下郡國皆立文學因翁倡其教蜀爲之始也　孝武帝皆徵入叔爲博士叔明天文災異始作春秋章句官至侍中揚州刺史　元光四年置蜀四部都尉　元鼎二年立成都十八郭當作門見蜀都賦及劉淵林注於是郡縣多城觀矣　六年分廣漢置犍爲郡按地理志建元六年開　元封元年分犍爲置牂柯郡按地理志元鼎六年開

二年分牂柯置益州郡按地理志元封二年開　六年以廣漢西部當有脫蜀南部爲越嶲郡按地理志元鼎六年開者漢書西南夷傳武帝建元六年置犍爲郡又二十四年爲元鼎六年置牂柯郡及越嶲沈黎郡文山郡武都郡又二年爲元封二年置益州郡地理志同以訂此文先後對較特甚必經宋人改竄遂不可通耳北部冉駹爲汶山郡當有西部二字邛笮爲沈黎郡合置二十餘縣天漢四年罷沈黎置兩部都尉一治旄牛主當有徼字外羌一治青衣主漢民　孝宣帝地節三年罷汶山郡置北部都尉　時又穿臨邛蒲江鹽井二十所增置鹽鐵官　蜀自漢興至乎哀平皇德隆熙牧守仁明宣德立教風雅英偉之士命世挺生感於帝

思於是璽書交馳於斜谷之南玉帛踐乎梁益之鄉而西秀彥盛或龍飛紫闥允陟璿璣或盤桓利居經綸皓素故司馬相如耀文上京揚子雲齊聖廣淵嚴君平經德秉哲王子淵才高明雋李仲元湛然岳立林公孺訓詁元遠何君公謨明弼諧王延世著勳河平其次楊壯何顯得意之徒恂恂焉斯蓋華岷之靈標江漢之精華也故益州刺史王襄悅之命王襃作中和頌令胄子作鹿鳴聲歌之以上孝宣帝帝曰此盛德之事朕何以堪之即拜爲郎　降及建武以後爰迄靈獻文化彌純道德彌臻趙志伯三遷台衡

子桑兄弟相繼元輔司空張公宣融皇極太常仲經爲天下材英廣陵太守張文紀號天下整理武陵太守杜伯持能決天下所疑王稚子震名華夏常茂尼流芳京尹其次張俊奏宏英辯博通董扶楊厚究知天文任定祖訓徒同風洙泗其孝悌則有姜詩感物隱靈禽堅精動殊俗隗通石槽中流吳順赤烏來巢其忠貞則王皓隕身不傾朱遵絆馬必死王累懸頸州門張任守節故主其淑媛則有元常紀常程玦及吳几先絡郪之二姚殷氏兩女趙公夫人自時厥後龍宗有鱗鳳集有翼搢紳邵右之疇比肩而進世載

其美是以四方述作有志者莫不仰其高風範其遺則擅名八區爲世師表矣其忠臣孝子烈士貞女不勝詠述雖魯之詠洙泗齊之禮稷下未足尚也故漢徵八士蜀有四焉然秦惠文始皇克定六國輒徙其豪俠於蜀資我豐土家有鹽鐵之利戶專山川之材居給人足以富相尚故工商致結駟連騎豪族服王侯美衣娶嫁設太牢之廚膳歸女有百兩之徒車送葬必高墳瓦槨祭奠而羊豕夕牲贈禭兼加賵賻過禮此其所失原其由來染秦化故也若卓王孫家僮千數程鄭各八百人而郄公從禽巷無行人簫鼓歌吹擊鍾肆懸富侔公室豪過田文漢家食貨以爲稱首蓋亦地沃土豐奢侈不期而至也

蜀郡州治屬縣五（當作六）戶漢廿七萬晉六萬五千去洛三千一百二十里東接廣漢北接汶山西接漢嘉（當有南接二字）犍爲　州治太城郡治少城西南兩江有七橋直西門郫江中沖治橋西南石牛門曰市橋下石犀所潛淵中也城南曰江橋南渡流曰萬里橋西上曰夷里橋上（當作亦）曰笮橋橋（當作又）從沖治橋西出（當作北）折曰長昇橋郫江上西有永平橋（按此八字與下文複當有漢以水經注訂之蓋衍文也）長老傳言李冰造七橋上應七星故

世祖謂吳漢曰安軍宜在七（當有橋連二字見水經注）星間城北十里有昇仙橋有送客觀司馬相如初入長安題市（當作其）門曰不乘赤車駟馬不過汝下也其郫（當有江字）西上有永平橋於是江衆多作橋故蜀立里多以橋爲名　其大江自湔堰下至犍爲有五津始曰白華津二曰里津三曰江首津四曰涉（當作涉）頭津劉琕時召東州民居此改曰東州頭五曰江南津入犍爲有漢安橋玉津東阻津津亦七　始文翁立文學精舍講堂作石室一作（當作名）玉室在城南永初後堂遇火太守陳留高眹更修立又增造二石室州奪郡文

學爲州學郡更於夷里橋南岸道東邊起文學有女
牆其道西城故錦官也錦工織錦濯其中則鮮明濯
他江則不好故命曰錦里也　西又有車官城其
城東西南北皆有軍營壘城其郡四出大道道實二
十里有衢今言十八里者昔蜀王女未嫁年二十亡
王哀悼不忍言二十故言十八也王女墓在城北今
王女陌是也　其太守著德垂績者前漢莫聞建
武以來有弟五倫廉范叔度特垂惠愛百姓歌之曰
廉叔度來何暮來時我單衣去時重五袴其後漢中
趙瑤自扶風太守來之郡司空張溫謂曰第五伯魚

從蜀郡爲司空今掃吾第以待足下瑤撿廣漢陳留
高眹以播文教太尉趙公初爲九卿適子甯還蜀眹
命爲文學撰鄉俗記亦能屈士如此廣漢王商揵爲
楊洪皆見詠懷　及晉建西夷府太守多遷爲西
夷校尉亦遷益州刺史

成都縣　郡治　有十二鄉五部尉漢戶七萬
晉三萬七千名難治時廣漢馮顥爲令而太守京兆
劉宣不奉法顥奏免之立文學學徒八百人寶戶口
萬八千開稻田百頃治有尤異後有廣漢劉寵爲令
大姓恣縱諸趙倚公故多犯法濮陽太守趙子眞父
子強橫寵治其罪莫不震肅郫民陽伯侯奢侈大起
冢營因寵爲郫令伯侯遂徙占成都寵復爲成都豪
右敬服有蜀侯祠大姓有柳杜張趙郭楊氏富先有
程鄭郄公後有郭子平奢豪楊伯侯兄弟

郫縣　郡西北六十里冠冕大姓何羅郭氏

繁縣　郡北九十里有泉水稻田三張爲甲族

江原縣　郡西渡大江濱文井江去郡一百二十
里有青城山稱江祠安漢上下朱邑出好麻黃潤細
布有羞爾盛小亭有好稻田東方常氏爲大姓文井
當有江字上有守捉按守捉當作常氏堤見水經注三十里上有天馬祠

臨邛縣　郡西南二百里本有邛民秦始皇徙上
郡實之有布濮水從布濮來合文井江有火井夜時
光映上昭民欲其火先以家火投之頃許如雷聲火
焰出通耀數十里以竹筒盛其光藏之可拽行終日
不滅也井有二當有誤水取井火煮之一斛水得五斗
鹽家火煮之得無幾也有古石山有石鑛大如蒜子
火燒合之成流支鐵甚剛因置鐵官有鐵祖廟祠漢
文帝時以鐵銅賜侍郎鄧通通假民卓王孫歲取千
疋故王孫貲累巨萬億鄧通錢亦盡天下王孫女文
君能鼓琴時有司馬長卿者臨邛令王吉與之游王

孫家交君因奔長卿漢世縣民陳立歷巴郡牂柯天水太守有異政陳氏劉氏爲大姓冠蓋也

廣都縣　郡西三十里元朔二年置有鹽井漁田之饒大豪馮氏有鹽井魚池縣凡有小井十數所及漁田之饒江有魚漕梁山有鐵鑛江西有安（當有稻誤）田穿山崖過水二十里漢時縣民朱辰字元燕爲巴郡太守甚著德惠辰卒官郡獽民北送及墓獽蜑鼓刀辟踊感動路人於是葬所草木頃許皆倣之曲折迄今蜀人莫不歎辰之德靈爲之感應今朱氏爲首族矣

成都市官本有長建武十八年省

蜀郡太康初屬王國改號曰成都内史王改封乃復舊

廣漢郡高帝六年置屬縣八漢戸十七萬晉四萬去洛三千里南去成都百二十里西接汶山北接梓潼東接巴郡本治繩鄉安帝永和中陰平漢羌反元初二年移涪後治雒城王莽改曰就都公孫述名曰子同　益州以蜀郡廣漢犍爲爲三蜀土地沃美人士俊乂一州稱望然漢選蜀郡廣漢太守每重德高俊故爾趙謨第五伯魚後有蔡陳表章禮物殊於諸郡其太守著功德者有劉寵孫寶蔡（當有茂字）陳寵伯魚自郡遷遷司徒寵亦至三公而段諷尹睦鮮于定趙瑶皆公望也薛鴻董卿佐也而許靖亦爲上公及何祗常閎皆有稱　以處州中益州恒治此郡初平中益州牧劉焉自緜竹移雒縣城築闕門云其地不王乃留孫脩據之　建安十八年劉先主自涪攻圍且一年軍師龐統中流矢死先主痛惜言則流泣廣漢太守南陽張存曰統雖可惜違大雅之體先主怒曰統殺身成仁非仁乎卽免存官　十九年夏雒城拔襄陽馬良書諭諸葛亮曰承雒城已下尊兄配業光國魄兆見矣時州或治成都時復治雒爲

蜀淵府

雒縣　郡治　汎（當作沈）鄉有孝子姜詩田地宅姓族有鐔李郭翟氏

緜竹縣　劉焉初所治緜與雒各出稻稼畝收三十斛有至五十斛漢時任定祖以儒學教號侔洙泗有多士秦杜爲首族也

什邡縣　山出好茶楊氏爲大姓美田有鹽井

新都縣　蜀以成都廣都新都爲三都號名城有金堂山水通於巴漢時五倉名萬安倉有東魚梁多

名士有楊厚董扶又有四姓馬史汝鄭者也
五城縣　郡東南有水通於巴漢時置五倉發五
縣民尉部主之後因以爲縣出龍骨云龍升其山值
天門閉不達墮死於此後没地中故掘取得龍骨
郪縣　有山原田富國鹽井濮出好棗宜君山出
麋（當作麈廣韻引不誤）尾特好入貢大姓王李氏又有高馬家
世掌部曲蜀時高勝馬秦皆叛伏誅
廣漢縣　有山原田蜀時彭義（當作羕）有儁才晉世
改（當作段下當有容字段容見後賢志）號令德故二姓爲甲族也
德陽縣　有青石祠山原肥沃有澤漁之利士女

貞孝壁山樂水土地易爲生事車騎將軍鄧芝雅有
終焉之思後遂葬其山太守夏侯纂時古濮爲功曹
康古袁（當有脫）氏爲四姓大族之甲者也
劉氏延熙中分廣漢四縣置東廣漢郡咸熙初省泰
始末又分置新都郡太康省末年又置蜀王國蜀郡
常騫爲內史永嘉末省
犍爲郡孝武建元六年置時治鄨（當有屬字）縣十二漢户
十萬鄨故犍爲地是也鄨有犍山見保乾圖　武
帝初欲開南中令蜀通僰青衣道建（舊誤是今改正）元年（當作
中）僰道令通之費功無成百姓愁怨司馬相如諷諭

之使者唐蒙將南入以道不通執令將斬之嘆曰忝
官益土恨不見成都市蒙即令送成都市而殺之蒙
乃斬石通閣道故世爲諺曰思都郵斬令頭云後蒙
爲都尉治南夷道　元光五年郡移治南廣
太初（舊脫此二字今補正見水經注）四年益州刺史任安城武陽
孝昭元年郡治僰道後遂徙武陽至晉屬縣五户
二萬去洛三千二百七十里東接江陽南接朱提北
接蜀郡西接廣漢（當作漢嘉）王喬升其北山彭祖家（當有誤）
其彭蒙（當作家）白虎仁於廣德寶鼎見於江瀨綏和五
年又上寶磬十六劉向以爲美化所降用立辟雍而

士多仁孝女性貞專王莽改曰西順郡人不會更始
都南陽達奉貢職及公孫述有蜀郡拒守述伐之郡
功曹朱遵逆戰衆寡不敵遵絆馬死戰遂爲述所并
而任君業閉戶費貽素隱光武帝嘉之曰士大夫之
郡也　郡去成都百五十里渡大江昔人（作大橋）
曰漢安橋廣一里半每秋夏水盛斷絶歲歲脩理百
姓苦之建安二十一年太守南陽李嚴乃鑿天社山
尋江通車（當衍）道省橋三津吏民悅之嚴因更造起府
寺觀壯麗爲一州勝宇　二十四年黃龍見武陽
赤水九日蜀以劉氏瑞應其太守漢興以來鮮有顯

者

武陽縣　郡治　有王喬彭祖祠蒲（當作藉）江（當有爲字見水經注）大堰灌郡下六門有朱遵祠山出鐵及白玉

特多大姓有七楊五李諸姓十二也

南安縣　郡東四百里治青衣江會縣濶有名灘（當作灘名誤倒灘句絕讀名下屬）一（當衍）曰雷垣（當作坻）二（當作亦皆見水經注）曰鹽濶李冰所平也有柑橘官社漢有鹽井南安武陽皆出名茶多陂池西有熊耳（當有峽字續漢志注引不誤）南有峨眉山山去縣八十里孔子地圖言有仙藥漢武帝遣使者祭之欲致其藥不能得有四姓能宣謝審五大

族楊費又有信士呂孟貞紀至行也

僰道縣　在南安東四百里距郡百里高后六年城之治馬湖江會水通越嶲本有僰人故秦紀言僰童之富漢民多漸斥徙之有荔芰薑蒟濱江有兵蘭李冰所燒之崖有五色赤白映水元黃魚從楚（當作僰見水經注）來至此而止畏崖映水也有韓原素祠又有孝子隗通爲母汲江奝（當作擔見水經注）水天爲出平石生江中（當有脊字）今石在馬湖江而孝子吳順奉母赤烏巢其門崩容江出好磨石江多魚害民失在於徵巫好鬼妖大姓吳隗又有楚石薛相者

牛鞞縣　受新都江去郡三百里元鼎二年置（句絕）相（當作有下屬）陽明鹽井陳韓氏爲冠蓋之族

資中縣　受牛鞞江也先有王延世著勳河平後有董鈞爲漢定禮王董張趙爲四族二縣在中多山田少種稻之地（以上三十六字舊錯簡入江陽郡下今移正）

江陽郡（舊此下錯簡今移正見上）本犍爲枝江都尉建安十八年置郡漢安程徵石謙白州牧劉璋求立郡璋聽之以都尉廣漢戍存爲太守屬縣四戶五千去洛四千八百里東接巴郡南接牂柯西接廣漢（當衍此二字）犍爲北接廣漢有荔芰巴菽桃枝蒟給（當有客字）橙俗好文刻（當作刺）少儒學多樸野蓋天性也（舊校云有荔芰巴菽桃枝蒟給橙字與上文巴志序所稱果蔓名大同小異）

江陽縣　郡治　治（舊脫此字今補正）江雒會有方山蘭祠江中有大闕小闕季春黃龍堆沒闕郎平昔云世祖微時過江陽有一子望氣者曰江陽有貴兒氣王莽求之縣人殺之後世祖爲子立祠謫江陽民不使冠帶者數世有富義鹽井又郡下百二十里者曰伯塗魚梁云伯氏女爲塗氏婦造此梁四姓王孫程鄭八族又有趙魏先周也

漢安縣　郡東（當有誤）五百（當有誤）里土地雖迫山水

特美好宜蠶桑有鹽井魚池以百數家家有焉一郡豐沃四姓程姚郭石八族張季李趙輩而程石傑立郡常秉議論選之

符縣　郡東二百里元鼎二年置治安樂水會（當有水字）東接巴蜀（當衍）樂城（句絕）南水（當衍）通平夷（舊誤羌今改正）鄨縣永建元年十二月縣長趙祉遣吏先尼和拜檄巴蜀（當衍）守過成瑞灘死子賢求喪不得女絡年二十五迺分金珠作二錦囊繫兒頭下至二年二月十五日女絡乃乘小船至父沒所哀哭自沈見夢告賢曰至二十一日與父尸俱出至日父子浮出縣言郡太守蕭登高之上尚書遣戶曹掾為之立碑人為語曰符有先絡僰道張帛求其夫天下無有其偶者矣

新樂縣　郡西二百八十里元康五年置西楚（當作通）僰道有鹽井大姓魏呂氏（舊校云西楚僰道四字疑誤）

汶山郡本蜀郡北部冉駹都尉孝武元封四（當作鼎六漢書武帝紀後漢書冉駹夷傳皆有明文郡立於元鼎六年庚午省於地節三年甲寅故凡四十五年也）年置舊屬縣八戶二十五萬去洛三千四百六十三里東接蜀郡南接漢嘉西接涼（舊誤梁今改正）州酒泉北接陰平有六夷羌胡羌虜白蘭峒九種之戎牛馬旄氈班罽青頓毞毲羊羖（按後漢書羖作羧章懷注云青頓毞毲羧並未詳字書無此二字）之屬特多雜藥名香土地剛鹵不宜五穀惟種麥而多冰寒盛夏凝凍不釋故夷人冬則避寒入蜀傭賃自食夏則避暑反落歲以為常故蜀人謂之作五百石子也　宣帝地節元（當作三漢書宣帝紀後漢書冉駹夷傳皆有明文又前云孝宣地節三年罷汶山郡者卽此事亦可證也太平寰宇記引作元所見本已譌耳）年武都白馬羌反使者駱武平之因（按舊本自此脫去乃闕汶山郡云云又闕漢嘉郡又闕越嶲郡首也考太平寰宇記引華陽國志宣帝地節元年武都白馬羌反使駱武平定之因慰勞汶山吏及百姓詣武自訟一歲再度更賦至重邊人貧苦無以供給求省部郡建以來四十五年矣武以狀上遂省汶山郡復置都尉今汶山郡此因字下無慰勞云云而誤連越嶲郡之拜越嶲太守云云慰勞以下當在所闕中又考晉書地理志汶山郡統縣八汶山升遷都安廣陽興樂平康蠶陵廣柔也漢嘉郡統縣四漢嘉徙陽嚴道旄牛也劉昭續漢郡國志注蜀郡汶江道引華陽國志曰濊水駹水出焉多冰寒盛夏凝凍不釋孝安延光三年復立之以為郡又廣柔引華陽國志曰夷人營其地方百里不敢居牧有過逃其野中不敢追云畏禹神能藏三年為人所得則共原之云禹神靈佑之又緜虒道引華陽國志曰有玉壘山出辟玉瀆水所出當在今汶山郡所闕中顏師古注漢書貨殖傳引華陽國志曰汶山郡都安縣有大芋如蹲鴟也亦當在今汶山郡所闕中又劉昭注蜀郡屬國漢嘉引華陽國志曰有沬水從邛崍出岷江又從岷山西來入江合郡下青衣江入大江士地多山又嚴道引華陽國志曰道至險有長嶺若棟八渡之難楊母閣之峻昔楊氏倡造作閣故名焉邛崍山本名邛莋故邛人莋人界也巖阻峻迴曲九折乃至山上凝冰夏結冬則劇寒王陽行部至此又退徙引華陽國志曰出丹砂雄雌黃空青青碧又旄牛界華陽國志曰旄地也在邛崍山表邛人自蜀入渡此山甚險難南人毒之故名邛崍有鮮水若水一名洲江當在今所闕漢嘉郡中水經沬水篇注引華陽國志沬青衣二水於漢嘉青衣縣東合為一川亦當在

今所闕漢嘉郡中以此訂之郡有靑衣縣不盡如晉志也世間已無善本得見其元文者矣

漢嘉郡 闕

越巂郡 闕以上 拜越巂太守迎者如雲後蜀郡趙當衍此三字溫當作湍亦著治績按考後漢書邛都夷傳永平後太守巴郡張翕政化淸平得夷人和在郡十七年卒安帝元初六年天子以張翕有遺愛乃拜其子湍爲太守夷人懽喜奉迎道路此以上所闕及僅存之原委也宋人校刊改竄全非 故王莽遣任貴爲鎭戍大尹守之自建武後數叛按以上亦宋人校刊改竄王莽建武不得在永平元初後也今但無以正之 章武三年越巂高叟大帥高定元稱王恣睢遣都督李承之煞將軍梓潼焦璜破沒郡土丞相亮遣越巂太守龔祿住安上縣遙領太守安

上去郡八百里有名而已 建興三年蜀安南將軍馬忠討越巂郡夷郡夷剛很皆鴟視忠率越巂太守張嶷將所領之郡誘殺蘇祈邑君冬逢及其弟隗渠等懷集種落威信允著諸種漸服又斬斯都耆帥李承之首乃手煞焦璜龔祿者也又討叛鄙降夷人安種落蠻夷率服嶷始以郡郭宇頹更築小塢居之舊校云舊本記此段訛舛不重敘始考事之本末略加整頓刻之今按章武三年以下用三國志證之未見訛舛李至所疑頓謂其以上耳 延熙二年乃還舊郡更城郡城夷人男女莫不致力興復七縣嶷遷後復頗奸軌雖有四部斯兒當作叟下同 及七營軍不足固守乃置赤甲北軍二牙門及斯兒督軍中堅衛夷徼

邛都縣 郡治 因邛邑名也邛之初有七部後爲七部營軍又有四部斯兒南山出銅續漢書志注引邛都河有嘩巂山疑此有脫文有溫泉穴冬夏熱其溫可湯雞豚下流治疾病餘多惡水水神護之不可汚濊及沈亂髮照面則使人被惡疾一郡通云然

臺登縣 有孫水一曰白沙江入馬湖水山有砮石火燒成鐵剛利禹貢厥賦砮是也又有漆漢末夷皆有之嶷取焉舊校云張嶷也

闌縣 故邛人邑續漢志注引有治字邛都續漢志注引有城字接寒

闕按當有誤續漢書志注引靈關道有銅山又有利慈疑此郡本有靈道縣今爲脫文遂無以補之附見於此 今省

蘇示縣 漢末夷王及弟隗渠數借叛以服諸種張嶷先殺王弟隗渠又叛逋入西徼遣親信二人使嶷嶷知姦計以重賂使使殺渠渠死夷徼肅淸縣晉省

會無縣 路通寧州渡瀘得住當作堂狼當作蜋南中志作螂縣故濮人邑也今有濮人冢冢不閉戶其穴多有碧珠人不可取取之不祥有天馬河馬日千里後死於蜀葬江原小亭今天馬冢是也縣有天馬祠初民家

馬牧山下或產駿駒云天馬子也今有天馬徑厥跡存焉河中有銅胎今以羊祀之可取河中見存土地時當作特產當有好字犀牛當有東字山色當作出續漢志注引不誤青碧

大筰縣　漢末省也

定筰縣　筰笮當衍夷也汶山曰夷南中曰昆明漢嘉越巂曰筰蜀曰邛皆夷種也縣在郡西渡瀘水賓剛徼白摩沙夷有鹽池積薪以齊水灌而後焚之成鹽漢末夷皆錮之張嶷往爭夷帥狼舊脫此字今補正岑槃木王舅此二字舊誤作明今改正不肯服嶷禽撻殺之厚賞賜餘類皆安官迄有之白沙河是

三縫縣　一曰小會無音三播舊校云音三播字疑誤通道寧州渡瀘得蜻蛉縣有長谷石時坪中有石豬子母數千頭長老傳言夷昔牧豬於此一朝豬化爲石迄今夷不敢牧於此

畢水縣　去郡三百里水流通馬湖

潛街縣　漢末置晉初省

安上縣

馬湖縣　水通僰道入江晉初省

右益州　漢初統郡五後漸分建蜀郡及巴郡又分爲五郡廣漢漢中犍爲爲四郡又開益州五郡合二十五郡及寧州梁州建復增七郡按以上舛駮所未詳矣蜀於是有三舊脫此字今補正州四當有誤十二郡一百九十六縣　州分後益州凡新舊郡九當有誤縣四十八戶夷晉二十二萬

譔曰蜀之爲邦天文井絡輝其上地理岷嶓鎮其域五岳則華山表其陽四瀆則汶江出其徼故上聖則大禹生其鄉媾姻則黃帝婚其女顯族大賢彭祖育其山列仙王喬升其岡而寶鼎輝光於中流離龍仁虎躍乎淵陵開闢及漢國富民殷府腐穀帛家蘊畜積雅頌之聲充塞天衢中稷之詠洋乎二南蕃衍三

州士廣萬里方之九區於斯爲盛固乾坤之靈囿先王之所經緯也

華陽國志卷第三

華陽國志卷第四

南中志

寧州晉泰始六年初置蜀之南中諸郡庶降都督治也南中在昔蓋夷越之地滇濮句町夜郎葉榆桐師巂唐侯王國以十數編髮左衽隨畜遷徙莫能相雄長舊校云下永昌郡有巂唐縣　周之季世楚威按顏師古漢書地理志注引作頃襄考史記漢書西南夷傳皆作威蓋顏師古因秦奪楚黔中地在頃襄王時改而引之也　王遣將軍莊蹻泝沅水出且蘭以伐夜郎植牂柯繫當作椓下同船於是且蘭既克夜郎又降而秦奪楚黔中地無路得反遂留王滇池蹻楚莊王苗裔也以牂柯繫船因名且蘭爲牂柯國分侯支黨傳數百年秦幷蜀通五尺道置吏主之

漢興遂不賓有竹王者興於遯水有一女子浣於水濱有三節大竹流入女子足閒推之不肯去聞有兒聲取持歸破之得一男兒長養有才武遂雄夷狄氏以竹爲姓捐所破竹於野成竹林今竹王祠竹林是也王與從人嘗止大石上命作羹從者曰後漢書夜郎傳注引作白無水王以劍擊石水出今後漢書夜郎傳注引有竹字　王水是也破石存焉後漸驕恣武帝使張騫至大夏國見邛竹蜀布問所從來曰吾賈人從身毒國得之身毒國蜀之西國今永昌是也騫以白帝東越攻南越大行王恢救之恢使番陽令唐蒙曉喻南越南越人食有蒟醬蒙問所從曰牂柯來蒙亦以白帝因上書曰南越地東西萬里名爲外臣實一州主今以長沙豫章往水道多絕難行竊聞夜郎精兵可得十萬若從番禺浮船牂柯出其不意此制越之一奇也可通夜郎道爲置吏主之帝乃拜蒙中郎將發巴蜀兵千人奉幣帛見夜郎侯喻以威德爲置吏旁小邑皆貪漢繒帛以爲道遠漢終不能有也故皆且聽命司馬相如亦言西戎邛笮蜀之後園可置爲郡帝既感邛竹又甘蒟醬乃拜爲中郎將往喻意皆聽命

後西南夷數反發運役費甚多相如知其不易也乃假巴蜀之論以諷帝且以宣指使於百姓舊校云檄在本傳　卒開僰門通南中相如持節開越巂按道侯韓說開益州武帝轉拜唐蒙爲都尉開牂柯以重幣喻告諸種侯王侯王服從因斬竹王置牂柯郡以吳霸爲太守及置越巂朱提益州四郡後夷濮阻城咸怨訴竹王非血氣所生求立後嗣霸表封其三子列侯死配食父祠今竹王三郎神是也

昭帝始元元年益州廉頭姑繒等二十四縣民反水衡都尉呂破奴募吏民及發犍爲蜀郡奔命擊破之後三

歲姑繒復反都尉呂辟胡擊之敗績明年遣大鴻臚
田廣明等大破之斬首捕虜五萬人獲畜産十萬餘
頭富埒中國封其渠帥亡波爲鉤町王以助擊反者
故也廣明賜爵邑　成帝時夜郎王興與鉤町王
禹漏臥侯兪更相攻擊帝使太中大夫張匡持節和
解之鉤町夜郎王不服乃刻木作漢使射之大將軍
王鳳薦金城司馬蜀郡陳立爲牂柯太守何霸爲中
郎將（當有誤）出益州立既到郡單至夜郎召興興與邑
君數千人來見立立責數斬興邑君皆悅服興妻父
翁指與興子恥復反立討之威震南裔　平帝末

梓潼文齊爲益州太守公孫述時拒郡不服光武稱
帝以南中有義　益州西部金銀寶貨之地居其
官者皆富及十世孝明帝初廣漢鄭純獨尚清廉毫
毛不犯夷漢歌詠表薦無數上自三司下及卿士莫
不歎賞明帝嘉之因以爲永昌郡拜純太守　章
帝時蜀郡王阜爲益州太守治化尤異神馬四匹出
滇池河中甘露降白烏見始興文學漸遷其俗
安帝永初中漢中陰平廣漢羌反征戰連年　元
初四年益州永昌越巂諸夷封離等反衆十餘萬多
所殘破益州刺史張喬遣從事蜀郡楊竦將兵討之

竦先以詔書告諭告諭不從方略滌討凡殺虜三萬
餘人獲生口千五百人財物四十餘萬降赦夷三十
六種舉劾姦貪長吏九十人黃綬六十人諸郡皆平
竦以傷死故功不錄自是後少寧五十餘年　迄
靈帝熹平中蠻夷復反擁沒益州太守雍陟遣御史
中丞朱龜將幷涼勁兵討之不克朝議不能征欲依
朱崖故事棄之太尉掾巴郡李顒獻陳方策以爲可
討帝乃拜顒益州太守與刺史龐芝伐之徵龜還顒
將巴郡板楯軍討之皆破陟得生出後復更拔梓潼
景毅爲益州太守承喪亂後民夷困餓米一斛千錢

皆離散毅至安集後米一斛八錢　建安十九年劉
先主定蜀遣安遠將軍南郡鄧方以朱提太守庲降
都督治南昌縣輕財果毅夷漢敬其威信方亡先主
問代於治中從事建寧李恢對曰西零之役趙充國
有言莫若老臣先主遂用恢爲都督治平夷縣先主
薨後越巂叟帥高定元殺郡將軍焦璜舉郡稱王以
叛益州大姓雍闓亦殺太守正昂更以蜀郡張裔爲
太守闓假鬼教曰張裔府君如瓠壺外虛澤而內實
麤殺之不可縛與吳於是執送裔於吳吳主孫權遙
用闓爲永昌太守遣故劉璋子闡爲益州刺史處交

益州際牂柯郡丞朱提朱褒領太守恣睢丞相諸葛亮以初遭大喪未便加兵遣越巂太守巴西龔祿住安上縣遥領郡從事蜀郡常頎行部南入以都護李嚴書曉喻闓闓答曰愚聞天無二日土無二王今天下派分正朔有三遠人惶惑不知所歸其傲慢如此頎至牂柯收郡主簿考訊姦褒因煞頎爲亂益州夷復不從闓闓使建寧孟獲說夷叟曰官欲得烏狗三百頭膺前盡黑螨腦三斗斷木構三丈者三千枚汝能得不夷以爲然皆從闓斷木堅剛性委曲高不至二丈故獲以欺夷　建興三年春亮南征自安上

由水路入越巂別遣馬忠伐牂柯李恢向益州以犍爲太守廣漢王士爲益州太守高定元自旄牛定笮卑水多爲壘守亮欲俟定元軍衆集合并討之軍卑水定元部曲殺雍闓及士庶等（當衍二字）孟獲代闓爲主亮既斬定元而馬忠破牂柯李恢敗於（當衍）南中夏五月亮渡瀘進征益州生虜孟獲置軍中問曰我軍如何獲對曰恨不相知公易勝耳亮以方務在北而南中好叛亂宜窮其詐乃赦獲使還合軍更戰凡七虜七赦獲等心服夷漢亦思反善亮復問獲獲對曰明公天威也邊民長不爲惡矣秋遂平四郡改益州爲建寧以李恢爲太守加安漢將軍領交州刺史移治味縣　分建寧越巂置雲南郡以呂凱爲太守　又分建寧牂柯置興古郡以馬忠爲牂柯太守移南中勁卒青羌萬餘家於蜀爲五部所當無前軍號飛軍（舊校云闕）分其羸弱配大姓焦雍婁爨孟量毛李爲部曲置五部都尉號五子故南人言四姓五子也以夷多剛很不賓大姓富豪乃勸令出金帛聘策惡夷爲家部曲得多者奕世襲官於是夷人貪貨物以漸服屬於漢成夷漢部曲亮收其俊傑建寧爨習朱提孟琰及獲爲官屬習官至領軍琰輔漢將軍獲御

史中丞出其金銀丹漆耕牛戰馬給軍國之用都督常用重人　李恢卒後以蜀郡太守犍爲張翼爲都督翼持法嚴不得殊俗和夷帥劉胄反徵翼以馬忠爲代忠未至翼脩攻戰方略資儲羣下懼翼曰吾方臨戰場豈可以絀退之故廢公家之務乎忠至承以滅胄蜀賜翼爵關內侯忠在南柔遠能邇甚垂惠愛官至鎮南大將軍卒後南人爲之立祠水旱禱之以蜀郡張表爲代加安漢將軍又以犍爲楊義（當作羲）爲參軍副貳之表後以南郡閻宇爲都督南郡霍弋爲參軍弋甚善參毗之禮遂代宇爲監軍安南將軍

撫和異俗爲之立法施教輕重允當夷晉安之及晉世因仍其任時交趾不附假弋節遙領交州刺史得以便宜選用長吏今官和解夷人及適罰之皆依弋故事弋卒子在龔(當作襲)領其兵和諸姓晉以巴西太守吳靜在官數年撫卹失和軍司鮮于嬰表徵靜還嬰因代之　泰始六年以益州大分南中四郡爲寧州嬰爲刺史　咸寧五年尚書令衛瓘奏兼幷州郡　太康三年罷寧州置南夷以天水李毅爲校尉持節統兵鎮南中統五十八部夷族都監行事每夷供貢南夷府入牛金旃馬動以萬計皆預

作忿恚致校尉官屬其供郡縣亦然南人以爲饒自四姓子弟仕進必先經都監夷人大種曰昆小種曰叟皆曲頭木耳環鐵裹結無大侯王如汶山漢嘉夷也夷中有桀黠能言議屈服種人者謂之耆老便爲主論議好譬諭物謂之夷經今南人言論雖學者亦半引夷經與夷爲姓(當作婚)曰遑耶諸姓(當有婚字)爲自有耶世亂犯法輒依之藏匿或曰有爲官所法夷或爲報仇與夷至厚者謂之百世遑耶恩若骨肉爲其逋逃之藪故南人輕爲禍變恃此也其俗徵巫鬼好詛盟投石結草官常以盟詛要之諸葛亮乃爲夷作圖

譜先畫天地日月君長城府次畫神龍龍生夷及牛馬羊後畫部主吏乘馬幡蓋巡行安卹又畫牽牛負酒齎金寶詣之之象以賜夷夷甚重之許致生口直又與瑞錦鐵券今皆存每刺史校尉至齎以呈詣動亦如之　毅後永昌呂祥爲校尉祥後數人李廣漢從雲南犍爲郡守爲校尉久之建寧太守巴西杜俊朱提太守梓潼雍約懦鈍無治政以賄成俊奪大姓鐵官令毛詵中郎李叡部曲致詵弟耐罪朱提大姓太中大夫李猛有才幹弟爲功曹分當察舉而俊約受都尉雷逢賂舉逢子炤孝廉不禮猛猛等怨之

太安元年秋詵叡猛(當衍)逐俊以叛猛貽之書曰昔魯侯失道季氏出之天之愛民君師所治知足下追踵古人見賢思齊足下箕帚枉慚吾郡亦遂約應之作亂衆數萬毅討破之斬詵首叡走依遑耶五蔡(當作苓)夷帥于陵承猛箋降曰生長遐荒不達禮教徒與李雄和光合勢雖不能營師五丈略地渭濱冀北斷褒斜東據永安退考靈符晉德長久誠非狂夫所能干輒表革面歸罪有司毅惡其言遂誘殺之部永昌從事江陽孫辨上南中形勢七部斗絕晉弱夷強加其土人屈塞應復寧州以相鎮慰冬十一月

丙戌詔書復置寧州增統牂柯益州朱提合七郡爲刺史加龍驤將軍進封成都縣侯　二年于陵承詣毅請恕叡罪毅許之叡至羣下以爲誅叡破州土必殺之毅不得已許諾及叡死于陵承及誅猛逞耶怒扇動謀反奉建寧太守巴西馬恢爲刺史燒郡爲發毅方疾作力出軍初以救恢即聞其情乃殺恢夷愈強盛破壞郡縣没吏民會毅疾甚軍連不利晉民或入交州或入永昌牂柯半亦爲夷所困虜夷因攻圍州城毅但疾力固孤城病篤不能戰討時李特李雄作亂益州而所在有事救援莫至毅上疏陳謝不

能式遏寇虐疾與事遇使虜遊魂兵穀既單器械窮盡而求救無望坐待殄斃若必不垂矜憂乞請大吏及臣尚存加臣重罪若臣已死臣屍爲戮積四年

光熙元年春三月毅薨子釗任洛還赴到牂柯路塞停住交州交武以毅女秀明達有父才遂奉領州事秀初適漢嘉太守廣漢王載載將家避地在南故共推之又以載領南夷龍驤將軍秀獎勵戰討食糧已盡人但樵草炙鼠爲命秀伺夷怠緩輒出軍掩破首尾三年釗乃得達丁喪文武復逼釗領州府事毅故吏毛孟等詣洛求救至欲自刎懷帝乃下交州使救助之以釗爲平寇將軍領南夷護軍遣御史趙濤贈毅少府謚曰威侯交州刺史吾彥遣子威遠將軍洛以援之朝廷以廣漢太守魏興王遜爲南夷校尉寧州刺史代毅自永嘉元年受除四年乃至遜舉建寧董敏爲秀才郡父無太守功曹周悅行郡事輕敏不下其板遜至怒殺悅悅弟秦臧長周長合夷叟謀以趙濤父渾昔爲建寧有德惠欲殺遜樹濤遜誅之并殺濤夷晉莫不惶懼表釗爲朱提太守治南廣禦雄時荒亂後倉無斗粟眾無一旅官民虛弱綱紀弛廢遜惡衣菜食招集夷民夷徼厭亂漸亦返善勞來

不怠數年克復以五茶（當作苓）夷昔爲亂首圖討之未有致罪會夷發夜郎莊王慕遜因此而討滅之又討惡獠剛夷數千落威震南方官至平西安南將軍又兼益州刺史加散騎常侍封褒中伯而嚴猛太過多所誅鋤犍爲太守朱提雷炤流民陰貢平樂太守董霸破牂柯平夷南廣北降李雄建寧爨量與益州太守李遏梁水太守董慬保興古槃南以叛雄遣叔父驤破越巂代寧州遜使督護雲南姚岳距驤於堂螂縣違遜指授雖大破之驤不獲　太興四年遜發病薨州人推中子堅領州事永昌元年晉朝更用零

陵太守南陽尹奉爲寧州刺史南夷校尉加安漢將
軍奉威刑緩鈍政治不理　咸和八年遂爲雄弟
壽所破獲南中盡爲雄所有惟牂柯謝恕不爲壽所
用遂保郡獨爲晉官至撫夷中郎將寧州刺史冠軍
是歲咸和八年也
牂柯郡漢武帝元鼎二（當作六）年開屬縣漢十七戶六
萬及晉縣四（當作戶）戶五千去洛五千六百一十里郡
上值天井故多雨潦俗好鬼巫多禁忌畲山爲田無
蠶桑頗尚學書少威儀多懦怯寡有產雖有僮僕方
諸郡爲貧王莽更名牂柯曰同亭郡不服會公孫述

時（當作據李坙依後漢書誤改耳）三蜀（句）絶大姓龍傅尹董氏與功曹
謝暹保郡聞漢世祖在河北乃遠使使由番禺江出
奉貢漢朝世祖嘉之號爲義郎　明章之世毋斂
人尹珍字道眞以生遐裔未漸庠序乃遠從汝南許
叔重受五經又師事應世叔學圖緯通三材還以教
授於是南域始有學焉珍以經術選用歷尚書丞郎
荆州刺史而世叔爲司隸校尉師生並顯平夷傅保
夜郎尹貢亦有名德歷尚書郎長安令巴郡太守彭
城相號南州人士郡特多阻險有延江霧赤煎水爲
池衞少有亂惟朱褒見誅其郡守垂功名者前有吳

霸陳立後有漢中張亮則廣漢劉寵犍爲費詩巴西
馬忠皆著勳烈晉元帝世太守建寧孟才以驕暴無
恩郡民王淸范朗逐出之刺史王遜怒分鄨半（當作平下）
（當有夷字）爲平夷郡夜郎以前爲夜郎郡（當有但字）四縣
萬壽縣　郡治　有萬壽山沮（當衍）本有鹽井漢
末時夷民共詛盟不開今三郡皆無鹽
且蘭縣（舊校云音沮）　漢曰故且蘭有柱蒲關也
廣談縣
毋斂縣　有剛水（當作水見漢書地理志）也
平夷郡晉元帝建興（當作武）元年置屬縣二戶千

平夷縣　郡治　有硔津安樂水山出茶蜜
鄨縣　故犍爲郡城也不狼山出鄨水入沅有野
生蘚可食大姓王氏
夜郎郡夜郎國也屬縣二戶千
夜郎縣　郡治　有遯水通廣鬱林（後漢書夜郎傳注引）
（無廣字）有竹王三郎祠甚有靈響也
談指縣
晉寧郡本益州也元鼎初屬牂柯越巂漢武帝元封
二年叟反遣將軍郭昌討平之因開爲郡治滇池上
號曰益州漢屬縣二十四戶二十萬晉縣七戶萬去

洛五千六百里司馬相如韓說初開得牛馬羊屬三十萬漢乃募徙死罪及奸豪實之郡土大平敞原田多長松皐有鸚鵡孔雀鹽池田漁之饒金銀畜産之富俗奢豪難撫御惟文齊王阜景毅李顒及南郡董和爲之防檢後遂爲善蜀建興三年丞相亮之南征以郡民李恢爲太守改曰建寧治味縣寧州別建爲益州郡後太守李遐恢孫也與前太守董慬建興纍量共叛寧州刺史王遜表改益州爲晉寧郡

滇池縣 郡治 故滇國也有澤水週迴二百里所出深廣下流淺狹如倒流故曰滇池長老傳言池中有神馬或交焉卽生駿駒俗稱之曰滇池駒日行五百里（當有有黑二字見漢書地理志）水神祠祀亦有溫泉如越巂溫水又有白蜎山山無石惟有蜎也

同勞縣

同安縣

連然縣 有鹽井南中共仰之

建伶縣

母單縣

秦臧縣

建寧郡治故庲降都督屯也南人謂之屯下屬縣晉太安二年分爲益州平樂二郡合縣十三戶萬去洛五千六百三十九里有五部都尉四姓及霍家部曲

味縣 郡治 有明月社夷晉不奉官則官與共盟於此社也

牧麻縣 山出好升麻有塗水

同樂縣 大姓爨氏

穀昌縣 漢武帝將軍郭昌討夷平之因名郭昌以威夷孝章時改爲穀昌也

同瀨縣

雙柏縣

存駹縣 雍闓反結壘於縣山繫馬柳柱生成林今夷言無雍梁言馬也

昆澤縣

漏江縣 九十里出蟥口

談稾縣 有濮獠

伶丘縣 主獠

脩雲縣

新定縣（按當作俞元縣續漢書志之俞元注引華陽國志裝山在河中洲上明此郡本有俞元縣幷有脫文也其新定縣自入平樂郡不當更列於此矣）

平樂郡元帝建興（當作武）元年刺史（當有王遜二字）割建寧有（當

之字新定興遷二縣新立平樂三沮二縣合四縣爲一
郡後太守建寧董霸叛降李雄郡縣遂省寧州北屬
雄復爲郡以朱提李壯爲太守（按此下脫文未詳）
朱提郡本犍爲南部孝武帝元封二年置屬縣四建
武後省爲犍爲屬國至建安二十年鄧方爲都尉先
主因易名太守屬縣五戶八千去洛五千三百里先
有梓潼文齊初爲屬國穿龍池溉稻田爲民興利亦
爲立祠大姓朱魯雷興仇遞高李亦有部曲其民好
學濱犍爲號多士人爲寧州冠冕

朱提縣　郡治

堂螂縣　因山名也出銀鉛白銅雜藥有堂螂附
子

南秦縣　自僰道南廣有八亭道通平夷

漢陽縣　有漢水入延江

南昌縣　故都督治有鄧安遠城也

南廣郡蜀延熙中置以蜀郡常竺爲太守蜀朝召竺
入爲侍中巴西令狐衷代之　建武九（當有誤）年省
　元帝世刺史王遜移朱提治郡南廣太守李釗
數破雄殺賊大將樂初後刺史尹奉邽郡還舊治及
雄定寧州復置郡以興古太守朱提李播爲太守屬
縣四戶千自僰道至朱提有水步道水道有黑水及
羊官水至險難行步道度三津亦艱阻故行人爲語
曰猶溪赤木盤蛇七曲盤羊烏櫳氣與天通看都護
泚住桂呼尹㢘降賈子左儋七里又有牛叩頭馬搏
（當有脫字見水經注）坂其險如此土地無稻田蠶桑多蛇蛭虎
狼俗妖巫禁忌多神祠

南廣縣　郡治　漢武帝太初元年置有鹽官

臨利縣

常遷縣

新興縣

永昌郡古哀牢國哀牢山名也其先有一婦人名曰
沙壺（舊校云後漢作沙壹）依哀牢山下居以捕魚自給忽於水
中觸有一沈木遂感而有娠度十月產子男十人後
沈木化爲龍出謂沙壺曰若爲我生子今在乎而九
子驚走惟一小子不能去陪龍坐龍就而舐之沙壹
與（當作鳥）言語以龍與陪坐因名曰元（當作九下同）隆猶漢
言陪坐也沙壺將元隆居龍山下元龍長大才武後
九兄曰元隆能與龍言而黠有智天之貴也共推以
爲王時哀牢山下復有一夫一婦產十女元隆兄弟
妻之由是始有人民皆象之衣後著十尾臂脛刻文

元隆死世世相繼分置小王往往邑居散在谿谷絕域荒外山川阻深生民以來未嘗通中國也南中昆明祖之故諸葛亮爲其國譜也　孝武時通博南山度蘭倉水者谿置巂唐不韋二縣徙南越相呂嘉子孫宗族實之因名不韋以彰其先人惡行人歌之曰漢德廣開不賓渡博南越蘭津渡蘭倉爲他人渡蘭倉水以取哀牢地哀牢轉衰　至世祖建武二十三年王扈栗舊校云後漢作賢栗遣兵乘箄船南攻鹿茤鹿茤民弱小將爲所擒會天大震雷疾風暴雨水爲逆流箄船沈没溺死者數千人後扈栗復遣六王攻鹿茤鹿茤王迎戰大破哀牢軍殺其六王哀牢人埋六王夜虎掘而食之哀牢人驚怖引去扈栗懼謂耆老曰哀牢略徼自古以來初不如此今攻鹿茤輒被天誅中國有受命之王乎是何天祐之明也漢威甚神即遣使詣越巂太守願率種人歸義奉貢世祖納之以爲西部屬國其地東西三千里南北四千六百里有穿胷當作鼻見後漢書儋耳種閩越濮鳩獠其渠帥皆曰王　孝明帝永平十二年哀牢柳貌遣子奉獻

明帝乃置郡以蜀郡鄭純爲太守屬縣八戶六萬去洛六千九百里寧州之極西南也有閩濮鳩獠僄越䠞濮身毒之民土地沃腴黃金光珠虎魄翡翠孔雀犀象蠶桑綿絹采帛文繡又有貊獸食鐵猩猩獸能言其血可以染朱罽有大竹名濮竹節相去一丈受一斛許有梧當衍桐當作橦下同蜀郡曰布有橦華也李至依後漢書誤改耳木其華柔如絲民績以爲布幅廣五尺以還潔白不受污俗名曰桐華布以覆亡人然後服之及賣與人有闌干細布闌干獠言紵也織成文如綾錦又有罽旄帛疊水精琉璃軻蟲蚌珠宜五穀出銅錫　太守著名績者自鄭純後有蜀郡張化常員巴郡沈稚黎彪然顯者猶鮮　章武初郡無太守值諸郡叛亂功曹呂凱奉郡丞蜀郡王伉保境　六年丞相亮南征高其義表曰不意永昌風俗當有敦直二字乃爾以凱爲雲南太守伉爲永昌太守皆封亭侯李恢遷濮民數千落於雲南建寧界以實二郡　凱子祥太康中獻光珠五百斤還臨本郡遷南夷校尉祥子元康末爲永昌太守值南夷作亂閩濮反乃南移永壽去故郡千里遂與州隔絕呂氏世官領郡於今三世矣

大姓陳趙楊氏

不韋縣　故郡治

比蘇縣

哀牢縣

永壽縣　今郡治

嶲唐縣　有周水從徼外來

雍鄉縣

南涪縣　有翡翠孔雀

博南縣　山高四（當作西山高三續漢書志注後漢書哀牢傳注引皆不誤）十里越之得蘭滄水有金沙以火（當作洸取續漢書志注引不誤）融之爲黃金有光珠穴出光珠有虎魄能吸芥又有珊瑚

雲南郡蜀建興三年置屬縣七戶萬去洛八千三百四十三里本雲川地有熊倉山上有神鹿一身兩頭

食毒草有上方下方夷亦出（當有權字）華布孔雀常以二月來翔月餘而去土地有稻田畜牧但不蠶桑

雲南縣　郡治

葉榆縣　有河州

遂久縣　有繩水也

弄棟縣　有無血水水出連山

靖蛉縣　有鹽官濮水同出（按同出當作出馬同三字）山有碧雞金馬光影倏忽民多見之有山神漢宣帝遣諫議大夫蜀郡王褒祭之欲致雞馬褒道病卒故不宣著

其縣二別爲郡

河陽郡刺史王遜分雲南置屬縣四戶千

河陽縣　郡治　在河中源洲上也（按此下脫文未詳）

梁水郡刺史王遜分置在興古之盤南（當有脫）

梁水縣　郡治　有振山出銅

賁古縣　山出銅鉛鐵

西隨縣

興古郡建興三年置屬縣十一（當有誤）戶四萬去洛五千八百九十里　多鳩獠濮特有瘴氣自梁水興古西平三郡少穀有桄榔木可以作麪以牛酥酪食之人民資以爲糧欲取其木先當祠祀

宛（舊脫此字今補正）溫縣　郡治　元鼎二年置

律高縣　西有石空（當作室）山出錫東南有盤町山出錫（當作銀鉛見漢書地理志）

鐔封縣　有溫水

句町縣　故句町王國名也其置自濮王姓毋漢時受封迄今

漢興縣

勝休縣　有河水也

都唐（舊誤倒今改正）縣　故名都（舊誤雲今改正）夢縣

西平郡刺史王遜時纍量保盤南遜出軍攻討不能

克已遜甕後寇掠州下吏民患之刺史尹奉重募徼外夷刺殺量而誘降李遏盤南平奉以功進安西將軍封前陵侯乃割興古雲南之盤江來如南零三縣爲郡按此下脫文未詳

右寧州統郡十四縣六十八

咸熙元年吳交阯郡吏呂興殺太守孫諝内附魏魏拜興安南將軍時南中監軍霍弋表遣建寧爨谷爲交阯太守率牙門將軍建寧董元毛炅孟幹孟通爨熊李松王素等領部曲以討之谷未至興已爲功曹李統所殺　泰始元年谷等徑至郡撫和初附無

幾谷卒晉更用馬忠子融代谷融卒遣犍爲楊稷代之加綏遠將軍又進諸牙門皆雜號將軍封吳侯當作侯吳誤倒侯句絕讀吳字下屬交州刺史劉峻大都督脩則領軍三攻稷皆爲稷所敗鬱林九真皆附稷稷表遣將軍毛炅董元等攻合浦戰於古城大破吳軍殺峻則稷因表炅爲鬱林太守元爲九真太守元病亡更以益州王素代之數攻交州諸郡泰始七年春吳王孫皓遣大都督薛珝交州刺史陶璜帥二十萬軍興扶嚴惡夷合十萬伐交阯稷遣炅及將軍建寧孟岳等禦之戰於封溪衆寡不敵炅等敗績僅以身還交阯固城

自守破敗之後衆才千人并新附可有四千男女萬餘口陶璜圍之杜塞蹊徑救援不至雖班糧約食猶不供繼至秋七月城中食盡病餓死者大半交阯人廣野將軍王約反應陶璜以梯援外吳人遂得入城得稷等皆囚之即斬稷長史張登將軍孟通及炅并交阯人邵暉等二千餘人受皓詔傳稷秣陵故梏稷及孟幹爨熊李松四人於吳通四遠消息稷至合浦發病歐血死傳首秣林棄其屍喪於海幹松熊至吳將加斬刑或説皓宥免幹等可以勸邊將皓原之故徙付臨海郡初稷等私誓不能死節困辱虜手若蒙

未死必當思求北歸稷既路死幹等恐北路轉遠以吳人愛蜀側竹弓弩言能作之皓轉付部爲弓工

九年幹自吳逃返洛陽松熊爲皓所殺初晉武帝以稷爲交州刺史大封半道稷城陷或傳降故不錄幹至表狀乃追贈交州刺史封松熊後嗣侯焉

古城之戰毛炅手殺脩則則子允隨陶璜璜以炅壯勇欲赦之而允必欲求殺炅炅亦不屈於璜璜怒乃臝身囚結面縛呵曰晉兵賊炅亦烈聲呵曰吳狗何等爲賊吳人生割其腹允割其肝罵曰虜腹按三國志注引作庸復作賊此脫誤炅罵不斷曰尚欲斬汝孫皓汝父何死狗

也吳人斬之武帝聞而哀矜卽詔炅子襲爵封諸子
三人關內侯九眞太守王素以交趾敗與董元牙門
王承等欲還南中爲陶璜別將衞濮所獲功曹李祚
見交趾民殘害還遂率吏民保郡爲晉祚舅黎晃爲
吳將攻伐祚不下數遣人解喻降之祚荅曰舅自吳
將祚自晉臣惟力是視矣　邵暉子允死爲父使
詣洛拜奉車都尉比還暉敗亡允依祚固守求救南
中南中遙爲之援當有脫諸姓得世有部曲弋遣之南
征因以功相承也

譔曰南域處邛笮五夷之表不毛閩濮之鄉固九服
之外也而能開土列郡爰建方州踰博南越蘭滄遠
撫西垂漢武之迹可謂大業然要荒之俗不與華同
安邊撫遠務在得才故高祖思猛士作歌孝文想頗
牧咨嗟斯靜禦之當信王者所詳擇也馬霍王君得
失之際足以觀矣交趾雖異州部事連南中故并志
焉

華陽國志卷第四

華陽國志卷第五

公孫述劉二牧志

先生命史立典遠當作建則經紀人倫三材炳煥品物
章矣然而有志之士猶敢議論於鄉校之下芻蕘之
人加之謠誦於林野之中管闚瞽言君子有採所以
綜核羣善休風惟照也公孫述劉牧二主之廢興存
亡漢書國志固以詳矣統之州部物有條貫必申斯
篇者格之前憲左氏素臣之功王侯之載籍也而八
國之語作焉五傳淵邃大義洋洋聖人之微言也而
八覽之書興焉苟在宜稱雖道同世出一事當作一事出誤

倒一句絕身見遊精博志無嫌其繁矣
漢十二世孝平皇帝帝祚短促國統三絕孝元后兄
子安漢公新都侯魏郡王莽篡盜稱天子改天下郡
守爲卒正又改蜀郡爲導江遷故中散大夫茂陵公
孫述字子陽爲導江卒正治臨邛而劉辟起兵廣漢
更始劉聖公在南陽蜀欲應之會宗成垣副王岑等
作亂述率吏民拒禦之所在討破作圍守防邊逸越
斬首萬計遂據成都威有巴漢政治嚴刻民不爲非
更始誅王莽都關中爲赤眉賊所敗　建武元年
世祖光武皇帝卽位河北述夢人謂己曰公按當作八厶二

字子系（舊校云後漢作八厶子系今按此傳寫之譌非有異也）十二爲期述以語婦婦曰朝聞道夕死尚可何況十二乎會夏四月龍出府殿前以爲瑞應述遂稱皇帝號大成建元龍興以莽尚黃乃服色尚白自以興西方爲金行也以功曹李雄（當作熊見後漢書）爲大司徒巴郡任滿爲大司空弟恢爲太尉具置百官造十層赤樓射蘭改益州爲司隸蜀郡爲成都尹時世祖方平河北而荆邯延岑並歸述盡有益州置鐵錢官廢銅錢百姓貨賣不行蜀中童謠曰黃牛白腹五銖當復謂莽黃牛述爲白腹五銖漢錢言漢當復也故主簿李隆（舊校云後漢作張隆）常

少數諫述歸帝稱藩述不納天水隗囂亦據隴連述蜀土清晏述乃移檄中國稱引圖緯以惑眾世祖報曰西狩獲麟讖曰乙子卯金卽乙未歲授劉氏非西方之守也光廢昌帝立子公孫卽霍光廢昌邑王立孝宣帝也黃帝姓公孫自以土德君所知也漢家九百二十歲以蒙孫亡受以丞相其名當塗高高豈君身耶吾自繼祖而興不稱受命求漢之斷莫過王莽近張滿作惡兵圍得之歎曰爲天文所誤恐君復誤也又使述舊交馬援喻述述不從　　荆邯說述曰昔湯以七十里王天下文王方百里臣諸侯其次漢祖敗而復征傷瘳復戰故能禽秦亡楚以弱爲強況今地方數千枝戟百萬天下之心未有所歸不東出荆門北陵關隴與之進取則王業不全子孫不久矣也述悅之乃出軍荆門陳倉欲震盪秦楚多改易郡縣分封子弟淫恣過度然國富民殷戶百餘萬世祖未遑加兵與述及隗囂書輒署公孫皇帝　　七年囂背漢降述述封爲王厚資給之　　十年世祖命大司馬吳漢與大司徒鄧禹討囂平隴右述聞而惡之城東素有秦時空倉述更名白帝倉使人宣言白帝倉暴出米巨萬公卿以下及國人就視之無米述

曰倉去此數里虛妄如此隗王在數千里外言破壞眞不然矣　　十一年世祖命征南大將軍岑彭自荆門泝江征述又遣中郎將來歙及述舊交馬援奉詔喻述隆少諫令服從述怒曰自古來有降天子乎尚書解文卿大夫鄭文伯矜亦諫述繫之暴室六年二子幽死自是莫有言者　　彭破述荆門關及沔關徑至彭亡述使刺客刺殺彭由是改彭亡曰平無言無賊也又使刺客刺殺歙於武都世祖重遣吳漢與劉尚征述又遣臧宮從斜谷道入述使妹壻延岑距宮大司徒謝豐距漢連戰輒北漢到城下軍其江

橋及其少城豐在廣都牙引還成都述謂曰事當奈何牙對曰男兒貴死中求生敗中求成無愛財物也述乃大發金帛開門募兵得五千餘人以配牙牙告漢戰因僞遣鼓角麾幟渡市橋漢兵爭觀牙因放奇兵擊漢大破之漢溺水緣馬尾至盎底得出後宫兵已至北門述復城守占書曰虜死城下述以爲漢等是虜乃自出戰述當漢牙當宫大戰牙殺宫兵數百三合三勝士卒氣驕漢益鼓之自旦至日中飢不得食倦不得息日昃後述兵敗漢騎士高平以戟刺述中頭即墜馬叩心者數十人都知是述前取其首牙

等悵然還城吏民窮急即夜開門出降漢盡誅公孫氏及牙等諸將帥二十餘人放兵大掠多所殘害是歲十二年也　漢搜求隱逸旌表忠義以述臣常少李隆忠諫發憤病死表更還葬贈以漢鄉官屬蜀郡王皓王嘉廣漢李業刎首死節表其門閭犍爲朱遵絆馬死戰贈以將軍爲之立祠費貽任永君業馮信等閉門素隱公車特徵文齊守義益州封爲列侯董鈞習禮明經貢爲博士程烏李育本有才幹擢而用之於是西土宅心莫不鳧藻　建武十八年刺史郡守撫卹失和蜀郡史歆怨吳漢之殘掠蜀也擁郡自保世祖以天下始平民未忘兵而歆唱之事宜必克復遣漢平蜀多行誅戮世祖誚讓於漢漢深陳謝自是守藩供職自建武至乎中平垂二百載府盈西南之貨朝多華岷之士矣

漢二十二世孝靈皇帝政治衰缺王室多故太常竟陵劉焉字君朗建議言刺史太守貨賂爲官割剝百姓以致離叛可選清名重臣以爲牧伯鎮安方夏焉内求州牧以避世難侍中廣漢董扶私於焉曰京都將亂益州分野有天子氣焉藏之意在益州會刺史河南郤儉賦斂繁擾流言遠聞而并州殺刺史張壹

涼州殺刺史耿鄙焉議得行漢帝將徵儉加刑以焉爲監軍使尋領益州牧董扶亦求爲蜀西部都尉太倉令巴郡趙韙去官從焉來西　中平元年涼州黄巾逆賊馬相趙祗等聚衆綿竹殺縣令李升募疲役之民一二日中得數千人遣王饒趙播等進攻雒城殺刺史儉并下蜀郡犍爲旬月之閒破壞三郡相自稱天子衆以萬數又別破巴郡殺太守趙韙部州從事賈龍素領家兵在犍爲之青衣率吏民攻相破滅之州界清淨龍乃選吏卒迎焉焉既到州移治綿竹撫納離叛務行小惠時南陽三輔民數萬家避地

入蜀焉恣饒之引爲黨與號東州士遣張魯斷北道枉誅大姓巴郡太守王咸李權等十餘人以立威刑前後左右部司馬擬四軍統兵位皆二千石　漢獻帝初平二年犍爲太守任岐與賈龍惡焉之陰圖異計也舉兵攻焉燒成都邑下焉禦之東州人多爲致力遂克岐龍焉意盛乃造乘輿車服千餘僭擬至尊焉長子範爲左中郎將仲子誕治書御史季子璋奉車都尉皆從獻帝都當作在長安惟叔子別部司馬瑁隨焉焉聞相者相陳留吳懿妹當大貴爲瑁聘之荊州牧山陽劉表上焉有子夏在西河疑聖人論帝

遣璋曉諭焉焉留璋不遣反　四年征西將軍馬騰自郿與焉範通謀襲長安治中從事廣漢王商亟諫不從謀泄範誕受誅議郎河南龐羲以通家將範誕諸子入蜀而天火燒焉車乘蕩盡延及民家

興平元年焉徙治成都既痛二子又感祅灾疽發背卒州帳下司馬趙韙治中從事王商等貪璋溫仁共表代父京師大亂不能更遣天子除璋監軍使者領益州牧以韙爲征東中郎將率衆征劉表

璋字季玉既襲位懦弱少斷張魯稍驕於漢中巴夷杜濩朴胡袁約等叛詣魯璋怒殺魯母弟遣和德中郎將龐羲討魯不克巴人日叛乃以羲爲巴郡太守屯閬中禦魯羲以宜須兵衛輒召漢昌賨民爲兵或構羲於璋璋與之情好攜隙趙韙數進諫不從亦恚恨也　建安五年趙韙起兵數萬將以攻璋璋逆擊之　明年韙破敗羲懼遣吏程郁宣旨於郁父漢昌令畿索益賨兵畿曰郡合部曲本不爲亂縱有讒諛要在盡誠遂懷異志非所聞也羲令郁重往畿曰我受牧恩當爲盡節汝自郡吏宜念效力不義之事莫有二意羲恨之使人告曰不從太守家將及禍畿曰昔樂羊食子非無父子之恩太義然也今雖羹

子畿飲之矣羲乃厚謝於璋璋善畿遷爲江陽太守　十年璋聞曹公將征荊州遣中郎將河內陰溥致敬公表加璋振威將軍兄瑁平寇將軍　十二年璋復遣別駕從事蜀郡張肅送叟兵三百人幷雜御物公辟肅爲掾拜廣漢太守　十三年仍遣肅弟松爲別駕詣公公時已定荊州追劉主不存禮松加表望不足但拜越嶲比蘇令松以是怨公會公軍不利兼以疫病而劉主尋取荊州松還疵毀曹公勸璋自絕因說璋曰劉豫州使君之肺腑更可與通時扶風法正字孝直留客在蜀不見禮恨望松亦以身

抱利器忖璋不足與有爲常與正竊歎息松舉正可使交好劉主璋從之使正將命正佯爲不得已（當有而字）行又遣正同郡孟達將兵助劉主守禦前後賂遺無限　十六年璋聞曹公將遣司隷校尉鍾繇代張魯有懼心松進曰曹公兵强無敵天下若因張魯之資以向蜀土誰能禦之者乎璋曰吾固憂之而未有計松對曰劉豫州使君之宗室而曹公之深讎也善用兵使之伐魯魯必破破魯則益州强曹公雖來無爲也且州中諸將龐義李異等皆恃功驕豪欲有外意不得豫州則敵攻其外民叛於內必敗之道也璋

然之復遣法正迎劉先（當衍）主主簿巴西黃權諫曰左將軍有驍名今請到欲以部曲遇之則不滿其心欲以賓客待之則一國不容二君客有太山之安則主有累卵之危璋不聽從事廣漢王累倒懸於州門以死諫璋璋壹無所納正既宣旨陰獻策曰以明將軍之英才乘劉牧之懦弱張松之股肱以響應於內然後資益州之富憑天設之險以此成帝業猶反手也劉主大悅乃留軍師中郎將諸葛亮將軍關羽張飛鎮荆州率萬人泝江西上璋初勅所在供奉入境如歸劉主至巴郡巴郡嚴顏拊心歎曰此所謂獨坐窮

山放虎自衛者也劉主由巴水達涪璋往見之松復令正白劉主曰今因此會便可執璋則將軍無用兵之勞坐定一州也軍師中郎將襄陽龐統亦言之劉主曰此大事也初入他國恩信未著不可倉卒歡飲百餘日璋推劉主行大司馬司隷校尉劉主推璋行鎮西大將軍領牧如故益劉主兵使伐張魯又令督白水軍并三萬軍（當作人）車甲精實而別璋還州劉主次葭萌厚樹恩德以收衆心　十七年曹公征吳吳主孫權呼劉主自救劉主貽璋書曰孫氏與孤本爲脣齒今樂進在靑泥與關羽相拒不往赴救進必

大克轉侵州界其憂有甚於魯魯自守之賊不足慮也求益萬兵及資寶璋但許四千他物半給張松書與劉主及法正曰今大事垂可立如何釋此去乎松兄廣漢太守肅懼禍及己白璋露松謀璋殺松劉主歎曰君矯殺吾內主乎嫌隙始構璋勅諸關守不內劉主龐統說曰陰選精兵晝夜兼行徑襲成都璋既不武又無素豫一舉而定此上計也楊懷高沛璋之名將各仗强兵據守關頭數有牋諫璋遣將軍還將軍遣與相聞說當東歸並使速裝二子既服將軍名又嘉將軍去必乘輕騎來見將軍因此執之進取其

兵乃向城都此中計也退還白帝連引荊州徐還圖之此下計也劉主然其中計即斬懷等遣將黃忠卓膺魏延等勒兵前行梓潼令南陽王連閉城堅守劉主義之不逼攻也進據涪城置酒作樂謂龐統曰今日之會可謂樂矣統對曰伐人之國而以爲歡非仁者也劉主曰武王伐紂前歌後舞豈非仁也統退出劉主尋請還謂曰向者之談阿誰爲失統曰君臣俱失　十八年璋遣將劉璝泠苞張任鄧賢吳懿等拒劉主於涪皆破敗還保綿竹縣令二字當衍此懿詣軍降拜討逆將軍　初劉主之南伐也廣漢鄭度說璋曰左將軍懸軍襲我眾不滿萬百姓未附野穀是資計莫若驅巴西梓潼民內涪水以南其倉廩野穀一皆燒除高壘深溝靜以待之彼請戰不許久無所資不過百日必禽矣先主聞而惡之法正曰璋終不能用無所憂也璋果謂羣下曰吾聞拒敵以安民未聞動民以避敵也黜度不用故劉主所至有資進攻綿竹璋復遣護軍南陽李嚴江夏費觀等督綿竹軍嚴觀率眾降同拜裨將軍進圍璋子循於雒城

十九年關羽統荊州事諸葛亮張飛趙雲等泝江降下巴東入巴郡巴郡太守巴西趙莋拒守飛攻破之獲將軍嚴顏謂曰大軍至何以不降敢逆戰顏對曰卿等無狀侵奪我州我州但有斷頭將軍無降將軍也飛怒曰牽去斫頭顏正色曰斫頭便斫何爲怒也飛義之引爲賓客　趙雲自江州分定江陽犍爲飛攻巴西亮定德陽巴西功曹龔諶迎飛璋帳下司馬蜀郡張裔距亮敗於柏下裔退還　夏劉主克雒城與飛等合圍成都而偏將軍扶風馬超率眾自漢中請降劉主遣建寧督李恢迎超超徑至璋震恐所署蜀郡太守汝南許靖踰城出降璋知不敢誅被圍數十日城中有精兵三萬穀支二年眾咸欲力戰

璋曰父子在州二十餘年無恩德以加百姓攻戰三年肌膏草野以璋故也何以能安遂遣張裔奉使詣劉主主許裔禮其居而安其民劉主又遣從事中郎涿郡簡雍說璋璋素雅敬雍遂與同輿而出降吏民莫不歔欷涕泣劉主復其所佩振威將軍印綬還其財物遷璋於南郡之公安吳主孫權之取荊州也以璋爲益州刺史劉主東征璋於吳卒也

譔曰公孫述藉導江之資值王莽之虐民莫援者得跨巴蜀而竅天罔物自取滅亡者也然妖夢告終期數有極奉身歸順猶可以免而矜愚遂非何其頑哉

劉焉器非英傑圖射僥倖璋才非人雄據土亂世其見奪取陳子以爲非不幸也昔齊侯嗟晉魯之使旋蒙易乘之困魏君賤公叔之侍人亦受割地之辱量才懷遠誠君子之先略也觀劉璋曹公之侮慢法正張松二臧既徵同怨相濟或家國覆亡或三分天下古人一饋十起輟沐握洗良有以也

華陽國志卷第五

華陽國志卷第六

劉先主志

先主諱備字元德涿郡涿縣人漢景帝中山靖王勝後也勝子貞元狩六年封涿縣陸城亭侯因家焉祖父雄察孝廉爲東郡范令父宏　先主幼孤與母販履織席自業舍東南角籬上有桑樹生高五丈餘遙望童童如車蓋人皆異之或謂當出貴人先主少時與宗中諸兒戲於樹下言吾必乘此羽葆蓋車叔父子敬謂曰汝勿妄言滅吾門也年十五母遣行學與宗人劉德然遼西公孫瓚俱事故九江太守同郡盧子幹德然父元起常資給先主與德然等元起妻曰各自一家何能常爾起曰宗中有此兒非常人也而瓚深與先主善瓚年長先主兄事之喜狗馬音樂美衣服長七尺五寸垂臂下膝顧自見耳能下人喜怒不形於色善交結豪俠年少爭附之中山大商張世平蘇雙等見而奇之多與之金先主由是得合徒眾河東關羽雲長同郡張飛益德並以壯烈爲禦侮先主與二子寢則同牀食則共器恩若弟兄然於稠人廣眾中侍立終日　中平元年從校尉鄒靖討黃巾賊有功除安喜尉求謁督郵不得乃入縛鞭之

杖二百以綬繫督郵頭頸著馬柳柱委官亡命頃之應大將軍何進募有功除下密丞復爲高唐尉遷爲令瓚爲中郎將表先主爲別部司馬拒冀州牧袁紹數有戰功守平原令進領平原相郡民劉平恥爲之下使客刺之客服其德告之而去北海相魯國孔融爲黃巾賊所圍使太史慈求救於先主先主曰孔文舉聞天下有劉備乎以兵救之廣陵太守下邳陳登元龍太尉球孫也有儁才輕天下士謂功曹陳矯曰閨門雍穆有德有行吾敬陳元方父子冰清玉潔有德有言吾敬華子魚博聞强識奇偉卓犖吾敬孔文

舉雄姿傑出有王霸之略吾敬劉元德名器盡此

徐州牧陶謙表先主爲豫州刺史　徐州牧陶謙病篤謂別駕東海糜竺曰非劉備不能安此州也謙卒竺率州迎先主先主未許廣陵太守下邳陳登進曰今漢室陵遲海內傾覆立功立事在（當有於字見三國志）今日鄙州殷富戶口百萬欲屈使君撫臨州事先主曰袁公路近在壽春此君四世五公海內所歸可以州與之登曰公路驕豪非治亂之主今欲爲使君合步騎十萬上可以匡濟生民成五霸之業下可以割地守境書功於竹帛若使君不見聽許登亦未敢聽使君也北海相孔融謂先主曰袁術豈憂國忘家者耶冢中枯骨何足介意今日之事百姓與能天與不取悔不可追先主遂領徐州牧

建安元年曹公表爲鎮東將軍封宜城亭侯先主與袁術相拒而下邳守將曹豹叛爲呂布所敗先主失妻子轉軍海西糜竺進妹爲夫人及客奴二千金銀寶貨資之先主因而獲振連合於布布還其妻子先主衆萬餘移軍小沛布惡之自攻先主先主歸曹公公以爲豫州牧益其軍使伐布失利布將高順復虜先主妻子送布公使夏侯惇助先主不能克

三年公自征布生

禽之布曰使布爲明公將騎天下不足定也公有疑色先主曰公待布能如丁建陽董太師乎公頷之布目先主曰大耳兒最叵信者也遂殺布

先主還得妻子從公還許爲左將軍公禮之甚重出則同輿坐則同席又拜關羽張飛皆中郎將公謀臣程昱郭嘉勸公殺先主公慮失英豪望不許

袁術自淮南欲經徐州北就袁紹（按此下當脫公遣先主要擊術云云）獻帝舅車騎將軍董承受帝衣帶中密詔當殺公承先與先主及長水校尉种輯將軍吳子蘭王子服等同謀以將行未發公從容謂先主曰天下英雄惟使君與操本

初之徒不足數也先主方食失匕箸會天震雷先主曰聖人言迅雷風烈必變良有以也一震之威乃至於此也公亦悔失言先主還沛解（按沛字不當有解即今之廨字也）公使覘之見其方披葱使厮人為之不端正舉杖擊之公曰大耳翁未之覺也其夜先主急東行昱嘉復言之公馳使追之不及先主遂殺徐州刺史車胄以叛留關羽行下邳太守事身還小沛而承等謀洩受誅　先主眾數萬遣從事北海孫乾自結於袁紹公遣將軍劉岱王忠擊之不克　五年公東征先主先主敗績妻子及關羽見獲先主奔青州刺史袁譚奉迎道路馳以白父紹紹身出鄴二百里與先主相見公壯羽勇銳拜偏將軍初羽隨先主從公圍呂布於濮陽時秦宜祿為布求救於張楊羽啓公妻無子下城乞納宜祿妻公許之及至城門復白公疑其有色自納之後先主與公獵羽欲於獵中殺公先主為天下惜不聽故羽常懷懼公察其神不安使將軍張遼以情問之羽歎曰吾極知曹公待我厚然吾受劉將軍恩誓以共死不可背之（當有曹公二字）立効以報曹公公聞而義之　是歲紹征官渡遣梟將顏良攻東郡太守劉延於白馬公使遼羽為先鋒羽望見良

麾蓋策馬刺良於萬眾中斬其首還紹將莫敢遂解延圍公即表封羽漢壽亭侯重加賞賜（當有羽字）盡封其物拜書告辭而歸先主左右欲追之公曰彼各有主　先主說紹南連荊州牧劉表紹遣將其本兵至汝南公使將蔡楊擊之先主謂曰吾勢雖不便汝等百萬來未如吾何曹孟德單車來吾自去楊等必戰為先主所殺　公既破紹自南征汝南先主遣麋竺孫乾詣劉表表郊迎之待以上賓使屯新野潁川徐元直致瑯琊諸葛亮曰孔明臥龍也將軍願見之乎先主曰君與俱來庶曰此人可就見不可屈致也先主遂造亮凡三因屏人曰漢室傾頹奸臣竊命主上蒙塵孤不度德量力欲信大義於天下而智術淺短遂用猖蹶至於今日志猶未已君謂計將安出亮對曰自董卓以來豪傑並起跨州連郡不可勝數曹操比於袁紹則名微而眾寡然遂能克紹以弱為強雖云天時抑人謀也今操已擁百萬之眾挾天子而令諸侯此誠不可與爭也孫權據有江東已歷三世國險而民附賢能為之用此可以為援而不可圖也荊州北據漢沔利盡南海東連吳會西通巴蜀此用武之國而其主不能殆天所以資將軍也益州險塞

沃野當有千里二字見三國志天府之土高祖因之以成帝業劉璋闇弱張魯在北國富民殷而不知卹賢能之士思得明君將軍既帝室之胄信義著於四海總攬英雄思賢如渴若跨有荊益保其險阻西和諸戎南撫夷越結好孫權內修政理天下有變命一上將將荊州之軍以向宛洛將軍身率益州之眾出於秦川天下孰不簞食壺漿以迎將軍者乎如此則霸業可成漢室可興矣先主曰善與亮情好日密自以為猶魚得水也

十三年表卒少子琮襲位曹公南征琮遣使請降先主屯樊不知曹公卒至至宛先主乃知遂

將其眾去比到當陽眾十餘萬人車數千兩日行十餘里別遣關羽乘船會江陵或謂先主曰宜速行雖擁大眾被甲者少曹公軍至何以禦之先主曰夫濟大事以人為本今人歸吾何忍棄之

公以江陵有軍實恐先主據之乃釋輜重以輕騎五千追先主一日一夜行三百里及於當陽之長坂先主棄妻子與諸葛亮張飛等數十騎走公盡獲其民眾急追先主張飛據水斷橋橫矛曰我張益德也可來決死公徒乃止

先主斜趣漢津適與羽船會而趙雲身抱先主弱子後主及擁先主甘夫人相及濟江亮曰事急矣請奉命求救於孫將軍時權軍柴桑既服先主大名又悅亮奇雅即遣周瑜程普水軍三萬助先主拒曹公大破公軍於赤壁焚其舫舟公引軍北歸先主以劉表長子江夏太守琦為荊州刺史

先主南平四郡武陵太守金旋長沙太守韓元桂陽太守趙範零陵太守劉度皆降廬江雷緒率部曲數萬口稽顙

琦病死先主領荊州牧治公安孫權進妹固好綢繆以亮為軍師中郎將督南三郡事以關羽為盪寇將軍領襄陽太守住江北張飛為征虜將軍宜都太守

初先主之敗東走也徑往鄂

無土地關羽責之曰早從獵中言無今日先主曰安知此不為福也及得荊州復有人眾

孫權遣使求共伐蜀又曰雅願以隆成為一家諸葛孔明母兄在吳可令相并主簿殷觀曰若為吳先驅大事去矣今但可贊之言新據諸郡未可以動彼必不越我而有蜀也先主乃報曰益州不明得罪左右庶幾將軍高義上匡漢朝下輔宗室若必尋干戈備將放髮於山林未敢聞命權果輟計遷觀別駕

十六年益州牧劉璋遣法正迎遂西入益州

建安十九年先主克蜀蜀中豐富盛樂置酒大會饗食三軍取蜀

城中民金銀頒賜將士還其穀帛賜諸葛亮法正關羽張飛金五百斤銀千斤錢五千萬錦𦆠萬匹其餘各有差以亮爲軍師將軍署左將軍府事正揚武將軍蜀郡太守關羽督荊州事張飛爲巴西太守馬超平西將軍不用許靖法正說曰有獲虛譽而無實者靖也然其浮名稱播海內人將謂公輕士乃以爲長史龐羲爲司馬李嚴爲犍爲太守費觀爲巴郡太守徵益州太守南郡董和（當有爲字）掌軍中郎（當有將巴郡三字將句絕）（見三國志王謀在劉璋時爲巴郡太守見陳壽季漢輔臣讚注）太守漢嘉王謀爲別駕廣漢彭羕爲治中辟零陵劉巴爲西曹掾廣漢長

黃權爲偏將軍於是亮爲股肱正爲謀主羽飛超爲爪牙靖羲及麋竺簡雍孫乾山陽伊籍爲賓友和嚴權本劉璋所授用也吳懿費觀璋之婚親也彭羕璋所排擯也劉巴所宿恨也皆處之顯位盡其器能有志之士無不競勸　羣下勸先主納劉瑁妻先主嫌其同族法正曰論其親踈何與晉文之於子圉乎從之正既臨郡睚眦之怨一飡之惠無不報復或謂諸葛亮曰法正蜀郡太縱橫將軍宜啓主公亮曰（當有）主公之在公安也北畏曹操之强東憚孫權之逼內虞孫夫人興變於肘腋之下孝直爲輔翼遂翻飛翱

翔不可復制如何禁法使不得行其志也孫夫人才捷剛猛有諸兄風侍婢百人皆仗劒侍立先主每下車心常凜凜正勸先主還之　二十年孫權使報先主欲得荊州先主報曰吾方圖涼州涼州定以荊州相與孫權怒遣呂蒙襲奪長沙零陵桂陽三郡先主下公安令關羽下益陽會曹公入漢中張魯走巴西黃權進曰若失漢中則三巴不振此割蜀人股臂也於是先主與吳連和分荊州江夏長沙桂陽東屬南郡零陵武陵西屬引軍還江夏以權爲護軍迎魯魯已北降曹公權破公所署三巴太守杜濩朴胡袁

約等公留征西將軍夏侯淵益州刺史趙顒及張郃守漢中公東還郃數犯掠巴界先主率張飛等進軍宕渠之蒙頭拒郃相持五十餘日飛從他道邀郃戰於陽石遂太破郃軍郃失馬緣山獨與麾下十餘人從閒道還南也　二十一年先主還成都　二十二年蜀郡太守法正進曰曹操一舉降張魯定漢中不因此勢以圖巴蜀而留淵郃身遠北還非智不逮力不足將內有憂逼耳今筭淵郃才略不勝吾將率舉衆往討則必可擒天以與我時不可失也先主從之以問儒林校尉巴西周羣羣對曰當得其地不

得其民若出偏軍必不利先主遂行諸葛亮居守足食足兵也　二十三年先主急書發兵軍師亮以問從事犍爲楊洪洪對曰漢中蜀之咽喉存亡之機若無漢中則無蜀矣此家門之禍男子當戰女子當運發兵何疑亮以法正從行白先主以洪領蜀郡太守後遂卽眞初洪爲犍爲太守李嚴功曹去郡數年已爲蜀郡嚴故在職而蜀郡何祗爲洪門下書佐去郡數年已爲廣漢太守洪故在官是以西土咸服亮之能攬拔英秀也後洪祗俱會亮門下洪謂祗曰君馬何駛祗對曰故吏馬不爲駛明府馬不進耳

二十四年先主定漢中斬夏侯淵張郃率吏民內徙先主遣將吳蘭雷同入武都皆沒乃舉羣茂才時州後部司馬張裕亦知占術坐漏言先主得蜀寅卯之閒當失漢囚年在庚子誅　曹公爲魏王王西征問法正策曰固知元德不辨此又曰吾收奸雄略盡獨不得正邪　羣下上先主爲漢中王大司馬以許靖爲太傅法正爲尙書令零陵賴恭爲太常南陽黃權爲光祿勳王謀爲少府武陵廖立爲侍中關羽爲前將軍張飛爲右將軍馬超爲左將軍皆假節鉞又以黃忠爲後將軍趙雲翊軍將軍其餘各進官號軍師諸葛亮曰黃忠名望本非關張馬超之倫也今張馬在近親見其功猶可喻指關遙聞之恐必不悅先主曰吾自解之　時關羽自江陵圍曹仁於樊城遣前部司馬犍爲費詩拜假節羽怒曰大丈夫終不與老兵同列不肯受拜詩謂曰昔蕭曹與高祖幼舊陳韓亡命後至論其班爵韓最居上未聞蕭曹以此爲怨今王以一時之功隆崇於漢升（舊校云黃忠字也）意之輕重寧當與君侯齊乎王與君侯譬猶一體禍福同之愚謂君侯不宜計官號之高下爵位之多少也羽卽受拜初羽聞馬超來降素非知故書與諸葛

亮問其人材亮知羽忌前荅曰孟起黥彭之徒一世之桀當與益德並驅爭先猶不如髯之絕倫也羽省書忻悅以示賓客羽美鬚髯故亮稱云髯也羽嘗中流矢每天陰疼痛醫言矢鋒有毒須破臂刮毒患乃可除羽卽伸臂使治時適會客臂血流離盈於盤器而羽引酒割炙言笑自若　魏王遣左將軍于禁督七軍三萬人救樊漢水暴長皆爲羽所獲又殺魏將龐德威震華夏魏王議徙許都以避其銳而孫權襲江陵將軍傅士仁南郡太守麋芳降吳羽久不拔城魏右將軍徐晃救樊羽退還遂爲孫權所殺吳

盡取荊州以劉璋爲益州牧住秭歸　是歲尚書令法正卒諡曰翼侯以尚書劉巴爲尚書令　二十五年春正月魏武王薨嗣王丕卽位改元延康蜀傳聞漢帝見害先主乃發喪制服追諡曰孝愍皇帝所在並言衆瑞故議郎陽泉亭侯劉豹青衣侯向舉偏將軍張裔黃權（當有大字見三國志）司馬屬陰純別駕趙莋治中楊洪從事祭酒何宗議曹從事杜瓊勸學從事張爽尹黙譙周等上河洛符驗孔子所甄赤三日德昌九世會備合爲帝際洛書寶號命曰天度帝道備稱皇又言周羣父未亡時數言西南有黃氣立數十

丈而景雲祥風從璇璣下來應之如圖書必有天子出方今大王應際而生與神合契願速卽洪業以寧海內先主未許冬魏王丕卽皇帝位改元黃初漢獻帝遜位爲山陽公　章武元年魏黃初二年也春太傅許靖安漢將軍麋竺軍師將軍諸葛亮太常賴恭光祿勳黃權少府王謀等乃勸先主紹漢絕統卽帝號先主不許亮進曰昔吳漢耿弇等勸世祖世祖辭讓耿純進曰天下英雄喁喁冀有所望若不從議者士大夫各歸其主無從公也世祖感之今曹氏篡漢天下無主大王紹世而起乃其宜也士大夫隨大王久勤苦者亦欲望尺寸之功如純言耳先主乃從之亮與博士許慈議郎孟光建立禮儀擇令辰費詩上疏曰殿下以曹操父子逼主篡位故乃羈旅萬里糺合士衆將以討賊今大敵未克而先自立恐人疑惑昔高祖與楚約先破秦者王及屠咸陽獲子嬰猶推讓況今殿下未出門便欲自立愚臣誠不爲殿下取也朝廷左遷詩部永昌從事　夏四月丙午先主卽帝位大赦改元章武以諸葛亮爲丞相假節錄尚書許靖爲司徒張飛車騎將軍領司隸校尉進封西鄉侯馬超驃騎將軍領涼州刺史封斄鄉侯北

督臨沮偏將軍吳懿爲關中都督進魏延鎭北將軍李嚴輔漢將軍襄陽馬良爲侍中楊儀爲尚書蜀郡何宗爲鴻臚立宗廟祫祭高皇帝世祖光武皇帝　五月辛巳立皇后吳氏吳懿妹劉璋兄瑁妻也子禪爲皇太子　六月立子永爲魯王理爲梁王　先主將東征以復關羽之恥命張飛率巴西萬兵將會江州飛帳下將張達范彊殺飛持其首奔吳初飛勇冠三軍（當有脫）與關羽俱稱萬人之敵羽善待小人而驕士大夫飛愛敬君子而不卹小人是以皆敗先主常戒之曰卿刑殺過差鞭撻健兒令在左右此取禍之

道飛不悟故敗先主聞飛營軍都督之有表也曰噫飛死矣命丞相亮領司隸校尉　秋七月先主東伐羣臣多諫不納廣漢秦宓上陳天時必無其利先主怒縶之於理　孫權遣書請和先主不聽吳將陸議李異劉阿等軍至秭歸左右領軍南郡馮習陳怊吳班自建平攻破異等軍次秭歸武陵五溪蠻夷遣使請兵　二年春正月先主軍秭歸吳班陳戒等水軍屯夷陵夾江東西岸　二月將進黃權諫曰吳人悍戰而水軍沂流進易退難臣請爲先驅以嘗寇陛下宜爲後鎮先主不從以權爲鎮北將軍督

江北軍先主連營稍前軍於夷道猇亭遣侍中馬良經佷山安慰五溪蠻夷　夏六月黃氣見自秭歸十餘里中廣十餘丈後十數日與吳人戰先主敗績馮習及將張南皆死先主歎曰吾之敗天也委舟舫由步道還魚復將軍義陽傅肜爲後殿兵衆死盡肜氣益烈吳將喻令降肜罵曰吳狗何有漢將軍降者遂戰死從事祭酒程畿獨泝江退衆曰後追以至宜解舫輕行畿曰吾在軍未習爲敵之走況從天子乎亦見殺　黃權偏軍孤絕遂北降魏李異劉阿等踵躡先主屯南山　先主改魚復曰永安丞相亮

聞而歎曰法孝直若在則能制主上使不東行既復東行必不顛危矣　八月司徒靖卒　是歲驃騎將軍馬超亦卒臨沒上疏曰臣宗門二百餘口爲孟德所誅略盡唯從弟岱當爲微宗血食之係深託陛下岱官至平北將軍拜肜子僉左右幢作郎將　冬十月詔丞相亮營南北郊於成都孫權聞先主在白帝甚懼遣使請和先主使太中大夫南陽宗瑋報命　十有一月先主寢疾十有二月漢嘉太守黃元素亮所不善聞先主疾病慮有後患舉郡拒守　三年春正月召丞相亮於成都詔亮省疾於永

安元燒臨邛城治中從事楊洪啓太子遣將軍陳曶鄭綽由青衣水伐元滅之　二月亮至永安先主謂曰君才十倍曹丕必能安國終定大事若嗣子可輔輔之如其不才君可自取亮涕泣對曰臣敢竭股肱之力効忠貞之節繼之以死先主又爲詔勅太子曰汝與丞相從事事之如父亮與尚書令李嚴並受寄託　夏四月先主殂於永安宮時年六十三亮表後主曰大行皇帝邁仁樹德覆燾無疆昊天不弔今月二十四日奄忽升遐臣妾號咷如喪考妣乃顧遺詔事惟太宗百寮發哀三日除服到葬復服其郡

國守相令長丞尉三日除服五月梓宮至成都謚曰昭烈皇帝秋八月葬惠陵

譔曰漢末大亂雄桀並起若董卓呂布二袁韓馬張楊劉表之徒兼州連郡衆踰萬計叱咤之閒皆自謂漢祖可踵桓文易邁而魏武神武幹略戡屠盪盡於時先主名微人鮮而能龍興鳳舉伯豫君徐假翼荆楚翻飛梁益之地克胤漢祚而吳魏與之鼎峙非英才命世孰克如之然必以曹氏替漢宜扶信順以明至公還乎名號爲義士所非及其寄死託孤於諸葛亮而心神無貳陳子以爲君臣之至公古今之盛軌也

華陽國志卷第六

華陽國志卷第七

劉後主志

後主諱禪字公嗣先主太子甘夫人所生也襲位時年十七　建興元年夏五月後主卽位尊皇后吳氏曰皇太后大赦改元於魏黃初四年吳黃武二年也　立皇后張氏車騎將軍飛女也封丞相亮武鄉侯中護軍李嚴假節加光祿勳封都鄉侯督永安事中軍師衞尉魯國劉琰亦都鄉侯中護軍趙雲江州都督費觀屯騎校尉丞相長史王連中部督襄陽向寵及魏延吳懿皆封都亭侯楊洪王謀等關內侯

南中諸郡並叛亂亮以新遭大喪未便加兵遣尙書南陽鄧芝固好於吳吳主孫權曰吾誠願與蜀和親但主幼國小慮不自存芝對曰吳蜀二國之地吳有三江之阻蜀有重險之固大王命世之英諸葛一時之桀合此二長共爲脣齒進可兼幷天下退可鼎足而峙大王如臣服於魏魏則上望大王入朝其次求太子入侍若其不從則奉辭伐叛蜀必順流見可而進如此江南之地非復大王之有也吳主大悅與蜀和報使聘歲通芝後累往權曰若滅魏之後二主分治不亦樂乎芝對曰滅魏之後大王未深識天

命者戰爭方始耳權曰君之誠懇乃至於此書與亮
曰丁宏掞張陰化不實和合二國惟有鄧芝　二
年丞相亮開府領益州牧事無巨細咸決於亮亮乃
撫百姓示儀軌約官職從權制盡忠益時者雖仇必
賞犯法怠慢者雖親必罰服罪輸情者雖重必釋遊
辭巧飾者雖輕必戮善無微而不賞惡無纖而不貶
庶事精練物究其本循名責實虛僞不齒終乎封域
之內畏而愛之刑政雖峻而無怨者以其用心平勸
戒明也　辟尚書郎蔣琬及廣漢李邵巴西馬勳
爲掾南陽宗預爲主簿皆德舉也秦宓爲別駕犍爲

五梁爲功曹梓潼杜微爲主簿皆州俊彥也而江夏
費禕南郡董允郭攸之始爲侍郎贊揚日月　吳
遣中郎將張溫來聘報鄧芝也將返命百官餞焉惟
秦宓未往亮累催之溫問曰彼何人也亮曰益州學
士也及至溫問宓曰君學乎荅曰五尺童子皆學何
況小人溫曰天有頭乎在何方也宓曰詩云乃眷西
顧知其在西又曰天有耳乎宓曰詩不云乎鶴鳴九
皋聲聞于天若無其耳何以聽之又曰天有足乎曰
詩不云乎天步艱難之子不猶若其無足何以步之
又曰天有姓乎曰姓劉何以知之曰其子姓劉又曰

日生於東乎曰雖生於東終沒於西荅問如響之應
聲溫大敬服宓亦尋遷右中郎將長水校尉大司農
　三年春長水校尉廖立坐謗訕朝廷廢徙汶山
立自荊州與龐統並見知而性傲侮後更冗散怨望
故致黜廢　三月亮南征四郡以宏農太守楊儀
爲參軍從行步兵校尉襄陽向朗爲長史統留府事
　秋南中平軍資所出國以富饒　冬亮還至
漢陽與魏降人李鴻相見說新城太守孟達委仰於
亮無已亮方北圖欲招達爲外援謂參軍蔣琬從事
費詩曰歸當有書與子度相聞對曰孟達小子昔事

振威不忠後奉先帝背叛反覆之人何足與書亮不
荅詩數率意而言故凌遲於世　十有二月亮至
羣官皆道迎而亮命侍郎費禕參乘禕官小年幼衆
士於是莫不易觀　四年永安都護李嚴還督江
州城巴部大城以征西將軍汝南陳到督永安封亭
侯　是歲魏文帝崩明帝立　五年魏太和元
年也春丞相亮將北伐上疏曰今天下三分益州疲
弊此誠危急存亡之秋也然侍衛之臣不懈於內忠
志之士忘身於外者咸追先帝之遇欲報之陛下也
先帝以臣謹慎故臨崩寄臣以大事受命以來夙夜

憂歎故五月渡瀘深入不毛今南方已定兵甲已足當帥獎三軍北平中原庶竭駑鈍攘除姦凶克復漢室還於舊都此臣所以報先帝而忠於陛下頗陛下託臣以討賊興復不効則治臣之罪以告先帝之靈陛下亦宜自謀諮諏善道察納雅言不宜引喻失誼以塞忠諫之路也又曰親賢臣遠小人先漢所以興隆昵小人疎君子後漢所以傾覆侍中郭攸之費禕侍郎董允先帝簡拔以遺陛下斟酌規益進盡忠言則其任也宮省之事悉以諮之必能禆補闕漏有所廣益也　以尚書南陽陳震爲中書令治中張裔爲留府長史與參軍蔣琬當有公琰知居府事　二月亮出屯漢中營沔北陽平石馬以鎭北將軍魏延爲司馬　六年春丞相亮揚聲由斜谷道取郿使鎭東將軍趙雲中監軍鄧芝據箕谷爲疑軍魏大將軍曹眞舉衆當之亮身率大衆攻祁山賞罰肅而號令明天水南安安定三郡叛魏應亮關中響震魏明帝西鎭長安命張郃拒亮亮使參軍襄陽馬謖裨將軍巴西王平及張休李盛黃襲等在前違亮節度爲郃所破平獨斂衆爲殿而雲芝亦不利亮拔將西縣千餘家還漢中戮謖及休盛以謝衆奪襲兵貶雲秩

長史向朗以不時臧否免罷超遷平參軍進位討寇將軍封亭侯統軍五年按當衍軍字年當作部三國志平傳云加拜參軍統五部兼當營事進位討寇將軍封亭侯可證也五部裴松之注據南中志言移南中勁卒青羌萬餘家於蜀爲五部然則平所統者即此五部矣亮上疏曰臣以弱才叨竊非據親秉旄鉞以厲三軍不能訓章明法臨事而懼至有街亭違令之闕箕谷不戒之失咎皆在臣臣授任無方春秋責帥職臣是當請自貶三等以督厥咎於是以亮爲右將軍行丞相事辟天水姜維爲倉曹掾加奉義將軍封當陽亭侯亮書與長史張裔參軍蔣琬稱維曰姜伯約西州上士馬季常李永南不如也

冬亮復出散關圍陳倉糧盡還魏將王雙追亮亮合戰斬雙　七年春丞相亮遣護軍陳式攻武都陰平魏雍州刺史郭淮出將擊式亮自至建威淮退遂平二郡　後主詔策亮曰街亭之敗咎由馬謖而君引愆深自抑損重違君意聽順所守前年耀師馘斬王雙今歲爰征郭淮遁走降集氐羌興復二郡威震凶暴功勳赫然復君丞相君其無辭　夏四月吳主孫權稱尊遣衛尉陳震慶問吳與蜀約分天下　冬城漢樂　八年春丞相亮以參軍楊儀爲長史加綏遠將軍遷姜維護軍征西將軍　秋魏

大將軍司馬宣王由西城征西車騎將軍張郃由子午大司馬曹眞由斜谷三道將攻漢中丞相亮軍成固表進江州都護李嚴驃騎將軍將二萬人赴漢中嚴初求以五郡爲巴州書告亮言魏大臣陳羣司馬懿並開府亮乃加嚴中都護以嚴子豐爲江州都督大雨道絶眞等還丞相亮以當西蠻作北征因留嚴漢中署留府事嚴改名平　丞相司馬魏延將軍吳懿西入羌中大破魏後將軍費曜雍州刺史郭淮於陽溪延遷前軍師鎭西將軍封南鄭侯懿左將軍高陽鄉侯徙魯王永爲甘陵王梁王理爲安平王皆

以魯梁在吳分故也　九年春丞相亮復出圍祁山始以木牛運參軍王平守南圍司馬宣王拒亮張郃拒平亮慮糧運不繼設三策告都護李平曰上計斷其後道中計與之持久下計還往黃土時宣王等糧亦盡盛夏雨水平恐漕運不給書白亮宜振旅　夏六月亮承平指引退張郃至青封交戰爲亮所殺　秋八月亮還漢中平懼亮以運不辦見責欲殺督運領岑述驚問亮何故來還又表後主言亮僞退亮怒表廢平爲民徙梓潼奪平子豐兵以爲從事中郎與長史蔣琬共知居府事時費禕爲司馬也

十年春丞相亮休士勸農車騎將軍劉琰與軍師魏延不和還成都秋旱亮練兵講武　十二年魏青龍元年也丞相亮治斜谷道運糧谷口　十二年春丞相亮以流馬運從斜谷道出武功據五丈原與司馬宣王對於渭南亮每患糧不繼使志不伸乃分兵屯田爲久住之基耕者雜於渭濱居民之間百姓安堵軍無私焉　秋八月亮疾病卒於軍時年五十四還葬漢中定軍山塚足容棺斂以時服謚曰忠武侯鎭西大將軍魏延與長史楊儀素不和亮既恃延勇猛又惜儀籌畫不能偏有所廢常恨恨之爲

作甘戚論二子不感延常舉刃擬儀儀涕淚交流惟護軍費禕和解中間終亮之世盡其器用儀欲案亮成規將喪引退使延斷後姜維次之延怒舉軍先歸南鄭各相表反留府長史蔣琬侍中董允保儀疑延延逆欲擊儀儀遣平北將軍馬岱討滅延延自以武幹常求將數萬別行依韓信故事亮不許以亮爲怯及儀將退使費禕造延延曰公雖亡吾見在當率衆擊賊豈可以一人亡廢國家大事乎使禕報儀不可故欲討儀儀帥諸軍還成都大赦以吳懿爲車騎將軍假節督漢中事初亮密表後主以儀性狷狹若臣

不幸可以蔣琬代臣於是以琬爲尚書令總統國事以儀爲中軍師司馬費禕爲後軍師征西姜維爲右監軍輔漢將軍鄧芝前軍師領兗州刺史張翼前領軍並典軍政　廖立在汶山聞亮卒垂泣曰吾終爲左衽矣李平亦發病死初立平爲亮所廢安奄没齒常冀亮當自補復策後人不能故感憤焉　十三年拜尚書令蔣琬爲大將軍領益州刺史以費禕爲尚書令時新喪元帥遠近危悚琬超登大位既無戚容又無喜色衆望漸服侍郎董允兼虎賁中郎將統宿衛兵軍師楊儀自以年官在琬前雖同爲參軍

長史已常征伐勤苦更處琬下書當衍怨望謂費禕曰公亡際吾當舉衆降魏處世甯當落度如此耶禕表其言廢徙漢嘉儀又上書激切遂行儀重辟　吳以亮之卒也增巴丘守萬人蜀亦益白帝軍右中郎宗預使吳吳主曰東之與西共爲一家何以益白帝守預對曰東增巴丘之戍蜀益白帝之兵俱事勢宜然不足以相問也　十四年夏四月後主西巡至湔山當衍登當有觀字坂觀汶川之流　武都氐王符健請降將軍張尉迎之過期不至大將軍琬憂之牙門將巴西張嶷曰健求附款至必無返滯聞健弟狡不能同功各將乖離是以稽耳健弟果叛就魏健卒四百家隨尉居廣都縣　十五年魏景初元年也夏六月皇后張氏薨謚曰敬哀　是歲車騎將軍吳懿卒以後典軍安漢將軍王平領漢中太守代懿督漢中事　懿從弟班漢大將軍何進官屬吳匡之子也名常亞懿官至驃騎將軍持節鄉侯按當作假節縣竹侯見陳壽季漢輔臣贊注　時南郡輔匡光當作元弼零陵劉邕南和官亦至鎮南將軍潁川袁綝南郡高翔至大將軍綝征西將軍　延熙元年春正月立皇后張氏敬哀皇后妹也大赦改元立子璿爲太子瑤爲安定

王以典學從事巴西譙周爲太子家令梓潼李譔爲僕射皆名儒也　冬十二月大將軍琬出屯漢中更拜王平以前護軍署大將軍府事尚書僕射李福爲前監軍領大將軍司馬　延熙當衍此二字二年春三月進大將軍琬大司馬開府辟治中從事犍爲楊義當作羲下同爲東曹掾義性簡琬與言時不應荅羣吏以爲慢琬曰夫人心不同各如其面面從後言古人所戒義欲贊吾是耶則非本心欲反吾言也則顯吾之非是以嘿然此義之快也督農楊敏常毁琬作事憒憒誠非前人也或以白琬琬曰吾信不如前人主

者白乞問憒憒狀琬曰苟其不如則憒憒矣復何問也後敏坐事下獄人以爲必死琬心無適莫是以上下輯睦歸仰於琬蜀猶稱治　輔漢將軍姜維領大司馬（按此下當重有司馬二字三國志後主傳云延熙二年春三月進蔣琬位爲大司馬姜維傳云琬既遷大司馬以維爲司馬然則維所領者蔣琬大司馬之司馬也傳寫者誤認爲複文而删之耳）是歲（按此二字當在下文魏明帝崩之上）西征入羌中　魏明帝崩齊王卽位　延熙（當衍此二字）三年魏正始元年也安南將軍馬忠率越巂太守張嶷平越巂郡　四年冬十月尚書令費禕至漢中與司馬　琬諮論事計歲盡還　五年春正月姜維還屯涪縣大司馬琬

以丞相亮數入秦川不克欲順沔東下征三郡朝臣咸以爲不可安南將軍馬忠自建寧還朝因至漢中宣詔旨於琬琬亦連疾動輟計還忠鎮南大將軍封彭鄉侯　六年大司馬琬上疏曰臣既闇弱加嬰疾疢疹奉辭六年規方無成夙夜憂慘今魏跨帶九州除之未易如東西掎角但當蠶食然吳期二三連不克果輒與費禕馬忠議以爲涼州胡塞之要宜以姜維爲涼州刺史銜持河右今涪水陸四通惟急是赴東北之便應之不難　冬十月琬還鎮涪以王平爲鎮北大將軍督漢中事姜維鎮西大將軍涼州刺史　十有一月大赦遷尚書令費禕大將軍錄尚書事就遷江州都督鄧芝車騎將軍　七年閏月魏大將軍曹爽征西將軍夏侯〔元〕征蜀王平白與護軍零陵劉敏距興勢圍以大司馬琬疾病假大將軍禕節率軍自成都赴漢中旌旗啓路馬人擐甲羽檄交馳嚴鼓將發光祿大夫義陽來敏求共圍棊禕留意博奕色守自若敏曰聊試君耳君信可人必能辦賊者也比至爽等退命鎮南將軍馬忠平尚書事　夏四月安平王卒子〔允〕嗣　秋九月禕還大司馬琬以病故讓州職於費禕董允於是禕加大將軍

領益州刺史允加輔國將軍守尚書令允立朝正色處中上則匡主下帥羣司於時蜀人以諸葛亮蔣費及允爲四相一號四英宦人黃皓便僻佞慧畏允不敢爲非後主欲採擇允曰妃后之數不可過十二允嘗與軍典義陽胡濟大將軍禕共期遊宴命駕將出郎中襄陽董恢造允修敬自以官卑少行求索去允曰本所以出者欲同與好遊談耳君以自屈方展闊積舍此就彼非所謂也命解驂止駕允之下士接物皆此類也君子以爲有周公之德　八年秋皇太后吳氏薨謚曰穆　冬十有一月大將軍禕行軍

漢中　九年夏六月禕還成都　秋大赦司農孟光衆責禕曰夫赦者偏枯之物非明世之所宜有也今主上賢仁百寮稱職有何旦夕之急數施非常之恩以惠奸軌之惡上犯天時下違人理豈具瞻之高美所望於明德哉禕但顧謝焉初丞相亮時有言公惜赦者亮荅曰治世以大德不以小惠故匡衡吳漢不願爲赦先帝亦言吾周旋陳元方鄭康成閒每見啓告治亂之道備矣曾不語赦也若景升季玉父子歲歲赦宥何益於治故亮時軍旅屢興不妄下也自亮沒後茲制遂虧　蜀初闕三司之位以待天

下賢人其鄉士皆勳德融茂太常杜瓊學通行修衞尉陳震忠愔篤粹孟光亮直著聞皆良幹也但光好指擿利病人長秋南陽許慈普記舊校云闕性光祿來敏舉措不慎失勢事者指當世美名不及特進太常廣漢譚承光祿勳河東裴儁也其朝臣尚書巴西司學義陽胡博僕射巴西姚伷侍中汝南陳祗並讚事業學以故丞相長史向朗爲左將軍朗自去長史優遊無事乃鳩合經籍開門誘士講論古義不預世務是以上自執事下及童冠莫不宗敬焉　冬十有一月大司馬琬卒謚曰恭侯中書令董允亦卒超遷

蜀郡太守南陽呂乂爲尚書令進姜維爲衞將軍與大將軍禕並錄尚書事維出隴西與魏將郭淮夏侯霸戰尅之　十年涼州胡王白虎文治無戴等率衆降衞將軍維徙之繁縣　汶山平康夷反維復討平之過見廖立意氣自若維還假節　十一年鎮北將軍王平卒以中監軍胡濟爲驃騎將軍假節領兗州刺史代平督漢中事平始出軍武不大知書性警朗有思理與馬忠並垂事績平同郡勾扶亦果壯亞平官至右將軍封宕渠侯後張翼與襄陽廖化並爲大將故時人爲語曰前有何勾後有張廖平本

養外家何氏後復姓　夏五月大將軍禕出屯漢中　十二年魏嘉平元年也魏誅大將軍曹爽右將軍夏侯霸來降淵子也拜車騎將軍　四月大赦　秋衞將軍維出雍州不克將軍勾安李韶降魏　十三年衞將軍維復出西平不克而還

十五年吳主孫權薨子亮立來告赴如古義也立子琮爲西河王　命大將軍禕開府　尚書令呂乂卒以侍中陳祗守尚書令加鎭軍將軍

十六年春正月朔魏降人郭循因賀會手刃殺大將軍費禕於漢壽謚曰敬侯禕當國名略與蔣琬比而

任業相繼雖典戎於外慶賞刑威咸咨於已承諸葛之成規因循不革故能邦家和壹自禕歿後閹宦秉權衛將軍維自負才兼文武加練西方風俗謂自隴以西可制而有禕常裁制王是無禕屢出師旅功績不立政刑失錯矣　四月維將數萬攻南安魏雍州刺史陳泰救之維糧盡還　十七年魏正元元年也　春衛將軍維督中外軍事大赦　夏六月維復出隴西魏狄道長李簡舉縣降維圍襄武魏大將徐質救之維拔狄道河關按胡三省通鑑注云當作關臨洮三縣民入蜀居於緜竹及繁　是歲魏帝齊王廢

高貴鄉公即位　十八年春衛將軍維復議出征征西大將軍張翼廷爭以小國不宜黷武維不聽　夏率車騎將軍夏侯霸及翼出狄道大破魏雍州刺史王經於洮西經衆死數萬經退保狄道城翼曰可矣不宜進或毀此成功為蛇畫足維必進魏征西將軍陳泰救狄道維退駐鍾題　十九年魏甘露元年也　春進衛將軍姜維為大將軍　秋八月維復出天水至上邽鎮西大將軍胡濟失期不至大為魏將鄧艾所破死者衆士庶由是怨維而隴以西亦無寧歲　冬維還謝過引負求自貶削於是

以維為後將軍行大將軍事　立子瓚為新平王大赦　二十年春大赦魏征東大將軍諸葛誕以淮南叛連吳魏分關中兵東下後將軍姜維復從駱谷出長城軍芒水與魏大將司馬望鄧艾相持景耀元年維以誕破退還成都復拜大將軍史官言景星見大赦改元　宦人黃皓與尚書令陳祗相表裏始豫政皓自黃門丞至今年為奉車騎尉中常侍　姜維雖班在祗右權任不如蜀人無不追思董允者時兵車久駕百姓疲弊太中大夫譙周著仇國論言可為文王難為漢祖人莫察焉

征北大將軍宗預自永安徵拜鎮南當作軍見三國志將軍領兗州刺史以襄陽羅憲為鎮軍督永安事　吳大臣廢其主亮立孫休來告難如同盟也　大將軍維議以為漢中錯守諸圍適可禦敵不獲大利不若退據漢樂二城積穀堅壁聽敵入平且重關鎮守以禦大當作之句絕見三國志　敵攻關不克野無散穀千里懸糧自然疲退此殄敵之術也於是督漢中胡濟卻守漢壽監軍王含守樂城護軍蔣舒當作斌見三國志守漢城又於西安建威武衛石門武城建昌臨遠皆立圍守二年夏六月立子諶為北地王恂為新興王虔

爲上庸王　以征西張翼爲左車騎將軍領冀州刺史廣武督廖化爲右車騎將軍領幷州刺史將南郡閻宇爲右衛大將軍　秋八月丙子領中護軍陳祗卒諡曰忠侯祗在朝上希主指下接閹宦後主甚善焉以僕射南鄉侯董厥爲尚書令　三年魏景初元年也　秋八月追諡故前將軍關羽曰壯繆侯車騎將軍張飛曰桓侯驃騎將軍馬超曰威侯軍師龐統曰靖侯後將軍黃忠曰剛侯　是歲魏帝高貴鄉公卒常道鄉公卽帝位　四年春三月追諡故鎮軍趙雲曰順平侯　冬十月大赦拜丞

相亮子武鄉侯瞻中都護衛將軍遂董厥輔國大將軍與瞻輔政以侍中義陽樊建守尚書令自瞻厥用事黃皓秉權無能正矯者惟建特不與皓和好往來而祕書令河南郤正與皓比屋周旋皓從微至著既不憎正又不愛之官不過六百石常免於憂患
五年春正月西河王琮卒　大將軍維惡皓之恣擅啟後主欲殺之後主曰皓趨走小臣耳往者董允切齒吾常恨之君何足介意維本羈旅自託而功効無稱見皓枝附葉連懼於失言遜辭而出後主勅皓詣維陳謝維誘皓求沓中種麥以避內逼皓承白後主秋維出侯和爲魏將鄧艾所破還駐沓中皓協比閻宇欲廢維樹宇故維懼不敢還　六年春魏相國晉文王命征南（當作西見三國志）將軍鄧艾鎮西將軍鍾會雍州刺史諸葛緒益州刺史師纂五道伐蜀大將軍姜維表後主求遣左右車騎張翼廖化督諸軍分護陽安關口及陰平橋頭黃皓信巫鬼謂敵不來啟後主寢其事羣臣不知　夏艾將入沓中會將向駱谷蜀方聞之遣張翼董厥爲陽安關外助廖化爲維援繼大赦改元炎興比至陰平聞諸葛緒向建威故待月餘維爲鄧艾所摧還陰平　鍾會圍樂城

遣別將攻關分將蔣舒開門降都督傅僉奮戰而死
冬會以樂城不下徑長驅而前翼厥之至漢壽也維化捨陰平還保劍閣拒會會不能尅糧運懸遠議欲還而鄧艾由陰平景谷傍入後主又遣都護諸葛瞻督諸軍距艾至漢涪不進尚書郎黃崇權子也勸瞻速行固險無令敵得入坪言至流涕瞻不從前鋒已破艾徑至涪瞻退保緜竹艾書誘瞻曰若降者必表封瑯琊王瞻怒殺艾使戰於緜竹瞻軍敗績瞻臨陣死崇及羽林督李球尚書張遵皆必死沒命瞻長子尚歎曰父子荷恩不早斬黃皓以致敗國殄民

用生何爲乃驅馬赴魏軍而死　百姓聞艾入坪驚迸山野後主會羣臣議欲南入七郡或欲奔吳光祿大夫譙周勸降魏魏必裂土封後主後主從之遣侍中張紹駙馬都尉鄧良齎璽綬奉牋詣艾降北地王諶恚憤殺妻子而後自殺　艾至成都後主輿櫬面縛銜璧迎之艾親釋其縛受其璧焚其櫬承制拜驃騎將軍使止其宮執黄皓將殺之受賄而赦之諸圍守皆奉後主勑令乃下姜維未知後主降謂且固城素與執政者不平欲使其知衛敵之難而後逞志乃迴由巴西出郪五城會破後主手令乃投戈釋

甲詣鍾會降於涪軍士莫不奮激以刃斫石　明年春正月會構艾檻車見徵會圖異計奇維雄勇還其節益本兵謂長史杜預曰姜伯約比中州名士夏侯太初諸葛公休不如也鄧艾亦謂蜀人曰姜維雄兒也會維到出同車坐同席將至成都稱益州牧以叛恃維牙爪欲遣維爲前將軍伐中國維既失策又知會志廣敎會誅北諸將諸將既死徐欲殺會盡坑魏兵還復後主密書通後主曰願陛下忍數日之辱臣欲使社稷危而復安日月幽而復明魏太后崩會命按通鑑考異引有諸字當補將發喪因欲誅之諸將半入而南安

太守胡烈等知其謀燒成都東門以襲殺會及維張翼後主太子璿等軍衆抄掠數日乃定　三月後主舉家東遷洛陽　丁亥封安樂縣公食邑萬戶賜絹萬匹奴婢百人他物稱此弟兄子孫爲郡都尉侯者五十餘人以譙周全國濟民封城陽亭侯祕書令郤正舍妻子隨侍後主相導威儀封關內侯於是尚書令樊建殿中督張通侍中張紹亦封侯劉氏凡得蜀五十年正稱尊號四十二年　蜀郡太守王崇論後主曰昔世祖內資神武之大才外拔四屯按當作七東京賦援鉞四七薛綜注四七二十八將也之奇將猶勤而獲濟然乃

登天衢車不輟駕坐不安席非淵明宏鑒則中興之業何容易哉後主庸常之君雖有一亮之經緯內無胥附之謀外無爪牙之將焉可包括天下也又曰鄧艾以疲兵二萬溢出江油姜維舉十萬之師案道南歸艾爲成禽禽艾已訖復還拒會則蜀之存亡未可量也乃迴道之巴遠至五城使艾輕進徑及成都兵分家滅已自招之然以鍾會之知略稱爲子房姜維陷之莫至兌鍵籌筭相應優劣惜哉愚以爲維徒能謀一會不慮窮兵十萬難爲制御美意播越矣

譔曰諸葛亮雖資英霸之能而主非中興之器欲以

區區之蜀假已廢之命北吞强魏抗衡上國不亦難哉似宋襄求霸者乎然亮政修民理威武外振爰迄琬禕遵修弗革攝乎大國之閒以弱爲强猶可自保姜維才非亮匹志繼洪軌民嫌其勞家國亦喪矣

華陽國志卷第七

華陽國志卷第八

大同志

古者國無大小必有記事之史表成著敗以明懲勸稽之前式州部宜然自劉氏祚替而金德當陽天下文明不及曩世逮以多故族祖武平府君漢嘉杜府君並作蜀後志書其大同及其喪亂然逮在李氏未相條貫又其始末有不詳第璩往在蜀櫛沐艱難備諳諸故事（當作事故按事句絕讀故下屬也）更敘次顯挺年號上以彰明德下以治遠亂庶幾萬分有益國史之廣識焉

魏咸熙元年蜀破之明年也以東郡袁邵爲益州刺史隴西太守安平韋（宏）爲蜀郡金城太守天水楊欣爲犍爲太守　後主既東遷內移蜀大臣宗預廖化及諸葛顯等幷三萬家於東及關中復二十年田租董厥樊建並爲相國參軍　冬分州置梁州遣厥建兼散騎常侍使蜀慰勞　晉泰始元年春刺史袁邵以治城將被徵故蜀侍郎蜀郡常忌詣相國府陳邵撫卹有方遠國初附當以漸導化不宜改易州將失遐外心相國聽留辟忌爲舍人　冬十月晉武帝踐祚　二年春武帝（宏）納梁益引援方彥用故黃金督蜀郡柳隱爲西河巴郡文立爲濟陰太

守常忌河内縣令　四年故中軍士王富有罪逃匿密結亡命刑徒得數百人自稱諸葛都護起臨邛轉侵江原江原方略吏李高閻術縛富送州刺史童策斬之初諸葛瞻與鄧艾戰於緜竹也時身死失喪或言生走深逃瞻親兵言富貌似瞻故富假之也

五年散騎常侍文立表復假故蜀大臣名勳後五百家不預厮劇皆依故官號爲降　六年分益州南中建寧雲南永昌興古四郡爲寧州　七年汶山守兵呂匡等殺其督將以叛旋滅之初蜀以汶山西五郡北逼陰平武都故於險要置守自汶江龍鶴

冉駹白馬匡用五圍皆置修屯牙門晉初以禦夷徼因仍其守　八年三蜀地生毛如白毫三夕長七八寸生數里　十年汶山白馬胡恣縱掠諸種夏刺史皇甫晏表出討之别駕從事王紹等固諫不從典學從事蜀郡何旅諫曰昔周宣王六月北伐者玁狁孔熾憂及諸夏故也今胡夷相殘戎虜之常未爲大患而盛夏出軍水潦將降必有疾疫宜須秋冬圖之未晚晏不聽遂西行軍城比入（當有誤）麃入營中軍占以爲不祥晏不悟胡康水子燒香言軍出必敗晏以爲沮衆斬之　夏五月軍至都安屯觀坂上旅復諫曰今所安營地名觀坂上自（當作自上）觀下反上（當作卜之按自上觀下反卜之七字爲一句）象徵不吉昔漢祖悟柏人以免難岑彭惡彭亡而不去遂陷於禍宜移營他所晏不納其言夜所將中州兵蔡雄宣班張儀等以汶山道險心畏胡之强晏復諫干時衆庶所怨遂引牙門張宏督張衡等反殺晏衆夜亂不知所爲惟兵曹從事犍爲楊倉彎弓力戰射百餘發且詈雄衆擊之矢盡見殺從事廣漢王紹亦赴之死初晏未出蜀中傳相告曰井中有人學士靳普言客星入東井東井益州之分野憂刺史戒客人耳又有猛風是逆風其日

觀卦用事若軍西行獲觀坂門人向天井亦可慮也故旅勲諫云卒如其言宏等遂誣表晏欲率已共反故殺之求以免罪其衆抄掠百姓廣漢主簿李毅白太守宏農王濬宜急救益州禍亂保晏無惡必爲宏等所枉害濬從之而晏主簿蜀郡何攀以母喪在家聞亂釋縗絰詣洛訴晏忠孝而宏等惡逆事得分明詔書因以濬爲益州刺史加輕車將軍濬斬宏等益州平　咸寧三年春刺史濬誅犍爲民陳瑞瑞初以鬼道惑民其道始用酒一斗魚一頭不奉他神貴鮮潔其死喪產乳者不百日不得至道治其爲師者

曰祭酒父母妻子之喪不得撫殯入弔及問乳病者轉脅辟作朱衣素帶朱幘進賢冠瑞自稱天師徒衆以千百數濬聞以爲不孝誅瑞及祭酒袁旌等焚其傳舍益州民有奉瑞道者見官二千石長吏巴郡太守犍爲唐定等皆免官或除名　蜀中山川神祠皆種松柏濬以爲非禮皆廢壞燒除取其松柏爲舟船惟不毀禹王祠及漢武帝祠又禁民作巫祀於是蜀無淫祀之俗敎化大行有木連理嘉禾黃龍甘露之祥　三月被詔罷屯田兵大作舟船爲伐吳計別駕何攀以爲佃兵但五六百人無所辦宜召諸休

兵借諸郡武吏并萬餘人造作歲終可成濬從之攀又建議裁船入山動數百里艱難蜀民冢墓多種松柏宜什四市取入山者少濬令攀典舟船器仗

冬十月遣攀使詣洛表可征伐狀因使至襄陽與征南將軍羊祜荊州刺史宗廷論進取計　四年春漢中都吏襲祚等謀殺太守姜宗以叛宗覺堅守祚等燒南鄭市及平民屋族誅　刺史濬當遷大司農至漢壽里遣參軍李毅詣洛與何攀並表求伐吳

五年詔書拜濬龍驤將軍假節監梁益二州軍事除何攀郎中參軍事以典軍從事張任趙明李高徐兆爲牙門姚顯郄堅爲督冬、當大舉秋攀使在洛安東將軍王渾表孫皓欲北侵請兵朝議征郄須六年攀因表可因今取之策皓必不自送帝乃許焉

冬十有二月濬因自成都帥水陸軍及梁州三水胡七萬人伐吳臨發斬牙門將李延所愛待將也以爭騎斬衆莫不肅至江州詔書進濬平東將軍都督二州巴東監軍唐彬及平南軍皆受指授別遣參軍李毅將軍由涪陵入取武陵會巴陵　太康元年春三月吳平攀毅以下封各有差以淮南　胡羆爲益州刺史濬遷輔國將軍　初濬將征問靳普今

行何如普對曰客星伏南斗中而太白歲星在西方占曰東方之國破必如志矣普學術不貪榮華卒於布衣　三年更以益梁州爲輕車（當作州句絕據下文元康六年復以梁益州爲重州可證也）刺史乘傳奏事以蜀多羌夷置西夷府以平吳軍司張牧爲校尉持節統兵州別立治西夷治蜀各置長史司馬　五年罷寧州諸郡還益州置南夷校尉持節如西夷皆舉秀才廉良　八年武帝子成都王穎受封以蜀郡廣漢犍爲汶山十萬戶爲王國易蜀郡太守號爲成都內史　元康六年復以梁益州爲重州遷益州刺史栗凱爲梁州

加村官將軍揚烈將軍趙廞爲益州刺史加折衝將
軍　關中氐及馬蘭羌反寇天水略陽扶風始平
武都陰平發梁州及東羌鎮西討之不克益州遣牙
門馬元尹方救援之以鹿車運成都米給軍糧
八年廞至州雖崇簡約而性實奢泰略陽天水六郡
民李特及弟庠閻式趙肅何巨李遠等及氐叟青叟
數萬家以郡土連年軍荒就穀入漢川詔書不聽入
蜀益州勑關禁之而戶曹李苾開關放入蜀布散梁
州及三蜀界　汶山興樂縣黃石北地盧水胡成
豚堅安角成明石等與廣柔平康文降劉紫利羌有

讎遂與蜂峒羌郅逢等數千騎劫縣令求助討紫利
太守楊邠撻殺豚堅而降其餘類餘類遂叛殺長吏
冬西夷校尉西平麴炳表出軍遣牙門將孫眺
爲督護萬人征之戰於常安大爲胡所破　九年
炳以敗軍徵還晉衍當　夏用江夏太守陳摠爲代
胡退散　永康元年詔徵刺史廞爲大長秋遷成
都內史中山耿滕爲益州刺史折衝將軍因廞所服
佩初廞以晉政衰而趙星黃占曰星黃者王陰懷異
計蜀土四塞可以自安乃傾倉賑施流民以收衆心
以李特弟庠衛六郡人勇壯厚卹遇之流民恃此專

爲刼盜蜀民患之滕數密表流民剛龘而蜀人懦弱
客主不能相饒宜移還其本土不者與東三郡險地
觀其情態漸不可長將移秦雍之禍於梁益矣又言
倉庫虛竭無以應鋒鏑之急必益聖朝西顧之憂由
是廞惡滕州被詔書巳遣文武士千餘人迎滕滕以
廞未出州故在郡廞募庠黨羅安王利等劫滕大敗
於廣漢宣化亭殺傳詔者滕議欲入州城功曹陳恂
諫曰今州郡並治兵怨搆日深入城必有大禍不如
安住少城檄諸縣合村保以備秦氐陳西夷行至且
觀其變不爾可退住犍爲西渡江原以防非常滕不

從　冬十有二月滕入城登西門廞遣親近代茂
取滕茂告之而去　廞又遣兵討滕滕軍敗績自
投少城上吏左雄負滕子奇依民宋甯藏廞購千金
甯不出廞尋敗得免郡吏皆竄走惟陳恂面縛詣廞
請滕死喪廞義而不殺也恂與戶曹掾常歆共備棺
冢葬之　廞又遣軍逆陳摠摠至江陽聞廞有異
志主簿趙模進曰今州郡不協必生大變惟當速行
府是兵要助順討逆莫有動者也摠更緣道遲留至
南安魚涪津以與廞軍遇模白摠散財貨募士卒距
戰若克州軍則州可得不克順流而退必無害也摠

不能更曰趙益州忿耿侯故殺之與吾無嫌何爲如
此模曰今州起事必當立威雖不戰無益也言至垂
涕廞不聽衆弛廞逃草中模衣廞服格戰廞兵殺模
見非廞乃捜求廞殺之廞自稱大當有都督大三字將軍益
州牧以武陽令蜀郡杜淑別駕張粲巴西張龜西夷
司馬龔尼江原令犍爲費遠等爲左右長史司馬參
軍徙犍爲太守李庠爲威寇將軍召臨邛令涪陵許
弇爲牙門將召諸王官莫敢不往又以廣漢太守張
微後賢志及目錄皆作徵汶山太守楊邠成都令費立爲軍祭
酒時庠與兄當有特字弟流驤妹壻李含天水任回上官
晶扶風李攀始平費他氐符成隗伯董勝等四千騎
在北門廞使庠斷北道庠素東羌良將曉軍陳不用
麾志舉矛爲行伍庠勸稱大號漢庠部下放攬廞等
忌之遂於會所斬庠及其兄子宏等十餘人慮特等
爲變又命爲督將安慰其軍還特庠喪其夜特流徹
衆散歸縣竹廞遣故陰平令張衡升遷費恕就綏納
皆爲特所殺　許弇求爲巴東監軍杜淑張粲逆
不許弇怒於州閤下手刃殺淑粲即亦殺弇二子廞
腹心也　永甯元年春正月廞遣萬餘人斷北道
次縣竹以長史費遠爲繼前軍宿石亭特等相合得

七百餘人夜襲之因放火殺廞軍略盡進當有攻字成都
城中恟懼中郎常美與費遠李苾張微等夜斬關委
廞走文武散盡廞獨與妻子乘小船順水至廣都爲
下人朱竺所殺哀舊校云疑今按哀當衍舊校非也廞字和叔本巴
西安漢人也祖世隨張魯內移家趙趙王倫器之歷
長安令天門武陵太守來臨州長子昺在洛亦見誅
　特流至成都殺西夷護軍姜發及龔尼相都令
袁治因大抄掠遣牙門王角李基詣洛表狀初梁州
刺史羅尚聞廞反表廞非雄才又蜀人不願爲亂必
無同者事終無成敗亡可計日而俟惠帝因拜尚平
西將軍假節領護西夷校尉益州刺史給衛節兵一
千梁州兵二千又配上庸都尉義部千五百人合四
千五百人遷梓潼太守樂陵徐儉爲蜀郡揚烈將軍
隴西辛冉爲廣漢太守　羅尚又表請牙門將王
敦兵七千餘人入蜀特等聞尚來甚懼使弟驤奉迎
特厚進寶物尚以驤爲騎督特流奉牛酒勞尚於緜
竹王敦說尚曰特等隴上塞盜劫賊宜軍無後患也
會所殺之辛冉本趙王倫所用非資次召當還欲討
廞以自新亦言之尚不納冉又謂特曰故人相逢不
吉當凶特自猜懼三月尚至州治汶山羌反於都安

之天拭山遺王敦討之殺數千人大沒女弱為生口敦單馬馳為羌所殺　御史馮該張昌攝秦雍州從事督移還流民從者萬餘家而特兄輔素留鄉里託言迎家即至蜀因謂特曰中國亂不足還遣天水閻式詣尚求弛領校權停至秋並進貨賂於尚該許之及秋又求至冬辛冉李苾以為不可必欲移之式為別駕杜弢說遏移利害弢亦欲寬逆民一年辛冉李苾以為不可尚從之弢致秀才板出還家知計謀不行故也　時有白虹頭在井里尾在東山拖大城上治中從事巴西馬休問閻式曰此何祥也式

曰占言下有万屍氣甚迫於城非佳應天孽可違乎平西若能寬逆民災自消矣冉苾又白尚流民前厥亂際多所枉沒宜因移設關以奪取　秋七月尚移書梓潼所在拖關　八月關皆城閻式曰無寇而城讎必保之蜀將亂矣　九月遣軍軍緜竹揚言種麥實備越逸冉又購特流首百匹特購悉更其購云能送六郡大姓閻趙任楊李上官及氐叟梁竇符隗董費等首百匹流民本無還意太驚駭趣特　冬十月特流乃保赤祖為二營特稱鎮北益州流鎮東皆大將軍兄輔驃騎弟驤驍騎特長子蕩鎮軍

少子雄前軍李含西夷校尉含子國離及任回上官晶李攀費他皆將軍以天水任臧上官惇楊褒楊發楊珪王達麹歆陰平李遠武都李博略陽夕斌等參佐而閻式何巨趙肅亦為賓從其餘皆有官號辛冉遣護軍曾元攻之為特所殺尚督護田佐牙門劉並助冉復敗進圍廣漢尚復遣犍為太守李苾長史費遠助冉不能克冉託罪於緜竹令南郡岐苞斬之而潰圍走德陽特等得廣漢詐為表奏稱引梁統推舉竇融故事以自貴尚書檄告喻閻式式荅曰辛冉傾巧杜景狂發曾元小豎田佐血氣不治李叔平才經

廊廟無將帥之氣討羸之羌謂可長爾式前為節丁及杜景文論留從之宜人懷桑梓孰不願之但往初至隨穀庸賃一室五分復值雨潦乞須冬熟而不見聽必窮鹿抵虎但恐縋之大過逆民不肯延頸受刃其憂在後即聽式言寬使治嚴不過去九月盡集十月生進道令達鄉里何有如此也雅聽未察邮彼過言今辛冉奴亡叔平長逝支分勢解事漸及已所謂不癕曲突遠薪而有焦爛之客也尚率其民盡渡郫水以南尚阻長圍自都安至犍為七百里捍特特等保廣漢　太安元年春尚牙門夏匡攻李特於立

石失利征西遣督護衙博西征討特博次梓潼晉復拜前廣漢太守張微廣漢太守據德陽　尚遣督護巴西張龜督四十牙門軍繁城博方遣參軍蒙紹誘特降尚貽博書曰昔年得李流牋降心款款由特威帖得還爲寇聞特委誠於下吏而流驤七八千人來寇日至姦凶之態詭譎不測不可不重以持之也博不從故爲特所破於陽沔梓潼太守張演委倉庫走巴西巴西按此復衍二字下文郡丞乃梓潼之郡丞不得重巴西也郡丞毛植五官襄班舉郡降特　衙博才兼文武征西大將軍河間王深器之初爲陰平太守爲從事巴郡毛扶

所免怨梁州人及西征征西許雄以陽沔之役寇尚未至聞鶴鳴便退博欲委罪梁州託以自不供給梁州治中表之博以是得罪晉乃更用許雄爲梁州刺史　八月特破德陽流次成都北上李驤在毗橋尚遣將張興僞降於驤覘士衆還以告尚尚遣叟兵襲驤破之流驤并衆攻尚軍軍失利喪其器甲梁州刺史許雄數遣軍討特特備險不得進征西乃遣監軍劉沈將西征以中國有事不果而南夷校尉李毅遣叟兵助尚軍數挫特特勢日盛　二年春正月朔特攻尚水上軍特從盎底渡黨徒從赤水渡入郫及水西南緣江守軍皆散走太守徐儉遁降尚保大城特營少城而流軍江西之檢上蜀民先已結村保特分人就主之雄書諫特收質任無得分散猛銳流亦諫之特怒曰大事以定但當安民何緣疑動而劫害不止尚從事蜀郡任叡說尚曰侵暴百姓又分人衆散在諸村怠忼無備殆天亡特之秋也可告諸村密尅戰日內外擊之破特必矣尚從之從縋出叡使宣旨告諸村期二月十日同時討特手書隱語曰在彼楊水叡先詣特降宂覘虛實特問城中叡曰米穀已欲盡但有貨帛耳因求省家特與啓信諸村悉

從叡叡還報尚如期出軍討特諸村亦起大殺特衆當重有特衆二字破退追及於繁之官桑斬特及兄輔當有李字遠等李流斂餘衆還赤祖尚乘勝但施遊軍征盪傳特首洛陽焚其屍　李雄以李離爲梓潼太守衆還赤祖推流爲大將軍大都督當有益州牧三字而荊州刺史宋當作宗下同岱水軍三萬助尚次墊江前鋒建平太守孫阜破特德陽守將蹇碩太守任臧徑至涪三月尚遣督護張龜何沖左汜等軍繁城而緜竹降涪陵民藥紳杜阿應尚尚又遣督護常深軍毗橋爲流驤禦蕩雄攻紳深破驤殺李攀弟恭向絁傷爲主當有

誤左汜黃闇逼攻特（當衍）北營營中氐羌因符成隗伯石定叛應汜闇攻蕩雄蕩母羅擐甲略陳伯手刃羅（當重有羅字）傷目壯氣益烈又時成伯戰於內汜闇攻其外自晨至日中營垂欲破會流破深蕩雄破紳還適與汜闇會大破之成伯將其黨突出詣尚蕩策馬追退軍爲叟長矛所搉死羅雄祕不發喪以安眾心流以特蕩死而岱阜並至恐懼李含勸流降流從之雄與驤諫之不納遣子世及含子胡質於阜　李離聞父舅將降自梓潼還欲諫不及雄與離謀襲阜曰若功成事濟當爲人主要三年一更雄曰與君計雖

定老子不從若何離曰當制之若不可便行大事雖君叔勢不得已老父在君夫復何言雄乃統六郡人士激以尚之自侵懼以共殘蜀民之禍陳（當有襲字）阜可富貴之秋得以破阜阜軍死者甚眾而岱病亡荆州軍退轉攻尚　流慙其短軍事任雄雄數破尚（當重雄字有尚字）軍保太城　夏四月尚殺隱士劉敞故州牧劉璋曾孫也隱居白鹿山高尚皓首未嘗屈志亦不預世事尚信祆言殺之殺之日雷震人大雨城中出水（按此下四十四字與前複當有誤也）五月李流降於孫阜遣子爲質不下乃舉兵與李離襲阜阜軍敗績宋岱病卒墊

江州軍退雄逼攻尚尚保大城中　六月雄從吊羊[illegible]攻殺汶山太守陳圖（按圖當作皆通鑑考異云李雄殺陳圖華陽國志作陳皆今從載記可證也李至校刊此書轉依載記改皆作圖耳）據郫城　秋七月朔雄入郫城流盡移營據之三蜀民流迸南入東下野無煙火鹵掠無處亦尋飢餓唯涪陵民千餘家在江西依青城山處士范賢自守　平西參軍涪陵徐輿求爲汶山太守撫帥江西民與官犄角討雄尚不許輿怨之求使江西因叛降雄雄以爲安西將軍（當有說賢二字）給其軍糧雄得以振　九月流病死雄復稱大將軍都督州牧尚數攻郫雄使武都朴泰譎

尚曰李驤與雄以飢餓孤危日鬬爭相咎驤欲將民江西食穀若潛軍來我爲內應可得也尚以爲然大與金寶泰曰今事故未立效後取不晚也又求遣人自隨覘伺尚從之泰要發火遣隗伯諸軍攻郫驤使道設伏以長梯上伯軍伯軍見火起皆爭緣梯雄因放兵擊之大破尚軍雄徑追退夜至城下稱萬歲曰已得郫城矣入少城尚乃覺保大城　驤別攻犍爲斷尚運道獲太守武陵龔恢恢往爲天水西縣令任回爲吏回問曰識故吏不恢曰識汝耳郡吏星散惟功曹楊渙侍衞回謂曰卿義人也吾力恐不能捄

龔君不能免也卿宜早去渙曰背主求生何如守義而死遂并見殺　以李溥爲犍爲太守　雄生獲伯知其傷死創也伯女爲梁雙妻爲巳用故不殺

閏十二月尙糧運不繼而被攻急夜退由牛鞞水東下留牙門張羅持城終夜比雄覺去以遠倉卒失節鐵羅特從後得之并獲資應雄得成都　梁州刺史許雄以討賊不進檻車徵詣詔獄惟護軍與漢國太守杜孟治都戰帥趙汶荆州太守梓潼舊校云疑闕守漢中　永興元年春正月尙至江陽軍司辛寶詣洛表狀詔書權統巴東巴郡涪陵三郡供其軍

賦　冬尙移屯巴郡遣軍掠蜀中斬雄從祖冉獲驤妻昝子壽兄弟　十二月雄太尉李離伐漢中殺當有都字戰帥趙汶　一永嘉元年春尙施置關戍至漢安僰道　時益州民流移在荆湘州及越嶲牂柯尙書當作施置郡縣就民所在又施當有置字諸村參軍

三月關中流民鄧定訇氐等掠漢中冬辰勢以叛巴西太守張燕帥牙門武肇漢國郡丞宣定遣兵圍之氐求救於李雄　夏五月雄遣李離李雲李璜李鳳入漢中救定杜孟治聞離至命燕釋圍保州城初燕攻定定衆飢餓僞降送金一器與燕燕納之

居七日氐至定還冬辰勢燕進圍之不聽孟治言離至先攻壁營營破夾攻定又破之燕懼戰將百騎走離等大破州軍牙門蔡松退告孟治曰州軍已破賊衆不可待也孟治怖護軍欲城守謂孟治曰賊來雖衆客氣之常李區區有東南之逼必不分宿兵於外不過逊拔定氐耳孟治曰不將雄冒稱帝王縱橫天下以遣重衆必取漢中雖有牢城士民破膽不可與待寇也乃開門退走護軍北還孟治入大桑谷民數千家車數千兩一夜行才數十里而梓橦荆子舊校云疑字有誤以父與孟治有隙合子弟追之及於谷口孟治

棄子走荆子獲之及吏民千餘家惟漢國功曹毋建荷檐杖曰吾雖不肖一國大夫國亡不能存終不屬賊也餓死谷中積十餘日離等引還　漢中民句方白落率吏民還守南鄭　二年詔書錄尙討特功加散騎常侍都督二州進爵夷陵侯長子宇以偏奉車都尉拜次子延壽騎都尉　梁州以雄所破壞晉更以皇甫商爲梁州商不能之官更用順陽內史江夏張光爲刺史治新城　漢中民逼李鳳寇掠東走荆沔　三年冬天水訇琦張金苟略陽羅羕殺雄太尉李離降尙雄太傅驤李雲李璜攻羕爲

所破殺雲璜雄從弟也爲（當有司徒二字）雲（司徒璜司空也）司空
十有二月琦等送離母子於尙尙斬之分其室
四年天水文石殺雄太宰李國以巴西降尙梓潼
巴西還屬　初巴西譙登詣鎭南請兵鎭南無兵
表爲揚烈將軍梓潼內史義募三巴蜀漢民爲兵克
復州郡先征宕渠殺雄巴西太守馬脫還住涪折衝
將軍張羅進據犍爲之合水巴蜀爲語曰譙登治涪
城文石在巴西張羅守合水巴氐那得前　秋七
月尙薨於巴郡尙字敬之一名仲字敬眞襄陽人也
歷尙書丞郎武陵汝南太守徙梁州臨州　詔書

除長沙太守下邳（當衍此二字）皮素泰混（當衍此二字）爲益州
刺史兼西夷校尉揚烈將軍領義募人及平西將軍
當進治三關時李驤急攻譙登素次巴東勑平西將
軍張順楊顯救登尙子宇恚恨加登糧運不給素至
涪欲治執事執事懷懼　冬十有二月素至巴郡
降人天水趙攀閻蘭等夜殺素素字泰混下邳人也
建平都尉暴重殺宇及攀巴郡亂不果救登三府官
屬上巴東監軍冠軍將軍南陽韓松爲刺史校尉治
巴東　五年春正月李驤破涪城獲登巴西梓潼
復爲雄有　荆湘有亂氐符成隗文作亂宜都西

上巴東雄衆攻棘道走犍爲太守魏紀殺江陽太守
姚襲　二月氐隗文等反於巴東暴重討之未下
重殺刺史韓松松字公治南陽人魏大司徒暨孫也
自領三府事　三月三府文武與巴東太守吏共
囚重及妻子於宜都殺之共表巴郡太守張羅字景
治（當衍此三字）行三府事羅治枳自討隗文於宮圻破降
之旬月復叛劫巴郡太守黃龕託以爲主龕窮急（當有欲字）
自殺主簿楊預諫曰文之宿惡江川所知拘劫明
府誰不危心虛假之名孰當信之可使張將軍知其
丹誠何遽如此龕曰賊已道斷何緣得令景治知之

預乃作龕書遣弟逃氐詣羅羅曰子宣宣誠吾自明
之耳隗文聞怒因龕執預問遣信狀龕曰不遣也文
乃考預一日夜預不言文欲殺龕預死杖下文義之
赦龕羅遣軍討之破還羅自討之敗績身死羅字景
治河南梁人也巴中無復餘種矣文驅略吏民西上
降雄（當重有雄字）將任回獲犍爲太守魏紀三府文武共
表平西司馬王異行三府事又領巴郡太守梁州刺
史張光復治漢中　六年龍驤將軍江陽太守犍
爲張啓與廣漢羅琦共殺異異字彥明蜀人也啓復
行三府事羅琦行巴郡太守啓病亡啓字進明犍爲

入蜀車騎將軍張翼孫也三府文武復共表涪陵太守義陽向沈行西夷校尉（當有率字）吏民南入涪陵

建興元年春沈卒涪陵多疫癘蜀郡太守江陽程融宜都太守樵為楊芬西夷司馬巴郡常歆都安令蜀都常（當衍）倉（玄）等共推汶山太守涪陵蘭維為西夷校尉　時中原既亂江東有事救援無所顧望融等共率吏民北出枳欲下巴東遂為雄將李恭費黑所破獲　五月梁州刺史張光討王如黨涪陵李運巴西王建於盤蛇便作山疑其欲叛也運建走保枸山光遣軍攻破殺之建女壻楊虎保黃金山以叛討

之虎夜弃營還趨厄水去州城四十里住光遣其子孟萇討之迭有勝負光求助於武都氐王楊茂搜虎亦求救於茂搜初茂搜子難敵遣養子適賈梁州私買良人子一人光怒鞭殺之難敵以是怨光曰使君初來大荒之後兵民之命仰我氐活氐有小罪不能貰也陰謀討光會光虎求救　秋八月茂搜遣難敵將騎入漢中外言助光內實應虎至州城下光以牛酒饗勞遣與孟萇共討虎孟萇自處前難敵繼後與虎戰久難敵從後擊孟萇大破生禽孟萇殺之

九月光恚死州人共推始平太守胡子序領州

冬十月虎與氐急攻州城子序不能守委城退走氐虎得州城發光冢焚其屍喪難敵得光鼓吹妓樂自號刺史虎領吏民入蜀漢中民張咸等討難敵難敵退還咸復入蜀於是三州沒為雄矣　蜀自太康至於太安頻怪異成都北鄉有人嘗見女子僻入草中往視物如人有身形頭目口無手足能動搖不能言廣漢有馬生角長大各半寸又有驢無皮毛袒肉飲食數日死繁什邡郫江原生草高七八尺莖葉赤子青如牛角內史耿滕以為朱草表美於成都王

元康三年正月中欻一夜有火光地仍震童謠曰郫

城堅盎底穿郫中細子李特細又曰江橋頭闕下市成都北門十八字及尚在巴郡也又曰巴郡葛當下美巴郡皮素之西上也又曰有客有客求浸門陌其氣欲索　武平府君云譙周言巴（當作已）沒三十年後當有異人入蜀蜀由之亡蜀亡之歲去周三十三年又曰宋岱不死則孫阜不交（當作反）市（當作巿）三旬之間流雄之首懸於轅門愚以為宋岱方進阜見得質及更推（當作摧）敗設岱生在無所寶據矣杜弢自湘中與柳監軍書曰前諸人不能寬李特一年又不以徐士權為汶山太守而屯故如此謂失之毫釐差以萬

皇斯言有似然必不以付漸爲恨者流民初西當承詔書閉關不入其次易代趙廞選宜內遣平西綏竹之會聽王敦之計少可以宵毫釐之覺非彼之謂也

譔曰先王規方萬國必兼親尊賢能而任宗盟者蓋內藩王室外禦叛侮故元牧有連率之職奉貢無失職之徵爰及漢氏部州必卿佐之才郡守皆台鼎之望是以王尊王襃著名前世弟五倫蔡茂徑登三司斯作違之準格不凌之令範也自大同後能言之士無不以西土張曠爲憂求王皇宗樹賢建德於時莫察視險若夷缺垣不防任非其器啟戎長寇遂覆三州詩所謂四國無正不用其良也

華陽國志卷八

華陽國志卷九

李特雄期壽勢志

李特字元休略陽臨渭人也祖世本巴西宕渠賨民種黨勁勇俗好鬼巫漢末張魯居漢中以鬼道教百姓賨人敬信值天下大亂自巴西之宕渠移入漢中魏武定漢中曾按曾字不當有祖父虎與杜按當有朴胡濩字按當有袁字約楊車李黑等移於略陽北土復號曰巴人當作氐特父慕爲東羌獵將特兄弟五人長兄輔字元政次特特弟庠字元序庠弟流字元通流弟驤字元龍皆銳驍有武幹特長子蕩字仲平好學有容觀少子雄字仲儁　初特妻羅氏夢雙虹自門升天一虹中斷羅曰吾二兒若有先亡在者必大貴雄少時辛冉相當貴有劉化者道術士也言關隴民皆當南移李氏子中惟仲儁天姿奇異終爲人主鄉里人多善之與叔父庠並以烈氣聞人多歸之　既克成都衆皆飢餓驤乃將民入郪王王當作五城食穀芋　雄遣信奉迎范賢欲推戴之賢不許更勸雄自立　永興元年冬十月楊褒楊珪共勸雄稱王雄遂稱成都王追尊曾祖虎曰巴郡公祖父慕隴西王父特景王母曰太后追謚世父輔齊烈王仲父庠梁武王仲

父流秦文王兄蕩廣漢壯文公以叔父驤爲太傅庶兄始爲太保外兄李國爲太宰國弟離爲太尉從弟雲爲司徒璜爲司空閻式爲尚書令褒爲僕射發爲侍中珪爲尚書洪爲益州刺史徐輿鎮南王達軍師具置百官下赦建元大武按建元大武當作改元建興國號大成通鑑考異云十六國春秋目錄雄年號建興二晏平五與華陽國志同今從之諸書雄改元晏平無大武年號惟晉載紀改元大武無晏平年號按雄國號大成魏書雄傳云雄稱帝號大成改年晏平故三十國春秋誤云改年大成載記轉寫誤爲大武今從諸書李埜校刊此書轉依載記誤改甚非迎范賢爲丞相從弟置流子也以不陪列誅之賢既至尊爲按當有四時八節四字通鑑考異云華陽國志尊長生曰四時八節天地太師可證亦李埜校刊此書轉依載記所刪也天地太師封西山侯復其部曲軍征不預租稅皆入賢家賢名長生一名延久又名九重一曰支字元涪陵丹興人也　光熙元年雄稱皇帝改元晏平

永嘉三年羅羕訇琦等殺李離於梓潼時閻式去雄依離并見殺驤攻不克時李雲李璜皆戰死

明年文碩殺李國以巴西梓潼當衍此二字爲晉平寇將軍李鳳在晉壽　梁州先以爲雄所破不守而譙登在涪平西參軍向奮屯安漢之宜福張羅屯平無逼雄雄將張寶弟全在訇琦中雄遣寶反爲奸許以代離寶素凶勇先殺人而後奔梓潼密結心腹會

羅尚遣使慰勞琦琦等出送其使寶從後閉城門琦等奔巴西雄得梓潼拜寶爲太尉雄自攻訇奮走遣驤攻登登初將驤子壽欲以誘驤被攻急救援不至還驤壽　五年春驤獲登遣李使督李鳳攻巴西殺文碩是歲雄夷弟任小受張羅募手刃雄頭雄幾死改元玉衡　是後扶風鄧芝楊虎等各率流民前後數千家入蜀以鳳爲征北梁州任回鎮南南夷甯州李恭征東南蠻荊州皆大將軍校尉刺史雄驤勤卹百姓於內鳳回恭招流民於外稱有功氐苻城隗文既降復叛手傷雄母及其來也咸釋其罪厚加待納皆以爲將天水陳安舉隴右來降武都氐王楊茂搜奉貢稱臣杜弢自湘州使使求援晉涼州刺史張駿遣信交好漢嘉夷王沖遣子入質頃之朱提審炤率民歸降建甯爨量蒙險委誠其餘附者日月而至雄乃虛已受人寬和政役遠至邇安年豐穀登乃興文教立學官其賦民男丁一歲穀三斛女丁一斛五斗疾病半之戶調絹不過數丈綿不過數兩事少役稀民多富實至乃閭門不閉路無拾遺獄無滯囚刑不濫及但爲國威儀無則官無秩祿職署委積班序無別君子小人服章不殊貨賄公行懲勸不明行

軍無號令用兵無部伍其戰勝不相讓敗不相救攻城破邑動以虜獲爲先故綱紀莫稱　李鳳在北數有戰降之功時蕩子稚屯晉壽害其功　大興元年鳳以巴西叛驤討之久住梓潼不敢進雄自至涪驤遂斬鳳以壽代鳳以知州征事（按以知州征事當作梁州知北）事　二年驤伐越嶲又分伐朱提　三年獲太守西夷校尉李釗　夏進伐甯州大敗於螳蜋還

初氐王楊茂搜子難敵堅頭爲劉曜所破奔晉壽晉壽守將李稚蕩第二子也受其賂遣不送成都曜既引還稚遣難敵兄弟還武都遂即叛稚稚悔失

計連白雄求伐氐雄許之羣臣多諫雄不從遣稚兄琀以侍中中領軍統稚攻難敵由白水道（當作入句絕）壽遣（當作遣壽誤倒）與稚弟玝由陰平入二道討氐難敵等先拒壽玝玝壽不進而琀稚遝至下辨以深入無繼大爲氐所破稚琀皆死死者千餘人雄深自咎責以謝百姓琀蕩之元子有名望志尚雄欲傳以後嗣甚痛惜之　雄妻任無子養琀弟班爲子雄自有庶子十五人羣臣上立嗣雄曰孫仲謀割有江東伯符兆基子止侯爵國志恥之宣公舍子立弟君子以爲知人吾將彌縫國志之恥以志宣公之美驤與司徒王

達諫以爲不可雄不從　永昌元年冬立班爲太子驤泣曰亂始於是矣　泰甯元年越嶲斯叟反攻圍任回及太守李謙遣其征南費黑救之　咸和元年夏斯叟破　二年謙移郡民於蜀　三年冬驤死追贈相國謚曰漢獻王壽以喪還拜玝征北梁州代壽以班行撫軍將軍修晉壽軍屯　五年拜壽都督中外諸軍大將軍中護軍西夷校尉錄尚書總統如驤　冬壽率征南費黑征東任邵伐巴東至建平監軍毋丘奥退保宜都　六年春壽還遣任邵屯巴　雄以子越爲車騎將廣漢

秋壽伐陰平　冬城涪陵　七年秋壽南征甯州以費黑爲司馬與邵攀等爲前軍由南廣入又別遣任回子調由越嶲入冬十月壽黑至朱提朱提太守董炳固城甯州刺史尹奉遣建甯太守霍彪大姓爨深等助炳時壽已圍城欲逆拒之黑曰料城中食少霍彪等雖至齎糧不多宜令入入城共消其穀猶嫌其少何緣拒之彪等皆入城城久不下壽欲急攻之黑諫曰南（當有中字）道險俗好反亂宜必待其詐勇已困但當日月制之全軍取勝以求有餘溷牢之物何足汲汲也壽必欲戰果不利乃悉以軍事任黑

八年春正月炳彪等出降威震十三郡　三月刺史尹奉舉州委質遷奉於蜀壽領甯州南夷初平威禁甚肅後轉淩掠民　秋建甯州民毛衍羅屯等反殺太守邵攀牂柯太守謝恕舉郡爲晉壽破之

九年春分甯州置交州以霍彪爲甯州建甯爨深爲交州刺史　封壽建甯王　張駿使參軍傅穎治中張淳遺雄書勸去尊號稱藩於晉雄引見謂曰吾過爲士大夫所推然本無心於帝王也貴州將令行河沙常所希冀進思共爲晉室元功之臣退思共爲守藩之將掃除氛埃以康帝宇而晉室淩遲德

聲不振引領東望有年月矣會獲來貺情均闇至有何已已穎淳以爲然使聘相繼巴郡嘗告急云有東軍雄曰吾常慮石勒跋扈侵逼瑯琊以爲耿耿不圖乃能舉軍使人欣然雄之雅談多如此類　三月壽還　夏六月癸亥雄疾病卒時年六十一僞謚曰武帝廟稱太宗凡自立三十年按十下當有一字雄以惠帝永興元年甲子自立至成帝咸和九年甲午卒凡三十一年晉書載記以爲咸和八年雄生瘍於頭六日死時年六十一在位三十年者別有所出耳李垕校刊此書轉依載記刪去一字不知雄卒之年載記在八年癸巳國志在九年甲午本有一歲之差也通鑑書九年六月丁卯雄卒胡三省曰載記在去年最爲明晰

冬十二月丙寅葬成都墓號安都陵也　班字世文蕩第四子也少見養於雄年十六立爲太子好學愛士每觀書傳謂其師友天水文夔隴西董融等曰吾見周景王太子晉魏太子丕吳太子孫登文章鑒識超然卓絕未嘗不有慙色何古人之難及乎進止周旋勤於咨問但性輕躁失在田獵　甲子襲位玝來奔喪勸遣雄子越還江陽而欲令期代已知北事班以未葬不許遣玝還涪　冬十月癸亥期越殺班於臨次并殺班仲兄領軍都弟玝奔晉期僞謚班曰戾太子壽追謚曰哀皇帝子幽顒爲期所殺班兄弟五人皆兵死四人無後玝在晉歷巴郡襄陽

宜都太守龍驤將軍永和三年從征西於山陽戰死也　期字世運雄第四子也母冉賤雄妻任養爲子少攻學問有容觀雄時令諸子各募合部曲多者纔得數百人而期獨得千餘人爲安東將軍雄亡越自江陽來赴喪兄弟怏怏旣以班非雄所生又慮玝不利已與兄越密謀圖班太史令韓約上言宮室有陰謀兵氣戒在親戚班不悟遂因夜哭越殺班期自立以越爲相國與壽並錄尚書事進壽大都督徙封漢王使討玝於涪封越建甯王以仲兄霸爲中領軍鎮南弟保鎮西西夷校尉汶山太守從兄始征東代

越皆大將軍玝走卽拜壽梁州知北事　咸熙當作
康元年春正月立妻閻氏爲后下赦改元玉恒
秋以司隸景騫爲尚書令征南費黑爲司隸班舅羅
演爲僕射　舅羅演與漢王相天水上官澹謀襲
期立班子幽謀泄殺當有演字澹幷誅班母羅琀子礹稚
妻昝　二年㤀從子載多才藝託他事誅之而覇
保皆暴病死於是大臣自疑骨肉不相親而期志益
廣忽慢父時公卿政刑失錯　四年夏四月壽自
涪還襲期假以誅越騫爲言越請散財募民格戰期
請壽不白薄不許旣誅越騫初廢期爲邛都縣公

五月乃殺期及誅李始等殺兄弟十餘人期死時
年二十四謚曰幽王　五年徙其妻子於越嶲勢
又使人就越嶲誅其子　壽字武考有幹局愛尚
學義志度少殊於諸子雄奇之自代父爲將志在功
名故東征南伐每有效事雄疾病侍疾左右左右侍
臣造雄顧命寄託於壽期之殺班也李始初於附壽
圖共討期壽不敢始怨說期取壽憚李玝在北欲藉
壽討之故不許壽旣受漢封北伐玝告以去就利害
假道故玝得由巴順水東下吳壽雖代玝鎭涪歲終
當入朝覲常自危嫌稱造漢中守將張才急書告方

外寇警　咸康二年冬北入漢中破走司馬勳壽
見期越兄弟十餘人年方壯大而手下有强兵懼不
自全數聘命高士巴西龔壯壯雖不應恐見害不得
已數見壽時岷山崩江水竭壽緣劉向之言而惡之
每謀壯以自安之術壯之父及叔皆爲特所殺欲假
手報讎未有其由因說立事何如舍小從大以危易
安開國裂土長爲諸侯名高桓文勳流百代矣壽從
之陰與長史略陽羅恒巴西解思明共謀據成都爲
晉稱藩會養弟攸從成都病還死道中乃佯言越藥
殺之又詐造妹壻任調書言期越當廢壽以惑羣下

羣下信之乃誓文武許賞城中資財得數千人南攻
成都子勢爲開門內應遂獲期越誅其宗族千餘人
兵入虜掠民家奸淫雄公主及李氏諸婦多所殘害
數日乃定恒與思明及李奕王利等勸壽稱鎭西將
軍益州牧成都王以壯爲長史告下又勸令送期於
晉任調與司馬蔡興侍中李豔及張烈等勸壽自立
壽亦生心遂背思明所陳之計稱漢皇帝尊父驤曰
獻帝母昝氏曰太后下赦改元漢興以恒爲尚書令
思明爲廣漢太守任調鎭北梁州知當有北事二字東羌校
尉當衍此二字　李奕鎭西西夷校尉更代諸郡及卿佐皆

用宿人及巳參佐省交州以從子權爲鎮南南夷甯州於是成都諸李子弟無復秉兵馬形勢者雄時舊臣及六郡人皆斥廢也　秋七月李奕從兄乾與大臣合謀欲廢壽壽懼使子廣與大臣盟要爲兄弟進李閎爲征東荆州移鎮巴郡　八月天連陰雨禾稼傷損百姓飢疫草莽臣龔壯上封事曰臣聞陰德必有陽報故于公理獄高門待封伏惟獻皇帝寬仁厚惠宥罪甚衆靈德洪洽誕鍾陛下陛下天性忠篤受遺建節志齊周霍誠貫神明而志緒違理顛覆顧命管蔡旣與讒諛滋蔓大義滅親撥亂濟危上指

星辰昭告天地歃血盟衆舉國稱藩天應人悅白魚登舟靈震助威烈風順義神誠允暢日月光明而論者未喻權時定制淫雨氾濟垂向百日禾稼傷損加之飢疫百姓愁望或者天以監示陛下又前日之舉止以救禍陛下至心本無大圖而今久不變天下之人誰復分明知陛下本心者哉且(元)宮之讖難知而盟誓顧違一旦疆場有急內外騷動不可不深思長久之策永爲子孫之計也愚謂宜遵前盟誓結援吳會以親天子彼必崇重封國歷世雖降階一等永爲靈德宗廟相承福祉無窮君臣銘勳於上生民甯息於下通天下之高理(宏)信慎之美義垂拱南面歌詩興禮上與彭韋爭美下與齊晉抗德豈不休哉論者或言二州人附晉必榮六郡人事之不便昔豫州入蜀荆楚人貴公孫述時流民康濟及漢征蜀殘民大半鍾鄧之役放兵大掠誰復別荆蜀者乎論者或不達安固之基惜其名位在昔諸侯自有卿相司徒司空宋魯皆然及漢藩王亦有丞相今義歸彼但當崇重豈當減削昔劉氏郡守令長方仕州郡者國亡主易故也今日義舉主榮臣賴甯可同日而論也論者又謂臣當爲法正陛下覆臣如天養臣如地恣臣所

安至於名榮漢晉不處臣復何爲當侔法正論者或言晉家必責質任及征兵伐胡何以應之案晉不煩尺兵一國來附威眷四海廣地萬里何任之責胡之在北亦此之憂今平居有東北之虞縱令徵兵但援漢川猶差二門耳臣託附深重忘疲病之穢實感殊遇冀以微言少補明時常懼殞沒不寫愚心辜負恩顧謹進悾悾伏願罪戮壽不悅然拘前言祕藏之

九月僕射任顏雄妻弟也謀反誅并殺雄子豹等

五年春二月晉將伐巴郡獲李閎閎恭子也初壽許自牛鞞以東土斷與閎執政者以爲不可乃止

復不益兵故覆沒閎弟豔以是怨故與朝右有隙是時壽疾病恒思明等復議奉晉計壽巴郡破壽以爲附晉晉當以兵威故不能自斷遂輟計　三月拜李奕鎮東代閎　夏建甯太守孟彥率州人縛甯州刺史霍彪於晉舉建甯爲晉遣右將軍李位都討之時權在越嶲　秋又遣尚書廣漢李攄爲御史入南中攄祖毅晉故甯州刺史以向與南人有舊故遣之攄從兄演自越嶲上書勸壽歸正返本釋帝稱王壽怒殺之　車騎將軍王韜爲參軍（舊校云右車騎將軍王韜爲參軍九字前後文不相屬不知記何事也今仍舊本存此九字於後以待攷）

晉康帝建元元年壽卒勢立改元太和太史令韓皓上言熒惑守心乃宗廟不修之譴勢乃更命祀成始祖太宗皆謂之漢勢之弟大將軍廣以勢無子求爲太弟勢不許馬當解思明固請許之勢疑與廣有謀收當思明斬之廣自殺思明被收歎曰國之不亡以我數人在也今其殆矣思明有智略敢諫諍馬當素得人心及其死士民無不哀之冬李奕自晉壽舉兵反單騎突門門者射殺眾潰勢大赦境內改年嘉甯勢驕淫不恤國事中外離心蜀土無獠（原注魯皓切西南夷別族）至是始從山出自巴至犍爲梓潼布滿山谷大爲民患加以飢饉境內蕭條三年春二月桓溫伐蜀軍至青衣勢大發兵遣昝堅等將之（原注子感切姓也）自山陽趣合水諸將欲設伏江南以待晉兵昝堅不從引兵自江北鴛鴦碕渡向犍爲（原注碕渠羈切曲岸曰碕）溫自將步卒直指成都昝堅至犍爲乃知與溫異道還自沙頭津濟比至溫已軍於成都之十里陌堅眾自潰勢悉眾出戰於笮橋（原注笮音昨）中書監王嘏散騎常侍常璩勸勢降乃夜開東門走至葭萌使散騎常侍王幼送降文於溫勢至建康封歸義侯（按上文晉康帝建元元年壽卒起至此乃李埊所續勢志非道將之舊也今弃不更刪去）

李氏自起事至亡六世四十七年正僭號四十三年（按三當作二自晉惠帝光熙元年丙寅雄稱皇帝至穆帝永和三年丁未勢降故曰正僭號四十二年也又上自惠帝永甯元年特起事歲在辛酉故曰四十七年也）蜀中亦有怪異期時有狗豕交木冬華勢時涪陵民樂氏婦頭上生角長三寸凡三截之又有民馬氏婦妊身而脇下生其母無恙兒亦長育有馬生駒一頭二身相著六耳一牡一牝又有天雨血於江南數畝許李漢家舂米自臼中跳出還斂於箕中又跳出寫於簞中又跳出有猿居烏巢至城下地仍震又連生毛其天譴不能詳也

譔曰特流乘釁險害雄能推亡固存遭皇極不建遇

其時與期倡為禍階而壽勢終之詩所謂亂離瘼矣爰其適歸者也長老傳譙周讖曰廣漢城北有大賊曰流曰特攻難得歲在元宮自相賊終如其記先識預覩何異古人乎歷觀前世為偕之徒縱毒虐劉未有如茲每惟殷人丘墟之歎賈生過秦之論亡國破家其監不遠矣舊校云按常璩華陽國志目錄第九卷及序志皆云述李特雄期壽勢志則先國有志也今諸本皆無之意其傳寫脫漏因循不錄遂失之爾今本諸通鑑所述參以載記所書續成勢志用補其闕以俟後之博洽君子云又史載散騎常侍常璩實勸李勢降桓溫璩必作志者因續記此云今按據此知前勢志為李埊所續也

華陽國志卷第九終

華陽國志卷第十上

先賢士女總讚

含和誕氣人倫資生必有賢彥為人經紀宣德達教博化篤俗故太上立德其次立功其次立言品物煥炳彝倫攸敘也益梁爰在前代則夏勳配天而彭祖體地及至周世韓服將命蔓子忠堅然顯者猶鮮豈國史簡闕亦將分以秦楚希預華同自漢興以來迄乎魏晉多士克生髦俊蓋世愷元之疇感於帝思於是璽書交馳於斜谷之南束帛戔戔於梁益之鄉或迺龍飛紫閣允陟璿璣亦有盤桓利居經綸皓素其躭懷道術服膺六藝弓車之招旃旌之命徵名聘德忠臣孝子烈士賢女高邵足以振元風貞淑可以方蘋蘩者奕世載美是以四方述作來世志士莫不仰高軌以咨詠憲洪猷而儀則擅名八區為世師表矣故耆舊之篇較美史漢而今志州部區別未可總而言之用敢撰約其善為之述讚因自注解甄其洪伐尋事釋義略可以知其前言往行矣

蜀都士女

嚴平恬泊皓然沈冥 嚴遵字君平成都人也雅性澹泊學業加妙專精大易躭於老莊常卜筮於

市假著龜以教與人子卜教以孝與人弟卜教以悌與人臣卜教以忠於是風移俗易上下慈和日閱人得百錢則閉肆下簾授老莊著指歸爲道書之宗揚雄少師之稱其德杜陵李强爲益州刺史謂雄曰吾眞得君平矣雄曰君但可見不能屈也强以爲不然至州修禮交遵遵見之强服其清高而不敢屈也嘆曰揚子雲眞知人也年九十卒雄稱之曰不慕夷即由矣不作苟見不治苟得久幽而不改其操雖隨和何以加諸

仲元抑抑邦家儀形　李宏字仲元成都人少讀

五經不爲章句處陋巷淬勵金石之志威儀容止邦家師之以德行爲郡功曹一月而去子贇以見辱殺人太守曰賢者之子必不殺人放之贇自以枉語家人宏遣亡命太守怒讓宏宏對曰贇爲殺人之賊明府私宏枉法君子不誘而誅也石碏殺厚春秋譏之孔子稱父子相隱直在其中宏賓遣贇太守無以詰也州命從事常以公正諫爭爲志揚子雲稱之曰李仲元爲人也不屈其志不累其身不夷不惠可否之間見其貌者肅如也觀其行者穆如也聞其言者愀如也非正不言非正不行非正不聽吾先師之所畏

子雲元達煥乎宏聖　揚雄字子雲成都人也少貧好道家無擔石之儲十金之費而晏如也好學不爲章句初慕司馬相如綺麗之文多作詞賦車騎將軍王音成帝叔舅也召爲門下史薦待詔上甘泉羽獵賦遷侍郎給事黄門雄既升祕閣以爲辭賦可尚則賈誼升堂相如入室武帝讀大人賦飄飄然有凌雲之志不足以諷諫乃輟其業以經莫大於易故則而作太元傳莫大於論語故作法言史莫善於蒼頡故作訓纂箴諫莫美於虞箴故

作州箴賦莫宏於離騷故反屈原而廣之典莫正於爾雅故作方言初與劉歆王莽董賢同官並至三公雄歷三帝獨不易官年七十一卒自劉向父子桓譚等深敬服之其元淵源懿後世大儒張衡崔子玉宋仲子王子雍皆爲注解吳郡陸公紀尤善於元稱雄聖人雄子神童烏七歲預雄元文年九歲而卒

林生清寂莫得而名　林閭字公孺臨邛人也善古學古者天子有輶車之使自漢興以來劉向之徒但聞其官不詳其職　惟閭與嚴君平知之曰

此使考八方之風雅通九州之異同乜海內之音韻使人主居高堂知天下風俗也揚雄聞而師之因此作方言閟隱遯世莫聞也

汜鄉忠貞社稷是經進賢爲國稽考典刑愛莫助之身殞朝傾　何武字君公郫人也初以對策甲科爲郎歷揚兗州刺史司隸校尉京兆尹清河楚沛太守廷尉御史大夫成帝初具三公拜大司空封汜鄉侯爲人忠厚公正推賢進士在楚致兩龔在沛厚兩唐臨司隸致茂陵何並居公位進辛慶忌皆世名賢臨州郡雖無赫赫之名及去民思之才

雖不及丞相薛宣翟方進而正直過之哀帝即位以朱博趙(元)爲公卿用事免官諫大夫鮑子都亟言訟之丞相王嘉亦以爲慨帝復徵武爲御史大夫徙前將軍時大司馬新都侯王莽避帝外家丁傅氏遜位亦以列侯見徵哀帝詔博舉太常莽從武求舉武以莽奸人之雄不許哀帝崩王太皇太后莽姑也即日引莽入收大司馬董賢印綬詔舉大司馬丞相孔光等遍王氏皆舉莽武與左將軍公孫祿謀曰莽五父世朝權傾人主必危劉氏乃舉祿祿亦舉武太后不從用莽爲大司馬莽諷有司劾奏皆免武就國後莽浸盛遂爲宰衡安漢公欲圖篡漢憚武與其叔紅陽侯王立不從元始三年因呂寬吳章事檻車徵武武自殺眾咸冤之莽欲厭眾心謚武曰剌侯子況嗣平帝崩莽因居攝後僭王眞（當作位）

叔文播教變風爲雅道洽化遷我實西魯　張寬字叔文成都人也蜀承秦後質文刻野太守文翁遣寬詣博士東受七經還以教授於是蜀學比於齊魯巴漢亦化之景帝嘉之命天下郡國皆立文學由翁唱其教蜀爲之始也寬從武帝郊甘泉泰

時過橋見一女子躶浴川中乳長七尺曰知我者帝後七車適得寬車對曰天有星主祠祀不齊潔則作女人見帝感寤以爲揚州刺史復別虵莽之妖世稱云七車張作春秋章句十五萬言

長卿彬彬文爲世矩　司馬相如字長卿成都人也游京師善屬文著子虛賦而不自名武帝見而善之曰吾獨不得與此人同世楊德意對曰臣邑子司馬相如所作也召見相如相如又作上林賦帝悅以爲郎又上大人賦以風諫制封禪書爲漢辭宗官至中郎將世之作辭賦者自揚雄之徒咸

則之
王淵豔麗蔚若華圃　王褒字子淵資中人也以高才文藻侍宣帝初爲王襄作樂職中和頌宣帝時又上甘泉洞簫賦帝善之令宮人誦之爲諫大夫卒
子山翰藻遺篇有厚當作序　楊終字子山成都人也年十三已能作雷賦通屈原七諫章後坐太守徙邊作孤憤詩明帝時與班固賈逵並爲校書郎删太史公書爲十餘萬言作生民詩又上符瑞詩十五章制封禪書著當有春秋二字見後漢書外傳十二卷章句十五萬言皆傳於世者
少遷猛毅垂勳三邦　陳立字少遷臨邛人也成帝時牂柯有亂將軍王鳳薦立爲太守克平禍亂徙守巴郡秩中二千石治有尤異又徙天水太守爲天下最天子賜黃金四十斤入爲左衛護軍
世公賦政祥瑞來同　王阜字世公成都人也太守第五倫察舉孝廉爲重泉令有鸞鳥集於文學十餘日遷益州太守神馬出滇池河甘露降白烏見民懷之如父母
猗歟文父獻發幼童德濟會稽道崇辟雍　張霸

字伯饒謚曰文父成都人也年數歲以知禮義諸生孫林劉固段著等宗之移家其宇下啟母求就師學母憐其稚對曰饒能故字伯饒也爲會稽太守撥亂興治立文學學徒以千數風教大行道路但聞誦聲百姓歌詠之致達名士顧奉公孫松畢海胡母官萬虞先王演李根皆至大位在郡十年以有道徵拜議郎遷侍中遂授霸五更尊禮於文當作大學年老卒葬河南
少府委退作卿作師　趙典字仲經成都人也太尉戒孫當作子也與頴川李膺等並號八俊三爲侍中自樂祿俸施貧方授國師未拜病卒
何楊研神賛輿入微　何英字叔俊郫人也楊由字哀侯成都人也二子學通經緯英耆漢德春秋十五卷孫汶字景由亦深學初徵上日食盜賊起有効爲謁者京師旱請雨卽澍遷犍爲屬國著世務論三十篇卒楊由爲太守廉范文學范稱能治由言當有賊發頃之廣柔羌反寇殺長姚超鄉人冷豐齎酒候之值客未内由爲知其多少又言人當致果其色赤黄果有送甘橘者大將軍竇憲從太守索雲氣圖由諫莫與尋憲受誅其明如

此著書十篇而卒

司農朗允國憲是維　任昉字文始成都人也初爲葉令治奸賊七十餘人遷梁相尚書令清身檢下大將軍梁冀憚之出爲魏郡徙平原歲出租稅百萬冀誅復入爲尚書令司隸校尉遷大司農卒弟愷徐州刺史亦有治名昉父循字伯度爲長沙太守得其父時爲五官事在精通也

翁君美秀牧後(當作后)寤機　何霸字翁君司空武兄也爲郡戶曹刺史王尊將之官移諸郡不得遣迎太守唯霸白宜往太守遣霸尊大怒霸對曰太守遣霸非修敬也以去京師久遲知朝廷起居耳尊遽下車持節對之因奇霸容止辟爲別駕擧秀才爲屬國中郎將弟(舊校云闕名今按當作顥見目錄舊校失考也)潁川太守兄弟五人皆有名

伯鸞推賢求善如飢　柳宗字伯鸞成都人也初結九友共學號九子及爲州郡右職務在進賢拔致求次方張叔遼王仲曾殷智孫等終至牧守州里爲諺曰得黃金一笥不如爲伯鸞所識擧茂才爲陽夏太守(按當依目錄作美陽令)

文侯顯邛極位台衡　文侯趙戒字志伯少府典

祖(當作父)也父定以游俠稱戒順桓帝之世歷司徒太尉登特進屢居公輔免憂患於無妄之世告歸於蜀薨家

太尉頡頏志振頹綱　趙謙字彥信戒孫也歷位卿尹初平元年爲太尉時董卓秉政欲遷天子長安謙與司空荀爽固諫卓不聽以爲車騎將軍奉大駕西幸封洛亭侯拜司隸校尉忤卓指免討白波賊有功封(當有郫字)侯進司徒免拜尚書令太僕三年薨謚曰忠侯

司徒繼踵偭俛權橫　趙溫字子柔謙弟以侍中與(當有大駕二字)同輦西遷封江南亭侯兄亡初平四年拜司空未朞進司徒當世榮之時車騎將軍李傕與董承張濟等爭權數遷移天子溫以書切責於傕天子聞爲寒心尋曹公入徙天子都許政出諸侯禮待溫居公位十五年建安十三年薨

猶操道柄董李是讓　讓責也董卓李傕凶擅謙溫干之初文侯與李固胡廣議立清河王蒜而冀欲立蠡吾侯趙戒脅而從之使李固枉死君子以爲卓傕之惡甚於梁冀謙摩卓之牙溫弄傕之爪雖逼權勢以道陳訓賢其祖遠矣

侍中授命分節亦彰　常洽字茂尼江原人也自荆州刺史遷京兆尹侍中長水校尉以兵衛大駕西幸傕等作難常侍衛天子左右爲傕所煞

蠻夷猾擾倡亂南疆子恭要傳醜穢于壤　楊竦字子恭成都人也永當作元初中越巂永昌夷反殘破郡縣眾十萬餘刺史張喬以竦勇猛授從事任平南中竦先以詔書告諭不服乃加誅煞虜三萬餘人獲生口千五百人財物四千萬降夷三十六種舉正奸濁長吏九十人黄綬六十人南中清平會被傷卒喬舉州弔贈列畫東觀

伯春孟元匡正時君　張充字伯春　李𢆶字孟元江原人也充爲治中從事時刺史侍豪每見從事布席地坐已自安高牀上充入閤不肯進刺史寤乃更禮從事刺史辟公孫特大姓犍爲李威橋椎充曹舊校云闕事節時有水災倫受刺史指以漢中斗平不足表闕𢆶圄爭之後刺史至與倫不平求郡短劾倫不言水災𢆶對以詔書上災異不得由州倫遷司空辟𢆶掾舊校云𢆶居希切說文微也希也𢆶古字今作幾

楊羅爲令遺愛在民　楊班字仲桓成都人也羅衡字仲伯郫人也俱師徵士何初山按初山當作幼正後漢書楊厚傳注何長幼正是也班爲不韋茂陵令治化浹洽徙西城閬中令號時名宰衡爲萬年令路不拾遺人家牛馬皆繫道邊日屬羅公三府爭辟拜廣漢長二縣皆爲立祠

小伯温恭預圖息紛　陳湛字小伯成都人也歷數縣令民皆懷服州辟治中從事廣漢太守遣子詣州修歡交使君欲納湛諫不可失羔羊義使君從之後有言州郡私交者考之無得乃明也

孟由至孝遐棄晞風　禽堅字孟由成都人也父信爲縣史當作使越巂爲夷所得傳賣歷十一種去

時堅方娠六月生母更嫁堅壯乃知父湮没鬻力傭賃求碧珠以求父一至漢中三出徼外周旋萬里經六年四月突瘴毒狼虎乃至夷中得父父相見悲感夷徼哀之即將父歸迎母致養州郡嘉其孝召功曹辟從事列上東觀太守王商追贈孝廉令李苾爲立碑銘迄今祠之

仲昱勉師　仲昱成都人也少受學於嚴季后季后爲汶江尉書呼仲昱仲昱許十月往會夷反斷道仲昱期於往經度六七幾死數年卒得至汶江爲季后陳策俱得免難遠近嘆之

叔本蕪仁　任末字叔本新繁人也與董奉德俱
學京師奉德病死推鹿車送其喪師亡身病齎棺
赴之道死遺令勑子載喪至師門敘平生之志也
伯禽證將　朱普字伯禽廣都人也爲郡功曹太
守與刺史王𦬊有隙枉見劾普詣新都獄掠笞連
月肌肉腐臭惡同死人證太守無事勑其子曰我
死載喪詣闕使天子知我心事得情理普以烈聞
文寺代君　李磬字文寺嚴道人也爲長章表主
簿旄牛夷叛入攻縣表倉卒走鋒刃交至磬傾身
捍表謂虜曰乞煞我活我君虜乃煞之表得免太

守嘉之圖象府庭
在三義敦終始可稱　人生於三事若一君父師
也言人靡不有初鮮克有終普磬可謂能終始也
炎光中微巨述僭亂　炎火光也漢以火德王自
高祖至平帝十二世國嗣三絕平帝早崩安漢公
王莽字巨君遂簒天子位稱新室皇帝而茂陵公
孫述字子陽爲莽導江卒正遂僭號於蜀
章王刎首　章明字公孺新繁人也　王皓字
子離江原人也明爲大中大夫莽簒位嘆曰不以
一身事二主遂自煞皓爲美陽令去莽歸蜀公孫

述僭號使使聘之皓乃自刎以頭付使者述慙怒誅
其妻子
侯剛哭漢　剛字直孟新繁人也爲郎見莽簒位
佯狂負木斗守闕號哭莽使人問之對曰漢祚無
窮吾甯死之不忍事非主也莽追煞之
公卿絕脰亦蹈節貫　王嘉字公卿江原人也爲
郎去莽還留衍當蜀公孫述先閉其妻子使人徵之
嘉聞王皓死歎曰吾後之哉亦自煞述慙賁其妻
子
羅生美至思濟艱難述方遂非殘彼貞幹　羅衍

字伯紀成都人也爲述郎說述尚書解文卿鄭文
伯使諫述降漢爲子孫福解鄭從之述怒閉二子
於薄室六年二子守志不回遂幽死衍卒察孝廉
徵博士
劉主割據資我英俊鴻臚淵通與道推運　何宗
字彥若郫縣人也通經緯天官推步圖讖知劉備
應漢九世之運讚立先主爲大鴻臚方授公輔會
卒
君肅矯矯穎類倬羣　何祗字君肅宗族人也初
犍爲楊洪爲太守李嚴功曹去郡數年以爲蜀郡

嚴猶在官祗為洪門下書佐去郡數年以為廣漢
洪猶在官是以西土咸服諸葛亮之能攬拔秀異
也祗徙犍為太守卒
輔漢朗捷服時之懃　張裔字君嗣成都人也汝
南許文休稱其才鍾元常輩也為輔漢將軍丞相
長史丞相北征居府統事足食足兵
太常清密遂遠鉤深　杜瓊字伯瑜成都人也師
事任定粗通經緯術藝為太常沈默慎密稱諸生
之滈
休休眾彥殊塗同臻金聲玉振蜀之球琳　休休

美也眾彥言此四十三人也易曰殊塗同歸百行
齊致貴於流光顯稱揚名垂世此四十三人者雖
立行不同俱以垂美如金玉之音器為世名寶
述蜀郡人士
敬司穆穆暘始(元)終　敬司馬氏女五更張伯饒
妻也霸前妻有三男一女敬司產一男撫教五子
恩愛若一霸卒葬河南敬司與諸子還蜀疾病遺
令告諸子曰舜葬蒼梧二妃不從汝父在梁吾自
在蜀亦各其志勿違吾敕也遂葬蜀子光超稟母
教為聘士也

叔紀婉娩十媛仰風　叔紀霸女孫也適廣漢王
尊至有賢訓事姑以禮生子商海內名士廣漢周
幹古朴彭勰漢中祝龜為作頌曰少則為家之孝
女長則為家之賢婦老則為子之慈親終溫且惠
秉心塞淵宜謚曰孝明惠母
公乘氏張雨髦義崇　公乘會妻廣都張氏女也
夫早亡無子姑及兄弟欲改嫁之張誓不許而言
之不止乃斷髮割耳養會族子事姑終身
助陳撫孩節篤分充　助陳臨邛陳氏女犍為楊
鳳珪妻也鳳珪亡養遺生子守節兄弟必欲改嫁

乃引刀割咽宗族駭之幾死遂全其義
二常煢煢頽搆再隆　元常靡常江原人也元常
廣都令常良女適廣漢便敬賓早亡元常無子養
賓族子父母欲嫁乃祝刀誓志而死靡常仲山女
適成都殷伸孫家遭疫氣死亡惟靡常在十八（此二
字常在死亡下讀死亡十八四字為一句）收葬諸喪養遺生子立美成
家
紀常哀哀精感昭融　紀常常侍常洽女趙侯夫
人也父遇害長安其二兄皆先沒遺父門生翟登
張順迎喪時寇賊蜂起晝夜悲哀順登得將喪無

恙還時人皆以紀常精誠所感

貢羅誓志　貢羅郪羅倩女景奇妻也奇早亡無子父愍其年壯以許同郡何詩貢羅白書誓父不遷家父使詩乃白州州告縣逼遣之羅乃訴州刺史高而許之

玹何忘生　玹何郪何氏女成都趙憲妻也憲早亡無子父母欲改嫁何恚憤自幽乃不食旬日而死郡縣爲立石表

昭儀殉身　昭儀新繁張氏女廣漢朱叔賢妻也賢爲郡督郵建安十九年劉主圍劉璋於成都賢

坐謀外降璋以昭儀配兵將見逼昭儀自殺三軍莫不哀嘆

二姚見靈　廣柔長郪姚超二女姚妣饒未許嫁隨父在官值九種夷反殺超獲二女欲使牧羊二女誓不辱乃以衣連腰自沈水中死見夢告兄慰曰姊妹之喪當以某日至溯下慰籍哀愕如夢日得喪郡縣圖象府庭

襄皃淑媛表圖銘旌　淑善媛婉婉也言此十二女皆圖象列傳

述蜀郡列女

右蜀郡士女讚第一

凡五十五人四十三人士十二人女

巴郡士女　按舊本自此脫去乃闕讚之第二也今僅能知此標題而無從補其文矣近人見舊本較張佳胤以來所刻多第十之上中兩卷謂爲完書其實不然又按卷末云二州人士二百四十八人今存蜀廣漢犍爲漢中梓潼共一百九十四人所闕巴郡士女凡五十四人也士一百九十七所存者一百五十所闕巴郡四十七人士也女五十一今存四十四所闕巴郡七人女也姓名必具在目錄而無讚者亦並列故不可推知今但考得其凡如此

華陽國志卷第十上終

華陽國志卷第十中

廣漢士女

講學沖邃洙泗是晞（九）帝紹聖庶熙疇咨　楊宣字君緯什邡人也少受學於楚國王子張天文圖緯於河南鄭子侯師楊公叔能賜鳥言長於災異教授弟子以百數成帝徵拜諫大夫帝無嗣宣上封事勸宜以定陶恭王子爲太子帝從之出宣爲交州牧太子卽位爲哀帝拜河內太守徵太倉令上言宜封周公孔子後帝從之封周公孫相如爲褒魯侯孔子後孔均爲褒成侯又薦遼東王綱瑯

琊徐吉太原郭越楚國龔勝等宜讚隆時雍平帝時命持節爲講學大夫與劉歆共校書居攝中卒門生河南李吉廣漢嚴象趙翹等皆作大儒

長伯撫遐聲暢中畿析虎命邦綽有餘徽　鄭純字長伯郪人也爲益州西部都尉處地金銀琥珀犀象翠羽出作此官者皆富及十世純獨清廉毫毛不犯夷漢歌嘆表聞三司及京師貴重多薦美之明帝嘉之乃改西部爲永昌郡以純爲太守在官十年卒列畫頌東觀

三老泱泱實作父師　楊統字仲通新都人也事華里先生炎高高戒統曰漢九世王出圖書與卿適應之建武初天下求通內讖二卷者不得永平中刺史張志舉統方正司徒魯恭辟掾與恭共定音律上家法章句及二卷解說遷侍中光祿大夫以年老道深養於辟雍授几杖爲三老卒內讖二卷竟未詳

平仲涉道殆乎庶幾　王祐字平仲郪人也少與雒高士張浮齊名不應州郡辟命司隸校尉陳紀山名知人稱祐天下高士年四十二卒弟獲志其遺言撰王子五篇東觀郎李勝文章士也作誄方

之顏子列畫學官（舊校云獲一作雅）

文父明洞探賾索微　楊厚字仲桓統仲子也道業侔父三司及公車連徵辟拜侍中上言四方及荆揚交州當兵起人民疫蝗洛陽大水宮殿當災三府當免（舊空二格當是陰臣二字見後漢書）近戚謀變皆效驗大將軍梁冀秉權自退（舊空六格當是歸家遂修黄老六字見後漢書）授門徒三千人本初元年及建和中特徵聘不行年八十二卒天子痛惜詔謚曰文父弟子雒邵約節守緜竹寇懽文儀蜀郡何萇幼正侯祈升伯巴郡周舒叔布及任安董扶等皆徵聘辟舉馳名當世

元章(元)伯韜光匿燿(常作輝)　段翳字元章新都人也明經術妙占未來常告大渡津口曰某日當有諸生二人荷擔問翳舍處者幸爲告之後竟如其言又有人從冀州來學積年自以精究翳術辭去翳爲偤作書封頭與之告曰有急發之至葭萌爭津吏撾從者頭諸生發偤偤中有書曰到葭萌爭津破頭以膏裹之生乃喟然知不及翳還更精學翳常隱匿不使人知門人皆號夫子

稚子弈弈古之畏愛　王渙字稚子郪人也初爲河內溫令路不失遺臥不閉門民歌之曰王稚子世未有平徭役百姓喜遷兗州刺史部中肅清徵拜侍御史洛陽令聰明惠斷公平廉正抑强扶弱化行不犯發奸擿伏忽若有神京華密靜權豪畏敬元興元年卒百姓痛哭二縣弔喪行人商旅莫不祭之賈胡左威遭其清理制服三年洛陽弦歌之爲立祠天子悼惜每下詔書德令必賜後嗣與卓茂等爲伍

敬伯愷悌樹德播惠　王堂字敬伯郪人也初臨巴郡進賢達士舉孝子嚴永隱士黃錯及張璘陳髦民爲立祠徙任右扶風政教嚴明帝舅車騎將軍閻顯大將軍竇憲中常侍江京等囑託輒拒之白鹿見象不以爲祥徙魯相又徙汝南守舉陳蕃爲功曹應嗣(按後漢書堂傳云委功曹陳蕃又云任主簿應嗣此應嗣下當有脫文今無以補之也)司隸校尉號知人之鑑

叔宰濟濟以禮進退　馮顥字叔宰郪人也少師事楊仲桓及蜀郡張光超後又事東平虞叔雅初爲謁者威儀濟濟爲成都令遷越嶲太守所在著稱爲梁冀所不善冀風州追之隱居作易章句及刺奢說修黃老恬然終日

大匠奇暢妙監(元)察蓋言世規祇以限越　翟酺字子超雒人也少事段翳以明天官爲侍中尚書常見太史令孫懿歔欷涕泣曰圖書有賊臣孫登將以才智爲黃門開路君表相應之是以悽愴後爲京兆尹光祿大夫將作大匠上言漢四百年當有弱主閉門聽政數在三百年之閒薦故太尉龐參故司徒李郃明通三才忠正可以輔世所言每指刺疾權貴誣輔及尚書令高堂芝交搆免死著援神契經說卒家

司隸聰敏奮名後葉　郭賀字喬卿雒人也初爲太守黃幸戶曹幸有事與漢中太守李榮俱被徵

賀歡辛星行詣詔獄自歸得免樂稽留詔殺之由
是顯名太守蔡茂命爲主簿茂夢坐太極殿按當作殿
極見後漢書蔡茂傳章懷注元屋之大者古通呼爲殿極殿梁也前書音義曰三輔閒謂屋梁爲極可證
上得嘉禾三穗以問賀對曰明府位當至三公
旬日茂遷司徒表賀明律令稍遷侍中尚書僕射
司隸校尉荊州刺史明帝南巡狩善其治徵河南
尹卒天子痛惜賜錢三十萬

鐔蔡翩翩交友惟賢　鐔顯字子誦郪人也
蔡弓字子羈雒人也俱攜手共學冬則侍親春行
受業與張霸李郃張皓陳禪爲友共師司徒魯恭

顯又與王稚子同見察孝於太守陳司空歷豫州
刺史光祿大夫侍中衛尉弓爲廬江太守徵拜郎
而霸郃皓禪皆至公卿

兩李麗采文藻可觀　李尤字伯仁　李勝字
茂通雒人也侍中賈逵薦尤有相如揚雄之才明
帝召作東觀辟雍德陽諸觀賦銘懷戎頌百二十
銘著政事論七篇帝善之拜諫大夫樂安相後與
劉珍共撰漢紀孫充有文才勝爲東觀郎著賦誄
當作詠見後漢書論頌數十篇

憲父懸車　王稚字叔起堂幼子也屢拒孝廉公
府十五辟公車徵及授二千石徵以太常終不詣
年八十一卒門人錄其本行謚曰憲父癸未詔書
以安車聘請會已亡

徵君肥遯　馮信字季誠郪人也郡三察孝廉州
舉茂才公府十辟公車再徵不詣公孫述時託目
青盲侍婢淫其前陽不覺述卒以年老不出

董任循志束帛戔戔　董扶字茂安　任安字
定祖緜竹人也家居教授弟子自遠而至扶初應
賢良方正詣京師辛府十辟公車三徵再舉有道
爲侍中觀漢將亂求爲屬國還蜀安察孝及茂才

公府辟公車徵皆不詣卒布衣弟子杜徵何宗杜
瓊皆名士至卿佐

文表汜博提攜士彥　王商字文表廣漢人也博
學多聞州牧劉璋辟爲治中試守蜀郡太守荊州
牧劉表大儒南陽宋仲子遠慕其名皆與交好許
文休稱商中夏王景興輩也商勸璋攬奇拔儁甚
善匡救薦致名士安漢趙韙及陳實臧先墊江龔
揚趙敏黎景閬中王澹江州孟彪皆至州右職郡
守又爲嚴李立祠正諸祀典在官一十年而卒

超頖拔萃實惟世信　劉寵字世信緜竹人也出

自孤微以明公年春秋上計闕下見除成都令政
教明肅時諸縣多難治乃換龍爲郫令又換鄭安
漢皆垂績還在成都遷牂柯太守初乘一馬之官
布衣疏食儉以爲教居郡九年乘之而還吏人爲
之立銘王商陳實當世貴士皆與爲友
節英亢烈仰訴鼎臣　段恭字節英雒人也少周
流七十餘郡求師受學經三十年凡事馮胡駱巽
孫泰山彥之章渤海紀叔陽遂明天文二卷東平
虞叔雅學絕高當世遂遊於蜀恭以朋友禮待之
後爲上計掾會有司劾太尉龐參兼舉茂才孝廉

參性忠正亮直爲貴戚所損以恚發病遠近稱冤
恭不能耐其枉亢疏表參忠直不當以讒佞傷毀
忠正帝悟即日召西曹掾問疾尋牛酒慰勞參忠
士遊孝滔感物悟神　姜詩字士遊雒人也事母
至孝母欲江水及鯉魚膾又不能獨食須鄰母共
之詩常供備子汲江溺死祕言遣學不使母知於
是有涌泉出於舍側有江水之香朝朝出鯉魚二
頭供二母之膳其泉灌田六頃施及比鄰公孫述
平後東精爲賊掠害不敢入詩里時大荒飢精致
米肉與詩詩埋之永平三年察孝廉明帝詔曰大

孝入朝孝廉一切皆平之除江陽符長所居鄉皆
爲之立祠
少林陰德陽報是甄　王忳字少林新都人也游
學京師見客舍有一書生困病忳隱視奄忽便絕
有金十斤忳以一斤買棺木九斤還要下葬埋之
後爲大度亭長大馬一匹來入亭中又有繡被一
領飛墮其前人莫識者郡縣以畀忳後乘馬到雒
縣馬牽忳入他舍主人問忳所由得馬忳具說其
狀并及繡被主人悵然曰卿何陰德而致此忳說
昔埋書生事主人驚曰是我子也姓金名彥卿乃

葬之不報天彰卿德辟舉茂才除郿令宿斄亭中
數有人爲鬼所煞忳上樓夜半有女子稱冤曰妾
涪令妻也當之官宿此亭爲亭長所煞大小二十
口埋在樓下奪取財物忳曰汝何故以恒殺人女
子曰妾不得白日惟依夜愬人眠不肯應恚故殺
之初來時言無衣忳以衣衣之言訖投衣而去旦
召游徼詰問具服即收同謀十餘人煞之送涪令
喪還鄉里當世稱之
仲魚謙沖　牟肴字仲魚鄭人也父爲交州刺史
卒官肴迎喪不敢取官舍一物郡三察孝廉公府

辟州別駕皆不應太守尹奉稟刑名行禮樂請爲功曹刺史必欲借朞自佐不得已爲別駕後爲太守孫寶蔡茂祓諷功曹嘗欲渡津津吏滯停車待之三日將宿中亭中有縣吏引車避之爲野王令

雲卿安貧　朱倉字雲卿什邡人也受學於蜀郡張甯湌豆飲水以諷誦同業憐其貧資給米肉終不受著河洛解家貧恒以步行爲郡功曹舉察孝廉羞祿祿詣公府試不就州辟治中從事以諷詠自終

伯式(元)照　折像字伯式雒人也其先張江爲武

威太守封南陽折侯因氏焉父國爲鬱林太守家貲二億故奴婢八百人盡散以施宗族邺贍親舊葬死弔喪事東平虞叔雅以道教授門人朋友自遠而至時人爲諺曰折氏客誰朱雲卿段節英中宥佃子趙仲平但說天文論五經

孟宗當仁　杜眞字孟宗緜竹人誦書百萬言兄事翟酺酺免後尚書令與司隸校尉枉劾之復徵詣獄眞上章救之受掠笞六百獄中明酺無事京師壯之以漢道微散財施宗族不應公府辟命及辟長吏候迎每交於門乃斷髮以自絕

味道好施清風遺倫　讃仲魚以下也

漢儒請雨精感慶雲　諒輔字漢儒新都人爲郡五官掾時天大旱請雨不降輔出禱祈乃積薪祇神曰不雨則欲自焚爲貪叨吏謝罪百姓言終暴雨

韓揆義烈　韓揆字伯彥緜竹人也爲令錡裒主簿値黃巾賊入界扶裒走入草中裒遣求隱翳處未還裒爲賊所得見害揆殯殮葬埋訖詣從事賈龍求兵討賊賊破曰本報令君而苟自活非忠乃自終

喬雲勇震　左喬雲緜竹人也少爲左通所養爲子通坐任徒徒逃吏欲破通腹通無壯子故爲吏所侵喬雲時年十三喟然憤怒以鋭刀煞吏解通走將令出追初聞以爲壯士及知是小兒爲之流涕

楊寬證將烈播友人　寬字叔仲新都人也父斌證令萬世太守祓諷以忠義壯鬪寬爲郡吏鄉八馬閏章言太守五方寬與兄皆詣獄證之得理後方當遷南郡閏復章之寬乃發閏臨私事閏伏罪友人汝鯤爲張明所煞寬怒縛明送鯤家使自謝

之也
甯叔執仇　甯叔字茂泰廣漢人與友人張昌共受業太學昌爲河南大豪呂條所煞叔煞條自拘河南獄順帝義而赦之
張復師讎　張鉗字子安廣漢人也師事犍爲謝裒裒死負土成墳三年裒子爲人所煞鉗復其讎自拘武陽獄會赦免當世義之
賈爲士死分仵虞朱　賈栩字元集什邡人也雒孟伯元爲父復讎聞栩名往投之雒縣追伯元蹤栩嘆曰士以義遇我豈可倍哉煞雒縣當有脫文必移

什邡負我君乃自煞李勝言當作誄之以方虞卿曾之當衍朱家
郭玉通直當作術　蓋亦所修　郭玉字通直按當衍三字後漢書王傳無字可說新都人也明方術伎妙用針作經方頌說官至太醫丞校尉當衍二字後漢書王傳無可證
爰迄劉氏司農含章爽明翠粲觀國之光　秦宓字子勑緜竹人也初隱遁不應州郡之命丞相亮領益州牧選爲別駕中郎將吳使張温將反命亮率百官餞之温與宓語荅問若嚮應聲辭義雅美温大敬服以爲蜀之有宓猶魯有仲尼也遷長水校尉司農宓甚有通理弟子譙周具傳其業
李王四子並作琳瑯　李朝字永南弟邵字偉南郪人也王士字義强從弟甫字國山文表諸弟也先主領牧朝爲別駕羣下上先主爲漢中王其文朝所造也當有脫文按李邵事在陳壽季漢輔臣贊注中但恐道將之文不全同今無以補之也後丞相亮府辟西曹掾亦有文才兄弟三人號三龍士歷宕渠犍爲益州太守甫善言議舊校云闕按陳壽輔臣贊注云好人流言議當無所闕舊校誤耳人流美稱自緜竹令爲州右職
優遊容與特進太常　鐔承字公文郪人也歷郡

守州右職爲少府太常時費美秉政孟光來敏皆棲遲承以和獨立特進之也
從事烈至諫君刎首　王累新都人也州牧璋從別駕張松計遣法正迎先主主簿黃權諫不納累爲從事以諫不入乃自刎州門以明不可
鄭度進規忠謀莫受雖云天時抑由人咎　度緜竹人也先主自葭萌南攻說牧璋曰左將軍懸軍襲我野穀是資急驅巴西梓潼民由涪水以南一切燒除野穀固壘待之彼請戰不許久無所資不過百日必當面縛先主聞而惡之璋不納言雖在

天亦由璋之患

永年負才自喪世主　彭羕字永年廣漢人有俊才劉璋時坐事爲徒及先主入自託龐統爲州右職失主意左遷江陽太守羕望諸葛亮以爲心大志廣難可保勸先主因事誅之

漢南哽哽天奪其守　李邈字漢南邵兄也牧璋時爲牛鞞長先主領牧爲從事正旦命行酒得進見讓先主曰振威以將軍宗室肺腑委以討賊元功未効先寇而滅邈以將軍之取鄙州甚爲不宜也先主曰知其不宜何以不助之邈曰匪不敢也力不足耳有司將殺之諸葛亮爲請得免久之爲犍爲太守丞相參軍安漢將軍建興六年亮西征馬謖在前敗績（舊無此敗績二字三國志注引有者是）亮將殺之邈諫以秦赦孟明用霸西戎楚誅子玉二世不競失亮意還蜀十三年亮卒後主素服發哀三日邈上疏曰呂祿霍禹未必懷反叛之心孝宣不好爲殺臣之君直以臣懼其偪主畏其威故姦萌生亮身仗强兵狼顧虎視（舊作臣三國志注引作視）五大不在邊臣常危之今亮殞殁蓋宗族得全西戎靜息大小爲慶後主怒下獄誅之

詵詵彥造或哲或友昭德音芳垂名厥後　終讚

此四十六人也

述廣漢人士

任母治内子成名賢　任安母姚氏也雍穆閨門早寡立義資安遂事大儒安教授每爲賑卹其弟子以慰勉其志於是安之門生益盈門

龐行養姑嬬師之先　龐行姜詩妻也事姑晝夜紡績以給供養子汲江溺水死秘言遣詣學常作冬夏衣投水中託言寄與子詩呼妻使爲姑春應命遲見遣不敢遠去遊於外供給因鄰母致姑勸還

依依義舊抗疏拜庭誠感世主徙女輟刑　義舊狄道長江穆女緜竹司馬雅妻也既許婚父坐事徙朔方雅就婚死雅人逆其喪尋父母死朔方義舊獨與弟孤居十年士大夫求終不肯乃上疏自訟求還鄉里天子愍悼下朔方使送遂下詔書定律令女子許嫁不得從父母徙

紀配斷指以章厥貞　紀配廣漢殷氏女廖伯妻也年十六適伯伯早亡以已有美色慮人求已作詩三章自誓心而求者猶衆父母將許乃斷指明

情養子猛終義太守薛鴻圖象府庭
彭王進娥殘體令誠　彭非廣漢王輔妻也王和新都人便敬妻也李進娥郫人馮季宰妻也輔早亡叔父欲改嫁非乃詣太守五方截髮自誓敬亦早亡和養孤守義蜀郡何玉因媒介求之兄曉喻以公族可憑和恚割其一耳季宰亦早亡父母欲改嫁進娥亦翦髮自誓各養子終義
正流自沈玉潔冰清　正流廣漢李元女揚文妻也適文有一男一女而文沒以織履爲業父欲改嫁乃自沈水中宗族救之幾死得免太守五方爲

之圖象
相烏袁福義不存生　相烏德陽人袁稚妻也十五適稚二十稚亡無子父母欲改嫁之便自殺袁福亦德陽人王上妻也有二子上以喪親過哀死福哀感終身父母欲改嫁乃自殺
汝氏世胄由婦謙柔　汝敦妻某敦兄弟共居有父母時財嫂心欲得妻勸送二兄敦盡讓田宅奴婢與兄自出居後敦耕得金一器妻復勸送二兄夫妻共往嫂性悋嗇謂欲借貸甚不悅及見金踊躍兄感悟卽出妻讓財還弟弟不受相讓積年後

征察孝廉世爲冠族
思媚列媛美稱惟休　總讚十一人也
述廣漢列女

右廣漢郡士女讚第三　凡五十七人四十六人士十一人女

犍爲士女

王延河平篡禹之功　王延世字長叔資中人也建始五年河決東郡氾濫兗豫四郡三十二縣沒官民屋舍四萬所御史大夫尹忠以不憂職致河決自殺漢史案圖緯當有能循禹之功在犍柯之資陽求之正得延世徵拜河堤謁者治河以竹落

長四丈大九圍夾小船載小石治之三十六日隄防成帝嘉之改年曰河平封延世關內侯拜光祿大夫仍賜黃金百斤
文伯習禮繼武孫通　董鈞字文伯資中人也少受業於鴻臚王臨永平初議天地宗廟郊祀儀禮鈞與太常定其制又定諸侯王喪禮歷城門校尉五官中郎將以儒學貴稱繼叔孫通
張公執憲克智克聰極位青紫實作司空　張皓字叔明武陽人也以文按此下當有脫字聰明辟大將軍

掾遷尚書僕射彭城相進隱士閭丘遷等徵拜廷尉延光三年安帝將廢太子爲濟陰王皓與太常桓焉太僕來歷爭之安帝不許及安帝崩濟陰得立爲順帝以皓爲司空久之免復徵爲廷尉清河趙騰坐謗訕當誅所引八十餘人皓以聖賢明義爭之咸稱平當

子鸞司京桴鼓不鳴　趙旂字子鸞資中人也初臨甘陵(宏)農郡甚善治民徵尚書遷司隸校尉時梁冀子弟放恣旂以法繩之不敢爲非京師肅清桴鼓不鳴

孟文翹翹平丕當作顯有成　楊渙字孟文武陽人也以清秀博雅歷臺郎相稍遷尚書中郎司隸校尉甚有嘉聲美稱

伯邳正直耀祖揚聲　楊準按準當作淮下同隸續引作准不誤字伯邳漢安縣人也初爲郡守太尉李固薦準累世忠直拜尚書太傅陳蕃表爲河東人爲尚書令奏書治南陽太守曹麻潁川太守曹騰濟南太守孫訓等子弟依託形勢淫縱徵廷尉治罪訓梁冀婦家子也於是憚之又薦朱禹臧精滕延爲尚書陸稠爲郡守皆名士也桓帝即位拜河南尹遷司隸

校尉冀叔父梁忠爲執金吾不朝正初劾奏之朝士服其公亮徙將作大匠

翁君將命遹播其名　楊莽字翁君武陽人爲功曹刺史王尊當之州移書諸郡不得遣迎惟犍爲遣莽蜀郡遣何霸嚴尊尊大怒莽前對曰使君不使奉迎謙也太守承迎敬也謙敬上下之節不可廢也尊乃欣然請辟別駕舉茂才官至揚州刺史

奉君遯世　費貽字奉君南安人也公孫述時漆身爲厲佯狂避世述破爲合浦守蜀中歌之曰節義至仁費奉君不仕亂世不當衍避惡君修身於蜀

紀名亦足後世爲大族

任公開明　任永字君業僰道人也長歷數王莽時託青盲公孫述時累徵不詣子溺井中死見而不言妻淫於前面而不怪述平乃曰世適平目即清妻自殺光武徵之以年老不詣卒

叔和順終　杜撫字叔和資中人也少師事薛漢治五經教授門生千人太守王卿召爲功曹司徒辟不當有詣字及聞公免必往承問東平憲王爲驃騎將軍辟西曹掾後罷爲王師在驃騎府者遣之數年乃去數應三公徵撫侍送故公作詩通議說弟

子南陽馮良亦以道學徵聘
君橋密精　趙松字君橋武陽人爲童子數貧問
費貽及知其避世密與周旋終不露之也述平舉
茂才爲上黨太守
英英四子利於居貞　讚費貽以下
皇漢弛綱官人失紀文紀謇諤表明臧否　張綱
字文紀司空皓子也在漢（當衍）朝公平廉正權宦側
目憚之漢安元年以光祿大夫持節與侍中杜喬
循行州郡考察風俗出宮埋車先奏太尉桓焉司
徒劉壽尸祿素餐不堪其職出城又奏司隸校尉

趙峻河南尹梁不疑汝南太守梁乾等贓汚濁亂
檻車送廷尉治罪天子以乾梁冀叔父貶秩免峻
等又奏魯相寇儀儀自殺威風大行郡縣莫不肅
懼還冀恨之出爲廣陵太守承叛亂後懷集撫䘏
甚有治化在官十一（當作）年卒子續尚書續弟方爲
豫州牧子孫數世至大官
白虜狂僭亂離斯圮孝仲縶馬社稷是死　朱遵
字孝仲武陽人也公孫僭號遵爲犍爲郡功曹領
軍拒戰於六水門衆少不敵乃埋車輪絆馬必死
爲述所殺光武嘉之追贈復漢將軍郡縣爲立祠

建侯弔梁劾志知己　趙敦字建侯武陽人也初
爲新都令德禮宣流三司及大將軍梁冀累辟終
不詣冀辟書不絕後冀自殺使者監守不使人弔
問敦獨往弔祭訖自拘有司天子赦之
叔通敦孝石生江汜　隗相字叔通僰道人也養
母至孝母食欲江中正江水相冬夏汲之一朝有
橫石生正流中哀帝世爲孝廉平帝世爲郎
吳生致養亦感靈祉　吳順字叔和僰道人也事
母至孝赤烏巢其門甘露降其戶察孝廉永昌太
守

劉后初載實多良才季休忠亮經事能治　楊洪
字季休武陽人也先主領牧爲郡屬（當作蜀部）後事及
征漢中丞相亮表爲蜀郡太守先主疾病永安召
亮東行漢嘉太守黃元反後主用其計克元封關
內侯後爲中郎將越騎尉（按當作後爲忠節將軍越騎校尉見三國志）
忠清公亮甚信任之（舊此下空十三行按當無所闕舊未必是也）
德山耽學道以光時　伍梁字德山南安人也儒
學雅尚州選迎牧諸葛亮爲功曹遷五官中郎將
烈武作合度曠塗夷惜哉公舉帥直陵遲　費詩
字公舉南安人也先主領牧爲前部司馬羣臣勸

先主稱尊號詩上疏曰殿下以曹操父子逼主篡盜故乃羈旅萬里糾合士衆將以討賊今大敵未尅而先自立恐人心疑惑昔高祖獲子嬰猶尙推讓況未出門便欲自立耶以是左遷部永昌從事建興三年從丞相亮南征魏將李鴻來降說魏新城太守孟達欲背魏向蜀亮方北面欲招達爲外援欲與書詩進曰孟達小子昔事振威不忠後事先帝背叛反覆之人何足與書也亮嘿然詩終劉氏之世官位不盡其才君子以昭烈之弘曠武侯之明達詩吐直言猶尙凌遲況庸主昏世率意直言而望肆効者哉

文然簡略言不詭隨　楊義（當作戲）字文然武陽人也輔漢將軍張裔薦爲丞相亮主簿大司馬蔣琬辟東曹掾歷二郡太守爲射聲校尉性簡畧未曾以甘言加人酒後言笑多慢詞失大將軍姜維意爲維所廢延熙十八年作季漢輔臣讚在蜀書

車騎快快與國安危　張翼字伯恭文紀孫也以文武才幹歷征西鎮南大將軍封亭侯延熙十八年與大將軍姜維西征大破魏雍州刺史王經於狄道經衆死洮水者數萬人維欲進翼諫不可必進無功時維屢出隴西翼常延爭以爲國小不宜黷武必爲蛇畫足不聽不得已每快快從行景耀元年遷左車騎將軍領冀州刺史蜀平後死

猗猗衆偉芳烈名垂方德繹勳犍之瓌瑰　總讚此二十一人也

犍爲人士

進楊穆穆先姑是憲　進武陽楊氏女大匠廣漢王堂長子博妻也博後母文有母儀之德進楊則其教爲行閨門雍穆牂柯太守李禕家亦假係（當作緇）每不和嘆恨徒富貴學問不及博家也

陽姬請父厥族蒙援克諧內愛訓及秀彥　姬武陽人也生自寒微父坐事閉獄楊渙始爲尙書郎告歸郡縣敬重之姬爲處女乃邀道扣渙馬訟父罪言辭慷慨涕泣渙愍告郡縣爲出其父因奇其才爲子文方聘之結婚大族二弟得仕官遂世爲宦門後文方爲漢中太守以趙宣爲賢將察孝廉函封未定病卒姬秘不發先遣孝廉上道乃發喪宣得進用姬之力也後文方兄子伯邳爲司隸校尉時姬長子穎伯冀州刺史仲子頎二千石伯邳以稟叔母敎迎在官舍每教伯邳政治伯邳欲舉

茂材選有二人伯邳欲用老者嫌以其耄欲舉五
方而其年幼以咨叔母勸舉方後趙宣爲犍爲五
方爲廣漢姬尙在故吏敬之四時承問不絕
周度割體貞節是全　周度僰道人也相登妻十
九登亡中牟令吳厚因人求之斷髮以誓志後人
猶欲求之乃割其鼻養子早亡其妻左亦年十九
遂俱守義世咸嘆婦姑之貞專其節操也
敬姬沈淵誠烈邈然　曹敬姬南安人也周紀之
妻十七出適十九紀亡遺生子元餘服闋父母以
許孫賓詒母病迎還知之自投水人赴之氣已絕

一日一夜乃蘇息送依紀弟君訓導元餘號爲學
士年九十卒
貞玦玉操彌久不刊　貞玦字瓊玉牛鞞程氏女
張惟妻也十九適惟未朞惟亡無子養兄子悅供
養舅姑夙夜不怠貧中王沖欲娶玦玦叔父肱荅
以女志不可奪沖爲太守李嚴督郪嚴記縣遣孝
義掾奉羔鴈宣太守命聘之玦乃自投水救援不
死後太守蘇高爲立表太守蜀郡（舊校元闕）遣仁恕掾
論曰貞玦太守章陵劉威又爲作頌故稱述也
韓姜自財后旌其冢　韓姜僰道人尹仲讓妻也

二十讓亡服除資中董臺因從事王爲表弟求姜
不許臺門生左習王蘇以爲姜可奪教姜家言母
病迎還韓氏因遏成婚姜聞故自殺太守巴郡龔
楊哀之殺習蘇以報姜死
謝姬引決同穴齊定（字誤未詳本或作窆）　姬南安人武陽
儀成妻也成死以已年壯無子將葬乃預作殯殮
具毒藥須夫棺入墓拊棺吞藥而死遂同葬縣以
表郡郡言州州上尙書天子咨嗟下書每大赦賜
家帛四匹（宇誤未詳本或作蜀）穀二石
媛姜匹婦勉夫濟子授命囹圄義踰國士　趙媛

姜資中人盛道妻也建安五年道坐過夫婦閉獄
子翔方年五歲姜謂道曰官有常刑君不得已矣
妾在復何益君門戶君可同翔亡命妾代君死可
得繼君宗廟還依違數日姜苦言勸之遂解脫給
衣糧使去代爲應對度走遠乃告吏殺之後遇赦
父子得還道雖仕宦當世痛感終不更娶翔亦不
仕耳（未耳字衍文）
貰帛求喪沈身中流靈精相感攜夫共浮　貰帛
僰道人張貞妻也貞受易於韓子方去家三十里
船覆死貞弟求喪經月不得帛乃自往沒處躬訪

不得遂自投水中大小驚覘積十四日持夫手浮出時人爲語曰符有先絡僰道蜀志有張字帛求其夫天下無有其偶縣長韓子冉嘉之召帛子幸之爲縣股肱

烈哉諸媛節稱義遵李本不空格 敘之讚此九女也

述犍爲烈劉李本作列女

右犍爲士女讚第四

凡三十八人二十一人士 九人女

華陽國志卷第十中

華陽國志卷第十下

漢中士女

鄭眞岳峙確乎其清 鄭子眞褒中人也元靜守道履至德之行乃其人也教曰忠孝愛敬天下之至行也神中五徵帝王之要道也成帝元舅大將軍王鳳備禮聘之不應家谷口世號谷口子眞云漢中與立祠舊校云神中五徵未詳其義

衛梁泥盤元湛淵亭 衛衡字伯梁南鄭人也少師事隱士同郡樊季齊以高行聞郡九察孝廉公府州十辟公車三徵不應董扶任安從洛還過見

之曰京師天下之市朝也足下猶之人耳何其在遠以虛名屢動徵書若至中國則價盡矣衡笑曰時有險易道有汙隆若樊季齊楊仲桓雖應徵聘何益於時乎苟無所則尼軻栖栖是以君平子眞不屈其志豈子之徒也哉吾何虛假之有安扶服之敬其言也

鄧公亢對忠枉原情 鄧公成固人也景帝時御史大夫晁錯患諸侯强大建議減削會吳楚七國謀反假言誅錯故吳相袁盎譖帝殺之拜盎太常使赦七國七國遂叛鄧公爲謁者入言軍事帝問

曰七國鬪晁錯死罷兵不對曰吳王卽山鑄錢煑海爲鹽謀反積數十年錯患之故欲削弱爲萬世策諸侯憂之計畫始行身死東市諸侯莫憚內杜忠臣之口外爲諸侯報怨臣竊爲陛下不取也帝嘆息曰吾亦恨之武帝初爲九卿

博望致遠西南來庭　張騫成固人也爲人强大有謀能涉遠爲武帝開西域五十三國窮河源南至絕遠之國拜校尉從討匈奴有功遷衛尉博望侯於是廣漢緣邊之地通西南之塞豐絕遠之貨令帝無求不得無思不服至今方外開通騫之功

也

子游師生讒巧所傾　張猛字子游騫孫也師事光祿勳周堪以光祿大夫給事中侍元帝帝當廟祭濟渭欲御樓船御史大夫薛廣德當車免冠乞頸血汚車輪陛下不得廟祭矣帝色不悅猛進曰主聖則臣直今乘船危就橋安聖主不乘危故大夫言之帝曰曉人不當如是也後與周堪俱以忠正爲幸臣宏恭石顯所譖毀乍出乍徵堪平和猛卒自殺

王孫養性矯葬厲生　楊王孫成固人也治黃老家累千金厚自奉養臨終告其子曰我死躶葬以復吾眞但爲布囊盛尸入地七尺旣下從足脫之以身親土其子不忍見王孫友人祈侯諫之王孫曰厚葬無益死者也夫僤財送死今日入明日發此眞無異暴骸中原裹以幣帛隔以棺椁含以珠玉後腐朽乃得歸土不可故吾欲早就眞宅祈侯無以易卒躶葬如其言

司徒監使術觴思精履登上司七政是經　李郃字孟節南鄭人也少明經術爲郡候吏和帝使者二人微行至蜀宿郃候舍郃爲出酒夜飲露坐郃

問曰君來時寧知二使何日發來耶二人怪問之郃指星言曰有二使星入益部後一人爲漢中太守命爲功曹察孝遂馳名爲尚書郎從左丞稍遷至尚書僕射尚書令拜司空又進司徒淸公直亮當世稱名順帝世薨

炎精下頹朱明不揚太尉奮謇任國救荒濯日暘谷將升扶桑惡直醜正漢道遂喪　李固字子堅郃子也陽嘉三年以對策忠亢拜議郎大將軍梁商后父也表爲從事中郎授荆州刺史値州部有亂至州先友其賢者南陽鄭叔躬宋孝節零陵支宜

雅袁爲長沙桂陽太守趙歷卒當作卒巳奏免江夏
南按此下當脫南陽二字南陽太守高賜也見後漢書固本傳郡太守孔畤高
賜爲比舊校云爲昆疑誤今按爲姓昆名南郡太守也見廣韻爲字下引風俗通云漢有南
郡太守爲昆舊校失之遠矣等州士自然安靜徙太山太守克
甯盜賊入爲將作太匠多致海內名士南陽樊英
江夏黃瓊廣漢楊厚會稽賀純光祿周舉侍中杜
喬陳留楊倫河南尹存東平王惲陳國何臨清河
房植等皆蒙徵聘轉太司農順帝崩太后臨朝拜
太尉與后弟大將軍梁冀太傅趙峻並錄尚書沖
帝崩時徐揚有盜賊太后欲不發喪須召諸王至

國爭不可言國家多難宜立長君太后欲專權乃
立樂安王爲質帝質帝崩太后復與梁冀謀所立
固與司徒南郡胡廣司空蜀郡趙戒書與冀引周
勃霍光立文宣以安漢之策闔鄧廢立之禍言國
統三絕期運厄會興崩之漸在斯一舉宜求賢王
親近不可寢嘿也冀得書召公卿列侯議所立三
公及鴻臚杜喬僉舉清河王蒜冀然之奏御太后
中常侍曹騰私恨蒜說冀明日更議廣戒從冀固
與喬必爭蒜宜立中興才也且年長識義必有厚
將軍冀不聽策免固喬歲餘取下獄以無事出之

京師市邑皆稱千萬歲冀惡其爲人所善更奏繫
之固書與二公曰吾欲扶持漢室使之比隆文宣
何圖梁將軍迷謬諸子曲從以吉物爲凶成事爲
敗漢家衰微從是始矣將軍亦有不利吾雖死上
不慙於天下不愧於人求義得義死復何恨遂自
殺二公得書惟自流涕士民咸哀哭之桓帝無道
冀尋受誅漢家遂微政在閹宦無不思固也

元修敦重威惠寬亮　張則字元修南鄭人也爲
牂柯太守威著南土永昌越嶲夷謀欲反畏則換
臨其郡相諫而止號曰臥虎以戍狄動遷護羌校

尉徵拜扶風又換臨桂陽皆平盜賊巴郡板楯反
拜隆集校尉鎮漢中徙梁州刺史又爲魏郡太守
所在稱治靈帝崩後大將軍袁紹表爲長史不就
丞相曹公拜度遼將軍

子雅溫恭見察文方　趙宣字子雅南鄭人也出
自寒微以溫良博雅太守犍爲楊文方深器異之
遂察孝廉官至犍爲太守

二珪琬琰三辰懸望　趙瑤字元珪琰字雅珪凡
七兄弟宣子也皆以令德著聞瑤少有公望瑤當衍
始爲緱氏袁趙二公相與書曰趙瑤在緱氏猛虎

歸迹百里均耳叔（當作爾叔按爾句絕讀叔下屬也）平何難遷扶風太守徙蜀郡司空張温謂之曰昔第五伯魚從蜀郡爲司空掃吾第以待足下矣瑶曰諾尋換廣漢卒琰始爲青州刺史部下清肅徙梁相徵拜尚書不就卒

仲卿報友行義以理　陳綱字仲卿成固人也少與同郡張宗受學南陽以母喪歸宗爲安衆劉元所殺綱免喪往復之值元醉卧還須醒乃煞之自拘有司會赦免三府並辟舉茂才拜（宏）農太守初至有兄弟自相責引退是後無訟者在官九年卒

天子痛惜賜家錢四十萬

伯度（元）鏡榮辱屑已　李法字伯度南鄭人也桓帝時爲侍中光祿大夫數亢表宦官太盛椒房太重史官記事無實錄之才虛相褒述必爲後笑帝怒免爲庶人恬然以咎失爲已責久之徵拜汝南太守遷司隸校尉湛然無自得之容

德公在林縣象垂晷既沖雲清荀張儀准　李燮字德公太尉固子也父死時二兄亦死燮爲姊所遣隨父門生王成亡命徐州傭酒家酒家知非常人以女妻之延熹二年梁冀誅後月經陽道暈五車史官上書昔有大星升漢而西捲舌揚芒迫月燮或犯帝座則有大臣枉誅星在西方太尉固應之今暈如之宜有赦命錄其遺嗣以除此異於是下赦燮得返舊四府並辟公車徵議郎與趙元珪潁川賈偉節荀慈明張伯慎爲友伯慎爲潁川太守與慈明言相論言偉節與焉京師以爲臧否伯慎問趙元珪曰德公所言何元珪曰無言也伯慎追歎曰當如德公兒輩徒靡沸耳慈明亦宿而心變拜東平相王爲黃巾所沒得出天子復封之燮以爲不可果敢還京兆尹時人爲之語曰李德公

父不欲立帝子不欲立王

伯臺處諫師言亢盡未命防萌妙覩（元）揆　陳雅字伯臺成固人也靈帝時爲諫大夫閹宦用事上疏曰昔孝和帝與中常侍鄭衆謀誅大將軍竇憲由是宦官秉權安帝幼沖和熹太后兄大將軍鄧隲輔政太后適崩中常侍江京等殺隲安帝登遐黃門孫程又殺車騎將軍閻顯孝桓帝又與中常侍單超等共誅大將軍梁冀陛下即祚太傅陳蕃大將軍竇武尚書令尹勳等欲誅宦官絕其奸擅盡忠王室建萬世策機事不密爲中常侍朱瑀等

所殺此即陛下所見今宦官彊威威傾人主天下鉗口莫敢言者海內怨望妖孽並作四方兵起萬姓辛苦陛下尚可以安柰後嗣何帝不省納出爲巴郡太守年七十五卒臨終戒其子曰期運推之天下將大亂雄夫力爭無以貨財爲意吾亡依山薄葬亡歲餘靈帝崩大將軍何進復爲黃門所殺海內果亂終成三國也

孟度郡允　閻憲字孟度成固人也名知人爲緜竹令以禮讓爲化民莫敢犯男子杜成夜行得遺物一囊中有錦二十五匹求其主還之曰縣有明

君何敢負其化童謠歌曰閻尹賦政既明且昶去苟去辟動以禮讓遷蜀郡吏民涕泣送之以千數

季子英瑋　李歷字季子太尉固從弟也少修文學性行清白與鄭康成陳元方齊名弱冠拜新城令朝請都督

計君經筭　程苞字元道南鄭人也光和二年上計吏時巴郡板楯反軍旅數起征伐頻年天子患之訪問益州計考以方略苞對言板楯忠勇立功先漢爲帝義民羌入漢中輒蒙其力東征南戰世有功勞由不料䘏以致叛亂非有僭盜能相羣殺大兵臨之衆必卒得不如但選明能太守恩信懷服自然安定矣天子從之卒如其言後在道卒

元靈斐斐　祝龜字元靈南鄭人也年十五遠學汝潁及太學通博蕩達能屬文太守張府君奇之曰吾見海內士多矣無如祝龜者也州牧劉焉辟之不得已行授葭萌長撰漢中耆舊傳以著述終

禮高殉名　段崇字禮高南鄭人也太守河閒鄭廑命爲主簿永初四年涼州羌反溢入漢中從廑屯褒中虜東攻廑欲戰崇諫不可願固壘待之廑不聽出戰敗績崇與門下吏王宗原展及子勃兄

子伯生推鋒死戰衆寡不敵崇等皆死羌遂得廑殺之

伯義死節（按當作節死誤倒）　程信字伯義南鄭人也時爲功曹居守馳來赴難殯殮廑喪送還鄉里訖乃結故吏冠蓋子弟二十五人誓共報羌各募敢死士以待時太守鄭成命信爲五官元初二年虜復來信等將其同志牽先奮討大破之信被八創死天子咨嗟元初五年下詔書賜信崇家穀數千斛

四行齊致在茲六子　謂閻憲已下也又有王宗原展及嚴孳李容姜濟陳已曹康句矩劉旌九人

皆以令義爲鄭廑所命王宗原展與廑同死華容等七人與信共幷命詔書旣賜宗信家又賜九子家穀各五百斛給死事復

元侯趙陳蓋亦烈士　燕邠字元侯趙嵩字伯高南鄭人也陳調字元化仲卿孫也邠爲刺史郤儉從事使在葭萌與從事蓋馥張（允）同行儉爲黃巾賊王饒趙播等所殺邠聞故哀慟說馥允赴難二子不可邠歎曰使君已死用生何爲獨死之牧劉焉嘉之爲圖象學官誅馥等嵩事太守蘇固固爲米賊張修所疾殺嵩痛之杖劒直入修營殺十餘

人幾獲修死陳調少尙遊俠聞固死聚賓客百餘人攻修大破之進攻脩營乃與戰以傷死

渙渙龍宗振振麟趾文炳彬蔚漢之表軌　總讚二十五人也

述漢中人士　其陳術字申伯作耆舊傳者也失其行事歷新城魏興上庸三郡太守及錫光等不列也

穆姜溫仁化繼爲親　穆姜安衆令程祗妻司隸校尉李法姊也祗前妻有四子興敦覲豫穆姜生二子淮基祗亡興等憎惡姜姜視之愈厚其資給六子以長幼爲差衣服飮食凡百如之久興等感寤自知失子道詣南鄭獄受不愛親罪太守嘉之復除門戶常以二月八月社致肉三十斤酒米各二斛六斗六子相化皆作令士五人州郡察舉基字稚業特雋逸爲南郡太守

泰瑛嚴明世範厥訓　泰瑛南鄭楊矩妻大鴻臚劉巨公女也有四男二女矩亡教訓六子動有法矩長子元珍出行醉母十日不見之曰我在汝尙如此我亡何以帥羣弟子元珍叩頭謝過次子仲珍白母請客旣至無賢者母怒責之仲珍乃革行

交友賢人兄弟爲名士泰瑛之教流於三世四子才官隆於先人故時人爲語曰三苗（舊校云闕）止四珍復起

杜氏之教父母是遵　杜泰姬南鄭人趙宣妻也生七男七女若元珪稚珪有望五人皆令德其教男也曰中人情性可上下也在其檢耳若放而不檢則入惡也昔西門豹佩韋以自寬宓子賤帶弦以自急故能攺身之恒爲天下名士戒諸女及婦曰吾之姬身在乎正順及其生也恩存於撫愛其長之也威儀以先後之禮貌以左右之恭敬以監

臨之懃恪以勸之孝順以內之忠信以發之是以皆成而無不善汝曹庶幾勿忘吾法也後七子皆辟命察舉牧州守郡而漢中太守南鄭令多與七子同歲季考上計無不修敬秦姬執子孫（當作姪）禮

禮珪肅穆言存典韻　禮珪成固陳省妻也楊元珍之女生二男長娶張度遼女惠英少娶荀氏皆貴家豪富從婢七八資財自富禮珪敕二婦曰吾先姑母師也常言聖賢必勞民者使之思善不勞則逸逸則不才吾家不爲貧也所以粗食急務者使知苦難備獨居時二婦再拜奉教從孫奉上微

慢珪抑絕之感悟革行遭亂流行宗表欲見之必自嚴飾從子孫侍婢乃引見之曰此先姑法也四時祭祀自親養牲釀酒曰夫祭禮之尊也年八十九卒惠英亦有淑訓母師之行者也

文姬叡敏宗祀獲歆　文姬南鄭趙伯英妻太尉李固女也父爲梁冀所免兄憲公季公罷官歸文姬歎曰李氏滅矣乃與二兄議匿弟燮父門生王成亡命徐州涕泣送之謂成曰託君以六尺之孤若李氏得嗣君之名義參於程杵矣久之遇赦燮得還行喪服闋勑之曰先公爲漢忠臣離死之日猶生之年梁冀以族弟幸濟豈非天乎愼勿有一言加梁氏加梁氏則連主上是又掇禍也奉行之從成在徐州各異處傭賃而私相往來成病亡燮四時祭之

陳氏二謙或智或仁　陳順謙成固人也順謙適鄧令曹甯十九寡居長育遺孤八十餘卒兄子陳規著書歎述之惠謙適張亮則在扶風官下吏白欲重禁嚴防以肅非元脩訪於惠謙惠謙曰恢宏德教養廉免恥五刑三千蓋亦多矣又何加也兄子伯思學仙道惠謙戒之曰君子疾沒世而不稱

不患年不長也且夫神仙愚惑如繫風捕影非可得也伯思乃止陳伯臺稱云女尙書之後耳（當作俊未耳字衍文）

禮脩順姑恩愛溫潤　禮脩趙嵩妻張氏女也姑酷惡無道遇之不以禮脩終無愠色及甯父母父母問之但引咎不道姑卒感悟更慈愛之鄉人相訓曰作婦不當知趙伯高婦乎使惡姑知變可謂婦師矣後姑病女來省疾姑却之曰我死固當絕於賢婦手中後遭米賊嵩死乃碧塗面亂首懷刀託言病賊不逼也養遺生女依父叔立義終身者

也（未者也二字衍文）

樹南悼夫輕死重信　韓樹南南鄭人趙子賤妻也子賤初爲郡功曹李固之誅詔書下郡殺固二子憲公季公太守知其枉遇之甚寬二子託服藥死具棺器欲因出逃子賤畏法勑更驗實就殺之及固小子燮得還子賤慮燮報仇賃人刺之燮覺告郡殺子賤初樹南諫子賤子賤不從及臨死許共弁命兄弟姨侍婢視守之經百餘日乃怠（當作備）白兄姨念一死萬不得生不敢復圖死也上下以爲信然無幾時於幕下自煞

祈祈令姬如玉如金允矣淑媛齊德姜任　總讚此九人也

述漢中列女

右漢中士女讚第五

凡三十四人（二十五人士　九人女）

梓潼人士

鎭遠敦壯立勲南灝　文齊字子奇梓潼人也孝平帝末以城門校尉爲犍爲屬國遷益州太守造開稻田民咸賴之公孫述時據郡不服述拘其妻子許以公侯招之不應乃遣使由交趾貢獻河北述平世祖嘉之徵拜鎭遠將軍封成義侯南中咸爲立祠子忳有令德爲北海太守

巨遊玉粹高風金振　李業字巨遊梓潼人也少執志清白太守劉咸慕其名召爲功曹不詣咸怒欲殺之業徑入獄咸釋之公孫述累聘不應述怒遣鴻臚尹融持毒藥酒逼之業笑曰名不可毀身可殺不可辱也遂飲藥死述恥殺善士賜錢百萬子翬逃匿不受建武中察孝廉爲遂久令

文堅亟哉南面懷民　景毅字文堅梓潼人也太守丁羽察舉孝廉司徒舉治劇爲沇陽侯相高陵

令立文學以禮讓化民遷太守上封吏守闕請之三年不絕以子顧師事少府李膺膺誅自免久之拜武（按舊此空格今補武字下文沮縣屬武都白水縣屬梓潼由武都南向益州故所經如此近本妄添成字誤之甚矣）都令遷益州太守上封吏民涕泣送之至沮者七百人白水縣者三百人値益州亂後米㪷千錢毅至恩化暢洽比去米㪷八錢鳩鳥巢其聽事孕育而去三府表薦徵拜議郎自免歸州牧劉焉表拜都尉爲人廉正疾淫祠勑子孫惟脩善爲禱仁義爲福年八十一而卒

咸國好學研頤聖眞　楊充字咸國梓潼人也少

好學求師遂業受古學於扶風馬季長呂叔公南陽朱明叔潁川白仲職精究七經其朋友則潁川荀慈明李元禮京兆羅叔景漢陽孫子夏山陽王叔茂皆海內名士還以教授州里常言圖緯空說去事希略疑非聖不以爲教察孝廉爲郎卒

漢伯肄業諸生之純　景鸞字漢伯梓潼人也少與廣漢郝伯宗蜀郡任叔本潁川李仲（當脫一字）渤海孟元叔遊學七州遂明經術還乃撰禮略河洛交集風角雜書月令章句凡五十萬言太守（舊校云闕）旣命爲功曹察孝廉舉有道博士徵不詣然上陳時

政言經得失又戒子孫人紀之禮及遺令期死葬不設衣衿務在節儉甚有法度卒終布衣

伯禧効志　張壽字伯僖涪人也少給縣丞楊放爲佐放爲梁賊所得壽求之積六年始知其生存乃賣家鹽井得三十萬市馬五匹往贖放道爲羌所劫掠盡凡往三年計道遠不可得數乃單身詣虜涕泣自說虜哀其屢來遣放隨還郡召爲中候詔書除巫尉以身佩印盡讓所有財物與三弟復爲郡掾壘平賦役歲出三百五十萬遷功曹吏從五官掾卒

李餘殘身　李餘涪人父早世兄夷煞人亡命母慎當死餘年十三問人曰兄弟相代能免母不人曰趣得一人耳餘乃詣吏乞代母死吏以餘年小不許餘因自死吏以白令令哀傷言郡郡上尚書天子與以財葬圖畫府廷（舊校云童人李餘涪人可考於先漢士女目錄）

寇王二子行勇以仁　寇祺字宰朝梓潼人也與邑子侯蔓俱學涼州蔓後爲渤海王象所殺祺枚劍至象家値象病象謝曰君子不掩人無備安有爲友報讎煞病人也祺乃還久之復往煞象由是察孝廉爲霸陵令濟陰相王旻字叔博涪人也與

廣漢張昌甯叔受業太學昌爲河南呂條所煞旻叔煞條事在叔解

李助多方以茲立稱　助字翁君涪人也通名方校醫術作經方頌說名齊郭玉自此以上（舊校云以下闕文義不可曉不錄按此必言以上兩漢世人耳舊校誤刪今無以補之也）

章武之興亦迪才倫德賢好古濳心藝文　李仁字德賢涪人也益部多貴今文而不崇章句仁知其不博乃游學荊州從司馬徽操宋仲子受古學以修文自終也

國輔皓然形動神沈　杜微字國輔涪人也任安

弟子先主定蜀常稱聾閉門不出建興二年丞相亮領州牧選爲主簿輿而致之亮引見與書誘勸欲使以德輔時爲固辭疾篤亮表拜諫大夫從其所志

思潛游學休志素林　尹默字思潛涪人也少與李仁俱受學司馬徽宋忠等博通五經專精左氏春秋自劉歆條例鄭衆賈逵父子陳元方服虔注說略皆誦述希復案本以左傳授後主後主立拜諫議大夫丞相軍祭酒子宗亦爲博士耳（未耳字衍文）

欽仲朗博訓詁典墳　李譔字欽仲仁子也少受

父業又講問尹默自五經四部百家諸子伎藝筭計卜數醫術弓弩機械之巧皆致思焉爲太子中庶子右中郎將著古文周易尚書毛詩三禮左氏注解太元指依則賈馬異於鄭元與王肅初不相見而意歸多同

孫德果銳作劉幹臣　李福字孫德涪人也先主初爲成都令建興九年遷巴西太守後爲江州都督揚武將軍入爲尚書僕射封平陽亭侯延熙初以前監軍司馬福同郡梓潼文恭仲寶亦以才幹爲收亮治中從事丞相參軍

衎衎禕彥玉潤蘭芬劭名表器江漢之俊　總讚十五人也

述梓潼人士

季姜雍穆化播二婦王氏世興實由賢母　季姜梓潼文氏女將作大匠廣漢王敬伯夫人也少讀詩禮敬伯前夫人有子博女紀流二人季姜生康稚芝女始示凡前後八子撫育恩愛親繼若一堂祖母性嚴子孫雖見官二千石猶杖之婦跪受罰於（當衍）堂歷五郡祖母隨之官後以年老不願遠鄉里姜亦常侍養左右紀流出適分已侍婢給之博

好寫書姜手爲作袠於是內門相化動行推讓博妻犍爲楊進及博子遵婦蜀郡張叔紀服姑之教皆有賢訓號之三母堂亡姜敕康稚芝婦事楊進如姑舅（當衍）中外則之皆成令德季姜年八十一卒四男棄官行服四女亦從官舍交赴內外冠冕百有餘人當時榮之王氏遂世興

杜慈專專父不諒只　慈涪杜季女巴郡虞顯妻也十八適顯顯亡無子季欲改嫁與同縣楊上慈曰受命虞氏虞氏早亡妾之不幸當生事賢姑死就養成室存亡等但欲在終供養亡不有恨願不

易圖季知不可言而奪也乃密謀與殭逼迫之慈縊而死

敬楊雪讎壯踰烈士　敬楊涪郭孟妻楊文之女也始生失母八歲父爲舊校云闕盛所殺無宗親依外祖鄭行年十七適孟孟與盛有舊盛數往來孟家敬楊涕泣謂孟曰盛凶惡薄命爲女無男昆惡讎未報未嘗一日忘也雖婦人拘制然父子恩深恐卒狂惑益君禍患君宜疎之孟以告盛盛不納安漢元年盛至孟家敬楊以大杖打殺盛將自殺孟止之與俱逃涪令雙勝出追聞其故而止安慰二門會赦得免中平四年涪令向遵爲立圖表之

惟茲三媛仁暢義理邦有斯嬪以馳遐紀　總讚三人

述梓潼列女

右梓潼郡士女讚第六　凡士女十八人十五人士三人女

譔曰當衍此二字貳州人士自漢及魏二百四十八人而已一百九十七人士五十一人女後賢二十人合二百六十八人以示來世之君子焉如其遺脫及後世可書者願貽後雋又春秋穀梁傳首敘曰成帝時議立三傳博士巴郡胥君安獨駮左傳不祖聖人後漢時魏郡太守王牧薦尹方爲三公天子詔尚書郎蜀郡張俊策之然不詳其行事

譔曰二州人士自漢及魏可謂眾矣何者世宗多士則相如鱗遊伯司鳳翔洛下雲翳叔文龍驤在孝宣則王褒蔚炳中和作詠屬文甘泉葩爲世鏡在元成則君公謇謇心思國病慮經劉危直忤王聽其高者則嚴君味道易俗移風仲元端委居爲人宗若夫秉心塞淵與物盈沖則楊子雲也名重泰山華夏仰崇則鄭子眞也不屈其身志高青雲則譙元也不恥惡君混道推運則楊宣也降及建武明章以來出者則能內貫朝揆外播五教贊和鼎味經綸治要上荅太階下允民照處者則利居槃桓皓然元蹈天爵翫之人爵則笑懸車門肆夷惠齊紹若斯之倫海內服其英名洙泗方其渙燿矣故曰漢徵八士蜀出其四又曰漢具四義蜀選其二可謂不眾乎然巴郡胥君安以儒學典雅稱於孝成蜀郡張俊策問尹方不出五經常議犍爲呂孟有託孤之節若茲之類郡邑往往埀象刊銘見有苗裔璩晚生長亂故老以沒莫所咨質不詳其事但依漢書國志陳君所載凡士女二百

四十八人而已後賢二十八人合二百六十八人以示來世之好事者如能詳其遺脫及有可書願附於左其傳志父祖子孫及有名失事失官位者不列寧州人士亦不列別爲目錄至晉元康末凡三百九十二人也

華陽國志卷第十下終

補華陽國志三州郡縣目錄

鄰水廖寅

巴郡 屬縣七

江州

枳

臨江

平都

墊江

樂城

常安

巴東郡 屬縣四

魚復

朐忍

漢豐

南浦

涪陵郡 屬縣五

涪陵

丹興

漢平

萬寧

漢發

巴西郡　屬縣四志云屬縣七又云其三縣爲郡謂分置宕渠郡也

閬中

南充國

安漢

平州

宕渠郡　屬縣三

宕渠

漢昌

宣漢

漢中郡　屬縣六

南鄭

沔陽

褒中

成固

蒲池

西鄉

魏興郡　屬縣六

西城

錫

安康

興晉

鄖鄉

洵陽

上庸郡　屬縣五晉有安樂誤也今不列

上庸

北巫

武陵

安富

微陽

新城郡　屬縣四

房陵

沶鄉

昌魏

綏陽

梓潼郡　屬縣五

梓潼

涪

晉壽

白水

江陽

漢安

符

新樂

汶山郡　屬縣全闕

晉書地理志云統縣八汶山升遷都安
廣陽興樂平康蠶陵廣柔說具在志中

漢嘉郡　屬縣全闕

晉書地理志云統縣四漢嘉
徙陽嚴道旄牛說具在志中

越嶲郡　屬縣十二

邛都

臺登

闌

蘇示

會無

大莋

定莋

三縫

卑水

潛街

安上

馬湖

右益州

牂柯郡　屬縣四

萬壽

且蘭

廣談

毋斂

平夷郡　屬縣一

平夷

鄨

夜郎郡　屬縣二

夜郎

談指

晉寧郡　屬縣七

滇池

同勞

同安

連然

建伶

毋單

秦臧

建甯郡　屬縣十三

味

牧麻

同樂

穀昌

同瀨

雙柏

存駹

昆澤

漏江

談稾

伶丘

修雲

俞元舊誤作新定今改正說具在志中

平樂郡　屬縣四

新定

興遷

平樂

三沮

朱提郡　屬縣五

朱提

堂螂

南秦

漢陽

南昌

南廣郡　屬縣四

南廣

臨利

常遷

新興

永昌郡　屬縣八

不韋

比蘇

哀牢

永壽

巂唐

雍鄉

南涪

博南

雲南郡　屬縣五志云屬縣七又云其縣二別爲郡謂分置河陽郡也

雲南

葉楡

遂久

弄棟

蜻蛉

河陽郡　屬縣四郡分雲南二縣又新立二縣今志存河陽一縣故知脫其三縣也

河陽

闕

闕

闕

梁水郡　屬縣三

梁水

賁古

西隨

興古郡　屬縣七

宛溫

律高

鐔封

句町

漢興

勝休

都唐

西平郡　屬縣三

盤江

來如

南零

右甯州

常璩是書巴志漢中志爲梁州蜀志爲益州南中志爲甯州其郡縣未列子目殊難尋撿李至

所刻脫落錯誤讀者尤不明晰予既訂正刊行復作此目錄一通古人著述例以目居全書之後璩之士女目錄亦然故今更附其末云

補華陽國志梁益甯三州郡縣目錄終

華陽國志卷第十一

後賢志

聞之善志者述而不作序事者實而不華是以史遷之記詳於秦漢班生之書備乎哀平皆以世及事邇可得而言也西州自奉聖晉後俊偉倜儻之士或修德讓行止從時或播功立事當有誤羽儀上京策勳王府甄名史錄仵於先賢會遭喪亂軋搆華夏顛墜典籍多缺族祖武平府君愍其若斯乃操筆援翰拾其遺闕然但言二蜀巴漢未列又務在舉善不必珍異闕之者舊竹素宜闡今更撰次損益足銘後覩者凡

二十人綴之斯篇雖行故墜沒大較舉其一隅

衞尉散騎常侍文立廣休

散騎穆穆誠感聖君

西河太守柳隱休然

西河烈烈秉義居貞

漢嘉太守司馬勝之興先

漢嘉克讓謙德之倫

郫令州主簿常勗修業

郫君謇諤自固底身

江陽太守何隨季業

江陽皎皎命世清涓

梓潼太守王化伯遠

梓潼矜矜在險能平

太子中庶子陳壽承祚

庶子稽古遷固並聲

漢中太守李宓令伯

漢中蹇蹇才蓋羣生

犍爲太守杜軫超宗

犍爲卬卬友于實令

給事中任熙伯遠

給事溫恭尚德茂業

中書郎王長文德儁

中書淵識寶道韜明

大長秋壽良文淑

長秋忠肅明允篤誠

大司農西城公何攀惠興

司農蓬蓬思侔良平

少府成都威侯李毅允剛

少府果壯文武是經

衡陽內史楊邠岐之

衡陽固節隱然不傾
尚書三州都督立建熙
尚書準繩古之遺直
湘東太守常騫季慎
湘東汜愛仁以接物
武平太守常寬泰恭
武平亹亹冰清玉嶷
揚烈將軍梓潼內史譙登愼明
闕
江陽太守侯馥世明

闕

文立字廣休巴郡臨江人也少遊蜀太學治毛詩三禮兼通群書州刺史費禕命爲從事入爲尚書郎復辟衛大將軍東曹掾稍遷尚書蜀并於魏梁州建首爲別駕從事咸熙元年舉秀才除郎中晉武帝方欲懷納梁益引致儁彥泰始二年拜立濟陰太守武帝立太子以司徒李允爲太傅齊王驃騎爲少傅選立爲中庶子立上疏曰伏惟皇太子春秋美茂盛德日新始建(當作遑)幼志誕陟大繇猶朝日初暉良寶耀璞侍從之臣宜簡俊乂妙選賢彥使視觀則覩禮容棣之則聽納當受嘉話駭耳之言靜應道軌動有所采佐清初陽緝熙天光其任至重聖王詳擇誠非糞朽能可堪任臣聞之人臣之道量力受命其所不諧得以誠聞帝報曰古人稱與田蘇遊非舊德乎立上故蜀大官及盡忠死事者子孫雖仕郡國或有不才同之齊民爲劇又上諸葛亮蔣琬費禕等子孫流徙中畿宜見敍用一則以慰巴蜀民之心其次傾東吳士人之望事皆施行十年詔曰太子中庶子立忠貞清實有思理器幹前在濟陰政事修明後事東宮盡輔導之節昔光武平隴蜀皆收其才秀所以援濟殊

方伸敍幽滯也其以立爲散騎常侍累辭不許上疏曰臣子之心願從疏以求昵凡在人情貪從幽以致明斯實物性賢愚所同臣者何人能無此懷誠自審量邊荒遺燼犬馬老甚非左右機納之器臣雖至愚處之何顏詔曰常伯之職簡才而授何謙虛也立自內侍獻可替否多所補納甄致二州人士銓衡平當爲士彥所宗故蜀尚書犍爲程瓊雅有德望素與立至厚武帝聞其名以問立立對曰臣至知其人但年垂八十稟性謙退無復當時之望不以上聞耳瓊聞之曰廣休可謂不黨矣故吾善夫人也西界獻馬帝

問立馬何如對曰乞問太僕帝每善其恭愼遷衞尉猶兼都職中朝服其賢雅爲時名卿連上表年老乞求解替還桑梓帝不聽咸甯末卒帝緣立有懷舊性乃送葬於蜀使者護喪事郡縣修墳塋當時榮之初安樂思公世子早沒次子宜嗣而思公立所愛者立亟諫之不納及愛子立驕暴二州人士皆欲表廢立止之曰彼自暴其一門不及百姓當以先公故得爾也後安樂公淫亂無道何攀與上庸太守王崇涪陵太守張寅爲書諫責稱當思立言凡立章奏集爲十篇詩賦論頌亦數十篇同郡毛楚揚崇皆有德美楚牂柯崇武陵太守

柳隱字休然蜀郡成都人也少與同郡杜禎柳伸並知名隱直誠篤亮交友居厚達於從政數從大將軍姜維征伐臨事設計當敵陷陣勇略冠軍爲牙門將巴郡太守騎都尉遷漢中黃金圍督景耀六年魏鎭西將軍鍾會伐蜀入漢川圍戍多下惟隱堅壁不動會別將攻之不能克後主旣降以手令勑隱乃詣會晉文帝聞而義之咸熙元年內移河東拜議郎武帝踐祚以爲西河太守在官三年以年老去官乞骸還蜀卒於家時年八十長子充連道令次子初舉秀才

杜禎字文然柳伸字雅厚州牧諸葛亮辟爲從事禎符節令梁益二州都督伸度支禎子聆字伯重略陽護軍伸漢嘉巴東太守大同後並舉秀才聆子彌字景文伸子純字偉叔有名德幹器舉秀才巴郡宜都建平太守西夷長水校尉巴東監軍

司馬勝之字興先廣漢緜竹人也學通毛詩治三禮清尙虛素性澹不當衍榮利初爲郡功曹甚善紀綱之體州辟從事進尙書左選郎從祕書郎時蜀國州書佐望與郡功曹參選而從事佇臺郎特重察舉雖位經朝要還爲秀孝亦爲郡端右景耀末郡請察孝廉大同後梁州辟別駕從事舉秀才歷黃都新繁令政理尤異以清秀徵爲散騎侍郎以宗室禮之終以疾辭去職卽家拜漢嘉太守候迎盈門固讓不之官閑居清靜謙卑自牧常言世人不務求道德而汲汲於爵祿若吾者可少以爲有餘榮矣訓化鄉閭以恭敬爲先年六十五卒於家子尊賢佐皆有令德

常勗字修業蜀郡江原人也祖父原牂柯永昌太守父高廟令從父閎漢中廣漢太守勗少與閎子忌齊名安貧樂道志篤墳典治毛詩尙書涉治羣籍多所通覽州命辟從事入爲光祿郎中主事又爲尙書左

選郎郡請迎爲功曹時州將董軍政質從事職典刑獄以暠清亮復爲督軍治訟平當遷察孝廉除郪令爲政簡而不煩魏征西將軍鄧艾伐蜀破諸葛瞻於緜竹威振西土諸縣長吏或望風降下或委官奔走暠獨率吏民固城拒守後主檄令乃詣艾故郪穀帛全完刺史袁邵嘉暠志節辟爲主簿暠善儀容翔集動爲表觀言論壯烈州里重之然交友惟賢不交下己者洗愛之恩猶不足邵徵還道卒忌字茂通蜀謁者黃門侍郎喪親以致孝聞察孝廉爲郎使吳稱職歷舊闕二字參軍什邡雒令大同後刺史邵坐治城被徵

忌詣洛陳訴遠國初附君民始結不宜改易又表修治城池居安思危邊將常職事皆中情晉文帝時爲相國辟忌舍人武帝踐祚拜騎都尉除河內令州名爲難治忌挫折豪勢風教大興縣有奸嫂殺兄者羣黨蔽匿前令莫得忌皆窮治入爲州都方議爲郡守會卒忌爲人信道任數不從下人故爲貴勢所不善是以作詩著論先攻己短臨喪與樂歡哀俱至爲士類所稱忌友人廣漢段宗仲亦有學行蜀時官與忌比袁邵爲主簿與忌共理郡事文帝善之梁州辟別駕從事舉秀才稍遷官至雲南建甯太守

何隨字季業蜀郡郫人也漢司空武後世有名德徵聘入官隨治韓詩歐陽尚書研精文緯通星歷郡命功曹州辟從事光祿郎中主事除安漢令蜀亡去官時巴土飢荒所在無穀送吏行乏輒取道側民芋隨以緜繫其處使足所取直民視芋見緜相語曰聞何安漢清廉行過從者無糧必能爾耳將緜追還之終不受因爲語曰安漢吏取糧令爲之償察孝廉大同後嘉召不詣除河間王郎中令不就居貧固儉衣弊蔬食晝躬耕耨夕修講諷鄉族饋及禮厚皆不納目不視色口不語利著譚言十篇論道德仁讓甞有屠

牽猪過隨門猪索斷失之强認溷中猪隨便牽猪與之屠人出門尋得其所失猪謝隨還猪遂以乞之隨家養竹園人盜其筍隨偶行見之恐盜者覺怖走竹中傷其手足挈履徐步而歸其仁如此太康中卒家拜江陽太守民思其政年七十一卒官後州鄉人言議平當者皆相謂何江陽至於汶山夷有正直廉讓者亦號夷中何江陽杜景文何興仁皆爲作傳長子覬字巨忠清公淑愼知名州里察孝廉西部南安令平西長史張昌作亂荊州從黨西上郡守無不望風降下至江陽平西將軍羅尚表爲安遠護軍討賊平

矽除巴郡太守朝議欲以爲甯州刺史會病卒夊子遊治中從事隨時同郡縈令張崇清廉推讓見稱當時

王化字伯遠廣漢郪人也漢將作大匠王堂後也祖父商字文表州牧劉璋時爲蜀太守有懿德高名在耆舊傳父彭字仲當脫一字巴郡太守化兄弟四人少有令望化治毛詩三禮春秋公羊傳郡命功曹州辟從事光祿郎中主事尚書郎除閬中令爲政清靜察孝廉大同後端右郡察孝廉爲樂涫令縣近邊塞值胡虜反化率吏民積穀堅守虜斷道重圍孤絕七年伺

虜怠惰出軍討之民得野掠太軍至虜退以功封關內侯遷朱提太守撫和殊俗得夷晉心轉任梓潼復有稱績爲人嚴重言論方雅臧否允衷州里服其誠亮年七十二卒官弟振字仲遠亦有德望廣都令巴東太守叔弟岱字季遠恪居官奕歷廣陽作唐令早亡少弟崇字幼遠學業淵博雅性洪粹蜀時東觀郎大同後梁州辟別駕別舉秀才尚書郎與壽良李宓陳壽李驤杜烈同入京洛爲二州標儁五子情好未必能終惟崇獨以寬和無所彼此著蜀書及詩賦之屬數十篇其書與陳壽頗不同官至上庸蜀郡太守

陳壽字承祚巴西安漢人也少受學於散騎常侍譙周治尚書三傳銳精史漢聰警敏識屬文富豔初應州命衛將軍主簿東觀祕書郎散騎黃門侍郎大同後察孝廉爲本郡中正益部自建武後蜀郡鄭伯邑太尉趙彥信及漢中陳申伯祝元靈廣漢王文表皆以博學治聞作巴蜀耆舊傳壽以爲不足經遠乃并巴漢撰爲益部耆舊傳十篇散騎常侍文立表呈其傳武帝善之再爲著作郎吳平後壽乃鳩合三國史著魏吳蜀三書六十五篇號三國志又著古國志五十篇品藻典雅中書監荀勗令張華深愛之以班固

史遷不足方也出爲平陽侯相華又表令次定諸葛亮故事集爲二十四篇時壽良亦集故頗不同復入爲著作鎮南將軍杜預表爲散騎侍郎詔曰昨適用蜀人壽良具員且可以爲侍御史上官司論七篇依據典故議所因革又上釋諱廣國論華表令兼中書郎而壽魏志有失勗意勗不欲其處內表爲長廣太守繼母遺令不附葬以是見譏數歲除太子中庶子太子傳從後按傳從當作轉徙謂愍懷太子被廢一徙金墉城再徙許也事具晉書再兼散騎常侍惠帝謂司空張華曰壽才宜眞不足久兼也華表欲登九卿會受誅忠賢排擯壽遂卒洛下

位望不充其才當時冤之兄子符字長信亦有文才繼壽著作佐郎上廉令符弟莅字叔度梁州別駕驃騎將軍齊王辟掾卒洛下莅從弟階字達之州主簿察孝廉褒中令永昌西部都尉建寧興古太守階辭章粲麗馳名當世凡壽所述作二百餘篇符莅階各數十篇二州先達及華夏文士多為作傳大較如此時梓潼李驤叔龍亦雋逸器知名當世舉秀才尚書郎拜建平太守以疾辭不就意在州里除廣漢太守初與壽齊望又相昵友后與壽情好攜隙還相誣攻有識以是短之亦自列傳

李宓裴松之三國志注引作密下同字令伯犍為武陽人也祖父光朱提太字父早亡母何更行見養祖母治春秋左傳博覽五經多所通涉機警辨捷辭義響起事祖母以孝聞其侍疾則泣涕側息日夜不解帶膳飲湯藥必此下舊衍過字今據三國志注引刪自口嘗舊作目嘗口今據三國志注引改本郡禮命不應州辟從事尚書郎大將軍主簿太子洗馬奉使聘吳吳主問蜀馬多少對曰官用有餘民間自足吳主與羣臣泛論道義謂寧為人弟宓曰願為人兄吳主曰何以為兄宓曰為兄供養之日長吳主以上十六字舊脫三國志注引有今據補及羣臣稱之大同後征西將軍鄧艾聞其名請為主簿及書招欲與相見皆不往以祖母年老心在色養拒州郡之命獨講學立旌授生武帝立太子徵為洗馬詔書累下郡縣此下舊衍相字今據三國志注引刪逼遣此字舊脫三國志注引有今據補宓上疏疏在本傳三國志注引無此七字作於是宓上書曰臣以險釁夙遭閔凶生孩六月慈父見背行年四歲舅奪母志祖母劉愍臣孤弱躬見撫養臣少多疾病九歲不行零丁孤苦至於成立既無伯叔終鮮兄弟門衰祚薄晚有兒息外無期功強近之親內無應門五尺之童煢煢孑立形影相弔而劉早嬰疾病常在床蓐臣侍湯藥未曾廢離逮奉聖朝沐浴清化前太守臣逵察臣孝廉後刺史臣榮舉臣秀才臣以供養無主辭不赴命詔書特下拜臣郎中尋蒙國恩除臣洗馬猥以微賤當侍東宮非臣隕首所能上報臣具表聞辭不就職詔書切峻責臣逋慢郡縣偪迫催臣上道州司臨門急於星火臣欲奉詔奔馳則劉病日篤苟順私情則告訴不許臣之

進退實為狼狽伏惟聖朝以孝治天下凡在故老猶蒙矜愍況臣孤苦特為尤甚且臣少仕偽朝歷職郎署本圖宦達不矜名節今臣亡國賤俘至微至陋猥蒙拔擢寵命優渥豈敢盤桓有所希冀但以劉日薄西山氣息奄奄人命危淺朝不慮夕臣無祖母無以至今日祖母無臣亦無以終餘年母孫二人更相為命是以區區不敢廢遠臣今年四十有四祖母劉今年九十有六是臣盡節於陛下之日長報養劉之日短也烏鳥私情願乞終養臣之辛苦非徒蜀之人士及二州牧伯所見明知皇天后土實所共鑒願陛下矜愍愚誠聽臣微言庶劉僥倖保卒餘年臣生當隕首死當結草臣不勝犬馬怖懼之情武帝覽之曰宓不空有名也嘉其誠款賜奴婢二人下郡縣供其祖母奉膳及祖母卒服終以上六字舊脫三國志注引有今據補徙尚書郎為此字舊脫三國志注引有今據補河內溫令敷德陳教政化嚴明太傅鉅平侯羊公薨無子帝令宗子為世

子嗣之不時赴喪宓遣戶曹齎移推轂遣之中山諸王每過温縣必責求供給吏民患之宓至中山王過縣徵芻茭薪蒸宓牋（此字舊脫三國志注引有今據補）引高祖過沛賓禮（此字舊脫三國志注引有今據補）老幼桑梓之供一無煩費伏惟明王孝思惟則動識先戒本國望風式歌且舞誅求煩碎所未聞命後諸王過不敢煩温縣盜賊發河內餘縣不敢近温追賊者不敢經界隴西王司馬子舒深敬友之而貴勢之（此二字舊脫三國志注引有今據補）家憚其公直宓去官爲州大中正性方亮不曲意勢位者失荀張指左遷漢中太守諸王多以爲冤一年去官年六

十四卒著述理論論中和仁義儒學道化之事凡十篇安東將軍胡羆與皇甫士安深善之又與士安論夷齊及司馬文中杜超宗紲令先文廣休等議論往返言經訓詁衆人服其理趣釋河內趙子聲議詩毗之屬二十餘篇壽長李驤與陳承祚相長短宓公議其得失而切責之常言吾獨立於世顧景爲疇而不懼者心無彼此於人故也宓六子皆英挺秀逸號曰六龍長子賜字宗碩州別駕舉秀才汶山太守少與東海王司馬元超友昵每書詩往返雅有新聲少子興字雋碩太傅參軍幼子盛（此下當脫一字目錄不載今無以補之）碩

甯浦太守宓同時蜀郡高玩字伯珍少受學於太常杜瓊術藝微妙博聞強識清尚簡素少與宓齊名官位相比大同後察孝廉除曲陽令單車之縣移檄縣綱紀不使遣迎以明三才徵爲太史令送者亦不出界朝廷稱之方論大用會卒

杜軫字超宗蜀郡成都人也父雄字伯休安漢雒令軫少師譙周發明高經於譙氏之門郡命爲功曹鄧艾既破蜀被徵鍾會進成都時太守南陽張府君不肯出官軫進曰征西囚執鎮西在近必有所遣軍亂之際交害無常宜避正殿府君即出住下舍會果遣

參軍牽宏爲太守數百騎擐甲馳馬入郡前驅問侯所在云已出善之宏復召爲功曹察孝廉除建甯令徙任山陽新城池陽所在有治入爲尚書郎每升降趍翔廊閣之下威容可觀中朝偉之遷犍爲太守惠愛在民還爲州大中正軫既才學兼該而氣量倜儻武帝雅識之方用內侍會卒時年五十八弟烈字仲武貞幹敏識平坦和粹名譽侔軫察孝廉歷平康牛鞞南鄭安陽令王國建首選爲郎中令遷衡陽太守兄軫喪自上求去官以兄子幼弱軫喪飄颻欲扶將靈柩葬舊墳武帝歎惜軫能用未盡而嘉烈弟意轉

拜徙官犍爲太守又轉湘東少弟良字幼倫亦有當世分舉秀才茶陵新都令國王（當作王國誤倒）郎中令遷涪陵建甯太守兄弟並興州里以爲美譚軫二子長子毗字長基少子秀字彥穎珪璋琬琰世號二鳳毗舉秀才大將軍辟掾太傅參軍平東長史尚書郎稍遷鎮南軍司益州刺史主簿早卒（按早卒二字疑衍晉書載毗爲杜弢所害也）

任熙字伯遠蜀郡成都人也漢大司農任方後也世有德彥父元字秀明犍爲太守執金吾熙治毛詩京易博通五經事親至孝居喪毀瘠爲州鄉所稱察孝

廉除南鄭令以病去官復授南鄭不就轉梓潼令爲政清淨辭疾告歸勤農力穡居室致給循訓閨門內則可法博愛以謙恭接物開門待賓傾懷下士客無長幼必有供膳清談遊講不妄失言祇慎著聞太康中除越巂護軍非其雅好不往徵給事中熙以侍臣日月左右贊暉揚光不可苟私終以病辭而蜀郡令每至官爲之修謁歲致羊酒郎家拜朱提太守固讓不之官好述作詩誄論難皆粲豔年六十九卒於家子蕃字憲祖察孝廉新都令西夷司馬涪陵太守蕃子迪字叔孤少與巴西龔壯俱知名而學業優之早歿熙同時犍爲楊彭敬宗弟達訓宗各以德行稱同察孝廉彭比蘇令甘露降其縣達滇池令殊俗懷其德

王長文字德儁廣漢郪人也父頵字伯元犍爲太守長文天姿聰警高暢敏識治五經博綜羣籍弱冠州三辟書佐丁時艱哀託疾歸家大同後郡功曹察孝廉不就遂陽愚嘗絳衣絳幘牽豬過市中訖人與語爲不聞常騎牛周旋郡守初至詣門修敬至閭走出請終不還刺史淮南胡羆辟從事祭酒臥在治羆出板舉秀才長文陽發狂疾步擔走出門羆累遣敦請

還終不顧還家養母獨講學著無名子十二篇依則論語又著通經四篇亦有卦名擬易元以爲春秋三傳傳經不同每生訟議乃據經摭傳著春秋三傳十二篇又撰約禮已（當作以讀下屬）除煩舉要凡十篇皆行於時長文才鑒清妙洗愛廣納放蕩闊達不以細宜廉介爲意亦不好臧否人物故時人愛而敬之以母欲祿養咸甯中領蜀郡太守郫有孝子羅偶事親至孝二親將亡時病不能食肉終身不食肉郡察孝廉長文追爲立表以旌之宰府辟三司及撫軍大將軍王濬累辟不詣濬薨以故州將軍弔祭元康初試守江

原令縣收得盜賊長文引見誘慰時適臘晦皆遣歸家獄先有繫囚亦遣之謂曰教化不厚使汝等如此長吏之過也蜡節慶祈歸就汝上下善相懽樂過節來還當爲思他理羣吏惶遽爭請不許尋有赦令無不感恩所宥人輒不爲惡曰不敢負王君將喪去官民思其政大將軍梁王彤及諸府並辟長文曰吾從其先命者遂應彤招爲從事中書郎諸王公卿慕其名咸與之交賈氏之誅從彤有功封關內侯再爲中書郎愍懷太子死於許下博士中書論虞祔之禮長文議虞祭宜還東宮以繼太子者爲主配食於潁川

府君皆施行除洛陽令長文見彤曰主者不庶幾奏長文爲洛陽令彤笑荅曰卿乃不庶幾非主者也固辭不拜聞益州亂以通經筮得老蠶緣枯桑之卦歎曰桑無葉蠶以卒也吾蜀人殄於是矣拜蜀郡太守暴疾卒時年六十四長文時人蜀郡柳竺任興亦博學著聞俱爲州別駕竺在右職公亮蹇蹇刺史盛怒欲殺人蠱下請不聽竺乃懷縛徑入頓几上乃極陳其刑理刺史從謝還縛（舊校云闕）皆早亡（舊校云一作長久按晉書長文有傳不得作久舊校其非）

壽良字文淑蜀郡成都人也父祖二世犍爲太守良少與犍爲張徵費緝並知名治春秋三傳貫通五經澡身貞素州從事散騎黃門侍郎大同郡主簿上計吏察孝不就州辟主簿治中別駕舉才行刺史皇甫晏貢之三司遂辟太宰除霸城令始平太守治政著稱從扶風轉秦國內史文立卒後溫令李宓表武帝言二州人士零頹才彥淩遲無復廁豫綱紀後進慰宿退外者良公朝在時二州之望宜見超子（當作升）紹繼立後帝徵爲黃門侍郎兼二州都給事中梁州刺史遷散騎常侍大長秋卒葬洛北芒山徵字建興張翼子也篤志好學官至廣漢太守緝字文平清儉有

治幹舉秀才歷城令涪陵太守遷譙內史（舊校云良公朝疑誤）

何攀字惠興蜀郡郫人漢司空汜鄉侯武弟潁川太守顯後也父包字休揚察舉秀孝皆不行除瑯琊王中尉不就攀兄弟五人皆知名攀少夙成奇姿卓逸弱冠郡主簿上計吏州辟從事刺史皇甫晏稱攀王佐才也以爲主簿泰始十年養母歸家晏爲牙門張宏等所害攀操喪徑詣洛訟釋事得清刺史王濬復辟主簿別駕咸甯三年濬被詔罷屯田兵作船爲代吳調攀進曰今見佃兵但六百人計作船六七年財可勝萬人後者未成前者已腐無以輔成國意宜輒

召四守休兵及諸武吏幷萬餘人造作歲終可辦濬及綱紀疑輒召萬兵欲先上須報攀曰官家雖欲伐吳疑者尙多卒聞召萬兵必不見聽以佃兵作船船不時成當輒召以速爲機設當見却功夫已成勢不得止濬善之議欲入山裁船動數百里艱難攀曰今冢墓多種松柏當什四市取以速爲機濬悅之任攀典舟船器杖冬遣攀使洛攀曰聖人之功可成使人信之不可必也夫高祖之大略猶未察於韓信婁敬因蕭何子房而後用之今建非常之功或莫之信羊公使君同盟國家所重加曩日失策江陵按江當作西謂祕救西陵督步闡爲陸抗所敗也事具三國志晉書思有夙駕宜與相聞此一助也濬曰何但羊叔子亦宗元亮之憂君至洛官家未有舉意便前至襄陽與羊宗論之攀既至洛拜表獻策因至荆州與刺史宗廷論宗未許乃見羊祜累日共畫用兵之要攀曰若令循淸海按令循淸海當作靑徐循海以趣京下壽春揚州直指秣陵兗豫踰海按海當作淮並據桑蒲則武昌以東會稽以西騷然駭矣荆州平南徑造夏口巴東諸軍固守西陵益梁之衆浮江東下封樂鄉要巴丘則武陵零桂長沙湘東從風而靡矣但明信賞首尾俱會旌旗耀天四面雲合乘勝席卷傳

檄南極吳會不盡平者末之有也羊祜大悅遂表請伐吳尋徵濬大司農至晉壽詔以濬爲龍驤將軍除攀郎中參濬軍事攀頻奉使詣洛時未婚司空裴公奇其才以女妻之五年秋攀使在洛安東將軍王渾表孫皓欲北上邊戍警戒朝議征却須六年攀上疏策皓必不敢出宜因今戒嚴掩取甚易中書令張華命宿下舍設諸難攀皆通之又濬性在忠烈受命必果宜重其位號詔書遷濬平東將軍督二州事吳平封關內侯濬入拜輔國攀爲司馬上論時務五篇除滎陽令進廷尉平有盜開城門下關者法據大辟攀駮之曰上關執信之主下關儲備之物設有開上關何以加刑遂減死多所議讞遷散騎侍郎太傅楊駿謀逆請衆官攀與侍中傅祗侍郎王愷等往惠帝從楚王瑋殿中中郎孟觀策戒嚴誅駿駿外已怱怱攀與祗踰牆得出侍天子天子以爲翊軍校尉領熊渠兵一戰斬駿社稷用安封西城公邑萬戶策曰於戲在昔先王光濟厥世罔不開國列土建德表功也故逆臣楊駿謀危社稷構兵飛矢集於殿庭白刃交於宮闈攀受命奮討凶逆速殄忠烈果毅朕甚嘉焉今以魏興之西城爲攀封國錫茲〔元〕社苴以白茅永爲

晉藩輔往欽哉敬乃有土惠康黎元無或以隳爾顯烈又賞絹萬匹攀固辭受五千疋又賜拜弟逢平鄉侯兄子褒關內侯遷宣舊校云關內史不就轉東羌校尉西虜寇邊遣長史楊威討之違攀指授失利徵還領越騎校尉武庫災百官皆救火攀獨以兵衞宮復賞絹五百匹領河南尹遷揚州刺史假節在職數年德教敷宣征虜將軍石崇表東南有兵氣不宜用遠人徵拜大司農兼三州都自表以被疾錯忘不堪銓量人物讓都職於任熙費緝不聽遷兗州刺史錫實劬赤烏固辭不之官時帝室政衰多害忠直又諸王迭起好結黨徒攀闔門治疾不與世務朝議欲以爲公會薨時年五十七天子愍悼追贈司農印綬謚曰桓公遺令勑世子務行恭儉引荀公曾諸葛德林爲模範子璋嗣

李毅字允剛廣漢郪人也祖父朝字偉南州別駕從事父旦字欽宗光祿郎中主事毅少散達不治素檢年二十餘乃詣郡文學受業通詩禮訓詁爲學主事太守宏農王濬臨學講試問祭酒姬豔曰學中有可成進幾百人豔對曰可有百人濬怒言童冠八百而成者百人教少何爲毅對曰如豔之言明府之教盛

於孔氏不爲少也濬奇之命爲主簿濬嘗夢得三口刀云人以禾益之手持不得以問郡丞與掾吏莫能知毅對曰吉祥也三刀者州字而益之禾持不得禾傍失者秩字明府秩當至益州濬笑曰如卿言當相以爲秀才張宏殺益州刺史皇甫晏誣表晏反毅曰濬曰皇甫侯起自諸生位極方州反當何求且廣漢與成都密邇而統梁州者矜益州之領須防若今日也益州有禍乃此郡之憂如張宏小豎衆所不與宜時赴討濬欲先上後行毅曰大夫出疆苟利社稷專之爲賢何況殺主賊急當不拘常宜濬從之發兵與牙門滿泰等共討宏斬之詔書遷濬益州刺史復爲州主簿別駕舉秀才及濬伐吳與何攀並爲參軍吳平封關內侯除隴西護軍以疾去官徙繁令遷雲南太守濬薨上表後武帝思濬問毅所在徙犍爲使持節南夷校尉以之犍爲民毛詵李叡與朱提民李猛共逐太守杜俊雍約以叛衆數萬毅討破之斬詵猛首叡走依五荼當作苓夷音重有夷字亦叛晉朝復置寧州以毅爲刺史加龍驤將軍封成都縣侯夷遂大反破沒郡縣攻圍州城中原亂而李雄寇蜀救援不至疾病薨於窮城懷帝嘉其忠節追贈少府謚曰威侯

毅性通博居情雅厚賑卹寒貧篤於故舊人咸愛歸之但好談調德重猶少從弟苾字叔平脩身砥礪名行數諫毅宜矜嚴毅笑應之曰吾小來不治名素終仗旄節故可至九卿卿清儉（當作檢）履道卒不失成都令也時毅始受南夷而苾爲歷城令果作成都還犍爲太守位官不及毅毅子釗世秉儒學有格望以父任爲謁者除壽林侯相不就爲尚書外兵郎自表赴難至牂柯夷斷道不得進經年以甯州城中無穀父疾病未知吉凶不食穀惟茹草迄至奔喪至朱提越巂大守西夷校尉毅女秀適漢嘉太守新都王載有

才智父亡後州文武推領州三年二州當太清中位至方州節將耆舊昆何攀及毅永嘉中巴張奕希祖爲荊州刺史南蠻長水校尉蜀郡張峻紹茂爲監南中八部事西夷校尉持節事

楊邠字岐之犍爲五陽人也少好學志古藻勵名行州辟主簿別駕刺史王濬舉秀才安漢雒令國王中尉以選爲尚書郎遷汶山太守值夷復讎失殊俗和徙授巴東轉廣漢永嘉初進衡陽內史遇流民叛亂攻沒長沙湘東邠輒救助賊衆浸盛遂破郡城獲邠欲以爲主邠不許賊晝夜持守邠候其小怠夜急走比覺已去遠收餘衆軍重安欲投湘州刺史苟眺共圖進取會眺降賊邠孤軍固城賊圍之誓死不移遂卒城中時年六十九帝爲鎮東大將軍嘉其忠節死義遣使弔贈策曰惟永嘉七年四月己未使持節都督江陽諸軍事鎮東大將軍瑯琊王睿謹遣板命前衡陽內史楊君忠肅貞固守正不移雖危逼節義可嘉不幸殞卒孤城甚悼之今列上尚書贈君淮南內史魂而有靈嘉茲寵榮嗚呼哀哉邠同郡楊稷文曹泰始初爲交阯太守平九真鬱林日南四郡斬吳交州刺史劉俊大將軍脩則武帝方授交州會孫皓遣

大將薛珝陶璜十萬人攻稷被攻八月救援不至衆寡不敵遂爲珝璜所獲囚稷欲以送皓稷歐血死帝嘉其忠烈殞命贈交州刺史也

費立字建熙犍爲南安人也父揖字君讓巴西太守立學義沖邃(元)靜沈默察孝廉王國中尉王年少好輕行遊觀立常正色匡諫及上疏風喻辭義剴切合箴規之體出爲成都令縣名難治立蒞之垂績以姓公亮入爲州大中正除巴西太守不就轉梁益甯三州都督兼尚書值大駕西幸長安常與大臣居守在洛加員外散騎常侍封關內侯每準正三州人物品

格褒貶帥意方規無復疏親莫不畏敬然委曲者多恨其纖翳數辭諸郡意在河泰汝潁久之朝議欲以爲荆州丞嘉六年與子弁沒於胡寇立時漢國呂叔字偉德以清彥辟別舉秀才尚書郎秦國內史長水校尉員外常侍梁州都督與立同沒胡寇

常騫字季愼蜀郡江原人也祖父竺字代文南廣太守侍中父偉字公然閬中令騫治毛詩三禮以清尚知名州辟部從事主簿郡請功曹察孝廉萍鄉令以選爲國王侍郎出爲縣竹令國王歸之復入爲郎中令從王起義有功封關內侯遷魏郡太守加材官將

軍以晉政衰亂中原不靜固辭去官拜新都內史時蜀亂民皆流在荆湘徙湘東太守疾病未拜卒年六十八騫性沉愛敦敬當衍友宗族當官修理恕以撫物好容問動必謙讓州鄉以爲儀範二州清官見述者先有宜都太守犍爲唐定義業隴西太守巴西馮岱休翊而後騫云

常寬字泰恭騫族弟郫令勗弟子也父廓字敬業以明經著稱早亡闔門廣學治毛詩三禮春秋尚書尤耽意大易博涉史漢彊識多聞而謙虛清素與俗殊務郡命功曹及察孝廉不就州辟主簿別駕舉刺史羅尚秀才爲侍御史除繁令隨民縣零陵以舉將喪去官湘州叛亂乃南入交州及州刺史陶咸表爲長史固辭不之職雖流離交城衣儆褞袍冠皮冠乘牛往來獨鳩合經籍研精著述依孟陽宗盧師矩著典言五篇撰蜀後志及後賢傳續陳壽耆舊作梁益篇元帝踐祚嘉其德行潔白拜武平太守民悅其政以榮貴非志在官三年去職尋梁碩作亂得免難卒於交州凡所著述詩賦論議二十餘篇子長生字彭祖亦有學行州主簿貲中令治中從事早亡時蜀郡太守巴西黃容亦好述作著家訓梁州巴紀姓族左傳

抄凡數十篇漢嘉太守蜀郡杜龔敬修亦著蜀後志及志趙廞李特叛亂之事及喪紀禮式後生有取焉

譙登字愼明巴西西充國人譙周孫也仲父熙察孝廉本部大中正沔陽令叔父同字彥紹少知名拒州郡之命梁州刺史壽良與東羌校尉何攀貢之三司及大將軍幕府爲尚書郎除錫令亦有爲作傳者登少以公亮義烈聞郡命功曹州辟主簿別駕從事領陰平太守郡五官素大姓豪擅侵凌羌胥登誅之郡中皆肅後以李特作亂本郡沒寇父爲李雄巴西太守馬脫所殺乃東詣鎭南劉公請兵時中原亂守公

三年不能得兵表拜揚烈將軍梓潼內史使合義募登凡募巴蜀流士得二千人鎮西羅尚以退住巴郡登從尚索益軍討雄不得乃往攻宕渠斬脫食其肝巴西賊破復詣尚求軍尚參佐多以必無利登憤恚數淩折之又加責於尚尚但下之而已會羅義殺雄太尉李離舉梓潼來降登徑進涪城雄自攻登爲登所破而尚將張羅進屯犍爲之合水文碩殺雄太宰李國以巴西降羅遣軍掠廣漢破雄叔父驤虜其妻子募人斫雄頭賊以尚困而尚本參佐恨登之見矜侮不供其軍食益州刺史皮素至巴東勑平西送故

遣將張順楊顯救登至墊江素遇害順顯還雄知登乏食遣驤致攻兵窮士餓誓死不退衆亦餓死而無去者永嘉三年爲驤所生得輿登致雄言辭慷慨涕泣歔欷無服降臣折情雄乃殺之囚其軍士皆以爲奴虜羿兵士而連陰雨百餘日雄中以登爲枉而所領無辜怒氣感天下赦出登軍士湮沒者初尚之在成都也與雄攻戰郫令犍爲張欽欽明每摧破雄雄衆憚之而救助不能并心爲雄所殺雄常言羅尚將均如張昨輩吾族早無遺矣時牙門左汜亦有戰功尚不能益其兵穀汜恚恨以母喪歸尚累召不往尚怒曰微左汜當不滅賊乎遂殺之雄聞汜死大小相賀登同郡縣李高亦有武幹平吳時與牙門將處前獲孫皓封縣侯官至金城鴈門太守

侯馥字世明江陽人也察孝廉平西參軍舊空四字校云闕甍後按甍上當有李毅二字巴郡亂辟地入牂柯甯州刺史王遜領平西將軍復取爲參軍遜議欲遷牂柯太守謝恕爲涪陵太守出屯巴郡之把口表馥爲江陽太守往江陽之沘源撫郇蠻獠克復江陵請請當作清通長江雄征東大將軍李恭已在江陽馥招降夷獠修繕舟艦爲進取調預白遜請軍移恕俱出涪陵不能自前

恭舉衆攻馥衆寡不敵爲恭所破獲生虜馥送雄雄下廷尉責當有脫曰事君有死無貳其次破家與國今縱不死又無益國灰沒其分守心而已無他願望雄必欲屈之使馥同郡人張迎曉之馥怒罵迎曰吾等國亡不能存大難不能死低眉海內何面目相見也且王甯州治亂才也以吾有桑梓之恥故遣上尚書遣吾討賊受命之日實忘寢食但裁船未辦請軍未至牽擶不及爲他所先當滅身隕碎以謝不及冀上不負日月下不愧王侯吾豈苟生如卿兒女之人乎迎還白雄雄義而赦之時雄衆寇所獲犍爲太守建

留魏紀漢國太守梓潼文琰巴郡太守巴西黄龍涪陵太守巴西趙弼永昌謝俊牂柯文猛皆區區稽顙無如馥者數年卒

譔曰文王多士才不同用孔門七十科(舊闕二字)援百行殊塗貴於一致若斯諸子或挺珪璋之質或苞瑚璉之器或耽儒墨之業或韜王佐之略潛則泥蟠躍則龍飛揮翮楊芳流光遐紀實西土之珍彥聖晉之多士也徒以生處限外服膺日淺負荷榮顯未充其能假使植榦華宇振滌神區德行自有長短然三趙兩李張何之軌其有及之者乎譙登侯馥忠規奮烈美志不遂哀哉

五公

司公何武　司空趙戒　太尉趙謙

司徒趙溫　司空張皓

華陽國志卷十一終

華陽國志卷第十二

序志

常璩道將

巴蜀厥初開國載在書籍或因文緯或見史記久遠隱没實多踈略及周之世侯伯擅威雖與牧野之師希同盟要之會而秦資其富用兼天下漢祖階之奄有四海(按當有脱文)梁益及晉分益爲甯司馬相如嚴君平揚子雲陽成子(元)鄭伯邑尹彭城譙常侍任給事等各集傳記以作本紀略舉其隅其次聖稱賢仁人志士言爲世範行爲表則者名注史錄而陳君承祚別爲耆舊始漢及魏煥乎可觀然三州土地不復悉

載地里志頗言山水歷代轉久郡縣分建地名改易於以居然辨物知方猶未詳備於時漢晉方隆官司星列提封圖簿歲集司空故人君學士蔭高堂翳帷幕足綜物土不必待本紀矣曩遭阨運函夏滔湮李氏據蜀兵連戰結三州傾墜生民殲盡府庭化爲狐狸之窟城郭蔚爲熊羆之宿宅遊雉鹿田棲虎豹平原鮮麥黍之苗千里蔑雞狗之響丘城蕪邑莫有名者嗟乎三州近爲荒裔桑梓之域曠爲長野反側惟之心若焚灼懼益遐棄城陴靡聞迺考諸舊紀先宿所傳并南裔志驗以漢書取其近是及自所聞以著

斯篇又略言公孫述劉書咸熙以來喪亂之事約取耆舊士女英彦又肇自開闢終乎永和三年凡十篇號曰華陽國記夫書契有五善達道義章法戒通古今表功勳而後旌賢能恨璩才短少無遠及不早援翰執素廣訪博咨流離困瘵方資腐帛於顛牆之下求餘光於灰塵之中劇滅者多故雖有所闕猶愈於遺忘焉蜀紀言三皇乘祇車出谷口秦宓曰今之斜谷也及武王伐紂蜀亦從行史記周貞王之十六年秦厲公城南鄭此谷道之通久矣而說者以爲蜀王因石牛始通不然也本紀既以炳明而世俗間橫有

爲蜀傳者言蜀王蠶叢之間周迴三千歲又云荆人鼈靈死屍化西上後爲蜀帝周萇（宏）之血變成碧珠杜宇之魄化爲子鵑又言蜀椎髻左衽未知書文翁始知書學案蜀紀帝居房心決事參伐參伐則蜀分野言蜀在帝議政之方帝不議政則王氣流於西故周失紀綱而蜀先王七國皆王蜀又稱帝此則蠶叢自王杜宇自帝皆周之叔世安得三千歲且太素資始有生必死死終物也自古以來未聞死者能更生當世或遇有之則爲怪異子所不言況能爲帝王乎碧珠出不一處地之相距動數千里一人之血豈能致此子鵑鳥今云是嶲或曰嶲周舊校云今按說文云蜀王望帝婬其相妻慙亡去爲子嶲鳥故蜀人聞子嶲皆起云望帝嶲戶圭切所言與蜀志所述相似爾雅亦云嶲周子嶲鳥也出蜀中四海有之何必在蜀昔唐帝萬國時雍虞舜光宅八表大禹功濟九州后稷封殖天下井田之制庠序之教由來遠矣孔子述而不作信而好古竊比於我老彭則彭祖本生蜀爲殷太史夫人爲國史作爲聖則僊自上世見稱往昔及周之末服事於秦首爲郡縣雖濱戎夷亦有冠冕故蜀紀曰大人之鄉方大之國也至於漢興反當荒服而無書學乎漢書曰郡國之有文學因文翁始若然翁以前齊魯當無文

學哉漢末時漢中祝元靈性滑稽周州牧劉焉談調之末與蜀士燕胥聊著翰墨當時以爲極歡後人有以爲惑恐此之類必起於元靈之由也惟智者辨其不然幸也綜其理數或以爲西土險固襟帶易守世亂先違道治後服若吳楚然固逋逃必萃奸雄闚覦蓋帝王者統天理物必居土中德膺命運非可資能恃險以干常亂紀雖饕竊名號終於絶宗殄祀何者天命不可以詐詭而邀神器不可以僥倖而取也是以四岳三塗陽城太室九州之險而不一姓冀之北土馬之所產古無興國夫恃險憑危不階（歷）數而能

傳國垂世所未有也故公孫劉氏以敗於前而諸李踵之覆亡於後天人之際存亡之術可以爲永鑒也干運犯(歷)破家喪國可以爲京觀也今齊之國志貫之一揆同見不臣所以防狂狡杜奸萌以崇春秋敗（當作貶）絶之道也而顯賢能著治亂亦以爲獎勸也其序曰

先王經略萬國剖分厥甸巴梁式象縣辰九牧述職貢賦以均佐周斃紂相漢亡秦實繁其民世載其俊

述巴志第一

維天有漢鑒亦有光實司壘望表我華陽炎劉是應洪祚攸長（按此下當有脫文）

述漢中志第二

井絡啓耀文昌契符芒芒禹蹟畫爲九州功冒晉天率土以休光靈遐照慶祚爽流邦家濟濟世德球球

述蜀志第三

蠢爾南域在彼要荒漢武德振蠻貊是攘開州列郡幽裔來王柔遠能邇實須才良甄德表失以明紀綱

述南中志第四

赤德中微巨猾干篡白虜乘釁致民塗炭妥迄靈獻皇極不建牧后失圖英雄迭進覆車齊軌蒙此艱難

述公孫劉二牧志第五

政去王室權流三傑瓜分天壤宰割民物舍彼信順任此智計大道既隱詭詐競設並以豪特力爭當世居正處明名號絶替身兼萬乘籍同列國

述劉先主志第六

乾坤混始樹君立王天工人代萬邦是望明不二日地不重王苟非其器窮高必亢濛濛後主弗慮弗臧負乘致寇世業以喪

述劉後主志第七

陽升三九品物始亨帝紘失振任非其良趙倡禍階亂是用長羅州播蕩朱旌莫亢皮張不造戎醜攸行哀哀黎元顧瞻靡望

述大同志第八

素精南飄天維弛綱甍甍特流肆其豺狼蕩雄纂承殲我益梁牧守顛擢黔首辛嘗三州毁曠悠然以荒絡結王綱民亦流亡

述李特雄期壽勢志第九

華嶽降精江漢吐靈濟濟多士命世克生德爲世儁幹爲時貞略舉士女表諸賢明世濟其美不隕其名

述先賢士女總讚論第十

皇皇大晉下土是覆化贍教洽誕茲彥茂峨峨俊乂疊疊英秀如嶽之崇如蘭之臭經德秉哲緯然有裕

述後賢志第十一

博考行故總厥舊聞班序州部區別山川憲章成敗旌昭仁賢抑絀虛妄糾正謬言顯善懲惡以杜未然

述序志第十二

驅牡騂騂萬馬龍飛陶然斯猶皐會京畿麐獲西狩鹿從東麌郇伯勞之旬不接辰嘗茲珍嘉甘心庶幾中為令德一行可師瑣瑋俶儻貫韜光暉據沖體正平揖宣尼道以禮樂教洽化齊木訥剛毅有威有懷

鏘鏘宮縣磬筦諧諧金奏石拊降福孔皆綜括道檢總覽幽微選賢與能人遠乎哉

益梁甯三州先漢以來士女目錄

常道將集

高尙逸民嚴遵字君平 成都人也

高尙逸民林閭字公孺 臨邛人揚雄師之見方言

德行治中從事李宏字仲元 成都人也

德行給事黃門侍郎揚雄字子雲 成都人也

文學神童揚烏 雄子也七歲預父玄文九歲卒

文學侍中揚州刺史張寬字叔文 成都人始受文翁遣東受七經還以教授者

文學中郎將司馬相如字長卿 成都人也

文學諫議大夫王褒字子淵 資中人也

尙書郎楊壯 成都人也見揚子方言

美秀中郎將何霸字翁君 郫人也

執正大中司空汜鄉侯何武字君公 霸弟以忠正爲三公王莽欲篡位憚而殺之

潁川太守何顯 武弟也兄弟五人皆在漢書

黃門侍郎鄧通 蜀人孝文帝時爲侍郎甚有寵

卓王孫 臨邛人見食貨志姑仍舊列於執正目下

政事左衞護軍陳立字少遷 臨邛人歷牂柯巴郡天水三郡太守治爲天下最

節士太中大夫章明字公孺新繁人也

節士尚書郎侯剛字直孟新繁人也

節士尚書郎王嘉字公卿江原人也

節士美陽令王皓字子離江原人也

右十九人在前漢其侍郎田儀楊德意無善事在中也

知士博士羅衍字伯紀成都人也

德政益州太守王阜字世公成都人也

長沙太守任循字伯度成都人也少失父後為長沙父流離遠屆長沙為郡五官父母識知是事在精通也

公亮大司農司隸校尉任昉字文始循子也

徐州刺史任愷字文悌昉弟也

文學校書郎楊終字子山成都人也

文學侍中漢五更張霸字伯饒謚曰文父成都人也

聘士張楷字公超文公子也

聘士張光超公超弟也

尚書張陵字處沖公超子也自陵之後世有大官

義士趙定成都人以延仁赴義濟窮恤之為業

保貴太尉司徒司空特進廚亭文侯趙戒字志伯定子

文學國師太常趙典字仲經戒第一子也

忠亮太尉司徒鄲惠侯趙謙字彥信戒孫也其子孫襲廚亭侯不顯

道德司徒司空趙溫字子柔謙弟自是後世有二千石

義烈侍中長水校尉常洽字茂尼江原人也見趙溫傳

道德侍御史常勗字孟元江原人在趙太尉公耆舊傳

述作謁者僕射何英字叔俊郫人也作漢德春秋

經治犍為屬國何汶字景由英孫也

高士楊由字哀侯成都人也見後漢方術傳

篤愛高士侯祈字升伯繁人文父楊序弟子

篤愛博士楊班字仲桓成都人也何萇弟子

公府辟士羅衡字仲伯郫人亦萇弟子也

至孝孝廉翁堅字孟由成都人也

推賢美陽令柳宗字伯騫成都人也

求次方

王仲曾

張叔遼

殷知孫犍為人伯騫所拔皆至郡守失其官名

匡正治中從事張充字伯春江原人也

匡正司空辟士李先字孟元江原人也

猛略部從事楊竦字子恭成都人也子統為二千石失其官

守憲陳湛字子伯成都人也

節士仲旱成都人也

高士王廣皓子也父爲公孫述所聘自刎廣逃匿述破後郡及州命察舉皆不往曰吾不能復仇敢當世榮利也

仁義志士任末字叔本繁人也

烈士嚴道主簿李磬字文寺嚴道人也

義烈郡功曹史朱普字伯禽廣都人也

巴郡太守朱辰字元燕廣都人也

述作漢中太守鄭廑字伯邑臨邛人也作耆舊傳

右四十人馳名後漢尚書郎張俊失其行事一不載學士張寧見朱倉傳舊

校云倉字雲卿見下日什邡人傳未詳

大鴻臚何宗字彥英郫人也

雙柏長何雙字漢偶宗子舊校云雙柏乃建寧郡屬縣也

顏遜廣漢犍爲太守何祗字君肅郫人也

忠懃輔漢將軍張裔字君嗣成都人也

(元)寂太常杜瓊字伯瑜成都人也

侍中常竺字代文在耆舊傳

南安將軍張表字伯達成都人也伯父肅廣漢太守父松字子喬州牧劉璋別駕從事

永昌太守王伉成都人見蜀書

右八人在劉氏世

五更張霸夫人司馬敬司成都人也

公乘會婦張氏廣都人也

犍爲楊鳳珪妻陳助臨邛人也

廣漢便敬賓婦常元常江原人廣漢令常良女也

殷氏婦常靡常江原人常仲山女也

趙侯夫人常紀常江原人常常侍女

景奇妻羅貢郫人羅倩女也

趙憲妻何玹郫人也

朱叔賢妻張昭儀繁人也

廣柔長姚超二女姚妣姚饒郫人也

廣漢王遵妻張叔紀霸女孫也

右十一人列女

右蜀郡士女七十四人六十三人士十一人女

明略渡沔侯范目閬中人也

文學聘士洛下閎字長公閬中人也

(元)始侍御史任文孫閬中人也

文學司空掾任文公文孫弟也

先生胥君安見春秋傳首

京兆尹徐誦字子産閬中人也

忠正侍中譙隆字伯司閬中人也

高凑太中大夫譙元字君黄閬中人也

潔白尚書郎譙英元子也以易授孝明帝
公車令趙玶字孫明閬中人也
公府掾趙毅字仲都玶子也
公車令臧太伯宕渠人也見玶傳
雋才涼州刺史趙宏字溫柔閬中人也
右十三人前漢
政事揚州刺史嚴遵字王思閬中人也
徐州牧嚴羽字子翼王思子也
長安令王偉卿王思友見王思傳
政事大司農元賀字文和宕渠人也

將略大鴻臚龐雄字宣孟宕渠人也
政事幽州刺史馮煥宕渠人也
明略使持節車騎將軍馮緄字鴻卿煥子
降虜都尉馮元字公信緄弟
尚書郎馮遵字文衡元子
政事司隸校尉陳禪字紀山安漢人也
漢中太守陳澄中子
別駕從事陳實字盛先澄孫也與王文表爲友
思防治中從事楊仁字文義閬中人也
志士荊州刺史龔調字叔侯安漢人也

忠貞魏郡太守趙晏字平仲安漢人也
籌畫益州太守李顒字德卬墊江人也漢書及巴志耆舊傳
汝南太守謁煥字闕江州人也見汝南記
度遼將軍桂陽太守然溫字闕江州人見巴耆舊傳
美化越嶲太守張翕字叔陽安漢人也
越嶲太守張璊翕子也太守王堂察舉孝廉
至孝上蔡令趙邵字泰伯閬中人也
孝子嚴永
名儒陳髦
隱士黃錯右三人巴郡太守王堂所進失其官位見堂傳

巴郡太守龔楊字闕墊江人
茂才孟彪江州人右並王文表薦
日南太守黎景字闕墊江人
茂才王澹閬中人也見文表傳
文學掾龔策墊江人
桂陽太守李溫宕渠人
戶曹掾趙芬宕渠人
上庸太守陳宏安漢人見巴紀
忠義宕渠主簿曲庾宕渠人也
忠義宕渠主簿馮湛宕渠人也

烈士郝伯都閬中人也

右三十九人後漢司隸校尉程烏等失其事不錄

義烈江陽大守程畿字季默閬中人也

程祁字公(宏)畿子也

楊汰字季儒巴郡人

韓儼巴西人

黎韜巴西人三人見楊文然傳

壯烈將軍嚴顏臨江人見張飛傳

元貞徵士周舒字叔布閬中人也

文學儒林校尉周羣字仲直舒子也

博士周巨羣子也

雅重車騎將軍育陽景侯黃權字公衡閬中人在魏儀同三司

尚書郎黃崇權子也

勇壯折衝將軍西陵太守甘寧字興霸臨江人仕吳

政事鎮南大將軍彭鄉亭侯馬忠字德信閬中人也

將略鎮北大將軍安漢侯王平字子均宕渠人

果壯左將軍宕渠侯句扶字孝興漢昌人也見王平傳

將略盪寇將軍關內侯張嶷字伯岐南充國人也

尚書僕射姚伷字子緒閬中人見楊戲諸葛亮故事也

別駕從事馬勳字盛衡閬中人見季漢輔臣傳

尚書馬參字承伯閬中人見蜀書

越巂太守龔祿字德緒安漢人父諶犍爲太守見巴紀

鎮軍將軍龔皦字德光祿弟也

徵士譙㽦字榮始西充國人也周父

淵通散騎常侍城陽亭侯譙周字允南㽦子在劉氏光祿大夫

右二十三人在劉氏三國之世

馬妙祈妻義貞烈

趙雲君妻華貞烈

王元憒妻姬貞烈以上皆閬中人

趙璝妻姬節烈宕渠人

童女趙英璝女

趙萬妻娥宕渠人

耿秉妾行安漢人

鮮尼母姜安漢人

右八人列女

右巴郡凡士女七十八人七十八士八人女

道德三老楊統字仲通新都人也曾祖仲續祁令父春卿爲公孫述將

光祿大夫楊博字仲達統長子

文學侍中楊序字仲桓謚曰文公博弟

高士寇權字文儀綿竹人序弟子也

高士昭約字節宰雒人也序弟子二人見序傳
術藝使持節交州牧楊宣字君緯什邡人
學士嚴象廣漢人宣弟子也
大儒趙翹廣漢人宣弟子也
烏丸校尉郭堅字闕雒人也
善績司隸校尉郭賀字喬卿堅孫
光祿大夫侍中衞尉鐔顯字子詣郪人
廬江太守蔡弓字子鸞雒人
永昌太守鄭純字長伯郪人也
文學高士王祐字平仲郪人也弟灌有文才而不悉行事也

文才樂安相李尤字伯仁雒人也
尚書郎李充尤孫也
文才東觀郎李勝字茂通雒人也見尤傳
公亮將作大匠翟酺字子超雒人
明廉侍御史洛陽令王渙字稚子郪人
司隸校尉王堂字敬伯郪人
聘士王稚字叔起謚曰憲文雒人堂少子
堂長子博失官位
博子遵亦失官位
善績蜀郡太守王商字文表遵子也

亢烈辟士叚恭字節英新都人也
隱士夫子段翳字元章新都人也
隱士馮信字季誠郪人
越巂太守馮顥字叔宰郪人
武威太守南陽折侯張江雒人
鬱林太守折國江四世孫因封國改姓折
高士折象字伯式國之子也
治中祭酒朱倉字雲卿什邡人
政事牂柯太守劉寵字世信緜竹人
孝子江陽符長姜詩字士遊雒人

陰德鄗令王忳字少林新都人也
交州牧羊甚郪人也
推讓野王令羊膂字仲魚甚子
文學侍中董扶字茂安緜竹人楊厚弟子也
文學聘士任安字定祖緜竹人亦厚弟子
高讓義士杜眞宗孟宗緜竹人
精誠五官諒韓字漢儒新都人
義士楊寬字叔仲新都人兄斌兄混皆有證明君事失其官位
義士張鉗字子安廣漢人也
烈士賈栩字元集什邡人也

節士常叔字茂泰廣漢人也

忠義縣竹主簿韓揆字伯彥縣竹人

壯童左喬雲縣竹人

孝廉汝敦新都人

周幹廣漢人

彭勰廣漢人

古朴廣漢人右三人儒學文才見蜀志

方術太醫丞郭玉字通直新都人

右五十二人馳名漢世

別駕從事李朝字永南郪人也

丞相西曹掾李邵字偉南朝弟也按陳壽季漢輔臣贊注偉南名朝永南兄人為別駕從事永南名邵丞相亮辟為西曹掾是此及廣漢士女贊注解皆互誤永偉二字

文才大司農秦宓字子敕縣竹人

益州太守王士字義強郪人

別駕從事王甫字國山士從弟也

優遊特進太常關內侯鐔承字公文郪人

才儁江陽太守彭羕字永年廣漢人

忠謀從事鄭度縣竹人也見劉璋傳

忠烈從事王累新都人也見劉璋傳

右九人在劉氏世及二牧時

聘士任安母姚縣竹人也

姜詩妻龐行雒人也

姜嬪字義蒨縣竹人也犍道長姜傳女司馬雅妻

廖伯妻殷紀配廣漢人也

便敬妻王和新都人也

李珥字進娥郪人李氏女馮季宰妻也

王輔妻彭非廣漢人也

李平字正流廣漢李元女楊文妻

袁稚妻相烏德陽人也

王上妻袁福德陽人也

汝敦妻何縣人也失姓不知

右十一人列女

右廣漢郡凡士女七十二人六十一人士十一人女

知術光祿大夫關內侯王延世字長叔資中人

揚州刺史楊茾字翁君武陽人見何霸傳

忠壯復漢將軍朱遵字孝仲武陽人也

隱遯合浦太守費貽字奉君南安人也

隱知徵士任永字君業僰道人也

精密上黨太守趙松字君喬武陽人也

文學城門校尉董鈞字文伯資中人

秀穎司隸校尉楊渙字孟文武陽人見犍為耆舊傳

漢中太守楊文方渙子文方子穎伯冀州刺史仲穎二千石失其行事

政事司隸校尉楊準字伯邳武陽文方兄子太守太尉李固舉之

清秀大司空張晧字叔明武陽人也

正直光祿大夫廣陵太守張綱字文紀晧子也

郎中張植綱子也

尚書張纘植弟也

豫州牧張方字公始纘弟也

正直司隸校尉趙旂字子鸞資中人也

別駕從事王元武陽人刺史張喬時見楊統傳

義士公車令杜撫字叔和資中人也

義士新都令趙敦字建侯武陽人也

孝士尚書郎隗相字叔通僰道人也

呂孟南安人不詳其事

吳順字叔和僰道人也

學士韓子方僰道人張貞之師

學士謝褒南安人

右二十四人在漢世

政事蜀郡太守關內侯楊洪字季休武陽人

固辭諫議大夫費詩字公舉南安人

忠正車騎將軍都亭侯張翼字伯恭武陽人綱後也

文學五官中郎將伍梁字德山南安人

文才射聲校尉楊義字文然武陽人

右五人在劉氏世從事賈龍不悉其事不錄

漢中大守楊文方妻陽姬武陽人也

相登妻周度僰道人也

曹敬字敬姬南安人周紀妻也

程貞玦字瓊玉牛鞞人資中張惟妻也

尹仲讓妻韓姜僰道人也

儀成妻謝姬南安人也

趙媛姜資中人趙盛道妻也

張貞妻黃帛僰道人也

楊進武陽人廣漢王博妻

右九人列女

右犍為郡士女凡三十八人二十九人士九人女

忠正城陽中尉鄧先成固人也景帝時

楊王孫成固人

致遠衛尉博望侯張騫成固人武帝時

爽朗給事中長猛騫孫元帝時

高尚逸民鄭子真褒中人成帝時

右闕

大儒李頡南鄭人

文學司徒李郃字孟節頡子

執正太尉李固字子堅郃子

雅望京兆尹李燮字德公固少子

奉車都尉李歷字季子固從弟也

善績司隸校尉李法字伯度南鄭人也

犍爲太守趙宣字子雅南鄭人也

德望廣漢太守趙瑤字元珪宣子

溫雅尚書趙琰字稚珪瑤弟

義壯弘農太守陳綱字仲卿成固人也

義烈從事陳調字元化綱孫

知思巴郡太守陳雅字伯臺成固人

南郡太守程基字稚業南鄭人也

大鴻臚劉巨公南鄭人也見列女傳

廣漢屬國張泰字伯疆南鄭人也

政事度遼將軍張亮則字元修泰從弟

愷悌緜竹令閻憲字孟度成固人也

隱士樊志張南鄭人見征西將軍段熲傳

尚志聘士衛衡字伯梁南鄭人樊志張弟子也

籌畫計曹史程苞字元道南鄭人也

文才葭萌長祝龜字元靈南鄭人也

義烈郡主簿段崇字禮高南鄭人也

義烈功曹程信字伯義南鄭人也

嚴孳

李容

陳已

王宗

姜濟

曹廉

勾矩

劉旌

原展闕

義烈從事燕邠字元侯南鄭人也

義烈主簿趙嵩字伯高南鄭人也

右三十八人後漢

陳術字申伯歷二郡太守見蜀書撰益部耆舊傳者

右一人劉氏之世

李穆姜安衆令程祗妻李法姊也子基

劉泰瑛巨公女楊矩妻

杜泰姬 南鄭人犍爲大守趙宣妻

楊禮珪 成固楊元珍女陳省妻

李文姬 太尉固女趙瑛妻

陳順謙 鄧令曹甯妻陳伯臺從女也兄子陳規著書稱之

陳惠謙 順謙姒度遼將軍張亮則夫人

張禮脩 南鄭人趙嵩妻

韓樹南 南鄭人趙子賤妻也

右九人列女

右漢中郡士女凡五十人 四十一人士九人女

忠義鎮遠將軍義侯文齊字子奇 梓潼人也平帝用爲益州太守遂不

服王莽公孫述光武嘉之

北海太守文忳 齊子也

節士李業字巨遊 梓潼人也

遂久令李翬 業子

益州太守景毅字文堅 梓潼人也

政事有道景鸞字漢伯 梓潼人也

文學孝廉楊充字盛國 梓潼人也

壯烈濟陰相冠祺字宰朝 梓潼人也

壯烈童人李餘 涪人也

義士功曹張壽字伯僖 涪人也

義士王晏字叔博 涪人也

方才李助字翁君 涪人也

右十二人漢世

尚書諫議大夫杜微字國輔 涪人也

李仁字德賢 涪人也

太子僕射李譔字欽仲 仁子

太子家令尹默字思潛 涪人也

丞相參軍文恭字仲寶 梓潼人也

果銳前監軍大將軍司馬李福字孫德 涪人也見諸葛故事蜀書

右六人劉氏世

文極字季姜 梓潼人將作大匠王堂夫人也

巴郡虞顯妻杜慈 涪杜季女也

郭孟妻楊敬 涪楊女也

右列女三人

右梓潼郡士女二十一人 十八人士三人女

脩慎少府太常關內侯王謀字元泰 漢嘉人也

雲南太守張休

右二人漢嘉人士在劉氏世

文學荊州刺史尹珍字道真 毋斂人也

巴郡太守傅寶字紀圖 平夷人也

忠義冠軍將軍甯州刺史謝恕字茂理毋斂人也

右三人牂柯人士

忠義大將軍朝侯祭酒錫光長冲闕

右一人西城人士

忠義雲南太守陽遷亭侯呂凱字季平不韋人也

右一人永昌人士

義正安漢將軍建甯太守李恢字德昂闕

領軍爨習闕

御史中丞孟獲闕

右三人建甯人士

輔漢將軍孟琰字休明闕

右一人朱提人士

先泥和女絡符人也

右一人列女江陽人

大凡三州十三郡自漢興至三國之終士女載傳記者三百四十八人士二百九十三人女四十七人

公七人

大將二十二人

侯二十人

卿佐十四人

侍中七人

尚書五人

司隸校尉六人

州刺史十三人

郡守四十八人

國師三人

光祿大夫四人

尚書郎十二人

中書郎將御史六人

公車令諫議太中十一人

公府辟士八人

高士一人

聘士七人

徵士四人

節士四人

列女四十七人按人數不合蓋傳寫多非其舊也卷中前後各條皆放此

益梁甯三州三國兩晉以來人士目錄添立目錄

明略大司農西城公何攀字惠興郫人

清秀大長秋壽良字文淑成都人也

果烈西河太守柳隱字休然成都人也

梁益二州都督杜禎字文然成都人也
都督度支巴東太守柳伸字雅原成都人也
德行江陽太守何隨字季業郫人
令德犍爲太守杜軫字超宗成都人也
犍爲太守杜烈字仲武軫弟
建甯太守杜良字幼倫軫少弟
益州刺史杜毗字長基軫子
德行給事中任熙字伯遠成都人也
涪陵太守任蕃字處祖熙子
義正郪令常勗字修業江原人也

州都常忌字茂通勗從弟也
令才太史令高玩字伯珍江原人也
閎才湘東太守常騫字季慎江原人也
述作武平太守常寬字泰恭騫從弟也
使持節西夷校尉張岐字紹茂成都人也
征西將軍西夷校尉益州刺史王異字彥明成都人也
勇略雍州刺史南中郎將重安開國侯李陽字叔文郫人
征虜將軍廣漢梓潼太守楊謙字令志成都人也
右二十二人蜀郡人在晉世

强濟少府成都威侯李毅字允剛郪人
西夷校尉李釗字世康毅子
仁讓漢嘉太守司馬勝之字興先緜竹人
德義梓潼太守王化字伯遠郪人文表孫
巴東太守王振字仲遠化弟也
作唐令王岱字季遠振弟也
述作蜀郡太守王崇字幼遠岱弟也
素隱中書郎王長文字德儁郪人也
建甯太守段容字宗仲廣漢人也
右九人廣漢人在晉世

漢中太守李宓字令伯武陽人也
汶山太守李賜字宗碩宓子也
太傅參軍李興字雋碩賜弟也
廣漢太守張徵字建興翼子也
譙國內史費緝字文平南安人二子見壽良傳
執義衡陽內史楊邠字岐之武陽人
清正尚書費立字建熙南安人
右七人犍爲人士在晉世
衛尉文立字廣休臨江人也
武陽太守楊宗臨江人也

牂柯太守毛楚（枳人）

右三人巴郡人在晉世

遂作太子中庶子陳壽字承祚（安漢人）

驃騎府掾陳莅字叔度（壽兄子）

上廉令陳符字長信（壽兄子）

建甯太守陳階字達之（苞弟）

正直漢中太守閻纘字續伯（安漢人）

卓略長水校尉荆州刺史張奕字希祖（南充國人）

令德錫令譙同字彥紹（周子見周傳）

義烈揚烈將軍梓潼內史譙登字順明（周孫）

右八人巴西人士在晉世

清重長水校尉呂淑字偉德（闕）

右一人漢中人

廣漢太守李驤字叔龍（福子）

右一人梓潼人

忠義江陽太守侯馥字世明（闕）

右一人江陽人

三州後賢五十一人并前賢三百九十一人

譔曰凡此人士或見漢書或載耆舊或見郡紀或在三國書并取秀異表之斯篇其洪代盛顯者並附載者齊之其但見名字而不詳其行故或以有傳無珍善闕之以副直文爲實錄矣

華陽國志卷第十二終

晉郭象注莊子人言郭註得莊妙處果然若文如海之疏尹吉甫王元澤之注遠不逮矣而世又謂向秀所爲象竊取之或未必然然要足以羽翼莊子故高允叔擇其元之又元者爲八十一章名曰翼莊惜世無善本因力爲讐校以付梓焉童山李調元鶴洲序

翼莊序 一 第二函

郭子翼莊

晉郭象撰　明高㸑允叔纂　綿州李調元校

晉郭象註莊子人言郭象得莊子妙處果然傳稱本向秀所爲秀本不行象竊取之耳秀邪象邪吾不知也然其言眞足羽翼莊氏而獨行天地間爲八十一章命之曰翼莊

質小者所資不待大則質大者所用不得小矣故理有至分物有定極各足稱事其濟一也

遺彼忘我冥此羣異異方同得我無功名是故統小大者無小無大者也苟有乎小大則雖大鵬之與

斥鷃宰官之與御風同爲物累爾齊死生者無宰無生者也苟有乎死生則雖大椿之與蟪蛄彭祖之與朝菌均於短折爾故游於無小無大者無窮者也冥乎不死不生者無極者也

悲生於累累絕則悲去悲去而性命安矣

物未嘗有謝生於自然者而必欣賴於針石故理至則迹滅矣

足於身故閑於世也

夫能令天下治不治天下者也治之由乎不治爲之出於無爲也堯之治取於堯而足不必借之許由也如必拱默山林而後謂之無爲此老莊之談所以見棄於當塗當塗者自必於有爲之域而不返者斯由之徒也

夫自任者對物而順物者與物無對

天地者萬物之總名也

帝堯許由各靜其所遇其地雖異其於逍遙則一也

守一家之偏尙此故俗中之一物耳

至人不嬰乎禍難非避之也推理直前而自然與吉會

非非則無非是是則無是

夫懷豁者因天下之是非而無是非也故不由是非之塗而是非無患

無心者與物冥而未嘗有對於天下

非所明而明之對牛鼓簧耳

是非者生乎好辨而休乎天均付之兩行而息乎自正

請問夫造物有邪無邪無也則胡能造物哉有也則不足以物無形故明夫眾形之自物而後始可與言造物

養生者非求過分也全理盡年而已矣

哀樂生於失得任其所受則哀樂無所指於其間

不行則易欲行而不踐地不可能也無爲則易欲爲

而不傷性不可得也

喜懼戰於胸中結冰炭於五臟矣

巧言過實偏辭失當

小人之性引之軌制則憎已縱其亡度則亂邦

順理則異類生愛逆節則至親交兵

知以亡涯傷性心以欲惡蕩眞

雖所美不同而同有所美各美其所美則萬物一美

也

聖人之在天下煖然若陽春之自和故潤澤者不謝

凄乎若秋霜之自降故凋落者不怨

平粹者足以師人

道無不在而所在皆無也

遺生則不惡死不惡死故所遇卽安

係生故有死惡死故有生無係無惡然後能無死無

生

自然之理有積習而成者蓋階近以至遠研粗以至

精也

體化合變則無往而不因無因而不可也

以天下爲一體者無愛爲於其間也

知禮意者必遊外以經內守母以存子稱情而直往

也若乃矜乎名聲牽乎形制則孝不以誠慈不任

實父子兄弟懷情相欺豈禮之大意哉

聖人常遊外以宏內無心以順有故雖終日揮形而

神氣無變俯仰萬幾而淡然自若

游外者依內離人者合俗故有天下者無以天下爲

也

遺物而後能入羣坐忘而後能應務

寄當於萬物則無事而自成以一身制天下則功莫

就而任不勝也

與物無傷者非爲仁也而仁迹行焉令萬物皆當非

爲義也而義功見焉故當而無傷者非仁義之招

也然而天下奔馳棄我殉彼以失其常然故亂心

不由於醜而恆在美色撓世不出於惡而恆由仁

義悲夫

自三代以上實有無爲之迹無爲之迹亦有爲者之

所尚也尚之則失其自然之素故雖聖人有不得

已或以槃夷之事易垂拱之性而况悠悠者哉槃夷創傷也

法聖人者法其迹耳夫迹者已去之物非應變之具
也奚足尚而執之哉執成迹以御乎無方無方至
而迹滯矣
夫以蜘蛛蛣蜣之陋而布網轉丸不求之於工匠則
萬物各有能也
治天下惟不任知任知無妙也
無為者非拱默之謂也直各任其自為則性命安矣
不得已者非迫於威刑也直抱道懷樸任乎心然
之極而天下自賓也
莊老所以屢稱無者明生物者無物而物自生耳自

生耳非為生也又何有為於已生乎
無為之體大矣天下何所不為哉故主上不為冢宰
之任則伊呂靜而司尹矣冢宰不為百官之所執
則百官靜而御事矣百官不為萬民之所務則萬
民靜而安其業矣萬民不易彼我之所能則天下
之彼我靜而自得矣故天子至於庶人下及昆蟲
孰能有為而成哉是故彌無為而彌尊
工人無為於刻木而有為於用斧各當其能則天理
自然非有為也上之無為則用下下之無為則自
用也

得生於失物各無失得名去矣
天下莫不相與為彼我而彼我皆欲自為斯東西之
相反也然彼我相與為脣齒脣齒者未嘗相為而
脣亡則齒寒故彼之自為濟我之功宏矣斯相反
而不可以相無者故因其自為而無其功則天下
之功莫不皆無矣因其不可相無而有其功則天
下之功莫不皆有矣若乃忘其自為之功而思夫
相為之惠惠之愈勤而偽薄滋甚天下失業而情
性瀾漫
天地陰陽對生也是非治亂互有也將奚去哉

俗之所貴有時而賤物之所大世或小之
知道者知其無能也無能也則何能生我我自然而
生耳而四肢百體五臟精神已不為而自成矣又
何有意乎生成之後哉達斯理者必能遣過分之
智遺益生之精而乘變應權故不以外傷內不以
物害已而常全也
心之所安則危不能危意無不適故苦不能苦
不以害為害故莫之能害
知雖落天地事雖接萬物而常不失其要極故天人
之道全

安於命者無往而非逍遥矣故雖匡陳羑里無異於
紫極閑堂也
以小羡大者故自失
物嗜好不同願各有性
忘歡而後樂足樂足而後身存將以爲有樂邪而至
樂無歡將以爲無樂邪而身以存而無憂
遺生然後能忘憂忘憂而後生可樂生可樂而後形
是我有富是我物貴是我榮也
世言莊子樂死惡生謬矣若然何謂齊乎所謂齊者
生時安生死時安死生死之情既齊則無樂當生

而憂死耳
守形太甚則生亡
憂來而累生者不明也患去而性得者達理也
無故而自合者天屬也合不由故則故不足以離之
也然則有故而合必有故而離矣
夫清者患於太潔清而容物與天同也
天心以死爲死乃更速其死其死之速由哀以自喪
無哀則已有哀則心死者乃哀之大也
至美無美至樂無樂
內足者神閑而意定

彼之所美我之所惡也我之所美彼或惡之故通共
神奇通共臭腐耳死生彼我豈殊哉
誰得先物者乎哉吾以陰陽爲先物而陰陽者即所
謂物耳誰又先陰陽者乎吾以自然爲先而自然
即物之自爾耳吾以至道爲先之矣而至道乃至
無也既以無矣又奚爲先然則先物者誰乎哉而
猶有物無已則物之自然非有使然也
當其時則無賤非其時則無貴
苟進故德薄而名消
凡所爲者不得不爲凡所不爲者不可得爲而愚者

以爲之在己不亦妄乎
惠之而歡者無惠則醜矣
小知自私大知任物
性之所能不得不爲性所不能不得強爲
事由理發故不覺
神人即聖人也聖言其外神言其內
許由伯夷高尚遠退被其風者雖貪冒之人乘天衢
入紫庭猶慨然中路而歎況其凡乎故夷許之徒
足以當稷契而對伊呂矣夫居山谷而宏天下者
雖不俱爲聖佐不猶高於蒙埃塵者乎雖難爲其

風少弊故可貴也曰夷許之弊安在曰許由之弊使人飾讓以求進遂至乎之噲也伯夷之弊使暴虐之徒得肆其毒而莫之敢亢也伊吕之弊使天下貪冒之徒敢行篡逆惟聖人無迹故無弊也若以伊吕爲聖人之迹則夷齊亦聖人之迹也若夷齊非聖人之迹則夷吕之事並非聖矣夫聖人因物之自行故無迹然則所謂聖者我本無迹故物得其迹迹得而强名聖則聖者乃無迹之名也尚行則行矯貴士則士僞蔑行賤士以全其大然後行高而士貴

至順則用發於彼而功藏於物

古今同姓名錄

古今同姓名目錄

卷上

六王烈　六王恢案下所引止有五人六當作五
六王濟　五王襲
五王敦　五王珪
四王衍　四王商
四王舜　四王霸
三王武　三王莽
三王尋　三王導
三王蒙　三王沈
三王恬　三王邵
三王陽　三王鳳

三王渙　二王孫賈
二王獻之　二王允
三王朔　二王俊
二王譚　二王忳
二王坦　二王仲宣
二王充　二王渾
二王混　二王肅
九張良　九張敞
九張衡　五張平
五張禹　五張湛

五張温　四張綱
四張翰　三張騫
三張倉　三張載
三張賀　三張魯
三張超　二張子房
二張勝　二張湯
二張毅　二張芝
二張遼　二張昶
二張陽　二張堪
二張子高　七張武

十劉欽　十劉宏
十四劉章　十二劉德
三劉禮　九劉寬
七劉毅　七劉元
十劉延年　七劉安
六劉邵　六劉曜
六劉根　五劉旦
一劉績　五劉歆
五劉澤　五劉交
三劉季　二劉伶

三劉眞　二劉禎
二劉子政　二劉長龍
二劉表　二劉備
二劉恒　二劉盆子
二劉昆　二劉惔
四劉秀　四劉裕
八李膺　八李平
七李充　七李陵
七李雄　六李宏
六李通　六李廣

五李乾　五李陽
三李衡　三李由
三李肅　四李固
三李克　二李緒
二李巡　七孫登
五孫秀　三孫晧
二孫邕　二孫恩
四陳平　四陳遵
五陳壽　三陳元
三陳軫　三陳勝

二陳咸　二陳元方
三趙良　三趙括
二趙嬰　六伯夷
四王充

古今同姓名目錄

卷下

古今同姓名　目錄　六　第二函

古今同姓名　目錄　七　第二函

古今同姓名　目錄　八　第二函

古今同姓名　目錄　九　第二函

按符健符融符熊之姓從草音蒲與符姓不同錄中徵引並有誤

古今同姓名目錄畢

古今同姓名錄卷上

梁　元帝　撰

唐　陸善經　續

元　葉森　補

綿州李調元　校

三伯夷

一舜典作秩宗　一顓頊師　一孤竹君之子

二唐叔

一虞之季世　一周武王用其名

二南宮适

一周之十八　一孔子時

三殷帝乙

一湯之謚　一殷二十九世王尚書　一紂父史記

二穆伯

一敬姜夫禮記　一聲己夫三禮引春秋

二文伯

一敬姜子禮記　一聲己子三禮引春秋

二杜喬

一見禮記　一後漢時人

二石乞

一與白公作亂　一敵子路者

二杞梁

一古詩杞梁妻　一左傳齊侯遇于郊疑一人

二申繻

一魯桓公時　一魯昭公時疑一人

二箕遺

一范宣子所殺　一濟師取前城

二服虔

一見漢獻帝春秋　一注左氏傳者

二市南宜僚

一弄丸釋難者莊子　一姓熊當五百人左傳

二莊賈

一爲司馬穰苴所殺　一陳勝御人

二京房

一字君明善易前漢　一梁邱賀從之受易前漢

三曾參

一孔子弟子字子輿　一殺人者見說苑　一字君孝豫章孝廉

二婁緩

一六國時　一淮南王賓前漢

二申屠嘉
一出莊子　一前漢人丞相故安侯
二欒巴
一後漢郡守字叔元　一後漢術士後漢方技傳噀酒滅火
二苑春
一楚成王將　一衛靈公時諫開池者呂不韋春秋
二傳穀
一字武仲　一護羌校尉戰死封侯後漢
二羿
一堯時射十日者　一有窮之君

二郄儉
一術士華佗論　一晉人
二夏侯勝
一前漢太子太傅字長公　一魏人夏侯勤之子
二士丐
一士鞅父春秋　一士鞅之相春秋昭公六年
三士燮
一范文子　一吳人三國吳志字彥威　一隋時官侍郎出隋書此陸善經續
二公孫龍
一孔子弟子　一白馬非白者呂不韋春秋
三公孫敖
一春秋穆公時人　一與齊侯俱死　一前漢人年表合騎侯
公孫宏
一子產　一出列子　一前漢年表　一前漢丞相平津侯　一東觀漢記　一幽州從事晉人葉森
謹按左傳公孫宏字子般今梁元帝錄曰子產非產當作子般者是
三龐涓
一戰國魏將　一見七略　一三國時張既禮辟

之葉續
四王豹
一春秋時人齊國　一西河人善歌　一京兆人三輔決錄
一晉人
八王喬
一周太子即靈王太子晉也　一古仙人師高晨君出太子經　一後漢葉縣令　一河東人袁山松漢書　一晉廬陵太守　一魏人見趙王傳　一上古神仙歷五帝三代或隱或顯又非前師高晨君者　一武陽人食肉芝得仙並出王氏神仙傳葉續三
六王艮

一古之善御者孟子 一光武時司空 一作白鷹
贊水經注 一後漢隱士與黨同列 一爲史官作
奉常見乞伏傳 一東漢儒林傳伏生尙書者葉續
一
十一王褒
一前漢字子淵 一前漢年表 一魏武西都尉 一晉
獻石膽博物志 一字偉元 一見溫嶠集 一
元帝時 一晉牙門將起居注 一將薪市易 一
梁僕射按北史王褒於後周時又爲少司空 字子深出北史文苑
傳此陸善經續 一漢成帝時絳衣入宮言天帝令我

居此見後漢五行傳人痾 一字子登范陽襄平人漢末成
仙號清虛眞人王氏神仙傳葉續二
八王吉
一字子陽前漢 一重泉人字少音出前漢儒林周堪傳 一朱
崖舊事 一爲虎賁字伯鶱風俗通 一莽之孫
一後漢酷吏傳 一臨邛人 一宋崇甯間仙人
出集仙傳葉續一
十王宏
一前漢 一魏尙書郎 一晉丹陽督郵 一太
原人 一監校建康市估錢晉起居注 一宋司徒字體

元 按南史王宏本傳應作宋太保 一謝符宋妻父世宗中書
侍郎謝氏譜 一隋揚州刺史此陸善經續 一東漢安
帝騎都尉 一唐人王宏中之子見緯文葉續二
六王烈
一後漢字彥考 一崇邑人魏武集云在爲丞相徵事 一符
健攻冉閔南中郎將王烈 一字陽季東平人王
堪父爲治書御史 一與嵇康見石隨者晉人字長休
一晉牙門將起居注
六王恢按下所引有五人六當作五
一魏思成王時紀年 一前漢大行 一晉惠帝時

東牟人起居注 一王溢弟郎導之子 一西漢中郎將
捕得車師王封浩侯葉續一
六王濟
一渾之子字武子 一晉元帝散騎常侍 一慕
容廆長史 一涼州人字世業爲僞史官 一宋
巴東太守 一宋鎭州通判出宋通鑑葉續一
五王龔
一字伯宗東漢 一光祿勳東漢 一賈逵所薦見賈逵傳
一假楊陸校尉傳咸傳 一名恭字伯孝晉人
五王敦

一長流人字仲異三輔決錄　一魏王初時人　一孫
權主簿　一羅尙牙門將實錄　一晉大將軍
五王珪
一晉僕射　一齊人　一唐太宗相此陸善經續一　一
仁宗朝戰于好水川宋通鑑　一神宗相字禹玉葉續二
四王衍
一秦大夫白起傳　一前漢功臣安國侯　一魏人字
彥雲　一晉人上邽男兒起居注
四王商
一宣帝時樂昌侯前漢　一匈奴畏者前漢　一王莽

古今同姓名錄　卷上　七　第二函

叔成都景侯　一蜀郡守
四王舜
一漢宣帝時安平侯　一王音之子前漢　一趙后傳
故中黃門　一車騎大將軍涪之子
四王霸
一光武將　一字孺仲東漢隱士　一晉人字稚
一後魏道武時此陸善經續一
三王式
一前漢儒林傳　一淮南小中正晉卞壼傳　晉謁
者僕射晉事要

三王莽
一魏惠王時人紀年　一字叔稚昭帝時衛尉西漢百官
公卿表　一字巨君簒漢
三王尋
一王莽將光武敗之昆陽　一晉武帝牙門將起居
注　一晉光祿大夫河東人
三王導
一晉丞相字茂宏　一晉京陵公起居注　一丞嶽
中人此陸善經續一
三王蒙

古今同姓名錄　卷上　八　第二函

一王充之祖論衡　一應元字晉人　一蔡謨親搜神記
三王沉
一晉人字處道　一劉聰宦者　一字彥伯作釋時論
三王怡
一導之孫爲中領軍　一晉永和中吳內史　一
永和中姑孰令甘露降
三王邵
一東漢孝廉　一瑯琊人　一北齊人此陸善經續一
三王陽
一前漢　一東觀漢記　一石勒引爲將葉續一

三王鳳

一成帝舅前漢敬成侯　一光武將　一王文操之子

與父戰死定州唐宗室霍王傳葉續一

三王渙

一東漢洛陽令　一河內人　東漢考城令　一

宋禮部侍郎與杜祁公睢陽五老會者葉續一

二王孫賈

一出論語　一事齊閔王

二王獻之

一東漢人　一晉人善書者羲之之子

二王允

一東漢司徒靈帝時字子師　一晉江州刺史

三王朔

一西漢人　一趙規小吏與黃萌爭水殺規而朔

復殺萌汝南先賢傳　一晉穆帝時造歷者出晉律歷

志葉續一

二王佼

一三國時　一中郎將使匈奴

二王譚

一前漢元帝時平河侯　一趙壹所殺者

二王恂

一字少林致飛被馬走者　一晉帝舅正員外

二王坦

一字方山王業子汝南先賢傳　一字文度晉人按王文度名

坦之此但作王坦誤

二王仲宣

一粲字　一名陽益州刺史見碑集又二見葉森續

二王充

一字仲任作論衡　一景帝時蓋靖侯西漢王信之孫

二王渾

一戎父晉人　一濟父字元冲伐吳者

二王混

一導孫晉人　一晉始太安守

二王肅

一漢司徒朗之子注周易神女授與墨者　一魏

文帝時尚書令對茶爲酪奴者北史

九張良

一留侯字子房　一又前漢　一東漢禿髮傳晉按

書禿髮載記有張艮此作東漢有禿髮傳疑誤　一東漢人　一字仲文

魏倉郡郎中　一晉石勒傳　一晉冉閔時人

一晉起居注　一護羌校尉戰死封侯

九張厰

一漢京兆尹爲妻畫眉者　一字顯明廣平蘇陽令　一東漢竇武傳　一王莽傳西漢　一晉太子中庶子　一晉孝武太子中舍　一魏人東夷傳　一宋侍中字彭祖吳國內史　一唐神龍中試才高位下科出宋高續古緯畧葉續一

九張衡

一字平子作思元賦　一平陽人　一陰平人王隱晉書　一晉趙王倫後將軍　一晉都督部曲詎益

州刺史皇甫晏謀反者起居注　一預殺隋文帝者　一張道陵子白日仙去此陸善經續一　一晉新昌人執縣宰降慕容皝者　一宋仁宗嘉祐二年狀元及第仕至集督院學士作編年通載者葉續二

五張平

一留侯父　一魏漁陽太守與成公綏善　一晉張華父　一石季龍將軍　一以中尉從高祖封鹵麗侯西漢年表葉續一

五張禹

一漢安昌侯　一西漢侍御史字子長　一名羽

韓安國同時　一東漢太傅　一上郡太守爲劉聰所攻晉書

五張湛

一漢司空字子孝光武時太子太傅　一晉侍中江陵侯起居注　一字處度注列子者　一晉安帝中書郎直西省起居注　一字子然燉煌人崔浩識而禮之北史葉續一

五張温

一東漢司徒　一吳人字惠恕　一冉閔時晉載紀　一晉張軌父爲太官令晉書　一金人字元佐有

詩名出中州集葉續二

四張綱

一東漢人字文紀　一僞燕人有巧思爲宋高祖所得　一唐順宗永貞初杭州刺史奏罷餘杭倉宇者出臨安志秋官考　一宋高宗參政字彥正諡章簡葉續二

四張翰

一晉丹陽太守山濤啓事　一字季鷹思蓴者　一宋慶曆中江陵人張師正括異誌　一金人字林卿貞祐初戶部侍郎中州集葉續二按金史張翰本傳爲戶部尚書

三張鶱

一博望侯　一後漢人牟子云　一南陽人字子淵
三張倉
一西漢相按張倉於高祖時封北平侯　一光武時東觀漢記　一
桓元僕射以苑字爲兇字免官
三張載
一後漢宦者　一晉人字孟陽　一宋人字子厚
號橫渠先生二葉續
三張賀
一前漢掖庭令　一東漢表守　一陳時將此陸善經
一續

三張魯
一東漢人號米賊五斗米道者　一字昭國魏建安六
年計史　一涼李暠太守此陸善經續一
三張超
一東漢文苑傳　一東漢張邈兄　一字世元廣
平人
二張子房
一留侯字　一鉅鹿人魏建安六年法吏
二張勝
一爲盧綰之臣　一與蘇武在匈奴者

二張湯
一前漢舞文巧詆　一出赫連勃勃傳
二張毅
一周人好事不堪其勞內中熱死者　一前漢張
倉之孫
二張芝
一字伯英　一魏鮑勛薦者見鮑集
二張遼
一漢桂陽太守　一魏征東將軍
二張昶
一張芝之弟也　一禿髮烏孤臣晉載記

二張陽
一東漢岑彭傳　一字稚叔見魏文帝集
二張堪
一漢郡守　一晉州刺史
二張子高
一敞字西漢人　一臨海人王導相府參議
七張武
一敞弟漢元帝時梁王相　一前漢授金者　一南郡獻
白虎者　一後漢獨行傳　一見淮南子　一晉

人 一唐昭宗時蔚州刺史出通鑑葉續一

十劉欽

一溧陽侯 一南頓令 一光武父疑八 一 一桃

山侯城陽孝王子 一新市侯西漢年表廣川繆王孫 一平度

侯菑川王孫 一卽來侯城陽王孫 一密鄉侯膠東頃王孫

一淮陽憲王宣帝子並西漢 一劉元海時武牙將軍葉續

五

十劉宏

一都梁節侯長沙定王孫 一昌應廉侯魯孝王子 一東

陽郡侯清河綱王子並漢年表 一漢惠弟子 一荊州牧

一劉備父 一晉武帝率更令 一梁州害張寔

者 一東漢人出劉文記 一晉鎭南大將軍字和季

一武陶侯廣川繆王孫 一玆鄉侯城陽荒王子 一容鄉

侯趙共王孫西漢年表 一高密哀王宣帝二年立 按前漢書宣帝紀本

始元年立廣平生胥少子宏爲高密王 一隋城節傳 一唐武德

初總管諫太宗勿追采金剛者出通典兵志乘勝編葉續六

十四劉章

一朱虛侯 一東野侯中山靖王子 一略陽侯 一

宣處侯中山康王子 一宣節侯 一雒陵侯長沙定王子西

漢年表 一名璋劉表子 一楚元王休侯之曾孫

一高密哀王子頃王 一鄉襄侯趙共王子 一柳裴

侯趙敬肅王孫 按前漢書作抑侯厚本抑裴侯誤 一光武姪太原

王東漢齊武王傳 一順陽侯光武族兄中山王嘉之孫 一宋高宗

紹興十五年舉人出宋通鑑葉續七

十二劉德

一河間獻王 一劉向父宗正 一成鄉侯高密頃王

孫 一廣陵孝王子廣平侯西漢年表 一東漢平原王

一北海人注書者 一字敦思 一劇魁侯菑川懿王

子 按前漢書劇魁侯黑菑川懿王子後元封元年思侯昭嗣四年康侯德嗣劉德乃菑川懿

王孫也注以德爲懿王子字有誤 一易安侯趙敬肅王孫坐殺人免 一

定侯齊孝王孫 一東漢東武城侯 一彭城人太醫

校尉出晉書葉續五

三劉禮

一宗正父帝言如兒戲者 一西漢平城侯坐恐

喝人取雞兔 一東漢劉隆父葉續一

九劉寬

一東襄侯廣川繆王子 一廣武利王曾孫懷王 一

濟北貞王勃孫 一臨邑侯城陽共王子 一葛魁節

侯菑川懿王子 一趙敬肅王子漳北侯並西漢年表 一

東漢太尉字文饒 一懷王高密王孫 一阿武侯河間獻王

孫葉續一
七劉毅
一春秋時周大夫殺佞夫者 一東漢劉騊駼弟
一北海敬王子東漢文苑傳 一董卓長史 一中經
簿作論十三卷 一字仲雄晉僕射 一小字盤
龍
七劉元
一淮陽憲王子文王 一河間孝王子富春侯
一石山節侯城陽戴王子 一更始 一江夏人
字士微晉三公 一字伯康漢明帝中大夫作贊

賦者文選馬季長笛賦序 一先主孫晉永嘉中奔蜀李雄
署爲安樂公出蜀志注葉續一
十劉延年
一陽嚴侯 一祝茲侯膠東康王子 一樂都侯膠東頃王
孫 一鄗安侯趙敬肅王子西漢年表 一懷昌侯西漢菑川王孫
一劉元海時左獨鹿王 一復陽侯長沙頃王 一中
鄉侯梁敬王子 一安定侯燕刺王孫 一宋建平王景素
子明帝以其嗣始平王鸞之後南史葉續六
七劉安
一淮南王著鴻烈解者 一後漢中常侍廢順帝者東漢

宦者傳 一孝文時陽安侯齊悼惠王子 一廣鄉侯平干
頃王孫 一和陽侯中山頃王子 一成鄉侯高密頃王子 一
東漢任城孝王子眞王葉續五
六劉邵
一字孔才作皇覽者 一字宏達北海人 一吳將
一宋元兇 一晉都鄉侯 一晉侍中即劉王喬之子
六劉曜
一漢孺子 一劉巳叔 一魏鮑勛傳 一晉載
記 一慈明琅琊人晉書 一東漢恭王光武曾孫葉續一
按後漢書沛恭王曜乃沛王輔之後此王恭上脫去沛字

六劉根
一仙人 一西漢析泉侯長城荒王子 一栗節侯趙敬
肅王孫 一武昌太守晉惠帝起居注 一晉賊後晉書 一
新城侯西漢膠東頃王子葉續一
五劉旦
一燕刺王 一平侯 一長沙定王孫煬王 一
膠東頃王孫樂都侯 一菑川懿王孫平望侯西漢
年表 一平千頃王孫平利侯西漢葉續一
一劉繪
一字令文晉滎陽太守 一晉太子詹事 一見

魏書 一字士章南齊劉孝綽父 一齊人

五劉歆

一向子字子駿王莽國師 一更始子殺熟侯

一字細東觀漢記 一光武騎將封浮陽侯東漢劉作綽

一字太明魏尚書

五劉澤

一與燕刺王約 一蘼葭侯陽城頃王子 一瑯琊王

一廉城侯並西漢年表 一金國部傳字潤之劉光

謙之父中州集叢續一

五劉交

一博鄉侯六安繆王子 一梁鄉侯趙共王子 一楚元王

一懷王濟北王孫 一臨鄉侯廣陽頃王孫並西漢年表叢續一

三劉季

一漢高祖字 一宋司州刺史 一晉太始中太

樂郎校御府銅竹律者晉律歷志叢續一

三劉佮

一劉昕之下將軍 一字平國 一字伯倫晉人

三劉眞

一南城侯城陽共王子 一陘城侯西漢年表中山靖王子 一

魯恭王子瑕邱侯叢續一

二劉禎

一字公幹魏人 一晉殿中監晉事要

二劉子政

一向字 一孫賸時仲長子昌言

二劉長龍

一漢文帝小名 一石崇同時人

二劉表

一後漢荊州牧 一廣陵侯西漢年表城陽共王子

二劉備

一西漢年表 一蜀先主

二劉恆

一孝惠帝美人女 一文帝名

二劉盆子

一東漢初立爲帝 一桓元篡位時與庾仄力能

扛鼎晉陽秋

二劉昆

一字元公後漢人 一名琨字越石晉人按劉琨與劉昆

不同未免牽合

二劉惔

一晉人字眞長 一字處靜異苑

四劉秀
一卽歆改名秀　一東漢光武　一晉都督令史
改西海公　一晉元帝揚威將軍
四劉裕
一後漢司農中山人出英雄記　一見魏晉世譜　一
宋高祖小字寄奴　一晉書載記劉元海之子僞
齊王葉續一
八李膺
一字元禮東漢人　一達神將　一魏朱桓傳盧江
太守見吳志　一湘東人撰益州記者　一晉文帝元

年安城計吏　一梁武帝問如何昔李膺此陸善經續字
公允　一唐李郡玉從祖爲岳州牧出雲溪友義　一宋
高宗建炎年間知沛縣宋通鑑葉續二
八李平
一諸葛集　一婦人出班婕妤傳　一蜀志李嚴傳字正
方改名平　一奮武將軍蜀人出符堅傳　一晉竇虞人起居
注　一御史中丞糾免崔暹者史崔暹傳　一顏眞
卿守平原使李平馳奏元宗唐顏眞卿傳　一南唐戶
部侍郎與潘佑同誅葉續三
七李充

一漢武時人洞冥記　一王莽諫議大夫　一字友
遜陳留人　一晉度支郎　一字宏度江夏人晉文
苑傳　一開皇時邊將隋書　一唐京兆尹有美政奚陟
傳葉續二
七李陵
一字少卿　一晉將　一燕書南皮侯　一馮跋
傳　一城門校尉晉人　一出會稽典錄　一出
列女傳
七李雄
一蜀賊晉書　一晉惠帝時相梁王　一李穆子密

國公北史　一渤海人楊素進爲大將軍北史　一隋
兵部尚書字毗盧　一唐莊宗同光年游金陵成都
鄰各爲詠古詩名曰鼎國詩洛輩人也　一北海
人有文藝好丹青宋太宗時祇候圖畫院出名畫評葉續
五
六李宏
一晉陽侯　一撰金煙玉鏡　一唐孝敬宗此陸善經
續　按唐太子宏未即位雖嘗追上義宗號旋即罷去不當稱宗當　唐書作孝敬帝
一廣漢妖賊自稱聖王晉廢帝紀　一劉聰大鴻臚晉書
載記　一李八百弟子養徒灊山應讖當王出晉書周禮傳

葉續三

六李通

一光武時　一魏武帝將　一魏建功侯字文達

一名豐晉時令李通謀廢大將軍干寶晉書　一唐代

宗子恭王唐系世　一金完顏亮時右丞宋通鑑高宗紀葉續

二

六李廣

一前漢將軍　一魏將爲司馬文王所殺　一後

漢妖巫光武紀　一東漢中水守李思三世孫　一

南史文苑傳按李廣載北史文苑傳此作南史誤　一後蜀李壽子

漢王晉載記葉續三

五李乾

一聃之父　一字仲元　一光武將東觀漢記　一晉

人　一魏志都亭侯李典父葉續

五李陽

一幽州人出郭子　一諫陶侃不與溫嶠穀　一

見石勒傳　一晉龍驤將軍起居注　一唐楚州刺

史淮中觀巫支祁者出李肇國史補葉續一

三李衡

一出吳志　一晉牙門將軍部史起居注　一能畫

蕃馬者唐名畫錄葉續一

三李由

一三川守斯之子　一晉關內侯字元朝　一事魏

三李肅

一後漢殺董卓者　一後漢西羌傳　一五代漢

左驍衛上將軍葉續一

四李固

一後漢太尉　一晉時　一太山太守出吳質傳

三李克

一晉獻公臣里克　一魏文侯臣李克　一唐太

和中淮南從事見戎幕閒談葉續一

二李緒

一漢李陵上表云教匈奴兵法叛臣緒　一晉西

陵尉宗世業

二李巡

一後漢宦者　一注爾雅者

七孫登

一後漢人　一注老子　一字公和嵇康所遇者

一吳太子字子高　一長七尺九寸大形小口左氏

傳按左氏傳無此文舊注疑有誤　太山北海相都鄉侯　一侯都

賓佐

五孫秀

一吳人字彥才 一字彥叔太原人作僕射 一晉人（趙王倫傳） 一字世才濟南人 一字雋忠瑯琊人晉征西將

三孫皓

一鄭元弟子 一晉陽長 一吳王降魏者

二孫邕

一後漢術士 一魏光光祿大夫

二孫恩

一吳孫峻之弟 一晉妖賊

四陳平

一漢曲逆侯 一漢成帝詔爲司馬迎元帝（按漢書無成帝迎元帝事此文疑有悞） 一晉起居注 一晉時坐相忤妬棄市

四陳遵

一春秋陳宣公 一極武使立朡（未詳） 一漢人字孟公 一南粵王記蒼梧人

五陳壽

一字光考（朱崖舊事） 一字光孝宜春人 一字永作三國志者 一字季異（臨海人） 一傳陽侯陳鼻孫（漢年表葉續一）

三陳元

一字長孫（東漢） 一無行（西漢仇覽傳） 一河陽侯陳涓孫（西漢年表葉續一）

三陳軫

一戰國時 一晉廣陵侯 一晉賊

二陳勝

一前漢字陟 一字仲雅（出豫章記）

二陳咸

一前漢 萬年子 一沛郡講禮者（出王莽傳）

二陳元方

一魏初時人 一晉徐邈舅

三趙良

一譏商鞅因景監見趙良爲子寒心 一史記龜筴傳 一漢長沙王引爲省事

三趙括

一襄子 一奢之子 一晉人與齊同時

二趙嬰

一襄子 一秦五大夫

六伯夷

前有三今一郄伯夷抱樸子登涉篇 一武德中竹伯夷彈琵琶段安節琵琶錄 一杜子美棘人詩集課伐木篇葉續三

四王充

前有二今一苻堅中山太守載記 一唐王世充避太宗諱葉續二

古今同姓名錄卷上終

古今同姓名錄卷下

梁 元帝 撰
唐 陸善經 續
元 葉森 補
綿州李調元 校

二虞舜

一有虞氏重華 一東觀漢記

二虞預

一字叔寗 一江東東陽人

二虞邱壽王按漢書作吾邱此作虞邱一作吳邱蓋古吾虞吳三字通

一西漢辨鼎者 一別有吳邱說趙人

二壽夢

一吳王 一越大夫

二秦政

一始皇按錄中秦改皆以國號爲姓非○以下闕

二鬷蔑

一春秋晉人 一齊崔杼所殺

三邵平

一秦東陵侯 一晉末人 一齊相史記劉肥傳記索隱云東陵人邵平與東陵侯邵平及此平邵皆似別人也

三孔子

一字仲尼　二皆鄭穆公之子按鄭穆公子一子孔一士子孔此作孔子誤

二孔文子

一見左傳　一晉奉車都尉

二孔安國

一漢人注論語者　一晉餘不亭候孔愉子

二侯霸

一王莽選用能吏　一後漢字君房

二姬滿

一周穆王　一王孫滿

二郝隆

一劉歆校書　一晉人曬腹中書者

二臧鴻

一太保屬吏王莽傳　一後漢人

二荀爽

一漢左將軍擊朝鮮縛楊僕者　一後漢字慈明

二江革

一後漢有孝行　一字休映南史梁朝

二藺相如

一戰國　一蜀人殺劉季連者

二宇文豆羅突

一後周衛剌王直小字　一趙僭王小字

二于吉

一北海人就帛公得素書者神仙傳　一吳孫策慊惑衆殺之後見頭於鏡中者

三范焊

一後漢良吏　一字蔚宗　一福建人爲王審知兄王潮攻滅者五代史葉附一按五代史閩世家王潮所擊殺者范暉此作范焊誤

二呂才

一吳人　一唐初善陰陽

二公孫臣

一春秋時殺甯喜　一前漢人

二屠擊

一晉人　一鄭人左氏傳

二費長房

一勸桓景登高者　一隋時修道書者

二石苞

一晉石崇父　一石虎父

三刁大倫
一名協嘲韓盧者　一桓温司馬
二秋胡
一晉人戲妻者　一西京人傳尚書古隸
二扶生
一漢書年表　一僞秦苻按扶苻不同未免牽合
二閎孺
一孝惠倖臣　一漢廣陵人出風俗通
二淳于長
一西漢佞幸傳定陵侯　一清平傳孔融集

二梁統
一字佐時太原人　一後漢人
二毛遂
一平原君客　一落井者
二計子訓
一蘇子訓仙人也按蘇子訓與計子訓不同未免牽合　一與范燁同傳
三柴武
一西漢將　一撰賦晉諸註之序　一孫權將
二龔遂
一前漢　一後漢九江太守巨卿
二丁固
一季布同母弟　一吳司空夢腹上生松者
二霍光
一漢大將軍　一字德兒沛郡相建安六年中計吏
二顧愷之
一晉人字長康　一宋將軍字伯虎晉陽秋
二許由
一堯讓位者　一名遊晉人　一名攸袁紹時人按下所引遊攸與由不同未免牽合

二程鄭
一晉人左傳　一西漢人
四顏回
一孔子弟子　一晉羌師晉陽秋　一孟獻子鬭臣說苑　一許暹子葉附二
二竇憲
一和帝舅勒功燕然山者　一字房儲爲洛陽令者
六胡廣
一後漢字伯始　一高貴鄉公黄門郎　一晉人

字恭具　一晉大中大夫成紀子　一薦周續之
者　一開府故吏晉起居注
二蕭云
一前漢　一後漢
四馬武
一光武將　一晉殿中監傳氏奏事　一晉都水使舉
戴洋者晉戴洋傳　一張昌將晉張昌傳葉付二
三朱宏
一王莽時并州牧　一字仲子東漢　一太保見孔融集
五臧旻

一後漢人　一吳萊州刺史士燮傳　一桓嶠諮議
一晉臨川太守上章賀成帝加元服失旨者起居注
一臧洞弟之子房州刺史晉人
六任安
一東漢人儒林傳　一晉大夫　一慕容皝鴻臚戴記
一蜀　一監北軍使者以戾太子事受節懐一心
要斬之西漢劉屈氂傳　一宋宣和時畫院人出畫繼葉附二
二陳仲弓
一漢陳寔字　一齊於陵子字子終
二孫綽

一吳人孫嵩之子吳志　一晉人字興公
二裴寬
一後周沔州刺史友悌著名　一唐尚書韋詵婿
號碧觀鵲者
二崔豹
一作古今注者　一燕人載記
二崔林
一魏司空字德孺三公封侯始此　一名琳唐三
戟崔家按琳與林不同未免牽合
二崔浩
一字伯淵後魏明帝祭酒　一名顥唐詩人按崔顥與浩不同未免牽合

二雷義
一得人償珠拒云非我同姓名者
二雷次宗
一義之字　一建昌人
二董宣
一漢强項令　一晉惠帝謁者僕射
三董仲舒
一漢大儒　一後周時對貂蟬出自兜鍪者　一

後魏術人俱云董仲

二何無忌

一甘卓主簿三國志　一宋初功臣南史

二何

一蜀李班司馬載記　一南齊書

二朱買臣

一漢人五十當富貴者　一梁元貴時人

二朱博

一漢御史　一秦內史載記

二田光

一燕太子丹時　一田悅傳

二田文

一孟嘗君　一韋賢丙吉時同爲相森按史記云有善相工田文云韋魏丙三君皆丞相也此乃相工非與同爲相

二桓景

一晉桓彝父　一費長房弟子

三桓彝

一吳尚書字義則　一桓溫父字茂倫　一吳侍中李仁對程瘦二侍郎詞

二韋曜

一吳人字宏嗣按韋曜本名韋昭三國志因避晉文帝諱而改作曜此與唐韋曜並列蓋考之未審也　一唐安樂公王婿

二韋悰

一貞觀中左丞　一宣宗宰相按新唐書宰相表宣宗大中時宰相乃韋琮也此作韋悰誤

二郭槐

一名淮字伯濟魏人　一賈充妻

二郭

一名淮字伯濟魏人　一賈充妻

三郭泰

一字林宗　一黃巾賊帥　一出劉文靈傳

四郭文

一見王郎傳　一晉遯妻議按此句疑有脫誤晉妻祇載隱逸傳一郭文

一晉隱士　一呂光臣騂馬令

二夏育

一古勇士　一後漢人

二夏侯亶

一字甫與晉人兄弟相代爲荊州牧　一字世龍梁人家貧好蓄妓樂

二嚴延年
一漢酷吏　一字長孫
二嚴武
一吳人字子卿善棊　一唐嚴挺之子
二成公綏
一晉人字士安作嘯賦　一慕容超時載記
二成濟
一害高貴鄉公者　一張仲華時伏劍死
二蔡澤
一秦相　一字伯洞林陽先賢傳

二蔡邕
一字伯階　一出異苑
三杜鄴
一與杜欽同字　一又欽子業　一漢昭帝建平敬侯杜延年孫名業葉附按業與鄴不同未免牽合一
二杜子夏
一杜林字　一杜欽字並後漢人按二子夏皆前漢時人此云後漢誤
三謝安
一質帝時平都故吏下卒人封平卿侯　一東觀漢記

一晉太傅安石
二謝沉
一作後漢書者　一字道昭朓再從兄
二謝鯤
一折屐齒者　一名琨宋人
二賈損之
一字君房　一爲失馬東漢
二賈謨
一晉江右平陽人　一江左武國人字德範
三賈

一前漢藝文志　一更始將　一晉人字公閭
三高公
一高句麗王　一王宮之孫生而張目時以爲神因名之曰宮
二高柔
一三國魏人　一王蒙仲祖時人
二高雲
一西秦時僭改元正始　一唐人畫仕女上品
二高益
一晉末殺慕容泓　一唐天寶年作花萼賦
二尹賞

一西漢酷吏　一蜀太守

二尹敏

一後漢不識讖者　一晉率更令

二吳廣

一趙武靈王后父出列女傳　一西漢陳勝傳

二吳漢

一光武將　一趙王覓束皙家傳　一魏史乞伏傳

二吳艮

一吳漢字太義　一後漢名梁字伯卿

三吳質

一字季重魏人　一漢陰人建安六年計吏　一仙人葉附一

三徐偃

一徐偃王無骨者春秋　一西漢博士　一松兹侯

按前漢書作祝兹侯此云松兹侯誤徐厲子景帝中六年詞侯葉附一

二徐陵

一吳後主時與陶璜討郭馬者　一字孝穆南史

三徐邈

一魏人畫魚致獺者續齊諧記　一晉王彌將　一晉

人

二徐衍

一負石入海者出莊子　一東漢宦者

三徐福

一徐市音福字君房始皇使求藥者　一上言霍氏

者前後　一字元直即徐庶也始事游俠後折節於學魏略

按徐庶本姓單名福改姓名爲徐庶此直以爲徐福亦考之未審

三徐幹

一東漢平清人字叔堅班超傳　一魏人字偉長

一字彥直晉益州刺史

三韓朋

一陳軫同時　一巧士別錄小說　一出齊世家或名憑

二韓安國

一漢御史大夫　一漢定襄太守馮奉世傳

二韓終

一仙人　一西漢年表

二韓信

一淮陰侯　一部符王潁川者

三韓嬰

一襄城侯西漢年表　一授韓詩者　一歆之子東漢葉附

一

二韓博

一薦巨無霸者　一晉人守武封才彝者
二韓壽
一賈充女與香者　一慕容皝司馬載記
二韓耶
一後漢韓耶　一晉殿中郎起居注
二韓晃
一晉將殺桓彝者　一唐承相相名滉按滉與晃不同未免牽合
二韓宏
一唐掌書記制誥　一同時刺史

五楊雄按揚子雲以邑爲氏與楊不同後人以楊修嘗稱修家子雲遂多有混作楊者此亦沿其誤也
一字子雲作太元法言　一名熊秦將與高祖戰
白馬　一隋觀王　一後周華陰人儻城郡公楊
紹子　一魯陽郡公字略北史葉附二
二楊敞
一漢人　一晉世曾宜之誘賣敞奴婢起居注
二楊欣
一晉涼州刺史晉馬隆傳　一羊欣按羊欣與楊欣不同未免牽合
二楊秉
一後漢　一晉振武將軍
三楊廣
一晉人字德度宏農人也　一隗囂將　一隋煬帝
二楊播
一北齊楊椿兄　一炎之父唐元宗徵爲諫議大
夫棄官去
二趙堯
一西漢御史弄印者按前漢書周昌傳高祖御史大夫印弄之曰誰可爲御史大夫視堯曰無以易堯遂爲御史大夫今云西漢御史弄印者文義不明　一貢禹時
人

三趙勝
一趙旃子爲東陽之師左傳襄公二十三年　一平原君
一魏孝文時太史令北史藝術張深傳葉附一
四趙達
一魏校書掾白徐邈飲酒者　一吳與八絕達算
爲一三國吳志　一隋河東人爲吏甚酷吏庫狄士文
傳一宋孝宗中書舍人字莊叔資川人葉附二
三趙咨
一字文楚後漢　一吳使魏者　一字君初傅元傳
二趙昻

一與平原君同時　一漢御史大夫
二蘇建
一武之祖　一漢景帝時人
三蘇章
一西漢字游卿　一東漢字士茂　一字孺文
三蘇峻
一字師珍　一字子高
五周昌
一周文王　一前漢汾陰悼侯　一謂漢帝爲桀紂主
者　一晉太康海西良吏晉起居注　一晉人江州刺史

五周勃
一前漢絳侯　一字世休封平亭侯武元令陳留
人　一東漢荆州刺史　一漢成陰侯文帝十五
年免侯　一吳時山陰宿賊與黃羅漢聚黨吳書董襲傳
一葉附
三國章
一吳太伯初　一漢項羽傳　一後漢司空
三周瑜
一好事者　一吳人字公瑾　一梁列侯周鐵武
之子葉附　一

二周舍
一趙簡子時　一晉臨川丞相舍人
二周生
一後漢　一晉賣生留人起居注　按生留未詳疑有誤
三魏向
一陳留人字仲文　一雲中守馮唐言之漢文帝
者　一豫章人字子崇官至潯陽太守
三魏相
一見左傳　一前漢相　一章帝時廷尉東觀漢記
三魏顆

一左傳見老人結草者　一顗之弟
二魏舒
一中行穆子傳左　一字陽元生南岳魏夫人爲舅
氏宅相者晉書
二符健按符健符融符熊之姓從草音蒲此符姓不周錄中徵引並有誤
一晉載記　一武都氐王蜀後主時入降
二符融
一字偉長東漢仇覽傳　一符堅弟陽平公
二符熊
一符健本名初父洪族祖健初生洪夢熊曰可以

名吾子　一字世業後避名外祖攺此
三孟賁
一古勇士　一後漢順帝常侍　一武帝元朔三
年少府百官公卿表葉附一
三孟嘗
一田文號　一字伯周合浦還珠者　一唐李孟
嘗趙州人封漢東郡公葉附一
二孟達
一蜀志　一晉左衛率督
二孟光

一字孝裕蜀先主時　一梁鴻妻
二孟昶
一與劉毅伐桓元者　一五代蜀王
二孟嘉
一後漢人　一桓溫長史
二袁粲
一晉尚書　一宋司徒
二袁宏
一字彥伯　一名閎字夏肭按閎與宏不同未免牽合
三鄭崇

一西漢　一魏人渾之子　一晉孝武折衝將軍
討姚萇而歿
二鄭宏
一西漢字穉卿　一東漢字巨君
三鄭眾
一東漢註禮者　一東漢宦者　一晉部曲督
三鄭茂
一漢武時壺關三老　一南陽人死夢婦云復生
開棺果生感應錄
三曹參

一西漢相　一淮南王謁者
三曹壽
一漢平陽侯尚武帝姊陽信長公主　一犍爲太守出蔡邕碑
一曹大家婿
二曹義
一字伯和晉相國　一字昭侯魏將軍爽之弟
五劉向
一西漢字子政　一唐人畫入上品　一菑川懿
王六世劇魁侯西漢　一劉植子軍成侯東漢　一齊
天保八年於鄴謀逆北史齊祖紀葉附三

四劉晏
一南齊謝朓友　一字士安唐元宗時　一廣川
惠王子棗强侯　一趙頃王子都鄉侯並西漢葉附二
二劉道民
一宋武帝小字　一宋劉穆之小字
二陸通
一楚狂人　一後周人字仲明
二陸賈
一造新語者　一晉斯平子吳國陸覬注起居
二陸機

一吳人字士衡　一名璣字元恪注本草者按機與璣
不同未免牽合
三鄧曼
一左傳公夫人按東曼係楚子夫人今作公夫人誤　一後漢桓帝
鄧后弟名萬出天文志按萬與鄧曼不同未免牽合大夫
二鄧艾
一本范士則字人有同姓名者因改之　一晉人
口吃者按鄧艾死於魏時此云晉人誤
二鄧攸
一晉人字伯道　一馬彪戰略部曲

二黃霸
一前漢丞相　一晉孝武時議郎
二黃昌
一前漢會稽人爲蜀郡守妻認黑子者　一傳咸
爲中丞時奏中正黃昌負樗蒱錢免官
三羲之
一字逸少　一字仲長仕符健　一太宰戶曹
二王茂之
一晉侍中　一晉尚書令字道蔚
二阿戎

一王戎小字　一齊王思遠小字
六王質
一晉人爛柯者　一字子貢梁武帝將軍　一字
質夫唐人　一字紹奴北史恩倖傳　一唐人字華鄉
文中子五世孫　一宋仁宗天章閣待制字子野葉附三
五王澄
一晉竟陵內史　一字子深太邱令　一字少游
太原人　一後晉人　一宣州刺史遜之子
五王淸
一梁王進之子　一唐人樹下得錢者酉陽雜俎　一

五代死事傳　一女仙傳楊欽眞之夫　一名青
起兵攻王莽被矢貫咽後漢張酺傳葉附三　按青與清不
同未免牽合

五王平

一巴西人見蜀志字子均　一齊南太守晉起居注　一
晉武正晉起居注　一漢昭帝廷尉　一宋仁宗御史
字保衡見揮麈錄葉附二

四王閎

一漢董賢傳　一後漢王景父傳循吏　一晉宗正
河南人　一晉惠帝在東宮時爲太子舍人

四王度

一隋御史乃六中子弟也　一五代樞密直學士
一起兵應黃巾者三國程昱傳　一東漢淮陽侯王霸
孫尙顯宗女葉附二

四王酈

一注周易老子　一齊王奐子南史　一晉姚興司
徒左長史　一咸陽郡公尙魏安樂公主北史王盟傳葉
附二

三王愷

一字君父與石崇爭富　一晉太常卿　一晉安
帝吳郡內史

三王珣

一晉人夢大筆者　一唐祕書監兄弟並爲中書
舍人時號三王　一宋眞宗時少師葉附一

三王通

一太宰晉書　一梁王錫子字公達南史　一唐人字
仲淹文中子也

三王融

一字元長　一字元照晉人前　一齊王奐長子

三王長

一後漢張道陵弟子神仙傳　一齊王華孫南史　一
後漢卜者出蔡邕撰光武紫陽宮碑葉附一

三王徵

一晉王澄子字多仁　一字景元南齊人　一唐
右衛騎曹參軍見韓文王適墓志葉附一

三王猛

一符堅相　一字世雄清之子梁朝人南史

三王恂

一晉蘭陵令　一晉太康時豫州別駕

二王隱

一晋録尚書事　一晋蘭臺令

二王洽

一晋人　一唐人

二王珉

一洽之子　一唐居西蜀善黄白術出逸史

二王溥

一字伯淮尚餘姚公主梁簡文帝女　一五代時按王溥仕宋至尚書右僕射此作五代誤

二王遠

一方平也仙傳　一字景舒齊人善談人謂如屏風者

二王蘊

一字叔仁晋人　一齊王彧兄子也

二王銓

一晋王隱父私録晋事者　一字公衡梁人王琳子

二王表

一孫權時降神人也　一唐祕書少監

二王粲

一字仲宣作登樓賦者　一隋王世充父

二王母

一觴穆天子者穆天子傳　一河北人帛和見而拜之者神仙傳

二王方

一仙人遠字　一王宏之字隱會稽者南史

五李雲

一漢桓帝白馬令字行祖　一周顯德年間人　一晋僞蜀李雄司徒　一李元忠子北史　一秦太傅璣之子武安君之兄出唐宰相世系表葉附三

五李遠

一後周僕射　一字求古唐常侍能賦　一晋僞蜀李特僚屬載記　一宋紹聖間武舉後取邈川作

青唐録一卷　一青州人學李成畫馳名崇觀間畫繼葉附三

四李訓

一唐高宗宗室子見碧落碑　一文宗時講易者　一李修子號四龍者東觀漢記　一晋僞燕馮跋時工人竊寶而逃者葉附二

四李端

一後魏將軍賢之子　一唐詩人　一蔡人爲烏重允食其妻　一宋開封人畫繼葉附一

四李昉

一宋司徒南史 一唐人善畫 一五代漢李崧族
子爲祕書郎通鑑 一宋太宗時相名臣葉附二

三李密
一西晉字令伯 一唐邢國公 一字希邕北齊
容城縣侯葉附一

三李嚴
一諸葛亮表廢于南中 一唐肅宗相 一五代
唐莊宗時使蜀葉附一

三李觀
一唐德宗涇原節度 一字元賓韓文公友 一

宋著作郎以文祭歐陽修母葉附一

三李肇
一晉惠帝殿中郎 一唐作國史補者 一五代
孟知祥時守利州葉附一

三李綱
一後漢岐州刺史 一字文紀李大亮父也隋上柱國
武陽公 一字伯紀宋高宗宰相葉附一

三李稜
一隋時作亂楊素平之 一唐狀元及第 一梁
將陷魏復歸大同年間人

二李白
一北魏李方叔子梁郡王 一唐字太白謫仙人

二李昂
一唐文帝 一唐考功員外郎

二李諶
一唐高宗宗室子見碧落碑 一唐德宗子通王

二李郃
一漢李固父安帝司徒 一唐人薦劉蕡者

二李愿
一唐李晟子 一隱盤谷者葉森攷之隱盤谷者卽晟之子

二李嶠
一唐魏王泰孫 一元宗謂眞才子者字巨山

二李元禮
一膺字 一唐長安中堂陽令

四張仲
一毛詩張仲孝友 一漢陳平婦父 一晉晉陽
令 一張釋之兄前漢葉附一

五張昭
一吳太尉字子布 一見李白貞女碑 一五代
吏部尚書 一北魏以軍功進封修 一宋元豐

年吏部尚書獨掌京官七品三葉附

三張華

一晉人字茂先　一南燕勸慕容德即位　一漢議郎見蔡邕傳一葉附

三張詠

一吳後主東湖太守　一宋吏部尚書字隱之　一字永之宋眞宗時號乖崖公一葉附

二張浩

一後漢司容字叔明　一名顥得鵲印者按張顥與浩不同未免牽合

二張儀

一戰國人　一字文表陳留人

二張耀

一北齊人上谷昌平人宣帝時封都鄉男　一梁時範之字

二董卓

一字仲穎漢賊　一晉張駿都尉

古今同姓名錄卷下終

古今同姓名錄跋

梁元帝撰古今同姓名錄見於梁書本紀及隋書經籍志皆作一卷此題三卷者合陸善經所續元葉森所補而名也夫司馬遷不知有兩子我故以宰予爲預田恒之亂不知有兩公孫龍故以堅白同異屬之孔門弟子然則此錄非但凝瑣聞供談資亦讀史之要務也較宋陳思之小字錄郭萬里之別號錄其有功史學豈待問哉至如明余寅別撰同姓名錄十二卷周應賓又補一卷近日王延燦又補八卷雖較此加詳適形其贅椎輪之始則舍此無由童山李調元跋

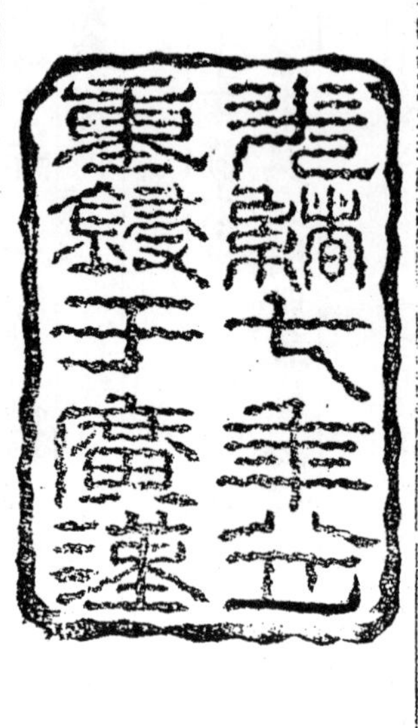

欽定四庫全書提要

臣謹案長短經九卷唐趙蕤撰孫光憲北夢瑣言稱蕤梓州鹽亭人博學韜鈐長於經世夫婦俱有隱操不應辟召是書皆談王霸經權之要是書成於開元四年自序稱凡六十三篇合爲十卷晁公武讀書志亦作十卷今久無刊本王士禎居易錄記徐乾學嘗得宋槧於茌平此本前有傳是樓一印又有健菴收藏圖書一印後有乾學名印每卷之末皆題杭州淨戒院新印七字猶南宋舊刻蓋即士禎所言之本僅存九卷末有洪武丁巳沈新民跋稱其第十卷載陰謀家本缺今存者六十四篇云云是佚其一卷而反多一篇與蕤序六十三篇之數不合然勘驗所存實有篇六十有四疑蕤序或傳寫之誤也第一卷八篇題曰文上第三卷四篇題曰文下第二卷四篇則有子目而無總題以例推之當脫文中二字第四卷一篇題曰霸紀上第五卷一篇論七雄之事題曰霸紀中第六卷一篇論三國之事亦無總題以例推之當脫霸紀下三字第七卷二篇題曰權議第八卷十九篇題曰雜說第九卷二十四篇題曰兵權其第十卷所

謂陰謀者則今不可考篇中註文頗詳多引古書疑即㽔所自作註首或標以議曰二字或亦不標體例不一亦未詳其故今止刻正文劉向序戰國策稱或題曰長短此書辨析事勢其源蓋出於縱横家故以長短爲名雖因時制變不免爲事功之學而大旨主適於實用非策士詭譎之謀其言故不悖於儒者其文格亦頗近荀悅申鑒劉邵人物志猶有魏晉之遺唐人著述世遠漸稀雖佚十分之一固當全璧視之矣乾隆四十四年二月恭校

上

長短經序

趙子曰匠成輿者憂人不貴作箭者恐人不傷彼豈有愛憎哉實伎業驅之然耳是知當代之士馳騖之曹書讀縱横則思諸侯之變藝長奇正則念風塵之會此亦向時之論必然之理矣故先師孔子深探其本憂其末遂作春秋大乎王道制孝經美乎德行防萌杜漸預有所抑斯聖人制作之本意也然作法於理其弊必亂若至於亂將焉救之是以御世理人罕聞沿襲三代不同禮五霸不同法非其相反蓋以救弊也是故國容一致而忠文之道必殊聖哲同風而

皇王之名或異豈非隨時設教沿乎此因物成務牽乎彼沿乎此者醨薄繼於所遭牽乎彼者王霸存於所遇故古之理者其政有三王者之政化之霸者之政威之強國之政脅之各有所施不可易也管子曰聖人能輔時不能違時智者善謀不如當時鄒子曰政教文質所以匡救也當時則用之過則捨之由此觀之當霸者之朝而行王者之化則悖矣當強國之世而行霸者之威則乖矣若時逢狙詐正道陵夷欲憲章先王廣陳德化是猶待越客以拯溺白大人以救火善則善矣豈所謂通於時變歟夫霸者駁道也

蓋白黑雜合不純用德焉期於有成不問所以論於大體不守小節雖稱仁引義不及三王而扶顛定傾其歸一揆恐儒者溺於所聞不知王霸殊略故敘以長短術以經論通變者㮚立題目總六十有三篇合爲十卷名曰長短經大旨在乎寗固根蔕革易時弊興亡治亂具載諸篇爲沿襲之遠圖作經濟之至道非欲矯世誇俗希聲慕名輒露見聞逗機來哲凡厥有位幸望詳焉梓州郪縣長平山安昌巖草莽臣趙蕤撰

長短經卷一

唐　趙　蕤　撰　　綿州李調元雨村校

文上

大體

臣聞老子曰以政理國以奇用兵以無事取天下荀卿曰人主者以官人爲能者也匹夫者以自能爲能者也傅子曰士大夫分職而聽諸侯之君分土而守三公總方而議則天子拱己而正矣何以明其然耶當堯之時舜爲司徒契爲司馬禹爲司空后稷爲田夔爲樂正倕爲工師伯夷爲秩宗皋陶爲理官益掌驅禽堯不能爲一焉奚以爲君而九子者爲臣其故何也堯知九賦之事使九子各授其事皆勝其任以成九功堯遂乘成功以王天下漢高帝曰夫運籌策於幃幄之中決勝於千里之外吾不如子房鎭國家撫百姓給餉餽不絕糧道吾不如蕭何連百萬之軍戰必勝功必取吾不如韓信三人者皆人傑也吾能用之此吾所以有天下也故曰知人者王道也知事者臣道也無形者物之君也無端者事之本也鼓不

預五音而爲五音主有道者不爲五官之事而爲理事之主君守其道官知其事有自來矣先王知其如此也故用非其有如已有之通乎君道者也人主不通主道者則不然自爲之則不能任賢不能任賢則賢者惡之此功名之所以傷國家之所以危湯武一日而盡有夏商之財以其地封而天下莫敢不悅服以其財賞而天下皆競勸通乎用非其有也故稱設官分職君之體也委任責成君之體也好謀無倦君之體也寬以得眾君之體也含垢藏疾君之體也君有君人之體其臣畏而愛之此帝王所以成業也

任長

臣聞料才覈能治世之要自非聖人誰能兼茲百行條貫眾理乎故舜合羣司隨才授位漢述功臣三傑異稱況非此儔而可備責耶昔伊尹之興土工也強脊者使之負土眇者使之推傴者使之塗各有所宜而人性齊矣管仲曰升降揖讓進退閑習臣不如隰朋請立以爲大行闢土聚粟盡地之利臣不如甯戚請立以爲司田平原廣收車不結轍士不旋踵鼓之而三軍之士視死如歸臣不如王子城父請立以爲大司馬決獄折中不殺不辜不誣不罪臣不如賓胥無請立以爲大理犯君顏色進諫必忠不避死亡不撓富貴臣不如東國牙請立以爲大諫君若欲治國強兵則五子者存焉若欲霸王則夷吾在此黃石公曰使智使勇使貪使愚智者樂立其功勇者好行其志貪者決取其利愚者不愛其死因其至情而用之此軍之微權也淮南子曰天下之物莫凶於奚毒然而良醫橐而藏之有所用也麋之上山也大章不能跂及其下也牧豎能追之才有修短也胡人便於馬越人便於舟異形殊類易事則悖矣魏武詔曰進取之士未必能有行有行之士未必能進取陳平豈篤行蘇秦豈守信耶而陳平定漢業蘇秦濟弱燕任其

長也由此觀之使韓信下幃仲舒當戎於公馳說陸賈聽訟必無曩日之勳而顯今日之名也故任長之道不可不察

品目

夫天下重器王者大統莫不勞聰明於品材獲安逸於任使故孔子曰人有五儀有庸人有士人有君子有聖有賢審此五者則治道畢矣所謂庸人者心不存慎終之規口不吐訓格之言不擇賢以託身不力行以自定見小闇大而不知所務從物如流而不知

所執則此庸人也所謂士人者心有所定計有所守雖不能盡道術之本必有率也雖不能遍百善之美必有處也是故智不務多務審其所知言不務多務審其所謂行不務多務審其所由智既知之言既得之行既由之則若性命形骸之不可易也富貴不足以益貧賤不足以損此則士人也所謂君子者言必忠信而心不忌仁義在身而色不伐思慮通明而辭不專篤行信道自强不息油然若將可越而終不可及者此君子也所謂賢者德不踰閑行中規繩言足法於天下而不傷其身道足化於百姓而不傷於本

富則天下無菀財施則天下不病貧此則賢者也所謂聖者德合天地變通無方窮萬事之終始協庶品之自然敷其大道而遂成情性明並日月化行若神下民不知其德覩者不識其隣此聖者也鈐經曰德足以懷遠信足以一異識足以鑒古才足以蓋世此則人之雄也法足以成教行足以修義仁足以得衆明足以照下此則人之俊也身足以爲儀表智足以決嫌疑操足以厲貪鄙信足以懷殊俗此則人之豪也守節而無撓處義而不怒見嫌不苟免見利不苟得此則人之傑也家語曰昔者明王必盡知天下良

士之名既知其名又知其實然後用天下之爵以尊之則天下理也此之謂矣

量才

夫人才能參差大小不同猶升不可以盛斛滿則棄矣非其人而使之安得不殆乎故伊尹曰智通於大道應變而不窮辯於萬物之情其言足以調陰陽正四時節風雨如此者舉以爲三公故三公之事常在於道不失四時通於地利能通不通能利不利如是者舉以爲九卿故九卿之事常在於德通於人事行猶舉繩通於關梁實於府庫如是者舉以爲大夫故

大夫之事常在於仁忠正强諫而無有奸詐去私立公而言有法度如是者舉以爲列士故列士之事常在於義也故道德仁義定而天下正太公曰多言多語惡口惡舌終日言惡寢臥不絶爲衆所憎爲人所疾此可使要遮閭巷察姦伺禍權數好事夜臥早起雖劇不悔此妻子之將也先語察事權勸而與食實長希言財物平均此十人之將也切切切切垂意肅肅不用諫言數行刑戮刑必見血不避親戚此百人之將也訟辨好勝嫉賊侵凌斥人以刑欲整一衆此千人之將也外貌怍怍言語時出知人飢飽習人劇

易此萬人之將也戰戰慄慄日愼一日近賢進謀使人知節言語不慢忠心誠畢此十萬人之將也溫良實長用心無兩見賢進之行法不枉此百萬人之將也動動紛紛鄰國皆聞出入豪居百姓所親誠信緩大明於領世能效成事又能救敗上知天文下知地理四海之內皆如妻子此英雄之率乃天下之主也經曰智如源泉行可以爲表儀者人師也智可以砥礪行可以爲輔警者人友也據法守職而不敢爲非者人吏也當前快意一呼再諾者人隸也故上主以師爲佐中主以友爲佐下主以吏爲佐危亡之主以

隸爲佐欲觀其亡必由其下故同明者相見同聽者相聞同志者相從非賢者莫能用賢故輔佐左右所欲任使者存亡之機得失之要孫武曰主孰有道將孰有能吾以此知勝之謂矣

知人

臣聞主將之法務覽英雄之心然人未易知知人未易漢光武聰明之主也謬於龐萌曹孟德知人之哲也蔽於張邈何則夫物類者世之所惑亂也故曰狙者類智而非智也愚者類君子而非君子也戇者類勇而非勇也亡國之主似智亡國之臣似忠幽莠之幼似禾驪牛之黃似虎白骨疑象碔砆類玉此皆似是而非也孔子曰凡人心險於山川難知於天天猶有春秋冬夏旦暮之期人者厚貌深情故有貌愿而益有長若不肖有順懁而達有堅而縵有緩而釬太公曰士有嚴而不肖者有溫良而爲盜者有外貌恭敬中心欺慢者有精精而無情者有威威而無成者有如敢斷而不能斷者有恍恍惚惚而反有忠實者有委委俺俺而有效者有貌勇很而內怯者有夢夢而反易人者無使不至無使不遂天下所賤聖人所貴凡人莫知非有大明乃見其際此士之外貌而不

與中情相應者也知此士者而有術焉微察問之以觀其辭窮之以辭以觀其變與之間謀以觀其誠明白顯問以觀其德遠使以財以觀其廉試之以色以觀其貞告之以難以觀其勇醉之以酒以觀其態莊子曰遠使之而觀其忠近使之而觀其敬煩使之而觀其能卒然問焉而觀其智急與之期而觀其信雜之以處而觀其色呂氏春秋曰通則觀其所禮貴則觀其所進富則觀其所養聽則觀其所行近則觀其所好習則觀其所言窮則觀其所不愛賤則觀其所不爲喜之以驗其守樂之以驗其辟怒之以驗其節

哀之以驗其仁苦之以驗其志經曰任寵之人觀其不驕奢疏廢之人觀其不背越榮顯之人觀其不矜夸隱約之人觀其不懾懼少者觀其恭敬好學而能悌壯者觀其廉節務行而勝其私老者觀其思慎強其所不足而不踰父子之間觀其慈孝兄弟之間觀其和友鄉黨之間觀其信義君臣之間觀其忠惠此之謂觀誠骨植而柔者謂之弘毅弘毅也者仁之質也氣清而朗者謂之文理文理也者禮之本也體端而實者謂之貞固貞固也者信之基也筋勁而精者謂之勇敢勇敢也者義之決也色平而暢者謂之通

微通微也者智之原也五質恆性故謂之五常故曰直而不柔則木勁而不精則力固而不端則愚氣而不清則越暢而不平則蕩然則平陂之質在於神明暗之實在於精勇怯之勢在於筋強弱之植在於骨躁靜之決在於氣慘懌之情在於色衰正之形在於儀態度之動在於容緩急之狀在於言若質素平淡中睿外朗筋勁植固聲清色澤儀崇容直則純粹之德也夫人有氣氣也者謂誠在其中必有諸外故心氣麤訟者其聲沉散心氣詳慎者其聲和節心氣鄙戾者其聲粗獷心氣寬柔者其聲溫潤信氣中易義

氣時舒和氣簡略勇氣壯立此之謂聽氣又有察色察色謂心氣內蓄皆可以色取之夫誠智必有難盡之色誠仁必有可尊之色誠勇必有難攝之色誠忠必有可觀之色誠潔必有難汙之色誠貞必有可信之色質色浩然固以安偽色曼然亂以煩此之謂察色又有考志考志者謂方與之言以察其志其氣寬以柔其色檢而不諂其禮先人其言以人每自見其所不足者是益人也若好臨人以色高人以氣勝人以言防其所不足而廢其所不能者是損人也其貌直而不侮其言正而不私不飾其美不隱其惡不防

其過者是質人也若其貌曲媚其言諛巧飾其見物務其小證以故自說者是無質人也喜怒以物而色不作煩亂以事而志不惑深導以利而心不移臨懾以威而氣不卑者是平心固守人也若喜怒以物而心變易亂之以事而志不治示之以利而心遷動攝之以威而氣恇懼者是鄙心而假氣人也設之以物而數決驚之以卒而屢應不文而慧者是有智思之人若難設以物難說以言守一而不知變固執而不知改是愚佷人也若屏言而勿顧自私而不護非是而強之是誣嫉人也此之謂考志又有測隱測隱者

若小施而好得小讓大爭言愿以爲質僞愛以爲忠尊其行以收其名此隱於仁賢也若問則不對說而不詳貌示有餘假道自從困之以物窮則託深此隱於藝文也若高言以爲廉矯厲以爲勇內恐外誇亟而稱說以詐氣臨人此隱於廉勇也若自事君親而好以告人飾其物而不誠於內發名以君親因名以私身此隱於忠孝也此謂測隱矣夫人言行不類終始相悖外內不合而立假節以感視聽者曰毀志者也若飲食以親貨賂以交損利以合得其權譽而隱於物者曰貪鄙者也若小知而大解小能而大成規

小物而不知大倫曰華誕者也又有揆德揆德者其有言忠行夷秉志無私施不求反情忠而察貌拙而安者曰仁心者也有事變而能治效窮而能達措身立功而能遂曰有知者也有富貴恭儉而能威嚴有禮而不驕曰有德者也有隱約而不攝安樂而不奢勤勞而不變喜怒而有度曰有守者也有恭敬以事君恩愛以事親情乖而不叛力竭而無違曰忠孝者也此之謂揆德夫聖賢之所美莫美乎聰明聰明之所貴莫貴乎知人知人識智則衆材得其序而庶績之業興矣是故仲尼訓六蔽以戒偏材之失思狂狷以通拘抗之材疾空空而無信以明爲似之難保察其所安觀其所由以知居止之行率此道也人焉廋哉人焉廋哉

察相

左傳曰周內史叔服如魯公孫敖聞其能相人也見其二子焉叔服曰穀也食子難也收子穀也豐下必有後於魯國漢書曰高祖立濞爲吳王已拜上相之曰汝面狀若有反相漢後五十年東南有亂豈非汝耶天下一家愼無反由此觀之以相察士其來尚矣故曰富貴在於骨法憂喜在於容色成敗在於決斷

以此參之萬不失一經曰言貴賤者存乎骨骼言修短者存乎虛實言性靈者存乎容止斯其大體夫相人先視其面面有五岳四瀆五官六府九州八極七門二儀若夫權骨纔起膚色潤澤者九品之候也輔骨小見鼻準微端八品之候也輔角成棱倉庫皆平者七品之候也天中豐隆印堂端正六品之候也伏犀明峻輔角豐穠者五品之候也邊地高深福堂廣厚者四品之候也犀及司空龍角鐵直者三品之候也頭頂高深龍犀成就者二品之候也四倉盡滿骨角俱明者一品之候也似龍者爲文吏似虎者爲將

軍似牛者爲宰輔似馬者爲武吏似狗者有清官爲方伯天中主貴氣平滿者宜官祿也天庭主上公大丞相之氣司空主天宮亦三公之氣中正主羣寮之氣平品人物之司也印堂主天下印綬掌符印之官也山根平美及有奇骨伏起爲婚連帝室公主婚也高廣主方伯之座陽尺主州佐之官武庫主兵甲典庫之吏輔角主遠州刺史之官邊地主邊州之任日角主公侯之座房心主京輦之任驛馬主急疾之吏額角主卿寺之位上卿主帝卿之位虎眉主大將軍牛角主王之統師小將玄角主將軍之相夫人有六

賤頭小身大爲一賤目無光澤爲二賤舉動不使爲三賤鼻不成就准向前低爲四賤腳長腰短爲五賤文策不成唇細橫長爲六賤此貴賤存乎骨骼者也夫木主春生長之行也火主夏豐盛之時也金主秋收藏之節也水主冬萬物伏匿之日也土主季夏萬物結實之月也故曰凡人美眉目好指爪者庶幾好施人也毛髮光澤唇口如珠者才能學藝人也鼻孔小縮准頭低曲者慳悋人也耳孔小齒齴細者邪諂姦佞人也耳輪厚大鼻准圓實乳頭端淨頦頤深廣厚大者忠信謹厚人也此性靈存乎容止者也夫命之與相猶聲之與響也聲動乎幾響窮乎應必然之理矣雖云以言信行失之宰予以貌度性失之子羽然傳稱無憂而感憂必及之無慶而歡樂必還之此心有先動而神有先知則色有先見故扁鵲見桓公知其將亡申叔見巫臣知其竊妻或躍馬膳珍或飛而食肉或早隸晚侯或初刑末王銅巖無以飽生玉饌終乎餓死則彼度表揣骨指色摘理不可誣也故列云爾

論士

臣聞黃石公曰昔太平之時諸侯二師方伯三師天

子六師世亂則叛逆生王澤竭則盟誓相罰德同無以相加乃攬英雄之心故曰得人則興失士則崩何以明之昔齊桓公見小臣稷一日三往而不得見從者止之桓公曰士之傲爵祿者固輕其主其主傲霸者亦輕其士縱夫子傲爵祿吾庸敢傲霸王乎五往而後得見書曰能自得師者王何以明之齊宣王見顏斶曰斶前斶亦曰王前斶曰夫斶前爲慕勢王前爲趨士與使斶爲慕勢不若使王爲趨士宣王作色曰王者貴乎士貴乎對曰昔秦攻齊令曰有敢去柳下季壟五百步而樵採者罪死不赦令曰有能得齊

王頭者封萬户侯賜千金鎰由是言之生王之頭曾不如死士之壠宣王竟師之諺曰浴不必江海要之去垢馬不必騏驥要之善走士不必賢也要之知道女不必貴種要之貞好何以明之淳于髡謂齊宣王曰古者好馬王亦好馬古者好味王亦好味古者好色王亦好色古者好士王獨不好王曰國無士耳有則寡人亦悦之髡曰古有驊騮今之無有王選乎衆王好馬矣古有豹象之胎今之無有王選於衆王好味矣古有毛嬙西施今之無有王選於衆王好色矣王必待堯舜禹湯之士而後好之則堯舜禹湯之士亦不好王矣語曰瓊艘瑤檝無涉川之用金弦玉弧無激矢之能是以公絜而無政事者非撥亂之器儒雅而乏治理者非翼亮之士何以明之魏無知薦陳平於漢王漢王用之絳灌等譏平曰平盜嫂受金漢王讓魏無知無知曰臣之所言者能也陛下所問者行也今有尾生孝己之行而無益於勝負之數陛下假用之乎今楚漢相距臣進奇謀之士顧其計誠足以利國家耳盜嫂受金又安足疑哉漢王曰善黄石公曰有清白之士者不可以爵祿得守節之士不可以威脅致清白之士修其禮致守節之士修其道何

以明之郭隗説燕昭王曰帝者與師處王者與友處霸者與臣處亡國者與厮役處詘指而事之北面受學則百己者至先趨而後息先問而後嘿則什己者至人趨己趨則若己者至憑几據杖眄視指使則厮役之人至恣睢奮擊呴籍叱咄則徒隸之人至矣此乃古之服道致士者也黄石公曰禮者士之所歸賞者士之所死招其所歸示其所死則所求者至矣何以明之魏文侯太子擊禮田子方而子方不爲禮太子不説謂子方曰不識貧賤者驕人乎富貴者驕人乎子方曰貧賤者驕人耳富貴者安敢驕人人主驕人而亡其國大夫驕人而亡其家貧賤者若不得意則納履而去安往而不得貧賤乎宋燕相齊見逐罷歸謂諸大夫曰有能與我赴諸侯乎皆執杖排班默而不對燕曰悲乎何士大夫易得而難用也陳饒曰非士大夫易得而難用君不能用也君不能用則有不平之心是失之於己而責諸人也燕曰其説云何對曰三升之稷不足於士而君雁鶩有餘粟是君之過一也果園梨栗後宫婦女以相提擲而士曾不得一嘗是君之過二也綾紈綺縠美麗於堂從風而弊士曾不得以爲緣是君之過三也夫財者君之所輕

死者士之所重君不能行君之所輕而欲使士致其所重譬猶鉛刀畜之干將用之不亦難乎宋燕曰是燕之過也語曰夫人同明者相見同聽者相聞德合則未見而相親聲同則處異而相應韓子曰趣捨同則相是趣捨異則相非何以明之楚威王問宋玉曰先生其有遺行歟何士人眾庶不譽之甚宋玉曰夫鳥有鳳而魚有鯨鳳皇上擊九萬里翱翔乎窈冥之上夫藩籬之鷃豈能與料天地之高哉鯨魚朝發於崑崙之墟暮宿於孟津夫尺澤之鯢豈能與量江海之大哉故非獨鳥有鳳而魚有鯨士亦有之夫聖人

瑰琦意行超然獨處夫世俗之民又安知臣之所為哉語曰知人未易人未易知何以明之汗明說春申君春申君說之汗明欲談春申君曰僕已知先生意矣汗明曰未審君之聖孰與堯春申君曰臣何足以當堯然則君料臣孰與舜春申君曰先生即舜也汗明曰不然臣請為君申言之君之賢不如堯臣之能不及舜夫以賢舜事聖堯三年而後乃相知也今君一時而知臣是君聖於堯而臣賢於舜也記曰夫驥惟伯樂獨知之若時無伯樂之知即不容其為良馬也士亦然矣何以明之孔子厄於陳蔡顏回曰夫子

之德至大天下莫能容然夫子推而行之世不我用有國者之醜也夫子何病焉穀梁傳曰子既生不免乎水火母之罪也羈貫成童不就師傅父之罪也就師學問無方心志不通身之罪也心志既通而名譽不聞友之罪也名譽既聞有司不舉有司之罪也有司舉之王者不用王者之過也論曰行遠道者假於車馬濟江海者因於舟檝故賢士之立功成名因於資而假物者何以明之公輸子能因人主之材木以構宮室臺榭而不能自為專屋狹廬材不足也歐冶能因國君之銅鐵以為金爐大鐘而不能自為壺鼎

盤盂無其用也君子能因人主之政朝以和百姓潤眾庶而不能自饒其家勢不便也故舜耕於歷山恩不及州里太公屠牛于朝歌利不及於妻子及其用也恩流八荒德溢四海故舜假之堯太公因之周文君子能修身以假道不能枉道而假財語曰夫有國之主不可謂舉國無深謀之臣闔朝無智策之士在聽察所考精與不精審與不審爾何以明之在昔漢祖聽聰之主也納陳恢之謀則下南陽不用婁敬之計則困平城廣武君者策謀之士也韓信納其計則燕齊舉陳餘不用其謀則泜水敗由此觀之不可謂

事濟者有計策之士覆敗者無深謀之臣虞公不用宮之奇之謀滅於晉仇由不聽赤章之言亡於知氏蹇叔之哭不能濟崤黽之覆趙括之母不能救長平之敗此皆人主之聽不精不審耳天下之國莫不皆有忠臣謀士也黄石公曰羅其英雄則敵國窮夫英雄者國家之幹士民者國家之半得其幹收其半則政行而無怨知人則哲惟帝難之愼哉

政體

古之立帝王者非以奉養其欲也爲天下之人强掩弱詐欺愚故立天子以齊一之謂一人之明不能徧

照海內故立三公九卿以輔翼之爲絶國殊俗不得被澤故立諸侯以教誨之夫教誨之政有自來矣何以言之管子曰措國於不傾之地有德也積於不涸之食務五穀也藏於不竭之府養桑麻育六畜也下令於流水之原以順人心也使士于不諍之官使人各爲其所長也明必死之路嚴刑罰也開必得之門信慶賞也不爲不可成量人力也不求不可得不强人以其所惡也不處不可久不偷一世宜也知時者可立以爲長審於時察於用而能備官者可奉以爲君故曰明版籍審什伍限夫田定刑名立君長急農

桑去末作敦學斆核才藝簡精悍修武備嚴禁令信賞罰糾遊戲察苛尅此十五者雖聖人復起必此言也夫欲論長短之變故立正道以爲經焉

卷終

長短經卷二

唐　趙　蕤　撰　綿州李調元雨村校

文中

君德　臣行　德表　理亂

君德

夫三皇無言化流四海故天下無所歸功帝者體天則地有言有令而天下太平君臣讓功四海化行百姓不知其所以然故使臣不用禮賞功美而無害王者制人以道降心服志設矩備衰有察察之政兵甲之備而無爭戰血刃之用天下太平君無疑於臣臣

無疑於主國定主安臣以義退亦能美而無害霸主制士以權結士以信使士以賞信衰士疏賞毀士不爲用故曰理國之本刑與德也二者相須而行相待而成也天以陰陽成歲人以刑德成治故雖聖人爲政不能偏用也故任德多用刑少者五帝也刑德相半者三王也杖刑多任德少者五伯也純用刑強而亡者秦也或曰王伯之道旣聞命矣敢問高光二帝皆拔起壠畝芟夷禍難遂開王業高祖豁達以大度光武謹細於條目各擅其美龍飛鳳翔故能撥亂庇人拯斯塗炭然比大德方天威孰爲優劣乎曹植曰

昔漢之初興高祖因暴秦而起遂誅強楚光有天下功齊湯武業流後嗣帝王之元勳人君之盛事也然而名不純德行不純道身沒之後崩亡之際果令凶婦肆酷虐之心變妾被人彘之刑趙王幽囚禍殃骨肉諸呂專權社稷幾移凡此上事豈非高祖寡計淺慮以致斯哉然其梟將畫臣皆古今之所鮮有歷代之希覯皎能任其才而用之聽其言而察之故兼天下而有帝位也世祖體乾靈之休德稟貞和之純精蹈黄中之妙理韜亞聖之懿才其爲德也聰達而多識仁智而明恕重慎而周密樂施而愛人值陽九無

妄之世遭炎精厄會之運殷爾雷發赫然神舉奮武略以攘暴興義兵以掃殘軍未出於南京莽已斃於東都爾乃廟勝而後動衆計定而後行師故攻無不陷之壘戰無奔北之卒寬仁以和衆邁德以來遠故竇融聞聲而影附馬援一見而嘆息敦睦九族有唐虞之稱高尚純朴有羲皇之素謙虛納下有吐握之勞留心庶事有日昃之勤是以計功則業殊比隆則事異旌德則靡愆言行則無穢量事則勢微論輔則臣弱卒能效乾圖之休徵立不刊之遐迹金石銘其休烈詩書載其懿勳故曰光武其優也或曰班固稱

周云成康漢言文景斯言當乎虞南曰成康承文武遺跡以周召爲相化篤厚之氓因積仁之德疾風偃草未足爲喻至如漢祖開基日不暇給亡嬴之弊猶有存者大宗體兹仁恕式遵玄默滌秦項之酷烈反軒昊之澆風幾至刑厝斯爲難矣若使不溺新垣之説無取鄧通之夢懔懔乎庶幾近於王道景帝之擬周康則尙有慙德或曰漢武帝雄才大略可方前代何主虞南曰漢武承六世之業海內殷富又有高人之資故能總攬英雄駕御豪傑內興禮樂外開邊境制度憲章煥然可述方於始皇則爲優矣至於驕奢

暴虐可以相亞並功有餘而德不足昔周成以孺子繼統而有管蔡四國之變漢昭幼年卽位亦有燕蓋上官逆亂之謀成王不疑周公漢昭委任霍光二主孰爲先後魏文帝曰周成王體聖考之休氣稟賢妣之胎誨周召爲保傅呂望爲太師口能言則行人稱辭足能履則相者導儀目厭威容之美耳飽德義之聲所謂沈漬玄流而沐浴清風矣猶有咎悔聆二叔之謗使周公東避皇天赫怒顯明厥咎然後乃寤不亮周公之聖德而信金縢之教言豈不暗哉夫漢昭父非武王母非邑姜養惟蓋主相則桀光保無仁孝

之質佐無隆平之治所謂生於深宮之中長於婦人之手然而德與性成行與體并在年二七早知夙達發燕書之詐亮霍光之誠豈將啓金縢信國史而後乃寤哉使成昭鈞年而立易世而化賢臣而治換樂而歌則漢不獨少周不獨多也或曰漢宣帝政事明察其光武之儔歟虞南曰漢宣帝起自閭閻知人疾苦是以留心聽政擢用賢良原其循名責實峻法嚴令蓋流出於申韓也古語云圖王不成弊猶足霸圖霸不成將如何光武仁義圖王之君也宣帝刑名圖霸之主也今以相輩恐非其儔或曰漢元帝才藝溫

雅其守文之良主乎虞南曰夫人君之才在乎文德武功而已文則經天緯地詞令典策武則禁暴戢兵安人和衆此南面之宏圖也至於鼓瑟吹簫和聲度曲斯乃伶官之職豈天子之所務乎或曰觀僞新王莽謙恭禮讓豈非一代之名士乎至作相居尊驕淫暴虐何先後相背甚乎虞南曰王莽天姿慘酷詐僞人也未達之前猶名求譽得志之後矜能傲物飾情既盡而本質存焉愎諫自高卒不改寤海內冤酷爲光武之驅除焉夏少康漢光武皆中興之君孰者爲最虞南曰此二帝皆興復先緒光啓王業其名則同

其實則異何者光武之世藉思亂之民誅殘賊之莽取亂侮亡為功差易至如少康則夏氏之滅已二代矣藐然遺體身在胎孕母氏逃亡生於他國不及過庭之訓曾無強近之親遭離亂之難庇身非所而能崎嶇於喪亂之間遂成配天之業中興之君斯為稱首後漢衰亂由於桓靈二王凶德誰則為甚虞南曰桓帝赫然奮怒誅滅梁冀有剛斷之節焉然閹人擅命黨錮事起非乎亂階始於桓帝古語曰天下嗸嗸新主之資也靈帝承疲民之後易為善政黎庶傾耳咸冀中興而帝襲彼覆車毒踰前輩傾覆宗社職帝

之由天年趺世為幸多矣自炎精不競寓縣分崩曹孟德挾天子而令諸侯劉玄德憑蜀漢之阻孫仲謀負江淮之固三分天下鼎足而立皆肇開王業光啓伯圖三方之君孰有優劣虞南曰曹公兵機智算殆難與敵故能肇跡開基居中作相實有英雄之才矣然譎詭不常雄猜多忌至於殺伏后鴆荀彧誅孔融戮崔琰婁圭斃於一言桓邵勞於下拜棄德任刑其虐已甚坐論西伯實非其人許劭所謂治世之能臣亂世之奸雄斯言為當劉公待劉璋以賓禮委諸葛而不疑人君之德於斯為美彼孔明者命世之奇才

伊呂之儔匹臣主同心魚水為譬但以國小兵弱斗絕一隅支對二方抗衡上國若使與曹公易地而處騁其長算肆關張之武盡諸葛之文則霸王之業成矣孫主因厥兄之資用前朝之佐介以天險僅得自存比於二人理弗能逮晉宣帝雄謀妙算諸葛亮冠世奇才誰為優劣虞南曰宣帝起自書生參佐帝業濟世危難克清王道文武之略實有可稱而多伎陰謀弗由仁義猜忌詭伏盈諸襟抱至如示謬言於李勝委鞫獄於何晏愧心負理君子不為以此僞情行之萬物若使力均勢敵俱會中原以仲達之奸謀當

孔明之節制恐非儔也或曰晉景文兄弟孰賢虞南曰何晏稱唯深也故能通天下之志夏侯太初是也唯幾也故能成天下之務司馬子元是也故知王佐之才著於早日及誅爽之際智略已宣欽儉稱兵全軍獨克此足見其英圖也雖道盛三分而終身北面威名振主而臣節不虧侯服歸全於斯為美太祖嗣興克甯禍亂南定淮亂西平庸蜀役不踰時厥功為重及高貴纂歷聰明夙智不能竭忠協贊擬迹伊周遂乃僞謗士彥委罪成濟自貽逆節終享惡名斯言之玷不可磨也東晉自元帝以下何主為賢虞南曰

晉自遷都江左强臣擅命垂拱南面政非己出王敦以盤石之宗居上流之要負才矜地志懷問鼎非肅祖之明斷王導之忠誠則晉祚其移於王氏矣若使降年永久仗任羣賢因纏澗之遺黎乘劉石之衰運則克復中原不難圖也或曰僞楚桓玄有奇才遠略而遂至滅亡何也虞南曰夫人君之量必虛己應物覆載同於天地信誓擬於暄寒然後萬姓樂推而不厭也彼桓玄者蓋有浮狡之小智而無含弘之大德値晉末衰亂威不逮下故桓玄得肆其爪牙以僥倖之餘而逢神武之運至於夷滅固其宜也宋祖誅滅

桓玄再興晉室梁代裴子野優之於宣武其事云何虞南曰魏武曹騰之孫累葉榮顯濯纓漢室三十餘年及董卓之亂乃與山東俱起誅滅元凶曾非己力晉宣歷任卿相位極臺鼎握天下之圖居既安之勢奉明詔而誅逆節建瓴爲譬未足喻也宋祖以匹夫提劍首創大業旬月之間重安晉鼎居半州之地驅一郡之卒斬譙縱於庸蜀禽姚紹於殽函梟慕容超於青郡梟盧循於嶺外戎旗所指無往不捷觀其豁達則漢祖之風制勝胸襟則光武之匹惜其祚短志未可量此爲優矣宋孝武明帝二人孰賢虞南曰二帝殘忍之性異體同心誅戮賢良剪枝葉內無平勃之相外闕晉鄭之親以斯大寶委之昏稚故使齊氏乘釁宰制天下未踰歲稔遂移龜玉緘縢雖固適爲大盜之資百慮同失可爲長嘆鼎祚傾淪非不幸也齊建元永明之間號爲治世誠有之乎虞南曰齊高創業之主知稼穡之艱難且立身儉素務存簡約武帝則留意後庭彫飾過度然能委任王儉憲章攸出禮樂之盛咸稱永明宰相得人於斯爲美齊宋二代廢主有五並驕淫狂暴前後如一或身被殺或傾墜宗社豈厥性頑凶自貽非命將天之所棄用亡大

業乎虞南曰夫上智下愚特稟異氣中庸之才皆由訓習自宋齊已來東宮師傅備員而已貴賤禮隔規獻無由多有位升罕由德進此五君者稟凡庸之性無周召之師遠益友之箴規狎小人之近習以斯下質生而楚言覆國亡身理數然也梁元帝聰明才學克平禍亂而卒致傾覆何也虞南曰梁元聰明技藝才兼文武仗順伐逆克雪家冤成功遂事有足稱者但國難之後傷夷未復信强寇之甘言襲褊心於懷楚蕃屏宗支自爲仇敵孤遠懸僻莫與同憂國亡祚滅生人塗炭舉鄢郢而棄之良可惜也後齊文宣帝

狂悖之跡桀紂之所不爲而國富人豐不至於亂亡何也虞南曰昔齊桓奢淫無禮人倫所棄假六翮於仲父遂伯諸侯宣武帝鄙穢忍虐古今無比委萬幾於遵彥保全宗國以其任用得才所以社稷猶存者也陳武帝起自草萊興創帝業近代以來可方何主虞南曰武帝以奇才遠略懷匡復之志龍躍海嶠豹變嶺表掃重氛於絳闕復帝座於紫微西抗周師北夷齊寇宏謀長算動無遺策實開基之令主撥亂之雄才比宋祖則不及方齊高則優矣隋文帝起自布衣光有神器西定庸蜀北平江表比於晉武可爲儔乎虞南曰隋文因外戚之重周室之微負圖作宰遂膺寶命留心政治務從恩澤故能綏撫新舊緝甯遐邇文武制置皆有可觀及克定江淮咸同書軌率土黎獻企佇太平自金陵滅後王心奢汰雖威加四海而情惰萬幾荊璧塡於內府吳姬滿於下室仁壽彫飾事將傾宮萬姓力殫中民產竭加以猜忌心起巫蠱事興戮愛子之妃離上相之母綱維以紊禮教斯亡牝雞晨響皇枝勦絕廢黜不辜樹立所私功臣良佐誅翦無遺季年之失多於晉武卜世不永豈天亡乎或曰王霸之略請事斯語矣敢問沒而作謚及改

正朔易服色以變人之耳目其事奚象對曰古之立謚者將以戒夫後代隨行受名君親無隱今之臣子不論名實務在尊崇斯風替也久矣昔季康子問五帝之德於孔子孔子曰天有五行木火金水及土分時贊化育以成物其神爲五帝緯古之王者易代改號取法五行五行更王終始相生亦象其義故其生爲明王者死而配五行是以太皞配木炎帝配火少皞配金顓頊配水黃帝配土帝王改號於五行之德各有所尚從其所王之德次焉夏后氏以金德王而尚黑殷人以水德王而尚白周人以木德王而色尚赤此三代之所以不同也及漢之初孫臣賈誼以爲漢土德以五行之傳從所不勝秦在水德故謂漢據土而尅之劉向父子以爲帝出於震故庖犧氏始受木德其後以母傳子終而復始自神農黃帝下歷唐虞三代而漢得火焉故高祖始起神母夜號著赤帝之符得天統矣昔共工以水德間於木火與秦同運非其次故皆不永也以此觀之雖百代可知也

臣行

夫人臣萌芽未動形兆未見昭然獨見存亡之幾得失之要豫禁乎未然之前使主超然立乎顯榮之處

如此者聖臣也虛心盡意日進善道勉主以禮義諭主以長策將順其美匡救其惡如此者大臣也夙興夜寐進賢不懈數稱往古之行事以厲王意如此者忠臣也明察成敗早防而救之塞其間絕其源轉禍以爲福君終已無憂如此者智臣也依文奉法任官職事不受贈遺食飲節儉如此者貞臣也國家昏亂所爲不諛敢犯主之嚴顔面言主之過失如此者直臣也是謂六正官官貪祿不務公事與世浮沉左右觀望如此者具臣也主所言皆曰善主所爲皆曰可隱而求主之所好而進之以快主之耳目偷合苟容

與主爲樂不顧後害如此者諛臣也中實險詖外貌小謹巧言令色又心疾賢所以欲進則明其美隱其惡所以欲退則彰其過匿其美使主賞罰不當號令不行如此者奸臣也智足以飾非辨足以行說內離骨肉之親外妬亂於朝廷如此者讒臣也專權擅勢以輕爲重私門成黨以富其家擅矯主命以自顯貴如此者賊臣也諂主以佞邪墜主於不義朋黨比周以蔽主明使黑白無別是非無間使主惡布於境內聞於四鄰如此者亡國之臣也是謂六邪子貢曰陳靈公君臣宣淫於朝泄冶諫而殺之是與比干同也

可謂仁乎子曰比干於紂親則叔父官則少師忠款之心在於存宗廟而已固以必死爭之冀身死之後而紂悔寤其本情在乎仁也泄冶位爲下大夫無骨肉之親懷寵不去以區區之一身欲正一國之淫昏死而無益可謂懷矣詩云民之多辟無自立辟其泄冶之謂乎或曰叔孫通阿二世意可乎司馬遷曰夫量主而進前哲所韙叔孫生希世度務制禮進退與時變化卒爲漢家儒宗古之君子直而不挺曲而不撓大直若詘道同蟯虵蓋謂是也或曰然則竇武陳蕃與宦者同朝廷爭衡終爲所誅爲非乎范曄曰桓

靈之世若陳蕃之徒咸能樹立風聲抗論昏俗驅馳岨峗之中而與腐夫爭衡終取滅亡者彼非不能潔情志違埃霧也愍夫世士以離俗爲高而人倫莫相恤也以遯世爲非義故屢退而不去以仁心爲已任雖道遠而彌厲及遭值際會協策竇武可謂萬代一時也功雖不終然其信義足以攜持世心矣或曰臧洪死張超之難可謂義乎范曄曰雍丘之圍臧洪之感憤壯矣相其徒跣且號束甲請舉誠足憐也夫豪雄之所趨舍其與守義之心異乎若乃締謀連衡懷詐算以相尚者蓋惟勢利所在而已況偏城既危曹

袁方穆洪徒指外敵之衝以紓倒懸之會忿悁之師兵家所忌可謂懷哭秦之節存荆則未聞或曰季布壯士而反摧剛爲柔髡鉗逃匿爲是乎司馬遷曰以項羽之氣而季布以勇顯於楚身屨典軍搴旗者數矣可謂壯士然至被刑戮爲人奴而不死何其下也彼必自負其材故受辱而不羞欲有所用其未足也故終爲漢名將賢者誠重其死夫婢妾賤人感慨而自殺者非勇也其計畫無復之耳或曰宗慤之賤也見輕庾業及其貴也請業爲長史何如裴子野曰夫貧而無戚賤而無悶恬夫天素弘此大猷會原之德

也降志辱身俛眉折脊忍屈庸曹之下貴聘羣雄之上韓黥之志也卑身之事則同居卑之情已異若宗元幹無怍於草具有韓黥之度矣終棄舊惡長者哉世稱酈寄賣交以其紿呂祿也於理何如班固曰夫賣交者謂見利忘義也若寄父爲功臣而執劫雖摧呂祿以安社稷誼存君親可也或曰靳允違親守城可謂忠乎徐衆曰靳允於曹公未成君臣母至親也於義應去昔王陵母爲項羽所拘母以高祖必得天下因自殺以固陵志明心無所係然後可得事人盡其死節衞公子開方仕齊十年不歸管仲以其不懷其親安能愛君不可以爲相是以求忠臣必於孝子之門允宜先救至親徐庶母爲曹公所得劉備乃遣庶歸欲天下者恕人子之情公又宜遣允也魏文帝問王朗等曰昔子産治鄭人不能欺子賤治單父人不忍欺西門豹治鄴人不敢欺三子之才與君德孰優對曰君任德則臣感義而不忍欺君任察則臣畏覺而不能欺君任刑則臣畏罪而不敢欺任德感義與夫道德齊禮有恥且格等趨者也任察畏罪與夫道政齊刑免而無恥同歸者也優劣之懸在於權衡非徒鈞銖之覺也或曰季文子公孫弘此二人皆折

節儉素而毁譽不同何也范曄稱夫人利仁者或借仁以從利體義者不期體以合義季文子妾不衣帛魯人以爲美談公孫弘身服布被汲黯譏其多詐事實未殊而毁譽别者何也將體之與利之異乎故前志云仁者安仁知者利仁畏罪者强仁校其仁者功無以殊核其爲仁不得不異安仁者性善者也利仁者力行者也强仁者不得已者也三仁相比則安者優矣或曰長平之事白起坑趙卒四十萬可謂奇將乎何晏曰白起之降趙卒詐而坑其四十萬豈徒酷之謂乎後亦難以重得志矣向使衆人豫知降之必

死則張盧斧猶可畏也況於四十萬被堅執銳哉天下見降秦之將頭顱依山歸秦之衆骸積成邱則後日之戰死當死耳何衆肯服何城肯下乎是謂雖能裁四十萬之命而適足以强天下之戰欲以要一朝之功而乃更堅諸侯之守故兵退而自伐其勢軍勝而還喪其計何者設使趙衆復合馬服更生則後日之戰必非前日之對也況今皆使天下爲後日乎其所以終不聽復加兵於邯鄲者非但憂平原之補縫患諸侯之救至也徒諱之而不言耳但長平之事秦人十五以上皆荷戟而向趙矣夫以秦之强而十五

已上死傷過半此謂破趙之功小傷秦之敗大也又何稱奇哉或曰樂毅不屠二城遂喪洪業爲非乎夏侯玄曰觀樂生與燕惠王書其殆乎知機合道以禮終始者歟夫欲極道德之量務以以天下爲心者豈其局迹當時止於兼并而已哉夫兼并者非樂生之所屑强燕而廢道又非樂生之所求不屑苟利不求小成斯意兼天下者也舉齊之事所以運其幾而動四海也圍城而害不加於百姓此仁心著於遐邇矣邁令德以率列國則幾於湯武之事矣樂生方恢大綱以縱二城收人明信以待其弊將使卽墨莒人顧

仇其上開宏廣之路以待田單之徒長容善之風以申齊士之志昭之東海屬之華夷我澤如春下應如草思戴燕王仰風聲二城必從則王業隆矣雖淹留於兩邑乃致速於天下也不幸之變世所不圖敗於垂成時變所然若乃逼之以兵劫之以威侈殺傷之殘以示四海之人雖二城幾於可拔霸王之事逝其遠矣樂生豈不知拔二城之速了哉顧城拔而業乖也豈不慮不速之致變哉顧業速與變同也由是觀之樂生之不屠二城未可量也或曰商鞅起徒步於孝公挾三術之略吞六國之縱使秦業帝可爲霸者

之佐乎劉向曰夫商君內急耕戰之業外重戰伐之賞不阿貴寵不偏疏遠雖書云無偏無黨詩云周道如砥其直如矢司馬法之厲戎士周后稷之勸農桑無以易此此所以幷諸侯也故孫卿曰四世有勝非幸也數也夫霸君若齊桓晉文者桓不倍柯之盟文不負原之期而諸侯信之此管仲舅犯之謀也今商君倍公子卬之舊恩弃交魏之明信詐取三軍之衆故諸侯畏其强而莫親信也藉使孝公遇齊桓晉文得諸侯之統將合諸侯之君驅天下之兵以伐秦秦則亡矣天下無桓文之君故秦得以兼諸侯也衛鞅

始自以爲知王霸之德原其事不倫也昔周召公施美政其死也後世思之蔽芾甘棠之詩是嘗舍於樹下不忍伐其樹况害於身乎管仲奪伯氏駢邑三百戸無怨言今衛鞅內刻刀鋸之刑外深鈇鉞之誅身死車裂其去霸者之佐亦遠矣然孝公殺之亦非也可輔而用使衛鞅施寬平之法加之以恩申之以信庶幾霸者之佐乎諸葛亮以馬謖敗於街亭殺之後蔣琬謂亮曰昔楚殺得臣然後文公喜可知也天下未定而戮智計之士豈不惜哉亮流涕曰孫武所以能制勝者用法明也是以揚干亂法魏絳戮之四海

分裂兵交方始若復廢法何用討賊耶習鑿齒曰諸葛亮之不能兼上國也豈不宜哉夫晉人視林父之後濟故廢法而收功楚成闇得臣之益已故殺之以重敗今蜀僻陋一方才少上國而殺其駿傑退收駑下之用明法勝才不師三敗之道將以成業不亦難乎代以周勃功大霍光何如對曰勃本高帝大臣衆所歸向居太尉位擁兵百萬既有陳平王陵之力又有朱虛諸王之援酈寄遊說以譎諸呂因衆之心易以濟事若霍光者以倉卒之際受寄託之任輔弼幼主天下晏然遣燕王旦之亂誅除凶逆以靖王室廢

昌邑立孝宣任漢家之重隆中興之祚參聲伊周爲漢賢相推驗事功優劣明矣後漢陳蕃上疏薦徐穉袁閎韋著三人帝問蕃曰三人誰爲先後蕃曰閎生公族聞道漸訓長於三輔禮義之俗所謂不扶自直不鏤自彫至於穉者爰自江南卑薄之域而角立傑出宜當爲先或曰謝安石爲相可與何人爲比虞南曰昔顧雍封侯之日而家人不知前代稱其質重莫與爲偶夫以東晉衰微疆埸日駭况永固六夷英主親率百萬符融儁才名相執鋭先驅厲虎狼之爪牙騁長蛇之鋒鍔先筞賓館以待晉君强弱而論鴻毛

太山不足爲喻文靖深拒桓沖之援不喜謝元之書則勝敗之數固已存於胸中矣夫斯人也豈以區區萬戸之封動其方寸者歟若論其度量近古以來未見其匹隋煬帝在東宮嘗謂賀若弼曰楊素韓擒虎史萬歲三人俱稱良將其間優劣何如對曰楊素是猛將非謀將韓擒虎是鬬將非領將史萬歲是騎將非大將太子曰善固自六正至於問將皆人臣得失之效也古語云禹以夏王桀以夏亡湯以殷王紂以殷亡闔廬以吳戰勝無敵於天下而夫差以見禽於越穆公以秦顯名尊號而二世以刼於望夷其所以

君王者同而功迹不等者所任異也是以成王處襁褓而朝諸侯周公用事也趙武靈王年五十而餓死於沙邱任李兌也故魏有公子無忌削地復得趙任藺相如秦兵不敢出楚有申包胥而昭王反位齊有田單而襄王得國因斯而談夫有國者不能陶治世俗甄綜人物論邪正之得失撮霸王之餘議而能立功成名者未之前聞

德表

孔子曰性相近也習相遠也言嗜慾之本同而遷染之塗異也夫刻意則行不肆牽物則其志流是以聖

人導人理性裁抑流宕慎其所與節其所偏故傳曰審好惡理情性而王道畢矣治性之道必審己之所有餘而强其所不足蓋聰明疏通者戒於太察寡聞少見者戒於壅蔽勇猛剛强者戒於太暴仁愛溫良者戒於無斷湛靜安舒者戒於後時廣心浩大者戒於遺忘人物志曰厲直剛毅材在矯正失在激訐柔順安恕美在寬容失在少決雄悍桀健任在膽烈失在少忌精良畏慎善在恭謹失在多疑强楷堅勁用在楨幹失在專固論辨理繹能在釋結失在流宕普博周洽崇在覆裕失在溷濁清介廉潔節在儉固失在拘局休動磊硌業在攀躋失在疏越沈靜機密精在玄微失在遲懦樸露經盡質在中誠失在不微多智韜情權在譎略失在依違此拘亢之材非中庸之德也文子曰凡人之道心欲小志欲大智欲圓行欲方能欲多事欲少所謂心小者慮患未生戒禍慎微不敢縱其慾也志大者兼包萬國一齊殊俗是非輻輳中爲之轂也智圓者終始無端方流四遠深泉而不竭也行方者直立而不撓素白而不汙窮不易操達不肆志也能多者文武備具動靜中儀也事少者執約以治廣處靜以待躁也夫天道極即反盈則損

故聰明廣智守以愚多聞博辨守以儉武力彊毅守以畏富貴廣大守以狹德施天下守以讓此五者先王所以守天下也傳曰無始亂無怙富無恃寵無違同無傲禮無驕能無復怒無謀非德無犯非義此九者古人所以立身也王鈐經曰夫以明示者淺有過不自知者蔽迷而不反者流以言取怨者禍令與心乖者廢後令繆前者毁怒而無威者犯好衆辱人者殃戮辱所任者危慢其所敬者凶貌合心離者孤親佞遠忠者亡信讒棄賢者惛私人以官者浮女謁公行者亂羣下外恩者淪凌下取勝者侵名不勝實者

耗自厚薄人者棄溥施厚望者不報貴而忘賤者不久用人不得其正者殆爲人擇官者失決於不仁者險陰謀外泄者敗厚斂薄施者彫此自理之大體也故傳子曰立德之本莫尚乎正心心正而後身正身正而後左右正左右正而後朝廷正朝廷正而後國家正國家正而後天下正故天下不正修之家家不正修之朝廷朝廷不正修之左右左右不正修之身身不正修之心所修彌近所濟彌遠禹湯罪己其興也勃焉正心之謂也

理亂

夫明察六主以觀君德審惟九風以定國常探其四亂覈其四危則理亂可知矣何謂六主荀悅曰體故性仁心明志同動以爲人不以爲己是謂王主克己恕躬好問力行動以從義不以從情是謂治主勤事守業不敢怠荒動以先公不以先私是謂存主悖逆交爭公私並行一得一失不純道度是謂衰主情過於義私多於公制度踰限正教失常是謂危主親用讒邪放逐忠賢縱情追欲不顧禮義出入游放不拘儀禁賞賜行私以越公用忿怒施罰以踰法理遂非文過而不知改忠言壅塞直諫誅戮是謂亡主何謂九風君臣親而有禮百寮和而不同讓而不爭勤而不怨惟職是司此理國之風也禮俗不一職位不重小人讒疾庶人作議此衰國之風也君臣爭明朝廷爭功大夫爭名庶人爭利此乖國之風也上多欲下多端法不定政多門此亂國之風也以侈爲博以伉爲高以濫爲通遵禮謂之拘守法謂之固此荒國之風也以苛爲察以利爲公以割下爲能以附上爲忠此叛國之風也上下相疏內外相疑小臣爭寵大臣爭權此危國之風也上不訪下下不諫上婦言用私政行此亡國之風也何謂四亂管子曰內有疑妻之

妾此家亂也庶有疑嫡之子此宗亂也朝有疑相之臣此國亂也任官無能此衆亂也何謂四危又曰卿相不得衆國之危也大臣不和同國之危也兵主不足畏國之危也民不懷其產國之危也此治亂之刑也凡爲人上者法術明而賞罰必者雖無言語而勢自治法術不明而賞罰不必者雖曰號令然勢自亂是故勢理者雖委之不亂勢亂者雖勤之不治堯舜拱已無爲而有餘勢理也胡亥王莽馳騖而不足勢亂也故曰善者求之於勢不責於人是故明主審法度而布教令則天下治矣論曰夫能匡世輔政之臣

必先明於盛衰之道通於成敗之數審於治亂之勢達於用捨之宜然後臨機而不惑見疑而能斷爲上者之佐未有不由斯者矣

卷二終

長短經卷三

唐　趙蕤　撰　　綿州李調元雨村校

文下

反經　是非　適變　正論

反經

臣聞三代之亡非法亡也御法者非其人矣故夫法也者先王之陳迹苟非其人道不虛行故尹文子曰仁義禮樂名法刑賞此八者五帝三王治世之術故仁者所以博施于物亦所以生偏私義者所以明大節亦所以成華僞禮者所以行謹敬亦所以生惰慢樂者所以和情志亦所以生淫放名者所以正尊卑亦所以生矜篡法者所以齊衆異亦所以乖名分刑者所以威不服亦所以生凌暴賞者所以勸忠能亦所以生鄙爭文子曰聖人其作書也以領理百事愚者以不忘智者以記事及其衰也爲奸僞以解有罪而殺不辜其作囿也以奉宗廟之具簡士卒戒不虞及其衰也馳弋獵以奪人時其上賢也以平教化正獄訟賢者在位能者在職澤施於下萬人懷德正其衰也朋黨比周各推其所與廢公趨私外內相舉奸人在位賢者隱處韓詩外傳曰夫士有五反有勢尊

貴不以愛人行義理而反以暴傲家富厚不以振窮救不足而反以侈靡無度資勇悍不以衛上攻戰而反以侵凌私鬬心智慧不以端計教而反以事奸飾非貌美好不以統朝涖人而反以蠱女從欲太公曰明罰則人畏懾人畏懾則變故出明察則人擾人擾則人徙人徙則不安其處易以成變晏子曰臣專其君謂之不忠子專其父謂之不孝妻專其夫謂之嫉妬韓子曰儒者以文亂法俠者以武犯禁子路拯溺而受牛謝孔子孔子曰魯國必好救人于患也子貢贖人而不受金于府孔子曰魯國不復贖人矣子路

受而勸德子貢讓而止善由此觀之廉有所在而不可公行慎子曰忠未足以救亂代而適足以重非何以識其然耶曰父有良子而舜放瞽瞍桀有忠臣而過盈天下然則孝子不生慈父之義而忠臣不生聖君之下故明主之使其臣也忠不得過職而職不得過官莊子曰將爲胠篋探囊發匱之盜爲之守備則必攝緘縢固扃鐍此代俗之所謂智也然而巨盜至則負匱揭篋擔囊而趨唯恐緘縢扃鐍之不固也然則向之所謂智者有不爲盜積者乎其所謂聖者有不爲大盜守者乎何以知其然耶昔者齊國鄰邑相望雞狗之音相聞罔罟之所布耒耨之所刺方二千餘里闔四境之內所以立宗廟社稷治邑屋州閭鄉里者曷嘗不法聖人哉然而田成子一朝殺齊君而盜齊國所盜者豈獨其國耶幷與聖智之法而盜之故田成有乎盜賊之名而身處堯舜之安小國不敢非大國不敢誅十二代而有齊國則是不獨竊齊國并與其聖智之法以守其盜賊之身乎跖之徒問於跖曰盜亦有道乎跖曰何適其無有道耶夫妄意室中之藏聖也入先勇也出後義也知可否智也分均仁也五者不備而能成大盜者天下未之有也由是

觀之善人不得聖人之道不立盜跖不得聖人之道不行天下之善人少而不善人多則聖人之利天下也少而害天下也多矣由是言之夫仁義禮樂名法刑賞忠孝賢智之道文武明察之端無隱於人而常存於代非自昭於堯湯之時非故逃於桀紂之朝用得其道則天下理用失其道而天下亂故知制度者代非無也在用之而已

是非

夫損益殊塗質文異政或尚權以經緯或敦道以鎮俗是故前志垂教今皆可以理違何以明之大雅曰

既明且哲以保其身易曰天地之大德曰生語曰士見危授命又曰君子有殺身以成仁無求生以害仁管子曰疑今者察之古不知來者視之往古語曰與死人同病者不可生也與亡國同行者不可存也呂氏春秋曰夫人以食死者欲禁天下之食悖矣有以乘舟死者欲禁天下之船悖矣有以用兵喪其國者欲偃天下之兵悖矣杜恕曰夫奸臣賊子自古及今未嘗不有百歲一人是爲繼踵千里一人是爲比肩而舉以爲戒是猶一噎而禁人食也噎者雖少餓者必多孔子曰惡訐惡以爲直管子曰惡隱惡以爲仁

者魏曹羲至公論曰夫代人所謂掩惡揚善者君子之大義保明同好者朋友之至交斯言之作蓋閭閻之白談所以收愛憎之相謗非篤正之至理折中之公議也世士不料其數而係其言故善惡不分亂實由之朋友雷同敗必從焉談論以賞實爲情不以過難爲貴相知以等分爲交不以雷同爲固是以達者存其義不察于文職其心不求于言越絶書曰衒女不貞衒士不信漢書曰大行不細謹大禮不辭讓黄石公曰務廣地者荒務廣德者强有其有者安貪人有者殘殘滅之政雖成必敗司公錯曰欲富國者務

廣其地欲强兵者務富其人欲王者務博其德三資者備而後王業隨之傳曰心苟無瑕何恤乎無家語曰禮義之不愆何恤乎人言語曰積毁銷金積讒磨骨衆羽溺舟羣輕折軸孔子曰君子不器聖人智用萬物列子曰天地無全功聖人無全能萬物無全用故天職生覆地職載形聖職教化孔子曰君子坦蕩蕩小人長戚戚孔子曰晉重耳之霸心也生于曹衛越勾踐之有霸心也生于會稽故居下而無憂者則思不遠覆身而常逸者則志不廣韓子曰古之人目短于自見故以鏡觀面智短于自知故以道正已老

子曰反聽之謂聰内視之謂明自勝之謂强唐且曰專諸懷錐刀而天下皆爲之勇西施被短褐而天下稱美慎子曰毛嬙西施天下之至姣也衣之以皮倛則見者皆走易之以玄緆則行者皆止由是觀之則玄緆色之助也姣者辭之則色厭矣頃梁曰先起者制服于人後起者受制于人軍志曰先人有奪人之心史佚有言曰無始禍又曰始禍者死語曰不爲禍始不爲福先慎子曰夫賢而屈于不肖者權輕也不肖而服于賢者位尊也堯爲匹夫不能使其鄰家及至南面而王則令行禁止由此觀之賢不足以服物

而勢位足以屋賢矣賈子曰自古至今與民為仇者有遲有速耳而民必勝之矣故紂自謂天王也而桀自謂天父也已滅之後民亦罵之也以此觀之則位不足以為尊而號不足以為榮矣漢景帝時轅固與黃生爭論于上前黃生曰湯武非受命乃殺也固曰不然夫桀紂荒亂天下之心皆歸湯武湯武與天下之心而誅桀紂桀紂之人弗為使而歸湯武湯武不得已而立非受命為何黃生曰冠雖敝必加于首履雖親必貫于足何者上下之分也今桀紂雖失道然君上也湯武雖聖臣下也夫君有失行臣不正言匡

過以尊天子反因過而誅之代立南面非殺而何太公曰明罰則人畏懾人畏懾則變故出明賞則人不足人不足則怨長故明王之理人不知所好不知所惡文子曰罰無度則戮而無威賞無度則費而無恩故諸葛亮曰威之以法法行則知恩限之以爵爵加則知榮文子曰人之化上不從其言從其行也故人君好勇而國家多難人君好色而國家昏亂秦王曰吾聞楚之鐵劍利而倡優拙夫鐵劍利則士勇倡優拙則思慮遠以遠思慮御勇士吾恐楚之圖秦也墨子曰雖有賢君不愛無功之臣雖有慈父不愛無益

之子曹子建曰舍罪責功者明君之主也矜愚愛能者慈父之恩也三略曰含氣之類皆願得申其志是以明君賢臣屈己申人傳曰人心不同其猶面也曹子建曰人各有好尚蘭蓀蕙之芳眾人所好而海畔有逐臭之夫咸池有六英之發而墨子有非之之論豈可同哉語曰以心度心間不容針孔子曰其恕乎己所不欲勿施于人管子曰倉廩實知禮節衣食足知榮辱古語曰貴不與驕期而驕自至富不與侈期而侈自來語曰忠無不報左傳曰亂代則讒勝直韓子曰凡人之大體取舍同則相是取舍異則相非

也易曰同聲相應同氣相求水流溼火就燥雲從龍風從虎易曰二女同居其志不同語曰一棲不兩雄一泉無二蛟又曰凡人情以同相妬故曰同美相妬同貴相害同利相忌韓子曰釋法術而以心理堯舜不能正一國去規矩而忘善度奚仲不能成一輪使中主守法術拙匠執規矩而萬不失矣淮南子曰夫矢之所以射遠貫堅者弓弩力也其所以中的剖微者人心也賞善罰暴者政令也其所以行者精誠也故弩雖强不能獨中令雖明不能獨明杜恕曰世有亂人而無亂法若使法可專任則唐虞不須稷契之

佐殷周無貴伊呂之輔矣慮不先定不可以應卒兵不先辦不可以應敵左傳曰豫備不虞古之善政左傳曰士蔿謂晉侯曰臣聞之無喪而戚憂必讎焉無戎而城讎必保焉春秋外傳曰周景王將鑄錢單穆公曰不可古者天灾降戾于是乎量資幣權輕重以振救人夫備豫有未至而設之有志而後救之是不相入也可先而不備謂之怠可後而先之謂之召災周國贏國也天未厭禍焉而又離人以佐災毋乃不可乎左傳曰古人有言一日縱敵數世之患也晉楚遇于鄢范文子不欲戰曰吾先君之亟戰也有故秦

狄齊楚皆強不盡力子孫將弱今三強服矣敵楚而已唯聖人能內外無患自非聖人外寧必有內憂蓋釋楚以爲外懼乎三略曰無使仁者主財爲其多恩施而附于下陶朱公中男殺人囚于楚朱公欲使其少子裝黃金千鎰往視之其長男固請乃使行楚殺其弟朱公曰吾固知必殺其弟是長與我俱見苦爲生之難故重其財如少弟生見我富乘堅驅良逐狡兔豈知其財所從來固輕弃之今長者果殺其弟事理然也無足悲語曰祿薄者不可與入亂輕賞者不可與入難愼子曰先王見不受祿者不臣祿不厚者

不與入難田單將攻狄見魯仲子仲子曰將軍攻狄弗能下也何者昔將軍之在卽墨坐而織蕢立而伏鍤爲士卒倡此所以破燕今將軍東有掖邑之奉西有菑上之娛黃金橫帶而馳乎淄澠之間有生之樂無死之心所以不勝也後果然語曰貧賤之交不可忘糟糠之妻不下堂語曰交接廣而信衰于友爵祿厚而忠衰于君春秋後語曰楚春申君使孫子爲宰客有說春申君曰湯以亳武王以鎬皆不過百里以有天下今孫子賢人也而君藉之百里之勢臣竊爲君危之春申君曰善于是使人謝孫子孫子去之趙

趙以爲上卿客又說春申君曰昔伊尹去夏入殷殷王而夏亡管仲去魯入齊魯弱而齊強夫賢者之所在其君未嘗不尊其國未嘗不榮也今孫子賢人也君何爲辭之春申君又曰善復使人請孫子韓宣王謂摎留曰吾兩欲用公仲公叔其可乎對曰不可晉用六卿而國分簡公用田成闞止而簡公弑魏兩用犀首張儀而西河之外亡今王兩用之其多力者內樹其黨其力寡者又藉于外權羣臣或內樹其黨以擅主命或外爲勢交以裂其地則王之國危矣又曰公孫衍爲魏將與其相田需不善季文子爲衍說魏

王曰王獨不見夫服牛驂驥乎不可百步今王以衍爲可使將固用之也而聽相之計是服牛驂驥之道牛馬俱死而不成其功則王之國傷矣願王察之傳子曰天地至神不能同道而生萬物聖人至明不能一檢而治百姓故以異致同者天地之道也因物制宜者聖人之治也旣得其道雖有相害之物不傷乎治體矣水火之性相滅也善用之者陳鼎釜乎其間爨之煑之而能兩盡其用不相害也天下之物爲水火者蠶矣何憂乎相害何患乎不盡其用耶易曰天地睽而其事同也男女睽而其志通也萬物睽而其

事類也陳登爲呂布說曹公曰養呂布譬如養虎常須飽其肉不飽則噬人曹公曰不似卿言譬如養鷹飢則爲人用飽則颺去劉備來奔曹公曹公以之爲豫州牧或謂曹公曰備有雄志今不早圖後必爲患曹公以問郭嘉嘉曰有是然公提劍起義兵爲百姓除暴推誠仗信以召儁傑猶懼其未來也今備有英雄之名以窮歸已而害之以害賢爲名則智士將自疑回心擇主公誰與定天下者夫除一人之患以阻四海之望安危之機不可不察曹公曰善傅子稱郭嘉言于太祖曰備有雄志而甚得衆心關羽張飛皆萬人之敵也爲之死用以嘉觀之其謀未可測也古人有言曰一日縱敵數世之患宜早爲之所曹公方招懷英雄以明大信未得從嘉謀家語曰子路問孔子曰請釋古之道而行由之意可乎子曰不可也昔東夷慕諸夏之禮有女而寡爲內私壻終身不嫁不嫁則不嫁矣然非貞節之義矣倉吾嬈娶妻而美讓與其兄讓則讓矣然非禮讓之讓也今子欲舍古之道而行子之意庸如子意以非爲是乎語曰變古亂常不死則亡書云事弗師古以克永代非說攸聞趙武靈王欲胡服公子成不說靈王曰夫服者所以使

國禮者所以使事聖人觀鄉而順宜因事而制禮所以利其人而厚其國夫翦髮文身錯臂左衽甌越之人也黑齒雕題鯷冠秫縫大吳之國也故禮服莫同而其便一也鄉異而用變事異而禮易是以聖人謀可以利其國不一其用謀可以變其理不法其故儒者一師而俗異中國同禮而離教況于山谷之便乎故去就之變智者不能一遠邇之服賢聖莫能同窮鄉多異俗曲學多殊辨今叔父之言俗也吾之所言以制俗也叔父惡變服之名以忘效事之實非寡人之所望也公子成遂胡服移風易俗莫善于樂孟子

曰天道因則大化則細因也者因人之情也李尋曰夫以喜怒賞誅而不顧時禁雖有堯舜之心猶不能致和平善言古者必有效于今善言天者必有徵于人設上農夫欲令冬田雖肉袒深耕汗出種之猶不生者非人心不至天時不得也易曰時止則止時行則行動靜不失于時其道光明書曰敬授人時故古之王者尊天地重陰陽敬四時月令順之以善政則和氣可立致猶枹鼓之相應也太公謂武王曰天無益于兵勝而衆將所居者九自法令不行而任侵誅無德厚而用日月之數不順敵之强弱而幸于天無

智慮而候氛氣少有力而望天福不知地形而歸過于時敵人怯弱不敢擊而信龜策士卒不勇而法鬼神設伏不巧而任背向之道凡天地鬼神視之不見聽之不聞不可以決勝敗故明將不法司馬遷曰陰陽之家使人拘而多忌范曄曰陰陽之道其弊也巫翼奉曰治道之要在知下之邪正人誠向正雖愚爲用若其懷邪智益爲害夫人主莫不愛己也莫知己者不足愛也故桓子曰捕猛獸者不令美人舉手釣巨魚者不使稚子輕預非不親也力不堪也奈何萬乘之主而不擇人哉故曰夫犬之爲猛有非則鳴吠

而不遑于夙夜此自効之至也昔宋人有沽酒者酒酸而不售何也以有猛犬之故夫犬知愛其主而不能爲其主慮酒酸之患者智不足也語曰巧詐不如拙誠晉惠帝爲太子和嶠諫武帝曰季世多僞而太子尚信非四海之主憂不了陛下家事武帝不從後惠帝果敗左傳曰孔子嘆子產曰言以足志文以足言不言誰知其志言之無文行而不遠晉爲伯鄭入陳非文辭不爲功慎辭哉論語曰誦詩三百授之以政不達使于四方不能專對雖多亦奚以爲漢文帝登虎圈美嗇夫口辨拜爲上林令張釋之前曰陛下

以絳侯周勃何如人也上曰長者又問曰東陽侯張相如何如人也上復曰長者釋之曰此兩人言事曾不能出口豈效此嗇夫喋喋利口捷給哉且秦以任刀筆之吏爭以亟疾苛察相高然其敝徒文具耳無惻隱之實以故不聞其過陵遲至于二世天下土崩今陛下以嗇夫口辨而超遷之臣恐天下隨風而靡爭口辯無其實且下之化上疾于景響舉錯之間不可不審帝乃止太史公曰春秋推見至隱易本隱以之顯大雅言王公大人而德逮黎庶小雅譏小已之得失其流及上所言雖殊其合德一也相如雖多虛

辭溢說然其要歸引之節儉此與詩之風諫何異揚
雄以為賦者將以諷也必推類而言極靡麗之辭閎
侈鉅衍競于使人不能加也既乃歸之于正然覽已
過矣往時武帝好神仙相如上大人賦以諷帝帝反
漂漂有淩雲之志由是言之賦勸而不止明矣又頗
類俳優非法度所存賢人君子詩賦之正也淮南子
曰東海之魚名鰈比目而行北方有獸名曰婁更食
更候南方有鳥名曰鶼比翼而飛夫鳥獸魚鰈猶知
假力而況萬乘之主乎獨不知假天下之英雄俊士
與之為伍豈不痛哉狐卷子曰父賢不過堯而丹朱

放兄賢不過周公而管蔡誅臣賢不過湯武而桀紂
伐況君之欲治亦須從身始人何可恃乎孔子曰不
患無位患己不立孔子厄于陳蔡子路慍見曰昔聞
諸夫子積善者天報以福今夫子積義懷仁久矣奚
居之窮也子曰由未之識也吾語汝以仁者為必信
耶則伯夷叔齊為不餓首陽汝以智者為必用耶則
王子比干不見剖心汝以忠者為必報耶則關龍逄
不見刑汝以諫者為必聽耶則伍子胥不見殺夫遇
不遇者時也賢不肖者才也君子博學深謀而不遇
時者眾矣何獨丘哉神農形悴唐堯瘦臞舜黧黑禹

胼胝伊尹負鼎而干湯呂望鼓刀而入周墨翟無黔
突孔子無煖席非以貪祿位將欲起天下之利除萬
人之害李斯以書對秦二世云申子曰有天下者而
不恣睢命之曰以天下桎若堯舜然故謂之桎也夫
以人徇己則己貴而人賤以己徇人則己賤而人貴
故徇人者賤而所徇者貴自古及今未有不然夫堯
禹以身徇天下謂之桎者不亦宜乎論語曰舉逸人
天下之人歸心焉魏文侯學藝于子夏敬段干木過
其廬未嘗不式于是秦欲伐魏或曰魏君賢國人稱
仁上下和洽未可圖也秦王乃止由此得譽于諸侯

韓子曰夫馬似鹿此馬直千金今有千金之馬而無
一金之鹿者何也馬為人用而鹿不為人用今處士
不為人用鹿類也所以太公至齊而斬華士孔子為
司寇而誅少正卯趙主父使李疵視中山可攻否還
報曰可攻也其君好見巖穴之士布衣之人主父曰
如子之言是賢君也安可攻李疵曰不然夫上尊巖
穴之士則戰士殆上尊學者則農夫惰農夫惰則國
貧戰士殆則兵弱兵弱于外國貧于內不亡何待主
父曰善遂滅中山漢書曰陳平云吾多陰謀道家所
禁吾世即廢亡已矣終不能復起以吾多陰禍也其

後玄孫坐酎金失侯後漢范曄論耿弇曰三代爲將道家所忌而耿氏累葉以功名自終將其用兵欲以殺止殺乎何其獨能崇也易曰崇高莫大于富貴又曰聖人之大寶曰位孫子爲書謝春申君曰鄙諺曰癘人憐王此不恭之言也雖然古無虛諺不可不審察也此爲刼殺死亡之主言也夫人主年少而矜材無法術以知奸則大臣主斷圖私以禁誅于己也故殺賢長而立幼弱廢正嫡而立不義春秋戒之曰楚王子圍聘于鄭未出境聞王病反問病遂以冠纓絞王殺之因自立也齊崔杼之妻美莊公通之崔杼率

其黨而攻莊公莊公走出踰于外牆射中其股遂殺之而立其弟近代李兌用趙餓主父于沙丘百日而殺之淖齒用齊擢齊王之筋懸于廟梁宿昔而死夫癘雖腫胞之疾上比前代未至絞纓射股也下比近代未至擢筋餓死也夫刼殺死亡之主心之憂勞形之困苦必甚于癘矣由此觀之癘雖憐王可也易曰備物致用立成器以爲天下利者莫大于聖人莊子曰聖人不死大盜不止雖重聖人而治天下則是重利盜跖也爲之斗斛以量之則並與斗斛而竊之爲之權衡以稱之則並與權衡而竊之爲之符璽以信

之則並與符璽而竊之爲之仁義以教之則並與仁義而竊之何以知其然也彼竊鈎者誅竊國者爲諸侯諸侯之門而仁義存焉則是非竊仁義聖知耶故逐于大盜揭諸侯竊仁義并斗斛權衡符璽之利者雖有軒冕之賞弗能勸斧鉞之威弗能禁此重利盜跖而使不可禁者是乃聖人之過也故曰國之利器不可以示人彼聖人者天下之利器也非所以明天下也論語曰君子固窮小人窮斯濫矣易曰窮則變通則久是矣自天祐之吉无不利太史公曰鄙人有言何知仁義已饗其利者爲有德故伯夷醜周餓死

首陽山而文武不以其故貶王跖蹻暴戾其徒誦義無窮由此觀之竊鈎者誅竊國者爲諸侯諸侯之門仁義存焉非虛言也今拘學或抱咫尺之義久孤于代豈若卑論儕俗與代沈浮而取榮名哉東平王蒼曰爲善最樂語曰時不與善已獨由之故曰非妖則妄龐統好人倫勤于長養每所稱述多過于才時人怪而問之統曰當今天下大亂正道淩遲善人少而惡人多方欲興風俗長道業不美其談則聲名不足慕也不足慕企而爲善少矣今拔十失五猶得其半而可矣崇邁世教使有志者自勵不亦可乎人物志

曰君子知自損之爲益故功一而美二小人不知自益之爲損故一伐而並失由此觀之則不伐者伐之也不爭者爭之也讓敵者勝之也是故卻至上人而抑下滋甚王叔好爭而終于出奔藺相如以迴車取勝于廉頗寇恂以不鬬取賢于賈復物勢之反乃君子所謂道也孝經曰居家理治可移于官鄺生落魄無以爲衣食業陳蕃云大丈夫當掃天下誰能掃一室公孫弘曰力行近乎仁好問近乎智知恥近乎勇知此三者知所自理知所以自理然後知所以理人天下未有不能自理而能理人者也此百代不易之

道淮南子曰夫審于毫釐之計者必遺天下之數不失小物之選者或于大事之舉今人才有欲平九州存危國而乃責之以閭閻之禮修鄉曲之俗是猶以斧翦毛以刀伐木皆失其宜矣商鞅謂趙良曰子之觀我理秦孰與五羖大夫賢乎趙良曰夫五羖大夫荆之鄙人也聞繆公之賢而願望見行而無資自鬻于秦客被褐飯牛繆公知之舉之牛口之下而加之百姓之上秦國莫敢望焉今君之見秦也因嬖人景監以爲主非所以爲名也史記曰藺相如因宦者繆賢見趙王又曰鄒衍作談天論其語閎大不經然王

公大人尊禮之適梁梁惠王郊迎執賓主之禮如燕昭王擁彗先驅豈與仲尼菜色陳蔡孟軻困于齊梁同乎哉衛靈公問陳於孔子孔子不答梁惠王謀攻趙孟軻稱太王去邠持方柄欲納圜鑿其能入乎或曰伊尹負鼎而輔湯以王百里奚飯牛繆公用霸作先合然後引之大道鄒衍其言雖不軌亦將有牛鼎之意乎陳仲舉體氣高烈有王臣之節李元禮忠平正直有社稷之能陳留蔡伯喈以仲舉強于犯上元禮長于接下犯上爲難接下爲易宜先仲舉而後元禮姚信云夫臯陶戒舜犯上之徵也舜理百揆接下

之效也故陳平爲王陵言面折廷諍我不如公至安劉氏公不如我若犯上爲優是王陵當高于良平朱雲當勝于吳鄧乎史記曰韓子稱儒者以文亂法而俠士以武犯禁二者皆譏而學士多稱于世至如以術取宰相卿大夫輔翼其世主固無可言者及若季次原憲讀書懷獨行議不苟合當世當世亦笑之今遊俠其行雖不軌于正義然其言必信其行必果已諾必誠不愛其軀赴士之阨困羞伐其德蓋亦有足多者且緩急人之所時有也虞舜窘于井廩伊尹負于鼎俎傅說匿于傅巖呂尚困于棘津夷吾桎梏百

里奚飯牛仲尼戹匡菜色陳蔡此皆學士所謂有道仁人也猶遭此菑況以中材而涉近代之末流乎其遇害何可勝道哉而布衣之徒設取予然諾千里誦義故士窮窘而得委命此豈非人之所謂賢豪者耶誠使鄉曲之俠與季次原憲比權量力効功于當代不同日而論矣曷足小哉漢書曰天子建國諸侯立家自卿大夫以至庶人各有差等是以人服事其上而下無覬覦孔子曰天下有道政不在大夫百官有司奉法承令以修所職越職有誅侵官有罰然故上下相順而庶事理焉周室既微禮樂征伐出自諸侯

桓文之後大夫世權陪臣執命陵夷至于戰國合縱連衡力政爭强由是列國公子魏有信陵趙有平原齊有孟嘗楚有春申皆藉王公之埶競爲遊俠雞鳴狗盜無不賓禮而趙相虞卿棄國捐君以困窮交魏齊之厄信陵無忌竊符矯命殺將專師以赴平原之急皆以取重諸侯彰名天下搤掔而遊談者以四豪爲稱首于是背公死黨之議成守職奉上之義廢矣及至漢興禁網疏濶未之匡改也魏其武安之屬競逐于京師郭解劇孟之徒馳騖于閭閻權行州域力折公侯衆庶榮其名跡覬而慕之雖陷刑辟自與殺身成名若季路仇牧死而不悔也曾子曰上失其道民散久矣夫明王在上示之以好惡齊之以禮法人曷由知禁而反正乎古之正法五伯三王之罪人也而六國五伯之罪人也夫四豪者又六國之辠人也况于郭解之倫以匹夫之細微竊殺生之權其罪已不容于誅矣尸子曰人臣者以進賢爲功人主者以用賢爲功也史記曰鮑叔舉管仲天下不多管仲之賢而多鮑叔之能知人也蘇建常責大將軍青至尊重而天下之賢士大夫無稱焉願觀古名將所招選擇賢者大將軍謝曰自魏其武安之厚賓客天子常

切齒彼親附士大夫招賢黜不肖者人主之柄也人臣奉法遵職而已何與招士其爲將如此班固云昔王道既微諸侯力政時君世主好惡殊方是以諸家之術蜂起並作各引一端崇其所善以此馳說取合諸侯其言雖殊譬猶水火相滅亦能相生也仁之與義敬之與和事雖相反而皆相成也易曰天下同歸而途殊一致而百慮此之謂也

適變

昔先王當時而立法度臨務而制事法宜其時則理事適其務故有功今時移而法不變務易而事以古

是則法與時詭而事與務易是以法立而時益亂務無而事益廢此聖人之理國也不法古不修今當時而立功在難而能免由是言之故知若人者各因其時而建功立德焉何以知其然耶桓子曰三皇以道治五帝用德化三王由仁義五伯用權智五帝以上久遠經傳無事唯王伯二盛之美以定古今之理焉夫王道之治先除人害而足其衣食然後教以禮儀而威以刑誅使知好惡去就是故大化四湊天下安樂此王者之術伯功之大者尊君卑臣權統由一政不二門賞罰必信法令著明百官修理威令必行此

伯者之術道德經曰我無為而人自化文子曰所謂無為者非謂引之不來推之不往謂其循理而舉事因資而立功推自然之勢也故曰湯武聖主也而不能與越人乘舲舟泛江湖伊尹賢相也而不能與胡人騎原馬服騊駼孔墨博通也而不能與山居者入榛薄出險阻由是觀之人智于物淺矣而欲以炤海内存萬不因道理之數而專己之能則其窮不遠故智不足以為理勇不足以為強明矣然而君人者在廟堂之上而知四海之外者因物以知物因人以知人也夫冬日之陽夏日之陰萬物歸之而莫之使至

精之感弗召自來待目而昭見待言而使令其于理難矣皐陶喑而為大理天下無虐刑師曠瞽而為太宰晉國無亂政不言之令不視之見聖人所以為師此黃老之術也孔子閒居謂曾參曰昔者明王內修七教外行三至七教修而可以守三至行而可以征明王之守也則必折衝千里之外其征也還師衽席之上曾子曰敢問七教孔子曰上敬老則下益孝上敬齒則下益悌上樂施則下益亮上親賢則下擇交上好德則下無隱上惡貪則下恥爭上廉讓則下知節此之謂七教也昔明王之治人也必裂土而封之

分屬而理之使有司月省而時考之進賢退不肖哀鰥寡養孤獨恤貧窮誘孝弟選才能此七者修則四海之內無刑人矣上之親下也如腹心則下之親上也如幼子之于慈母矣其於信也如四時而人信之也如寒暑之必驗故視遠若邇非道邇也見明德也是以兵革不動而威用利不施而親此之謂明王之守折衝千里之外者也曾子曰何謂三至孔子曰至禮不讓而天下理至賞不費而天下之士悅至樂無聲而天下之人和何則昔者明王必盡知天下良士之名既知其名又知其實既知其實然後因天下之

爵以尊之此謂至禮不讓而天下理因天下之祿以富天下之士此之謂至賞不費而天下之士悅如此則天下之明譽興焉此之謂至樂無聲而天下之人和故仁者莫大于愛人智者莫大于知賢政者莫大于能官有德之君修此三者則四海之內供命而已矣此之謂折衝千里之外故曰明主之征猶時雨之降至則悅矣此之謂還師衽席之上故揚雄曰六經之理貴于未亂兵家之勝貴于未戰此孔氏之術也墨子曰古之人未知爲宮室就陵阜而居穴而處故聖王作爲宮室爲宮室之法高足以避潤溼邊足以

圉風寒宮牆之高足以別男女之禮謹此則止不以爲觀樂也故天下之人財用可得而足也當今之王爲宮室則與此異矣必厚斂于百姓以爲宮室臺榭曲直之望青黃刻鏤之飾爲宮室若此故左右皆法而象之是以其財不足以待凶飢振孤寡故國貧而難理也爲宮室不可不節古之人未知爲衣服時衣皮帶茭冬則不輕而煖夏則不輕而凊聖王以爲不中人之情故聖人作誨婦人以爲人衣爲衣服之法冬則練帛足以爲輕煖夏則絺綌足以爲輕凊謹此則止非以榮耳目觀愚人也是以其人用儉約而易

治其君用財節而易贍也當今之王其爲衣服則與此異矣必厚斂于百姓以爲文彩靡曼之衣鑄金以爲鉤珠玉以爲佩由此觀之其爲衣服非爲身體皆爲觀好也是以其人淫僻而難治其君奢侈而難諫夫以奢侈之君御淫僻之人欲國無亂不可得也爲衣服不可不節此墨翟之術也商子曰法令者人之命也爲治之本一兔走百人逐之非以兔可分爲百由名分之未定也賣兔滿市盜不敢取者由名分之定也故名分未定雖堯舜禹湯且皆加務而逐之名分已定則貪盜不敢取故堯舜聖人之爲法令也置

官也置吏也所以定分也名分定則大詐貞信巨盜原慤而各自治也申子曰君如身臣如手君設其本臣操其末爲人君者操契以責其名名者天地之綱聖人之符張天地之綱用聖人之符則萬物無所逃矣動者搖靜者安名自名也事自定也是以有道者因名而正之隨事而定之昔者堯之治天下也以名其名正則天下治桀之治天下也亦以名其名倚而天下亂是以聖人貴名之正也李斯書曰韓子稱慈母有敗子而嚴家無格虜者何也則罰之加焉必也故商君之法刑棄灰于道者夫棄灰薄罪也而被刑

重法也夫輕罪且督而況有重罪乎故人弗敢犯矣今不務所以不犯而事慈母之所以敗子則亦不察于聖人之論矣此商鞅申韓之術也由是觀之故知治天下者有王伯焉有黃老焉有孔墨焉有申商焉此其所以異也雖經緯殊制救獘不同然康濟羣生皆有以矣今議者或引長代之法詰救獘之言或引帝王之風譏伯者之政不論時變而務以飾說故是非之論紛然作矣言僞而辯順非而澤此罪人也故君子禁之

正論

孔子曰六藝于理一也禮以節人樂以發和書以道事詩以達意易以神化春秋以義故曰入其國其教可知也其爲人也溫柔敦厚詩教也疏通知遠書教也廣博易良樂教也潔淨精微易教也恭儉莊敬禮教也屬辭比事春秋教也故詩之失愚書之失誣樂之失奢易之失賊禮之失煩春秋之失亂其爲人也溫柔敦厚而不愚則深于詩也疏通知遠而不誣則深于書也廣博易良而不奢則深于樂也潔淨精微而不賊則深于易也恭儉莊敬而不煩則深于禮也屬辭比事而不亂則深于春秋也自仲尼沒而微言絕七十子喪而大義乖戰國縱橫眞僞分爭諸子之言紛然散亂矣儒家者蓋出於司徒之官助人君順陰陽明教化者也遊文于六經之中留意于仁義之際祖述堯舜憲章文武宗師仲尼此其最高也然或者既失精微而辟者又隨時抑揚違離道本苟以譁眾取寵此辟儒之患也道家者蓋出于史官歷紀成敗秉要執本清虛以自守卑弱以自持此君人南面之術也合于堯之克讓易之謙謙此其所長也及放者爲之則欲絕去禮樂兼棄仁義獨任清虛可以爲治此道家之獘也陰陽家者蓋出于羲和之官敬順昊天歷象日月星辰敬授人時此其所長也及拘者爲之則牽于禁忌泥于小數舍人事而任鬼神此陰陽之獘也法家者蓋出于理官信賞必罰以輔禮制此其所長也及刻者爲之則亡教化去仁愛專任刑法而欲以致治于殘賊至親傷恩薄厚此法家之獘也名家者蓋出于禮官古者名位不同禮亦異數孔子曰必也正名乎此其所長也及繳者爲之則苟鉤鈲析亂而已此名家之獘也墨家者蓋出于清廟之守茅屋采椽是以貴儉養三老五更是以兼愛選士大射是以上賢宗祀嚴父是以右鬼順四時而行

是以非命以孝示天下是以上同此其所長也及獘者爲之見儉之利因以非禮樂推兼愛之意而不知別親疏此墨家之獘也縱横家者蓋出于行人之官孔子曰使乎使乎言當權事制宜受命而不受辭此其所長也及邪人爲之則上詐諼而棄其信此縱横之獘也雜家者蓋出于議官兼儒墨合名法知國體之有此見王理之無不貫此其所長也及盪者爲之則漫羨而無所歸心此雜家之獘也農家者蓋出于農稷之官播百穀勸耕桑以足衣食孔子曰所重民食此其所長也及鄙者爲之則欲君臣並耕誖上下

之序此農家之獘也文子曰聖人之從事也所由異路而同歸秦楚燕魏之歌異轉而皆樂九夷八狄之哭異聲而皆哀夫歌者樂之徵也哭者哀之效也愔愔于中而應于外故在所以感之矣論曰范曄稱百家之言政者尚矣大署歸乎甯固根柢革易時獘也而遭逢無恆意見偏雜故是非知論紛然乖當嘗試論之夫世非胥庭人乖鷇飲理迹萬肇情故萌生雖周物之智不能研其變山川之奥未足況其紆險則應裕適事難以常條何以言之若夫玄聖御代則大同極軌施舍之道宜無殊典而損益之運文樸遞行用明居晦回遹于曩時興戈陳豆參差于上世及至戴黄屋服絺衣豐薦不齊而致治則一亦有宥公族黜國儺寬躁已隔而防非必同此其分波而共源百慮而一致者也若乃偏情矯用則枉曲必過故葛屨履霜獘由崇儉楚楚衣裳戒在窮奢疏禁厚下以尾大陵弱斂威峻法以苛薄分崩斯曹魏之刺所以明乎國風周秦末軌所以彰于微滅故用舍之端興敗資焉是以繁簡唯時寬猛相濟刑書鑄鼎事有可詳三章在令取貴能約太叔致猛政之褒國子流遺愛之涕宜孟改冬日之和平陽修畫一之法斯實弛張

之弘致庶可以徵其統乎數子之言當世失得皆悉究矣然多謬通方之訓好申一隅之説貴清靜者以席上爲腐議束名實者以柱下爲誕辭或推前王之風可行于當年有引救獘之規宜流于長世稽之篤論將爲獘矣由此言之故知有法無法因時爲業時止則止時行則行動不失其時其道光明非至精者孰能通于變哉

卷三終

長短經卷四

唐 趙 蕤 撰　綿州李調元雨村校

霸紀上

霸圖

臣聞周有天下其理三百餘年成康之隆也刑措四十餘年而不用及其衰也亦三百餘年故五伯更起伯者常佐天子興利除害誅暴禁邪匡正海内以尊天子五伯既没賢聖莫續天子孤弱號令不行諸侯恣行强凌弱衆暴寡田常簒齊六卿分晉並爲戰國此人之始苦也于是强國務攻弱國務守合從連衡

馳車轂擊介胄生蟣虱人無所告訴及至秦蠶食天下并呑戰國一海内之政壞諸侯之城法嚴政峻諂諛者衆使蒙恬將兵北攻胡尉他將卒以戍越宿兵無用之地人不聊生始皇崩天下大叛陳勝吳廣舉于陳武臣張耳舉于趙項梁舉吳田儋舉齊景駒舉郢周市舉魏韓廣舉燕窮山通谷豪傑並起而亡秦族矣

漢高祖名邦字季姓劉氏沛國豐邑人爲泗上之亭長秦二世元年陳勝等起勝自立爲楚王沛人殺其令立高祖爲沛公時項梁止薛沛公往從之共立義帝約曰先入咸陽者王之秦將章邯大敗項梁于定陶梁死章邯以爲楚不足憂乃北伐趙楚使項羽等救趙遣沛公别將西入關沛公遂攻宛降之攻武關大破秦軍入咸陽與秦人約法三章遣兵拒關欲王關中是時項羽破秦軍于河北率諸侯兵四十萬至鴻門欲擊沛公沛公因項伯自解于羽羽遂殺子嬰而東都彭城立沛公爲漢王王巴蜀于是用韓信策乃東伐還定三秦田榮怨項王之不已立殺田市自立爲齊王羽北擊滅齊而使九江王殺義帝于郴漢王爲之縞素發喪臨三日以告諸侯漢王因項羽之

擊齊率諸侯之師五十六萬東襲楚破彭城羽聞之留其將擊齊自以精兵三萬歸擊漢漢王與羽大戰彭城下漢王不利出梁地至虞謂左右曰孰能爲我使淮南王黥布令發兵背楚留項羽于齊數月我之取天下可以萬全隨何乃使淮南説布背楚漢王如滎陽使韓信擊魏王豹虜之漢遂與楚相拒于滎陽楚圍漢王用陳平計間得出入關收兵欲復東轅生説漢王出軍苑葉引項王南渡使韓信等得集河北羽果引兵南渡如其策韓信與張耳以兵數萬東下井陘擊趙破之乃報漢因請立張耳爲趙王以撫其

國漢王從之十二月漢王拒楚于成皋饗師欲復戰郎中鄭忠說曰王高壘深壁勿與戰使劉賈佐彭越入楚地焚其積聚破楚師必矣項羽乃東擊彭越留曹無咎守成皋時漢數困滎陽成皋計欲捐成皋以東屯鞏洛以拒楚用酈生計復守成皋羽初東屬曹咎曰漢即挑戰慎勿與戰勿令漢得東而已咎乃出戰死漢王遂進兵取成皋羽聞咎破乃還軍廣武間爲高壇置太公于其上漢王遣侯公說羽求太公羽乃與漢約中分天下割鴻溝以西爲漢以東爲楚歸漢王父母及呂后項王解而東漢王欲西張良曰今

漢有天下大半而諸侯皆附楚兵疲食盡此天亡楚之時不如因其東而取之漢王乃追羽與齊王韓信魏相彭越期會擊楚皆不會用張良計信等皆進兵圍羽垓下遂滅項氏都洛陽用婁敬策徙都長安有告楚王韓信反用陳平計擒之廢爲淮陰侯陳豨爲代相與韓信王黃等反豨自立爲代王上自往破之尉他王南越反高祖使陸賈賜尉他印綬爲南越王令稱臣奉漢約高祖在位十二年崩年六十二惠帝立呂后臨政景帝時吳楚反征平之崩太子徹立崩子弗陵立崩立武帝孫昌邑王賀廢立武帝曾孫詢

崩立太子奭崩立太子驁崩立宣帝孫定陶共王子欣崩立帝弟中山孝王子衎僞新室王莽者成帝舅王曼之子元帝王皇后之姪也元帝崩成帝即位以元舅鳳爲大司馬兄弟五人皆爲侯曼早卒鳳將薨以莽託太后封爲新都侯五侯競爲僭起治第舍莽幼孤貧獨折節恭謹當世名士多爲莽言上由是賢之拜爲侍中時成帝廢許后立趙飛燕飛燕女弟爲昭儀昭儀害後宮皇太子帝無嗣乃立定陶王欣爲皇太子莽以發定陵侯淳于長大奸拜爲大司馬時年三十六成帝崩哀帝即位立皇后傅后封后父傅

晏爲孔鄉侯帝母丁后曰恭皇太后舅丁明爲安陽侯莽乞骸骨避丁傅也哀帝崩時莽以侯在第太皇太后令莽備佐喪事復爲大司馬徵立中山王爲帝太皇太后臨朝莽秉政百官總己以聽于莽平帝崩莽徵宣帝玄孫廣戚侯子嬰立之年三歲遂謀居攝如周公故事東都太守翟義反敗死莽自謂威德遂盛獲天人之助用銅匱符命遂即眞其九年赤眉賊起十四年世祖起兵與王匡等共立劉聖公爲更始皇帝莽遣王尋王邑擊更始二人兵敗于昆陽漢兵遂入城中人皆降莽走漸臺藏于室中北隅間校尉

孫賓就斬莽遂傳首詣更始于宛

世祖光武皇帝諱秀字文叔南陽蔡陽人高皇帝之九代孫也王莽末天下連歲災蝗寇盜鋒起時世祖避吏新野因賣穀宛宛人李通以圖讖說世祖世祖于是與通弟李軼起于宛兄伯升起于舂陵鄧晨起于新野會衆兵擊長聚新市人王匡等立劉聖公爲天子而害伯升號更始元年更始使世祖爲偏將軍徇昆陽王莽聞漢帝立大懼遣大司徒王尋大司空王邑將兵百萬擊世祖于昆陽世祖破之三輔豪傑共誅王莽傳首詣宛更始以世祖行大司馬事特節

北度河鎮慰州郡王郎詐爲成帝子子輿立爲天子都邯鄲遣使降下郡國世祖滅之世祖威聲日盛更始疑慮乃遣使立世祖爲蕭王令罷兵與諸將有功者還長安遣苗曾爲幽州牧韋順爲上谷守並北之郡世祖辭不就徵斬苗曾等自是始貳于更始是時長安政亂四方背叛皆平之赤眉賊入函關攻更始世祖乃遣鄧禹引兵而西以乘更始赤眉之亂于是諸將上尊號乃命有司設壇于鄗南千秋亭五成陌即皇帝位十月駕東幸洛陽赤眉降平隗囂滅公孫述天下大定崩于南宮時年六十三末孫靈帝劉奄人曹節等矯制誅太傅陳蕃李膺其黨人皆禁錮中平九年黃巾賊起靈帝崩太子辯即位董卓入朝因廢帝爲弘農王而立獻帝李傕逼帝東遷曹操遷帝都許操薨帝遜位于曹丕

魏太祖武皇帝沛國譙人也姓曹諱操字孟德靈帝時爲典軍校尉漢末奄豎擅權何進謀誅奄豎太后不聽進乃召四方猛將使引兵向京師欲以恐刼太后董卓至廢帝爲弘農王而立獻帝京師大亂太祖亡出關至陳留散家財合義于己吾與後將軍袁術冀州牧韓馥豫州刺史孔伷兗州刺史劉岱渤海太

守袁紹同時俱起衆合數萬推紹爲盟主曹公行奮武將軍卓聞兵起乃徙天子都長安卓留兵屯洛陽司徒王允與呂布殺卓楊奉韓暹以天子還洛陽太祖至洛陽衛京邑暹遁走太祖以洛陽燒焚殘破奉天子都許下詔責袁紹以地廣兵強專自樹黨不聞勤王之師紹遂攻許太祖破之官渡紹嘔血死太祖討紹子譚尙于黎陽尙與熙奔遼東太守公孫康斬尙熙送其首遂平河北太祖征劉表會表卒子琮降關中諸將馬超韓遂成宜等反曹公破之天子策命公爲魏王二十五年薨于洛陽子丕嗣受漢禪崩子

叡嗣崩子齊王芳立廢高貴鄉公髦立廢常道鄉公璜立璜禪晉

晉高祖宣皇帝名懿字仲達姓司馬河內溫人也仕于魏武之世歷文明二帝居將相之位平孟達滅公孫度擒王淩魏明帝崩遺詔使帝爲太尉與大將軍曹爽輔少主帝誅曹爽宣帝崩子師代爲相鎮東將軍毋邱儉揚州刺史文欽反征平之景帝崩弟昭代爲相輔政爲司空諸葛誕據壽春反奉詔征平之伐蜀擒劉禪于時政出于權臣人君主祭而已魏帝不能容自勒兵攻相府太祖用長史賈充計逆戰舍人

成濟執殺魏帝太祖崩子炎受魏禪既受魏禪用羊祜杜預計征吳平之立二十五年崩太子衷立惠帝不慧妃賈充女爲皇后后秉權殺楊駿廢太后誅太宰汝南王亮大保衛瓘戮楚王瑋殞太子遹用趙王倫爲相國倫惡司空張華僕射裴頠正直矯詔誅之倫遂篡帝位于是齊王攸之子冏與帝弟成都王穎等起義兵誅倫穎于是鎮鄴并州刺史東瀛公騰安北將軍王浚又起兵討穎穎敗挾天子南奔洛後惠帝復位帝弟長沙王乂譖冏誅之由是戎狄並興四方阻亂遂分爲三十六國惠帝立十四年崩弟豫章王熾立都長安爲胡賊所殺懷帝崩立吳王晏子業愍帝亦爲胡賊所殺中宗元皇帝睿乃興于江東帝在位十六年崩太子紹立王敦威振內外將謀爲逆肅宗征破之三年肅宗崩至孝武帝昌明立簡文皇帝三子羝賊符堅寇淮南晉冠軍將軍謝玄等大破堅于淝水堅還長安二十一年帝崩自後遂干戈相繼至安帝爲桓玄所篡宋祖劉裕平玄至恭帝遂禪于宋

高祖武皇帝姓劉名裕字德輿彭城人桓玄篡晉高祖與劉毅何無忌等潛謀匡復起兵平玄奉天子反

正因居將相之任封豫州郡公蜀賊譙縱稱王高祖遣將征平之姚泓僭號于西京高祖征平之擒泓鮮卑慕容超據守青州稱燕王高祖征擒超賊盧循據南海因高祖北伐燕乘虛下襲建業高祖還乃平之劉毅據荊州貳于高祖高祖遣將征誅毅荊州刺史司馬休之反征之晉帝加高祖位相國總百揆揚州牧十郡爲宋公晉安帝崩大司馬琅琊王即位徵帝入輔禪位于宋永初元年六月丁卯即帝位于南郊設壇柴燎告天禮畢備法駕幸建康宮臨太極前殿大赦改元在位三年崩立太子義符廢立宜都王義

隆崩立武陵王駿崩立太子子業崩立湘東王彧崩立太子昱崩立順帝準遜位于齊蕭道成凡八代六十年

齊太祖高皇帝諱道成姓蕭氏東海蘭陵人也爲輔國將軍宋明帝初會稽太守尋陽王子房及在東諸郡起兵徐州刺史薛安都據彭城歸魏遣從子索兒攻淮陰晉安王勛遣臨川內史范淹自鄱陽道入三吳帝並討平之使鎭淮陰七年徵還都至拜常侍明帝崩遺詔使與袁粲共掌機事江州刺史桂陽王休範舉兵反帝討平之遷中領軍蒼梧王深相猜忌常

語左右楊玉夫伺織女渡報我是夜七夕玉夫懼取千牛刀殺之帝乃迎立順帝荆州刺史沈攸之反帝討之進位相國封齊王備九錫四月宋帝禪位于齊甲午即皇帝位于南郊柴燎告天禮畢備法駕幸建康宮立太極前殿大赦改元建元四年崩立太子賾崩立太孫昭業崩立弟昭文廢立西昌侯鸞崩立太子寶卷崩立和帝寶融以位禪梁

梁高祖武皇帝諱衍姓蕭氏爲巴陵王法曹後爲竟陵王子良八友魏將王肅攻司州帝破之以功封建康郡男齊明帝崩東昏即位遺詔以帝爲都督雍州刺史長兄懿被害帝起義戊申帝發自襄陽郢魯諸城及諸將並降壬午帝鎭石頭命衆軍圍六門衛尉張稷斬東昏以黃油裹首送軍平京邑齊和帝以位禪梁帝即位太清元年齊司徒侯景以十三州內屬侯景反至京師幽帝而崩侯景立武帝太子綱爲帝又爲景所殺湘東王繹于荆州使王僧辯等平侯景傳首江陵景子湘東王即位于江陵魏使萬紐于謹來攻梁王蕭詧率衆會之帝見執魏人戕帝江陵既陷王僧辯陳霸先等議立帝子方智于江州奉迎至建鄴即位太平二年禪位于陳

高祖武皇帝姓陳氏名霸先吳興長城人也梁武帝時爲直閤將軍侯景反高祖率所領與侯景大戰侯景敗死湘東王即位授南徐州刺史還鎭京口承聖三年西魏攻陷西臺高祖與王僧辯立晉安王進帝位司空僧辯又與齊氏和納貞陽侯高祖以爲不義潛師襲王僧辯于石頭克之是夜縊僧辯貞陽侯遜位晉安王復立徐嗣徽北引齊師遣蕭軌等四十六將濟江至莫府山高祖並破之進帝位丞相進爵爲陳王永定三年梁帝禪位于陳三年上崩立弟子蒨崩立太子伯宗廢立頊崩立太子叔寶叔寶在東宮

好學有文藝及即位躭酒色隋文帝初受周禪甚敦隣好宣帝崩遣使赴弔修敵國之禮書稱名頓首而後主驕奢書末云想彼統内如宜此宇宙清泰隋文帝不悦以示朝臣賀若弼楊素等以爲主辱再拜請罪並求致討文帝曰我爲人父母豈可限一衣帶水而不拯之乎命作戰船晉王廣爲元帥督八十總管以致討韓擒虎入自南掖門文武各官皆遁出擒後主晉王廣入據臺城送後主于東宫已後主與王公百司發自建鄴之長安及至京師列陳輿服引後主及王公使宣詔讓後主後主屏息不能對封長城公

至仁壽四年終于洛陽

隋高祖姓楊氏名堅周武帝初爲隋州刺史女爲太子妃周宣帝立拜爲大司馬宣帝崩立靖帝進爵爲隋王遂禪位焉改號開皇元年九年平陳廢太子勇爲庶人立晉王廣爲皇太子高祖崩太子即位煬帝無道盜賊蜂起十三年幸江都李密設壇于鞏自習爲魏公梁歸都據夏州劉武周殺太原留守王恭舉兵反竇建德自號夏王朱粲自號楚王劉元進據吳都煬帝聞羣賊起大懼使馮慈明徵兵東都詔唐國公淵鎮太原五月甲子唐公舉義兵遥尊煬帝爲太上皇立代王侑爲天子行伊霍故事傳檄天下聞之響應秋七月唐公將西圖長安仗白旗誓衆于太原之野被甲三萬留公子元吉守太原義師次霍邑隋武牙郎將宋老生拒義師時連雨不霽糧運不給又訛言突厥將襲太原唐公懼命旋師用秦王諫乃止老生背城一戰斬之平霍邑冬十月義師次長樂宫衛文昇挾代王乘城拒守十一月平京師尊代王爲天子改元義甯時煬帝將之丹陽而大臣將卒皆北人不顧南遷咸思歸宇文化及因百姓之不堪命殺煬帝于江都隋室王侯無少長皆斬之立嗣王浩爲

天子化及爲丞相五月戊子天子侑遜位于别宫禪位于唐都長安已巳王世充段達等立越王侗爲皇帝于洛陽六月宇文化及自江都至彭城據黎陽稱許李密率大軍壁清淇敦煌張守一聞密之拒化及也說越王以討越王不用其策用孟琮計與密連和李密無東都之慮盡鋭攻化及破之密自敗化及益以驕傲越王命王充擊密密不用祖君彦計密師敗績遂西奔京師尋謀叛殺之大唐武德二年王充殺越王侗于洛陽僭稱尊號隋氏滅矣論曰干寶稱帝王之興必俟天命苟有代謝非人事也堯舜内禪體

文德也漢魏外禪順大名也湯武革命應天人也高光征伐定功業也各因其運而得天下隨時之義大矣范曄曰自古喪大業絕宗禋其所以致削弱禍敗者蓋漸有由矣三代以嬖色取禍嬴氏以奢虐致灾西京自外戚失祚東都緣閹尹傾國成敗之來先史商之久矣自秦漢迄于周隋觀其興亡雖亦有數然大抵得之者皆因得賢豪為人興利除害其失之也莫不因任用羣小奢汰無度孔子曰以約失之者鮮矣又曰遠佞人去僻惡有旨哉

長短經卷四終

長短經卷五

唐　趙蕤　撰　　綿州李調元雨村校

霸紀中

七雄畧

臣聞天下大器也羣生重蓄也器大不可以獨理蓄重不可以自守故畫野分疆所以利建侯也親疏相鎮所以關盛衰也昔周監二代立爵五等封國八百同姓五十五深根固本為不可拔者也故盛則周召相其治衰則五伯扶其弱所以夾輔王室左右厥世此三聖制法之意然厚下之典弊于尾大自幽平之後日以陵夷爵祿多出于陪臣征戰不由于天子吳并于越晉分為三鄭兼于韓魯滅于楚海內無主四十餘年而為戰國矣秦據勢勝之地騁狙詐之兵蠶食山東山東患之蘇秦洛陽人也合諸侯之從以賓秦張儀魏人也破諸侯之從以連横此從横之所起也蘇秦初合從至燕說燕文侯曰燕東有朝鮮遼東北有林胡樓煩西有雲中九原南有嘑沱易水地方二千餘里帶甲數十萬車六百乘騎六千匹粟支數年南有碣石鴈門之饒北有棗粟之利民雖不田作而足于棗粟矣此所謂天府者也夫安樂無事不見

覆車殺將無過燕者大王知其所以然乎夫燕所以不犯寇被甲兵者以趙之爲蔽其南也秦趙相斃而王以全燕制其後此所以不犯寇也且夫秦之攻燕也踰雲中九原過代上谷彌地數千里雖得燕城秦計固不能守也秦之不能害燕亦明矣今趙之攻燕也發號出令不至十日而數十萬之軍軍于東垣矣渡嘑沱涉易水不至四五日而距國都矣故曰秦之攻燕也戰于千里之外趙之攻燕也戰于百里之內夫不憂百里之患而重于千里之外計無過于此者是故願大王與趙從親天下爲一則燕國必無事矣

燕文侯許之蘇秦如趙說趙肅侯曰臣竊爲君計莫若安民無事且無庸有事民爲也安民之本在於擇交擇交而得則民安擇交而不得則民終身不安請言外患齊秦爲兩敵而民不得安倚秦攻齊而民不得安倚齊攻秦而民不得安君誠能聽臣燕必致氊裘狗馬之地齊必致魚鹽之海楚必致橘柚之園韓魏中山皆可使致湯沐之奉而貴戚父兄皆可受封侯夫割地包利五伯之所以覆軍禽將而求也封侯貴戚湯武之所以放弑而爭也今君高拱而兩有之此臣之所爲君願也夫秦下軹道則南陽危劫韓包周則趙自操兵據衛取淇卷則齊必入朝秦秦欲已得乎山東則必舉兵而向趙矣秦甲渡河踰漳據番吾則兵必戰于邯鄲之下矣此臣之所爲君危也當今之時山東之建國莫强于趙趙地方二千餘里帶甲數十萬車千乘騎萬匹粟支數年西有常山南有河漳東有清河北有燕燕固弱國不足畏也秦之所害于天下莫如趙然而秦不敢舉兵而伐趙者何也畏韓魏之議其後也然則韓魏趙之南蔽也秦之攻韓魏也無名山大川之險稍稍蠶食之傅國都而止韓魏不能支秦必入臣于秦秦無韓魏之規則禍必中于趙矣此臣之所爲君患也臣聞堯無三夫之分

舜無咫尺之地以有天下禹無百人之聚以王諸侯湯武之士不過三千車不過三百乘卒不過三萬立爲天子誠得其道也是故明主外料其敵之强弱內度其士卒賢不肖不待兩軍相當而勝敗存亡之機固已形于胸中矣豈揜于衆人之言而以冥冥決事哉臣竊以天下之地圖案之諸侯之地五倍于秦料度諸侯之卒十倍于秦六國并立西面而攻秦秦必破矣今西面而事之見臣于秦夫破人之與見破于人臣人之與見臣于人也豈可同日而論哉夫衡人

者皆欲割諸侯之地以予秦秦成則高臺榭美宮室聽竽笙之音國被秦患而不與其憂是故衡人日夜務以秦權恐惕諸侯以求割地願大王熟計之臣聞明主絕疑去讒屏流言之跡塞朋黨之門故尊主强兵之臣得陳忠于前矣故竊爲大王計莫若一韓魏齊楚燕從親以畔秦合天下之將相會于洹水之上通質刑白馬而盟約曰秦攻楚齊魏各出銳師以佐之韓絕其糧道趙涉河漳燕守常山之北秦攻韓魏則楚絕其後齊出銳師以佐之趙涉河漳燕守雲中秦攻齊則楚絕其後韓守成皋魏塞其糧道趙涉河

漳博關燕出銳師以佐之秦攻燕則趙守常山楚軍武關齊涉勃海韓魏皆出銳師以佐之秦攻燕則韓軍宜陽楚軍武關魏軍河外齊涉清河燕出銳師以佐之諸侯有不如約者以五國之兵共伐之六國從親以賔秦則秦甲必不敢出于函谷以害山東矣如此則霸王之業成矣趙王曰善蘇秦如韓說韓宣王曰韓北有鞏洛成皐之固西有宜陽商阪之塞東有宛穰洧水南有陘山地方九百餘里帶甲數十萬天下之强弓勁弩皆從韓出韓卒超足而射百發不暇止遠者括洞胸近者鏑弇心韓之劍戟則龍泉太阿

皆陸斷牛馬水截鴻鵠夫以韓卒之勁與大王之賢乃西面而事秦交臂而服焉羞社稷而爲天下笑無大于此者也是故願大王熟計之大王無事秦事秦必求宜陽成皐今兹効之明年又復求割地與之則無地以給之不與則弃前功而受後禍且夫大王之地有盡而秦之求無已以有盡之地而逆無已之求此所謂市怨結禍者不戰而地已削矣臣聞鄙諺曰甯爲雞口無爲牛後今王西面交臂而臣事秦何異于牛後乎夫以大王之賢挾强韓之兵而有牛後之名竊爲大王羞之韓王勃然作色按劍太息曰寡人

雖不肖不能事秦從之蘇秦如魏說魏襄王曰大王之地南有鴻溝陳汝東有淮潁煑棗西有長城之界北有河外卷衍地方千里地名雖小然而田舍廬廡曾無芻牧之地人民之衆車馬之多日夜行不絕輷輷殷殷若有三軍之衆魏天下之强國也王天下之賢主也今乃有意西面而事秦稱東藩築帝宮受冠帶祠春秋臣竊爲大王耻之臣聞越王勾踐戰敝卒三千擒夫差于干遂武王卒三千革車三百乘制紂于牧野豈其卒衆哉誠能奮其威也今竊聞大王之卒武士二十萬蒼頭奮擊二十萬廝徒十萬車六百

乘騎六千匹此過越王勾踐武王遠矣今乃聽于羣臣之說而欲臣事秦夫事秦必割地以効實故兵未用而國已虧矣夫為人臣割其主之地以外交偷取一旦之功而不顧其後破公家而成私門外挾強秦之勢以內刼其主以求割地願大王熟察之周書曰綿綿不絕蔓蔓柰何毫釐不伐將用斧柯前慮未定後有大患將柰之何大王誠能聽臣六國從親專心并力則必無強秦之患故敝邑趙王使臣効愚計奉明約在大王詔之魏王曰謹奉教蘇秦如齊說齊宣王曰齊南有泰山東有琅琊西有淸河北有渤海此

四塞之國也臨菑甚富而實其民無不吹竽鼓瑟彈琴擊筑鬬雞走狗六博蹴踘者也臨菑之途車轂擊人肩摩連袵成帷舉袂成幕揮汗成雨家殷人足志高氣揚夫以大王之賢與齊之強天下莫能當也今乃西面事秦竊為大王羞之且夫韓魏之所以畏秦者為與秦接境壤界也兵出相當不出十日而戰勝存亡之機決定矣韓魏戰而勝秦則兵半折四境不守戰而不勝則國已危亡隨其後也是故韓魏之所以重與秦戰而輕為之臣也今秦之攻齊則不然倍韓魏之地過衛陽晉之道經乎亢父之險車不得方

軌騎不得比行百人守險千人不敢過也秦雖欲深入則狼顧恐韓魏之議其後是故恫疑虛喝驕矜而不敢進夫不深料秦之無柰齊何也而欲西面事之是羣臣之計過也今無事秦之名而有強國之實故願大王少留意計之齊王曰善蘇秦如楚說威王曰楚天下之強國也王天下之賢主也西有黔中巫郡東有夏州海陽南有洞庭蒼梧北有陘塞郇陽地方五千餘里帶甲百萬車千乘騎萬匹粟支十年此霸王之資也夫以楚之強大王之賢天下莫能當也今乃西面而事秦則諸侯莫不南面朝章臺之下矣秦

之所害莫如楚楚強則秦弱秦強則楚弱其勢不兩立故為大王計莫如從親以孤秦大王不從親秦必起兩軍一軍出武關一軍下黔中則鄢郢動矣臣聞治之其未亂也為之其未有患至而後憂之則無及也故願大王早熟計之大王誠能聽臣臣請令山東之國奉四時之獻以承大王之明詔委社稷奉宗廟練士厲兵在大王所用之故從合則楚王衡成則秦帝今釋伯王之業而有事人之名竊為大王不取也夫秦虎狼之國也有吞天下之心秦天下之仇讐也衡人皆欲割諸侯之地以事秦此所謂養仇而奉讐

大逆不忠無過此者故從親則諸侯割地以事楚衡合則楚割地以事秦此兩策者相去遠矣二者大王何居焉故敝邑趙王使臣効愚計奉明約在大王之詔詔之楚王曰善謹奉社稷以從六國既合從蘇秦爲從約長北報趙趙肅侯封秦爲武安君乃投從約書于秦秦不敢闚兵函谷十五年張儀爲秦連橫說魏王曰魏地方不至千里卒不過三十萬地四平諸侯四通條達輻湊無名山大川之限從鄭至梁二百餘里車馳人走不待倦而至梁南與楚境西與韓境北與趙境東與齊境卒戍四方守亭鄣者不下十萬

梁之地勢固戰場也梁南與楚不與齊齊攻其東東與齊不與趙趙攻其北不合于韓則韓攻其西不親于楚則楚攻其南此所謂四分五裂之道也且諸侯之爲從者將以安社稷尊主强兵顯名也今爲從者一天下約爲昆弟刑白馬以盟洹水之上以相堅也而親昆弟同父母尚有爭錢財而欲恃詐僞反覆蘇秦之謀其不可成亦以明矣大王不事秦秦下兵攻河外據卷衍酸棗刼衛取陽晉則趙不南趙不南則梁不北梁不北則從道絕從道絕則大王之國欲無危不可得也秦折韓而攻梁韓怯于秦秦韓爲一梁之亡立可須也此臣之所爲大王患也爲大王計莫如事秦事秦則楚韓必不敢動無楚韓之患則大王高枕而臥國必無憂矣大王不聽秦秦下甲士而東伐雖欲事秦不可得也且夫從人多奮辭而少可信說一諸侯而成封侯之業是故天下之游談士莫不日夜搤腕瞋目切齒以言從之便以說人主人主賢其辯而牽其說豈得無眩哉臣聞之積羽沉舟羣輕折軸衆口鑠金故願大王審計定議魏王于是倍從約而請成于秦張儀說楚懷王曰秦地半天下兵敵四國被山帶河四塞以爲固虎賁之士百餘萬車千

乘騎萬匹粟如丘山法令既明士卒安樂主明以嚴將智以武雖無出甲席卷常山之險必折天下之脊天下後服者先亡矣且夫爲從者無以異驅羣羊而攻猛虎虎之與羊不格明矣今王不與虎而與羣羊臣竊以爲大王之計過也凡天下强國非秦而楚非楚而秦兩國交爭其勢不兩立大王不與秦秦下甲據宜陽韓之上地不通下兵河東成皋韓必入臣則梁亦從風而動秦攻楚之西韓攻其北社稷安得無危臣聞兵不如者勿與挑戰粟不如者勿與持久秦西有巴蜀大船積粟起于汶山浮江而下至楚三千

餘里舫舟載卒一舫載五十人日行三百里里數雖多然不費牛馬之力不至十日而拒扞關矣扞關驚則從境以東盡城守矣黔中巫郡非王之有也秦舉甲出武關南面而伐則北地絕秦兵之攻楚也危難在三月之內而楚待諸侯之救在半歲之外此其勢不相及也夫待弱國之救忘強秦之禍此臣爲大王患也大王嘗與吳人戰五戰而三勝陳卒盡矣偏守新城存民苦矣臣聞功大者易危而人敝者怨上夫守易危之功而逆強秦之心臣竊爲大王危之凡天下而信約從親者蘇秦封爲武安君也蘇秦相燕即

陰與燕王謀伐齊破齊而分其地乃佯爲有罪出走入齊齊王因受而相之居二年而覺齊王大怒車裂蘇秦于市夫以一詐僞之蘇秦而欲經營天下混一諸侯其不可成亦明矣今秦與楚接境壤界固形親之國也大王誠能聽臣臣請使秦太子入質于楚楚太子入質于秦請以秦女爲大王箕帚之妾効萬室之都以爲湯沐之邑長爲昆弟之國終身無相攻臣以爲計無便于此者楚王乃與秦從親張儀如韓說韓宣王曰韓地險惡山居五穀所生非菽而麥地方不過九百里無二年之食料大王之卒悉舉不過三

十萬而廝徒負養在其中矣今秦帶甲百萬車千乘騎萬匹虎賁之士跿跔科頭貫頤奮戟者不可勝數山東被甲蒙冑以會戰秦人捐甲徒裼以趨敵左挈人頭右挾生虜秦逐山東之卒猶孟賁之與怯夫以輕重相壓猶烏獲之與嬰兒諸侯不料地之弱食之寡而聽從人之甘言好辭比周以相飾誑誤其主無過此者大王不事秦秦下甲據宜陽斷韓之地東取成皋滎陽則鴻臺之宮桑林之苑非王有也夫塞成皋絕上地則王之國分矣故爲大王計莫如爲秦秦之所欲弱莫如楚而能弱楚者莫如韓非以韓能強

于楚也其勢然也今西面而事秦以攻楚秦王必喜夫攻楚而私其地轉禍而說秦計無便于此者宣王聽之張儀說齊湣王曰天下強國無過齊者大臣父兄殷衆富樂然爲大王計者皆爲一時之說不顧百代之利從人說大王者必曰齊西有強趙南有韓梁齊負海之國也地廣民衆兵強士勇雖有百秦將無奈齊何也大王賢其說而不計其實臣聞齊與魯三戰而魯三勝國以危亡隨其後雖有戰勝之名而有破亡之實是何也齊大而魯小也今秦之與齊也猶齊之與魯也今秦楚嫁女娶婦爲昆弟之國韓獻宜

陽魏効河外趙入朝歃澠河割河間以事秦大王不事秦秦驅韓梁攻齊之南地悉趙兵渡清河指博關臨菑即墨非王有也國一旦見攻雖欲事秦不可得也是故願大王熟計之齊王許之張儀說趙王曰敝邑秦王使臣効愚于大王大王收天下以賓秦秦兵不敢出函谷關是大王之威行于山東敝邑恐懼懾伏繕甲厲兵唯大王有意督過之也今以大王之力舉巴蜀并漢中包兩周遷九鼎守白馬之津秦雖僻遠然而心忿含怒之日久矣今有敝甲凋兵軍于澠池願渡河據番吾會戰邯鄲之下以甲子合戰以正

殷之事故使臣先以聞于左右凡大王之所信爲從者恃蘇秦蘇秦熒惑諸侯以是爲非以非爲是欲反覆齊國而自令車裂於市夫天下之不可一混齊亦明矣今楚與秦爲昆弟之國而韓梁稱爲東藩之臣齊獻魚鹽之地此斷趙之右臂也夫斷右臂而與人鬬失其黨而孤居求欲無危豈可得乎今秦發三軍其一軍塞午道告齊使興師渡河軍于邯鄲之東一軍軍于成皐驅韓梁軍于河外一軍軍于澠池約四國而攻趙趙服必四分其地是故不敢匿意隱情先以聞于左右臣竊爲大王計莫如與秦王遇于澠池

面相見而口相約請案兵無攻願大王之定計趙肅侯許之張儀說燕昭王曰大王之所親信莫如趙昔趙襄子嘗以其姊爲代王妻欲幷代約與代王遇于句注之塞乃令工人作爲金斗長其尾令可以擊人與代王飲陰告廚人曰卽酒酣樂進熱啜反斗以擊之于是酒酣樂取熱啜廚人進斟因反斗擊代王殺之肝腦塗地其姊聞之因磨笄以自殺至今有磨笄之山天下莫不聞夫趙王之狼戾無親大王之所明見且以趙爲可親乎趙興兵攻燕再圍燕都而刼大王大王割十城以謝今趙王已入朝澠池効河間以

事秦今大王不事秦秦下甲雲中九原驅趙而攻燕則易水長城非王有也今王事秦秦王必喜趙不敢妄動是西有強秦之援南無齊趙之患是故願大王熟計之燕王聽張儀張儀歸報秦于是楚人李斯梁人尉繚說于秦王曰秦自孝公以來周室卑微諸侯相兼關東爲六國秦之乘勢侵諸侯蓋六代矣今諸侯服秦譬若郡縣其君臣俱恐若或合從而出不意此乃知伯夫差湣王所以亡也願王無愛財賂其豪臣以亂其謀秦不過亡三十萬金則諸侯可盡秦王從其計陰遺謀士賫金玉以遊諸侯名士可與財者

厚遺給之不肖者利劍刺之離其君臣之計乃使良將隨其後遂并諸侯秦既吞天下患周之敗以爲弱見奪于是笑三代蕩滅古法削去五等改爲郡縣自號爲皇帝而子弟爲匹夫內無骨肉本根之輔外無尺土蕃翼之衛吳陳奮其白梃劉項隨而斃之故曰周過其歷秦不及其數國勢然也漢興之初海內新定同姓寡少懲亡秦孤立之敗于是割裂疆土立爵二等功臣侯者百有餘邑尊王子弟大啓九國國大者跨州兼郡連城數十可謂矯枉過正矣然高祖創業日不暇給孝惠享國之日淺高后女主攝位而海

內晏然無狂狡之憂卒折諸呂之難成太宗之基者亦賴之于諸侯也夫原本以末大流濫以致溢小者淫荒越法大者睽孤橫逆以害身喪國故文帝采賈生之議分齊趙景帝用晁錯之計削吳楚武帝施主父之策推恩之令景遭七國之難抑諸侯減黜其官武有衡山淮南之謀作左官之律設附益之法諸侯惟得衣食租稅不與政事至于哀平之際皆繼體苗裔親屬疏遠生于帷幃之中不爲士民所尊故王莽知漢中外殫微本末俱弱無所忌憚生其奸心因母后之權假伊周之稱專作威福廟堂之下不降階序

而運天下詐謀既成遂據南面之尊分遣五威之吏馳傳天下班行符命漢諸侯王厥角稽首奉上璽紱唯恐居後豈不哀哉及莽敗天下雲擾光武中興纂隆皇統而猶遵覆車之遺轍養喪家之宿疾僅及數世奸宄充斥卒有強臣專朝則天下風靡一夫從橫則城池自夷豈不危哉在周之難興王室也放命者七臣干位者三子嗣王委其九鼎凶族據其天邑鉦鼙震于闕宇鋒鏑流于鋒闕然禍止畿甸害不覃及天下晏然以治待亂是以宣王興于共和襄惠振于晉鄭豈若二漢階闔塹擾而四海已沸孽臣朝入而

九服夕亂哉遠惟王莽纂逆之事近覽董卓擅權之際億兆悼心愚智同痛豈世乏嚴時之臣士無匡合之志歟蓋遠績屈于時異雄心挫于卑勢耳魏太祖武皇帝躬聖明之姿兼神武之略龍飛譙沛鳳翔兗豫覩五代之存亡而不用其長策睹前車之傾覆而不改其轍迹子弟王空虛之地君不使之人權均匹夫勢齊凡庶內無深根不拔之固外無磐石宗盟之助非所以安社稷爲萬世之業也且今之州牧郡守古之方伯諸侯皆跨有千里之土兼武軍之任或比國數人或兄弟並據而宗室子弟曾無一人間廁其

間與相維持非所以强幹弱枝備萬一之慮也時不用其計後遂淩夷此周秦漢魏立國之勢是以究其始終弱强之勢明鑒戒焉論曰周有天下八百餘年後代衰微而諸侯從横矣至末孫王赧降爲庶人猶能枝葉相持名爲天下共主當是時也楚人問鼎晉侯請隧雖欲闚周室而見阨諸姬夫豈無姦雄穎諸侯以維持之也故語曰百足之蟲死至不僵扶之者衆此之謂乎及嬴氏擅場懲周之失廢五等立郡縣君有海内而子弟爲匹夫功臣効勤而千城無茅土孤制天下獨擅其利身死之日海内分崩陳勝偏袒

創于前劉季提劍興于後虎嘯龍睇遂亡秦族夫陳劉諸傑布衣也無吳楚之勢立錐之地然而驅白徒之衆得與天子爭衡者百姓思亂無諸侯勤王之可憚也故語曰夫亂政虐刑所以資英雄而自速禍也此之謂矣夫伐深根者難爲功摧枯朽者易爲力今五等深根者也郡縣枯朽者也故自秦以下迄于周隋失神器者非侵弱得天下者非持久國勢然也嗚呼郡縣而理則生布衣之心五等御代則有從横之禍故知法也者皆有弊焉非謂侯伯無可亂之符郡縣非致理之具但經始圖其多福慮終取其少禍故貴于五等耳聖人知其如此是以兢兢業業日愼一日修德以鎮之擇賢而使之德修賢擇黎元樂業雖有湯武之聖不能興矣况于布衣之細而敢偏袒大呼哉不可不察

卷五終

長短經卷六

唐　趙　蕤　撰　　綿州李調元雨村校

霸紀下

三國權

論曰臣聞昔漢氏不綱網漏兇狡袁本初虎視河朔劉景升鵲起荆州馬超韓遂雄據于關西呂布陳宮竊命于東夏遼河海岱王公十數皆阻兵百萬鐵騎千羣合從締交爲一時之傑也然曹操挾天子令諸侯六七年間夷滅者十八九惟吳蜀蕞爾國也以地圖案之纔四州之土不如中原之大都人怯于公戰

勇于私鬭輕走易北不敵諸華之士角長量大比才稱力不若二袁劉呂之盛此二雄以新造未集之國資逆上不侔之勢然能撫劍顧眄與曹氏爭衡躍馬指麾而利盡南海何哉則地利不同勢使之然耳故易曰王侯設險以守其國古語曰一里之厚而動千里之權者地利也故曹丕臨江見波濤洶湧嘆曰此天所以限南北劉資稱南鄭爲天獄斜谷道爲五百里石穴稽諸前志皆畏其深阻矣雖云天道順地利不如人和若使中材守之而延期挺命可也豈區區艾濬得奮其長策乎由是觀之在此不在彼於戲智者之慮必雜于利害故不盡知用兵之害則不能知用兵之利有自來矣是以採摭其要而爲此權耶夫囊括五湖席卷全蜀庶知害中之利以明魏家之畧焉

蜀

天帝布政房心致理參伐參伐則益州分野按職方則雍州之境據禹貢則梁州之域地方五千里提封四十郡實一都會也故古稱天府之國沃野千里其有以矣王莽末公孫述據蜀益部功曹李熊說述曰方今四海波蕩匹夫橫議將軍割據千里地什湯武

若奮發威德以投天隙霸王之業成矣今山東饑饉人民相食兵所屠滅城邑丘墟蜀地沃野千里土壤膏腴果實所生無穀而飽女工之業覆衣天下名材竹幹器械之饒不可勝用又有魚鹽銅鐵之利浮水轉漕之便北據漢中杜褒斜之險東守巴郡拒扞關之口地方數千里戰士不下百萬見利則出兵而略地無利則堅守而力農東下漢水以窺秦地南順江流以震荆揚所謂用天因地成功之資今君王之聲聞于天下而位號未定志士狐疑宜即大位使遠人有所歸依建武元年四月遂自立爲天子號成家邑

尚白自更始敗後光武方事山東未遑西伐關中豪傑多擁衆歸述其後平陵人荆邯見東方將平兵且西向說述曰兵者帝王之大器古今所不能廢也隗囂遭遇運會割有雍州兵强士附威加山東不及此時推危乘勝以爭大命而返欲爲西伯之事假武息戈卑辭事漢喟然自以文王復出也今漢帝釋關隴之憂專精東伐四分天下而有其三使西州豪傑咸居心于山東發間使招攜貳則五分而有其四若舉兵天水必至沮潰天水既定則九分而有其八陛下以梁州之地內奉萬乘外給二軍百姓愁苦不堪上命

將有王氏自潰之變臣之愚計以爲宜及天人之望未絕豪傑尚可招誘急以此時發國內精兵令田戎據江陵臨江南之會倚巫山之固築壘堅守傳檄吳楚長沙以南必隨風而靡令延岑出漢中定三輔天水隴西拱手自服如此海內震搖冀有大利述不聽邯計光武乃使岑彭吳漢伐蜀破荆門長驅入江關軍至成都述出戰兵敗被刺洞胷死夷述妻子焚其宮室至靈帝時政理衰缺王室多故雄豪角逐分裂疆宇以劉焉爲益州牧焉死子璋立爲劉備所圖遂降初備爲豫州牧也爲曹公所破走屯新野備聞諸

葛亮躬耕南陽乃三詣亮于草廬之中屏人言曰漢室傾頹姦臣竊命主上蒙塵不度德量力欲信大義于天下而智術淺短遂用猖獗至于今日然意猶未已君謂計將安出亮答曰自董卓以來豪傑並起跨州連郡者不可勝數曹操比于袁紹名微而衆寡然遂能克紹以弱爲强者非爲天時抑亦人謀也今曹已擁百萬之衆挾天子而令諸侯此誠不可與爭鋒孫權據有江東已歷三代國險而民附賢能爲用此可與爲援而不可圖也荆州北據漢沔利盡南海東連吳會西通巴蜀此用武之國而其主不能守此殆

天所以資將軍也益州嶮塞沃野千里天府之土高祖因之以成帝業劉璋闇弱張魯在北民殷國富而不之卹智能之士思得明后將軍既帝室之胄信義著于四海總攬英雄思賢如渴若跨有荆益保其巖阻西和諸戎南撫夷越結好孫權內修政理天下有變則命上將將荆州之軍以向宛洛將軍身率益州之衆以出秦川百姓孰不簞食壺漿以迎將軍者乎誠如是則霸業可成漢室可興矣時曹公破荆州先王奔吳備用亮計結好孫權共拒曹公于赤壁破之曹公北還權乃以荆州業備龐統說備曰荆州荒殘

人物單盡東有孫吳北有曹氏鼎足之計難以得志今益州國富人强戶口百萬郡中兵馬所出畢具寶貨無求於外今可權借以定大事備曰今指與我爲水火者曹操也操以急吾以寬操以暴吾以仁操以譎吾以忠每與操反事乃可成耳今以小故而失信義于天下者吾所不取也統曰權變之時固非一道所能定也兼弱攻昧五霸之事逆取順守報之以義事定之後封以大國何負于信今日不取終爲人利耳備乃使關羽守荆州欲自取蜀會劉璋聞曹公向漢中討張魯內懷恐懼別駕張松說璋曰曹公兵强

無敵於天下若因張魯之資以取蜀土誰能禦之劉豫州使君之宗而曹公之深讎也若使之討魯魯必破魯破則益州强曹公雖來無能爲也璋然之遣法正迎先主先主與璋會涪璋既還成都先主當爲璋北征漢中統復說備曰陰選精兵晝夜兼道徑襲成都璋既不武又素無預備大軍卒至一舉便定此上計也楊懷高沛璋之名將各仗强兵據守關頭聞數有牋來諫璋使發遣將軍未至遣與相聞說荆州有急欲還救之並使裝束外作歸形此二子既服將軍英名又喜將軍之去必乘輕騎來見將軍因此執之進取其兵乃向成都此中計也返還白帝連引荆州徐還圖之此下計也若沉吟不去將致大困不可久矣先主然其中計即斬懷等自葭萌南還取璋時鄭度說璋曰左將軍襲我兵不滿萬士眾未附 穀是資計莫若盡驅巴西梓潼人內涪水以西其倉廩野穀一皆燒除高壘深溝靜以待之彼請戰不許久無所資不過百日必將自走走而擊之則必禽矣璋不用度計先主遂長驅所過必克而有巴蜀羣臣勸先主稱尊號先主未許諸葛亮曰昔吳漢耿純等勸世祖即帝位世祖辭讓前後數四耿純進言曰天下英

雄喁喁冀有所望如不從議者士大夫各歸求主無爲從公也世祖感純言深至遂然諾之今曹氏篡漢天下無主大王劉氏苗族紹世而起即帝位乃其宜也士大夫久勤苦者亦望尺寸之功名如純言耳先主于是即帝位時曹公拔漢中法正說先主曰曹操一舉降張魯定漢中不因此勢以圖巴蜀而留夏侯淵張郃屯守身遽北還此非其智不逮力不足也將內有憂逼故耳今策淵郃才畧不勝國之將率舉眾往討則必克之克之日廣農積穀觀釁伺隙上可以傾覆寇敵尊獎王室中可以蠶食雍凉廣境拓土可

以固守要害爲持久之計此蓋天以與吾時不可失也先主善其策乃率諸將進兵漢中正亦從行先主自陽平南渡沔水緣山稍前于定軍興勢作營淵將兵來爭其地正曰可擊矣先主命黄忠乘高鼓譟攻之大破淵等授首遂奄有梁漢時魏使夏侯楙鎮長安蜀將魏延說諸葛亮請兵從褒中出循秦嶺而東當子午而北以襲長安亮不許其後吳孫權襲關羽取荆州先主怒吳伐之敗績還蜀至永安而崩後主禪卽位先是吳主孫權請和丞相諸葛亮慮權聞先主殂有異計乃遣鄧芝修好于權權果狐疑不時見

芝芝自表請見權語之曰孤誠願與蜀和親然恐蜀主幼弱國小勢逼爲魏所乘不自保全以此猶預耳芝對曰吳蜀二國四州之地大王命世之英諸葛亮一時之傑也蜀有重險之固吳有三江之阻合此二長共爲脣齒進可兼并天下退可鼎足而立此理勢之自然也大王今若委質于魏魏必上望大王之入朝下求太子之內侍若其不從則奉辭伐叛蜀必順流見可而進如此江南之地非復大王之有也權默然良久曰君言是也遂自絕魏與蜀連和時司徒華歆司空王朗等與諸葛亮書陳天命欲使舉國稱藩亮不答書作正議曰昔在項羽起不由德雖處華夏秉帝者之勢卒就湯鑊爲後來戒魏不審鑒今次之矣免身爲幸戒在子孫而二三子多逞蘇張詭靡之說奉進驩兜滔天之辭以欲誣毀唐帝諷解禹稷所謂徒懷文藻煩勞翰墨大雅君子所不爲也又軍志曰萬人必死橫行天下昔軒轅氏整卒數萬制四方定海內況以數十萬之衆據正道而臨有罪可得干擬者哉亮死後魏令鄧艾伐蜀蜀兵敗後主用譙周策降魏晉時李特復據蜀晉桓溫滅之王宋義熙中譙縱又殺益州刺史毛璩于成都稱成都王宋使朱

齡石滅之此蜀國形也

吳

丑爲星紀吳越之分上應牛斗之宿下當少陽之位古人有言曰大江之南五湖之間其人輕心揚州保强三代要服不及以正國有道則後服無道則先叛故傳曰吳爲封豕長蛇薦食上國爲上國之患非一日之積也漢高帝時淮南王英布反反書聞上召諸將問布反爲之柰何汝陰侯滕公曰臣客故楚令尹薛公有籌策可問上乃召見問薛公薛公對曰布反不足怪也使布出于上計山東非漢之有也出于中

計勝敗之數未可知也出于下計陛下安枕而臥矣
上曰何謂上中下計令尹曰東取吳西取楚幷齊取
魯傳檄燕趙固守其所山東非漢之有也何爲中計
東取吳西取楚幷韓取魏據敖倉之粟塞成皐之口
勝敗之數未可知也何謂下計東取吳西取下蔡歸
重于越身歸長沙陛下安枕而臥漢無事矣上曰是
計將安在令尹對曰出下計上曰何爲廢上中計而
出下計令尹曰布固故酈山之徒也自致萬乘之國
此皆爲身不顧其後爲萬世慮者故曰出下計上曰
善果如策是後吳王劉濞以子故而反初發也其大

將田祿伯曰兵屯聚而西無他奇道難以就功臣願
得奇兵五萬人別循江淮而上收淮南長沙入武關
與大王會此亦一奇也吳王太子諫曰王以反爲名
此兵難以藉人人亦且反王吳王不許其少將桓將
軍復說吳王曰吳多步兵步兵利險阻漢多車騎車
騎利平地願大王所過城邑不下宜弃去疾西據雒
陽武庫食敖倉之粟阻山河之險以令諸侯雖無入
關天下固已定矣卽大王徐行留下城邑漢車騎至
馳入梁楚之郊事敗矣王問諸老將老將曰此年少
推鋒之計耳安知大慮吳王不從桓將軍之計乃自

幷將其兵漢以太尉周亞父擊吳楚亞夫用其父客
計遂敗吳淮南王劉安怨望其父厲王長死謀爲叛
逆問伍被曰吾舉兵西向諸侯必有應者卽無奈何
被曰南收衡山以擊廬江有尋陽之船守下雉之城
結九江之浦絕豫章之口强弩臨江而守以禁南郡
之下東收江都會稽南通勁越屈强江淮間猶可一
與得延歲月之壽王曰善未得發會事泄誅王後漢
靈獻時閹人擅命天下提契政在家門時長沙太守
孫堅殺南陽太守張咨袁術得據其郡堅與術合縱
欲襲奪劉表荊州堅爲流矢所中死孫堅死子策領

其部曲擊揚州刺史劉繇破之因據江東策聞魏太
祖與袁紹相持于官渡將渡江襲許未濟爲許貢客
所殺策死弟權領其衆屬曹公破袁紹兵威日盛乃
下書責孫權求質張昭等會議不決權乃獨將周瑜
詣其母前定議瑜曰昔楚國初封於荊山之側不滿
百里之地繼嗣賢能廣土開境立基于郢遂據荊揚
至于南海傳業延祚九百餘年今將軍承父兄餘資
兼六郡之衆兵精糧多將士用命鑄山爲銅煮海爲
鹽境內富饒人不思亂汎舟舉帆朝發夕到士風勁
勇所向無前有何逼迫而欲送質質子一入不得不

與曹氏曹氏命召不得不往便見制於人也豈與南面稱孤同哉不如勿與徐觀其變若曹氏率義以正天下將軍事之未晚若圖爲暴亂兵猶火也不戢必將自焚韜勇抗威以代天命何送質之有權母曰公瑾議是也遂不送質後曹公入荆州劉琮舉衆降曹操得其水軍船步卒數十萬吳將士聞之皆恐孫權延見羣下問以計策議者咸曰曹公豺虎也託名漢相挾天子以征四方動以朝廷爲辭今日拒之事更不順且將軍大勢可以拒曹者長江也今操得荆州奄有其地劉表治水軍蒙衝鬬艦乃以千數操悉浮

以沿江兼有步兵水陸俱下此爲長江之險已與我共之矣而勢力衆寡又不可論愚謂大計不如迎之周瑜曰不然操雖託名漢相其實漢賊將軍以神武之雄才兼仗父兄之烈割據江東地方數千里精兵足用英豪樂業尚當橫行天下爲漢家除殘去穢況操自送死而可迎之耶請爲將軍籌之今使北土已安操無內憂能曠日持久來爭疆埸又能與我校勝負于舟檝可也今北土既未安馬超韓遂尚在關西爲操後患且舍鞍馬仗舟檝與吳越爭衡本非中國所長又今盛寒馬無藁草驅中國士衆遠涉江湖之間不習水土必生疾病此數四者用兵之患也而操皆冒行之將軍禽操宜在今日瑜請得精兵三萬人進住夏口保爲將軍破之權曰老賊欲廢漢自立久矣徒忌二袁呂布劉表與孤耳今數雄已滅唯孤尚在孤與老賊勢不兩立君言當擊甚與孤合此天以君授孤也周瑜等水軍三萬與劉備并力拒曹公用黃蓋火攻策遂敗曹公于赤壁曹公敗從北還權遂虎視江表初周瑜薦魯肅才宜佐時權即引肅對飲曰今漢室傾危四方雲擾孤承父兄餘業思有桓文之功君既惠顧何以佐之對曰昔高帝區區欲尊事

義帝而不獲者以項羽爲害也今之曹操猶昔項羽將軍何由得爲桓文乎肅竊料之漢室不可復興猶曹操不可卒除將軍爲計唯有鼎足江東以觀天下之釁規模如此亦自無嫌然後建號帝王以圖天下此高帝之業也及是平一江滸稱尊號臨壇顧謂公卿曰昔魯子敬嘗道此可謂明于事勢矣黃武元年魏使大司馬曹仁步騎數萬向濡須濡須督朱桓破之七年又使大司馬曹休騎十萬至皖城迎周魴魴欺之無功而返至權薨皓即位窮極淫侈割剝烝人崇信姦回賊虐諫輔晉世祖令杜預等伐吳滅之至

晉永嘉中中原喪亂晉元帝復渡江王江南宋齊梁陳皆都焉此吳國形也

魏

古者天子守在四夷天子卑弱守在諸侯當漢之季姦臣擅朝九有不澄四郊多壘雖復諸侯釋位以閒王政然皆包藏禍心各圖非冀魏太祖畧不世出靈武冠時値炎精幽昧之期逢風塵無妄之世瞋目張胆首建義旗時韓暹楊奉挾獻帝自河東還洛陽太祖議迎都許或以爲山東未定不可荀彧勸太祖曰昔晉文納周襄王而諸侯景從高祖東伐爲義帝縞

素天下歸心自天子播越將軍首唱義兵以山東擾亂未能遠赴關右然猶分遣將帥蒙險通使雖禦外難乃心無不在王室是將軍匡天下之素志也今車駕旋軫義士有存本之思百姓感舊而增哀誠因此時奉主上以從人望大順也秉至公以服雄桀大畧也扶弘義以致英俊大德也天下雖有逆節不能爲累明矣韓暹楊奉其敢爲害若不時定四方生心後雖慮之無及太祖至洛陽奉天子都許維其弛紊紉其贅旒俾我漢家不失舊物矣于是運籌演謀鞭撻宇內北破袁紹南虜劉琮東舉公孫康西夷張魯九州百郡十并其八志績未究中世而殞夫能扶天下之危者則據天下之安能除天下之憂者則享天下之樂能救天下之禍者則得天下之福曹氏率義撥亂代載其功至文帝時天人與能矣遂受漢禪王室雖靖而二方未賓乃問賈詡曰吾欲伐不從命以一天下吳蜀何先對曰攻取者先兵權建本者尚德化陛下應期受禪撫臨率土若綏之以文德而俟其變則平之不難矣吳蜀雖蕞爾小國依阻山水劉備有雄才諸葛亮善治國孫權識虛實陸遜見兵勢據險守要汎舟江湖皆難卒平也用兵之道先勝後戰量

敵論將故舉無遺策臣竊料羣臣無權備對雖以天威臨之未見萬全之勢昔舜舞干戚而有苗服臣以爲當今宜先文後武文帝不納後果無功至甘露元年始以鄧艾爲征西將軍距蜀將姜維維軍敗退守劒閣鍾會攻維不能克乃上言曰今賊摧折宜遂乘之從陰平由邪徑經漢德陽亭趣涪出劒閣西百里去成都三百餘里奇兵衝其腹心劒閣之守必還赴涪則會方軌而進劒閣之軍不還則應涪之兵寡矣軍志有之攻其不備出其不意今掩其空虛破之必矣冬十月艾自陰平行無人之地七百餘里鑿山通

道山高谷深艾以氊自裹推轉而下將士皆攀木緣崖魚貫而進先登至江油蜀將諸葛瞻自涪還綿竹列陳待艾遣子忠等出戰大破之斬瞻進軍到雒縣劉禪遂降至晉末譙縱復竊蜀宋劉裕使朱齡石伐蜀聲言從內水取成都敗衣羸老進水口譙縱果疑其內水上也悉軍新城以待之乃遣朱齡石等精銳逕從外水直至成都不戰而禽縱此滅蜀形也魏嘉平中孫權死征南大將軍王昶征東大將軍胡遵鎮南將軍毋丘儉等表征吳朝廷以三征計異詔訪尚書傅嘏嘏對曰昔夫差勝齊陵晉威征中國不能免

姑蘇之禍齊閔辟土兼國開地千里不足以救顛覆之敗有始不必善終古事之明效也孫權破蜀兼荊州之後志盈欲滿凶宄已極相國宣文王先識取亂侮亡之義深達宏圖大舉之策今權已死託孤于諸葛恪若矯權苛暴蠲其虐政民免酷烈偷安新惠外內齊慮有同舟之懼雖不能終自保完猶足以延期挺命于深江之外矣今議者或欲汎舟徑濟橫行江表或欲倍道兼進攻其城壘或欲大佃壃埸觀釁而動此三者皆取賊之常計然施之當機則功成若苟不應節必貽後患自治兵已來出入三載非掩襲之

軍也賊喪元帥利存退守若羅船津要堅城清野橫行之計其殆難捷也賊之為寇幾六十年君臣偽立吉凶同患若恪蠲其弊天奪之疾崩潰之應不可卒待也今賊設羅落又持重密間諜不行耳目無聞夫軍無耳目校察未詳而舉大眾以臨巨嶮此為希幸邀功先戰而後求勝非全軍之長策也唯有大佃最差完牢兵出民表寇鈔不犯坐食積穀不煩運士乘釁討襲無勞遠弊此軍之急務也夫屯壘相逼巧拙得用策之而知得失之計角之而知有餘不足之處情偽將焉所逃夫以小敵大則役煩力竭以貧敵富

則斂重財匱故敵逸能勞之飽能饑之此之謂也然後盛眾厲兵以震之參惠倍賞以招之多方廣似以疑之由不虞之道以間其不戒比及三年左提右挈虜必氷散瓦解安受其弊可坐算而得也昔漢氏歷世常患匈奴朝臣謀士早朝晏罷介冑之將則陳征伐搢紳之徒咸言和親勇奮之士思展搏噬故樊噲願以十萬橫行匈奴季布面折其短李信求以二十萬獨舉楚人而果辱秦軍今諸將有陳越江陵嶮獨步虜廷即亦向時之類也以陛下聖德輔相忠賢法明士練錯計于全勝之地振長策以御之虜之崩潰

必然之數故兵法曰屈人之兵而非戰也拔人之城而非攻也若釋廟勝必然之理而行萬一不全之略誠愚臣之所慮也故謂大佃而偪之計最長時不從璇言招昶等征吳吳將諸葛恪拒之大敗魏軍于東關魏後陵夷禪晉太祖即位至世祖時羊祜上平吳表曰先帝順天應時西平巴蜀南和吳會海內得以休息兆庶有安樂之心而吳復背信使邊事更興夫期運雖天所授而功業必由人而成不一大舉掃滅則衆役無時得安亦所以隆先帝之勳成無爲之化也故堯有丹水之伐舜有有苗之征咸以寧靜宇宙

戢和兵衆者也蜀平之後天下皆謂吳當并亡自此來十三年是謂一周平定之期復在今日議者常言吳楚有道後服無禮先强此乃諸侯之時耳當今一統不得與古同論夫適道之論皆未應權是故謀之雖多而決之欲獨凡以險阻得存者謂所敵者同力足自固苟其輕重不齊强弱異勢則智士不能謀而險阻不可保也蜀之地非不險也高山尋雲霓深谷肆無景束馬懸車然後能濟皆言一夫荷戟千人莫當及進兵之日曾無藩籬之限斬將搴旗伏尸數萬乘勝席卷徑至成都漢中諸城皆鳥棲而不敢出非皆無戰心誠力不足相抗至劉禪降服諸營堡者索然俱散今江淮之難不過劒閣山川之險不過岷漢孫皓之暴侈於劉禪吳越之困甚于巴蜀而大晉兵衆多於前世資儲器械盛于往時今不于此平吳而更阻兵相守征夫苦役日尋干戈經歷盛衰不可長久宜當時定以一四海今若引梁益之兵水陸俱下荆楚之衆進臨江陵平南豫州直指夏口徐揚青兗並向秣陵鼓旆以疑之多方以誤之以一隅之吳當天下之衆勢分形散所備皆急巴蜀奇兵出其空虛一處傾壞則上下震蕩吳緣江爲國無有內地東西

數千里以藩籬自持所敵者大無有寧息孫皓恣情任意與下多忌名臣重將不復自信是以孫秀之徒皆畏偪而至臣疑于朝士困于野無有保世之計一定之心平常之日猶懷去就兵臨之際必有應者終不能齊力致死已可知也其俗急速不能持久弓弩戟楯不如中國唯有水戰是其所便一入其地則長江非復所固還保城池則去長入短而官軍懸進人有志節之志吳人戰于其地有憑城之心如此軍不踰時尅可必矣帝深納焉乃令王濬等滅吳天下書同文車同軌矣至晉惠庸弱胡亂中原天子蒙塵播

遷江表當時天下復分裂矣出入五代三百餘年隋文帝受圖始謀伐陳矣嘗問高熲取陳之策熲曰江北地寒田收差晚江南土熱水田早熟量彼收穫之際微徵士馬聲言掩襲賊必屯兵堅守足以廢其農時彼既聚兵我便解甲再三如此賊以爲常後更集兵彼必不信猶豫之頃我乃濟師登陸而戰兵氣益倍又江南土薄舍多竹茅所有儲積皆非地窖密遣行人因風縱火待其修立復更燒之不出數年自可財力俱盡上行其策陳人益弊後發兵以薛道衡爲淮南道行臺尚書兼掌文翰及王師臨江高熲召道

衡夜坐幕下因問曰今師之舉克定江東以不君試言之道衡答曰凡論大事成敗先須以至禮斷之禹貢所載九州本是王者封域後漢之季羣雄競起孫權弟兄遂有吳楚之地晉武受命尋即吞并永嘉南遷重此分割自爾已來戰爭不息否終斯泰天道之恒郭璞有云江東偏王三百年還與中國合今數將滿矣以運數而言其必克一也有德者昌無德者亡自古興滅皆由此道主上躬履恭儉憂勞庶政叔寶俊宇雕墻酣酒荒色上下離心人神同憤其必克二也爲國之體在于任寄彼之公卿備員而已拔小人

施文慶委以政事尚書令江總唯事詩酒本非經畧之才蕭摩訶任蠻奴是其大將一夫之勇耳其必克三也我有道而大彼無德而小量其甲士不過十萬西自巫峽東至滄海分之則勢懸而力弱聚之則守此而失彼其必克四也席卷之兆其在不疑熲忻然曰君言成敗理甚分明吾今豁然矣本以才學相期不意籌略乃至此也遂進兵虜叔寶此滅吳形也自隋開皇十年庚戌歲滅陳至今開元四年丙辰歲凡一百二十六年天下一統論曰傳稱都城過百雉國之害也又曰大都耦國亂之本古者諸侯不過百里

山海不以封毋親夷狄良有以也何者賈生有言臣竊跡前事夫諸侯大抵强者先反淮陰王楚最强則最先反韓信倚胡則又反貫高因趙資則又反陳豨兵精則又反彭越因梁則又反黥布用淮南則又反盧綰最弱最後反長沙乃在二萬數千戶耳功少而最完勢疏而最中非獨性異人也亦形勢然也曩令樊酈絳灌據數十城而王今雖以殘亡可也令信越之倫列爲徹侯而居雖至今存可也然則天下之大計亦可知已欲諸侯之皆忠附則莫若令如長沙王欲臣子之勿葅醢則莫若令如樊酈等欲天下之治

安則莫如衆建諸侯而少其力以此觀之令專城者皆提封千里有人民焉非特百里之資也官以才屬肺腑非特毋親之疏也吳據江湖蜀阻天險非特山海之利也跨州連郡形束壤制非特耦國之害也若遭萬世之變有七子之禍則不可諱有國者不可不察

卷六終

長短經卷七

唐　趙蕤　撰　　綿州李調元雨村校

權議

懼誡　時宜

懼誡

易曰湯武革命順乎天而應乎人書曰撫我則后虐我則讎尸子曰昔周公反政孔子非之曰周公其不聖乎以天下讓不爲兆人也董子曰雖有繼體守文之君不害聖人之受命古語曰窮鼠嚙狸匹夫奔萬乘故黃石公曰君不可以無德無德則臣叛孫卿曰能除患則爲福不能則爲賊何以明之昔文王在酆召太公曰商王罪殺不辜汝尚助余憂人今我何如太公曰王其修身下賢惠人以觀天道天道無殃不可以先倡人道無災不可以先謀必見天殃又見人災乃可以謀與民同利同利相救同情相成同惡相助同好相趨無甲兵而勝無衝機而攻無渠塹而守利人者天下啓之害人者天下閉之天下非一人之天下也取天下若逐野獸得之而天下皆有分肉若同舟而濟皆同其利舟敗皆同其害然則皆有啓之無有閉之者矣無取于民者取民者也無取于國者

取國者也無取于天下者取天下者也取民者民利之取國者國利之取天下者天下利之故道在不可見事在不可聞勝在不可知微哉微哉鷙鳥將擊卑身翕翼猛獸將搏俛身俯伏聖人將動必有愚色唯文唯德誰爲之式弗觀弗視安知其極今彼殷商衆口相惑吾觀其野草茅勝穀吾觀其羣衆曲勝直吾觀其吏暴虐殘賊敗法亂刑而上不覺此亡國之則也文王曰善楚共王薨子靈王即位羣公子因羣喪職之族殺靈王而立子干立未定弟棄疾又殺子干而自立初子干之入也韓宣子問於叔向曰子干其

濟乎對曰難宣子曰同惡相求如市賈焉何難對曰無與同好誰與同惡取國有五難有寵而無人一也有人而無主二也有主而無謀三也有謀而無民四也有民而無德五也子干在晉十三年矣晉楚之從不聞達者可謂無人族盡親叛可謂無主無釁而動可謂無謀爲羈終世可謂無民亡無愛徵可謂無德王虐而不忌楚君子干涉五難以弒舊君誰能濟之有楚國者其棄疾乎君陳蔡城外屬焉苛慝不作盜賊伏隱私欲不違民無怨心先神命之國人信之芊姓有亂必季實立楚之常也獲神一也有民二也令

德三也寵貴四也居常五也有五利以去五難誰能害之子干之官則右尹也數其貴寵則庶子也以神所命則又遠之其貴亡矣其寵棄矣民無懷焉國無與焉將何以立宣子曰齊桓晉文不亦是乎對曰齊桓衛姬之子也有寵于僖有鮑叔牙賓須無隰朋以爲輔佐有莒衛以爲外主有國高以爲內主從善如流下善齊肅不藏賄不從欲施舍不倦求善不厭以是有國不亦宜乎我先君文公狐季姬之子也有寵于獻公好學不貳生十七年有士五人有先大夫子餘子犯以爲腹心有魏犨賈佗以爲股肱有齊宋秦

楚以爲外主有欒郤狐先以爲內主亡十九年守志彌篤惠懷弃民從而與之獻無異親民無異望天方相晉將何以代之此二君者異于子干共有寵子國有奧主子干無施于民無援于外去晉晉不送歸楚楚不迎何以冀國子干果不終卒立弃疾如叔向言魯昭公薨于乾侯趙簡子問于史墨曰季氏出其君而民服焉諸侯與之君死于外而莫之或罪何也對曰物生有兩有三有五有陪貳故天有三辰地有五行體有左右各有妃耦王有公諸侯有卿皆其貳也天生季氏以貳魯侯爲日久矣民之服焉不亦宜乎

魯君世從其失季氏世修其勤民忘君矣雖死于外其誰矜之社稷無常奉君臣無常位自古以然故詩曰高岸為谷深谷為陵三后之姓于今為庶主所知也在易卦雷乘乾曰大壯天之道也政在季氏于此君也四公矣民不知君何以得國是以為君慎器與名不可以假人孔子在衛聞齊田常將欲為亂而憚鮑晏因移其兵以伐魯孔子會諸弟子曰魯父母之國不忍觀其受敵將欲屈節于田常以救魯二三子誰使子貢請使夫子許之遂如齊說田常曰今子欲取功于魯實難若移兵于吳則可也夫魯難伐之國

其城薄以卑地狹以泄其君愚而不仁大臣僞而無用其士民又惡甲兵之事此不可與戰夫吳城高以厚地廣以深甲堅以新士選以飽重器精兵盡在其中又使明大夫守之此易伐也田常忿然作色曰子之所難人之所易子之所易人之所難而以教常何也子貢曰夫憂在內者攻強憂在外者攻弱今君憂在內矣吾聞子三封而三不成是則大臣不聽也今君破魯以廣齊戰勝以驕主破國以尊臣而子之功不與焉則交日疏于主是君上驕主心下恣群臣求以成大事難矣夫上驕則恣臣驕則爭是君上與主

有郤下與大臣交爭也如此則子之位危矣故曰不如伐吳伐吳而不勝民人外死大臣內空是君上無強臣之敵下無民人之過孤立制齊者唯君也田常曰善然兵業已加魯矣不可更如何子貢曰子緩師吾請救于吳令救魯而伐齊子以兵迎之田常許諾

秦始皇帝遊會稽至沙丘疾甚始皇令趙高為書賜公子扶蘇未授使者始皇崩趙高因留所賜扶蘇璽書而謂公子胡亥曰上崩無詔封王諸子而獨賜長子書長子至即位為皇帝而子無尺寸之地為之奈何胡亥曰固然也吾聞明君知臣明父知子父既捐

命不封諸子何可言也趙高曰不然方今天下之權存亡在子與高及丞相耳願子圖之且夫臣人與見臣于人制人與見制于人豈可同日而道哉胡亥曰廢兄而立弟是不義也不奉父詔而畏死是不孝也能薄而材譾強因人之功是不能也三者逆德天下不服高曰臣聞湯武殺其主天下稱義焉不謂不忠衛君殺其父而衛國載其德孔子著之不為不孝夫大行不細謹大德不辭讓鄉曲各有宜而百官不同功故顧小而忘大後必有害狐疑猶豫後必有悔斷而敢行鬼神避之後有成功願子遂之也胡亥喟然

嘆曰今大行未發豈宜以此事干丞相哉高曰時乎時乎間不及謀贏糧躍馬唯恐後時胡亥既然高之言乃謂丞相斯曰上崩賜長子書與喪俱會咸陽而立爲嗣書未行今上崩未有知者事將何如斯曰安得亡國之言耶高曰君自料才能孰與蒙恬功高孰與蒙恬遠謀不失孰與蒙恬無怨於天下孰與蒙恬長子舊而信之孰與蒙恬斯曰此五者皆不及蒙恬而君責之何深也高曰高故內官之廝役也幸得以刀筆之吏進入秦宮管事二十餘年未嘗見秦免罷丞相功臣有封及二世者也卒皆以誅亡皇帝二十

餘子皆君之所知長子剛毅而武勇信人而奪事卽位必用蒙恬爲丞相君侯終不懷通侯之印歸于鄉里明矣高受詔教習胡亥學法仁慈篤厚輕財重士秦之諸子皆莫及也可以爲嗣君計而定之斯曰斯上蔡閭巷布衣也上幸擢爲丞相者固將以存亡安危屬臣也豈可負哉夫忠臣不避死而庶幾孝子不勤勞而見危君其勿復言高曰蓋聞聖人遷徙無常就變而從時見末而知本觀指而覩歸物固有之安得常法哉方今天下之權懸命于胡亥高能得志焉且夫從外制中謂之惑從下制上謂之賊故秋降霜

者草華落水風搖者萬物作此必然之效也君侯何見之晚也斯曰吾聞晉易太子三世不安齊桓兄弟爭位身死爲戮紂殺親戚不聽諫者國爲丘墟三者逆天宗廟不血食斯其猶人哉安足與謀高曰上下合同可以長久中外若一事無表裏君聽臣之計則長有封侯世世稱孤必有松喬之壽孔墨之智今釋此而不從禍及子孫足爲寒心善者因敗爲福君何處焉斯乃仰天而嘆垂涕太息曰旣已不能死安托命哉乃聽高立胡亥改賜璽書殺扶蘇蒙恬秦二世末陳涉起蘄兵至陳張耳陳餘說涉曰大王興梁

楚務在入關未及收河北也臣嘗遊趙知其豪傑願請奇兵略趙地于是陳王許之與卒三千從白馬渡河至諸郡縣說其豪傑曰秦爲亂政虐刑殘滅天下北爲長城之役南有五嶺之戍外內騷動百姓罷敝頭會箕斂以供軍費財匱力盡重以苛法使天下父子不相聊生今陳王奮臂爲天下唱始莫不響應家自爲怒各報其怨縣殺其令丞郡殺其守尉今已張大楚王陳使吳廣周文將卒百萬西擊秦于此時而不成封侯之業者非人傑也夫因天下之力而攻無道之君報父兄之怨而成割地之業此一時也豪傑

皆然其言乃行收兵下趙十餘城韓信旣平齊爲齊王項王恐使盱臺人武涉往說齊王使三分天下信不聽武涉已去蒯通知天下權在韓信欲爲奇策而感動之以相人說韓信曰僕嘗受相人之術韓信曰先生相人何如對曰貴賤在于骨法憂喜在于容色成敗在于決斷以此參之萬不失一信曰先生相寡人如何對曰願請閒信曰左右遠蒯通曰相君之面不過封侯又危不安相君之背貴乃不可言韓信曰何謂也蒯通曰天下初發難俊雄豪傑建號一呼天下之士雲合霧集魚鱗雜遝熛至風起當此之時憂

在亡秦而已今楚漢分爭使天下無罪之人肝膽塗地父子暴骸骨肉流離于中野不可勝數楚人起于彭城轉鬭逐北至于滎陽乘利席卷威震天下然兵困于京索之閒迫西山而不能進者三年于此矣漢王將數十萬之衆距鞏洛阻山河之險一日數戰無尺寸之功折北不救敗滎陽傷成皋還走宛葉之閒此所謂智勇俱困者也夫銳氣挫于嶮塞而糧食竭于內藏百姓罷極怨望無所依倚以臣料之其勢非天下聖賢固不能息天下之禍當今兩主之命懸于足下足下爲漢則漢勝與楚則楚勝臣願披腹心輸

肝膽效愚計恐足下不用也誠能聽臣之計莫若兩利而俱存之三分天下鼎足而居其勢莫敢先動夫以足下之賢聖有甲兵之衆據强齊從燕趙出空虛之地而制其後因民之欲西鄉爲百姓請命則天下風起而響應矣孰敢不聽割大弱强以立諸侯諸侯已立天下服聽而歸德于齊按齊之故有膠泗之地懷諸侯以德深拱揖讓則天下之君王相率而朝于齊矣蓋聞天與不取反受其咎時至不行反受其殃願足下熟慮之韓信曰漢王遇我厚載我以其車衣我以其衣食我以其食吾聞之乘人之車者載人之

患衣人之衣者懷人之憂食人之食者死人之事吾豈可鄉利背義乎蒯生曰足下自以爲善漢王欲建萬世之業臣竊以爲誤矣始常山王成安君爲布衣時相與爲刎頸之交後爭張黶陳澤之事二人相怨常山王奉項嬰頭鼠竄歸于漢王漢王借兵東下殺成安君泜水之南頭足異處卒爲天下笑此二人相與天下至歡然而卒相禽者何也患生于多欲人心難測也今足下欲行忠信以交于漢王必不能固于二君之相與也而事亦多大于張黶陳澤故臣以爲足下必漢王之不危己亦誤矣大夫種范蠡存亡越

伯勾踐立功成名而身死亡諺曰野獸盡而獵狗烹敵國破而謀臣亡夫以交友言之則不如張耳之與成安君也忠臣言之則不過大夫種之于勾踐也此二人者足以觀矣願足下深慮之且臣聞勇略震主者身危而功盖天下者不賞臣請言大王功略涉西河虜魏王禽夏說引兵下井陘誅成安君狥趙脅燕定齊南摧楚人之兵二十萬東殺龍且西嚮以報此所謂功無二于天下而略不世出者也今足下戴震主之威挾不賞之功以歸楚楚人不信歸漢漢人震恐足下欲持是安歸乎夫勢在人臣之位而有震主

之威名高天下竊爲足下危之韓信謝曰先生且休矣我將念之後數日蒯通復說曰夫聽者事之候計者事之機也聽過計失而能久安者鮮矣聽不失一二者不可亂以言計不失本末者不可紛以辭夫隨厮養之役者失萬乘之權守儋石之祿者闕卿相之位故智者決之斷也疑者事之害也審毫釐之小計遺天下之大數智誠知之決不敢行者百事之禍也故猛虎之猶與不如蜂蠆之致螫騏驥之蹢躅不如駑馬之安步孟賁之狐疑不如庸夫之必至也雖有舜禹之智沈吟而不言不如瘖聾之指麾也夫功者

難成而易敗時者難得而易失也時不再來願足下一詳察之韓信猶豫不忍背漢又自以爲功多漢王終不奪吾齊遂謝蒯生蒯生曰夫迫于苛細者不可與圖大事拘于臣虜者固無君王之意說不聽因去佯狂爲巫吳王濞以子故不朝及削地書至于是乃使中大夫應高誂膠西王無文書口報曰吳王不肖有宿夕之憂不敢自外使喻其歡心王曰何以敎之高曰今主上興于姦雄飾于邪臣好小善聽讒賊擅變更律令侵奪諸侯之地徵求滋多誅罰良善日以益甚語有之曰舐糠及米吳與膠西知名諸侯也一

時見察恐不得安肆矣吳王身有內病不能朝請二十餘年常患見疑無以自白今脅肩累足猶懼不見釋竊聞大王以爵事有適所聞諸侯削地罪不至此此恐不得削地而已王曰然有之子將奈何高曰同惡相助同好相留同情相成同欲相趨同利相死今吳王自以爲與大王同憂願因時循理弃軀以除患害于天下抑亦可乎王矍然駭曰寡人何敢如是今主雖急固有死耳安得勿戴高曰御史大夫鼂錯熒惑天子侵奪諸侯蔽忠塞賢朝廷疾怨諸侯皆有背叛之意人事極矣彗星夕出蝗蟲數起此萬世一時

而愁勞聖人之所起也故吳王內欲以鼂錯爲討外隨大王後車彷徉天下所鄉者降所指者下天下莫敢不服大王誠幸而許之一言則吳王帥楚王略函谷關守滎陽敖倉之粟距漢兵治次舍須大王有幸而臨之則天下可併兩主分割不亦可乎王曰善七國皆反兵敗伏誅淮南王安怨望厲王死欲謀叛逆未有因也及削地之後其爲謀益甚與左吳等日夜案輿地圖部署兵所從入召伍被與謀曰上寬赦大王王復安得亡國之言乎臣聞子胥諫吳王吳王不用子胥曰臣今見麋鹿遊于姑蘇之臺臣今亦見宮

中生荊棘露霑衣也臣聞聰者聽于無聲明者見于未形故聖人萬舉萬全昔文王一動而功顯于世列爲三代此所謂因天心以化者也故海內不期而隨此千歲之可見者夫百年之秦近世之吳楚亦足以喻國家之存亡矣臣不敢避子胥之誅願大王毋爲吳王之聽昔秦絕聖人之道殺術士燔詩書棄禮義尚詐力任刑罰轉負海之粟致之西河當是之時男子疾耕不足于糟糠女子紡績不足于蓋形遣蒙恬築長城東西數千里暴露兵師常數十萬死者不可勝數殭屍千里流血頃畝百姓力竭故欲爲亂者

十家而五又使徐福入海求異物及延年益壽之藥還爲僞辭曰臣見海中大神曰以令名振男女與百工之事即得之矣秦皇大悅遣振男女三千人資之種種百工而行徐福得平原廣澤止王不來于是百姓悲痛相思欲爲亂者十家而六又使尉佗踰五嶺攻百越尉佗知中國勞極止王不來使人上書求女無夫家者三萬人以爲士卒衣補秦皇可其萬五千人于是百姓離心瓦解欲爲亂者十家而七客謂高皇帝曰時可矣高皇帝曰待之聖人當起東南間不一年陳勝吳廣發矣高皇始于豐沛一唱天下不期

而響應者不可勝數也此所謂蹈瑕候間因秦之亡而動者也百姓願之若旱之望雨故起于行陳之中而立爲天子功高三王德傳無窮今大王見高皇得天下之易也獨不觀近之吳楚乎夫吳王賜爲劉氏祭酒授几杖而不朝王四郡之衆地方數千里內鑄銅以爲錢東煮海以爲鹽上取江陵木爲船國富人衆舉兵而西破于大梁敗于狐父奔走而東至于丹徒越人禽之身死絕祀爲天下笑夫以吳楚之衆不能成功者何也誠逆天道而不知時也方今大王之兵衆不能十分吳楚之一天下安寧又萬倍于秦時

願大王從臣之計大王不從臣之計今見大王事必不成而語先泄也臣聞微子過故國而悲于是作麥秀之歌是痛紂之不用王子比干也故孟子曰紂貴爲天子死曾不若匹夫是紂先自絕于天下久矣非死之日而天下去之也今臣亦竊悲大王弃千乘之君必且賜絕命之書爲羣臣先死于東宮也于是王氣怨結而不揚涕滿眶而横流即起歷階而去後復問伍被曰漢廷治亂被曰竊觀朝廷之政君臣之義父子之親夫婦之別長幼之序皆得其理上之舉措遵古之道風俗綱紀未有所闕南越賓服羌僰入獻

東甌入降廣長榆開朔方匈奴折翅傷翼失援不振雖不及古太平之時然猶爲治也王欲舉事臣見其將有禍而無福也王怒被謝死罪王曰陳勝吳廣無立錐之地千人之衆起于大澤奮臂大呼而天下響應西至于戲而兵百萬今吾國雖小然而勝兵者可得十餘萬非直適戍之衆鐖鑿棘矜也公何以言有禍無福被曰秦無道殘賊天下興萬乘之駕作阿房之宫收大半之賦發閭左之戍父不寧子兄不便弟政苛刑峻天下熬然若焦民皆引領而望傾耳而聽悲號仰天叩心而怨上故陳勝一呼天下響應當今陛下臨制天下一齊海内汎愛烝庶布德施惠口雖未言聲疾雷霆令雖未出化馳如神心有所懷威動萬里下之應上猶景響也而大將軍材能不特章邯楊熊也大王以陳勝吳廣喻之被以爲過王曰苟如公言不可徼幸耶被曰被有愚計王曰奈何被曰今朔方之郡田地廣水草美民徙者不足以實其地可僞爲丞相御史請書徙郡國豪傑任俠及有耐罪以上赦令除家產五十萬以上者皆徙其家屬朔方之郡益發甲卒急其會日又僞爲左右都司空上林中都官詔獄逮諸侯太子幸臣如此則民怨諸侯懼即

使辯武隨而說之儻可徼幸十得一乎王曰此可也欲如伍被計使人僞得罪而西事大將軍丞相一曰發兵使人即刺殺大將軍青而說丞相以下如發蒙耳又欲令衣求盗衣持羽檄從東方來呼曰南越兵入欲因以發兵未得發會事泄誅從漢靈帝以皇甫嵩爲將軍討破黄巾威震天下而朝政日亂海内虚困故信都令閻忠干說嵩曰難得而易失者時也時至不旋踵者幾也故聖人順時以動智者因幾以發今將軍遭難得之運蹈易駭之幾而踐運不撫臨幾不發將何以保大名乎嵩曰何謂也忠曰天道無親

百姓與能今將軍受鉞于暮春收功于末冬兵動如神謀不再計摧強易于折枯消堅甚于湯雪旬月之間神兵電埽封戶刻石南向以報德威名震本朝風聲馳海外雖湯武之舉未有高將軍者也今身建不賞之功體兼高人之德而北面庸主何以求安乎嵩曰夙夜在公心不忘忠何故不安忠曰不然昔韓信不忍一飧之遇而弃三分之業利劍以揣其喉方發悔毒之嘆者幾失而謀乖也今主上勢弱于劉項將軍權重于淮陰指揮足以振風雲叱咤可以興雷電赫然奮發因危抵頹崇恩以綏先附振武以臨後服

徵冀方之士動七州之衆羽檄先馳于前大軍響振于後蹈流漳河飲馬孟津誅閹官之罪除羣怨之積雖童兒可使奮拳以致力女子可使褰裳以用命況厲熊羆之卒因迅風之勢哉功業已就天下已順然後請呼上帝示以天命混齊六合南面稱制移寶器于將興推亡漢于已墜實神機之至會風發之良時也夫既朽之木不雕衰世之朝難佐若欲輔難佐之朝雕朽敗之木是猶逆坂走丸迎流縱櫂豈云易哉且今官豎羣居同惡如市上命不行權歸近習昏主之下難以久居不賞之功讒人側目如不早圖後悔

無及嵩懼曰非常之謀不施于有常之勢創圖大功豈庸才所致黃巾細孽敵非秦項新結易散難以濟業且民未忘主天不佑逆若虛造不冀之功以速朝夕之禍孰與委忠本朝守其臣節雖云多讒不過放廢猶有令名死且不朽反常之論所不敢聞忠知說不用因亡去王莽時寇盜羣發莽遣將軍廉丹伐山東丹辟馮衍爲掾與俱至定陶莽追詔丹曰將軍受國重任不能捐身中野無以報恩塞責丹惶恐夜召衍以書示之衍因說丹曰衍聞之順而成者道之所大也逆而功者權之所貴也是故期于有成不問所

由論于大體不守小節昔逢丑父伏軾而使其君取飲稱于諸侯鄭祭仲立突而出忽終得復位美于春秋蓋以死易生以存易亡君子之道也詭于衆意寧國存身賢者之慮也故易曰窮則變變則通通則久是以自天佑之吉無不利若夫知其不可而必爲之破軍殘衆無補于主身死之日負義于世智者不爲勇者不行且衍聞之得時無怠張良以五代相韓椎秦始皇于博浪之中勇冠乎賁育名高于太山將軍之先爲漢信臣新室之興英儁不附今海內潰亂民懷漢德甚于詩人之思召公也愛其甘棠而況子孫

乎民所鼓舞天必從之方今爲將軍計莫若屯據大
郡鎭撫吏士砥礪其節百里之内牛酒日賜納雄傑
之士詢忠智之謀要將來之心待縱横之變興社稷
之利除萬人之害則福祿流于無窮功烈著于不滅
何爲軍覆于中原身膏于草野功敗名喪恥及先祖
哉聖人轉禍而爲福知士因敗而爲功願將軍深計
而無與俗同丹不能從進及雎陽復說丹曰蓋聞明
者見于未形知者慮于未萌況其昭晰者乎凡患生
于所忽禍發于細微敗不可悔時不可失公孫鞅曰
有高人之行必負非于世有獨見之慮必見贅于民

故信庸庸之論破金石之策襲當世之操失高明之
德夫决者智之君也疑者事之役也時不再來公勿
再計丹不聽進及無鹽與赤眉戰死衍乃亡命河東
來歙說隗囂遣子入侍囂將王元以爲天下成敗未
可知不願專心内事遂說囂曰昔更始西都四方響
應天下喁喁謂之太平一旦壞敗大王遂無所措今
南有子陽北有文伯江湖海岱王公十數而破牽儒
生之說弃萬乘之基羇旅危國以求萬全此循覆車
之軌計之不可者也今天水完富士馬最强北取西
河上郡東收三輔之地案秦舊跡表裏山河元請以

一丸泥爲大王東封函谷關此萬代一時也若計不
及此宜蓄糗糧養士馬據隘自守曠日持久以待四
方之變圖王不成其弊猶足以霸要之魚不可脫于
泉神龍失勢卽還與蚯蚓同囂然元計雖已遣子入
質猶負于險阨欲專制方面遂背漢魏太祖與呂布
戰于濮陽不利袁紹使人說太祖連和使太祖遣家
居鄴太祖許之程昱見曰竊聞將軍欲遣家居鄴與
袁紹連和誠有之乎太祖曰然昱曰意者將軍殆臨
事而懼不然何慮之不深也夫袁紹據燕趙之地有
并天下之心而智不能濟也將軍自度能爲之下乎

將軍以龍虎之威可爲韓彭之事耶昱愚不識大旨
以爲將軍之志不如田横齊一壯士耳猶羞爲高祖
之臣今將軍欲遣家居鄴將北面而事袁紹夫以將
軍之聰明神武而反不羞爲袁紹之下竊爲將軍恥
之今兖州雖殘尚有三城能戰之士不下萬人若與
文若昱等收而用之霸王之業可成也願將軍更慮
之太祖乃止袁紹爲盟主有驕色陳留太守張邈正
義責之紹令曹操殺邈操不從邈心不自安及操東
擊陶謙令其將陳宮屯東郡宮因說邈曰今天下分
崩雄傑並起君擁十萬之衆當四戰之地撫劍顧眄

亦足以爲人豪而反受制于人不亦鄙乎今州軍東征其處虛空呂布壯士善戰無前君迎之共據兗州觀天下之形勢俟時事之變通此亦縱橫之一時也邈從之而反曹公鍾會鄧艾旣破蜀蜀主降會搆艾艾檻車徵會陰懷異圖厚待蜀將姜維等維見而知其心謂可搆成擾亂徐圖克復也乃詭說之曰聞君自淮南以來算無遺策晉道克昌皆君爲之今復定蜀威德震世民高其功而主畏其謀欲以此安歸乎夫韓信不背漢于擾攘而見疑于旣平大夫種不從范蠡于五湖卒伏劍而妄死豈闇主愚臣哉利害使之然也今君大功旣立大德已著何不法陶朱汎舟絕跡全功保身登峩眉之巓而從赤松遊乎會曰君言遠我不能行且爲今之道或未盡于此也維曰其他則君智力之所能無煩于老夫矣由是情好歡甚自稱益州牧以叛欲授維兵五萬人使爲前驅魏將士憤發殺會及維晉懷帝時遼東太守龐本私憾東夷校尉李臻鮮卑索連木津等爲臻興義實因而爲亂遂攻陷諸將大單于慕容廆之長子翰言于廆曰臣聞求諸侯莫若勤王自古有爲之君靡不仗此以成事業者也今連津跋扈王師覆敗蒼生屠膾豈甚此乎豎子外以龐本爲名內實幸而爲寇遼東傾沒乘使二周中原兵亂州師屢敗勤王仗義今其時也單于宜明九伐之威救倒懸之命數連津之罪合義兵以誅之上則興復遼邦下則併吞二部忠義彰于本朝私利歸于我國此則吾鴻漸之始也終可以得志于諸侯廆善之遂誠嚴討連津斬之立遼東郡後奉秦王苻生殺害忠良秦人度于一時如過百日權翼乃說東海王堅曰今主上昏虐天下離心有德者昌無德受殃天之道也一旦有風塵之變非君王而誰神器業重不可令他人取之願君王行湯武之事以從民心堅然之引爲謀主遂廢生立堅爲秦王宋孔熙先者廣州刺史默之子也有好才善占星氣言江州分野出天子上當見弒于骨肉及大將軍彭城王義康幽于安城郡熙先謂爲其人也遂說王詹事范曄曰先君昔去廣州朝謗紛紜藉大將軍深相救解得免艱危曩受遺命以死報德今主上昏僻殆天所弃大將軍英斷聰敏人神相屬失職南垂天下憤怨今人情騷動星文舛錯時至則不可拒此之謂乎若順天人之心收慕義之士內連寵戚外結英豪潛圖搆于表裏疾雷奮于肘腋然後誅除異義崇奉

明聖因人之望以號令天下誰敢不從小人維以七尺之軀三寸之舌立功立事而歸諸君子丈人謂爲何如嘻甚愕然熙先重曰昔毛遂竭節不容于魏武張温畢議見逐于孫權彼二人者國之信臣時之俊乂豈玼瑕暴露言行玷缺然後至于禍哉皆以廉直勁正困于邪枉高行妙節不得久容丈人之于本朝不深于二主人間雅譽有過于兩臣讒夫側目爲日久矣比肩競逐庸可遂乎殷鐵一言而劉班碎首彭城斥逐徐童見疑彼豈父母之仇萬代之怨尋戈抜棘自幼而然所爭不過榮名勢利先後之間耳及其

末也唯恐陷之不深發之不早戮及百口猶曰不厭是豈書籍遠事可爲寒心悼慄者也今建大勳奉賢哲圖難于易以安易危比之太山而去累卵何苦不就且崇樹聖明王德也身享卿相大業也援命幽居鴻名也比跡伊周美號也若夫王德大業鴻名美號三王五伯所以覆軍殺將而爭之也一朝包括不亦可乎又有邇于此者愚則未敢道嘻曰何謂熙先曰丈人弈葉淸華而不得連姻帝室國家作禽獸相處丈人曾未恥之嘻門無内行故熙先以此爲激嘻默然自是情好遂密陰謀搆矣熙先專爲謀主事露皆

伏誅周大將軍郭榮奉使詣隋高祖高祖謂榮曰吾雅尚山水不好纓紱過藉時來遂叨名位願以時歸第以保餘年何如榮對曰今主上無道人懷危懼天命不常能者代有明公德高西伯望極國華方據六合以慰黎庶反效兒童女子投坑落穽之言耶高祖大驚曰無妄言族矣及高祖作相笑謂榮曰前言果中後竟代周室隋高祖崩葬于太陵初疾也璽書徵漢王諒諒聞高祖崩流言楊素篡位大懼以爲詐也發兵自守陰謀爲亂南襲蒲州取之司兵參軍裴文安說諒曰兵以拙速不聞巧遲今梓宮尚在仁壽比

其徵兵東進動移旬朔若驍勇萬騎卷甲宵征直指長安不盈十日不逞之徒擢授高位付以心膂共守京城則山東府縣非彼之有然後大王鼓行而西聲勢一接天下可指麾而定也諒不從乃親率大軍屯于并界之間上聞之大懼召賀若弼議之弼曰漢王先帝之子陛下之弟居連率之重總方岳之任聲名震響爲天下所服其舉事畢矣然而進取之策有三長驅入關直據京師西拒六軍東收山東上策也如是則天下未可量頓大軍于蒲州使五千騎閉潼關復齊舊境據而都之中策也如是以力爭若親居太

麗徒遣其將來下策也如是成禽耳上曰公試為朕籌之計將何出弼曰蕭摩訶亡國之將不可與圖大事裴文安少年雖賢不被任用餘皆羣小顧戀妻孥苟求自安不能遠涉必遣軍來攻蒲州親居太原為之窟穴臣以為必出下策果如弼所籌乃以楊素為將破之隋煬帝親御六軍伐高麗禮部尚書楚國公楊玄感據黎陽反李密說玄感曰天子遠征遼左地去幽州懸隔千里南有巨海之限北有胡戎之患中間一道理極艱危今公擁兵出其不意長驅入薊直扼其喉前有高麗退無歸路不過旬月賫糧必盡舉

麾一呼其衆自降不戰而克計之上也關中四塞天府之國有衛文昇不足為意今若率衆西入長安天子雖還失其襟帶據險臨之故當必克萬全之策計之中也若隨近逐便先向東都頓兵堅城之下勝負都未可知此計之下也玄感利洛陽寶貨曰公之下策我之上策也遂圍之玄感失利宵潰王師追斬之李密乃亡歸翟讓隋煬帝初猜忌唐高祖知之常懷危懼為太原留守以討擊不利恐為煬帝所譴甚憂之時太宗從在軍中知隋將亡潛圖義舉以安天下乃進曰大人何憂之甚也當今主上無道百姓愁怨

城門之外皆已為賊獨守小節必旦暮死亡若起義兵實當人欲且晉陽用武之地足食足兵大人居之此乃天授正可因機轉禍以就功業既天與不取憂之何益高祖大驚深拒之太宗趨而出明日復進說曰此為萬全之策以救滅族之事今王綱弛紊盜賊遍天下大人受命討捕其可盡乎賊既不盡自當獲罪且又世傳李氏姓膺圖籙李全才位望隆貴一朝族滅大人既能平賊即又功當不賞以此求活其可得乎高祖意少解曰我一夜思量汝言大有通理今日破家滅身亦由汝化家為國亦由汝于是定計乃

故太宗與晉陽令劉文靜及門下客長孫順德劉弘基等募兵旬日之間衆且一萬斬留守副王威高君雅以其詭請高祖祈雨于晉祠將為不利故也用裴寂計准伊尹放太甲霍光廢昌邑故事尊煬帝為太上皇立代王侑以安隋室傳檄諸郡以彰義舉秋七月以精甲三萬西圖關中高祖仗白旗誓衆于太原之野引師即路遂亡隋族造我區夏由此觀之是知天下者非一人之天下也天下人之天下也所以王者必通三統明天命所受者博非獨一姓也昔孔子論詩至于殷士膚敏祼將于京喟然嘆曰富貴無常

不如是王公其何以戒愼民萌其何以勸勉易曰安不亡危存不忘亡是以身安而國家可保也故知懼而思誡乃有國者之福也

時宜

夫事有趨同而勢異者非事詭也時之變耳何以明其然耶昔秦末陳涉起蘄民至陳陳豪傑說涉曰將軍破堅執銳帥士卒以誅暴秦復立楚社稷功德宜爲王陳涉問陳餘張耳兩人兩人對曰將軍瞋目張膽出萬死不顧一生之計爲天下除殘賊今始至陳而王之示天下以私願將軍無王急引兵而西遣人

立六國後自爲樹黨如此野無交兵誅暴秦據咸陽以令諸侯則帝業成矣今獨王誠恐天下解也及楚漢時酈食其爲漢謀撓楚權曰昔湯伐桀封其後于杞武王伐紂封其後于宋今秦失德弃義侵我諸侯社稷滅亡六國之後使無立錐之地陛下誠能復立六國後此其君臣百姓必皆戴陛下德莫不向風慕義願爲臣妾德義已行陛下南面稱霸楚必斂袵而朝漢王曰善張良曰誠用客之謀陛下事去矣漢王曰何哉良因發八難其畧曰昔者湯伐桀封其後于杞者度能制桀之死命也今陛下能制項籍之死命乎其不可一也武王入殷表商容之閭釋箕子之囚封比干之墓今陛下能封聖人之墓表賢者之閭乎其不可二也發鉅橋之粟散鹿臺之財以賑貧民今陛下能散府庫以賜貧窮乎其不可三也殷事已畢偃革爲軒倒載干戈示天下不復用武今陛下能偃武修文不復用兵乎其不可四也放馬華山之陽示無所爲今陛下能放馬不復用乎其不可五也放牛桃林之野示天下不復輸積今陛下能乎其不可六也且天下遊士離親戚弃墳墓去故舊從陛下者日夜望咫尺之地今復六國立韓魏燕趙齊楚之後餘

無復立者天下遊士各歸事其主從親戚反故舊陛下與誰取天下乎其不可七也且楚唯無強六國立者復撓而從之陛下安得而臣之哉其不可八也誠用客之謀則大事去矣時王方食吐哺罵酈生曰豎儒幾敗我事趣令銷印此異形者也七國時秦王謂陳軫曰韓魏相攻期年不解或曰救之便或曰勿救便寡人不能決請爲寡人決之軫曰昔卞莊子方刺虎管豎子止之曰兩虎方食牛牛甘必爭爭必鬬鬬則大者傷小者死從傷而刺之一舉力有兩虎之名今韓魏相攻期年不解必是大國傷小國亡從傷而

伐之一舉必有兩獲此卞莊刺虎之類也惠王曰善果如其言初諸侯之叛秦也秦將章邯圍趙王于鉅鹿楚懷王使項羽宋義等北救趙至安陽留不進羽謂義曰今秦軍圍鉅鹿疾引兵渡河楚擊其外趙應其內破秦軍必矣宋義曰不然夫搏牛之䖟不可以破蝨今秦攻趙戰勝則兵罷我承其敝不勝則我引兵鼓行而西必舉秦矣故不如鬬秦趙夫擊輕銳我不如公坐運籌策公不如我羽曰將軍勠力而攻秦久留不行今歲饑民貧士卒半菽軍無見糧乃飲酒高會不引兵渡河因趙食與并力擊秦乃曰承其敝

夫以秦之強攻新造之趙其勢必舉趙趙舉而秦強何敝之承且國兵新破王不安席掃境內而屬將軍國家安危在此一舉今不恤士卒而狥私非社稷臣也即夜入義帳中斬義悉兵渡河沉舟破釜示士卒必死無還心大破秦軍此異勢者也韓信伐趙軍井陘選輕騎二千人人持一赤幟從間道昇山而望趙軍誡曰趙見我走必空壁逐我若疾入趙壁拔趙幟立漢赤幟信乃使萬人先行出倍水陳平旦信建大將之旗鼓行出井陘口趙開壁擊之大戰良久于是信弃旗鼓走水上軍水上軍開入之復疾戰趙空壁

爭漢旗鼓逐韓信韓信等已入水上軍軍皆殊死戰不可敗信所出竒兵二千騎共候趙空壁逐利則馳入趙壁皆拔趙幟立漢赤幟二千趙軍已不能得信等欲還歸壁皆漢赤幟而大驚以爲皆已得趙王將矣遂亂遁走趙將雖斬之不能禁也于是漢兵乘擊大破之虜趙軍諸將効首虜皆賀信因問曰兵法右背山陵前左水澤今者反背水陳然竟以勝此何術也信曰兵法不曰陷之死地而後生置之亡地而後存且信非得素撫循士大夫也此所謂驅市人而戰之其勢非置之死地使人人自爲戰今予之生地皆

走寧尚可得而用之又高祖劫五諸侯兵入彭城項羽聞之乃引兵去齊與漢大戰睢水上大破漢軍多殺士卒睢水爲之不流此異情者也漢王在漢中韓信說曰今士卒皆山東人䟢而望歸及其鋒東向可以爭天下後漢光武北至薊聞邯鄲兵到世祖欲南歸召官屬計議耿弇曰今兵從南來不可南行漁陽太守彭寵公之邑人上郡太守即弇父也發此兩郡控絃萬騎邯鄲不足慮也世祖官屬不從遂南馳官屬皆分散後漢李傕等追困天子于曹陽沮授說袁紹曰將軍累葉臺輔世濟忠義今朝廷播越宗廟殘

毀亂諸州郡雖外託義兵內實相圖未有憂在社稷恤人之意且今州城粗定兵强士附西迎大駕卽宮鄴都挾天子而令諸侯畜士馬以討不庭誰能禦之若不早定必有先之者夫權不失機功不厭速願其圖之紹不從魏武果迎漢帝紹遂敗梁武帝蕭衍初起義兵杜思冲勸帝迎南康王都襄陽正尊號帝不從張弘策曰今以南康置人手中彼挾天子以令諸侯節下前去爲人所使此豈歲寒之計耶帝曰若前途大事不捷故當蘭艾同焚若功業克建誰敢不從豈是碌碌受人處分于江南立新野郡以集新附哉

不從遂進兵克建鄴而有江左此情與形勢之異者也隨時變通不可執一矣

卷七終

長短經卷八

唐 趙 蕤 撰　綿州李調元雨村校

雜說

釣情

孔子曰未見顏色而言謂之瞽又曰未信則以爲謗已孫卿曰語而當知也默而當知也尸子曰聽言耳

目不懼視聽不深則善言不往焉是知將語者必先釣于人情自古然矣故韓子曰夫說之難也在知所說之心可以吾說當之說之以厚利則見下節而遇卑賤必弃遠矣說之以名高則見無心而遠事情必不收矣事以密成語以泄敗未必其身泄之也而說及其所匿之事如是者身危貴人有過端而說者明言善議以推其惡者身危貴人得計而欲自以爲功說者與之爲則身危强之以其所不爲止之以其所不能已者身危又曰與之論大人則以爲間已與之論細人則以爲粥權論其所愛則以爲借資論其所

僭則以爲嘗已順事陳意則曰怯懦而不盡慮事廣肆則曰草野而倨侮此不可不知也彼自知其計則無以其失窮之自勇其斷則無以其敵怒之苟悅曰夫臣下之所以難言者何也言出乎身則咎悔及之矣故曰舉過揭非則有干忤之咎勸勵教誨則有俠上之議言而當則恥其勝已也言而不當則賤其愚也先已而同則惡其奪已明也後已而同則以爲從順也違下從上則以爲諂諛也違上從下則以爲雷同也與衆共言則以爲順負也違衆獨言則以爲專美也言而淺露則簡而薄之深妙弘遠則不知而非

之特見獨智則衆惡其蓋之也雖是而不見稱與衆同智則以爲附隨也雖得之不以爲功謙讓不爭則以爲易窮言而不盡則以爲懷隱進說竭情則以爲不知量言而不效則受其怨責言而事效則以爲固當利于上不利于下或便於左則不便于右或合于前而忤于後此下情所以常不通仲尼發憤稱予欲無言者蓋爲語之難也何以明其難也昔宋有富人天雨牆壞其子曰不築且有盜其鄰人亦云暮而果大亡其家智其子而疑鄰人之父鄭武公欲伐胡乃以其子妻之因問羣臣吾欲用兵誰可伐者關其思曰胡可伐乃戮關其思曰胡兄弟之國也子言伐之何也胡君聞之以鄭爲親已而不備鄭鄭人襲胡取之此二說者其智皆當矣然而甚者爲戮薄者見疑非智之難也處智則難衛人迎新婦婦上車問驂馬誰馬也御曰藉之新婦謂僕曰拊驂無苦服車至門扶教逆母滅竈將失火入室見臼曰徙牖下妨往來者主人大笑之此三言皆要言也然而不免爲笑者早晚之時失矣此說之難也說者知其難也故語必有鈞以取人情何以明之昔齊王后死欲置后而未定使羣臣議薛公田嬰欲中王之意因獻十珥而美

其一旦日因問美珥所在因勸立以爲后齊王大悅遂重薛公此情可以物鈞也申不害始合于韓王然未知王之所欲也恐言而未必中于王也王問申子曰吾誰與而可對曰此安危之道國家之大事也臣請深維而苦思之乃微謂趙卓韓晁曰子皆國之辯士也夫爲人臣者言何必同盡忠而已矣二人各進議于王以事申子微視王之所說以言于王王大悅之此情可以言鈞也吳伐越越棲于會稽句踐喟然嘆曰吾終此乎大夫種曰湯繫夏臺文王囚羑里重耳奔翟齊小白奔莒其卒霸王由是觀之何遽不爲

福乎句踐既得免務報吳大夫種曰臣觀吳王政驕矣請嘗之乃貸粟以卜其事子胥諫勿與王遂與之子胥曰王不聽諫後三年吳其墟矣太宰嚭聞之讒曰伍員貌忠而實忍人吳遂殺子胥此情可以事鈞也客以淳于髡見梁惠王惠王屏左右再見之終無言惠王怪之讓客客謂淳于髡髡曰吾前見王王志在馳逐後復見王王志在音聲是以默然客具以報王王大駭曰淳于先生誠聖人也前有獻善馬者寡人未及試會生來後有獻謳者未及試又會生至寡

人雖屏人然私心在彼此情可以志鈞也智伯從韓魏之君伐趙韓魏用趙臣張孟談之計陰謀畔智伯張孟談因朝智伯遇智果于轅門之外智果入見智伯曰二主殆將有變臣遇張孟談察其志矜而行高見二君色動而變必背君矣智伯不從智果出遂更其姓爲輔氏張孟談入見趙襄子曰臣遇智果于轅門之外其視有疑臣之心入見智伯而更其族今暮不擊必後之矣襄子曰諾因與韓魏殺守堤之吏決水灌智伯軍此情可以視鈞也殷浩仕晉有盛名時人觀其出處以卜江左興亡此情可以賢鈞也鈐經曰喜色洒然以出怒色厲然以侮欲色嫗然以愉懼色懾然以下憂色瞿然以靜此情可以色鈞也由是觀之夫人情必見于物能知此者可以納說于人主矣

詭信

孔子曰君子貞而不諒又曰信近于義言可復也由是言之唯義所在不必信也何以明之葉公問孔子曰吾黨有直躬者其父攘羊而子證之孔子曰吾黨之直者異于是父爲子隱子爲父隱直在其中矣楚子圍宋宋求救于晉晉侯使解揚如宋使無降楚曰

晉師悉起將至矣鄭人囚而獻諸楚楚子厚賂之使反其言許之登諸樓車使呼宋人而告之遂致其君命楚子將殺之使與之言曰爾既許不穀而反之何故非我無信汝則弃之速即爾刑對曰臣聞之君能制命爲義臣能承命爲信信載義而行之爲利謀不失利以衛社稷民之主也義無二信信無二命君之賂臣不知命也受命以出有死無霣又可賂乎臣之許君以成命也死而成命臣之祿也寡君有信臣下臣獲考死又何求楚子舍之以歸顏率欲見公仲公仲不見顏率謂公仲之謁者曰公仲必以率爲僞也

故不見率公仲好內率曰好士公仲嗇于財率曰散施公仲無行率曰好義自今以來率且正言之而已矣公仲之謁者以告公仲公仲遽起而見之齊伐燕得十城燕王使蘇秦說齊齊歸燕十城蘇秦還燕人或毀之曰蘇秦左右賣國反覆人也將作亂燕王意疎之捨而不用蘇秦恐被罪入見王曰臣東周之鄙人無尺寸之功而王親拜之于廟禮之于廷今臣爲王却齊之兵而功得十城宜以益親今來而王不官臣者人必有以不信傷臣于王者且臣之不信王之福也使臣信如尾生廉如伯夷孝如曾參三者天下

之高行而以事王可乎王曰可也蘇秦曰有此臣亦不事王矣孝如曾參義不離其親宿昔于外王又安得使之步行千里而事弱燕之危王哉廉如伯夷義不爲孤竹君之嗣不肯爲武王之臣不受封侯而餓死于首陽之下有廉如此者王又安能使之步行千里而進取于齊哉信如尾生與女子期于梁柱之下女子不來水至不去抱梁柱而死有信如此何肯揚燕秦之威却齊之强兵哉且夫信行者所以自爲也非所以爲人也皆自覆之術非進取之道也且三王代興五霸迭盛皆不自覆君以自覆爲可乎則齊于營丘足下不窺于邊城之外且臣之有老母于東周離老母而事足下去自覆之術而行進取之道臣之趣固不與足下合者足下皆自覆之君也僕者進取之臣也臣所謂以忠信得罪于君也燕王曰夫忠信又何罪之有也對曰足下不知也臣隣家有遠爲吏者其妻私人其夫且歸其妻私者憂之其妻曰公勿憂也吾已爲藥酒待之矣後二日夫至妻使妾奉巵酒進之妾知其藥酒也進之則殺主父言之則逐主母乃佯僵弃酒主父大怒而笞之妾之弃酒上以活主父下以存主母忠至如此然不免于笞此以忠信

得罪也臣之事適不幸而類妾之弃酒也且臣之事足下亢義益國今乃得罪臣恐天下後事足下者莫敢自必也且臣之說齊曾不欺之也後之說齊者莫如臣之言雖堯舜之智不敢取之燕王曰善復厚遇之由此觀之故知諂即信也詭即忠也夫諂詭之行乃忠信之本焉

忠疑

夫毁譽是非不可定矣以漢高之畧而陳平之謀毁之則疎譽之則親以文帝之明而魏尚之忠繩之以法則爲罪施之以德則爲功知世之聽者多有所尤

多有所尤卽聽必悖矣何以知其然耶呂氏春秋云人有亡鐵者意其鄰之子視其行步顏色言語動作態度無爲而不竊鐵者也竊掘其谷而得其鈇他日復見其鄰之子動作態度無似竊鐵者也其鄰子非變也已則變之變之者無他有所尤矣邾之故爲甲裳以帛公息忌謂邾之君曰不若以組邾君曰善下令令官爲甲必以組公息忌因令其家皆爲組人有傷之者曰公息忌之所以欲用組者其家爲甲裳多爲組也邾君不說于是乎止無以組邾君有所尤也邾之故爲甲以組而便也公息忌雖多爲組何傷以

組不便公息忌雖無以爲組亦何益爲組與不爲組不足以累公息忌之說也凡聽言不可不察樓緩曰公父文伯仕于魯病而死女子爲自殺于房中者二人其母聞之勿哭其相室曰焉有子死而勿哭乎其母曰孔子賢人也逐于魯而是人弗隨之今死婦人爲自殺若是者必其於長者薄而于婦人厚故從母言之是爲賢母從妻言之是不免于妬妻也故其言一也言者異則人心變矣樂羊爲魏將而攻中山其子在中山中山之君烹其子而遺之羹樂羊盡啜之文侯曰樂羊以我故食其子之肉堵師贊曰其子且食之其誰不食樂羊罷中山文侯賞其功而疑其心淮南子曰親母爲其子抏禿出血至耳見者以爲愛子之至也使在于繼母則過者以爲嫉也事之情一也所從觀者異耳從城上視牛如羊視羊如豚所居高也窺面于盤水則圓于隋面形不變其故有所圓有所隋者所自窺之異也今吾雖欲正身而待物庸詎知世之所自窺于我者乎是知天下是非無所定也世各是其所是非其所非今吾欲擇是而居之擇非而去之不知世之所是非者孰是孰非哉故有忠而見疑者不可不察

用無用

古人有言曰得鳥者羅之一目然張一目之羅終不能得鳥矣鳥之所以能遠飛者六翮之力也然無衆毛之助則飛不能遠矣以是推之無用之爲用也大矣故惠子謂莊子曰子言無用矣莊子曰知無用而始可與言用矣夫天地非不廣且大也人之所用容足耳然則削足而墊之至黃泉人尚有用乎惠子曰無用莊子曰然則無用之爲用也亦明矣昔陳平智有餘而見疑周勃質樸忠而見信夫仁義不足相懷則智者以有餘見疑而樸者以不足取信矣漢徵處

士樊英楊厚朝廷若待神明至竟無他異李固朱穆以爲處士純盜虛名無益于用然而後進希之以成器世主禮之以得衆原其無用亦所以爲用也而惑者忽不踐之地賒無用之功至乃誚譏遠術賤斥國華不亦過乎

恩生怨

傳稱諺曰非所怨勿怨寡人怨矣是知凡怨者不怨于所疏必怨于親密何以明之高子曰小弁小人之詩孟子曰何以言之高子曰怨孟子曰固哉高叟之爲詩也有越人于此關弓而射吾吾則談笑而道之

無他疏之也兄弟關弓而射吾吾則泣涕而道之無他戚之也然則小弁之怨親親也親親仁也晉使韓簡子視秦師云師少于我闘士倍我公曰何故對曰出因其資入用其寵飢食其粟三施而不報所以來也杜鄴說王音曰鄴聞人情恩深者其養謹愛至者其求謹夫戚而不見異親而不見殊孰謂無怨此棠棣角弓之所作也由此觀之故知怨也者親之也恩也者怨之所生也不可不察

詭順

趙子曰夫雲雷世屯瞻烏未定當此時也在君爲君委質事人各爲其主用職耳故高祖賞季布之罪晉文嘉寺人之過雖前窘莫之怨也可謂通于大體矣昔晉文公初出亡獻公使寺人披攻之蒲城披斬其袪及反國郤呂畏偪將焚公宮而殺之寺人披請見公使讓之曰蒲城之役君命一宿汝卽至其後余從狄君以田渭濱汝爲惠公來求殺余命汝三宿汝中宿至雖有君命何其速也對曰臣謂君之入也其知之矣若猶未也又將及難君命無二古之制也除君之惡惟力是視蒲人狄人余何有焉今君卽位其無蒲狄乎齊桓公置射鉤而使管仲相君若易之何辱

命焉行者甚衆豈惟刑臣公見之以難告得免呂郤之難陳軫與張儀俱事秦惠王惠王皆重之二人爭寵儀惡軫于王曰軫重幣輕使秦楚之間將爲交也今楚不善于秦而善于軫軫爲楚厚爲秦薄也軫欲去秦而之楚王何不聽之王乃召軫而問之軫曰臣願之楚臣出必故之楚且明臣爲楚與不也昔楚有兩妻者王聞之乎王曰弗聞軫曰楚有兩妻者人挑其長者長者詈之挑其少者少者復挑之居無幾何有兩妻者死客謂挑者曰爲汝娶少者乎長者乎挑者曰娶長者客曰長者詈汝少者復挑汝汝何故娶

長者挑者曰居人之所則欲其挑我爲我之妻則欲其罵人今楚王明王昭陽賢相使軫爲臣常以國情輸楚楚王將不留臣昭陽將不與臣從事矣臣何故之楚臣出必故之楚足以明臣爲楚與不也軫出儀入問王曰軫果欲之楚不王曰然儀曰軫不爲楚楚王何爲欲之王復以儀言謂軫軫曰然王曰儀之言果信矣軫曰非獨儀知之行道之人盡知之矣子胥忠于君而天下皆爭以爲臣曾參孝已愛于親而天下皆願以爲子故賣僕妾不出閭巷售者良僕妾也出婦嫁于鄉曲者必善婦也今軫若不忠于君楚亦

何以爲臣乎忠且見弃軫不之楚將何歸乎王以其言爲然遂厚待之惠王終相張儀軫遂奔楚韓信初爲齊王時蒯通說信使三分天下信不聽後知漢畏其能乃與陳豨謀反事泄呂太后以計禽之方斬曰吾悔不聽蒯通之計乃爲兒女子所詐豈非天哉高祖歸乃詔齊捕通通至上曰若教淮陰侯反耶曰然臣固教之豎子不用臣之策故令自夷于此如彼豎子用臣之計陛下安得而夷之乎上怒曰烹之通曰嗟乎冤哉烹也上曰若教韓信反何冤對曰秦之綱弛而維絶山東大擾異姓並起英儁烏集秦失其鹿天下共逐之于是高材疾足者先得焉蹠之犬吠堯堯非不仁狗固吠非其主當是時臣獨知韓信非知陛下也且天下銳精持鋒欲爲陛下所爲者甚衆顧力不能耳又可盡烹耶帝曰置之乃釋通之罪也初吳王濞與七國謀反及發濟北王欲自殺齊人公孫玃謂濟北王曰臣試爲大王明說梁王通意天子說而不用死未晚也公孫玃遂見梁王曰夫濟北之地東接强齊南牽吳越北脅燕趙此四分五裂之國權不足以自守勁不足以捍寇又非有奇佐之士以待難也雖墜言于吳非其正計也昔鄭祭仲許宋人立

公子突以活其君非義也春秋記之爲其以生易死以存易亡也嚮使濟北見情實示不從之端則吳必先歷齊畢濟北招燕趙而總之如此則山東之從結而無隙矣今吳楚之王練諸侯之兵驅白徒之衆西與天子爭衡濟北獨底節堅守不下使吳失與而無助跬行獨進瓦解土崩破敗而不救者未必非濟北之力也夫以區區之濟北而與諸侯爭强是以羔犢之弱而捍虎狼之敵也守職不撓可謂誠一矣功義如此尚見疑于上脅肩低首累足撫衿使有自悔不前之心非社稷之利也臣恐藩臣守職者疑之臣

竊料之能歷西山徑長樂抵去央攘袂而正議者獨大王耳上有全亡之功下有安百姓之名德淪于骨髓恩加于無窮願大王留意詳惟之孝王大悅使人馳以聞濟北王得不坐徙封于菑川陳琳典袁紹文章袁氏敗琳歸太祖太祖謂曰卿昔爲本初移書但可罪狀孤而已惡止其身何乃上及祖父也琳謝曰楚漢未分蒯通進策于韓信乾時之戰管仲肆力于子糾唯欲効計其主助福一時故跖之客可以刺由桀之狗可以吠堯也今明公必能進賢于忿後弃愚于愛前四方革面英豪宅心矣唯明公裁之太祖曰

善厚待之由此觀之是知晉侯殺里克漢祖戮丁公石勒誅棗嵩劉備薄許靖良有以也故范曄曰夫人守義于故主斯可以事新主恥以其衆受寵斯可以受大寵若乃言之者雖誠而聞之者未譬豈苟進之悅易以情納持正之忤難以理求誠能釋利以循道居方以從義君子之概也

難必

夫人主莫不欲其臣之忠而忠未必信故伍員沉于江萇弘死于蜀其血三年而化爲碧凡人親莫不欲其子之孝而孝未必愛故孝已憂而曾參悲此難必者也何以言之魏文侯問狐卷子曰父子君臣之賢足恃乎對曰不足恃也何者父賢不過堯而丹朱放子賢不過舜而瞽瞍拘兄賢不過舜而象傲弟賢不過周公而管蔡誅臣賢不過湯武而桀紂伐望人者不至恃人者不久君欲理亦從身始人何可恃乎漢時梁孝王藏匿羊勝公孫詭韓安國泣說梁孝王曰大王自度于皇帝孰與太上皇之與高皇帝及皇帝之與臨江王親孝王曰弗如也安國曰夫太上臨江親父子閒然而高帝提三尺劍取天下者朕也故太上終不得制事居櫟陽臨江王適長太子也以言過

廢王臨江用宮垣事卒自殺中尉府何者治天下終不以私害公語曰雖有親父安知其不爲虎雖有親兄安知其不爲狼今大王列在諸侯說一邪臣浮說犯上禁撓明法天子以太后故不忍致法于王太后日夜泣涕幸大王自改而大王終不覺悟有如太后宮車卽晏駕大王尚誰攀乎語未卒孝王出羊勝等由是觀之安在其可必哉語曰以權利合者權利盡而交疏又曰以色事人者色衰而愛絕此言財色不可必也墨子曰雖有慈父不愛無益之子黃石公曰王不可以無德無德則臣民叛此言臣子不可必也

詩云自求伊祐有旨哉有旨哉無益之子下疑脫二句

運命

夫天道性命聖人所希言也雖有其旨難得而詳然校之古今錯綜其紀乘乎三勢亦可以彷彿其畧何以言之荀悅云凡三光精氣變異此皆陰陽之精也其本在地而上發于天政失于此則變見于彼不其然乎今稱洪範咎徵則有堯湯水旱之災消災復異則有周宣雲漢寧莫我聽易稱積善餘慶則有顏冉短折之凶善惡之報類變萬端不可齊一故視聽者惑焉嘗試言之孔子曰死生有命又曰不得其死又曰幸而免者夫死生有命其正理也不得其死者未可以死而死也幸而免者可以死而不死也此皆性命三勢之理也推此以及教化則亦如之人有不教化而自成者有待教化而後成者有雖加教化而終不成者故上智與下愚不移至于中人則可上可下推此以及天道則亦如之災祥之應無所疑焉故堯湯水旱天數也洪範咎徵人事也魯僖霪雨可救之應也周宣旱甚難變之勢也顏冉之凶性命之本也易曰有天道焉有地道焉有人道焉言其異也兼三才而兩之言其同也故天地之道有同有異據其所

以異而責其所以同斯則惑矣守其所以同而求其所以異則取弊矣遲速深淺變化錯乎其中是故參差難得而均也天地人物之理莫不同之故君子盡心焉盡力焉以邀命也

大私

管子曰知與之爲取政之寶也周書曰將欲取之必故與之何以徵其然也黃石公曰得而勿有立而勿取爲者則已有者則士焉知利之所在彼爲諸侯已爲天子使城自保令士自取王者之道也尸子曰堯養無告禹愛辜人此先王之所以安危而懷遠也聖人于大私之中也爲無私湯曰朕身有罪無及萬方萬方有罪朕身受之湯不私其身而私萬方文王曰苟有仁人何必用親文王不私其親而私萬國先王非無私也所私者與人不同此知大私者也由是言之夫惟不私故能成其私不利而利之乃利之大者矣

敗攻

文子曰有功離仁義者卽見疑有罪不失仁心者必見信故仁義者天下之尊爵也何以言之昔者楚共王有疾召其大夫曰不穀不德少主社稷失先君之

緒覆楚國之師不穀之罪也若以宗廟之靈得保首領以沒請易曰窮理盡性以至于命此之謂矣爲靈若厲大夫許諸及其卒也子囊曰不然夫事君者從其善不從其過赫赫楚國而君臨之撫征南海訓及諸夏其寵大矣有是寵也而知其過可不謂之恭乎大夫從之此因過以爲恭者也魏將王昶陳泰兵敗大將軍以爲己過習鑿齒論曰司馬大將軍引二敗以爲己過過銷而業昌可謂智矣夫亡其敗而下思其報雖欲勿康其可得乎若乃諱敗推過歸咎萬物上下離心賢愚釋體是楚再敗而晉再克謬之甚矣

夫人君苟統斯理行雖失而名揚兵雖挫而戰勝百敗猶可況再敗乎此因敗以成功也故知智者之舉事也因禍爲福轉敗爲功自古然矣

昏智

夫神者智之淵也神清則智明智者心之符也智公則心平今士有神清智明而闇于成敗者非愚也以聲色貨利怒愛昏其智矣何以言之昔孔子攝魯相齊景公聞而懼曰孔子爲政魯必霸霸則無地近焉我之爲先併矣犁且曰去仲尼猶吹毛耳君何不延之以重祿遺哀公以女樂哀公親樂之必怠于政仲尼必諫諫不聽必輕絶魯於是選齊國中女子好者八十人皆衣文繡之衣而舞康樂遺魯君魯君受齊女樂怠於事三日不聽政孔子曰彼婦之口可以出走遂適衛此昏於聲色者也太史公曰平原君翩翩濁代之佳公子也然不覩大體語曰利令智昏平原君貪馮亭邪說使趙陷長平四十餘萬邯鄲幾亡此昏於利者也後漢班固傳評曰昔班固傷司馬遷云遷博物洽聞不能以智免極刑然固身亦自陷大戮可謂知及之而不能守古人所以致論于目睫邪此昏于勢者也尸子曰夫吳越之國以臣妾爲殉中國

聞而非之及怒則以親戚殉一言夫智在公則愛吳越之臣及在私則忘其親戚非智損也怒奪之也好亦然矣語曰莫知其子之惡非智損也愛奪之也是故論貴賤辨是非者必且自公心言之自公心聽之而後可知也故范曄曰夫利不在身以之謀事則智慮不私己以之斷義則厲誠能廻觀物之智而爲反身之察則能恕而自鑒矣

卑政

淮南子曰濟溺人以金玉不如尋常之經韓子曰百日不食以待粱肉餓者不肯此言政貴卑以濟事者

也何以言之韓非曰所謂知者微妙之言上知之所難也今爲衆人法而以爲上知之所難也則人無從識之矣故糟糠不厭者不待粱肉而飽裋褐不完者不須文繡而好以是言之夫治世之事急者不得則緩者非務也今所治之政人間之事夫婦之所明知者不用而慕上知之所難能則其于人過遠矣是知微妙之言非人務也故尹文子曰凡有理而無益于治者君子不言有能而無益於事者君子不爲故君子所言者不出于名法權術所爲者不出於農稼軍陳周務而已今世之人行欲獨賢事欲獨能辨欲出

羣勇欲絶衆夫獨行之賢不足以成化獨能之事不足以周務出羣之辨不可爲戶說絶衆之勇不可與征陣凡此四者亂之所由生也故聖人任道以通其險立法以理其差使賢愚不相異能鄙不相遺此至理之術故叔孫通欲起禮漢高帝曰得無難乎對曰夫禮者因時世人情而爲之節文者也張釋之言便宜事文帝曰卑之無甚高論令今可施行由是言之夫理者不因時俗之務而貴奇異是餓者百日以待粱肉假人金玉以救溺子之說矣

善亡

易曰積善之家必有餘慶又曰善不積不足以成名何以徵其然耶孟子曰仁之勝不仁也猶水之勝火也今之爲仁者猶以一杯水救一車薪之火也火不息則謂水不勝火此又與于不仁之甚者也又五穀種之美者苟爲不熟不如稊稗夫仁亦在熟之而已矣尸子曰食所以爲肥也一飯而問人曰奚若則皆笑之夫治天下大事也譬今人皆有一飯而問人奚若者也由是觀之故知善也者在積而已今人見徐假亡國謂仁義不足恃也見承桑失統謂文德不足恃也是猶杯水救火一飯問肥之說惑亦甚矣

詭俗

夫事有順之而爲失義有愛之而爲害有惡于己而爲美有利於身而損於國者何以言之劉梁曰昔楚靈王驕淫暴虐無度芊尹申亥從王之欲以殯於乾谿殉之以二女此順之而失義者也鄢陵之役晉楚對戰穀陽獻酒子反以斃此愛之而害者也臧武仲曰孟孫之惡我藥石也季孫之愛我美疢也疢毒滋厚藥石猶生我此惡之而爲美者也韓子曰爲故人行私謂之不弃以公財分施謂之仁人輕祿重身謂之君子枉法曲親謂之有行弃官寵交謂之有俠離

俗邇世謂之高慤交爭逆令謂之剛材行惠取衆謂之得人不弃者吏有奸也仁人者公財損也君子者人難使也有行者法制毁也有俠者宮職曠也高慤者人不事也剛材者令不行也得人者君上孤也此八者匹夫之私譽而人主之大敗也由是觀之夫俗之好惡與事相詭唯明者能察之

息辯

中論曰水之寒也火之熱也金石之堅剛也彼數物未嘗有言而人莫不知其然者信著乎其體故知行有本事有迹審視其體則無所竄情何謂行本孔子

曰立身有義矣而孝爲本喪紀有禮矣而哀爲本戰陳有列矣而勇爲本太公曰人不盡力非吾人也吏不平潔愛人非吾吏也宰相不能富國强兵調和陰陽安萬乘之王簡練羣臣定其名實明其令罰非吾宰相此行本者也何爲事迹昔齊威王召卽墨大夫而語之曰自子之居卽墨也毁日至然吾使人視卽墨田野闢人民給官無留事東方以寧是子不事我左右以求譽也封之萬家名阿大夫而語之曰自夫子之守阿也譽日聞然吾使人視阿田野不闢人貧苦趙攻甄子不能救衛取薛陵子不能如是子常以幣事吾左右以求譽也是日烹阿大夫及左右常譽之者齊國大理漢元帝時石顯專權京房宴見問上曰幽厲之君何以危所任者何人也上曰君不明而所任巧佞房曰知其巧佞而用之也將以爲賢上曰賢之房曰然則今何以知其不賢也上曰以其時亂而君危知之此事迹者也由此言之夫立身從政皆有本矣理亂能否皆有迹矣若擦其本行以事迹繩之譬如水之寒火之熱則善惡無所逃矣

量過

孔子曰人之過也各於其黨觀過斯知人矣何以言

之太史公云昔管仲相齊九合諸侯一匡天下然孔子小之曰管仲之器小哉豈不以周道衰桓公旣賢而不勉之至王乃稱霸哉虞卿說魏王曰夫楚亦强大矣天下無敵乃且攻燕魏王曰向也子云天下無敵今也子云乃且攻燕者何也對曰今謂馬多力則有之矣若曰勝千鈞則不然者何也夫千鈞非馬之任也今謂楚强大則有之矣若夫越趙魏而　兵於燕則豈楚之任哉由是觀之夫管仲九合諸侯一匡天下而孔子小之楚人不能伐燕虞卿反以爲强大天下無敵非詭議也各從其黨言之耳不可不察

勢運

夫天下有君子焉有小人焉有禮讓焉此數事者未必其性也未必其行也皆勢運之耳何以言之文子曰夫人有餘則讓不足則爭讓則禮義生爭則暴亂起物多則欲省求贍則爭止淮南子曰游者不能拯溺手足有所急也灼者不能救火身體有所痛也林中不買薪湖上不鬻魚者所有餘也故世治則小人守正而利不能誘也世亂則君子爲姦而刑不能禁也故莊子曰當堯舜而天下無窮人非智得也當桀紂而天下無通人非智失也時勢適然新語曰近河

之地濕近山之木長者以類相及也四瀆東流則百川無西行者小象大而少從多也是知世之君子未必君子世之小人未必小人世之禮讓未必禮讓夫勢運者不可不察

傲禮第三十九

左傳曰無傲禮曲禮曰無不敬然古人以傲爲禮其故何也欲彰於人德者耳何以言之昔侯嬴爲大梁夷門監魏公子聞之乃置酒大會賓客坐定公子從車騎虛左自迎夷門侯生侯生引公子過市及至家以爲上客侯生謂公子曰今日嬴之爲公子亦足矣嬴乃夷門抱關者也而公子親枉車騎稠人廣衆之中不宜有所過今公子故過之然嬴欲就公子之名故久立公子車騎市中以觀公子公子愈恭市人皆以嬴爲小人而以公子爲長者能下士也張釋之居廷中三公九卿盡會立王生老人曰吾襪解顧謂張廷尉爲我結襪人或謂王生曰獨奈何辱張廷尉王生曰吾老且賤自度終無益於張廷尉張廷尉方今天下名臣吾故聊廷使跪結韈欲以重之諸侯聞之賢王生而重廷尉由是觀之以傲爲禮可以重人矣

定名

夫理得於心非言不暢物定於彼非言不辨言不暢志則無以相接名不辨物則識鑒不顯原其所以本其所由非物有自然之名理有必定之稱也欲辨其實則殊其名欲宣其志則立其稱故稱之曰道德仁義禮智信夫道者人之所蹈也居知所爲行知所之事知所乘動知所止謂之道德者人之所得也使人各得其所欲謂之德仁者愛也致利除害兼愛無私謂之仁義者宜也明是非立可否謂之義禮者履也進退有度尊卑有分謂之禮智者人之所知也以定乎得失是非之情謂之智信者人之所承也發號施

令以一人心謂之信見本而知末執一而應萬謂之術說苑曰從命利君謂之順從命病君謂之諛逆命利君謂之忠逆命病君謂之亂君有過失將危國家有能盡言于君用則留不用則去謂之諫用則可不用則死謂之諍能率羣下以諫于君解國之大患除國之大害謂之輔抗君之命反君之事安國之危除主之辱謂之弼莊子曰莫之顧而進謂之佞希意導言謂之諂不擇是非而言謂之諛好言人惡謂之讒稱譽詐僞以敗惡人謂之慝不擇善否兩容頰適偷拔其所欲謂之險古語曰以可濟否謂之和好惡不

殊謂之同以賢代賢謂之奪以不肖代賢謂之伐緩令急誅謂之暴取善自與謂之盜罪不知諐謂之虐敬不中禮謂之野禁而不止謂之逆禁非立是謂之法知善不行謂之狂知惡不改謂之惑太公曰收天下珠玉美女金銀綵帛謂之殘收暴虐之吏殺無罪之人非以法度謂之賊賢人不至謂之蔽忠臣不至謂之塞色取仁而實違之謂之虛不以誠待其臣而望其臣以誠事已謂之愚分于道謂之性刑于一謂之命凡人函五常之性而剛柔緩急聲音不同係水土之氣謂之風好惡取舍動靜無常隨君上之情欲

謂之俗或曰樂與音同乎對曰昔魏文侯問子夏曰吾端冕而聽古樂唯恐卧聽鄭衛之音則不知倦敢問古樂之如彼新樂之如此何也子夏曰今君之所問者樂也所好者音也夫樂者與音相近而不同文侯曰敢問何如子夏曰夫古樂者天地順而四時當民有德而百穀昌疾疢不作而無妖祥此之謂大當然後聖人爲父子君臣以爲之紀綱紀綱既正天下大定天下大定然後正六律和五聲絃歌詩頌此之謂德音德音之謂樂詩云莫其德音其德克明克明克類克長克君王此大邦克順克比比于文王其德

靡悔既受帝祉施于孫子此之謂也今君之所好者溺音乎鄭音好濫淫志也宋音燕女溺志也衛音趨數煩志也齊音敖辟驕志也四者皆淫于色而害于德是以祭祀弗用此音樂之異也或曰音與樂既聞命矣敢問儀與禮同乎對曰昔趙簡子問揖讓周旋之禮于子太叔太叔曰是儀也非禮也吉也聞諸先大夫子産曰夫禮天之經也地之義也民之行也天地之經民實則之則天之明因地之性生其六氣用其五行氣爲五味發爲五色章爲五聲淫則昏亂民失其性是故爲禮以奉之人有好惡喜怒哀樂生于

六氣是故審則宜類以制六志哀有哭泣樂有歌舞喜有施舍怒有戰鬭哀樂不失乃能協于天地之性是以長久故人能曲直以從禮者謂之成人或曰然則何謂為儀對曰養國子教之六儀祭祀之容穆穆皇皇賓客之容儼恪矜莊朝廷之容濟濟蹌蹌喪紀之容纍纍顛顛軍旅之容暨暨詻詻車馬之容騑騑翼翼此禮儀之異也夫定名之弊在于鈎鈲析辭苟無其弊則定名之妙也論曰班固九流 以下缺

長短經卷九

唐 趙蕤 撰　　綿州李調元雨村校

兵權

出軍 練士 結營 道德 禁令 教戰
天時 地形 水火 五間 將體 料敵
勢略 攻心 伐交 格形 蛇勢 先勝
圍師 變通 利害 奇正 掩發 還師

孫子曰詩云允文允武書稱乃武乃文孔子曰君子有文事必有武備傳曰天生五材民並用之廢一不可誰能去兵黄帝與蚩尤戰顓頊與共工爭堯伐驩兜舜伐有苗啓伐有扈湯伐有夏文王伐崇武王伐紂漢高有京索之戰光武興昆陽之師魏動官渡之軍晉舉平吳之役故呂氏春秋曰聖王有仁義之兵而無偃兵淮南子曰以廢不義而授有德者也是知取威定霸何莫由斯自古兵書殆將千計若不知合變雖多亦奚以為故曰少則得多則惑所以舉體要而作兵權云

出軍

夫兵者凶器也戰者危事也兵戰之場立尸之所帝王不得已而用之故曰救亂誅暴謂之義兵兵義者

王敵加于已不得已而用之謂之應兵兵應者勝爭恨小故不勝憤怒者謂之忿兵兵忿者敗利人土地寶貨者謂之貪兵兵貪者破恃國之大矜人之衆欲見威于敵謂之驕兵兵驕者滅是知聖人之用兵也非好樂之將以誅暴討亂夫以義而誅不義若決江河而溉熒火臨不測之淵而欲墮之其克之必也所以必優游恬泊者何重傷人物故曰遠人不服則修文德以來之不以德來然後命將出師矣夫將者國之輔也人之司命也故曰將不知兵以其主與敵也君不擇將以其國與敵也將既知兵主既擇將天子居

正殿之而召之曰社稷安危一在將軍今某國不臣願煩將軍應之乃使太史卜齋擇日授以斧鉞君入太廟西面而立將軍北面而立君親操鉞持其首授其柄曰從是以上至天者將軍制之乃復操柄授與刃曰從是以下至淵者將軍制之將既受命拜而報曰臣聞國不可從外理軍不可從中御二心不可以事君疑志不可以應敵臣既受命專斧鉞之威臣不敢還請乃辭而行鑿凶門而出故司馬法曰進退惟時無曰寡人孫子曰將在軍君命有所不受古語曰閫以內寡人制之閫以外將軍制之漢書曰唯聞將軍之命不聞天子之詔故知合軍聚衆任于閫外受推轂之寄當秉旄之重無天于上無地于下無敵于前無君于後乃可成大業矣故曰將能而君不御者勝此之謂也

練士

夫王者帥師必簡練英雄知士高下因能授職各取所長爲其股肱羽翼以成威神然後萬事畢矣腹心一人謀士五人天文三人地形三人兵法九人通糧四人奮威四人鼓旗三人股肱四人通材三人權士三人耳目七人爪牙五人羽翼四人游士六人偉士二人法算二人方士二人軍中有大勇敢死樂傷者

聚爲一卒有勃氣壯勇暴强者聚爲一卒有學於奇正長劍彌弧接武齊列者聚爲一卒有破格舒鈎强梁多力能潰破金鼓絕滅旌旗者聚爲一卒有能踰高超遠輕足善走者聚爲一卒有故王臣失勢欲復見其功者聚爲一卒有死罪之人昆弟爲其將報讎者聚爲一卒有貧窮忿怒將快其志者聚爲一卒有故贅婿人虜欲昭迹揚名者聚爲一卒有辯言巧辭善毀譽者聚爲一卒有故胥靡免罪之人欲逃其耻者聚爲一卒有才伎過人能負重行數百里者聚爲

一卒夫卒强將弱曰弛吏强卒弱曰陷兵無選鋒曰北必然之數矣故曰兵衆孰强士卒孰練知之者勝不知之者不勝不可忽也

結營

太公曰出軍征戰安營置陣以六爲法將軍身居九天之上竟一旬復徙開牙門常背建向破不飲死水不居死地不居地柱不居地獄無休天竈無當龍首故曰凡結營安陣將軍居青龍軍鼓居逢星士卒居明堂伏兵于太陰軍門居天門小將居地戶斬斷居天獄治罪居天庭軍糧居天牢軍器居天藏此謂法

天結營物莫能害者也

道德

夫兵不可出者三不和于國不可以出軍不和于軍不可以出陣不和于陣不可以出戰故孫子曰一曰道道者令人與上同意者也故可與之死可與之生而人不畏死黃石公曰軍井未達將不言渴軍幕未辦將不言倦冬不服裘夏不操扇是謂禮將與之安與之危故其衆可合而不可離可用而不可疲接之以禮厲之以辭則士死之是以含蓼問疾越王伯于諸侯吮疽恤士吳起凌于敵國陽門慟哭勝三晉之兵卑醪投河感一軍之士勇者爲之鬭知者爲之憂視死若歸計不旋踵者以其恩養素蓄策謀和同也故曰畜恩不倦以一取萬諺曰積恩不已天下可使此道德之畧也

禁令

孫子曰卒未專親而罰之則不服不服則難用卒以專親而罰不行則不可用矣故曰視卒如嬰兒故可與之赴深溪視卒如愛子故可與之俱死厚而不能使愛而不能令亂而不知理譬若驕子不可用也經曰兵以賞爲表以罰爲裏又曰令之以文齊之以武

是謂必取故武侯之軍禁有七一曰輕二曰慢三曰盜四曰欺五曰背六曰亂七曰誤此治軍之禁也若期會不到聞鼓不行乘寬自留廻避務止初近而後遠喚名而不應軍甲不具兵器不備此謂輕軍受令不傳傳之不審以惑吏士金鼓不聞旌旗不覩此謂慢軍食不廩糧軍不部兵賦賜不均阿私所親取非其物借貸不還奪人頭首以獲功名此謂盜軍若變易姓名衣服不鮮金鼓不具兵刃不磨器仗不堅矢不著羽弓弩無弦主者吏士法令不從此謂欺軍聞鼓不行扣金不止按旗不伏舉旗不起指麾不隨避

前在後縱發亂行折兵奪之勢却退不鬬或左或右扶傷轝死因託還歸此謂背軍出軍行將士卒爭先紛紛擾擾軍騎相連咽塞道路後不得前呼喚諠譁無所聽聞失行亂次兵刃中傷長將不理上下縱橫此謂亂軍屯營所止問其鄉里親近相隨共食相保呼召他位越入他位干錯次第不可呵止度營出入不由門戶不自啓白奸邪所起知者不告罪全不等合人飲食阿私所受大言驚語疑惑吏士此謂誤軍斬斷之後萬事乃理所以鄉人盜笠呂蒙先涕而後斬馬逸犯麥曹公割髮而自刑故太公曰刑上極賞

下通孫子曰法令孰行賞罰孰明以此知勝此之謂也

教戰

孔子曰不教人戰是謂棄之故知卒不服習起居不精前擊後解與金鼓之音相失百不當一此棄之者也故領三軍教之戰者必有金鼓約令所以整齊士卒也教令捲兵起居旌旗指麾之變故教使一人學戰教成合之十人十人學戰教成合之百人漸至三軍之衆大戰之法爲其校陣各有其道左校青龍右校白虎前校朱雀後校玄武中校軒轅大將之所處左鋒右戟前盾後弩中央鼓旗興動俱起聞鼓則進聞金則止隨其指麾五陣乃理故曰治衆如治寡分數是也鬬衆如鬬少形名是也言不相聞故爲鼓鐸視不相見故爲旌旗夫金鼓旌旗所以一人耳目也是知鼓鼙金鐸所以威耳旌旗麾章所以威目禁令刑罰所以威心耳威于聲不可不淸目威于色不可不明心威于罰不可不嚴三者不立雖勝必敗故曰將之所麾莫不從移將之所指莫不前死紛紛紜紜鬬亂而不可亂混混沌沌形圓而不可敗此用衆之法也卒服習矣器用利矣將軍乃秉旄麾衆而誓之

于是氣厲靑雲雖赴湯蹈火可也此教戰之法也

天時

孫子曰二曰天時天時者陰陽寒暑時節制也司馬法曰冬夏不興師所以兼愛吾人太公曰天文三人主占風氣知天心去就故經曰能知三生臨刃勿驚從孤擊虛一女當五丈夫故行軍必背太陰向太陽察五緯之光芒觀二曜之薄蝕必當以太白爲主辰星爲候合宿必有鬬之期格出明不戰之勢避以日耗背以月刑以王擊囚以生擊死是知用天之道順天行誅非一日也若細雨沐軍臨機必有提迴風相

觸道還而無功雲類羣羊必走之道氣如驚鹿必敗之勢黑雲出壘赤氣臨軍六窮起風三刑起霧此皆見師之出而不見其入也若烟非烟此慶雲也若星非星此歸邪也若霧非霧此泣軍也若雷非雷此天鼓也慶雲開有德歸邪有降人泣軍多殺將天鼓多敗軍是知風雲之占歲月之候其來久矣故古者初立將始出門首建牙之時必觀風之氣若風不旁勃旌旗暈暈順風而揚舉或向敵終日軍行有功勝候也若逆風來應氣旁勃牙扛折陰不見日旌幡激揚敗候也若下輕其將妖怪並作衆口相惑當修德審

令繕礪鋒甲勤誠誓士以避天怒然後復擇吉日祭牙旗具太牢之饌震鼓鐸之音誠心啓請以備天問觀其祥應以占吉凶若人馬喜躍旌旗皆前指高陵金鐸之聲揚以清鞞鼓之音宛以鳴此得神明之助持以安于衆心乃可用矣雖云任賢使能則不占而事利令明法審則不筮而計成封功賞勞則不禱而福從共苦同甘則犯逆而功就然則臨機制用有五助焉一曰助謀二曰助勢三曰助怯四曰助疑五曰助地此五者助勝之術故曰知地知天勝乃可全不可不審察也

地形

孫子曰三曰地利地利者遠近險易廣狹死生也故不知山林險阻沮澤之形者不能行軍不用鄉導不能得地利故用兵有散地有輕地有爭地有交地有衢地有重地有氾地有圍地有死地諸侯自戰其地爲散地入人之地而不深者爲輕地我得則利彼得亦利者爲爭地我可以往彼可以來爲交地諸侯之地三屬先至而得天下之衆者爲衢地入人難返之地深倍城邑多者爲重地行山林險阻沮澤凡難行之道者爲氾地所由入者隘所從歸者迂彼寡可以

擊吾衆者爲圍地疾戰則存不疾則亡者爲死地是故散地則戰輕地則無止爭地則無攻交地則無絕衢地則合交重地則掠氾地則行圍地則謀死地則戰又有六地有通有挂有支有隘有險有遠我可以往彼可以來曰通居通地先處其高陽利糧道以戰則利可以往難以返曰挂挂形曰敵無備出而勝之有備出而不勝難以反不利我出而不利彼出而不利曰支支形曰敵雖利我我無出引而去也令敵半出而擊之利隘形曰我先居之必盈之而待敵若敵先居之盈而勿從也不盈曰從之險形曰我先居之

必居高陽以待敵若敵先居則引而去之勿從也夫遠形鈞勢難以挑戰而不利凡此六者地之道也皆將之至任不可不察故曰深草蘙薈者所以遁逃也深谷險阻者所以止禦車騎也隘塞山林者所以少擊衆也沛澤杳冥者所以匿其形也丈五之溝漸車之水山林石徑涇川丘阜草木所在此步兵之地車騎二不當一丘陵漫衍相屬平原廣野此車騎之地步兵十不當一平原相遠仰高臨下此弓弩之地短兵十不當一兩陣相近平地淺草可前可後此長戟之地劍盾三不當一萑葦竹蕭草木蒙龍林葉茂接

此矛鋋之地長戟二不當一曲道相伏險阨相薄此劍盾之地弓弩三不當一故曰地形者兵之助又曰用兵之道地利爲寶趙奢趨山秦師所以覆敗韓信背水漢兵由其克勝此用地利之畧也

水火

經曰以水佐攻者强以火佐攻者明是知水火者兵之助也故火攻有五一曰火人二曰火積三曰火輜四曰火庫五曰火燧行火必有因烟火素具發火有時起火有日時者天之燥也日者宿在箕壁參軫也凡此四宿者風起之日太公曰强弩長兵所以踰水戰孫子曰水可以絕謂灌城也又曰絕水必遠水客絕水而來迎之于水內令敵半渡而擊之利欲戰無附于水而迎客也謂處水上之軍故曰以水佐攻者强何以言之言韓信定臨淄走齊王田廣楚使龍且來救齊齊王廣龍且并軍與信合戰夾濰水陳韓信乃夜令人爲萬餘囊盛沙壅水上流引軍半渡擊龍且佯不勝還走龍且果喜曰固知信怯也遂追信渡水信使決壅囊水大至龍且軍大半不得渡即急擊之殺龍且龍且水軍東散走此反半渡之勢盧綰佐彭越攻下梁地十餘城項羽聞之謂其大司馬曹咎

曰謹守成皋即漢挑戰慎勿與戰漢果挑楚軍楚軍不出使人辱之大司馬怒渡汜水卒半渡漢擊大破之此欲戰無附于水勢故知水火之變可以制勝其來久矣秦人毒涇上流晉軍多死荊王燒楚積聚項氏以擒曹公決泗于下邳呂布就戮黃蓋火攻于赤壁魏祖奔衄此將之至任蓋軍中尤急者矣不可不察

五間

周禮曰巡國傳諜者反間也呂望云間構飛言聚爲一卒是知用間之道非一日也故間有五間有因間

有內間有反間有生間有死間五間俱起莫知其道因間者因其鄉人而用之者也內間者因其官人而用之者也反間者因敵間而用之者也生間者反報者也死間者爲誑事于外令吾間知之而待于敵間者也昔漢西域都護班超初爲將長史悉發諸國步騎二萬五千擊莎車莎車求救龜茲龜茲王遣左將軍發溫宿姑墨尉頭合五萬人助之超召部曲及于闐疏勒王議曰兵少不敵計莫如各解散去于闐從此東長史亦從此西歸夜半聞鼓聲使發衆皆以爲然乃陰緩禽得生口生口歸以超言告龜茲龜茲聞

之喜使左將軍將萬騎于西界遮超溫宿王將八千騎于東界遮于闐王人定後超密令諸司馬勒兵厲士至雞鳴馳赴莎車營掩覆之胡皆驚走斬首五千級莎車遂降又耿弇討張步步聞之乃使其大將費邑軍歷下又分兵屯祝阿別于太山鍾城列營數十以待弇弇渡河先擊祝阿拔之故開圍一角令其衆得奔鍾城鍾城人聞祝阿已潰大懼遂空壁亡去費邑分遣其弟敢守巨里弇進兵先脅巨里多伐樹木揚言以塡塞坑塹數日有降者言邑聞弇欲攻巨里謀來救之弇乃嚴令軍中趣治攻具後三日當悉攻巨里陰緩生口令得亡歸歸者以弇期告邑邑至日果自將來救之弇喜謂諸將曰吾所修攻具者欲誘致邑耳今來適吾所求也卽分三千人守巨里自引精兵止崗坂乘高合戰大破之臨陣斬邑此用因間之勢也晉時益州牧羅尚遣隗伯攻李雄于郫城迭有勝負雄乃募武都人朴泰鞭之見血使譎羅尚欲爲內應以火爲期尚信之悉出精兵遣隗伯等率領從泰李雄先使李驤于道設伏泰以長梯倚城而舉火伯軍見火起皆爭緣梯泰又以繩汲上尚軍百餘人皆斬之雄因放兵內外擊之大破尚軍此用內間

之勢也鄭武公欲伐胡先以其子妻之胡因問羣臣曰我欲用兵誰可伐者大夫關期思曰胡可伐武公怒而戮之曰胡兄弟之國子言伐之何也胡君聞之以鄭爲親已而不備鄭鄭襲胡取之此用死間之勢也陳平以金縱反間于楚軍間范增楚王疑之此用反間者也故知三軍之親莫親于間賞莫厚于間事莫密于間非聖智莫能用間非密微莫能得間之實此三軍之要唯賢哲之所留意也

將體

萬機論曰雖有百萬之師臨時吞敵在將也吳子曰

凡人之論將恒覩之于勇勇之于將乃萬分之一耳故六韜曰將不仁則三軍不親將不勇則三軍不爲動孫子曰將者勇智仁信必也勇則不可犯智則不可亂仁則愛人信則不欺人必則無二心此所謂五才者也三軍之衆百萬之師張設輕重在于一人謂之氣機道峽路險名山大塞十人所守千人不過是謂地機善行間諜分散其衆使君臣相怨是謂事機車堅舟利士馬閑習是謂力機此所謂四機者也夫將可樂而不可憂謀可深而不可疑將憂則內疑謀疑則敵國奮以此征伐則可致亂故將能淸能靜能平能整能受諫能聽訟能納人能採善言能知國俗能圖山川能裁阨難能制軍權危者安之懼者權之叛者還之寃者原之訴者察之卑者貴之强者抑之敵者殘之貪者豐之欲者使之畏者隱之謀者近之讒者覆之毀者復之反者廢之横者挫之服者活之降者說之獲城者割之獲地者裂之獲國者守之獲阨塞之獲難屯之獲財散之敵動伺之敵强下之敵凌假之敵暴安之敵勃義之敵睦攜之順舉挫之因勢破之放言過之四網羅之此爲將之道也故將拒諫則英雄散策不從則謀士叛善惡同則功臣倦將專己則下歸咎將自臧則下少功將受讒則下有離心將貪財則奸不禁將內顧則士卒淫將有一則衆不服有二則軍無試有三則軍乖背有四則禍及國軍志曰將謀欲密士衆欲一攻敵欲疾將謀密則奸心閉士衆一則羣心結攻敵疾則詐不及設軍有此三者則計不奪將謀泄則軍無勢以外闚內則禍不制財入營則衆奸會將有此三者軍必敗將無慮則謀士去將無勇則吏士恐將遷怒則軍士懼慮也謀也將之所重勇也怒也將之所用故曰必死可殺也必生可虜也忿速可侮也廉潔可辱也愛人可煩也此五者將軍之過用兵之災故凡戰之要先占其將而察其材因刑用權則不勞而功興也其將愚而信人可謀而詐貪而忽名可貨而賂輕變可勞而困上富而驕下貧而怨可離而間將怠士懈可潛而襲智而心緩者可迫也勇而輕死者可暴也急而心速者可誘也貪而喜利者可襲也可遺也仁而不忍于人者可勞也智而心緩者可驚也信而喜信于人者可誑也廉潔而不愛人者可侮也剛毅而自用者可事也懦心喜用于人者可使人欺也此皆用兵之要爲將之器也

料敵

夫兩國治戎交和而合不以冥冥決事必先探于敵情故孫子曰勝兵先勝而後戰又曰策之而知得失之計候之而知動靜之理因形而作勝于衆用兵之要也若欲先知敵將當令賤而勇者將輕銳以嘗之觀敵之來一起一坐其政以理其追北佯爲不及其見利佯爲不知如此者將必有智勿與輕敵若其衆讙旗亂其卒自止自行其兵或縱或橫其追北恐不及見利恐不得如此者將必無謀雖衆可獲故曰敵近而靜者恃其險也敵遠而挑人者欲人之進也衆

樹動者來也衆草多障者疑也鳥起者伏也禽駭者覆也塵卑而廣者徒來也散而條遠者薪來也少而往來者營軍也辭卑而益備者進也辭強而進驅者退也無約而請和者謀也半進半退者誘也杖而立者飢也汲而先飲者渴也見利不進者勞也鳥集者虛也夜呼者恐也軍擾者將不重也旗動者亂也吏怒者倦也粟馬食肉軍無懸缻不及其舍者窮寇也諄諄翕翕徐言入入者失其衆也數賞者害也數罰者困也數顧者失其輩也來委謝者欲休息也兵怒而相近久而不合又不相去必謹察之敵來新到行陣未定可擊也陣雖定人馬未食可擊也涉長道緩行未息可擊也行坂涉險半隱半出可擊也涉水半渡可擊也險道狹路可擊也旌旗亂動可擊也陣數動移可擊也人馬數顧可擊也凡見此者擊之而勿疑然兵者詭道也能而示之不能用而示之不用故匈奴示弱漢祖有平城之圍石勒藏鋒王浚有幽州之陷即其效也可不慎哉

勢略

孫子曰勇怯勢也強弱形也又曰水之弱至于漂石者勢也何以明之昔曹公征張魯定漢中劉曄說曰

明公以步卒五千討誅董卓北破袁紹南征劉表九州百郡十并其八威震天下勢慴海外今舉漢中蜀人望風破膽失守推此而前蜀可傳檄而定也劉備人傑也有智而遲得蜀日淺蜀人未恃今破漢中蜀人震恐其勢自傾以公之神明因其傾而壓之無不克也若小緩之諸葛亮明于理而爲相關羽張飛勇冠三軍而爲將蜀人既定據險守要則不可犯也今不取必爲後患曹公不從居七日蜀降者說蜀中一日數十驚備斬之而不能禁也曹公延問曄曰今尚可擊否曄曰今已小定未可擊也又太祖征呂布至

下邳布敗囘守城攻不拔太祖欲還荀攸曰呂布勇而無謀今三軍皆北其銳氣衰三軍以將爲主主衰則軍無奮意夫陳宮有智而遲今及布氣之未復宮謀之未定進急攻之布可拔也乃引沂泗灌城城潰生擒布以此觀之當是時雖諸葛之智陳宮之謀呂布之勇關張之勁無所用矣此謂勇怯勢也强弱形也故兵有三勢善戰者恒求之于勢勢之來也食其緩頰下齊七十餘城謝石渡淝摧秦百萬之衆勢之去也項羽有拔山之力空泣虞姬田横有負海之强終然刎頸故曰戰勝之威人百其倍敗兵之卒没世不復故水之弱至于漂石此勢畧之要也

攻心

孫子曰攻心爲上攻城爲下何以明之戰國時有説齊王曰凡伐國之道攻心爲上攻城爲下心勝爲上兵勝爲下是故聖人之伐國攻敵也務在先服其心何謂攻其心絶其所恃是謂攻其心也今秦之所恃爲心者燕趙也當收燕趙之權今説燕趙之君勿虚言空辭必將以實利囘其心所謂攻其心者也沛公西入武關欲以二萬人擊秦嶢關下軍張良曰秦兵尚强未可輕也臣聞其將屠子賈豎易動以利願沛公且留壁使人先行爲五萬人具食益張旗幟諸山之上爲疑兵令酈食其持重寶啗秦將秦將果欲連和俱西襲咸陽沛公欲聽之良曰此獨其將欲叛士卒恐不從不從必危不如因其懈擊之沛公乃引兵擊秦軍大破之此攻心者也

伐交

孫子曰善用兵者使交不得合何以明之昔楚莫敖將盟貳軫鄖人軍于蒲騷將以隨絞州蓼伐楚師莫敖患之鬬廉曰鄖人軍于其郊必不誡且日虞四邑之至君次于郊郢以禦四邑我以銳師宵加于鄖鄖

有虞心而恃其城莫有鬭志若敗鄖師四邑必離莫敖從之遂敗鄖師于蒲騷漢宣帝時先零與罕开羌解仇合黨爲寇帝命趙充國先謀罕开充國守便宜不從上書曰先零羌虜欲有背叛故與罕开解仇然其私心不能忘恐漢兵至而罕开背之也臣愚以爲其計常欲赴罕开之急以堅其約先擊罕羌先零必助之今虜馬肥糧方饒擊之恐不能傷害適使先零得施德于罕羌也堅其約合其黨虜交堅黨合誅之用力數倍臣恐國家憂累由十數年不二三歲而已先誅先零則罕开之屬不煩兵服矣帝從之累如策

魏太祖初伐關中賊每一部到太祖輒喜賊破之後諸將問其故太祖曰關中道遠若各依險阻征之不一二年不可定也今皆來集衆雖多莫能相服軍無適主一舉可滅爲攻差易吾是以喜語曰連雞不俱棲可離而解曹公得之矣此伐交者也

格形

孫子曰安能動之又曰攻其所必趨何以明之昔楚子圍宋宋公使如晉告急晉狐偃曰楚始得曹而新昏于衛若伐曹衛楚必救之則齊宋免矣果如其計魏伐趙趙急請救于齊齊威王以田忌爲將以孫臏爲師居輜車中爲計謀田忌欲引兵之趙孫子曰夫解雜亂糾紛者不控拳救鬬者不博擊批亢擣虛形格勢禁則自爲解耳今梁趙相攻輕兵銳卒必竭于外老弱疲于內君不若引兵疾走大梁據其街路衝其方虛彼必釋趙而自救是我一舉解趙之圍而弊于魏也田忌從之魏果去邯鄲又曹操爲東郡太守治東武陽軍頓兵黑山賊于毒等攻東武陽太祖欲引兵西入山攻毒本屯諸將皆以爲當還自救曹操曰昔孫臏救趙而攻魏耿弇欲走西安攻臨淄使賊聞我西而還則武陽自解不還我能破虜家虜不能

拔武陽必矣乃行毒聞之果棄武陽還曹操要擊大破之初關羽圍楚襄陽曹操以漢帝在許近賊欲徙都司馬宣王及蔣濟說曹操曰劉備孫權外親內疏關羽得志權必不願也可遣人勸躡其後許割江南以封權則楚圍自解曹操從之羽遂見擒此言攻其所愛則動矣是以善戰者無知名無勇功不爭白刃之前不備已失之後此之謂也

蛇勢

語曰投兵散地則六親不能相保同舟而濟胡越何患乎異心孫子曰善用兵者譬如率然何以明之漢宣帝時先零爲寇帝命趙充國征之引兵至先零所在虜久屯聚懈弛望見大軍棄車重欲渡湟水道阸狹充國徐行驅之或曰逐利行遲充國曰此窮寇不可迫也緩之則走不顧急之則還致死諸將校皆曰善虜果赴水溺死者數百于是敗之袁尚既敗遂奔遼東衆有數千初遼東太守公孫康恃遠不服曹公既破烏丸或說公遂征之尚兄弟可擒也公曰吾方使康斬送尚熙首不煩兵矣公引兵還康果斬送尚熙傳其首諸將或問曰公還而康斬尚熙何也公曰彼素畏尚熙其急之則并力緩之則自相圖其勢然

也曹公征張繡荀攸曰繡與劉表相恃為強然繡以遊軍仰食于表表不能供也其勢必離不如緩軍以待之可誘而致也若急之則必相救曹操不從進至穰與繡戰表果救之軍不利矣故孫子曰善用兵者譬如率然率然者常山之蛇擊其頭則尾至擊其尾則首至擊其中則首尾俱至或曰敢問可使如率然乎孫子曰可矣夫吳人之與越人相惡當其同舟而濟則救如左右手是故放馬埋輪不足恃也齊勇若一政之道也此之謂矣

先勝

孫子曰善用兵者先為不可勝以待敵之可勝何以明之梁州賊王國圍陳倉乃拜皇甫嵩董卓各率二萬人拒之卓欲速進赴陳倉嵩不聽卓曰智者不後時勇者不留決速戰則城全不救則城滅全滅之勢在于此也嵩曰不然百戰百勝不如不戰而屈人之兵是以先為不可勝以待敵之可勝不可勝在此可勝在彼彼守不足我攻有餘有餘者動于九天之上不足者陷于九地之下今陳倉雖小城守固備非九地之陷也王國雖強而攻我之所不救非九天之勢也夫勢非九天攻者受陷害非九地守者可拔國今已陷受害之地而陳倉保不拔之城我可不煩兵動衆而取全勝之功將何救焉遂不聽王國圍陳倉自冬迄春八十餘日城堅守固竟不能拔賊衆疲弊果自解去嵩進兵擊之卓曰不可兵法窮寇勿追歸衆勿迫今我追國是迫歸衆追窮寇也困獸猶鬬蜂蠆有毒況大衆乎嵩曰不然前吾不擊避其銳也今而擊之待其衰也所擊疲師非歸師也國衆且走莫有鬬志以整擊亂非窮寇也遂獨進兵擊之使卓為後拒連戰大破之國走而死卓大慚服青州黃巾衆百餘萬人東平劉岱欲擊之鮑信諫曰今賊衆百萬百

姓皆震怖士卒無鬬志不可敵也觀賊衆羣輩相隨軍無輜重唯以抄掠為資今君畜士衆之力先為固守彼欲戰不得攻則不能其勢必離散然後選精銳既據其要害擊之可破也岱不從果為賊所敗昔代王開攻燕鄴城慕容德拒戰代師敗績德又欲攻之別駕韓譚進曰昔漢高祖云吾寧鬬志不能鬬力是以古人先勝廟堂然後攻戰今代不可擊者四燕不宜動者三代懸軍遠入利在野戰一不可擊也深識兵機頓兵死地二不可擊也前鋒既敗後軍方固三不可擊也彼衆我寡四不可擊也官軍自戰其地一

不宜動動而不勝眾心難固二不宜動隍池未修敵來無備三不宜動此皆兵機也深溝高壘以逸待勞彼千里饋糧野無所掠久則三軍靡費攻則眾旅多斃師老釁生從而圖之可以揵也德曰韓別駕之言良平之策也此先勝而後戰者也

圍師

孫子曰圍師必闕何以明之黃巾賊韓忠據宛朱儁張超圍之結壘起土山以臨城因鳴鼓攻其西南賊悉眾赴之乃掩其東北乘城而入忠退保小城乞降諸將欲聽之儁曰兵有形同而勢異者昔秦項之際

民無定主故賞附以勸來耳今海內一統唯黃巾逆寇納降無以勸善討之足以懲惡今若受之更開逆意賊利則進戰鈍則乞降縱敵長寇非良計也因急攻之不克儁登土山顧謂張超曰吾知之矣賊今外圍周固連營逼急乞降不受欲出不得所以死戰也萬人一心猶不可當況十萬乎其害甚矣不如徹圍并兵入城忠見解圍勢必自出出則意散易破之道也既而解圍忠果出戰遂破忠等魏太祖圍壺關下令曰城拔皆坑之連月不下曹仁言于太祖曰圍城必示之門所以開其生路也今公許之必死將人人自為守且城固而糧多攻之則士卒傷守則引日持久今頓兵堅城之下以攻必死之虜非良計也太祖從之城降此圍師之道也

變通

孫子曰善動敵者形之敵必從之何以明之魏與趙攻韓齊田忌為將而救之直走大梁魏將龐涓去韓而歸齊軍已過而西矣孫臏謂田忌曰彼三晉之兵素悍勇而輕齊齊號為怯善用兵者因其勢而利導之兵法曰百里而趨利者蹶其將軍使齊軍入魏地為十萬竈明日為五萬竈明日為二萬竈涓喜曰吾

固知齊卒怯也入吾地三日士卒亡已過半乃棄其步兵與輕銳倍日并行逐之臏度其暮至馬陵道狹而多險可伏兵乃斫大樹白書之曰龐涓死此樹下令善射者萬弩夾道而伏期曰見火舉而發涓夜至斫木下見白書乃鑽火燭之讀書齊軍萬弩俱發魏軍大亂涓乃自剄曰果成豎子之名也虞詡為武都都羌率眾遮詡于陳倉崤谷詡令吏士各作兩竈日增倍之羌不敢偪或問曰孫子減竈而君增之兵法日行三十里以戒不虞今且行二百里何也詡曰虜眾既多吾徐行則易為所及疾行則彼不測之且虜

見我竈多謂郡兵來至孫子見弱吾示強勢不同也故曰料敵在心察機在目因形而作勝于衆善之善者矣此變通之理也

利害

孫子曰陷之死地而後生投之亡地而後存又曰雜于利而務可伸雜于害而患可解何以明之（按此下有韓信倍水陣一條與卷七之將宜一條稍重出故不再刊入）魏太祖征張繡一朝引軍退繡自追之賈詡曰不可追也繡不從果敗而還詡謂繡曰促更追之戰必勝繡收散卒赴追太祖果果勝還問詡曰繡以精兵追退軍而公曰必散退以敗卒擊勝兵而公曰必尅皆如公之言何其反而皆驗也詡曰此易知耳軍勢百途事不一也將軍雖善用兵非曹公敵也魏軍新退曹公必自斷其後追兵雖精將既不敵彼士亦鋭故知必敗曹公攻將軍無失策力未盡而還必國內有故也既破將軍必輕軍速進留諸將斷後諸將勇亦非將軍敵也故雖用敗兵而勝也繡乃服其能此利害之變故曰陷之死地而後生雜于害而患可解此之謂也

奇兵

太公曰不能分移不可語奇孫子曰兵以正合事以

奇勝何以明之魏王豹反漢漢王以韓信為左丞相擊魏魏王盛兵蒲坂塞臨晉信乃益為疑兵陳船欲渡臨晉而伏兵從夏陽以木罌渡軍襲安邑魏王豹驚引兵迎信信遂虜豹定魏為河東郡是知奇正者兵之要也經曰戰勝不過奇正奇正之變不可勝窮如環之無端孰能窮之此之謂也

掩發

孫子曰善戰者其勢險其節短以利動之以卒待之又曰善動敵者形之敵必從何以明其然耶燕平齊圍即墨城即墨城中推田單為將以拒燕田單欲激怒其卒乃宣言曰吾唯恐燕將劓所得齊卒及掘城外墳墓擢先人可為寒心燕將如其言即墨人皆涕泣其欲出戰怒皆十倍單乃收人金得千鎰令即墨富豪遺燕將書曰即墨即降順不虜吾家族燕將大喜益懈乃收牛得千頭束葦于尾燒其端鑿數十穴夜縱牛出以壯士五千人隨其後牛尾熱而奔燕燕軍大驚所隨五千因銜枚擊之燕軍大敗殺其將騎刼復齊七十餘城呂蒙西屯陸口關羽討樊留兵備公安南郡蒙上疏曰關羽討樊而多留備兵必恐蒙圖其後故也蒙常有病乞分衆還建鄴以治病為名

羽聞之必撤備兵盡赴襄陽大軍浮江晝夜馳上襲其空虛則南郡可取而羽可擒也遂稱病篤權乃露檄召蒙羽果信之稍撤兵赴樊權聞之遂行先遣蒙在前伏其精兵于𦪇𦪇中使白衣搖櫓作商賈服晝夜兼行至羽所置江邊屯候盡收縛之是故羽不聞知遂到南郡士仁糜芳皆降蒙入據城盡得羽將士家屬皆撫慰約令軍中不得干歷人家道不拾遺羽還在道路數使人與蒙相聞蒙厚遇其使周游城中家家致問或手書示信羽人還私相參訊咸知家門無恙見待過于平時故羽士卒無闘心權至獲羽遂定荆州此掩發之變故曰始如處女敵人開戶後如脫兎敵不及距此之謂也

還師

孫子曰興師百萬日費千金王子曰四人用虛國家無儲故曰運糧百里無一年之食二百里無二年之食三百里無三年之食是謂虛國國虛則人貧人貧則上下不親上無以樹其恩下無以活其生則離叛之心生此爲戰勝而自敗故雖破敵于外立功于內然而戰勝者以喪禮處之將軍縞素請罪于君君曰兵之所加無道國也擒敵致勝將無咎殃乃尊其官以奪其勢故曰高鳥死良弓藏敵國滅謀臣亡亡者非喪其身謂沈之于淵沈之于淵者謂奪其威廢其權封之于朝極人臣之位以顯其功中州善國以富其心仁者之衆可合而不可離威權可樂而難卒移是故還軍罷師存亡之階故弱之以位奪之以國故霸者之佐其論駁也人主深曉 以下缺

按馬端臨文獻經籍考據晁氏云唐趙蕤撰長短經十卷又據北夢瑣言云蕤梓州鹽亭人博學韜鈐長於經世夫婦俱有隱操不應辟台論王霸機權正變之術其第十卷載陰謀家本缺今存者六十四篇然不害其爲全書也洪武丁巳秋八月丁巳沈新民識

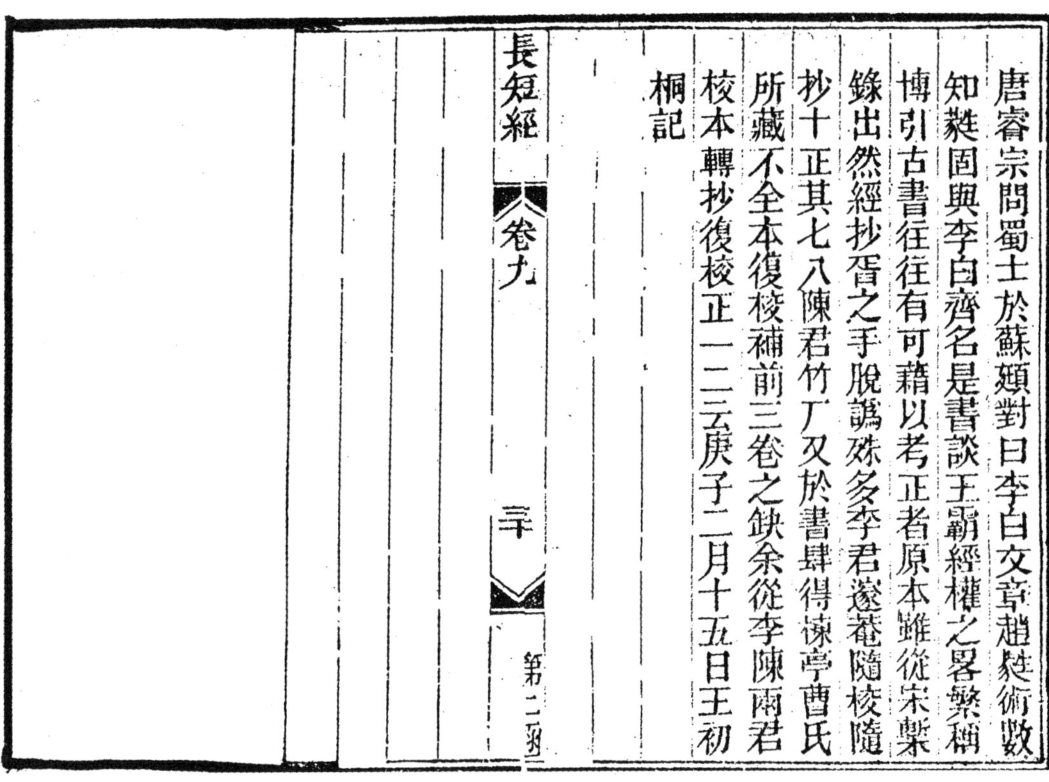

唐睿宗問蜀士於蘇頲對曰李白文章趙蕤術數知蕤固與李白齊名是書談王霸經權之畧繁稱博引古書往往有可藉以考正者原本雖從宋槧錄出然經抄胥之手脫譌殊多李君遂菴隨校隨抄十正其七八陳君竹厂又於書肆得楝亭曹氏所藏不全本復校補前三卷之缺余從李陳兩君校本轉抄復校正一二云庚子二月十五日王初桐記

長短經　卷九

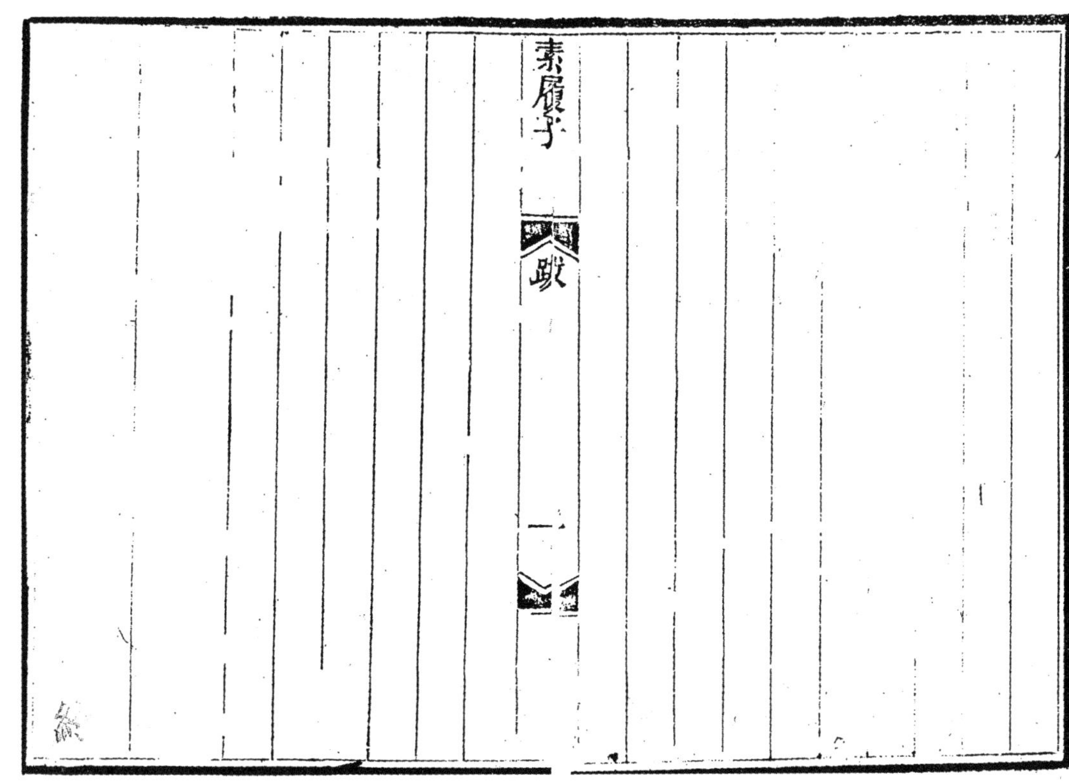

素履子　跋

光緒壬午年
鋟於樂道齋

御題說文篆韻譜

徐鍇說文兄鉉序依然朱氏曝書藏制文遵古見誠
卓作隷趨今辯以詳許慎特嘉研六篆賁飭何事變
三倉成編割裂異大典因字區分述舊章惟是微傳
資訓詁信堪小學示津梁即看繡谷勤收弆意在尊
聞實所

分巡直隷通永道前提督廣東學政兼翰林院編修臣李調元敬錄

說文解字篆韻譜序（按篆字係俗本贅加）

徐鉉述

昔伏羲畫八卦而文字之耑見矣倉頡模鳥迹而文字之形立矣史籀作大篆以潤飾之李斯變小篆以簡易之其

美至矣（毛氏說文附錄作至）及程邈作隸而人競趣（趍）省古法一變字義浸譌先儒許慎患其若此故集倉雅之學研六書之旨博訪通識考於賈逵作說文解字十五篇凡萬六千（淵鑑類函作百）字字書精博莫

過於是篆籀之體極於斯焉其後賈魴以三倉之書皆爲隸字隸字始廣而篆籀轉微後漢及今千有餘歲凡善書者皆艸隸焉又隸書之法有刪繁補缺之論則其僞譌斷

可知矣故今字書之數累倍於前夫

聖人創制（淵鑑類函作慎）皆有依據不知而作君子謹之及史闕文格言斯在若乃（淵鑑類函無乃字）艸木魚鳥形聲相（淵鑑類函[illegible]）從（無相從字）觸類長之良無窮極苟不

折之以古義，何足可觀〔淵鑑類函作以〕。故叔重之後，玉篇、切韻所載，習俗雖入要，不可施之於篆文。往者李陽冰天縱其能，中興斯學，贊明許氏，奐焉英發。然古法背俗易爲堙微。方今許、李

之書僅存於世，學者殊寡。舊章罕存，秉葦操觚，要資檢閱。而偏旁奧密，不可意知，尋求一字，往往終卷，力省功倍，思〔淵鑑類函作諧，下同〕得其宜。舍弟楚金特善小學，因命取叔重所記，以切韻次

之聲韻區分，開卷可覩。楚金又集通釋四十篇，考先賢之微言，暢許氏之元旨，正陽冰之新義，折流俗之異端，文字之學，善矣盡矣。今此書止欲便於檢討，無恤其它，故聊存

詁〔類函作古〕訓〔毛扆說文跋引作訓詁〕以爲別識，其餘敷演，有通釋焉。五音凡五卷〔毛扆說文跋引作凡十卷〕，詒諸同志者也。

說文解字韻譜附錄

李燾說文解字五音韻譜序唐大歷間李陽冰獨以篆學得名時稱中興更刊定說文仍祖叔重然頗出私意詆訶許氏學者恨之南唐二徐兄弟實相與反正由舊故鍇所著書四十篇總名繫傳蓋尊許氏若經也惜其書未布而鍇亡本朝雍熙三年鍇兄鉉初承詔與句中正葛湍王惟恭等詳校說文今三十卷內繫傳往往錯見豈其家學同源果無異派歟鍇亡恙時鉉若許氏偏旁奧密不可意知因令鍇以切韻譜其

四聲庶幾檢閱力省功倍又爲鍇篆名曰說文韻譜其書當與繫傳並行今韻譜或刻諸學官而繫傳訖莫光顯余蒐訪歲久僅得其七八闕卷誤字無所是正每用太息蓋嘗謂小學放絕久矣欲崇起之必以許氏爲宗而鉉鍇兄弟最其親近者云云　韻譜誠便於檢閱然局以四聲則偏旁要未易見云云　切韻廣韻皆不如集韻之說最詳故司馬公光因以修類篇集韻部敘或與廣韻不同鍇修韻譜尙因之云云

趙希弁郡齋讀書附志小學類篆韻五卷徐鉉序蓋其弟鍇所集也鉉字鼎臣仕南唐爲昭文館學士入朝爲太子率更令太平興國初詔以本官直學士院鍇字楚金仕南唐爲右内史舍人卒李煜贈之禮部侍郎云

陳振孫直齋書錄解題小學類說文韻譜十卷徐鍇撰又取說文以聲韻次之便於檢討鉉爲作序

馬端臨文獻通考經籍考經小學說文解字韻譜十卷晁氏曰南唐徐鍇撰鍇以許愼學絕取其字分譜四聲殊便檢閱然不具載其解爲可

恨頗有意再編之

浙江採集遺書總録經部六書類說文篆韻譜五卷刊本南唐贈禮部侍郎廣陵徐鍇撰兄鉉序云舍弟楚金特善小學因命取叔重所記以切韻次之聲韻區分開卷可覩楚金又集通釋四十篇考先賢之微言暢許氏之元旨正陽冰之新義析流俗之異端文字之學善矣盡矣今此書正欲便於檢討故聊存訓詁以爲別識其餘敷衍有通釋焉五音凡五卷按通釋者即說文解字繫傳也陳振孫稱其援引精博小學家

未有及之然在宋時已不顯故李巽巖有蒐訪歲久僅得七八闕卷誤字無所是正之語近世惟常熟錢氏述古堂藏有足本見敏求記

右說文解字韻譜五卷南唐徐鍇著後有雍熙四年正月徐鉉序云韻譜旣成廣求餘本頗有刊正今復承詔校定說文更與諸儒精加研覈又得李舟所著切韻殊有補益其間疑者以李氏切韻爲正所言承詔校定者卽雍熙三年十一月與句中正等校說文事也巽巖李氏五音韻譜序云唐天寶末陳州司法孫愐刊正陸

法言切韻別爲唐韻本朝大中祥符元年改賜新名曰廣韻鍇修韻譜因之而鉉序亦云說文之時未有翻切後人附益互有異同孫愐唐韻行之已久今並以孫愐音切爲定然則是書初亦如鉉依愐音切者也鍇以開寶八年卒在雍熙校定之前十年兄弟並以文學近侍鍇特精小學於許氏之書闡發尤多其部敘雖法易傳然特見義之一端非遂以蔽許氏全書之旨故鉉苦許氏偏旁奥密不可意知今譜以切韻譜其四聲爲之篆名曰說文韻譜也李舟切韻唐志十卷宋志五卷唐人韻書孫愐李舟皆見於著錄而行世者孫愐爲多故鉉至雍熙時始得見李舟之書此內反切蓋卽依舟本爲之是二書者一以存愐韻一以存舟韻不特爲許氏功臣已也巽巖李氏之爲五音譜也引是書之序以爲置偏旁而以聲相近不若存偏旁於聲類之中蓋便披閱豈知是書之善正在不著偏旁則觀者因得復檢其故處而詳知焉此於說文全書有若總目然相需而不可相無也若巽巖之書意欲有兼二書之捷則勢必使人廢說文

舊本不觀而觀此止矣說者遂謂四聲譜而說文亡豈過論哉是書序曰五音凡五卷而毛氏引此序則曰凡十卷又此本於上聲分上下二卷而三聲則否崇文目暨宋志皆是十卷蓋刻者併爲五卷而上聲尚仍其舊耳乾隆辛丑十一月緜州李調元雨村謹識

說文解字韻譜上平聲卷第一

東部　冬部二　鍾部三
江部四　支部五　脂部六
之部七　微部八　魚部九
虞部十　模部十一　齊部十二
佳部十三　皆部十四　灰部十五

開部十六　眞部十七　諄部十八
臻部十九　文部二十　殷部二十一
元部二十二　䰟部二十三　寒部二十四
桓部二十五　刪部二十六　山部二十七

東部一

東　東德紅反
涷　涷暴雨
菄　菄東風菜
𨐋　𨐋獸名
蝀　蝀蝃蝀
同　同徒紅反

銅　銅赤金
童　童奴也
𥫅　史
僮　僮未冠
桐　桐木名
筩　筩斷竹
潼　潼水名
侗　侗倥侗
犝　犝羊無角
曈　曈日曈曨
𤭛　𤭛瓦
罿　罿車上網
穜　穜禾名
峒　峒崆峒山
𧇾　𧇾黑虎
中　中陟弓反
𠁧　史
𠁧　古
𦬕　𦬕艸也
忠　忠敬也
衷　衷裏衣
沖　沖直弓反
蟲　蟲有足者
盅　盅器虛

翀　翀直上飛
終　終職戎反
𠔦　古
蔠　蔠蔠葵
螽　螽螽斯
𧕈　𧕈同上
鼨　鼨豹文鼠
鼨　史
忡　忡敕反
崇　崇鉏弓反
嵩　嵩息弓反
娀　娀高辛妃
䳋　䳋小鷹
菘　菘菜名
戎　戎如融反
弓　弓居戎反
躳　躳身也
躬　躬俗
宮　宮室也
融　融以戎反
䰜　史
肜　肜祭名
雄　雄羽弓反
熊　熊獸名

穹去弓反
营营藭
芎同营
竆渠弓反
藭营藭
竆國名
馮房戎反
芃艸盛
𨚗國名
風方戎反
古
楓木名
豐敷戎反
古
麷煮麦
酆文王都
寷大屋
充昌終反
琉琉耳
茺茺蔚艸
隆力中反
癃罷病
烽篆
鼕鼓聲

空苦紅反
箜箜篌
倥倥侗
悾信也
公古紅反
工巧飾
古
功績也
攻擊也
疘脫疘病
蚣蜈蚣
蒙莫紅反
冢覆也
醭麴生衣
幪蓋衣
朦月朦朧
䮴驢子
濛溦雨
矇瞽也
鸏水鳥
艨艨艟
饛盛器滿
聾盧紅反
籠天籥

嚨喉也
瀧雨貌
櫳房室疏
曨曈曨
朧朦朧
礱䃺也
豅長大谷
蠪虹螘
瓏玲瓏
洪戶工切
紅間色
玒玉名
訌讀也
㤨戰栗
洚大水
鴻鴻鴈
虹螮蝀
虫
琟鳥肥大
鳿同
粠米臭米
仜大腹也
翁飛聲
叢徂紅反

藂叢生
翁烏紅反
螉蠮螉
䈵竹貌
鰫魚也
悤倉紅反
聰察也
囱竈突
璁石似玉
鏓大鑿
蔥菜也
𢈔屋階中會
繱帛青白
驄青白馬
通他紅反
侗大皃
俑痛也
恫同俑
艐子紅反
葼木細枝
鬷釜屬
嵏山名
㚇飛斂足
椶栟櫚

埲種也 蜙蜙蝑 稯禾束 叓

豵生六月豚 騣馬鬣 緵布八十縷 烘呼東反

蓬薄紅反 叓 篷織竹夾箬以覆舟也

冬部二 冬都宗反 古文 苳忍冬艸

赨徒冬反 [illegible]龜名 彤丹飾 鉖鉦屬

[illegible]擊空聲 鼕鼓聲 痋動病 琮藏宗反

賨蠻賦 悰樂也 慒慮也 潨水聚

淙水聲 農奴冬反 叓 古文

古文 盥腫血 膿俗 獶犬惡毛

宗作冬反 鬆私宗反髮亂貌俗亦作鬆

鍾部三 鍾職容反當也又酒器亦量名 鐘樂器

銿同鐘 幒褌也 [illegible]同幒 伀志及衆

忪心動貌 龍力鍾反 瓏禱旱玉 鏦七恭反

錄同鏦 舂書容反 惷愚也 松詳容貌

宲同 衝尺容反 衝同衝 璺瑴也

憧意不定 [illegible]陷陳車 幢幪幢 容余封反

古文 庸用也 古文 鷛鳥也

鄘南夷國 傭均直 [illegible]猛獸 蓉芙蓉

溶水貌 [illegible]器也 鱅魚也 鎔冶器法

鏞大鐘 鰫魚也 墉城垣 古文

封府容反 叓 古文 葑蕦蓯

凶許容反 詾訟也 同詾 同詾

匈膺也 胷同匈 洶水勢 恟懼也

顒魚容反 喁魚口上見 鰅魚皮有文 邕於容反

叏
噰鳥聲
灉河澭水
重直容反
逢符容反
蠭螫也

雝雝渠鳥
喁同上
濃女容反
種先種後熟
縫紩衣
古文

鶅上同
饔熟食
襛厚衣
緟增益
夆敷容反
𢓜使也

癰腫也
廱辟廱
醲厚酒
从疾容反
遾夜燧候
夆啎也

丯艸盛
縱即容反
轍車迹
邛地名
供設也
茸而容反

捀奉也
縱同上
蛩渠容反
筇竹名
蜙息恭反
髶亂髮

鏠兵耑
瘲病也
鬨枝再者
恭俱容反
蚣同蜙蝑
⿰酉茸酒也

嬆好兒
蹤跡也
桏樱椐衣
龔給也
樅柏葉松身
穠花木厚

傭蜀容反

江部　四

扛對舉
哤異言
窻楚江反
邦博江反

銎曲恭反斤斧受柄處
江古雙反
釭車轂鐵
尨犬多毛
囪在屋曰囪
古文

玒器屬
厖莫江反
浝水也
窗同窻
缸下江反

杠牀前橫
牻雜毛牛
駹黑馬
古文
夅服也

桻桻雙
瀧湍也
腔苦江反
椿都江反

支部　五

肞四肞

洚水不遵道
橦宅江反
羫羊腔
龐薄江反
支章移反
肢同上

雙所江反
幢旗屬
椌柷樂也
逢姓也
古文
枝本別生

艭解艭舡
撞擊也
涳直流
[illegible]不明
雉
楮桂[illegible]

巵圜器 駮馬强 梔梔子 禔市支反

芪芪母 䓞艸也 徥行貌 箟簧屬

匙匕也 移弋支反 蕛草荑蕛 迻遷延

移棠棣木 暆日行 歋歋揄 㕧歔也

乁流貌 酏黍酒 匜器也似羹魁柄中有道可注水

爲遠支反 古 嬀居爲反 鄬地名

麾許爲反 撝裂也 鄬鄭地 逶於爲反

蟡同 𣨙病也 痿痺也 倭順貌

覶好視 糜靡爲反 鬻饘也 糜穄也

爢爛也 縻牛轡 移同 錘直垂反

甀罌也 鬌髮隋 垂是爲反 𠂹艸木葉垂

古 陲危也 羸力爲反 吹昌垂反

龡吹律管 炊爨也 鈹敷羈反 旇旌旗波靡

鮍魚也 披從旁持 陂彼爲反 碑紀功德石

羆獸名 古 鑼耜屬 隨句爲反

虧去爲反 虧同上 闚去陸反 窺小視

奇渠羈反 蚑行也 騎乘馬 祇巨支反

𧺹行貌 跂足多指 敧持去 郂文王所封

岐同上 古 疧病下翅 忯愛也

汥水都 蚔蛙也 軝長轂 軝同上

羲許羈反 犧犧牲 虘古陶器 敧去奇反

徛舉脛有度 齮武牙 踦一足 𣧑弃也

觭角不正 宜魚羈反 古 古

儀禮儀 䮊駊䮊 檥榦也 䣡徐地

轙載轡衡　涯水邊　皮符羈反　古

叏　疲勞也　龍艸也　郫蜀縣

兒然移反　離呂支反　蘺蘼蕪　罹心憂也

䕻艸相附　謧多言　儷棽儷　驪馬深黑

离卦名　醨薄酒　陸鄒規反　攡篆

疵疾移反　貲卽移反　鸄騺鸄　鄑地名

頿口上毛　𪕽鼠似雞　姕婦人貌　鈭鈭錍斧

羇居宜反　羈馬絡頭　畸殘田　卑府移反

裨接益　鬚髮半白　錍斧也　庳下也

陴符支反　韓叏　脾土藏　常別也

朇益也　郫蜀縣　埤增也　施式支反

敝敷也　覗司人　纚粗緒　箷箷姑箄

䵷詹諸　斯息移反　凘凌凘　澌水索

霹小雨　禠福也　虒似虎有角　榹槃也

鼶鼠名　㴋水出趙　縒楚宜反　羨束炭

齹齒參差　摛丑知反　縭絲介履　螭似龍而黃

螭鬼屬　篪武移反　卷潰米　冞周行

宲同　镾長也　瀰大水　雌此移反

𦍩羊名　知直离反　鼅蜘蛛　鼄同上

釃酒也　猗於离反　旖旗貌　陭地名

馳直离反　趍趨走　趍輕薄貌　䶵樂管

箎同上　峙峙躇不前　沱沼也　池俗

危魚爲反　巇山貌　洈水名　規居隨反

鬹三足釜　蘇小頭　衰楚危反　夊行遲

檴 椽也 嬀 愚也 懿 態 峷 姊 宜反

脂部 六

鮨 魚也 咦 大呼

瘣 減也 眵 叱支反 匜 山匜 義 脂 旨夷反 夷 以脂反 徲 行 平易

轞 山垂反 腄 竹垂反 㠯 疑也 祇 敬也 負 賁賓 痍 傷也

隓 飛也 籭 所宜反 鵻 鶉 鵻 鳥 叏 姨 妻 女弟

機 木也 師 疏夷反 貔 同 茈 艸也 椑 枱也 資 貲也

彝 宗廟器 古 蠡 大蠓 膍 牛百葉 咨 郎夷反 姿 態也

古 龇 房脂反 蚍 同上 肶 同上 薋 艸多兒 齌 稷也

古 貔 豹屬 蓝 蒿也 枇 枇杷 䆃 黍稷器 粢 同上

齋 緶也 肌 肉也 郗 丑脂反 𢽠 疾梨 齌 齌蝤 霽 久雨

霣 雨聲 雎 虡脂反 絺 精細葛 餈 稻餅 垐 土增道 尼 文夷反

湞 水名 鵻 夷 秠 酒器 饎 同 古 怩 忸怩

飢 居夷反 脏 藏名 茨 疾谷反 粢 同上 瓷 瓦器 呢 呢喃

墀 直尼反 謘 語 諄 謘 湝 同上 蚳 螘子 厶 自營 蓍 蒿屬

遲 徐行 茬 茬著 蒩 也 安 弘 石 似玉 吅 呻也

遟 同上 坻 小階 盜 同 古 茮 茅秀 屍 終主

史 次 同上 泜 水名 私 息夷反 尸 式脂反 耆 渠脂反

函海

說文解字韻譜 卷一 十五 第三函

耆渠脂反　古　秜稻自生　追陟隹反　桵白桵棫　琟石似玉
鬐馬鬣　蛜蛜蛾虫　葵渠追反　龜居追反　秠艸木實　灉水名
祁太原縣　黟黑木　楑木名　古　綏系冠纓　維車蓋
伊於脂反　梨力脂反　郪鄉邛地　蕤儒佳反　惟　遺失也

綏息移反　逵渠追反　弃持弩柎　戣兵器　楣屋櫋　湄水艸交
蓤蘺屬　槯同　夒如龍一足　眘武悲反　郿扶風縣　悲府眉反
奞鳥奮羽　踦胵肉　覽注目視　瑂石似玉　麋鹿屬　隹職追反
雖語助　頯權也　騤馬威儀　虆香艸　黴中雨青黑　萑艸多貌

說文解字韻譜 卷一 十六 第三函

騅馬蒼黑　帷消悲反　魾大鱯　駓黃馬皂　推春佳反　趑取私反
錐銳也　古　丕敷悲反　倠許遺反　胵丁尼反　趑行不進
誰市佳反　邳符悲反　秠一稃二米　睢仰目　紕　欙力追反
脽尻也　頿短須髮　伾有力　婎姿也　犩牛肌反　纍

灅

之部七

○
飴與之反　枱　怡和也　𢈋廣匝
椎直追反　叟　鈶同上　𦣝頷也　頤頟
頣出額　之止而反　珆石似玉　叟　𦣞叟　圯楚謂橋
穦積禾　芝瑞艸　詒欺也　宧養也　頤篆　貽贈遺也

三二四

胒猪胒
台說也
時市之反
旹古

塒雞棲垣
其反
䟿耒足
嶷九嶷山

思息茲反
司臣司事
獄獄司空
緦十五升布

古
絲蠶所作
綦渠之反
旗熊旗五游

期會也
古
騏馬青驪
麒仁獸

祺吉也
籒文
璂弁飾
琪同上

其豆莖
藄艸似蕨
淇水名
鯕魚名

綨帛艾絕
綦同上
其本籒文
蘄艸也

詩書之反
諆古
齝吐而噍
[illegible]國名

而如之反
萁艸多葉
胹爛也
栭屋枅上標

洏湙水
鮞魚子
輀喪車
欺去其反

僛醉舞皃
䫏醜也
娸人姓
基居之反

姬周姓
諆欺也
箕簸箕
古

古
古
叓
叓

笸取蟣比
丌下基
稘復其時
[illegible]同上

詞似茲反
祠春祭
辤不受
叓

辭辭訟
叓
釐里之反
氂犛牛尾

𢻶引也
荲艸也
剺剝也
斄微畫

貍伏獸
嫠无夫
甾側詞反
古

菑不耕田
同
緇黑紺色
錙六銖

輜軿車
巸許其反
禧禮吉
誒可惡詞

譆痛也
𠩺坼也
瞦目童子
娭戲笑兒

歖卒喜
熹炙也
僖樂也
嬰說也

醫於其反
[illegible]劇聲
癡丑之反
笞擊也

治直之反 持握也 蚩充之反 嵡羽盛貌
慈疾之反 鶿鸕鶿 兹子之反 兹艸木多
嗞嗟也 孜汲也 鼒小鼎 鎡俗
滋益也 孳汲汲生也 叏 仔克也
漦俟之反 茬艸皃 颸息兹反 罳罘罳
微部八 ○ 微無非反 敳妙也

薇菜也 薇竹也 叏 黴何視也
溦小雨 暉許歸反 翬大飛 徽識也
禕蔽厀 揮奮也 徽參糾繩 煇光也
獋獸名 韋雨歸反 古 囗回也
圍守也 幃囊也 褘重衣貌 叀衺也
闈宮中門 韍戾也 韡束也 湋回也

潿不流濁 婔不正 違離也 妃芳非反
菲芴也 毳毛紛紛 背大目 斐往來貌
霏雨雪貌 非甫微反 飛鳥飛 騛馬逸足
騑驂旁馬 扉戶扉 緋赤色 肥符非反
腓脛耑 蜚盧蜚 威於非反 械決塘木
祈渠希反 饑訖事之樂 𥂝皿涂器 旂旗多鈴

頎頭佳 蚚強也 畿千里地 幾居依反
璣珠下圓 嘰小食 機主發 譏誹也
饑穀不熟 臢頰肉 [illegible] 僟精謹
鬾鬼俗 磯大石激水 莃香衣反 睎望也
晞乾也 稀疏也 欷歔也 衣於希反
依倚 月歸也 妶女字 陜吙名

沂魚依反 巍語韋反 歸舉韋反 叏

蹏區歸反 覽視也

魚部九

魚語居反 鱻二魚 瀺捕魚

歔欨歔 歔同上 初楚居反 書傷魚反

舒伸也 紓緩也 郚地名 居九魚反

屖俗 琚玉也 腒鳥腊 椐樻也

裾衣裾 涺水名 据戟挶 尻處也

[宀居]倨 渠强魚反 蒘菜似蘇 蘧蘧麥

鸈鶋鸈 籧籧篨 豦鬭不解 鬳鬳略

余以諸反 舁共舉 旟鳥集爲旟 伃婦官

歟安氣 澞水名 舉舉也 嬩女字

餘饒也 畬二歲治田 輿車 予我也

璵璠寶玉 胥相居反 䱬魚也 揟取水具

蝑蜙蝑 岨七余反 鴡王鴡 胆蠅乳肉中

䢸鄉名 疽癰也 坥螾蝪 趄趑趄

鉏士魚反 豠豕屬 疋所菹反 䦌門戶窗

蔬荼也 疏通也 梳理髮 疏通也遠也窗

也俗作疏疏非 虛朽居反 噓吹也 歔欷也

魖耗鬼 驉騠驉 徐似魚反 伹拙也

徐緩也 於央居反 菸篤也 豬陟魚反

藸艸也 瀦水所亭 臚力居反 叏

廬寄也 驢馬屬 閭里也 櫚栟櫚

澗涺澗 蘆藥蘆艸 諸章居反 藷藷蔗

除直魚反 蒢艸也 躇峙踞 篨蘧篨

儲 待也
鴽 同
宜人相依
凵ム盧飯器以椰爲之
祛 衣袂
帤女魚反
滁 水名
郍 地名
阹去魚反依山谷爲牛馬圈
菹側魚反
挐 持也
如人諸反
苴子魚反
𥫱 同
蘯 同上
絮 絜縕
翟 年毋
蒩 茅籍
魼 魚名
柭 版也
蜍市魚反
璩彊魚反

虞部十

愚 戇也
隅 陬也
璑三采王
誣 誣枉
于羽俱反
虞慶俱反
澞 水名
㒁測隅反
蕪 荒蕪
男止之詞
玗 玉名
嵎封嵎山
娛 樂也
犓 養牛
巫 巫覡
无 虛无
謣 妄言
偶垠邪亭
堣夷在冀州
無武夫反
古
鄦 地名
誇 同上

竽 樂器
翆 飛貌
盱 張目
欨 吹也
衢四達之道
鴝 鴝鵒
盂 飯器
邘 地名
䒓艸木葉
忓 憂也
躣 行貌
臞 少肉
衧 褻衣
訏況于反
芌 同上
趯其俱反
跔寒足跔
朐 脯挺
雩請雨祭
吁 驚也
昫日出溫
䂂 行也
翑 羽曲
郇 地名

痀 曲脊
䵹 水蟲
臑肉嫩耎
須相俞反
嬃 女字
誅 討也
鼩精鼩鼠
斪 斫也
襦 短衣
䇓 待也
嬬 弱也
笨 篗也
灈 水名
劬 勞也
懦 駑弱
𩱣 同上
繻傳符帛
邾 國名
絇纑絇繩
儒人朱反
濡 沾渥
需阻雨止
株陟須反
鼄 蜘鼄

蛛 同上
殊 市朱反
茱 茱萸
殳 杖也
杸 兵器
几 短羽飛
洙 水名
銖 十黍重
逾 羊朱反
瑜 美玉
萸 茱萸
踰 越也
諛 語也
羭 夏牡羊
腴 腹下肥
榆 白枌
楰 鼠梓木
窬 穿木戶
褕 翟羽飾衣
俞 窬木為舟
覦 欲也
愉 薄也
渝 變污
揄 引也

蝓 虒蝓
臾 須臾
區 豈俱反
軀 體也
驅 馬馳
古
鰸 魚名
嘔 歐也
朱 章俱反
絑 純赤
珠 蚌之精
咮 烏口
趨 七俞反
扶 防無反
古
蚨 青蚨
符 信也
鳧 水鳥
榑 榑桑木
枎 枎疏
紨 布也
芙 芙蓉
雝 任于反
叟

敷 芳無反
孚 信也
古
芓 艸也
尃 布也
筟 筳也
郛 郭也
鄜 縣名
稃 米皮
粰 同上
俘 軍所獲
庯 石閒見
豧 豕息
怤 思也
泭 小木柎
麩 麥皮
麱 同上
夫 甫無反
邞 縣地
衭 襲衭
魼 魚名
鈇 斫也
紆 億俱反
迂 避也

扜 指麾
尪 股尪
靬 鞘內環
輸 式朱反
郇 清河縣
樞 昌朱反
袾 朱衣
姝 好也
[illegible] 同上
廚 直株反
駒 矩朱衣
拘 執也
[illegible] 日衰
粟 漿酉
俱 皆也
捄 盛土梩中
[illegible] 挹也
蔞 力朱反
膢 祭名
鄹 南陽鄉
[illegible] 鯉也
諏 煎吁反
貙 救株反
籒 數雛反

說文解字韻譜 卷一 三十七 第三百

樑 樑車中空
[illegible] 喩正耑裂
[illegible] [illegible]鬛[illegible]也

模部十一

摹 摹莫胡反
謨 謨議謨
墓 古
模 模法也
蔓 蔓蔓母
蒲 蒲薄乎反
甬 甬手行
酺 酺大酺
胡 胡戶吳反
乎 乎語詞
瑚 瑚珊瑚
鬻 鬻饘也
餬 餬寄食
黏 黏也黏也
粘 粘同上
狐 狐妖獸
醐 醐醍醐
[illegible] [illegible]獑胡鼠
壺 壺圜器
湖 湖大陂
弧 弧木弓
原 原履也
孤 孤古乎反
苽 苽蔣也
菰 菰艸多貌
呱 呱小兒嗁
觚 觚鄉飲爵
箛 箛吹鞭
夃 及秦市買
柧 柧柧棱
罛 罛魚網
酤 酤買酒
沽 沽水名
泒 泒亦水名
姑 姑夫母
嫴 嫴保任
蛄 蛄螻蛄
辜 辜辠也
[illegible] 古
鴣 鴣鷓鴣
[illegible] 迠同都反
荼 荼苦荼

說文解字韻譜 卷一 三十八 第三百

[illegible] [illegible]黃牛虎文
圖 圖畫計難
鄌 鄌亭名
[illegible] [illegible]郱邑
瘏 瘏病也
屠 屠刳也
嵞 嵞會稽山
涂 涂水名
駼 駼騊駼
捈 捈卧引
酴 酴酒母
筡 筡折竹笢
塗 塗泥也
鷋 鷋烏鷋
奴 奴乃都反
[illegible] 古
帑 帑幣所藏
砮 砮石可為鏃
呼 呼荒乎反
嘑 嘑號也
評 評召評
雐 雐鳥也
膴 膴無骨腊
虍 虍虎文
虖 虖哮虖
撫 撫漫也
歑 歑溫吹
魖 魖鬼貌
吾 吾五乎反
菩 菩艸也
梧 梧梧桐
郚 郚紀邑
吳 吳郡名
[illegible] 古
浯 浯水名
租 租則吾反
盧 盧落乎反
[illegible] 叏
蘆 蘆蘆菔
鸕 鸕鸕鷀
籚 籚籚西竹
櫨 櫨柱上柎
艫 艫軸艫
顱 顱首骨
鬣 鬣鬣也
黸 黸齊謂黑
攎 攎牽持
[illegible] 虘番也

叏 鑪 方鑪 退昨 胡反 古 杇 涂器 逋愽 孤反

篆 瀘 水名 徂 同上 烏 哀 都反 歍口 相就 叏

纑 布縷 玈 黑色 叏 古 洿停 濁水 誧 大也

壚 剛土 甗 酒器 殂 往死 古 弙挽 弓向 餔申 時食

叏 都當 姑反 鋪普 胡反 枯苦 姑反 鮬 魚名

痡 病也 闍 闉闍 捈 捫持 殆 枯死

稌他 乎反 穌素 孤反 麤倉 胡反 剢 判也

杅 木名 蘇 艸也 蔍 艸履 剢 邑名

齊部十二

齊徂 兮反

齎齎 毗齎

齌 等也 邌 徐也 鱺 魚也 古 悽 痛也 趧趧 𧽯樂

黎郎 兮反 䵑 䵑黃 𦄈 繫𦄈 緀 白 文貌 淒雲 雨起 鞮 革履

藜 艸也 𨞚殷 國名 鑗 金屬 萋 艸盛 霋 霽也 羝 牧羊

𥝢 耕也 𢡌 恨也 妻七 稽反 郪 縣名 氐都 兮反 衹 短衣

奃 大也 低 下也 徲 久也 禔衣 厚禔 騠 駃騠 鍦 器也

𧽎跛 不能行 嗁杜 兮反 蹏 足也 題 顯也 鮷 大鮎 銻 鎕銻

紙 染滓 黃 艸也 鶗 鵜鶘 題 等也 提 等也 醍 醍醐

隄 塘也 蕛 蕛英 鶗 同上 厗唐 厗石 綈 等也 奚胡 稽反

兮語所稽 鼷小鼠 嵇山名 叶卜問疑 鷖鳥稽反 繄戟衣

郎汝南里 媄女隸 雞古兮反 笄簪也 堅埃也 倪五稽反

騱驛騱馬 螇螇鹿 叏 枅屋櫨 黳小黑子 齯老人齒

豯三月豚 ⿰奚黽水黽 稽留止 术禾曲頭 嫛婗也 郳地名

麑狻麑 輗車轅端 棲同 斴悲聲 梯土稽反 [illegible]罃也

霓屈虹 ⿰車宜同上 卤古 撕櫪㯕 ⿰馬虒⿰馬虒騂 齎租雞反

鯢魚也 棿同上 卤叏 ⿸疒斯散聲 鼙部迷反 躋登也

婗兒始生 西先稽反 犀犀牛 屖屖遲 椑圓榼 櫅木也

蟞隱也 覞病人視 谿苦兮反 珪古 閨持立戶 厓盾握

齎同 麡鹿子 盻蔽目視 ⿰耒圭田器 奎苦圭反 刲刺也

齎材也 泥年低反 [illegible]同 邽邑名 茥缺盆艸 [illegible]薑也

迷莫兮反 [illegible]受水丘 圭古畦反 ⿸鹿圭鹿屬 睽異也 攜戶圭反

巂子規鳥 𢡺二心 鑴瓽也 醯呼稽反 篦眉篦 攙匹齊反

觿解結反 纗綱中繩 垔人姓 梐邊兮反 蓖蓖麻于 磃磃霜

酅紀邑 蠵天黿 畦田五十畝 陛升也 烓烏欈反 膎仍奚反

[illegible] 瓊同 黊鮮明黃 蜺齧牛虫 甗甑下孔 [illegible]上同

佳部十三

佳古奚反
街四通道
膎戶佳反
鞵革生履
傫怨恨
排薄佳反
俳戲也
媧古鼃反
叓
緺紫青綬
咼苦媧反
竵不正
柴士佳反
祡祭天燎
禠古
儕等輩
崖五佳反
猚鳥也
厓山邊
哇於佳反
洼深也
娃美女

鼃蝦蟇
䁞莫佳反
釵楚佳反本只作叉

皆部十四

皆古諧反
喈鳥鳴聲
[月皆]臞也
階陛也
[糸皆]口皆反
諧戶皆反
瑎黑石似玉
龤樂和
骸脛骨
偕強也
[馬皆]馬和
湝流也
荄古懷反
乖背呂
懷戶乖反
槐木名
褢袖也
褱挾也

淮水名
瀤北方水
豺仕皆反
差楚皆反
叓
[illegible]連車
薶莫皆反
霾風而雨土
齋側皆反
叓
俙喜皆反
齜仕街反開口見齒貌

灰部十五

灰呼恢反
恢苦回反
[illegible]犬也
魁羹斗
悝病也
隈烏恢反

渨沒也
[角畏]角曲中
椳門樞
煨盆中火
回戶恢反
古
洄洄
蛕腹中重
枚莫桮反
禖求子祭
玫火齊瑰
腜婦胎孕
脢背肉
梅果也
楳同上
媒謀合二姓
鋂大鎖
瑰公回反
傀偉也
瓌同上
櫑魯回反
叓
古
亦古

瑠玉器　靁雲雷　古　古

叏　儡相敗　頹杜回反　讄誄也

魋獸名　隤下隊　崔倉回反　縗縗衰服

催相擣　雇都回反　崖高也　自作堆非

鐓下垂　摧昨回反　裵薄回反　鄘鄉名

巂縣名　碩曲頤　培培敦　陪重土

桮布回反　叏　阫芳桮反　衃凝血

坏山一成　醅酉未泲　推他回反　推排也

嵬五灰反　𢡮乃回反　脮子回反　䍉莫桮反

婄匹才反

開部十六

開苦哀反　古

闓開也　哀烏開反　埃塵也　唉應也

敹訾也　臺徒哀反　菭水衣　怠竹萌

駘馬銜脫　炱炱煤　鮐毎魚　[illegible]遲鈍

陔古哀反　垓八極　荄艸根　祴宗廟奏樂

該軍中約　㱾毅改　胲足指毛　核木皮篋

郂陳留縣　晐兼也　痎瘧病　侅奇侅

裁昨哀反　才艸木初　𪌉餅麴　材木梃

財人所寶　來落埃反　𡍮王也　氂強曲毛

古　萊蔓艸　䅘麥也　騋馬七尺

淶水名　灾祖才反　烖同　叏

古　巛害也　𢦏傷也　哉言間也

艐蘇來反　鰓魚頰　顋俗作腮　台土來反

胎婦孕三月　邰周弃外家　咳戶來反　古

趩留意 頍醜也 齝五來反 鼓有所治

殪殺羊脂 剴大鐮 皚霜雪皃 咍呼來反

猜倉才反 偲强力 趑疑之等趄而去

眞部十七

眞側鄰反 古

正受福 蘋豕首 唇驚也 䟢動也

因於眞反 禋潔祀 臾 茵車重席

鞇同 捆就也 古 辰植鄰反 晨同上 曟日月合蝕

駰馬陰白毛 姻婚也 新息因反 古 鷐鷐風 卧地名

湮沒也 臾 薪蕘也 晨昧爽 臣事人 宸星宇

闉城重門 垔塞也 辛秋時 曟星名 茞艸也 麎牝麋

仁如鄰反 古 古 人最靈

仁人奇字 神食鄰反 䰠神也 親七人反

瀙水名 申失人反 古 臾

引也 胂失背肉 呻吟也 伸屈伸

伸神也 紳大帶 身體也 娠孕也

賓必鄰反 古 鄰力珎反 瞵目精

麟大牝鹿 麐仁獸 獜健也 鱗魚甲

鰲魚也 粼崖石間水 轔車聲 珍陟鄰反

塡定也 陳直珍反 古 塵鹿行揚土

臾 寅亦眞反 古 蒷兔葵

津將鄰反 古 聿聿飾 璡石似玉

盡气液 瞋昌眞反 䀢同上 嗔盛气

頵恚也 紉女鄰反 蕡大萍 䰨鬼皃 珢石似玉 狺犬吠

䐜肉起 闠匹嬪反 䫀匹也 顰蹙眉 嚚語聲 䖒兩虎聲

秦匠鄰反 覞暫見 矉恨張目 嬪服也 古 巾居銀反

叟 頻符真反 櫇木也 銀語巾反 誾和悅爭 麏俱筠反

麇同 珉武巾反 罠釣也 緡釣魚繳 古 邠周王國

囷去筠反 鴖鳥也 崏山在蜀 蟁蚊也 民迷隣反 份文質備

筠王春反 旻秋天 忞強也 閩 閩越 古 彬 古

縜繩紐 錉業也 捪撫也 貧符巾反 豳府巾反 汃西極國

嶙力珍反

諄部十八

遵將倫反 輴車約輴 郇邑名 詢謀也

杶穀倫反 輇輪無輻 恂領耑 峋嶙峋

諄章倫反 橁同上 珣相倫反 恂信也 洵水名

肫面頯 古 栒杶也 荀艸也 純常倫反

尊 蒲秀 奄大也 犉如勻反 漘水厓 淪水波 棆木名

雜鶉屬 淳淥也 瞤目動 侖力屯反 蜦神蛇 屯陟倫反

𦎫孰也 陙水自 脣食倫反 叜 蝡同上 窀窀穸

𦎫篆 醇不澆酒 古 倫輩也 輪車輪 㡒載米

逡七倫反 皴皮細起 古 櫏木名 媋居勻反 袀

夋行夋夋 萅昌純反 巡視行皃 紃圜來條 均均適 齋於倫反

竣退也 勻羊倫反 循行順 馴馬順 鈞三十斤 頵大頭皃

捘推也 旬詳遵反 趲走皃 灥三泉 古

臻部十九

亲小栗 甡所溱反 兟進也 扟從上挹之

溱水皃 詵致言 屾二山 姺殷諸侯

臻側侁反 潧水在鄭 瘁寒病 駪馬多皃

蓁艸盛皃 轃大車簀 侁行皃 桊盛皃

文部二十

文無分反

彣戫也

閺鄉名 蟁齧人虫 云古 溳水名 䅿除苗薉 妘祝融姓

駇吉皇之乘 蟁同上 古 沄轉流 䅿同上 安

聞知聲 蚊俗 鄖邑名 澐江波 囩同也 縕於云反

昏古 雲王分反 愪憂皃 芸香艸 賱亂紛賱 壹气壹壺

輽車後壓 蕡枲實 鐼鐵類 鳻鳥聚皃 棼複棟 鼢鼠名

汾符分反 黂同上 轒車穹隆 鼖鼓八面 幩馬飾 分府文反

氛祥氣 蕡雜香艸 羒牂羊 轒同 頒大頭 饙滫飯

雰同上 墳墓也 豶羠豕 枌榆也 濆水崖 餴同

饙同 坴埽除 熏許云反 葷臭菜
薰香艸 纁淺絳 勳王功 古
醺醉也 君知云反 古 軍旅也
皸足坼 芬撫文反 芬同上 闉闍
梤木也 帉大巾 衯長衣皃 紛馬尾韜
羣渠云反 𢿦朋侵 宭羣居 帬丁裳

裻佮

殷部二十一

殷於巾反 慇痛也
濦水名 勤巨斤反 菦菜類蒿 芹楚葵
瘽病也 廑少劣之居 堇黏土 古
古 斤擧欣反 筋肉之力 欣許斤反
忻闓也 訢喜也 昕日將出 菥語斤反

齗齒本 虓虎聲 鄮會稽縣 狋犬吠聲
犾犬相齧 圻地圻 垠同 斦二斤

元部二十二

元愚袁反 芫魚毒
蒝艸木形 邍高平野 沅水名 厵水原本
原篆 嫄后稷母 蚖蟲名 黿大鼈
袁雨元反 超超田易居 爰日也 園果園

援引也 蝯作猿非 轅輈也 垣墻也
曳 旛孚元反 幡拭觚布 潘大液
翻飛也 壎況袁反 藼忘憂艸 蕿萱同
煖溫也 吅驚呼 譞許也 觿揮角兒
觛角也 煩附袁反 璠寶玉 薠青蘋艸
蘩白蒿 蹞獸足 番同上 古

樊 贄不行　𨞛 鄉名　蠜 自亜　燓 燒田　䋣 同上　䩯 量物䩯

棥 藩也　䪤 小韭　𪕺 鼠也　燔 火爇肉　蟠 鼠婦　䩯 同上

羳 黃腹羊　𩓥 大醜皃　𤢿 火鬭聲　繙 冕也　冤 於元反　鴛 鴛鴦

橎 木名　𧢄 暫見　燔 燒也　緐 馬髦飾　菀 艸也　帵 幡也

言 語軒反　鶱 飛皃　藩 大箕　犍 犗牛

琂 石似玉　掀 舉出　赶 巨言反

洹 羽元反　蕃 甫煩反　鞬 居言反

軒 虛言反　藩 屏也　援 相援

䰟部二十三 痕部附

魂 戶昆反　鼲 鼠也

楎 犂也　渾 混流

𠦄 上也

䡣 軘輴

昆 古䰟反　鶤 鶤雞　歎　輼 卧車　虋 赤苗嘉穀　孫 思渾反

琨 美石　罤 兄也　䖵 蟲總名　門 莫奔反　𣯼 赤毳罽　飧 餔也

崑 石美者　幝 褌衣　溫 烏魂反　璊 玉䞓色　顐 繫頭殟　蓀 香艸

蒐 艸也　褌 同　昷 仁也　玧 同上　捫 撫持　尊 祖昆反

尊 同上　惇 原也　啍 口气　𡱂 髀也　豚 篆　論 盧昆反

抒 祖尊反　弴 畫弓　涒 食已復出　脽 同上　軘 兵車　惀 欲知皃

蹲 踞也　孰器似甗　屯 徒䰟反　臀 同上　盆 蒲奔反　掄 擇也

敦 都昆反　焞 他昆反　𥳓 榜也　𧰼 小豕　奔 博昆反　陯 山𠂤皃

說文解字韻譜　卷一　四十七　第三函

崙 崑崙　昏 呼昆反　惛 不憭　歕 吹气　根 古痕反　痕　衮 炮肉

坤 苦昆反　婚 婦嫁　惃 不明　僤 吾昆反　跟 足踵　吞 土根反

顚 無髮　叏　閽 門守　隸 門隸　痕 戶恩反　垠 同上　邨 此尊反 俗作村非

髡 鬄也　婚 瞀也　噴 噴普　鄜 車反　輥 華前　恩 烏痕反

寒部二十四

寒 胡安反　單 都寒反　單 古寒反　匰 宗廟盛主器　餐 七安反　難 古

韓 井垣　彈 畫也　邯 古　安 烏寒反　冾 同上　難 古

邯 趙縣　邦 國名　丹 赤石　禪 衣不重　佞 宴也　難 同上

鄲 邯鄲　箪 笥也　郸 鄲馬　𩦠 具　䩥 鶾那　鶾 干反

說文解字韻譜　卷一　四十八　第三函

鸇 古　癉 勞病　壇 宦也　㦸 同上　戔 賊也　迁 進也

灘 他干反　獮 貙屬　儃 何也　殘 昨干反　干 古寒反　肝 木藏

灘 俗也　攤 開也　撣 提持　奴 殘穿　玕 琅玕　竿 竹挺

嘽 喘息　壇 徒干反　彈 行丸　殄 獸食　玶 同上　鄲 地名

忓 極也　蘭 洛干反　瀾 大波　闌 妄入宮掖　栞 木識

奸 犯淫　讕 詆讕　漣 同上　看 苦寒反　栞 古文

乾 濕也　讕 同上　讕 潘也　翰 同上　珊 珊瑚　桓 胡官反

乾 簡貝　蘭 器也　闌 門遮　刊 剟也　瓛 公圭

桓部二十五

芄 芄蘭
莞 作席艸
蘢 夫離
雚 亂也
雈 鴟屬
寏 周垣
院 同上
完 全也
丸 轉圜
莧 山羊細角
狟 犬屬
獂 豕屬
絙 絡類
查 奢也
汍 泣涙皃
紈 素也
緪 綆也
端 多官反
剬 斷齊
䚺 角䚺獸
耑 物初生
褍 衣正幅
湍 土耑反
貒 獸名
䵎 黃黑色
梭 素官反
䨘 小雨
酸 酢也
叟
摶 徒官反
團 圜也
𢿢 臠也
篿 圜竹器
漙 露皃
欑 在丸反
官 古丸反
棺 歛尸器
毋 穿也
冠 冕弁摠名
觀 諦視
古
涫 灊也
鑾 洛官反
孿 鳧葵
鸞 神鳥
欒 木似蘭
曫 日昏時
𣢓 欠皃

巒 山小而銳
寬 苦官反
髖 髀上
歡 呼官反
囂 囂呼也
讙 譁也
鄼 魯邑
驩 馬名
貛 野豕
鑽 祖官反
𨏔 車衡三束
䡽 同上
槃 薄官反
古
攴
鞶 大帶
瘢 痍也
幋 覆衣大巾
鬘 臥結
瞞 母官反
謾 欺也
鞔 履空
芇 相當
㒼 平也
樠 松心木
鏝 杇也
槾 同
慲 忘慲
鰻 魚也
潘 普官反
般 北潘反
古
華 箕屬
眢 一丸反
𧯷 豆飴
剜 削也
刓 五桓反

刪剖二十六

刪 所姦反
潸 涕流皃
關 古頑反
鰥 老無妻
綸 青絲綬
𢇍 織貫杼

頑 五還反　還 戶姧反　環 璧也　[illegible] 馬一歲

鐶 鋝也　轘 車裂人　寰 畿內縣　闤 市垣

鬟 總髮　班 布还反　辬 駁文　盤 盤盤

糞 賤事　攽 分也　彪 虎文　頒 大頭

蠻 莫還反　邊 遲也　彎 烏鰥反　姦 古顏反

古　[illegible] 艸也　菅 茅也　顏 五姦反

叏　𠬜 普班反　攀 同　眅 多白眼

奻 女還反　豩 呼還反

山部 二十七

山 所間反　邮 地名

疝 腹痛　閒 古閑反　古　艱 難也

[illegible] 叏　閑 戶間反　瞯 戴目　鷳 鳥

癇 病也　[illegible] 馬一目名　憪 愉也　嫺 雅也

臤 苦閑反　掔 作慳非　潺 昨閑反　孱 窄也

虦 虎竊毛 昨閑反

說文解字篆韻譜卷第一終

說文解字韻譜下平聲卷第二

先部　一

先 穌歬反　躚 蹁躚

歬 昨先反　葥 王彗　瀳 水至　千 倉先反

汧 水也　阡 路南北　芊 艸盛　建 則前反

箋 表識書　[illegible] 幡也　鬋 鬢垂皃　媊 女媊星

[illegible] 艸皃　韉 馬鞁具　天 他歬反　堅 古賢反

鳽 鵁鶄　肩 髆上　肩 俗　麉 有力之鹿

豣 三歲豕　甄 陶也　幵 平也　[illegible] 龍[illegible]皃

賢 胡田反　弦 弓弦　[illegible] 艸也　[illegible] 急走

胘 牛百葉　[illegible] 布也　伭 很也　[illegible] 急也

妶 有守　煙 烏歬反　烟 同上　古

[illegible]　咽 喉也　酀 地名　蓮 洛賢反

憐 哀也　田 待年反　畋 平也　窴 塞也

闐 盛皃　鈿 金華　秊 奴顛反　[illegible] 鄉名

說文解字韻譜 卷二 三 第三函

顛都秊反 趚走頓 蹎蹳也 槙木頂
瘨病也 滇益州池 驒驒騱 牽苦堅反
雃雝渠 汧水名 妍五堅反 䃘掔破
研䃺也 矈莫賢反 櫋屋聯櫋 鬢髮兒
寡不見兒 駢部田反 玭珠也 蠙同
骿骿脅 楄木名 蹁蹮蹁 淵烏玄反

𣶒同 囦古 𨖐行兒 鵳鳥犀
鼘鼓聲 弲角弓 邊布玄反 𧾊走意
籩竹豆 叏 猵獺屬 蝙蝙蝠
編次簡 玄胡涓反 古 縣作懸非
訮呼堅反 稩古玄反 涓水小流 鐶馬鐶
駽火玄反 鋗小盆 祆火千反胡神也

說文解字韻譜 卷二 四 第三函

僊部 二

僊相然反 鱻新魚
鮮魚名 錢昨先反 遷七然反 古
䙴升高 𢍜同 古 𨞙地名
[illegible]子似反 灖水名 然如延反 繎絲芳
蘸艸也 嘫語聲 肰犬肉 古
古 延以然反 筵竹席 郔鄭名

饘諸延反 鬻同 衜同 飦同上
餰同上 鸇晨風 鷏同 旃旗曲柄
檀同上 氈撚毛 亶張連反 驙驙駗
鱣鯉也 鱣叀 羴式連反 羶同上
䄠車温 梴長也 鋋市連反 澶水名
蟬蜩也 嬋態嬋娟 暥汝縣反 廛直連反

趠 趁趠　蹥 践也　纏 約也　連 連力延反

聯 連也　[illegible] 齒見　謰 謰謱　[illegible] 泣下

鰱 魚也　鏈 銅　篇 篇芳連反　翩 疾飛

牑 半枯　偏 頗也　媥 輕皃　[illegible] 小 頭大口

便 便房連反　諞 諞巧言也　箯 箯竹輿　牑 牀版

緶 交枲　緜 緜武延反　瞑 瞑作眠非　[illegible] 不見皃

宀 覆 深遠　蝒 馬蝒　蚂 蟬屬　棉 棉木 棉艸

全 仝疾緣反　全 全篆　古　牷 牷牛純色

泉 水原　㳄 㳄夕連反　延 延丑連反　脡 脡生肉醬

梴 梴木長　仚 仚許延反　埏 埏以然反

宣部 三　宣 宣須沿反　亘 亘求宣

瑄 瑄六寸璧　鐫 鐫子宣反　翾 翾許沿反　譞 譞譞譞譁

儇 儇儇慧也　檈 材槃　蠉 蟲飛　穿 穿昌緣反

川 山川　沿 沿與專反　鳶 鳶作鳶非　捐 捐弃也

緣 因也　鉛 青金　蝝 蝗子　嬛 委員反

娟 嬋娟　旋 旋似緣反　琁 琁玉也　璿 璿美玉

古　叏　檈 枣也　檈 圜案

圜 圜規也　嫙 嫙好也　淀 淀回泉　船 船食川反

鞭 鞭弗沿反　古　鯾 魚也　鯿 同上

詮 詮此緣反　荃 荃草也　譔 譔專教　佺 佺偓佺仙人

恮 謹也　悛 止也　絟 絟細布　銓 銓衡也

鐉 鐉戶樞鉤　專 專職沿反　叀 叀小謹　古

古　顓 顓謹皃　嫥 嫥壹也　遄 遄市沿反

篅 篅穀圌　歂 歂口气　員 員王權反　叏

圜天體
虔虎行皃
叏
辛皐也
褰絝也
齤缺齒
湲潺湲
鄦聚名
愆去虔反
騫馬腹縶
攐摳也
覞大視
乾渠焉反
次叙沿反
寋同上
趨蹇行
權巨員反
觠曲角
叏
同上
僊叏
迦過也
趯行皃
鬈髮好

拳手也
傳亶縁反
漹水名
變樊也
悁忿也
捲气勢
椽榱也
跧莊沿反
攣係也
愳叏
彏弓曲
焉有虔反
䜌呂員反
睊於沿反
鄢於乾反
蕭蘇彫反
蠸蟲也
蔫於虔反
古
剈挑取
簫參差管

蕭部 四

瀟水名
挑撓也
瞗孰視
⿰衤鳥同上
鯛魚骨耑脆
鮡
彇弓
庣斛旁耳
雕鷻也
袑[illegible]裏
蛁蟲也
條徒聊反
蟰蟰蛸
貂的遼反
鵰叏
彫琢文
髫小兒結
蓨苗也
佻土彫反
琱治玉
裯短衣
凋半傷
迢迢遰
苕葦華

苕草也
卤草木實垂
蜩蟬也
徼循也
澆沃也
敹擇也
趒雀行
叏
古
県倒首
聊洛蕭反
鷯鷦鷯
跳蹷也
匽田器
梟古堯反
驍良馬
璙玉名
膋牛腸脂
調和也
鋚轡首銅
嘄聲也
憿幸也
遼遠也
膫同上

簝盛肉器
窔穿也
廫作寥非
熮火皃
憀憀然
漻清深
繆空谷
撩理也
鐐白金
堯吾聊反
古
垚土高也
僥僬僥人
嶢嶕嶢山高皃
幺於堯反
紗急戾
曉許么反
膮豕肉美
鄡苦么反
祧宅殷遷廟也

宵部 五

宵相邀反
痟頭痛

霄雨霓
綃生絲
消盡也
蛸蟷螂子
銷鑠金
逍逍遙
輸貟搖反
淖作潮非
鼂俗作晁
鼂篆
枵許超反
蕌蘆也
獢短喙犬
歊草皃
囂聲也
買同上
歊出气
囂炊气皃
樵昨消反
菬草也
顤顤頟
驕㸕橋反
妖姿也
鐎即宵反

焦同上
茮茮莍
蕉生枲
鷦鷦鷯
醮面焦枯
燋傷火
[illegible]灼龜
鐎鐎斗
饒如招反
蕘薪也
蟯腹中虫
燒式招反
搖余招反
瑤美玉
珧蜃甲
蘨草盛皃
嗂喜也
嗂跳也
䍃徒歌
榣樹動
歊气出皃
䌛爪也
窯燒瓦竈
傜喜也

䌛曲肩行皃
姚舜姓
[illegible]弓便利
繇從隨
銚溫器
軺小車
遙遠也
鰩魚名
韶市招反
佋廟佋穆
蟲名標反
[illegible]同上
昭止搖反
釗刓也
盄器也
柖樹搖皃
招手呼
鉊大鎌
飄必搖反
颻同
杓斗柄
旚旗飛揚
穮除田薉
髟長髮

猋犬走皃　熛火飛　瀌雨雪皃　飄符宵反
苗武儦反　緢旄絲　要於宵反　古
蔞艸也　鴞于驕反　喬巨驕反　鷮長尾雉
橋水梁　僑高也　鐈似鼎長足　茯於喬反
茯地反物　枖木少盛皃　弨尺招反　漂撫招反
犥黃白牛　嘌疾也　票火飛　嫖輕也

橐囊張大皃　旚旌旗皃　檦識也　趬輕行
僄輕也　飄回風　鏢刀削末銅　翹渠揺反
莜蚍蚽　趫去囂反　趬牽揺反　敷繇也
緕綺紐　儦甫驕反　鑣馬銜　[illegible]同上
幧七揺反　怊敕宵反　超跳也

肴部　六

肴胡茅反　殽相雜錯

爻交也　茭竹索　倄刺也　洨水名
姣好也　交古肴反　茭乾芻　䢒會也
駮駮䮁　膠昵也　郊距國百里　鮫游魚
蛟龍屬　嘐誇語　斈效也　巢鉏交反
樔守草樓　鄛鄉名　轈兵車巢　鐃女交反
呶讙聲　譊恚呼　獿獿㺜　怓亂也

梢所交反　莦惡草皃　筲飯器　捎取上物
茅莫交反　犛長毛牛　媌目褢好　蝥盤蝥
蟊作網蛛　貓貍屬　哮許交反　虓虎鳴
包布交反　苞草爲屨　郇地名　勹裹也
敲口交反　敲橫擿　骹脛也　墧堅不可拔
磽磬石　墽磽也　啁陟交反　庖薄交反

咆 嘷也　匏 瓠也　炮 毛炙肉　麃 麞屬
坳 於交反　嘮 敕交反　嶅 五交反　訬 楚交反
鈔 杈取　抄 同上　譟 代人說　脬 匹交反
胞 兒生裹　泡 水名　拋 棄也　嘲 啁同

豪部　七

嘷 咆也　獋 同　豪 呼刀反　豪 籀文
諕 號也　號 呼也

⿰木號 木名　⿰号阝 南陽郡　高 古牢反　皋 气之進
⿱艹皋 葛屬　羔 羊子　膏 肥也　鼛 大鼓
櫜 車上櫜　餻 餌屬　篙 進船竿　槔 桔槔
勞 魯刀反　古　牢 牛馬閑　澇 水名
醪 汁滓酒　蒿 呼毛反　薅 拔田草　茠 同上
⿱艹娠 同　薧 死人里　毛 莫袍反　芼 草覆蔓

旄 幢也　覞 擇也　髦 髮也　饕 土刀反
虢 叟　叨 俗也　韜 劍衣　洮 水名
駋 馬行兒　本 進趣　⿰牛攴 牛徐行　叟 叟滑也
慆 說也　滔 水漫天　稻 稻涫　⿷匚舀 古器
弢 弓衣　絛 扁緒　刀 都勞反　騷 蘇遭反
臊 豕膏臭　校 作艘非　繅 繹繭　⿰亻蚤 驕也

慅 動也　鰷 魚臭　搔 栝也　袍 薄褒反
褒 博毛反　陶 徒刀反　萄 艸也　檮 牛羊無學
逃 亡也　⿰言匋 往來言　⿰言匋 往來言　⿰言包 同
鞀 遼也　鞉 同上　鼗 同　叟
匋 瓦器　桃 果也　檮 斷也　騊 騊駼良馬
錭 鈍也　濤 大波　鏖 於刀反　熬 五勞反

敖游也 嗷衆口愁 謷不肖人 翱翱翔

獒犬可使 鏊乾煎 漖水名 𠢕健也

鼇大鼇 曹昨勞反 槽畜食器 蓸草也

褿帴也 𣗥日出明 操七刀反 遭作曹反

糟酒滓 叏 蠤蠤蠤 傮終也

夒奴刀反 峱山在齊 尻苦刀反

歌部 八

歌古俄反 謌同

騀駊騀 哥聲也 柯斧柄 菏水名

渮多汁 多得何反 古 瑳七何反

齹齒差跌 娑素何反 傞醉舞皃 沱徒河反

佗負何也奇畜有槖佗俗作駱駝非 鼉水蟲

瘥昨何反 鹺鹹也 䴾磨麥 嵯山皃

𤰞淺水田 虘虎皃 䣜沛國縣 莪五何反

誐嘉首 騀駊騀 俄行頃 峨山皃

硪石巖 涐水名 娥好女 蛾蠶化

拕託何反 詑欺也 鞄馬尾鞄 鮀鮎也

它蛇也 羅魯何反 蘿莪也 郍諾何反

儺行有節 䰐見鬼驚詞 何乎哥反 荷芙蓉葉

苛小艸 河瀆也 訶虎哥反 丂气已舒

抲撝也 軻可何反 阿烏何反 疴病也

妿女師 妸女字 娿媕娿

戈部 九

戈古禾反 過經也 濄水名 遳艸也

𣁕土釜 莎蘇禾反

趖走意 衰作蓑非 古 魦魚也

盤 薄波反　婆 俗　鄱 郡名　皤 老人白
額 同上　礴 莫婆反　髍 偏病　摩 研也
魔 鬼也　譌 五禾反　吪 動也　囮 率鳥媒
圝 古　鈋 刓圓　鸁 洛戈反　驘 同上
覶 好視　鑹 小釜　波 愽禾反　磻 石可為鏃
紴 條屬　頗 滂禾反　坡 阪也　和 戶戈反

龢 詞也　盉 調味　禾 嘉穀　科 苦禾反
窠 空也　涶 土禾反　脞 昨禾反　痤 小腫
㛗 訬疾　銼 小釜　䅳 奴禾反　挼作挼非
鞾 許戈反 俗作靴

麻部 十

麻 莫遐反　蟆 蝦蟆
車 尺遮反　叏　奢 式車反　奓 叏

賖 貰買　[illegible] 地名　邪 以車反　[illegible] 艸也
釾 鏌釾　呀 許加反　[illegible] 子邪反　罝 兔網
羅 同　罝 叏　蛇 食遮反 本與它同 今作此
鉈 短矛　華 戶瓜反　花 俗　[illegible] 雨刀重
釪 同上　鋘 烏牙反　瓜 古華反　騧 黃馬黑喙
叏　蝸 蝸蠃　媧 女媧　譁 呼瓜反

譇 陟加反　觰 角上廣　[illegible] 厚脣皃　杔 宅加多
庌 開張屋　誇 苦瓜反　侉 㑍詞　夸 奢也
家 古牙反　家 古　加 增也　茄 夫渠莖
葭 葦未秀　迦 迦牙　枷 連枷　痂 疥也
麚 牡鹿　嘉 美也　豭 牡豕　珈 婦首飾
遐 乎加反　鞎 屐也　瘕 女病　瑕 玉赤色

碬 厲石 騢 騢馬雜色 豭 豕也 鰕 魵也
蝦 蝦蟆 鍜 錏鍜 遐 遠也 霞 赤雲气
葩 普巴反 皅 艸華白 雅 楚烏也俗作鴉鵶皆非烏加反
巴 伯加反 豝 牝豕 鈀 兵車 叉 初牙反
杈 杈枝 沙 所加反 沙 同上 魦 魚名
牙 五加反 古 芽 萌芽 枒 車輞會

衙 行皃 樝 側加反 柤 闌木 戲 杈取
濾 水名 溠 水名 担 挹取 衺 似嗟反
斜 抒也 遮 止奢反 杷 蒲巴反 琶 琵琶
拏 女加反 窐 烏瓜反 窊 污下 窪 清水
奓 大也 髽 莊華反

揚部 十一

陽 與章反 禓 道上祭

羊 畜也 暘 日出 瘍 頭創 煬 炙燥
揚 舉也 敭 古 颺 風飛物 易 開也
楊 木也 鍚 馬頭飾 崵石 山名 詳 似羊反
祥 福也 翔 回飛 痒 瘍也 庠 養老官
洋 水名 莨 呂張反 古 古
古 梁 橋也 古 粱 米名

量 稱輕重 古 椋 㮓也 糧 穀也
涼 薄也 䬆 北風 輬 臥車 香 許良反
鄉 鄉黨 商 式羊反 古 古
薔 蘠也 殤 下成人 觴 實曰觴 籒
慯 傷也 商 行賈 傷 創也 房 符方反
魴 赤尾魚 鰟 籒 防 隄也 埅 同上

章諸良反 璋半圭 蔁艸也 鄣紀邑
彰文章 麞獸也 漳水名 昌尺良反
叀 閶門也 羌云羊反 古
畕居羊反 畺同上 疆同上 薑禦溼菜
橿牛長脊 橿枋也 僵仆也 姜神農姓
繮馬紲 長直良反 古 古

萇萇楚 腸腹腸 場祭神道 張陟良反
孃女良反 穰汝羊反 禳祀除殃 蘘蘘荷
華牂華艸 鄭南陽縣 攘推也 瀼露濃
方俯良反 汸同上 推鳥也 肪肥也
枋木名 邡什邡縣 坊邑里名 匚受物器
叀 鈁方鍾 襄息良反 古

驤馬低仰 纕援臂 相省視 箱大車牝服
湘水名 廂廊也 緗淺黃 將即羊反
漿酢漿 古 刅楚良反
創同上傷也今俗作瘡非是 亡武方反 忘不識
莣艸也 杗棟也 芒草耑
牀士莊反俗作床非 莊側羊反 古

裝裹也 妝飾也 常市羊反 裳俗
嘗秋祭 鱨魚也 償還也 霜所莊反
鶬鸛鶬 牆才良反 叀 蘠蘠靡
嶈山峻 戕殺也 𢪏扶也 牄七羊反
蹡行皃 蹌動也 槍距也 斨方銎斧
瑲玉聲 匡去王反 筐同上 郎鄉名

恇怯也 洭水名 王雨方反 古
央於良反 殃咎也 鴦鴛鴦 秧秧穰
泱滃也 強巨良反 彊同上 彊弓有力
勥迫也 古 芳敷方反 妨害也
狂巨王反 古 軭車戾 軖紡車
蕩楮羊反草枝枝相對葉葉相當 俇狂也 薌許良反

孀才良反 粻陟良反

唐部 十二

唐徒郎反 暘古
踼跌踼 棠牡日棠 鄌地名 闛盛皃
堂殿也 坣古 臺臾 鎕鎕銻火齊
餹飴也 螳螳螂 塘堤也 郎魯堂反
琅琅玕似珠 稂禾粟不成 節同上 蓎艸也

桹高木 宸屋康宸 硠石聲 狼獸也
蜋螳蜋 鋃鋃鐺鎖 裉矛屬 當都郎反
蟷蠰也 鐺鋃鐺 倉七剛反 金奇字
蒼艸色 鶬鴰也 雜同上 滄水名
匨 剛古郎反 仺古 犅特牛
笐竹列 岡山脊 亢人頸 頏同

綱維紘繩 古 甿境也 桑息郎反
喪亡也 穅苦岡反 康同上 㝩屋康宸
歑飢虛 漮水虛 荒呼光反 巟水廣
詤夢言 肓心上鬲下 衁血也 㿻翌也
穅虛無食 㡉設色工 駫馬奔 黃呼光反
古 皇君也 瑝玉聲 璜半璧

喤小兒聲 篁竹 簧笙中簧 雞華榮

皇同上 㞷艸木妄 古 翌羽舞名

䅣穀名 煌光也 惶恐也 湟水名

潢積水池 蟥螭蟥 蝗螽也 鍠鐘聲

隍城池無水 遑急也 艎艅艎 光古黃反

古 古 洸水涌 湯吐郎反

鼞鼓聲 鏜鐘鼓聲 滂普郎反 斛量物溢

汪烏光反 尣跛曲脛 尫古 藏昨郎反

邙莫郎反 統緜曼延 臧則郎反 古

牂牝羊 囊奴當反 蠰蠰蟷 旁步光反

古 古 雱叏 膀脅也

髈同上 郱汝南亭 傍近也 卬五剛反

茾蒲葛 䚙角親屬 昂舉也 迒胡郎反

䟘同 抗作航非 頏大貞

庚部 十三 庚古行反 叓代也

鬻五味 羹同 鬻同 羹篆

秔稻屬 稉俗 賡古文續 阬客庚反

盲武庚反 莔貝母 萌艸芽 鼆冥也

氓民也 甿民田也 蝱齧人蟲 橫戶盲反

嶸崢嶸 甏補盲反 祊同上 嗙謌聲

榜輔弓弩器 繃束也 彭蒲庚反 趽曲脛馬

䅭穀名 棚榜也 騯馬盛 搒掩也

輣兵車 亯許庚反 亨亨篆 鎗楚庚反

玶玉聲 英於京反 瑛玉光 柍梅也

平符兵反 古 苹蓱也 枰平也

泙谷也 驚舉卿反 荆楚木 刻古

京大也 麠大鹿 麖同上 迎語京反

明武兵反 古 盟盟會 盟同上

盟篆 鳴鳥聲 党尺庚反 樘作撐非

榮永兵反 兵甫明反 叜 古

說文解字韻譜 卷二 廿七 第三函

兄許兵反 卿去京反 卯事之制 生所庚反

牲牛完全 笙十三簧 甥舅甥 欃渠京反

黥墨刑 剠同 鱷大海魚 鯨同

勍強也 行戶庚反 珩佩上玉 胻脛耑

衡橫也 古 洐溝行水 黌古橫反

觥俗 侊小兒 棖直庚反

崝七庚反崝嶸俗作崢非

耕部十四 ◯

耕古莖反 硻口莖反

牼牛厀骨 羥羊名 摼擣頭 䡫車堅

泓烏宏反 甍莫耕反 娙五莖反 宏戶萌反

宖屋響 谹谷中響 閎巷門 紘冠卷

紘同 莖戶耕反 罌烏莖反 鶯鳥也

說文解字韻譜 卷二 廿八 第三函

鸚鸚䳇 熒偣火嚚 嚶鳥聲 譻聲也

賏頸飾 嫈小心態 櫻果也 爭側莖反

䈆䈆䕲草亂 箏鼓弦筑聲 綪朱縈繩 錚楚耕反

朾宅耕反 橙橘屬 盌尼宏反 殸亂也

叜 枰普耕反 抨彈也 姘除也

彌弓彊兒 訇呼宏反 叜 轟羣車聲

清部 十五

清 七情反
情 疾盈反
請 受也
姓 雨而夜除星見也今俗作晴非
精 子盈反
菁 韭華
鶄 鵁鶄
旌 析斿旄
晶 精光
蜻 蜻蛚
盈 以成反
籯 笭也
楹 柱也
贏 有餘賈利
嬴 少昊姓
瀛 水名
營 全頃反
塋 墓也
嬰 於盈反
纓 冠系
貞 陟盈反

禎 祥也
楨 剛木
陠 丘名
湞 水名
經 敕貞反
赬 同上
䞓 同
浾 同
征 同上
[illegible] 正視
檉 河柳
成 氏征反
成 古
郕 魯名
宬 屋所受
城 以盛民
誠 叏
誠 信也
呈 直貞反
程 式也
醒 酒病
䲔 歧輕反
聲 書盈反
延 諸盈反

征 同
延 行也
紅 馬頭飾
鉦 鐃也
輕 去盈反
名 武并反
銘 記也
洺 水名
令 呂貞反
并 府盈反
栟 栟閭
絣 氏人布
頃 去營反
傾 仄也
隕 同上
縈 於營反
榮 草旋繞
褮 鬼衣
瓊 渠營反
璚 同上
瓗 同上
藑 葍也
赹 獨行
睘 驚視

焭 飛疾
䡅 車輮
觲 息營反
垶 赤剛土
騂 馬赤色
餳 徐盈反

青部 十六

青 倉經反
青 古
經 古零反
剄 刑也
桱 桱程
涇 水名
巠 水脈
巠 古
荆 戶經反
刑 剄也
邢 周所封
郱 地名
形 象形
蛵 負勞

型鑄器法
鈃長頸腫
鋞溫器
𡶕谷也

陘山絕坎
庭特丁反
廷朝中
甹定息

亭民所安定
莛莖也
筳繀絲筦
霆雷餘聲

停止也
丁當經反
玎玉聲
艼艸也

靪補履下
釘鍊鉼黃金
𨸝丘名
馨呼形反

㲰聲也
𡈼桑經反
星同上
古

胜犬膏臭
狌犬吠聲
鮏魚臭
醒醉解

俜普丁反
𢓭使也
甹俠也
[illegible]郎丁反

靈同上
玲玉聲
苓卷耳
蘦大苦

笭車笭
[illegible]瓦器
柃木也
櫺楯間子

囹獄也
酃長沙縣
伶弄也
[illegible]面瘦

麢大羊
泠水名
霝雨落
零餘雨

鯪魚連行
聆聽也
龗龍也
孁女字

[illegible]穫也
𧕋螟蠕
蛉蜻蛉
鈴鈴釘

軨車轖間木
轜同上
翎羽也
齡年也

寧奴丁反願
寍安也
[illegible]蟲也
汀池丁反

朾同上
桯牀前几
聽聆也
縕綬也

[illegible]同上
綎系綬
冥莫經反
蓂析也

鄍晉邑
覭小見
溟小雨
嫇嬰嫇

螟蟲也
鉼薄經反
瓶同上
荓馬帚

蓱草也
郱池名
鼩鼩令鼠
萍苹也

[illegible]器也
蛢蟠蝗
輧輜車
熒戶扃也

謍小聲
[illegible]惑也
𤬪小瓜
滎絕小水

鎣器也
扃古熒反
冂林外也
坰同上

駧 駿馬

蒸部 十七

蒸煑 仍反 菾 同上

脀 騃也 烝 火气 丞 丞署 陵反 承 奉也

輂輅 車後登 澂 宜陵反清 澄同 上俗 撜 平也

懲 止也 陵 陵力 膺反 蔆 芰也 遴 同上

夌 去也 夌 越也 淩 水名 勝 凍淩

說文解字韻譜 卷二 三十三 第三函

倰 同上 綾 綾布 帛細者 膺 於凌反 應 當也

雁 鷙鳥 鷹 叏 馮 皮冰反 託也 今俗作憑非

淜 無舟渡河 倰 依也 冰 筆夌反 仌 凍也

掤 掤覆 矢者 蠅 余蒸反 繩 繩食 夌反 乘 覆也

古 塍 田畦 騬 犗馬 升 升識 蒸反

昇 日上 勝 任也 仍 仍如 乘反 陾 築 牆聲

艿 草也 訪 厚也 朷 木也 卤 驚聲

古 兢 兢居 淩反 矜 矛柄 徵 徵直 夌反

古 繒 繒疾 夌反 綼 叏 鄫 國名

嶒 嶒山 崚嶒 凝 凝魚 夌反 興 興虛 淩反 稱 稱處 淩反

偁 揚也 再 并舉

登部 十八

登 登都 滕反 叏

說文解字韻譜 卷二 三十四 第三函

簦 笠蓋 璒 璒石 似玉 𤼲 禮器 鐙 鐙作 燈俗

棱 棱魯 登反 嵋北 騰反 古 譄 譄作 滕反

增 加也 矰 矰弋 射矢 罾 魚網 貿筒 中煑魚

憎 惡也 僧 僧蘇 曾反 瞢 瞢武 登反 鯇 鮔鯇

層 層昨 棱反 曾 曾詞 舒也

朋 朋步崩反 古文鳳字 鳳飛群鳥從以萬數 故以爲朋黨字

倗 輔也 弘 乎肱反 厷 古宏反 肱 同上

厶 古 輷 車軾 薨 呼肱反 儚 惛也

能 奴登反 騰 徒登反 謄 移書 [illegible] 黑虎

幐 囊也 縢 緘也 螣 神蛇 滕 水涌

恒 呼登反 鮔 古恒反 緪 大索 揯 急引

尤部 十九 尤 羽求反 訧 罪也

肬 贅也 [illegible] 叟 郵 傳舍 沋 水名

憂 於求反 嚘 嚘語未定 櫌 摩田器 鄾 鄧地

優 饒也 𢝊 愁也 瀀 澤多

鐂 劉从丣从金从刀刀字屈曲傳寫誤作田耳鐂力求反說文無劉字偏旁有之疑此即 塗 晃垂皃 珋 石有光者 [illegible] 經繆殺也

鶹 少美長醜 [illegible] 竹聲 瘤 腫也 騮 赤馬黑尾

䶉 竹鼠 𣴎 水行 流 篆 飂 高風

𤳕 燒種 畱 止也 烌 七由反 [illegible] 叜

萩 蕭也 𪁢 禿鶖 鶖 同上 楸 梓也

鰌 魚也 緧 馬紂 猶 以周反 [illegible] 遺玉

蕕 水邊草 蓾 草也 邎 行由徑 攸 行水

攸 秦刻石文 逌 气行皃 缶 瓦器 楢 柔木

櫾 長木 旒 旌旗流 游 遨也 逕 古

䚻 下深視

粤 木生條也商書曰若顛木之有粤枿今尚書只作由說文無由字蓋古文省弓後人因省之通用為因由等字

悠 憂也 油 水出武陵 輶 輕車 牛 語求反

揂 即由反 啾 小兒聲 [illegible] 收束 [illegible] 同上

揫 同上 酋 字秋反 遒 盡也 逎 同上

⿰角酋收繳具 蝤蝤蠐 脩息留反 修飾也
滫久泔 羞進獻 橊樕鳩反 抽同上
⿰扌秀同上 脩眣也 則同上 瘳疾瘉
惆失意 周職流反 古 椆木也
舟舡也 ⿹勹舟市也 州作洲非 古
婤女字 輈重也 讎市流反 詶答言

𣪘縣物𣪘擊 ⿰壴攴弃也 雔雙鳥 鄾蜀地
醻主人進客 酬同上 柔耳由反 ⿰王憂玉也
鍒耎也 腬嘉善肉 脜面和 蝚蛭蝚
⿰田柔和田 鞣耎也 收式州反 丘去鳩反
古 蓲艸也 邱地名 鳩居求反
勼聚也 丩相糾繚 ⿱艸丩艸相糾 樛木下句

枓高木 樛縛殺 不甫桒反 搜所鳩反
蒐春田 鱐乾魚尾 鄒長秋國 獀南越名犬
颼颼飀 鄒則鳩反 齺齒槢 齺齱也
棷木薪 郰孔子鄉 菆蔴莖 騶廄御
廄麻聚 媰婦任身 愁士尤反 休許尤反
麻同上 鬆桼也 傌馬名 囚以由反

汓浮水上 泅同上 儔直由反 𠷎誰也
𠷎詞也 籌壺矢 稠多也 幬禪帳
篘篘箸 ⿱髟周髮多 鯈魚也 綢繆也
紬大絲繒 疇耕治田 𠃬同上 輈張流反
叟 譸譸張 鵃鶻鵃 ⿰亻舟有擁蔽
盩盩厔縣 裘巨鳩反 古 球玉也

璆同 莍椒也 芁遠荒 [illegible]高气
逑斂聚 [illegible]迫也 鼽病寒鼻 脙臞也
肍孰肉醬 梂櫟實 賕賕賄 郝地名
俅冠飾皃 仇讎也 絿急也 𧕴多足蟲
蛷同上 捄鞫九 浮縛牟反 芣華盛
桴屋棟 罦覆車 罶同上 罘兔罟

涪水名 烰烝也 蜉蚍蜉 [illegible]同上
謀莫浮反 古 古 矛酋矛
古 牟牛鳴 瞴微視 麰來牟麥
[illegible]同上 侔齊等 蟊蟲食草根 蝥同上
蛑古 [illegible]髮至眉 髳同上 鍪釜屬
眸目瞳子 犨赤周反

矦部 二十

矦胡鉤反 古
喉咽也 翭羽本 餱乾食 猴夒也
鯸魚名 鍭矢鏃 謳烏侯反 鷗水鳥
甌小盆 婁洛侯反 古 遱連遱
謱謰謱 髏髑髏 簍竹籠 樓重屋
廔屋麗廔 摟聚也 螻螻蛄 鱫魚名

塿塺土 彄恪侯反 摳摳衣 陬子侯反
掫夜擊[illegible] 媮託侯反 頭度婁反 豛殺擊
牏築牆版 [illegible]屬 投擿也 匬器也
緰[illegible]布 𠛎古侯反 鬮鬭取 鉤曲也
句曲也 篝可薰衣 韝射臂決 溝水瀆
緱刀劍緱 兜當侯反 吺讘吺 篼飼馬器

郖地名 䜳目蔽垢 齵五婁反 箁步矛反

髺髮兒 掊把也 獳乃侯反 捊步侯反

抱同上 瞀莫侯反

幽部 二十一 幽於虯反 呦鹿鳴

[illegible]同 𢆶微兒 麀牝鹿 䴦同

蚴蚴蟉 泑澤名 怮憂兒 虯巨幽反

觓角兒 彪甫繆反 驫眾馬 鏐力幽反

蟉蚴蟉 淲皮彪反 繆武彪反

侵部 二十二 侵七林反 潯徐林反

鄩周邑 灊水名 鬵大釜 叟

潯旁深 鱏魚名 鐔劍鼻 林力尋反

臨監也 琳美玉 痳疝病 瀶谷也

淋以水沃 霖雨三日 綝丑林反 棽木棽儷

郴縣名 彤船行 覘私出頭視 琛寶也

斟眼今反 葴馬藍 砧石柎 箴綴衣鍼

鍼作針非 沈直深反 芜草也 霃久陰

鈂臿屬 任如林反 壬北方 紝機縷

[illegible]同上 深式任反 突竈突 藫蒲類

淫余箴反 冘行兒 㸒近求 蟫白魚

鱏魚也 婬私逸 醰熟麴 心息林反

梣子林反 [illegible]同上 兟銳意 駸馬行疾

綅縫綫 埐地名 琴巨今反 古

菳黃菳 芩艸也 靲革也 鈙待也

[illegible]石地 禽禽獸 聆義闕 捦急持衣裣

襟同上 紟衣系 絵同上 欽去音反
唫口急 衾俗作衾 廞陳輿服 吟魚今反
詅同上 歆同上 㐺眾立 崟岑崟
廞崟也 歆許人反 今居音反 裣交衽
金五色金 古 陰於今反 音聲成文
喑極啼無聲 瘖不能言 霒雲覆日 古

古 曑所今反 參同上 蓡人蓡
槮木長皃 森多木皃 罧積柴取魚 岑鉏箴反
穼入山深 涔漬也 霃霖雨 [illegible]側岑反
兂首笄 簪俗 訦是王反 忱信也
煁行竈 諶誠也 篸楚簪反

覃部 二十三
覃徒含反 古

覃篆 藫沈藩 蕁同上 橝屋梠前
[illegible]國名 潭水名 曇雲布 曑倉含反
參同 謲相怒使 傪好皃 驂駕三馬
南那含反 古 男丈夫 鐕則參反
諳烏含反 䛳下徹聲 䧁鶉屬 䳺叟
盦覆蓋 含胡南反 圅舌也 肣俗

顉頤也 顩 涵水澤多 涵寒也
聆治槀幹 酣酒樂 歁他含反 貪欲得
𢭏并持 扻遠之取 蠶含反 眈丁含反
眈視近志遠 酖樂酒 媅樂也 龕口含反
𢦟殺也 戡刺也 堪地突 葴魯參反
惏貪也 婪同上 嵐山名 㜗蘇含反

靁胡男反

談部　二十四

談徒甘反
剡東海縣

倓安也
倜同上
惔憂也
錟長矛

甘古三反
磿和也
泔潘也
苷甘艸

弇蓋也
古
儋都甘反
聸耳垂

三蘇甘反
弎古
藍魯甘反
籃大篝

㾆古
襤無緣衣
襤短衣
[illegible]髮長

匳治玉石
慙昨甘反
[illegible]蹔也
䀐他甘反

耼耳曼

鹽部　二十五

鹽余廉反
檐佀簷非

爓火門
[illegible]相汚
閻廟內
閻里中門

壛同上
阽壁危
廉力阽反
薕薕也

薕堂薕
籢鏡籢
䭑幾也
㡘帷也

覝察視
鬑鬋垂皃
磏礪石
熑燒車輞

䨴久雨
蠊海蟲
鎌刀也
鑯七廉反

僉皆也
詹職廉反
占視也
瞻臨視

銛息廉反
枮木也
纖細也
譣問也

韱山韭
憸險詖
毌疾利
孅銳細

痁失廉反
苫蓋也
葠喪藉
笘折竹箠

詽汝阽反
枏梅也
顩頰須
蚦大蛇可食

蛅蛅蟴
[illegible]龜甲邊
黏女廉反
炎于廉反

淹英廉反
閹閉門豎
潛昨阽反
箈薇絮簀

黚巨淹反
黔黧也
箝籋也
[illegible]鳥也

拑持也
鈐大犁
鉗以鐵劫束
[illegible]直廉反

殲精廉反
櫼楔也
攕拭也
瀸漬也
霰微雨
霰小雨
笺絕也
鑯鐵器
猒於鹽反
猒同上
懕安也
懕好也
剡敹淹反
銛鐵銸
婆姈也
襜處占反
燂除占反
燅爚肉
鋟同上
䐑湯爚肉
霑濡雨帶
纖史炎反

沾部 二十六

沾宅兼反益也俗作添非
黇白黃色
貼丁廉反
甛徒兼反
恬安也
濂勒沾反
濂薄也
熑火不絕
薕秀荻草
謙苦兼反
兼苦貼反
蒹未秀藿
鰜比目魚
縑并絲繒
鶼比翼鳥
槏青稻白米
嫌戶兼反
稴不黏稻
慊疑也
餂奴兼反
鮎魚也

秥撮也
黬曉兼反
馦香气
嗛味香美

咸部 二十七

咸呼毚反
諴和也
鹹北方味
桶杯也
輱車聲
緘古咸反
玪石次玉
瑊同
[齒咸]齧
椷篋也
黬黬黑
黚黃黑色
黬雖皙而黑
[辶兼][辶兼]尲不正
櫼所咸反
摻同女手皃
櫼楔也
[車韱]車聲

顲五咸反
嵒山巖
碞嶄碞
巖山羊
猪乙咸反
讒士咸反
嚵小啐
毚狡兔
儳不齊
酁宋邑
纔帛雀頭色
饞不廉
諵女咸反
喃同上

銜部 二十八

銜戶監反
嗛口有所嗛
巖五銜反
[口嚴]呻也
[齒兼]齒差
礹石山

彡所銜反 芟刈草 檆作杉非 縿旌旗游
衫衣也 監古銜反 古 䁪視也
暫楚銜反 劖斷也 鑱銳也 攙刺也
嵌口銜反山深皃

嚴部二十九

嚴語杴反 古

巖射騎 凡符嚴反 颿馬步疾 氾人姓

芝芋凡反 欦丘嚴反

說文解字篆韻譜卷第二終

說文解字韻譜上聲卷第三

果部三十四　馬部三十五　養部三十六
蕩部三十七　梗部三十八　耿部三十九
靜部四十　迥部四十一　拯部四十二
等部四十三　有部四十四　厚部四十五
黝部四十六　寑部四十七　感部四十八
敢部四十九　琰部五十　忝部五十一

湛部五十二　檻部五十三　儼部五十四
范部五十五

董部一　○

董多動反　蠓莫孔反
孔康董反　桶它孔反木方受六升　姛項直　動徒揔反
熜作孔反　總聚束　澒呼孔反　籠勒董反
古　滃烏孔反　㦤乃總反　蘢勒董反

襱袴　襩同　玤補孔反　琫佩刀飾
菶草盛　唪大笑　綁枲履
腫部二　腫之隴反　踵跟也
歱相迹　踵迹也　寵丑隴反　隴力踵反
壟卬也　壠塗也　擁於隴反　鬆章也
軵而隴反推車令有所附　宂俗作冗

[illegible]細毛　鼨鼠屬　揰推搗　重直隴反
鮦魚也　憧遲也　冢知隴反　奉扶隴反
勇余隴反　同上　古　甬艸本華
趰擁趨　踊跳也　傛不安　俑木人
涌泅也　溶水盛　搈動也　蛹繭蟲
恐立隴反　古　拱居隴反　廾竦手

拜同上 挐皮束物 巩抱也 拲同

砮水遻石 莾兩手同械 荼同上 珙玉也

竦息拱反 悛懼也 從驚也 聳生而聾

湩都侗反 瘇同 尰 洶許拱反

兇擾恐 覂乏窮甬反覆也

講部 三

講古項反 港水派

蚌步項反 梧梲也 項胡講反 銗受錢器

瓨長頸甖

紙部 四

紙諸氏反 只語已詞

枳橘屬 𣐈曲枝果 疻毆傷 咫八寸

泜水名 抧抧間也 扺側手擊 坻箸也

軹車輪小穿 是承紙反 𣅃 氏姓氏

𧿹封也 諟理也 媞諦也 靡文彼反

䃺金耳馬 彼甫委反 被皮彼反 柀木名

毀許委反 古 燬惡也 燬火也

穀米一斛舂爲八斗 擊傷擊 焜大也

委於詭反 嫣鷘鳥食已吐其皮毛 骫骨曲

跪去委反 詭過委反 祪毀廟主 觤角下齊

桅黃木可染 恑變也 蛫蟹也 垝毀垣

陒同上 鍦臿金 庪祭名 漪水名

姽行貌 髂先委反 虈艸虈靡 絫力委反

厽絫土墻 垒墼也 伎渠倚反 技巧也

妓女樂 倚於綺反 輢車旁 掎居倚反

剞剮曲刀 綺祛彼反 錡魚倚反 齮齧也

敲三 足鑊 窩 屋也 紫 識也 嶋 馬名 桅 落也 古

螘 蚍蜉 瘸 口咼 此雌 氏反 柴顋 大也 陁 小崩 壐 印

轙載 轡衡 闊 闊門 㑊 小貌 豸池 不反 迆斯 氏反 壐 叏

蔿韋 委反 觜郎 委反 越 淺渡 觥角 不齊 徙 同上 彌 弛弓

酏移 不反 叕 二爻 箷 竹器 䩶 刀室 蘼 華盛 弭名 俾反

迆 邪行 韆所 倚反 纚 冠織 箷 竹器 不必 然詞 覡 同上

匜注 水器 邐 舞履 釃 下酒 䅎 黍屬 邇 近也 敉 撫也

邐力 爾反 韆 同上 俾拜 弭反 爾兒 氏反 古 侎 同上

芈 楚姓 婢便 俾反 誃 離別 侈 盛火 號 同上 慌不 憂事

檷絡 絲䉶 庳中 伏舍 袳 衣張 姼 美女 豕 豬也 紫將 此反

瀰 滿也 侈尺 氏反 垑恃 土地 㛅 同上 古 茈 艸也

濔 飲也 鉹 鬵鼎 庈 廣之 弛施 氏反 豸 豕也 呰 苛也

呰 窳也 捶之 累反 林 二水 批子 氏反捭 蒨藍 蔘秀 頪 舉頭

訾 毀也 箠 擊馬 揣初 委反 佌匹 俾反別 癟 創裂 𠂆語 委反

觽敕 豕反 騷馬 小貌 䬾神 紙反 犧羊 揣反犧 縈如 累反 頠 頭閑習貌

觿 角傾 叏 訑 同 芦 艸榮 趌止 弭反

旨部 五〇

指 手指　恉 意也　美 無鄙反　鄙 五百家　几 居履反

跽 許也　視 承矢反　媄 色好　兕 徐姊反　机 木也

旨 職雉反　厎 桑石　古　啚 方美反　古　邔 地名

古　砥 同　古　古　羠 騬羊　[illegible] 山名

麂 大麋　匕 甲履反　祇 祠司命　古　古　氿 水厓上

麂 同　比 密也　秕 不成粟　軌 居洧反　古　宄 姦也

姊 將几反　古　疕 頭瘍　簋 黍稷器　晷 日景　古

秭 億萬　紕 氐纖　妣 母也　古　厬 仄出泉　古

洧 滎美也　芺 菜也　雉 直几反　古　雖 猴屬　鸓 鼠形鳥

痏 毆傷　菌 糞也　古　水 式宄反　誄 謚也　史

鮪 玉鮪　死 息姊反　澁 水名　壘 力宄反　讄 禱也　蘽 木也

矢 式視反　古　履 力几反　藟 艸也　讄 同上　史

揆 求癸反　癸 居累反　圮 符鄙反 毀　帎 幖裂　蓶 菜也　黹 鍼黹

湀 流水　史　醉 同　崩也　嚭 匹鄙反　黹 紩衣

嫐 媞也　屎 女履反　否 塞也　濢 尊諈反 濕　夂 猪几反　撥 制也

趡 千水反　梶 落絲柎　痞 痛也　唯 以水反　鼔 刺也　員 渠几反

跽長跽
止部 六
洔水暫溢
市時止反
古
祀年也
沚小渚
恃依也
㠯羊止反
禩同
止諸市反
阯基也
徵陟里反
苢芣苢
巳辰名
畤祭地
址同上
喜虛里反
佀祥里反
相耒也

梩同上
洍水名
巳中宮
耳而止反
古
鯉魚名
枱耒耑
汜水別復入
古
里良已反
郢淮陽亭
始詩止反
鉛同
紀居擬反
叓踈士反
理治玉
俚聊也
起袪里反
叓
妃女字
使伶也
李果也
裹衣內
古

芑白苗穀
玘玉也
䅋牀史反
𨑨同
叓
秄擁禾
杞枸杞
士鉏里反
俟同上
涘水厓
梓楸也
矣于已反
邔縣名
仕學也
俟大也
子郎里反
梓同上
儗魚已反
屺山無艸木
[illegible]赤實
竢待也
古
朩止也
薿茂也

擬度也
古
滓阻史反
笫牀簣
枲胥里反
尾部 七
耆盛貌
恥敕里反
莘葉也
疿瑕也
叓
叓亦旨字
祉福也
[illegible]食所遺
痔直里反
廙石利也
尾無匪反
齒昌里反
褫奪衣
胏同
侍待也
諰思之意
娓順也

豈祛扆反　幾居扆反　胐月言墨　誹謗也　棐輔也　楎木可屈

[艹豈]菜名　機禾也　[非止]別也　篚答　韙于鬼反　韡盛也

扆於豈反　蟣虱子　悱口悱悱也　餥乾食　臾　偉奇也

悠痛聲　斐敷尾反　匪非尾反　䠊刖也　葦大葭　煒盛赤

鬼居偉反　顗魚豈反

語部　八

衙行貌　敔樂器　圉養馬

古　豨虛豈反楚人呼豬　齬齒不相值　篽禁苑　呂力舉反

卉許偉反　語魚舉反　鋤鉏鋤　同　篆

虫蝮也　禦祀也　鋙同　圄囹圄　旅五百人

古　眝長眙　芧艸可爲緜　紵同上　與賜也　階童與反

柤楯也　羜五月羔　桒相也　佇久立　予推與　鬻烹也

侶徒侶　盅器也　杼機杼　與余呂反　趣安行　賁同上

宁直呂反　盬器也　紵檾屬　古　惥趣步　亦同上

渚水名　黍穀名　貯丁呂反　稰祭具　女尼呂反　許虛呂反

汝人渚反　杵昌呂反　𥂁盛米器　楈木名　褚丑呂反　鄦國名

暑舒呂反　處居　㥠私呂反　糈糧也　楮木名　巨其呂反

鼠小獸　處同上　湑莤酒　諝知也　柠同上　榘同上

古
苣 俗作炬
距 雞距
歫 止也
虡 鐘鼓柎
鐻 同上
篆
[illegible] 黑黍
柜 同上
勮 務也
鉅 大剛
詎 豈也
所 疏舉反
貶 齋財十
[illegible] 負䎙
楚 創舉反
[illegible] 五采色
齭 齒傷酢
礎 礩也
阻 側呂反
俎 禮俎
齟 鉏阻反
怚 茲管反
咀 含味

祖 事好
擧 居許反
莒 國名
筥 籍也
篆 牛飲筐
敘 徐呂反
[illegible] 履也
序 東西牆
鱮 魚名
緒 絲耑
漵 水浦
嶼 島也
去 丘巨反
麮 麦甘粥
杼 神拧反杵 柅也
噳部 九
噳 虞矩反 鹿羣口相聚
俁 大也
羽 王矩反
禹 蟲名
古

宇 宇宙
叏
雨
古
瑀 石似玉
萬 艸也
楀 木名
[illegible] 南陽亭
鄅 國名
頨 研也
[illegible] 雨皃
聚 慈庾反
甫 方炬反
斧 兵器
府 官府
莆 萐莆
脯 乾肉
簠 盛黍稷䆉
古
郙 亭名
疛 俛病
黼 白黑相次
俌 輔也
頫 低頭

同
武 文甫反
舞 歌舞
古
橆 豐也
[illegible] 憮也
潕 水名
嫵 媚也
[illegible] 膴中網
侮 慢也
古
廡 堂下屋
叏
憮 愛也
鴞 鸚鴞鳥
父 扶雨反
輔 助也
腐 朽也
[illegible] 䩉也
釜 同上
䩉 頰也
撫 芳武反
古
改 撫也

拊循也　詡況主反　臾　窳罷中主　貐貐㺄　罜魚罟

結治角絜　栩杼也　侸立也　瘉病瘳　主之庾反　麈麋屬

窶其矩反貧　珝玉也　裋豎使布襦　斞量也　枓斟水罷　禑區庾反

柱直主反　豎臣庾反　庾以主反　㼌本不勝末　宝宗廟主祏　齲同齒病

踽疏行貌　擩染也　枸木名　聥張耳有聞　瘻頸腫　漊雨貌

齲齗腫　醹厚酒　柜木也　榘規矩　僂尫也　傴旅武反

丶之庾反　數所矩反　椒曲枝果　取七乳反　褸襤褸　褞編枲衣

乳而主反　蒟俱羽反　竘健也　縷力主反　寠雨兒

頫相與反絆馬前足

莽部十

稌稻也　剫同上　櫓大盾　鱸魚也

吐寫也　魯郎古反　同上　鑪前膠器

莽莫補反　杜徒古反　蓾草可束　虜獲也　鹵鹹地

土他古反　敷閉也　同上　廡廡也　睹當古反

古　叜　詁訓詁　股髀也　罟网也　賈賈市

睹旦明　賭博簺　鼓擊鼓　鼓春分之音　兆壅蔽　五疑古反

居美石　古公戶反　瞽無目　叜　盬鹽池　古

堵垣也　古　羖夏羊牡　盬器也　蠱腹中蟲　伍相參伍

午辰名　粗徂古反　祖則古反　珇琮玉篆

組綬屬　葅菜也　虎呼古反　古

古　琥瑞玉　鄌地名　汻作許非

隝安古反　鄔太原縣　瑦石似玉　趨走輕

誣相毀　苦康杜反　楛木也　弩奴古反

戶侯古反　古　祜福也　芐地黃

雇九雇鳥　鷌同上　鴮同上　鄠扶風縣

扈有扈國　古　岵山有草木　怙恃也

昈明也　普滂古反　溥大也　浦水瀕

圃博古反　補完衣　譜籍錄也

[illegible]采古反　艸履也

齊部十一　薺祖禮反　鮆魚名

禮盧啓反　古　醴酒一宿熟　豊行禮器

欚大舡　澧水名　[illegible]銅也　蠡齧木虫

古　鱧鱯也　體他禮反　涕泣也

緹帛丹黃　衹同上　濟子禮反　泲四瀆

底都禮反　牴觸也　呧苛也　詆同上

邸屬國舍　抵擠也　堤滯也　軝大車後

阺阪也　柢木根　[illegible]奴禮反　禰親廟也

闔智力少　弟徒禮反　古　洒先米反

泚千禮反　玼色鮮也　啓康禮反　启開也

棨傳信　啓雨而晝姓　䭒首至地　綮緻繒

軫礙也　米莫禮反　眯物入目　寐寐不覺

絑繡文　陛旁禮反　梐行馬　髀股也

古
頮匹米反
徯乎啟反
蹊同上
僐侍也
謑恥也
同
匸有所藏
軗匹米反
䚡研啟反
銻郎里反利也

蟹部十二

蠏乎買反
蠏同上
薢薢茩
澥郣澥
隦水衙谷
買莫鮮反
濆水名
廌宅買反
罷薄鮮反
犤短頸狗
矮於解反
解佳買反
灑所解反
丫乖買反
捭北買反兩手擊

駭部十三

駴侯楷反
楷苦駭反
鍇好鐵
駭五楷反
挨於駭反擊背

賄部十四

猥烏賄反
鍡鑸也
賄呼罪反
儽洛猥反
蘄青黃
嵬山貌

磊衆石
灅水名
鍡不平
陻高也
䃰丁罪反
陮高也
每武罪反
莓馬每
浼汙也
罪徂賄反
辠犯法
辠山貌
儽吐猥反
餧奴罪反
倍薄罪反
瘣平罪反
匯器也
頠五罪反
隗高也
漼七罪反
淳新也
璀玉光

海部十五

叟
闓開也
殆危也
古
絠彈彄也
愷苦亥反
宰作亥反
怠慢也
叟
亥呼改反
海呼改反
塏高燥
聹聾也
紿絲勞紿
改古亥反
古
醢肉醬
鎧甲也
待徒亥反
乃奴亥反
改敄改
采倉宰反

惈姦也
宷同地
茝昌改反
等多改反
在胙宰反
菩步乃反
痱滿罷反病
佁夷采反癡
娭於改反
毐人無行

軫部 十六

軫之忍反
㐱新生羽
眕厚重
胗脣瘍
叏
賑富也
稹種概
袗袨服
袗同上
胗慎事貌
勿稠髮
腎時忍反
忍而軫反
弞笑不壞頮
鬒同上
祳祭餘肉
葸葸冬草
頣舉目視人
畛井田陌
歋指而笑
涊水名
驎艮忍反
診視也
屒難所化
弞式忍反
紖直引反
軔引軸
牝眂忍反
安
髕臏耑
眹目精
菌渠殞反
盡卽忍反
蕁牛藻

箘箘簬
窘迫也
引余忍反
廴長行
螾蛐蟺
蚓蚯蚓
閔眉殞反
古
敏疾也
敃強也
敯冒也
愍痛也
潣水流
輾車革
笢武盡反
碩于皺反落
顯面色顯
隕落也
霣雲轉起
古
芮茇也
抎有所失
縜持綱紐
听宜引反笑

趣趣弃忍反
螼螼螾
嘽牛隕反
緊糾忍反
辰珍忍反伿

準部 十七

準之尹反
埻射泉
尹余準反
古
阭高也
允信也
銳侍臣執
杭進也
頵面斜
筍思尹反
鵻祝鳩
隼同上
粤驚詞
㥬同

蠢 尺尹反　古　偆 富也　惷 亂也

盾 食尹反　楯 闌檻　揗 摩也　[illegible] 面尹反

輑 尹反

吻部十八

吻 武粉反　脗 同

刎 剄也　粉 方吻反　黺 衮衣章　憤 戾吻反

臏 臛也　[illegible] 穀囊　鼢 地行鼠　蚡 同上

魵 魚名　扮 握也　坋 塵也　忿 敷粉反

齳 愚吻反　会 大也　[illegible] 二忿反　縕 於粉反紼

惲 重厚　薀 蘊藏也積也俗作蘊

隱部十九

隱 於謹反　𤔌 所依據

乚 匿也　檃 桰也　釿 宜謹反　謹 居隱反

堇 艸也　螼 螼也　[illegible] 同上　赾 丘謹反

齔 初堇反毀齒

阮部二十

阮 虞遠反　邧 鄭邑

遠 云阮反　古　匽 於幰反　鶠 鳳也

郾 縣名　㫃 旌旗游　古　褗 褔領

鰋 鮎　同　[illegible] 魚名　偃 僵也　晚 無遠反

輓 引車　[illegible] 居遠反　反 府遠反　古

返 還也　𢔶 同上　[illegible] 車耳　阪 陂也

菀 於阮反　琬 圭也　苑 養禽獸　夗 轉臥

宛 屈草　惌 同　婉 順也　畹 田十三畝

晅 況晚反　暖 大目　[illegible] 大視　煖 溫也

愃 覺心貌　[illegible] 大視　圈 羣苑反養獸畜閑也

[illegible] 去阮反粉　綣 繾綣

混部二十一

混 胡本反　睔 大目

梡 梡梱木薪　梱 梱梡木　橐 橐也　[illegible] 大皀

焜 煌也　本 蒲忖反　𡴀 古　笨 竹裏

畚 蒲器　損 蘇本反　䐣 膹屬　衮 古本反

鯀 禹父　掍 同　丨 上下通　緄 織帶

輥 轂齊貌　梱 苦本反　䠓 瘃足　壼 宮中道

稇 絭束　悃 誠志　壿 慈損反　蓴 叢艸

噂 聚語　剸 滅也　僔 聚也　鱒 赤目魚

繜 似襜褕　刌 倉本反　忖 度也　笨 徒損反

庉 樓墻　黗 黃濁黑

很部二十二

很 呼狠反　詪 眼戾

墾 康狠反　齦 齧也　豤 豕食貌　懇 悃也

旱部二十三

旱 胡旰反　亶 多旱反

坦 他但反　散 蘇旱反　饊 熬稻　㪔 分離

繖 蓋也　但 徒旱反　誕 詞誕　𨓚 古

膻 肉膻　觛 小觶　蜑 南方夷　瓚 藏旱反

稈 古旱反　秆 同上　皯 面黑　盰 目多白

侃 空旱反　衎 行喜貌　罕 呼旱反　[illegible] 旱反

厂 山石崖　厈 [illegible]　嬾 洛但反

緩部二十四

緩 呼管反　𦅈 同

赧 赤色　澣 濯衣垢　浣 同　短 都管反

疃 吐短反　算 蘇短反　匴 漉米藪　管 古短反

琯 同上　輨 車鞁具　脘 胃府　筦 筟子

輨 轂耑鍇　卵 盧管反　款 苦管反　款 同

燠乃管反 渜湯也 纂作管反 籫竹器
酇百家 儧最也 纘繼也 滿莫早反
伴薄早反 扶並行 斷時管反 躖踐處
卵鳥管反 盌小盂

綰部二十五

綰烏版反 版布綰反
昄大也 瓪瓦也 赧奴版反 㬎昷溼
戁敬也 睆户版反 鯇魚名 [illegible]武版反
齗五版反 僩下赧反 武貌

說文解字篆韻譜卷三上終

說文解字韻譜上聲卷三下

目錄並見上卷

產部二十六

產所簡反 犍畜犍
滻水名 限呼簡反 睯大目 簡古限反
橺大木貌 柬分別 簡簡存 [illegible]漸也
棧棧仕限反 嶘山高 僝具也 轏車名

眼五限反 晚武眼反 羼初限反 殘[illegible]也
鏟平鐵 醆阻限反 琖玉爵

銑部二十七

銑蘇典反 跣足親地
毨毛盛 姺商諸侯 洗洒足 腆他典反
古 錪釜也 靦面見 䩄同
㥏慙也 典多殄反 古 琠玉名

箪亭歷　蜓蝘蜓　襺纊袍衣　蜆縊女蟲　泫胡畎反　件其輦反

敟主也　繭古典反　䵎黑皴　垷涂也　閔試[illegible]鍾　甗魚蹇反

殄徒典反　古　晛呼殄反　顯呼典反　聯目童子　齞口張覽

古　[illegible]小束　睍小目　繟著掖軨　鄿周邑　辯符蹇反

沔米兖反　丏不見　蕌蕌勉　雋蟲雋蟲食　吮敕也　孌慕也

緬微絲　愐勉也　戀憂也　雋徂兖反　蜎狂兖反　婁

鞧勒靼　愐厲也　臇醉兖反　沇以轉反　䜌力兖反　轉陟兖反

湎沈於酒　褊方沔反　熯同　㕣山間泥　孌順也　卷居轉反

𠔉摶飯　緛衣䘢　叏　喘疾息　剬旨兖反　鱄圓魚也

耎而兖反　蝡動也　碝石次玉　篆持兖反　𢇍截也　闢開閉門利

䓴木耳　[illegible]柔韋　舛昌兖反　縳白鮮色　剸同上　孨謹也

媆作軟非　古　踳同　瑑圭璧文　[illegible]小卮　僔等也

選思兖反　綄同　於丑善反　橪人善反　辡罪人相訟　鞙車縛輐

巽石也　鯇魚也　蚩蟲曳行　僆意　贙分別　扁方泫反

蹼同　勉強也　蕆備也　熯乾貌　炫闇燿　辮交也

冕七辡反　挽生子　揙婢沔反　矏邦免反　鉉舉鼎　犬苦泫反

乀姑泫反 埍女牢 𠥻同 獮部二十八 赻俗作尠 演長流

甽古 撚乃殄反 躽仰身 癬乾瘍 戩長搶

眏篆 䁙於殄反 獮息淺反 鮮魚也 踐慈衍反

縲落也 蝘蝘蜓 禒同 衍怡淺反 陖水自

後迹也 嫸旨善反 鐥擊也 蠡蟲也 燀灼也 書小瑰

衛蹈也 䁣視而止 展知衍反 淺七衍反 緂偏緩 繾繾綣

諓善也 樿木也 㠭極巧視 闡昌善反 繟帶緩 譱嘗演反

俴淺也 顗倨現人 襢丹穀衣 幝車獘貌 遣去演反 善篆

僐作姿 蹇九輦反 剪齊斷 輦力展反 膞小卮 蠰香兗反

鱓魚名 𡫸走兒 橬木也 槤瑚槤 僎士免反

十三上之十上 蟺夗蟺 攓拔取 搣滅也 腨市兗反 㞡尼展反

墠野土 翦即淺反 戩福祥 膞切肉 報作輾非

篠部二十九 皎古了反 蔦寄生 了盧鳥反 瞭目明 七下之八下 窅鳥皎反

璬玉佩 楇同上 蓼辛菜 朓土了反 宵深目

篠先鳥反 恔憭也 杓禾危穗 鄝地名 曉呼了反 昱望遠合

譑誘也 鳥都了反 扚疾擊 繚纏也 鐃鐵文 旚旗屬

杳 冥也
窈 深遠
宦 樞聲
騕 騕褭
褭 奴鳥反
嬲 娚也
嬈 戲弄
誂 徒了反
窔 深極
嬥 直好
挑 輕弄也
皛 胡了反
芍 莧茈

小部 三十

小 私兆反
肇 治小反
灱 灼龜坼
兆 古
趙 國名
肈 擊也

䍦 羊未歲
旐 龜蛇四游
垗 塍也
鮡 魚名
絩 綺絲數
肁 始開
少 書沼反
邵 地名
夭 於兆反
繞 而沼反
擾 煩也
犪 牛柔謹
縹 敷沼反
瞟 瞭也
僄 疾也
標 木末
眇 亡沼反
鷦 雖鷦
篎 小管
杪 木末
秒 禾芒
淼 或作渺
紹 市沼反
古

卟 卜問
袑 絝上
矯 居天反
敿 繫連
撟 舉手
蟜 蟲也
嬌 竦身
表 悲撟反
古
覞 方小反
蔈 苕之黃華
藨 平表反
受 落也
悄 親小反
繰 帛紺色
鷕 以沼反
舀 杼臼
抭 同上
眺 亦倒
沼 之少反
剿 子小反
林 相高也
醥 釃酒
湫 隘下也

摷 拘擊
勦 勞也
僚 力小反
燎 放火
憭 慧也
摽 符少反
膘 敷紹反牛脅後髀前合革肉也
巢下巧反

巧部 三十一

巧 苦交反
亦古
飽 博巧反
古
丣 莫飽反
古
昴 星名
絞 古巧反
盄 器也
㽱 腹中急
佼 交也
狡 少狗
烄 交木然

敹交灼木
攪亂也
爪側巧反
瑬車蓋玉瓄

叉手足甲
抓搔掐也
鮑蒲巧反
齩五巧反

橚山巧反
撓奴巧反
獟盧皓反

鬻尺沼反俗作炒煼𤍽皆非

顥部三十三

昦夏天
浩澆也
顥胡老反
滈久雨
穃禾名
灝豆汁

鰝大鰕
鎬温器
晧日出貌
皞晧旰

袌薄昊反
[illegible]
勹覆也
老盧浩反
潦雨水大

藔乾梅屬
橑椽也
[illegible]同上
轑輻也

討他浩反
道徒浩反
古
稻稌也

𡿺奴浩反
𡝩恨痛
島都浩反
禱求福

栳或省
叟一
禂祭名
𩦠同

擣手推
擣保也
倒仆也
嫂蘇老反

蓃草也
埽除糞
草七早反
懆愁不安

早子浩反
棗羊棗
璪玉節
澡酒身

璪石似玉
藻水草
藻同
𧖴齧人蟲

蚤同
杲古艸反
梂木也
稾稈也

夰放也
臭大白澤
縞縋鮮色
好呼浩反

媢匹保反
冃重覆
寶博抱反
古

保養也
[illegible]古
古
葆艸盛

鴇鳥也
[illegible]同
宲藏也
[illegible]相次

緥小兒衣
考苦浩反
攷擊也
丂气欲舒

祰告祭
栲山樗
槀木槁
芺鳥浩反

[illegible]鳥也
媪母老稱
襖裘屬
懊懊惱

腴藏肉
草非艸反草斗櫟實也皂阜皆非
哿部三十三
哿古我反
舸舟也
可康我反
坷坎坷
騀馬搖頭
ナ臧可反
軻康我反
砢來可反
我五可反
古
哆丁可反
韗垂貌
果部三十四
果古火反
裹纏也

淉水名
蠃蜾蠃
蜾同上
火呼果反
邩地名
朵耑火反
穤禾垂貌
媣量也
檽董也
垜堂墊
埵堅土
瑣穌果反
瞶幣也
顡麥屑𣪠
貨貝聲
溑水也
鎖鐵鎖
惰徒果反
惰同上
嫷古
隋裂肉
陊作墮非
橢車笭中器
嶞山皃

鰖
叏
鑙大犁
隓山貌
嫷好貌
頗普火反
駊駊騀
婐鳥果反
蠃郎果反
蔽在𦿼蔽
嬴畜疫病
蠃祖也
祼同上
爐鄉中病
扁獸名
禍胡果反
夥多也
瘸惡送鶩詞
顆苦果反
敤研治
坐祖果反
古
㛂五果反
厄厄盖

跛布火反
彼蹇
麼亡果反
馬部三十五
馬莫下反
古
叏
者之也反
赭赤土
野羊者反
埜古
冶消也
也詞也
廿秦
刻若支
雅五下反
疋同
庌廡也
假古雅反
假至也
蝦大遠
叚借也
古

段亦古 檟楸也 椵木名 斝玉爵

丅呼雅反 下古 夏中國 古

廈屋也 姐茲也反 寫悉也反 且七也反

社常者反 社古 捨書冶反 寡古瓦反

冎剐人肉 丫羊角 瓦五寡反 把博下反

靶擊 [illegible]傍下反 奼呼瓦反 蘳黃華

二之十五下

踝足踝 觟牝牂羊 稞淨穀 鰈鱧也

趘車下反 午苦瓦反 鮺側下反 槎仕鮮反

灺似下反 問火下反 惹人者反 奼坼下反

奲唱者反 寬大也

養部三十六

養余兩反 古

蛘搔也 勨緜緩 象徐兩反 樣栩實

像寫也 襐飾也 蔣即兩反 [illegible]剖竹

獎嗾犬厲之 兩良蔣反 兩再也 [illegible]脥[illegible]

蜽蛧蜽 从二入 緉履兩隻 弜其兩反

滰浚乾漬米 鞅於兩反 抰車鞅擊 紻纓也

仰魚兩反 想息兩反 掌諸兩反 爫反爪

爽疏兩反 爽篆 敞昌掌反 氅鳥毛

紡妃兩反 [illegible]澤虞 昉明也 響許兩反

饗鄉飲酒 亯獻也 享篆 曏不久

蠁知聲蟲 蝄同上 丈直兩反 杖持也

壤如兩反 [illegible]肥也 [illegible]裏也 賞書兩反

饟晝食 餳同 仿妃兩反 [illegible]

旊搏埴工 网文兩反 罔同 網亦同

罔古 罔叏 蛧蛧蜽 枉紆往反

攱放也 往于兩反 古 怳許紡反

上時掌反 丄古 長知兩反 甀初兩反

繈居兩反 繈絲類也 𧙃丑兩反 騦驚走

蕩部 三十七

蕩徒朗反 蕩大竹

簜大竹篇 盪滌器 璗玉名 惕放也

潒水廣 像放也 廣古晄反 顙蘇朗反

醓黨朊反 黨多朊反 攩朋群 讜直言

郒地名 朊盧黨反 筤籃也 曩奴朗反

沆胡朗反 伉人名 旇莽旇 曭他朗反

儻倜儻 莽謨朗反 莽同上 櫎胡廣反

帷屬作幌非 晄明也 駔祖朗反 奘强犬

奘駔大 忼苦朗反慨也俗作慷非是

榜比朗反作膀非

梗部 三十八

梗古杏反

郠莒邑 鯁魚骨 哽古礙反 骾骨留咽

埂秦謂阬 丙兵永反 秉禾秉 綆汲綆 怲憂也

郱宋邑 炳明也 景居影反 儆戒也

璥玉也 警戒也 憼敬也 境疆也

省所景反 眚古 楮木參交 眚目病

媘減也 渻水減 永榮皿反 皿武永反

盌土穴 冏俱永反 憬覺寤 杏何梗反

莕菨餘 荇同 廱蒲猛反 冷魯打反

櫎古猛反 礦金朴石 卝古 獷犬也

猛莫杏反　蜢虴蜢

耿部三十九

耿古㚔反　㚔莖耿反

倖傲倖　鮩兵永反　鄳武幸反　黽鼃黽

叟

靜部四十

靜疾郢反　彭清飾

竫停安　靖立靖　埩治也　整之郢反

騁丑郢反　逞通也　鞓驂也　程祖也

郢以整反　梬棗也　潁余頂反　穎禾末

領良郢反　嶺山道　頸居郢反　餅必郢反

屏蔽也　庰同上　頃去穎反　高小堂

廎同　徎丑郢反　井子郢反　請七井反

郻於郢反　癭頸病　廮縣名　痙巨頸反

悜恨也

迥部四十一

炯古迥反　熲火光　迥呼炯反　泂滄也

頂同上　叟　炅見也　頂都挺反

打擊也　珽他頂反　鼎和五味器　酊酩酊

町鹿踐處　𡈼善也　訂平議　侹長皃

頲狹頭　梃徒鼎反

挺拔也　娗女出病　鋌鐵也　艇小船

謦去挺反　漀側出泉　䒱烏迥反　檾口迥反

褧單衣　絕匹迥反　婞胡頂反　緈直也

脛腳脛　竝蒲迥反　茗莫迥反　酩酩酊

溟溟涬

拯部四十二

抍烝上声　撜同

說文解字韻譜 卷三 四六 第三函

輦軺車後登　等部四十三　古　有部四十四　古　留魚粱

古　罶同上

等多肯反　有云九反　栖力九反　瀏流清

冃苦等及　友同志　茀鬼葵　綹緯十絲

丑敕九反　鈕雜飯　珇古　肘陟柳反　久舉友反　灸灼也

杽手械　[illegible]地名　𠜱刺也　疛小腹病　玖黑石次玉　妞女字

狃女久反　紐系也　胆食肉　朽許久反　韭菜名　百書九反

粈鹿豆實　鈕印鼻　徠復也　殏同　九陽數　省古

說文解字韻譜 卷三 四七 第三函

手拳也　負背揭物　餌兩皇之間　不烏飛翔　汨水吏　齨老人齒

古　阜大陸　缶方九反　肉人久反　輮車輞　臼舂穀

守守官　古　釗刀揩　蹂篆　粈雜飯　咎災也

婦房九反　萯王萯　否不也　楺屈申木　臼其九反　倃毀也

麔牝麋　酉與久反　誘同　歔言意　緌綾也　鯫七垢反

[illegible]怨仇　古　誦同　庮朽木屋　醜昌久反　糗去久反

舅甥舅　莠惡草　古　受植酉反　酒子酉反　溲跣有反

紂除柳反　菱相誅呼　牖穿屋　壽老年　帚之九反

厚部四十五

厚 厚呼口反　垕 古

後 後遲也　逡 古　后 后君也　郈 郈鄉名

茩 茩薢茩　㫗 㫗厚也　母 母莫口反　鴝 鸜鴝

某 某酸果　槑 古　牡 牡畜父　拇 拇將指

畮 畮田百步　晦 晦同上　部 部薄口反　篰 篰兩爰

瓿 瓿甂也　脴 脴豕肉醬　斗 斗當口反　捊 捊布斗反

𣲽 𣲽乃后反　耇 耇古后反　玽 玽似玉　苟 苟草也

笱 笱曲竹捕魚　狗 狗犬也　蚼 蚼食人犬　垢 垢濁也

偶 偶五口反　蕅 蕅芙蕖根　髃 髃肩前　耦 耦耦耕

叜 叜蘇后反　傁 傁同上　叜 叜　瞍 瞍無目

籔 籔炊箕　藪 藪澤也　剖 剖浦后反　婄 婄不肎也

毆 毆烏口反　歐 歐吐也　走 走子垢反　口 口苦后反

訽 訽扣也　叩 叩藍田鄉　扣 扣牽馬　釦 釦金飾口

呴 呴呼后反　鴝 鴝天口反　[illegible] 魚也　妵 妵女字

鋀 鋀酒器　[illegible] 同

黝部四十六

黝 黝於糾反　泑 泑澤在昆侖

[illegible] 魚也　[illegible] 蹴鼻　[illegible] 愁兒　怮 怮憂兒

糾 糾居黝反　赳 赳輕勁

寑部四十七

梫 梫桂也　棪 樻槌　[illegible] 地名　荏 荏蘇也　恁 古

蔓 蔓艸覆地　㐭 㐭力稔反　𡘋 侵大　羊 羊撖也　㑴 㑴弱兒

寑 寑七稔反　𥧂 𥧂病臥　廩 廩同上　癛 癛寒也　飪 飪火熟　衽 衽衣裣

叏　朕 朕直荏反　菻 菻蒿屬　稔 稔如甚反　胜 古　妊 妊孕也

枕章荏反　審篆　古　品披飲反　古　㷊知朕反

煩頭枕　諗告也　甚桑實　稟筆錦反　蕈慈荏反　戡行甚反

沈式荏反　瞫深視　醋子朕反　歆於錦反　瀋昌枕反　抌深擊

宷悉也　甚常枕反　錦居飲反　古　趛牛錦反　唫目錦反

感部　四十八

藺　菡藺　韽古禫反　憯　痛也　紞作　髧非　惂　憂困

噆　含深　慘七感反　㜗　貪也　坎苦感反　歁食不滿

感古慘反　糝　糜和　朁　曾也　寁子感反　韇　舞也　弓胡感反

禫徒感反　窞坎中小坎　黲淺青黃　黕都感反　顑飢面黃　淊泥水

䇮竹弱　頷面黃　盬　盬醢　黭果實黑　橬叟　巉山巇崿

東木垂華實　頷頤頷　襑衣大　潤大水至　糝古　顲盧感反

摵作撼非　嗿他感反　黮桑葚之黑　罯覆也　顉五感反　壈坎壈

蜭毛蠹　䏙肉汁滓　晻烏感反　糂桑感反　媕含怒　湳奴感反

敢部　四十九

歆　古　菼　同　黵　火污　憺　安也

覽盧敢反　纃作毯非　淡徒敢反　槧才淡反

敢古覽反　擥撮持　緂衣色鮮　啗食也

敢　叏　𦵹土敢反　膽都敢反　啖　噍啖

琰部　五十

琰以冉反　剡銳利

校遬其　蘞同上　獫長喙犬　嬐敏　芡雞頭　痳交剝也

錟火行　撿拱也　貶方斂反　隒崖也　檢居奄反　叓

斂良冉反　險虛檢反　叓傾覆　噞噞喁　瞼目上下瞼　染汙也

蘞白蘞　譣詖也　顩魚檢反　儉巨險方　冉而琰反　霂而濡

姌弱長　睒暫視　陖不媨前却　郶國名　揜取也　漸慈冉反

媣諟也　覝暫見　讇丑琰反　裺福也　嬐女心嬐嬐　蔪草相蔪苞

儑闕　夾盜窃物　諂同上　渰雲雨皃　媕誣拏　蘻同

陜失冉反　閃窺闚中　奄衣檢反　掩歛也　弇葢也　螹螹離

⿱斬酉閔　槧牘樸　檿山桑　魘於琰反　颭隻冉反　厭笮也

忝部五十一

點多忝反　𠚍缺也　忝他玷反　簟徒玷反　炶火光　驔驪馬黃脊

歉苦簟反　鼸兵檢反　淰乃忝反　嫜下志貪頑

湛部五十二

湛宅減反　古

醶初減反　減古斬反　斬側減反　黯乙減反　槏苦減反

檻部五十三

㺊山檻反　檻胡檄反　㺌犬吠不止　黤於檻反　黬息也

儼部五十四

儼魚檢反　广因广為屋

笵部五十五

笵符泛反　犯侵也

軓 軓車軾前 範 範範軷 范 范草也 凵 凵丘犯反

[illegible] [illegible]明范反 腦蓋也

說文解字篆韻譜卷三下終

說文解字篆韻譜去聲卷第四

嘯部三十四 笑部三十五 效部三十六
号部三十七 箇部三十八 過部三十九
禡部四十 漾部四十一 宕部四十二
敬部四十三 諍部四十四 勁部四十五
徑部四十六 證部四十七 嶝部四十八
宥部四十九 候部五十 幼部五十一

沁部五十二 勘部五十三 闞部五十四
豔部五十五 㮇部五十六 陷部五十七
鑑部五十八 釅部五十九 梵部六十

送部一

送 送蘇弄反 送 史
鳳 鳳馮貢反 鳳 古 鳳 古 貢 貢古送反
贛 贛賜也 贛 史 篢 篢杯答 ⿱艹贛 ⿱艹贛薏苡

⿷匚贛 ⿷匚贛水名 ⿰木贛 ⿰木贛同 弄 弄盧貢反 梇 梇木也
涷 涷多貢反 棟 棟極也 蝀 蝀螮蝀 湩 湩乳汁
控 控苦貢反 瓮 瓮五貢反 罋 罋瓶也 洞 洞徒弄反
迵 迵過也 衕 衕通街 眮 眮轉目 同 同共也
駧 駧馬急走 痛 痛他貢反 仲 仲直眾反 㝱 㝱莫鳳反
夢 夢不明 霿 霿莫弄反天氣下地不應 眾 眾之仲反

諷 諷方鳳反 賵 賵撫鳳反 糉 糉作弄反蘆葉裹米俗作粽

宋部二

宋 宋蘇弄反 綜 綜子宋反
統 統他綜反

用部三

用 用余訟反 用 古
頌 頌似用反 頌 史 誦 誦諷也 訟 訟爭也
訟 古 共 共渠用反 共 古 縱 縱足用反

從慈用反 種之用反 重柱用反

絳部 四

絳古巷反 降下也

𨛜乎絳反 鬨鬭也 鄉里中道 巷篆

戇陟降反愚也

寘部 五

寘支義反 忮很也

觶飲酒角 同 同 避毗義反

惴朱睡反 詈力智反 賜斯義反 [illegible]草也

䞈詭偽反 帔披義反 貱彼義反 詖辯論

䝯逸子 被平義反 鞁車駕具 髲鬄也

寄居義反 臂卑義反 騎奇寄反 芰蔆也

同 鬾鬼服 刺七賜反 莿七朿反

諫數諫 朿木芒 易以豉反 伿惰也

貤重次第 豛傷也 傷輕也 義宜寄反

羛墨子義字 誼人所宜 議語也 譬匹賜反

[illegible]知義反 古 戲香義反 企去智反

古 伎頃也 縊於賜反 [illegible]施智反

同 啻不啻 翨鳥翮 餧於偽反

萎食牛 [illegible]羊相[illegible] 偽危瑞反 恚於避反

[illegible]不悅貌 睡是偽反 瑞符信 [illegible]雖也

娷竹恚反 諈諉也 諉女恚反 錗側意

棰地偽反 甀小口罌 縋以繩懸 硾鎮也

[illegible]前智反 [illegible]積也 漬漚也 [illegible]羊相[illegible]

[illegible]是義反 豉俗 纍[illegible]偽反

至部 六

至脂利反 古

鞜蓋杜綌 鷙擊殺鳥 摯握也 蟄至也
鏊田器 位于愧反 鬽明祕反 魅同上
古 叀 媚悅也 遂徐醉反
古 豙從意 燧陽檖木 旞全羽
櫝同上 采禾成秀 穗同 燹烽燧
隧 鐆陽鐆 穟禾采貌 蓫同

襚贈襚 憱深也 醉將遂反 檇地名
邃雖遂反 祟神禍 叀 粹不雜
墜相毀 誶讓也 類力遂反 淚悲涕
禷祭名 祕兵媚反 轡馬轡 眣直視
秘櫝也 粊惡米 毖慎也 卹好貌
閟閉門 匱求位反 蕢草器 臾古

韇革繡 饋餉也 櫃椐也 備平祕反
古 葡具也 搆具齒 糒乾飯
瀵滿也 奰壯大 絥車絥 茯同上
鞴亦同 鞁駕馬 媿俱位反 愧同
餽祭也 騩馬淺黑 帥所類及 帨巾也
嗜常利反 利力至反 古 隸臨也

憝憂也 致陟利反 菽草大 疐礙不行
鷙馬重貌 㨖刺也 輊車低貌 躓疐也
棄詰利反 古 叀 𡰥尼也
濞匹備反 淠水名 寐密二反 樨直利反
緻密也 植常也 穊几利反 覬覬覦
驥千里馬 冀北方州 洎其冀反 暨及也

泉眾詞　古　湶水也　墍仰涂

垍堅上　翠七醉反　二而志反　古

貳副益　樲酸棗　恣茲四反　𣨛死復生

骴殘骨　次七四反　古　覬窺覦

鬄用梳比　絘績所緝　佽便利　懿乙冀反

鷧鶂也　饐食傷餲　欭嚘也　四息利反

叏　三古　泗水名　牭四歲牛

樲叏　柶七也　駟乘馬　𩭿同

肆極陳　同　古　蕼赤蕼

器去冀反　季居悸反　鼻毗至反　痺足氣不生

坒地相次　比密　古　畀必至反

箅甑底　痺濕病　庇蔭也　萃秦醉反

頪顡頪　悴憂也　轛追萃反　地徒四反

叏　𧰨芊至反　古　叏

隸習也　隸叏　肆篆　隸瘞也

示神至反　古　視瞻也　古

古　謚行之迹　自疾二反　古

與自同　呬虛器反　𪖐臥息　霓遇雨而止

喟丘貴反　嘳同上　𩪘足脛骨　䰎屈髮

塈止利反　痵其季反　倭左右視　悸心動

𥨊熟寐　膩女利反　劓魚器反　劓同上

饐許位反　燹火也　墜直類反　䃂同

懟怨也

志部七

志職吏反　誌記也

値直吏反　飤糧也　弑臣殺君　芓痳母　刵斷耳　置陟吏反

寺詳吏反　笥相吏反　葴側吏反　辭仍吏反　佴伕也　使疏吏反

嗣繼也　伺候望　吏力置反　餌同上　姆女号　蝬列也

古　試式吏反　字疾置反　珥瑱也　毦羽毛飾　駛疾也

侍時吏反　誋誠也　古　幟旌旗屬　亟去吏反　异羊吏反

蒔更別種　畀舉也　饎熟食　意於記反　事鉏吏反　異分也

忌渠記反　惎毒也　䬴同上　記居吏反　古　萁茅也

碁忌也　熾昌志反　糦同上　迓同　戴千志反　厠初吏反

眙丑吏反

未部 八

菋荎著　寘草木賣字　媦女第　鬻方未反

魅厲鬼　貴居胃反　渭水名　緯橫絲　沸渒沸

熹許記反　未無沸反　謂云貴反　彚與彙同　緭繪也　費房未反

味五味　胃穀府　蝟刺毛蟲　巍魚貴反　樻木名

萉枲實　古　慰安也　穬稻不黏　蜚同上　費菩未反

癩同　蔚牡蒿　諱許貴反　扉扊也　[illegible]獸也　髴芳未反

𡰥俗作尉　罻捕烏网　欷居气反　屝隱也　𡐓塈也　既居未反

畏惡也　褽衽也　翡扶沸反　𧔥臭負蠜　誹扶味反　旡亡食逆氣

說文解字韻譜 卷四 十二 第三函

古 豦 豕怒 饑 亦同 咥 大癹 九 御部 慮艮 據反

十七之六 蘢草 多貌 忍 怒也 急 凝貌 气去 既反 劚 助也

毅魚 既反 氣許 既反 愾 太息 御牛 據反 鐻錯 銅鐵

蘾煎 茱萸 鬃 同上 鎎 怒戰 古 據居 御反

踞 蹲也 曙 曉也 著陟 慮反 飫 飽也 助牀 踞反 預 通用

倨 不遜 怨商 署反 跣踈 倨反 淤 澱滓 借稅 譽 稱也

鋸 刀鋸 古 褸依 倨反 醧私 燕飲 豫羊 茹反 鶋 卑居

署常 怒反 庶 眾也 瘀 積血 遽其 踞反 古 礜 石也

說文解字韻譜 卷四 十三 第三函

麌 大鹿 茹人 庶反 去丘 據反 遇部十 廚 同 尌 立也

念 悅也 滓 漸濕 麩麥 甘鬻 禺 猴屬 耇老 人行

箸遲 倨反 翥章 庶反 狙七 去反 遇牛 具反 樹常 句反 澍 時雨

絮息 倨反 覷七 慮反 寓 寄也 古 侸 立也

裋 布襦 鮒 魚也 馵馬 後足白 句詞 止處 鱹 魚名 裕衣 寬也

附符 遇反 坿 益也 狂黃 大黑頭 瞿 視貌 戍傷 遇反 籲 呼也

祔 祭名 酺 頰也 鑄 銷金 䀠左 右視 隃 地名 孺四 遇反

駙 駙馬 注之 戍反 僂九 遇反 畀舉 䀠驚視 諭羊 戍反 赴芳 遇反

趴趣越貌
仆頓也
[illegible]疾也
務亡遇反
敄強也
𦍩六月生羔
嵍山也
鶩亂馳
霧地氣
婺務女
懼其遇反
古
具備也
芋王遇反
霧水音
聚才句反
㝡積也
埾積土
數色句反
付方遇反
賦陳也
傅訓保
薄華葉布
陚丘名

髻結也
趣七句反
娶取婦
駐中句反
邁馬不行
壴陳樂
住持遇反
嫗衣遇反
詛莊助反
嫿將預反
煦香句反
昫火句反
酌查遇反

暮部十一

莫莫故反
慔勉也
慕習也
墓丘也
募廣求
度徒故反

渡濟也
路洛故反
璐玉也
賂遺也
鷺白鷺
簵箘簵
古
潞水名
露潤澤
輅車輅
妒當故反
殬敗也
宼奠爵酒
蠹木中蟲
螙同
兔湯故反
顧古暮反
固堅也
菌草也
棝射鼠斗
故事也
痼久病
錮鑄塞
悟五故反

古
誤謬也
晤明也
㝛寤也
寤覺也
古
啎逆也
護呼誤反
互差互
笠收絲器
枑行馬
瓠匏也
罡罟也
婟嫪也
泝桑故反
遡同
素質也
訴告也
𧦝同
愬同
胙昨誤反
䖒且往
阼主階
怒乃固反

篏烏籠
布博故反
污烏故反
措倉故反

酢作醋
捕薄故反
步徐行
荹草也

哺哺咀
謼荒故反
庫苦故反
胯股也

綔俗作綔
[illegible]苦步反
怖普庫反
俌同上

霽部十二

霽子計反
擠排也

濟渡也
帝都計反
系古
諦麥也

㨽撮要
[illegible]同
螮螮蝀
嚏悟解气

締不解
蔕瓜當
柢木根
趆趍也

逜怒不進
嚌在詣反
眥目匡
劑齊也

穧穫刈
齌炊鋪疾
普他計反
普同

替亦同
薙除草
睼迎視
禘禘也

鬀俗作剃
洟俗作涕
禘特計反
娣女弟

遞更易
遰去也
踶衛足也
睇目褻視

棣白棣
杕樹貌
軑車轄
[illegible]高也

鈦鐵鉗
弟次弟也
弟古
悌善兄弟

鬄大計反
髢同
砌干計反
䁢戚細反

細蘇計反
壻丈夫
婿同上
滷水名

詣五計反
毀敗也
覞內視
睍衺視

羿羽之羿風
弙古射官
計古詣反
薊草也

蘻狗毒
檵枸杞
檕繘耑木
郹國名

繫縛也
轚車相擊
繼續也
髻總髮也

系呼計反
[illegible]同
叀
盻恨視

係絜束
契苦計反
栔刻也
督省視

罄器中空
[illegible]恐也
[illegible]怖也
翳於計反

殹擊中聲 窫靜也 殪死也 古
曀陰而風 㥷靜也 撎舉手下手 医藏弓矢器
壇天陰塵 閉博計反 嬖便嬖 慧呼桂反
惠仁也 古 譓胡計反 槵木也
潓水名 蟪蟪蛄 桂古惠反 麗郎計反
古 篆 戾曲也 珕蜃屬

莀草可染 荔薜荔 隸附箸 隸篆
欐木也 癘雍也 䙺求也 沴水不利
盭弼戾 綟草染色 唳鶴鳴 薜蒲計反
醳擣榆醬 嚖呼惠反 嚖同 媲匹計反
渒匹制反 謎莫計反

祭部十三

祭子例反 穄穈也

際壁會 歲相銳反 衛于歲反 𧗿牛踶
衛豚屬 熭暴乾 鏏鼎也 軎車軸耑
轊同 讆寱言 芮而銳反 汭水相入
蜹蚊也 蜹同上 贅之芮反 𣀞楚謂卜
毳此芮反 脃小耎 𧬕謹也 𥜓數祭
銳以芮反 厲史 叡深明 睿史

叡史 綴直衛反 芮竹名 餟祭酹
稅輸芮反 餟小餟 𢄔禮巾 稅送死衣
涗溫水 蛻蛇蟬蛻 獘毗蔽反 斃死也
幣帛也 術敗也 敝敗也 竁楚稅反
彗祥歲反 篲同上 古 槥棺櫝
繐布也 繕蜀細布 蔽必被反 鄨蜀縣

袂彌獘反 製裁也 誓誓約 曳餘制反 裔衣裾 勩勞也
制征例反 狾狂犬 譬箸日筮 玦石夾玉 古 丿抴也
古 遾時制反 澨水名 呭多言 泄水名 怈習也
迣度也 嗌陷也 銴銅五色 詍同 抴臥引 埶魚祭反

欁木相摩 滯凝也 癘疫也 濿同 世舒制反 罽魚網
欁同 璏劍鼻玉 厲同 駕夾第馳 勢盛力 互豕頭
寱瞑言 苦草補缺 巁巍高 蠇蚌屬 瀓眦蔽反 瀱泉出貌
蘻直例反 例力制反 砅履石渡 礪礪也 蘮居例反 𦇍胡毳布

緆於蔚反 愒去例反 䂁尺制反 濊沾滯 劓去鼻
瘞幽薶 揭高舉 瘛小兒病 𢤸所例反
趨狙例反 劌俱衛反 愷愾小怒 鯯魚例反
跇述也 鱥魚也 瘛引縱 贅同上

泰部十四

泰他帶反 古

蓋古太反 藹晻藹 淶淶沛 妎妒也 蹛踶也 跟步行躐
匃乞也 壒塵也 大徒蓋反 𨖍無違 貝博匃反 郝郡名
艾五蓋反 靄雲貌 汏淅澗 夆相遮害 鯑魚名 會黃外反
藹於蓋反 柰奴帶反 害呼帶反 帶當匃反 犻二歲牛 古

繪會五采 禬會福祭 劊斷也 巜水流 儈合市 外古

兌杜外反 䯤五采束髮 獪狡獪 檜松葉柏身 最祖外反 旆蒲匃反

娧好也 廥芻藁之藏 刉畫傷 襘帶所結 蠥蟲也 怖蒲昧反

旝古外反 膾細切肉 澮水名 鄶鄭地 外五會反 蔡倉大反

啐七外反 櫔麗也 瀨寒也 寱塞也 嘅苦蓋反 翽飛聲

賴洛帶反 癘惡疾 濊呼會反 薈烏外反 𥎞矛屬 鉞車鑾聲

犡牛白脊 [illegible]魚也 檜苦會反 黵沃黑色 欬草气也 祋丁外反

籟三孔籥 瀨水流沙上 薉麁最反 嬒女黑色 譢呼會反 餀呼艾反

頪郎外反 祱送死衣

卦部十五

挂懸也 賣莫懈反 林葩之總名

酹醱祭 沛普蓋反俗作霈非 懈古賣隘反 畫呼卦反 澥水名

駾他外反 卦古賣反 隘烏懈反 絓絲結 𠂢水別流

蛻蛇易皮 詿誤也 隘古 派匹賣卦反 䋝散絲

稗旁懈反 曬所賣反 睚五隘反

怪部十六

犕蒲拜反 畍田畔

粺毇也 債側賣反 眦士懈反 𤺋同上 玠大也

[illegible]哲賣反 瘥楚懈反 邂胡懈反 怪古壞反 戒古拜反 誡敕也

譮呼卦反 㾛於賣反 噫憶界反 介大也 鴶鳥名

丰 草蔡　開 門扇　疥 搔也　价 善也
屆 行不便　劵 鬠結　夼 大也　尬 尲尬
悈 急也　馻 系馬尾　芥 菜也　械 乎介反
饖 葉也　齘 齒相切　衸 袥也　瀣 沆瀣
捭 搏怪反　拜 揚雄字　古　壞 下怪反
古　叏　聵 五怪反　[illegible] 同

類 頭剻類　顡 癡不聽明　蔽 苦怪反　郂 鄉名
噧 訶介反　眉 許介反　肄 臥息　[illegible] 火戒反
忿 呼介反　忦 五介反　譺 騃也　喝 於介反
涀 普拜反　鄒 側介反　瘵 病也　鎩 所拜反
犗 古拜反

夬部十七

夬 古邁反　快 苦夬反

噲 咽也　邁 莫話反　邁 同上　勱 勉也
譪 譀也　敗 薄邁反　敗 叏　退 數
蠆 丑介反　蠆 同　[illegible] 劣也　話 下夬反
譮 叏

彖部十八

彖 徒計反　蠡 蠭也

豙 侈也　懟 怨也　懟 同　錞 牙下銅

佩 蒲妹反　邶 商邑　孛 邑孛然　妹 莫背反
昧 酉晦　眛 日不明　昒 日冥遠視　韎 茅蒐染韋
頪 昧前　配 滂佩反　誨 荒妹反　詯 膽气滿
斛 易卦上體　晦 月盡　悔 悔恨　沬 洒面
古　對 都隊反　對 同　[illegible] 市
碓 舂也　復 他內反　衲 同上　退 古

潰 乎對反
讃 中止
殨 爛也
闠 市外門
繢 織餘
凷 苦對反
塊 俗
碎 蘇對反
瓶 碎也
繀 織繀
內 奴對反
耒 盧對反
莱 耒耕多草
邦 桂陽縣
頪 頭不正
纇 絲節
勵 推也
背 補妹反
輩 等輩
磑 五對反
焠 七內反
淬 滅火器
倅 副也
晬 子內反
綷 子對反 會五采繒邑也
櫃 古悔反 匡當

代部十九

代 徒耐反
逮 及也
隶 同上
隸 同
岱 太山
黱 作黛非
酨 酢漿
帒 囊也
載 作代反
再 兩也
𩞁 設飪
洅 雷震
𢦔 故國
塞 先代反
簺 行棊相塞
賽 報也
貸 苦代反
態 意態

溉 古代反
摡 滌也
愾 太息
慨 苦蓋反
愛 烏代反
耏 奴代反
鼐 大鼎
戴 都代反
賚 洛貸反
睞 旁視
菜 倉代反
在 昨代反
礙 五溉反

廢部二十

廢 方肺反
癈 固病
肺 方廢反
柿 斫木札
櫠 櫠木似柚
蕟 蘆蕟
廢 同上
䬢 [illegible]具反
[illegible] 過水石
怖 怒也
穢 於廢反
薉 蕪也
濊 汪濊
吠 符廢反
茷 草葉多
鮁 魚名
刈 魚廢反
乂 同上
猇 虎貌
鴂 巧婦也

震部二十一

震 章刃反
振 奮也
賑 贍也
侲 逐厲童
袗 元服
鷙 鷙鷺

信息晉反
訊問也
迅疾也
汛灑也
奞奮奞
刃而振反
認識也
訒難言
肦牢肦
韌同
仞七尺
軔礙車輪
物滿也
䀼眩瞢
乱羊晉反
引伸也
掀同
肕脊肉
醑酒嗽口
靷引軸
濱水脈
釰錫也
轉引樂小鼓
酌余刃反

趁丑刃反
疢作疹非
印於刃反
堙於進反
敶直刃反
𠕁登也
儆理也
診視也
慎時刃反
古
盡徐刃反
璶石似玉
㶳作燼非
賮會禮
晉即刃反
摯羊名
縉赤色
搢插也
進登也
鎮陟刃反
釁虛振反
覲其吝反
瑾美玉
墐道中死人

饉蔬不熟
僅材能
墐涂也
櫬初僅反
寴至也
菣去刃反
墍同上
𣎵匹刃反
猌魚僅反
慭傷也
垽澱也
瀙七吝反
僯良刃反與遴同

䏛部二十二

䏛之閏反
稕束稈
陖思閏反
峻同
駿駿驥
梭木也

浚水名
㕙通州
濬同上
濬古
陖陗高
俊子峻反
駿良馬
畯農夫
晙明也
餕食餘
舜舒閏反
古
蕣冬菫
瞚作瞬非
鬊鬊髮
閏如順反
潤水潤下
順食閏反
揗摩也
徇詞閏反
侚疾也

問部二十三

問亡運反
汶水名
紊亂也
運王問反
鄆鄉名
覞眾視
韗治鼓工
韗同上
餫野饋
圓圜全
⿸疒員病也
暈日月气
韻和也
緷緯也
訓許運反
郡渠運反
奮方問反
糞弃除
坌掃除
瀵水浸
攈居運反
捃同上
僨匹問反
慍於問反
醞釀也

靳部二十四

靳居近反
㨷拭也
近巨靳反
古
脪許靳反
檼於靳反
㥯謹也

願部二十五

願魚怨反
顯顛頂
謜徐語
傆黠也
愿謹也
怨於願反

古
⿰言夗慰也
婉宴婉
萬無販反
贎貨也
蔓葛屬
曼引也
鄤蜀郡
獌狼屬
販方萬反
飯符萬反
𤽄泉也
健渠建反
筋筋之本
腱同上
鍵鉉也
楗限門
憲許建反
⿺走憲走意
獻進也
建居萬反
⿸虍憲許建反
攣俱願反
斆初叅反
劵去願反
勸勉也
援呼劵反
絭居願反
傿於建反
奰大貌
嫣長貌
郾縣名
㫃方萬反
酓酒疾熟
婏兔子
㝃生子兔
身古無兔字俗音亡辯反
[illegible]生子齊均
韏九萬反革中辨

慁部二十六

慁呼困反
溷亂也
俒完也
圂廁也
頓徒困反
巽蘇困反

古
巽篆
遯遁也
顨易卦
遜順也
潠含水噴
困苦悶反
朱古
涃水名
悶莫困反
懣煩也
寸倉困反
鈍徒困反
遯逃也
遁遷也
睴古鈍反
鐏烏困反
揾沒也
鎧五困反
椊俎問反
鐏柲下銅
鱒魚入泥
㑘子寸反
捘推也

婝奴困反作嫩非

恨部二十七

恨呼艮反
艮古恨反
頣頰後

翰部二十八

翰侯旰反
閈閭也
𢧢止也
鼾臥息
雗雗鷽
鶾鶾音
乾獸毫
韓馬毛長
駻馬突
扞技也

戰盾也
釬臂鎧
悍勇也
汗人液
歎他安反
叏
暵呑歎
炭燒木餘
案烏旰反
妟草也
案[illegible]禾
洝渜水
按下也
旦得案反
悬信誓
鳱鳱鳴
笪笞也
疸黃病
憚徒案反
僤疾也
彈行丸
彈同上
旰古案反
榦作幹非

蘇草也
骭骹也
倝日始出光
歎同
衦摩展衣
岸五幹反
騂馬頭色
豻野狗
豻同
漢呼旰反
古
鷬草也
暵乾也
灘水濡而乾
灘同上
爤郎旰反
爛同上
粲倉案反
璨玉光
敓二奞爲敓
燦燦爛
贊則旰反
[illegible]白好
饡羹燒飯

瓚汗鸖
看古旰反
翰同
軒乾革

衍樂也
鴇鳥名
韱蘇旰反
劕竹器

㪔分離
散離肉
難奴案反
㬮温也

灘水奔

換部二十九

換呼貫反
逭逃也

爟同
肒搔坐瘡
垸以桼和灰
玩五換反

既同
翫習厭
忨貪也
段徒玩反

轂履後帖也
緞同
毈卵不孚
隊道邊庫垣

亂郎段反
㪥煩也
𤔔治也
古

斷丁貫反
古
古
鍛小冶

彖通貫反
奐呼貫反
渙流散
喚評也

煥火光
筭蘇貫反
祘明也
蒜葷菜

半博幔反
姅婦人污也
絆馬縶
料量物分半

判普半反
胖半體肉
袢無色
泮泮宮

叛薄半反
畔田界
[illegible]鳥貫反
堅石似玉

貫古玩反
祼灌祭
瓘玉也
雚小爵

矔目多精
盥澡手
館客舍
爟取火於日

烜同
悹憂也
懽忻也
灌注也

鑵器也
觀諦視
古
爨七亂反

[illegible]
竄匿也
稬奴亂反
[illegible]鹿麤

偄弱也
幔莫半反
縵繒無文
幔衣車蓋也

諫部三十

諫古晏反
鴈五晏反

雁鴻也
[illegible]火色
晏烏諫反
晏天清也

鴳雇也
慢謀晏反
嫚侮也
患呼慣反

古 古 宦仕也 豢養豕

擐貫也 篡初患反 薍五官反 遺古患反

倌小臣 摜習也 訕所晏反 㒼惡健犬

汕魚遊貌 疝腹痛 孿生患反一乳兩子

閒部三十一 閒古莧反 古

澗山夾水 鐗車軸鐵 莧矦閒反 辦蒲莧反

采辨也 古 辦小貌白眼 辦瓜中實

幻胡辨反 組丈莧反 袒作綻非 盼匹莧反

㬎丑晏反赤色也

霰部三十一 霰蘇甸反 霓同

綪倉絢反 茜茅蒐 倩人字 琀山[illegible]貌

縣黃絢反 衕行且賣 衕同上 眩目無常主

旬目搖 眴同上 袨盛服 電唐練反

古 殿堂高大 奠置祭 佃中也

屢符也 澱滓垽 䵤滓也 甸郊甸

瑱他甸反 顛同 練郎甸反 瀲辟鍊鐵也

楝木也 鍊冶金 湅瀾也 煉冶金

見古佃反 鋻剛也 俔苦甸反 硯五佃反

趼獸足企也 犴逐虎犬 宴於佃反 暳星無雲

驠馬白州也 嬿女字 燕玄鳥 薦作佃反

鑴瓦器 晒目佃反 麪麥末 㝠冥合

片普眄反 荐在佃反 瀳水至 絢呼縣反

讂大縣反 繯絹也 獧疾也 酮醨酒

懁急也 衛車搖 睊於絢反 肙烏縣反

餡歆也　哯胡甸反　嬿人姓　汈乃見反
唸都見反　狷古縣名　偏比薦反帀也
線部三十三　綫私箭反　線古
戰之膳反　顫頭不止　繕時戰反　禪祭天
鄯西胡國　膳具食　擅尋也　嬗緩也
彥魚變反　唁弔生　譴去戰反　絹吉掾反

鄄衛地　面名箭反
縓七絹反　価鄉也
遺相顧行　掾以絹反
諯數也　緣衣純
轉知戀反　傓熾盛
箭子賤反　煽同上
葥山莓　蝙揺翼
扇式戰反　脊居倦反
桊牛鼻中環　倦渠卷反
帣囊也　券勞也
䍂目圍　戀力卷反
叁豆屬　鵗五絹反

變彼眷反　拚撫手
覍皮變反　昪喜樂貌
弁同上　開門欂櫨
史　汳作十泝
選息眷反　羨似面反
縼辭戀反　篹所眷反
賤才線反　便婢面反
餞送去　籑土戀反
饌同上　瑗王眷反
顛選具　媛美女
𠨍二卩　院堅也
僎具也　遶手羨反

嗔大笑　綖昌戰反
釧尺絹反　掔喫牋反牛狠也
嘯部三十四
嘯蘇弔反　史
糶他弔反　眺視也
覞三年大相聽　弔多嘯反
窵深也　釣鉤魚
訆占弔反　噭吼也
敫謌也　叫呼也
警痛反　嘂大呼

尿奴弔反
藋徒弔反
莜草田器
蓧他弔反
掉搖也
窔鳥叫反
官巨樞聲
竅苦料反
擊旁擊
顤五叫反
獟逐虎犬
料力弔反
尥行脛相交

笑部三十五

笑私妙反
肖相似
鞘刀室
照之少反
陗陖也
詔告也

燿弋笑反
鷂鷙鳥
[illegible]視誤
覞並視
炮行不止
要於笑反
召直少反
邵寔詔反
卲高也
劭勉也
噍才肖反
嚼同上
哨不容
譙責也
古
妙名笑反
醮子肖反
𥜍同
爑盡酒
爝苣火祓
潐盡也
釂飲酒盡
廟眉召反
庿古

剽匹妙反
僄輕也
勡刼也
漂浮也
篍七肖反
陗陖也
驃毗召反
獠力照反
尞柴祭天
爒炙也
嫽女字本洛蕭反

效部三十六

效呼教反
斆誤也
教古孝反
古
古
校木囚
窖地藏
鷯鳥屬
孝呼教反
罩都教反

䍜覆鳥
豹北教反
皃莫教反
貌同
貌同
稍所教反
郁大夫食邑
濯直劾反
櫂或從卓
橈奴教反
淖泥也
婥女病
鬧不靜
踔知教反
旁教反
窌匹皃反
奅大也

号部三十七

号呼到反
號土釜

璷石似玉 導 木也 到都 蹈反 古 嫯 侮易 冒莫 報反

導徒 到反 盜 竊物 葪草 木到 郜 邑名 贅 顡高 古

蹈 踐也 壽溥 覆照 告古 到反 告 山貌 驐俊 馬名 冃作 帽非

翳 翳也 悼 懼也 誥 告也 傲五 到反 臱 嫚也 薹俗 作耄

娼夫 妬婦 眊目 少精 造 就也 暴疾 有所趣 燠熱 在中 譟 擾也

瑁天 子執玉 瑁低 目視 古 瀑 疾雨 隩水 隈崖 竈則 到反

玥 古 楣門 櫺檐閑 暴薄 報反 虣虐 急貌 喿蘇 到反 竈 同

萺 草也 操七 到反 古 奧烏 到反 燥 乾也 趮作 躁非

秏呼 到反 漕在 到反

箇部三十八

䖔則 箇反 餓五 箇反 些蘇 箇反

敀 人姓 靠苦 到反 左作 佐非 癉丁 賀反

嫪郎 到反 報博 到反 箇古 賀反 坷康 箇反 袉唐 佐反

嫪 媢也 賀呼 箇反 軻 接軸 邏郎 佐反

過部三十九

播補 過反 挫則 臥反 莝麤 臥反 唾湯 臥反 䊨摸 臥反

古 夎拜 失容 剉 折傷 涶 同 䃺 石磑

過古 臥反 譒 敷也 侳 安也 破普 過反 髁苦 臥反 嬴力 臥反

檛呼 臥反 貨呼 臥反 臥吳 貨反 禘徒 臥反 踒烏 臥反 𦃇 不均

㿅 膝病

禡部 四十

瘍 目病

攱 皮

價 物值

蜡 祭名

㩘 理也

罵

駡 詈也

幏 蠻布 南

亞 衣 駕反

詐 譀語

亞 祖臥反

禡 莫駕反

鬢 帶結飾

嫁 女適

罷

闕 謕詞 夜反

坐 古作坐俗非

騀 駁 縣為

駕 古訝反

稼 在野

乍 鉏駕反

榭 臺有屋

暇 呼駕反

夜 以借反

嚇 遮也

舍 姑夜反

麝 神夜反

霸 必駕反

夏 時名

柘 之夜反

樜 木名

赦 置也

貰 貸也 古

下 卑伏

蔗 藷蔗

炙 炙肉

赦 同上

射 弓

䩻 靶 革 轡

藉 怒夜反

蛇 蟲也

鷓 鴣

溠 水名

射 篆文

化 呼霸反

七 變也

妊 少女

墟 柝也

訝 吾駕反

詐 則駕反

鱯 魚名

傀 鬼變

唬 虓呼訝反

罅 同嚯

迓 同

溠 水名

帊 普駕反

魾 魚名

鏬 裂也

垮 苦

跨 吟反

犯

卸 司夜反

樺 化反

杷 呼

怕 懼也

咤 吒駕反

覆 西也

跨 踦也

鏧

斝 獸名

亞 西

蛇 岳 側駕反

蝦 蛇 也

漾部 四十一

煬 炙燥

諒 力讓反

裲 兩襠

𤮹 古枚

煬 赤色

眼 目病

將 即諒反

狀 鉏亮反

漾 余亮反

恙 憂也

粽 作粽

醬 鹽也

讓 人漾反

瀁 古

羕 水長

醇 雜味

古

餉 饟 也

釀女亮反 ⿱艹釀菜也 餉式亮反 傷憂也

帳知亮反 悵丑諒反 暘作暢非 韔弓衣

瑒主瓚 蕩艸茂 鬯秬釀鬱 向許亮反

珦玉也 ⿵門鄉門嚮 匠疾亮反 迒行也

障之亮反 墇擁也 尙時亮反 上貴列

上古 壯則亮反 唱尺亮反 訪敷亮反

妄無放反 望晞望 ⿰言望責望 朢日月相朢

㞷古 況許放反 貺賜也 放府妄反

舫船師 相息將反 誑居況反 弜乖也

徍遑行 㤮誤也 刱初亮反 愴傷也

滄寒也 迋于放反 暀光美 怏不服懟

訣於亮反 坱塵埃 杖直亮反作仗非

宕部四十二

宕徒浪反 碭文石

浪來宕反 閬門高 葬則浪反 當丁浪反

抗口浪反 杭同 邟縣名 犺健犬

炕乾也 閌閬也 伉人名 曠苦謗反

廣闊也 纊絮也 徬蒲浪反 ⿱髟益鬃也

謗補浪反 盎烏浪反 劵同 姎女人自偁

醠濁酒 桄古曠反 䭽吾浪反 枊馬柱

敬部四十三

敬居慶反 竟樂曲盡

鏡景也 競渠敬反 誩爭言 倞強也

慶丘竟反 㚁古孟反 命眉病反 病皮命反

寎臥驚 坪地平 孟莫更反 古

詠爲命反 咏同上 禜禳風祭雨 泳潛行水中

醟 酌酒
瀴 戶孟反
摬 於敬反
映 隱明

柄 陂病反
棅 同上
灝 楚敬反
榜 比孟反

諍部四十四

諍 側迸反
迸 比諍反

勁部四十五

勁 君正反
正 之盛反

古
古
政 正也
証 諫也

聖 識正反
鄭 直正反
性 息正反
姓 人所生也

蛸 蟲也
令 力正反
聘 必正反
娉 問也

凊 七正反
婧 竦立
淨 疾正反
靚 召也

靚 好貌
靜 無垢薉
姘 靜也
[illegible] 阬也

阱 陷也
穽 同
栞 古
盛 丞正反

晟 明也
詗 朽正反
夐 營求
併 卑正反

偋 防正反
偵 五鄭反

徑部四十六

徑 古定反
甯 乃定反

佞 巧諂
濘 滎濘
定 徒徑反
磬 苦定反

史
古
鏧 金聲
罄 空也

窒 同上
罃 烏定反
鎣 器也
銑 丁定反

聽 他定反
脛 呼定反

證部四十七

證 諸應反
孕 以證反

賸 物相增加
佚 送也
乘 實證反
古

譍 於證反
勝 詩證反
縢 機持經者
稱 昌孕反

扔 而證反
甑 子孕反
甑 甗也
史

掕 里甑反
爂 許應反

隥部四十八

隥 都鄧反
贈 昨亙反

桓 古鄧反
亙 古
堋 方隥反
鄧 徒亙反

蹬蹭蹬
懵武亘反

宥部四十九

宥于救反
又右手
盍小甌
盍同上
右作祐非
祐助也
姷耦也
侑同
囿苑有垣
史
䕀草也
趙走也
頄頤也
疚同
忧不動
疚
救居又反
𨒪恭謹行

殷揉屈
㝌貧窮
廄馬舍
古
究窮也
飼飽也
胄直又反
䛻訓也
籀讀書
宙天地間
冑兜鍪
𨍭同
怞朗也
酎三重醇酒
晝陟救反
史
噣喙喙也
狩書究反
獸禽獸
臭尺究反
殠腐气
岫似又反
史
褎袂也

袖俗
祝職究反
舊巨救反
鵃同
鮥當互也
柩棺也
史
瘦所又反
漱盪口
鏉利也
[illegible]側究反
縐絺細者
富方副反
葍蔔也
鍑大釜
廇力究反
溜水名
𥛜祝也
翏高飛
雡大雛
鷚天鸙
餾飯气蒸
僇癡行
霤屋水流

廖人姓
秀息究反
琇石次玉
繡五采備
授丞祝反
售賣去手
緮采衣
壽久也
媨即就反
僦賃也
蓮初究反
齅許究反
珛朽工
曽犍也
驟鉏又反
就疾僦反
史
鶔鳥黑多子
柚余究反
槱積火燎
貁同
鼬食鼠獸
椱扶富反
復重也

寠同

覆 覆蓋也

候部 五十

逅 邂逅　　彀 未燒瓦器　　懋 勉也　　楙 艸也

寇 苦候反　　楙 莫候反　　忎 同上　　牏 牏牆

候 呼遘反　　敂 擊也　　袤 衣帶以上　　蓩 毒草　　娒 女師

鄇 晉地　　滱 水名　　[illegible] 史　　[illegible] 細草　　瞀 低目視

說文解字韻譜　卷四　二十三　第三函

茂 木盛　　豆 田候反　　[illegible] 車轂具　　鬭 都豆反　　古　　鷇 鳥子生哺

戊 中宮　　古　　脰 項也　　鬥 鬭也　　丂 卩也　　雊 雉鳴

貿 易財　　䤖 醬䤖　　梪 木豆　　奏 則候反　　構 古候反　　冓 交積材

仆 甫戊反　　逗 止也　　竇 空也　　古　　遘 遇也　　穀 乳也

軥 軥軶下曲　　媾 重婚　　屚 屋穿水　　湊 倉奏反　　鎒 蒲候反　　同作槈非

購 以財求　　姤 偶也　　丙 側逃　　嗾 蘇奏反　　咅 他候反　　䰩 鬼彫

彀 張弓　　陋 盧候反　　鏤 剛鐵　　詬 呼寇反　　透 跳也　　獳 怒犬

覯 遇見　　漏 刻漏　　瘻 頸腫　　詢 同　　槈 奴豆反　　漚 烏候反 久漬也

說文解字韻譜　卷四　二十三　第三函

幼部 五十一

沁部 五十二

浸 水名　　蔭 於禁反　　䶑 同

任 汝鴆反　　窨 地室　　噤 口閉

幼 於謬反　　沁 七鴆反　　鴆 直禁反　　滲 所禁反　　讖 楚禁反

謬 靡幼反　　祲 子鴆反　　禁 居蔭反　　枔 巨禁反　　譖 莊蔭反

僨尼禁反　闖五禁反

勘部五十三

勘苦紺反　衉牛血凝

韽同　紺古暗反　淦水入舟中　泠同

暗烏紺反　闇閉門　撢他紺反　醰徒紺反

琀琀紺反

闞部五十四

闞苦濫反　濫盧瞰反

醶泛齊行酒　爁過差　虩呼濫反　讖下闞反

詀誌同上誣也　暫藏濫反　鏨小鑿　𧼯進也

澹徒濫反　啗食也

豔部五十五

豔以占反　沾舒贍反

猒於豔反　猒同　窆方驗反　砭石刺病

驗魚猒反　塹七豔反　占章豔反　覘敕豔反

贍時豔反給也

㮇部五十六

㮇他念反　西舌貌

丙古　鈷同　念奴店反　𥧑屋傾下

坫都念反　墊下也　胡缺也

僭子念反

陷部五十七

臽小穽　陷戶猪反　䐄食不猒

䜺斬陷反　賺佇陷反　猎於陷反

鑑部五十八

鑑格懺反　監下也

懺楚鑑反

醶部五十九

醶魚欠反酒醋味厚俗作醃非

鹼鹵也

梵部六十

梵扶泛反　泛孚梵反

氾濫也　汎浮貌

劒居欠反　史

欠去劒反　俺欠劒反

說文解字篆韻譜卷第四終

說文解字篆韻譜入聲卷第五

法部三十四

屋部一

屋烏谷反 叏 古
獨徒谷反 犢牛子 [illegible]媟[illegible] 讀誦書
讟痛怨 韇弓矢韇 殰胎敗 髑髑髏
櫝匱也 匵同 牘書版 頊顓也
[illegible]握持垢 瀆溝也 嬻媟也 隫溝通水

𧸘古 穀古祿反 穀百穀名 轂輻所湊
谷泉通川 斛胡谷反 㲉射具 縠細縛
哭空谷反 [illegible]餠麴 [illegible]朱練纑 禿他谷反
速桑谷反 叏 古 誎餔祝
遬牡莩 [illegible]鹿迹 鬻鼎實 餗同上
樕樸樕 祿盧谷反 睩目謹 觻角也

簏竹高簏 簶同 麓守崊 古
彔刻木也 麗罜鹿 鹿獸名 濼齊魯水
漉浚也 渌同 逯行謹 鱳魚名
碌石皃 族昨木反 蔟千木反 鏃作木反
㲉火屋反 㲉日出赤 熇火熱 攴普木反
卜博木反 古 樸棗也 濮水名

纀裳削幅 轐伏兎 木莫卜反 [illegible]車軸
鶩野鳧 䅎車歷求 [illegible]柰布 沐濯髮
霂小雨 睦目順 古 穆禾也
㣎細文 牧養牛人 福方六反 蝠蝙蝠
葍葍也 幅布帛廣 輻輪轑 腹厚也
複重衣 復房六反 复治也 虙虎皃

逯見皃兒　伏司也　复行故道　服用也

古　琫笭間篋　菔蘆菔　蕧盜庚

菔弓矢箙　馥香气　六力竹反　陸廣平

夌　尖菌尖地蕈　夌　戮刑也

稑疾孰　穋同上　坴土塊　勠并也

鵱蔞鵝　逐直六反　舳艫也　軸持輪

菊居六反　蘜日精　蘜同　蘜治墻

趜窮也　鞠蹋鞠　鞠同上　匊作掬非

鵴尸鳩　竆窮也　竆同　鞫理皋人

簐同簐　鮈魚名　執撮也　蛐詹奄

孰殊六反　琡玉器　淑清湛　塾門側堂

贖貿也　俶昌六反　埱至也　斟易犢俱等

柷柷敔　埱气出土　琡玉名　育余六反

鏚同上　菁草也　藿同　喅声喅喅

淯水名　賣衒也　昱明日　弆雨手盛

緰青經繆緯　煜燿也　鬻糜也　鬻同

儥賣也　祝祝之六反　喌呼雞声　肉殊六反

叔式竹反　𡬝同　倏疾也　黬黑虎

倏走也　儵青黑繒　尗豆也　畜丑六反

蓄同　鄐晉邑　蓄積也　嫱媚也

豖豕豕絆足行　慉許六反　竹張六反　茿萹茿

筑竹器　築擣也　𥳓古　蹴子六反

槭木名　蹙迫也　𢿿才六反　噈同

款愁然　潚子叔反　朒女六反　衄鼻出血

恧 慙也
蝮 芳六反
覆 反也
輹 車軸縛

寝 地室也
郁 於六反
戫 有文章
㰲 吹气

薁 嬰薁
籅 漉米籔
澳 隈崖
墺 墺壤

古
肅 息逐反
古
鷫 鷫鷞

鵴 同上
朓 早敬
佰 古
佰 亦古

宿 止也
目 莫六反
古
坶 地名

蹴 七夙反
鼀 詹諸
䤈 同上
[illegible] 醜也

鞠 區六反
鞠 同
匊 巨六反
驧 馬曲脊

[illegible] 乂卜反
摍 所六反
縮 亂也
莤 祭東茅

[illegible] 蒲木反
爆 灼也
苖 他六反

沃部 二
[illegible] 烏酷反
沃 同上

鋈 白金
毒 徒沃反
蔔 古
䓯 水萹茿

篤 冬毒反
竺 厚也
督 察也
[illegible] 厚也

禱 躬衣縫
裻 新衣声
毅 椎毄物
酷 苦沃反

嚳 急苦
焅 旱气
陪 大自
鵠 呼沃反

崔 高至
皠 鳥白也
燿 灼也
僕 蒲沃反

蹼 古
菐 瀆菐
襮 黼領
梏 古屋反

牿 牛馬牢
熇 火沃反
嚛 食新也
冟 土突反

突 前也

燭部 三

爥 之欲反
趨 行皃

韣 弓衣
屬 連也
孎 謹也
玉 魚欲反

古
獄 确
旭 許玉反
頊 謹皃

勖 勉也
局 渠欲反
躅 直玉反
觸 尺玉反

歜 盛怒
辱 而蜀反
蓐 陳艸復生也
蓐 史

鄏地名　欲余蜀反　浴洒身　娽隨從　綠青黃色　苗蚕薄

溽溼暑　鵒鴝鵒　谿毋腴　菉玉芻　曲丘玉反　蜀巿玉反

縟繁采色　雛同上　鋊鼎耳句　趗　趢趗　凵象受物　裻短衣

束書玉反　狢獨狢　錄力玉反　覶笑視　古　足即玉反

促七玉反　蕢水鳥　纍約也　輂車駕馬　屈亦持　茪蒴茪

續似玉反　亍丑玉反　纂素屬　纍舉食具　斸陳玉反　粟相玉反

古　椓短椽　量直轒車　擢作掬非　欘砍也　叏

俗習也　臼居玉反　鳴鳥也　挶戟持　瘃中寒腫覈　幞房玉反帊也

覺部 四

㲉同上　斠平斗斛量　㸿白牛　浞士角反　濁水小声

榷疲水橫衣　較車上曲銅　鷟鳳屬　丵叢生草　穛側角反

覺古岳反　桷榱也　嶽五角反　鴟面前鷁鷁　鷟鸑鷟　捉搤也

珏二玉合　角獸角　古　樂八音　㴵角長　朔所角反

箚竿擊　斵竹角反　犦特正　琢治玉　豰擊也　椓擊也

欶吮也　劃同　倬箸大　啄鳥食　斀去陰刑　剝北角也

斆人臂見　卓高也　䙱衣至地　涿流下　籗罩魚者　卝同上

槊矛也　古　鱆烝鮗鱆鱆　叽奇字　籗同上　筋指節鳴者

肹同上
駁馬雜色
駮獸也
藐莫角反

[illegible]美也
[illegible]遠也
雹蒲角反
古

㬥大呼自勉
鞄柔革工
鰒魚也
瓝小瓜

撲挨也
朴匹角反
樸木素
墣塊也

圤同上
殼苦角反
硞石声
㲉謹也

搉敲也
墧堅不可拔
殼許角反
濁直角反

濯浣也
擢引也
蠗禺屬
鐲鉦也

握於角反
古
渥霑也
喔雞声

葯小藾
觮調弓
楃木帳
偓偓佺

𩦉馬徐而疾
斆胡角反
學篆
翯鳥白肥澤

嶨山多大石
𧮯治角
礐石声
确作確非

觳同
鷽山鵲
雤同
澩水冬涸

澩同上
犖呂角反
趠敕角反
逴遠也

娕測角反
灌口角反
㱿口卓反
豰步角反

小豚

質部 五

質之日反
嚽野人言

桎足械
郅縣名
騭牡馬
蛭蟣也

礩柱下石
櫍柎也
日人質反
古

馹驛傳
衵近身衣
臸到也
𨔣近也

實神質反
秩直質反
[illegible]走也
豑爵之次第

帙書衣
袠同上
[illegible]大也
紩縫衣

悉息七反
古
𨞩作膝非
[illegible]木名

蟋蟋蟀
一於悉反
弌古
壹專壹

七親吉反
[illegible]鳥也
𠞞傷也
桼桼木汁

漆 水名
郪 齊地
匹 普吉反
吉 居質反
逸 夷質反
佚 佚民
泆 水蕩泆
溢 器滿
軼 車過
詰 去吉反
蛣 蛣蚰
趌 怒走
臬 力質反
古
瑮 玉英華皃
溧 水名
凓 寒皃
颲 風暴疾
窒 陟栗反
𪗉 齒堅
庢 礙止
挃 穫禾声
銍 穫禾鎌
疾 秦悉反

古
吏
㑵 妎也
嫉 同
室 式質反
失 縱也
堲 資悉反
蠠 弥必反
蜜 同
釂 飲酒俱盡
謐 靜言
𥁕 械器
必 卑吉反
畢 竟也
滭 風寒
珌 佩刀飾
趩 止行
戰 盡也
觱 羌人吹角
彃 射也
縪 止也
篳 藩落
韠 盡也
樺 木也

熚 火皃
姞 巨一反
佶 正也
鮚 蚌也
劼 慎也
邲 毗必反
鮅 魚名
邲 輔信
苾 馨香
鞑 車束
飶 食香也
駜 馬肥
泌 俠流
佖 威儀
𩗨 于筆反
汩 治水
泉 水流
筆 鄙蜜反
密 美筆反
蔤 芙蓉本
否 不見也
宓 安也
㴵 房密反
同

古
亦 古
弟 大也
右戾
叱 昌栗反
眣 丑栗反
抶 笞也
咥 笑皃
齜 仕乙反
乙 於筆反
暱 尼質反
昵 同上
䵒 黏也
𪏰 同
欯 許吉反
吃 居乙反
逹 踈密反
佾 夷質反
肸 羲乙 響布也
術部六
術 食聿反
沭 水名
蒁 草處

述循也　睎危也　絺綆也　恤辛律反

史　鈙菉鍼　鷸知天將雨　古　鵝鳥也

驈驪馬白　趫狂步　遹同　史

秫稷黏者　聿余律反　遹迥避　鴥鷸飛皃　蟠　戌辰名

律呂成反　膟同上　欪咄欪無慙　[illegible]　蟋蟀　繂素屬

醑醬也　律　茟直律反　絀絳也　衛將衛　崒子聿反

趫走意　孚五指將　黜律反　訹思律反　帥佩中　颮翏律反

律反　膟血祭肉也　怵恐也　率所律反　悅同上　焌倉聿反

櫛部七

古

物部八　旃同　髴若似　茀道多艸

蝨齧人蟲　芴菲也　𤎫火　熚𤎫　沸滭　沸濫

櫛阻瑟反　璱玉英華相帶如瑟弦　物文佛反　弗分勿反　紼亂絲　泼之　滭汥

瑟所櫛反　勿州里建旗　黻青黑相次　翇樂舞名　市作紱非

韍同韠也　鬱芳艸　拂敷勿反　岪山脅道　㞜九勿反　誳詰詘

乁左戾　怫符弗反　佛仿佛　[illegible]走也　鶌鶌鳩　誳同

刜擊也　咈違也　由鬼頭　[illegible]跳也　劂剞劂　蚰蛣蚰

鬱迂勿反　颰王勿反　柫擊連枷　祓除惡祭　[illegible]區勿反　趉瞿勿反

崛山短高
掘搰也
欻許勿反
肸振肸

迄部 九
迄許訖反
气求也

釳馬頭飾
汔水涸
芞去訖反
趌直行

仡魚訖反
圪牆高
虩虎皃

訖居气反
[illegible]便言

月部 十
月魚厥反
跀斷足
軏車轅耑

聅[illegible]耳
刖絕也
伐房日反
罰小辠

閥閥閱
茷扶發反
瞂盾也
越王伐反

娍輕足
曰詞也
粵于也
跋輕也

戉作鉞非
絨來也
厥居月反
撅把也

𣎵木本
乚鉤識
孑无左臂
蕨鼈也

[illegible]蹠也
蹶僵也
蹶同
髮方伐反

[illegible]同
古
橃作筏非
發䠶發

韈亡發反
謁於歇反
暍傷暑
[illegible]屋迫

歇許竭反
猲短喙犬
訐居謁反
[illegible]趌[illegible]怒走

羯羊羖犗
[illegible]禾舉
噦於月反
黦黑有文

橜瞿月反
亅鉤逆
磿强力也
楬其譎反

沒部 十一
没莫勃反
玫玉屬

𠬛入水取
歾終也
殁同
骨古忽反

鶻鶻鵃
淈濁也
絹結也
勃蒲没反

誖亂也
悖同上
[illegible]曳
䰯炊釜溢

郣作渤非
艴色艴如也
[illegible]崩声
[illegible]遇弗取

突徒骨反
腯豕肥
忽呼骨反
曶出气詞

曳
[illegible]青黑色
榾高皃
昒尚冥

㬥冢屬　笏手板　卒疾也　匫古器

颮疾風　兀五忽反　㾡病也　𦨉船行不安

抏動也　阢石山戴土　掘苦骨反　顝大頭

領秃也　泏水皃　圣汝穎之閒謂致力於地曰圣

堀兔堀　訥內骨反　卒臧沒反　猝倉沒反

咄當沒反　嗢烏沒反　殟胎殆敗　頞納頭水中

齰昨沒反　踤觸也　捽持頭髮　齕戶骨反

榾鄰也　捆手推之　搰掘也　杚古沒反

麧乎沒反　紇下沒反　窣蘇骨反從穴中卒出也

㥛他骨反　𠫓不順忽出　㐬同

曷部十二

曷呼葛反　褐粗衣

鶻似雉　蠚螻蛄　蝎蝤蠐　炟當割反

𪐗白而黑　怛憯也　𢘑同上　笪笞也

妲女字　大他達反　𣥂蹈也　羍他末反

傘同上　獺水狗　撻笞也　古

闥門也　遏烏葛反　餲飯餲　頞鼻莖

齃同上　閼遮擁　剌盧達反　瑓玉也

齾齒分骨声　楋木也　瘌藥毒痛瘌　𣜀剌也

渴苦葛反　㵣欲飲　達徒割反　达同上

巀才葛反　屵五割反　𠯑言相漫　歺骨殘也

古　嶭山名　巘截高皃　櫱伐木餘

蘖同　古　古　葛古達反

割截也　鄬縣名　駒馬疾走　䳊蒲達反鳥也

末部十三

末莫撥反　眛目不明

飫食馬穀
茇草根
枝梧也
盋盂屬
苦苦妻
鴰麋鴰
穖䅵也
𣥠足剌𣥠
祓蠻夷衣
聒古活反
舌塞口
聒觚端
沫水名
迷前頓
跋蹎跋
括絜也
古
栝隱也
撥北末反
鮁鱠鮪鮁
帗幅巾
祜杷也
适疾也
佸會也

髺絜髮
姡面醜
渥同上
瘊馬脛瘍
䀏目短而深
废舍也
𢜶善自用意
頢下括反
栝春粟不潰
撥都括反
取指目
犮犬走
古
闊苦括反
奪徒活反
斡於括反
迷蒲撥反
炦火乞
齰嚍声
活戶括反
敓彊取
捾搯捾
魃旱鬼
坺重土

妭美婦
捝他括反
瞥目不明
眓呼栝反
𨗨通谷

黠部 十四

軷車也
脫鮮脫
抹推也
滅滅濊
撮倉括反
癹普活反
鏺兩刃木柄
嶡空大
捋郎括反
炥火皃
酤酒色
瀎瀎流

黠黠呼八反
䫄凹突出

札側八反
齰齺骨声
窫丁滑反
鶻鶻鵃
㕯言訥
稭禾藁稈
䌕作網蛛
䴭餅麲
窡穴中見也
媘疾悍
㭹斷也
軋烏黠反
拔蒲八反
八博拔反
窋物在穴中
茁鄒滑反
戛古黠反
揠拔也
滑戶八反
馻馬八歲
䵨短面
貀女滑反
契刮也
穵空大

乙玄鳥 乿同上 猰獸名 殺所八反

古 古 帴帬也 榝似茱萸

察初八反 詧言微觀察 判恪八反 硈石堅

祮執衽 刮古八反 揩口八反刮也 韏車軸耑鍵

轄部十五 轄乎黠反

搳擖也 瑎石似玉 闊乙轄反 剳古轄反

扴括也 銛斷也 齾五轄反 齸赫轄反

剎初轄反 捌百轄反無齒杷

屑部六十 屑先結反 㮏限也 楔櫼也

僁声也 切千結反 䯀齒差 竊盜也

結古屑反 邂走意 鴂鳥名 絜麻耑也

劊楚謂之魚 桔桔梗 拮口手共有所作詩云手于拮据

奠頭傾 止少也 血呼決反 決古穴反 眏消目 趹馬行皃

潔瀞也 岊高山 葢草也 玦佩玉 疦口咼 駃駃騠

節子結反 楶構櫨 窡空皃 趉踶也 鴂寧鴂 艛環有舌

卩瑞信 鬣束髮少 沇水從孔出 譎權詐 肤孔也 鐍同

臭獸名 穴呼決反 芺蕛芺 首目不正 颰同 戜利也

憰權詐 綄縷一枚 迭更迭 鴃鳥名 老年八十 垤螘封

潏水名 姪徒結反 跌踢也 胅骨差 跌地悪毒 眣日宿

訣別也 縫長首飾 詄忘也 瓞瓜蓏 跌蹢也 抉於穴反

窫 深窫　蚗 蛁蚗蟲　鐵 同　頡 呼結反　臭 頭衺　齧 五結反

穾 穿也　鈌 利也　銕 同上　襭 以衽扱物　涅 奴結反　隉 危也

[illegible] 目深皃　闑 皀穿　飻 貪也　擷 同上　截 昨結反　臲 不安

妜 眉目間皃　鐵 天結反　驖 馬赤黑色　頁 頭也　[illegible] 鳥也　臬 射準的

蔑 莫結反　莧 火不明　覕 蔽不相見　挈 苦結反　瞥 普滅反　馬有足疾

𩱧 糜也　衊 污血　懱 輕易　鍥 鎌也　撆 別也

秣 同　[illegible] 禾也　蠛 蠛蠓　蹩 蒲結反　咥 直結反

蔑 目眵　幭 蓋也　噎 鳥結反　胅 肥肉　駃 大結反

辥部十七

齛 羊粻　偰 堯司徒　紲 系也　媟 嬻也　[illegible] 黍穰

嶭 斷也　褻 私服　緤 同　列 良嶭反　裂 繒餘

辥 私列反　暬 相狎慢　渫 除去　禼 蟲也　茢 葦芀　烈 火猛

薛 草也　糱 櫱也　結 短　右褻衣　古　迾 遮也　洌 水清

𡿧 水流　哲 陟列反　孼 庶也　讞 議辠　傑 傲也　熱 如列反

蛚 蛣蛚　悊 同　蠥 蟲怪　闑 門梱　竭 負舉　折 旨熱反

颲 風暴　嚞 古　[illegible] 駃[illegible]　[illegible] 壁閒隙　碣 特立石　晢 昭晢

栵 栭也　屵 魚列反　糱 牙米　桀 渠列反　古　浙 江水

靷弓革
古
鼈并列反
鷩赤雉

[illegible]扁緒
穴分也
絕情雪反
𢇍古

雪相絕反
說弋雪反
鴂鳥也
閱具數於門

滅亡列反
搣批也
拙職說反
樧木也

炪火光
棁杖也
畷陟劣反
輟車具

腏挑骨間肉
剟刊也
罬捕魚鳥
輟同上

惙憂也
叕綴也
劣力輟反
將牛白脊

[illegible]樶也
脟脅肉
桴木也
蛶商何

埒庳垣
鋝十一銖
别平列反
孑居桀反

設式列反
蔎香草
㬠火劣反
威滅也

鈌傾雪反
[illegible]城缺南
闋事巳閉門
爇如劣反

焆因悅反
屮丑列反
徹通也
古

徶作徹非
眣以告舋
𢫨上擿山巖空青珊瑚墮之也

揭丘竭反
揭高舉也
蕝子悅反
[illegible]子列反

折食列反
叏
折篆
揲閱持

舌口舌
娎許列反
啜昌悅反
歠大飲

吷同
刷所劣反
刷刮也
啐小飲

膬七絕反脆易破

樂部 十八

藥以勺反
禴夏祭

蘥爵麥
躍迅也
趯踊也
䟑遠也

龠樂竹管
籥書僮竹笘
屵岸上見
爚火飛

瀹漬也
闟關下牡
纅綠也
𦁆白縞

鬻瀹也
敫光景流
略離約反
蟰蜉蜉

掠奪取
腳居勺反
蹻走也
屩屐也

說文解字韻譜　卷五　三十八　第三函

灼之若反　蘩生絲縷　鑠書藥反　蒻蒲子　叒榑桑　約於略反

穙禾皮　勺挹取　爍灼也　䐞肉表革裏　步　卻去約反

鼩胡地鼠　斫擊也　若而勺反　箸竹皮　綽昌約反　虐魚約反

焯明也　酌盛酒行觴　弱嬈也　溺水自張　繛同　古

虐埶寒病　媘不順　爵即約反　誰篆　碏敬也　谷卪上阿

㲋丑略反　削息約反　古　趞行皃　醵其虐反　啣同上

务篆　婧小小侵　雀小鳥　獡犬皃　配同　臄同上

辵乍行乍止　斮側略反　舄七雀反　踖驚皃　噱大笑　谻相倚

說文解字韻譜　卷五　三十九　第三函

御徼　御受居　礵斫　妁斟酌二姓　蒦五縛反　钁大鉏　縛符矍反

⿰忄卻勞也　箸作著非　杓科柄　觷同　躩足躩如也

⿰虫卻⿰虫卻蝦　謔虐約反　矆計縛反　玃[illegible]玃　玃俱縛反

欋張略反　汋市勺反　彏弓急張　攫居縛反　矍九縛反

鐸部　十九

襗絝也　膜肉間膜胲　暮上日暮　⿰日各⿰目各也　駱馬黑鬣

莫暴各反　鄚縣名　漠北方流沙　雒白馬鬣　洛水名

鐸徒洛反　嗼味嗼　瘼病也　落盧各反　鵅烏暴　⿱雨各雨下

剫判也　蓦死宋蓦　鏌莫邪　⿰革各生革　笿杯笿　鮥叔鮪

絡絮也
烙灼也
無哆卩魚
託寄也
錯倉各反
胳掖下
鉻鬄也
擇他各反
摕判也
袥衣衸
逪迹造
閣所以止扉
樂喜也
侂寄也
㯓擊㯓
作則洛反
厝厲石
窸苦各反謹
酪乳漿
梟木葉隋
槖囊
繫米巳舂
各古洛反
咢五各反

逆相遇驚
蝷似蜥蜴
亳旁各反
谻同上
嗃嚴酷皃
鶴鳥也
剫作鍔非
惡鳥各反
薄林薄
蠚螫也
索蘇各反
騅馬白額
砉叏
蝁趺也
踖蹈也
郝扶風縣
涸下各反
貈似狐
鄂江夏縣
堊白涂
叡呼各反
鄗常山縣
[illegible]同
鼩胡地鼠

昨在各反
柞木也
鑿穿木
專嘆皃
㬥頸連
臛肉羹
笮竹索
秨禾搖皃
博補各反
專嗼堅
專田器
郭古專反
醋作酢非
怍慙也
轉車下索
專戲局
蘁呼郭反
享城郭
飵餲食麥
莋越巂縣
髆肩甲
專索持
靃飛声
椁棺

崞山名
鑊釜器
霩作廓非
狛如狼
陌部二十
驀上馬
矆烏郭反
濩霤下
漷水名
粕酒滓
貘似熊羆
蠖尺蠖蟲
鞹苦郭反
專匹各反
專乾裹
陌莫白反
貉北方豸種
穫呼郭反
彉滿弩
畨春也
諾奴各反
募宋也
磔陟格反

乇草葉
敀笮也
柏木也
鮊海魚
丮持也
帢同
虴蚝蝔
百十十
白榜陌反
㞾奇逆反
隙綺戟反
迟曲行
伯愽陌反
𦣻古
古
譪胡陌反
𡭴際見之白
榔角械
迫近也
伯相什伯
帛繒也
戟几劇反
綌粗葛
郤晉邑

頟五陌反
逆宜戟反
虩許隙反
拍拊也
骼禽獸骨
宅丈百反
詻論訟
屰不順
魄普百反
霸月始生霸然也今俗作必駕反
䫌技䫌
古
啞烏格反
縌綬也
怕無爲
觡骨角名
古
呃喔也
客苦格反
洦淺水
格古百反
挌擊也
澤光潤

擇柬選
㙷丑格反
䕶同

麥部二十一

衇同上
獲呼麥反
虢古百反
韄一虢反
垎呼格反
𧖴
畫界也
㶁水裂法
擭拏擭
茖古頟反
麥莫獲反
眽目才視
古
赫呼格反
蒦規蒦商
檴弻戟反
脈血理
霢小雨
古

聝古獲反
籍刺也
簀牀棧
笮迫也
唶同
敇擊馬
齰同
[illegible]齒相值
幘髮有巾
迮起也
策楚革反
𣍃告也
嘖仕革反
[illegible]寻属
齰齧也
嫧齊也
冊符命
茦草木刺
謮同上
責側革反
齰同上
諎壯革反
古
蔌穀菱馬

柵編樹木 覈下革反 霸同霸 翮羽革
礊石地悪 隔古覈反 革更也 古
諽飾也 翗翅也 虩虎声 槅大車軛
讁陂革反 猲張 持搥也 戹於革反
饒餽飢也 □鼠屬 縊同上 搤捉也
搹把也 扼同上 軶轅前 阸塞也

搹尼戹反 䝯小兒嬾 擊揩革反 □裘裹
劃呼麦反 拺裂也 嫿静好 檗搏尼反
擘撝也 糪量也 糪炊米 □所責反
礔碎石礔声 潜所以擁水 涑小雨 棟所厄反
摵沙劃反 疒女厄反 假古額反
笞部二十二 昔私盍反 叏

鬄髮也 䰵同上 惜痛也 舄履也
趚資昔反 迹步處 蹟同上 叏
踖長脛行 踖小步 借假也 脊背呂
鰿魚也 膌瘦也 古 益伊昔反
謚笑皃 嗌咽也 叏 齸鹿粻
亦羊益反 繹抽絲 譯傳夷語 睪引給

斁解也 圛回行 液津也 掖手持人
臂投地一曰臂下也作腋非 晹雲覆日 瘍胍瘍
嶧葛嶧山 驛置驛 易移也 睪司視
奕大也 奕圍碁 帟在上曰帟 懌悅也
釋施隻反 達之也 釋漬米 睗疾視
□飯相着 螫蟲行毒 奭盛也 古

尺昌石反 石常隻反 鼫五伎鼠 跖足下 刺七迹反 席薦也

㡿郤屋 祏常隻反 拓之石反 蹠跳躍 磧水[illegible]有石 古

赤南方色 秅百二十斤 摭同上 炙炮肉 夕詳亦反 蓆廣多

[illegible]古 碩頭大 隻一枚 叏 穸窀穸 鄐蜀地

籍秦昔反 古 辟必益反 闢房益反 趯行声 潪土得浞

耤帝耤千畝 疫民皆病 躄人不能行 闢同上 蹢直隻反 䠶食亦反

藉狼藉 豰上谷名豬 襞卷衣 僻芳辟反 𪍿麥覈屑 射篆

役營隻反 坄陶竈窓 𢍮法也 彳丑亦反 擿俗作擲 碧方彳反

錫部二十三

晳人白色 [illegible]同 廦反也 [illegible]動也 [illegible]同上

裼祖也 蜥蜥蜴 歷郎激反 鬲鼎屬 櫟木也

錫先激反 淅汰米 鷿普激反 璬玉也 [illegible]同上 櫪櫪㯕

析破木 緆細布 劈作霹非 瓅明珠色 [illegible]同上 酈縣名

秝稀疏適 [illegible]醨酒 磿石声 迊至也 炮望大皃 勒馬羈

礫小石 [illegible]履下 蒚夫蘺 鷊雉屬 滴水注 激古歷反

瀝浚也 厤治也 的都歷反 樀擿也 嫡孎也 毄相擊中

轢車所踐 歷歷象 玓明珠色 馰馬白顙 鏑矢鋒 擊支也

藍艸也
墼士墼
轚車轄相擊
狄徒歷反
薇草旱盡
苗蓨也
迪道也
油行油油
敵仇也
翟山雉
笛七孔筩
糴市穀
邮邑名
仢約也
滌洒也
妯動也
覿見也
績則歷反
積聚也
惄奴歷反
愵憂也
休沒也
宋前歷反
訞同

嗷嗼也
覛莫狄反
臾
汨水名
虎白虎
鼏舉鼎
冂作冪非
幎幔也
幦桼布
糸細絲
古
蓂析蓂
塓塗也
壁北激反
璧玉也
廦廱 㾜
臭古闃反
鶪伯勞
雞同上
鄍蔡邑
戚倉歷反
慽憂也
鼜戒夜守鼓
闃許激反

轂唶声
鷊五歷反
鶂鳥也
鷊同上
鶃同
厤石地惡
逖他歷反
占
瞁失意視
鶻骨 鵃
鬄 鬄髮
惕敬也
惄同
摘拓果實
倜倜儻不羈
剔解骨
覹才的反
檄呼狄反
鬻杖尚角
覡男曰覡
闃苦臭反
甓扶歷反 瓴甓
喫苦擊反食也

職部二十四
戠闕
織作布帛
戠同上
直除力反
古
力林直反
敕恥力反
侙揚也
飭致堅
鳷鵋鳶
陟竹力反
古
食乘力反
蝕敗創
息相即反
穗禾也
鄎國名
瘜寄肉
熄畜火
殖常職反
職之弋反
樴弋也

植 戶植 埴 黏土 劇 尤甚 測 深所至 蕾 蕙菖 檣 梓屬

櫂 同 畫 許力反 匿 女力反 堋 遏遮 啬 快也 億億 安也

稙 早穜 穐 大赤 惻 初力反 薫 於棘反 眊 寧骨 澺 水名

湜 水見底 極 渠力反 㽕 治稼 叓 臆臆 同 檍 梔也

色 所力反 薔 虞蓼 亟 巳力反 苟 自急敕 弋 與耿反 姺 婦官

古 穡 可收穀 𨋞 急也 古 鵖 繳射 匽 田器

嗇 吝也 轖 車籍交錯 殛 誅也 襋 衣領 𩙺 猳也 酟 酒色

古 歡 火力反 棘 小朿生 㥛 疾也 翼 篆 趩趍 進趩如

翊 飛皃 瀷 同上 古 逼 近也 䵵 羊裘縫 棫 白桵

栻 劉栻 即 子力反 揤 捽也 或 于逼反 鍼 瓦器 𣶒 水流

廙 行屋 稷 細理木 楅 彼即反 域 同上 蜮 短狐 𤺄 頭痛

潩 水名 稷 齋也 皕 二百 淢 疾流 蟈 同 閾 門榍

古 副 芳逼反 偪 判也 側 傾倚 矢 頭傾 樊 符逼反

罭 魚網 叓 愊 誠至 萴 烏喙 卬 於棘反 叓

洫 況逼反 堛 凷也 𣅽 阻力反日在西也俗作昃非是 仄 抑 俗 識 賞職反

侐 靜也 畐 滿也 叓 嶷 魚力反 式 法也

軾車前　飾㕞也

德部二十五　德多則反　得取也

㝵同又古文　悳外得於人功得於巳日悳　古

則子得反　劓叏　古　古

勒盧得反　鞋石似玉　协才十人　肋脅骨

朸木之理　泐水石理　扐揲扐　阞地理

忒它得反　貣從人求物　忒失常　刻苦德反

克肩也　古　古　剋尤極

特徒得反　蟘或　黑呼北反　嫼怒也

墨莫北反　默犬暫逐人　纆索也　賊昨則反

鰂烏鰂　鯽同　塞蘇則反　寒實也

北博墨反　菔蒲北反　稫稫禾黍積稾　䊑蠻夷

[illegible]僵也　踣同　匐伏地　惑呼國反

或不定也　魊鬼魊　劾胡德反　國古惑反

緝部二十六　緝七入反　葺次也

咠聶語　卙詞卙矣　[illegible]衽緣　十是汁反

什相什保　拾掇也　執之入反　慹怖也

汁液也　習似入反　槢木也　襲左衽袍

岦　騽馬豪骭　鰼魚也　隰阪下溼

集秦入反　同　亼三合　鏶鍱也

鍓同　輯車和　謵言謵讋　入人執反

廿二十并也　揖伊入反　溼失入反　及巨立反

秦刻石文　古　古　馬陟力反

㙯同上　蟄直立反　屟屝屟　塌下入

立 力入反
鴗 天狗
笠 簦無柄
粒 糂也

古
急 居立反
芨 堇草
彶 急行

級 絲次第
伋 人名
給 相足
汲 引井水

泣 去急反
湆 幽溼
翕 許入反
吸 內息

郒 地名
歙 縮鼻
潝 水疾声
戢 阻立反

㗊 眾口
濈 和也
邑 於汲反
悒 不安

浥 溼也
挹 抒也
執 子入反
[illegible] [illegible]也

斟 斟斟斟箟
湒 雨下
縶 合也
[illegible] 色立反

濇 同不滑
熠 羊入反
湁 五入反
岌 魚汲反

鴔 皮及反
皀 穀之香

合部 二十七

合 侯閤反
迨 遝也

詥 諧也
郃 縣名
匌 帀也
閤 古沓反

欱 合會
鴿 鳩屬
[illegible] 溝席前
佮 合也

蛤 蜃屬
沓 徒合反
遝 迨也
譶 疾言

眔 目相及
[illegible] 榙[illegible]
䃠 舂已復擣
涾 涫溢

搭 揩搭
誻 謎誻
䵽 鼓声
鞈 古

龖 飛龍
錔 它合反
[illegible] 俛伏
[illegible] 歠也

狧 犬食
濕 水名
[illegible] 語相及
雜 祖合反

雥 群鳥
帀 子荅反
嚃 嗛也
納 奴荅反

魶 魚似鼈
軜 驂馬內轡
盦 烏合反
鞥 轡鞥

[illegible] 車具
姶 女字
荅 都合反
[illegible] 它合反

[illegible] 穌合反
𨀤 進足而取
靸 小兒履
馺 馬相及

颯 翔風
鈒 鋋也
[illegible] 呼合及
歃 歠也

柆 盧合反
拉 手折
㬎 五沓反
卅 穌沓反

溘 口荅反

盍部二十入

闔 門扉　臘 盧盍反　盍 呼臘反　[illegible] 地名
[illegible] 上盍反　鰨 魚也
鼛 鼓鼙声　鉣 平下缶　鰈 比目魚　塔 浮屠
毾 毾㲪　蹋 徒盍反　譶 嗑也　闒 樓上戶
榼 苦盍反　磕 石声　嗑 侯盍反　屋 口盍反

葉部二十九

葉 與涉反　篥 籥也
枼 楄也　僷 宋衛謂華　鍱 鏶也　椄 子葉反
萎 萎餘　揖 舟揖　䀹 目旁毛也俗作睫非是　攝 書涉反
椄 續木　倢 倢伃　婕 女字
㵆 時攝反　涉 篆　獵 良涉反　邋
儠 長牡儠　鬣 髮鬣鬣也　獵 同　巤 毛巤

擸
捷 疾葉反　疌 疾也　牒 直葉反
聶 尼輒反　躡 蹈也　疌 機下足所履者
嵒 多言　聿 手捷巧　籋 箝也　馸 馬步疾
㚔 所以驚人　讋 之涉反　[illegible]　讋 多言
譶 多言　摺 敗也　[illegible] 木葉榴　㵖 失气
慴 懼也　妾 七接反　淩 水名　鯜 魚名

緁 緶也　緝 同　輒 陟葉反　帆 領耑
耴 耳垂　鉆 鉆也　爗 [illegible] 輒反　鍂 餉田
曄 艸木白華　曅 光也　[illegible] 丑聶反　厭 於輒反
儠 齒涉反　韘 失涉反　褋 同

帖部三十

帖 他叶反　鞊 鞶飾
貼 以物為質　鼛 鼓無声　㥦 協呼頰反　俠 任俠

挾 俾持
綊 紝綊
劦 同力
勰 同思和
協 眾同和
叶 同上
旪 古
頰 古叶反
夑 叜
莢 艸實
咉 忘語
鋏 鉄鉡
牒 徒叶反
諜 軍中反間
疊 重也
褋 禪衣
褺 重衣
蜨 作蝶非
堞 女垣
墊 墊足
擪 於叶反
靨 姿也
[illegible] 零帖反
爕 穌叶反

燮 叜
燮 火熱
[illegible] 石似玉
屧 履中薦
蛺 兼叶反
㾜 苦叶反
㥦 快也
㥦 思也
匧 藏也
篋 同上
聑 丁叶反
挕 拈也
婡 呼帖反
[illegible] 奴叶反
捻 指捻
浹 子協反

洽部 三十一

洽 侯夾反
祫 太合祭
陜 俗峽非
袷 古洽反
[illegible] 鞮[illegible]沙
梜 檢柙

郟 縣名
袷
韐 同
鞈 防汗
臿 楚洽反
插 刺內
鍤 郭衣
扱 收也
疀 古田器
扉 從後相扉
囡 女洽反
萐 七洽反
箑 山洽反
篓 同
歃 歠也
翣 棺羽飾
翜 疾飛
霎 小雨
眨 則洽反

狎部 三十二

狎 呼甲反
柙 檻也

古
匣 匱也
[illegible] 辟也
柗 劍柙
霅 火甲反
甲 古狎反
古
夾 持兒
壓 烏狎反
鴨 鶩也
[illegible] 入衉刺血
閘 開閉
呷 呼甲反
[illegible] 苦夾反
插 爪刺
恰 用心

業部 三十三

業 魚怯反
古
鄴 縣名
脅 虛業反
歙 翕气
拹 措也

劫居怯反　鉣帶鈌　跲躓也　胠去劫反
狜多畏　怯同　腌於業反　罨罕也
俺大也　裛書囊

法部三十四

法方乏反　灋同
乏房法反　姂好兒　⿰犭臿丑法反　⿰犭瓜女法反
挿⿰犭臿飛上兒

說文解字韻譜　卷五　五十　第三冊

說文解字篆韻譜卷第五終

緝古算經

光緒壬午年
鋟於樂道齋

上緝古算經表

臣孝通言臣聞九疇載敘紀法著於彝倫六藝成功數術參於造化夫為君上者司牧黔首布神道而設教釆能事而經綸盡性窮源莫重於算昔周公制禮有九數之名竊尋九數即九章是也其禮幽而微其形祕而約重句聊用測海寸木可以量天非宇宙之至精其孰能與於此者漢代張蒼刪補殘缺校其條目頗與古術不同魏朝劉徽篤好斯言博綜纖隱更為之注徽思極毫芒觸類增長乃造重差之法列於終篇雖即未為司南然亦一時獨步自茲厥後不繼前蹤賀循徐岳之徒王彪甄鸞之輩會通之數無聞焉耳但舊經殘駁尚有闕漏自劉已下更不足言其祖暅之綴術時人稱之精妙曾不覺方邑進行之術全錯不通芻亭方亭之問於理未盡臣今更作新術於此附伸臣長自閭閻少小學算鑽磨愚鈍迄將皓首鑽尋祕奧曲盡無遺代之知音終成寡和伏蒙聖朝收拾用臣為太史丞比年已來奉敕校勘傳仁均歷凡駁正術錯三十餘道即付太史施行伏尋九章商功篇有平地役功受袤之術至於上寬下狹前高後卑正經之內闕而不論致使今代之人不達深理

就平正之間同歊邪之用斯乃圓孔方柄如何可安臣晝思夜想臨書浩歎恐一旦瞑目將來莫覩遂於平地之餘續狹斜之法凡二十術名曰緝古請訪能算之人考論得失如有排其一字臣欲謝以千金輕用陳聞伏深戰悚謹言

緝古算經

唐　通直郎太史丞臣王孝通　撰

錦州　李調元　雨村　校定

假令天正十一月朔夜半日在斗十度七百分度之四百八十以章歲爲母朔月行定分九千朔日定小餘一萬日法二萬章歲七百亦名行分也今不取加時度問天正朔夜半之時月在何處推朔夜半月度舊術要須加時日度自古先儒雖復修撰改制意見甚衆並未得算妙有理不盡考校尤難臣每日夜思量常以此理屈滯恐後代無人知者今奉勅造歷因即改制爲此新術舊推日度之術已得朔夜半日度仍須更求加時日度然知月處臣今作新術但得朔夜半日度不須加時日度即知月處此新術比於舊術一年之中十二倍省功使學者易知

答曰在斗四度七百分度之五百三十

術曰推朔夜半月度新術不復加時日度月蝕乃可用之以章歲減朔月行定分餘以乘朔日定小餘滿日法而一爲先行分不盡者半法已上收成一已上者棄之若先行分滿日行分而一爲度分以減朔日夜半日所在度分若度分不足減加往宿度其分不足減者退一度爲行分而減之餘即朔日夜半月行所在度及分也凡人歷當月行定分即是滿章歲而一爲度凡日一日之行分但此定分章歲者即是日之一日行分也今按九章均輸篇有

犬追兎術與此術相似彼問犬走一百步兎走七十步令兎先走七十五步犬始追之問幾何步追及答曰二百五十步追及彼術曰以兎走減犬走餘者爲法又以犬走乘兎先走爲實實如法而一即得追及步數此術亦然何者假令月行定分九千章歲七百即是日行七百分月行九千分令日月行數相減餘八千三百分者是日先行之數然月始追之必用一日而相及也令定小餘者亦是日月相及之日分假令定小餘一萬即相及定分此乃無對爲數其日法者亦是相及之分此又同數爲有八千三百是先行分也斯則與矣但用日法除之即四千一百五十即先行分故以夜半之時日在月前月在日後以日月相去之數四千一百五十減日行所在度分即月夜半所在度分也

假令太史造仰觀臺上廣袤少下廣袤多上下廣差二丈上下袤差四丈上廣袤差三丈高多上廣一十一丈甲縣差一千四百一十八人乙縣差三千二百二十二人夏程人功常積七十五尺限五日役臺畢羨道從臺南面起上廣多下廣一丈二尺少袤一百四尺高多袤四丈甲縣一十三鄉乙縣四十三鄉每鄉別均賦常積六千三百尺限一日役羨道畢二縣差到人共造仰觀臺二縣鄉人共造羨道皆從先給甲縣以次與乙縣臺自下基給高道自初登給袤問臺道廣高袤及縣別給高廣袤各幾何

答曰

臺高一十八丈

上廣七丈

下廣九丈

上袤一十丈

下袤一十四丈

甲縣給高四丈五尺

上廣八丈五尺

下廣九丈

上袤一十三丈

下袤一十四丈

乙縣給高一十三丈五尺

上廣七丈

下廣八丈五尺

上袤一十丈

下袤一十三丈

羨道高一十八丈

上廣三丈五尺

下廣二丈四尺

袤一十四丈

甲縣鄉人給高九丈

上廣三丈

下廣二丈四尺
上袤七丈
下袤一十四丈

乙縣鄉人給高九丈
上廣三丈六尺
下廣三丈
下袤七丈

術曰以程功尺數乘二縣人又以限日乘之爲臺積又以上下袤差乘上下廣差三而一爲隅陽冪以乘截高爲隅陽截積冪又半上下廣差

乘斬上袤爲隅頭冪以乘截高爲隅頭截積所得并二積以減臺積餘爲實以上下廣差并上下袤差半之爲正數加截上袤以乘截高所得增隅陽冪加隅頭冪爲方法又并截高及截上袤與正數爲廉法從開立方除之卽得上廣各加差得臺下廣及上下袤高

求均給積尺受廣袤術曰以程功尺數乘乙縣人又以限日乘之爲乙積三因之又以高冪乘之以上下廣差乘袤差而一爲實又以臺高乘上廣廣差而一爲上廣之高又以臺高乘上袤袤差而一爲上袤之高又以上廣之高乘上袤之高三之爲方法又并兩高三之二而一爲廉法從開立方除之卽乙高以減本高餘卽甲高此是從下給臺甲高又以廣差乘之高以本高而一所得加上廣卽甲上廣又以袤差乘乙高如本高而一所得加上袤卽甲上袤其甲上廣袤卽乙下廣袤臺上廣袤卽乙上廣袤其後求廣袤有增損者皆倣此此應三因乙積臺高再乘上下廣差乘袤差而一又以臺高乘上廣爲上廣之高又以臺高乘上袤爲上袤之高爲小冪二因下袤之高爲中冪一此下袤下廣之高卽是截高與上袤上廣之高相連并數然此有中冪定有小冪一又有

上廣之高乘截高爲冪各一又下廣之高乘下袤之高爲大冪二乘上袤之高爲中冪一其大冪之中又小冪一復有上廣上袤之高爲中冪各乘截高爲中冪各一又截高自乘爲冪一其中冪之內有小冪一又上袤之高乘截高爲冪一然則截高自相乘爲冪二小冪六又上廣上袤之高各三以乘截高爲冪六令皆半之故以三乘小冪又上廣上袤之高各三今但半之各得一又二分之一故三之二而一諸冪截爲積尺

求羨道廣袤高術曰以均賦常積乘二縣五十六鄉又六因爲積又以道上廣多下廣數加上廣少袤爲下廣少袤又以高多袤加下廣少袤爲下廣少高以乘下廣少袤爲隅陽冪又以下廣少上廣乘之爲鼈隅以減積餘三而一爲實

幷下廣少袤與下廣少高以下廣少上廣乘之
爲篦從橫廉羃三而一加隅羃爲方法又以三
除上廣多下廣以下廣少袤下廣少高加之爲
廉法從開立方除之卽下廣加廣差卽上廣加
袤多上廣於上廣卽袤加廣多袤卽道高
求羨道均給積尺甲縣受廣袤術曰以均賦常
積乘甲縣一十三鄉又六因爲積以袤再乘之
以道上下廣差乘臺高爲法而一爲實又三因
下廣以袤乘之如上下廣差而一爲都廉從開
立方除之卽甲袤以廣差乘甲袤本袤而一以
下廣加之卽甲上廣又以臺高乘甲袤本袤除
之卽甲高

假令築隄西頭上下廣差六丈八尺二寸東頭上下
廣差六尺二寸東頭高少於西頭高三丈一尺上廣
多東頭高四尺九寸正袤多於東頭高四百七十六
尺九寸甲縣六千七百二十四人乙縣一萬六千六
百七十七人丙縣一萬九千四百四十八人丁縣一
萬二千七百八十一人四縣每人一日穿土九石九
斗二升每人一日築常積一十一尺四寸十三分寸
之六穿方一尺得土八斗古人負土二斗四升八合

平道行一百九十二步一日六十二到今隔山渡水
取土其平道只有一十一步山斜高三十步水寬一
十二步上山三當四下山六當五水行一當二平道
踟躕十加一載輸一十四步減計一人作功爲均積
四縣共造一日役畢今從東頭與甲其次與乙丙丁
問給科正袤與高及下廣幷每人一日自穿運築程
功及隄上下高廣各幾何

荅曰

一人一日自穿運築程功四尺九寸二分

西頭高三丈四尺一寸

上廣八尺

下廣七丈六尺二寸

東頭高三尺一寸

上廣八尺

下廣一丈四尺二寸

正袤四十八丈

斜袤四十八丈一尺

甲縣正袤一十九丈二尺

斜袤一十九丈二尺四寸

下廣三丈九尺

高一丈五尺五寸
乙縣正袤一十四丈四尺
斜袤一十四丈四尺三寸
下廣五丈七尺六寸
高二丈四尺八寸
丙縣正袤九丈六尺
斜袤九丈六尺二寸
下廣七丈
高三丈一尺
丁縣正袤四丈八尺

斜袤四丈八尺一寸
下廣七丈六尺二寸
高三丈四尺一寸
求人到程功運築積尺術曰置上山四十步下山二十五步渡水二十四步平道一十一步踟蹰之間十加一載輸一十四步一返計一百二十四步以古人負土二斗四升八合平道行一百九十二步以乘一日六十二到爲實卻以一返步爲法除得自運土到數也又以一到負土數乘之卻以穿方一尺土數除之得一人一日運功積又以一人穿土九石九斗二升以穿方一尺土數除之爲法除之得穿用人數復置運功積以每人一日常積除之得築用人數井之得六人共成二十九尺七寸六分以六人除之卽一人程功也

求堤上下廣及高袤術曰一人一日程功乘總人爲隄積以高差乘下廣差六而一爲鼈幂又以高差小頭廣差二而一爲大臥塹頭幂又半高差乘上廣多東頭高之數爲小臥塹頭幂井三幂爲大小塹鼈率乘正袤多小高之數以減

隄積餘爲實又置半高差及半小頭廣差與上廣多小頭高之數井三差以乘正袤多小頭高之數以加率爲方法又井正袤多少高井上廣多小高及半高差而增之兼半小頭廣差加之爲廉法從開立方除之卽小高加差卽各得廣袤高又正袤自乘高差自乘井而開方除之卽斜袤求甲縣高廣正斜袤術曰以程功乘甲縣人以六因取積又乘袤幂以下廣差乘高差以法除之爲實又井小頭上下廣以乘小高三因之爲垣頭幂又乘袤幂如法而一爲垣方又三

因小頭下廣以乘正袤以廣差除之為都廉從開立方除之得小頭卽甲袤又以下廣差乘之所得以正袤除之所得加東頭下廣卽甲廣又以兩頭高差乘甲袤以正袤除之以加東頭高卽甲高又以甲袤自乘以堤東頭高減甲高餘自乘并二位以開方除之卽得斜袤求高廣以本袤及高廣差求之若求乙丙丁各以本縣人功積尺每以前大高廣為後小高廣凡廉母自乘為方母廉母乘方母為實母此平隄在上羨除在下兩高之差卽除高其餘兩邊各一鼈臑中一塹堵今以袤再乘積廣差乘袤差而一得截鼈臑袤再乘

為立方一又塹堵袤自乘為羃三又三因小頭下廣大袤乘之廣差而一與羃為高故為廉法又并小頭上下廣又三之意同六除然此頭羃本乘截袤又袤乘之差相乘而一今還依數乘除一頭羃為從得截袤為廣

求隄都積術曰置西頭高倍之加東頭高又并西頭上下廣半而乘之又置東頭高倍之加西頭高又并東頭上下廣半而乘之并二位積以正袤乘之六而一得隄積也

假令築龍尾隄其隄從頭高山闊以次低狹至尾上廣多下廣少隄頭上下廣差六尺下廣少高一丈二尺少袤四丈八尺甲縣二千三百七十五人乙縣二千三百七十八人丙縣五千二百四十七人各人程功常積一尺九寸八分一日役畢三縣共築今從隄尾與甲縣以次與乙丙問龍尾隄從頭至尾高袤廣及各縣別給高袤廣各多少

荅曰

高三丈

上廣二丈四尺

下廣一丈八尺

袤六丈六尺

甲縣高一丈五尺

袤三丈三尺

上廣二丈一尺

乙縣高二丈一尺

袤一丈三尺二寸

上廣二丈二尺二寸

丙縣高三丈

袤一丈九尺八寸

上廣二丈四尺

求龍尾隄廣袤高術曰以程功乘總人為隄積又六因之為虛積以少高乘少袤為隅羃以少

上廣乘之爲鼈隅羃以減虛積餘三約之所得爲實并少高袤以少上廣乘之爲鼈從橫廉羃三而一加隅羃爲方法又三除少上廣以少袤少高加之爲廉法從開立方除之得下廣加差卽高廣袤求逐縣均給積尺受廣袤術曰以程功乘當縣人爲積尺各六因積尺又乘袤羃廣差乘高爲法除之爲實又三因末廣以袤乘之廣差而一爲都廉從開立方除之卽甲袤以本高乘之以本袤除之卽甲高又以廣差乘甲袤以本袤除之所得加末廣卽甲上廣其甲上廣

卽乙末廣其甲高卽垣高求都廉加前又并甲上下廣三之乘甲高以乘袤羃以法除之得垣方從開立方除之卽乙袤餘倣此此龍尾猶羨除也其塹堵一鼈腝一并而相連今以袤再乘積廣差乘高而一所得截鼈腝袤再自乘爲立方一又塹堵袤自乘爲羃三又三因末廣以袤乘之廣差而一以羃爲高故爲廉法

假令穿河袤一里二百七十六步下廣六步一尺二寸北頭深一丈八尺六寸上廣十二步二尺四寸南頭深二百四十一尺八寸上廣八十六步四尺八寸運土於河西岸造漘北頭高二百二十三尺二寸南頭無高下廣四百六尺七寸五釐袤與河同甲郡二萬二千三百二十人乙郡六萬八千七十六人兩郡五萬九千九百八十五人丁郡三萬七千九百四十四人自穿負築各人程功常積三尺七寸二分限九十六日役河漘俱了四郡分共造漘其河自北頭先給甲郡以次與乙合均賦積尺問逐郡各給斜正袤上廣及深并漘上廣各多少

荅曰

漘上廣五丈八尺二寸一分

甲郡正袤一百四十四丈

斜袤一百四十三丈三尺

上廣二十六丈四寸

深一十一丈一尺六寸

乙郡正袤一百一十五丈二尺

斜袤一百一十五丈四尺四寸

上廣四十丈九尺二寸

深一十八丈六尺

丙郡正袤五十七丈六尺

斜袤五十七丈七尺二寸

上廣四十八丈三尺六寸

深二十二丈三尺二寸

丁郡正袤二十八丈八尺六寸

斜袤二十八丈八尺六寸

上廣五十二丈八寸

深二十四丈一尺八寸

術曰如築隄術入之覆隄爲河彼注甚明高深稍殊程功實同意可知也以程功乘甲郡人又以隄日乘之四之三而一爲積又六因以乘袤羃以上廣差乘深差爲法除之爲實又并小頭上下廣以乘小頭深三之爲垣頭羃又乘袤羃以法除之爲垣方三因小頭上廣以乘正袤以廣差除之爲都廉從開立方除之卽得小頭爲甲袤求深廣以本袤及深廣差求之爲法以兩頭上廣差乘甲袤以本袤除之所得加小頭上廣卽甲上廣以小頭深減南頭深餘以乘甲袤以本袤除之所加小頭深卽甲深又正袤自乘深差自乘幷而開方除之卽斜袤若求乙丙丁每以前大深廣爲後小深廣準甲求之卽得

求滑上廣術曰以程功乘總人又以限日乘之爲積六因之爲實以正袤除之又以高除之所得以下廣減之餘又半之卽滑上廣

假令四郡輸粟斛法二尺五寸一人作功爲均自上給甲以次與乙其甲郡輸粟三萬八千七百四十五石六斗乙郡輸粟三萬四千九百五石六斗丙郡輸粟二萬六千二百七十石四斗丁郡輸粟一萬四千七十八石四斗四郡共穿窖上袤多於上廣一丈少於下袤三丈多於深六丈少於下廣一丈各計粟多少均出丁夫自穿負築各程人功常積一十二尺一日役問窖上下廣袤深郡別出人及窖深廣各多少

荅曰

窖上廣八丈

上袤九丈

下廣一十丈

下袤一十二丈

深三丈

甲郡八千七十二人

深一十二尺

下袤一十丈二尺

廣八丈八尺

乙郡七千二百七十二人

深九尺

下袤一十一丈一尺

廣九丈四尺

丙郡五千四百七十三尺

深六尺

下袤一十一丈七尺

廣九丈八尺

丁郡二千九百三十三人

深三尺

下袤一十二丈

廣一十丈

求窖深廣袤術曰以斛法乘總粟爲積尺又廣差乘袤差三而一爲隅陽冪乃置塹上廣半廣差加之以乘塹上袤爲隅頭冪又半袤差乘塹上廣以隅陽冪及隅頭冪加之爲方法又置塹上袤及塹上廣幷之爲大廣又幷廣差及袤差半之以加大廣爲廉法從開立方除之卽深各加差卽合所問

求均給積尺受廣袤深術曰如築隄術入之以斛法乘甲郡輸粟爲積尺又三因以深冪乘之以廣差乘袤差而一爲實深乘上廣廣差而一爲上廣之高深乘上袤袤差而一爲上袤之高上廣之高乘上袤之高三之爲方法又幷兩高三之二而一爲廉法從開立方除之卽甲深以袤差乘之以本深除之所得加上袤卽甲下袤以廣差乘之本深除之所得加廣卽甲下廣若求乙丙丁每以前下廣袤爲後上廣袤以次皆準此求之卽得若求人數各以程功約當郡積尺

假令亭倉上小下大上下方差六尺高多上方九尺容粟一百八十七石二斗今已運出五十石四斗問

倉上下方高及餘粟深上方各多少

答曰

上方三尺

下方九尺

高一丈二尺

餘粟深上方俱六尺

求倉方高術曰以斛法乘容粟爲積尺又方差自乘三而一爲隅陽冪以乘截高以減積餘爲實又方差乘截高加隅陽冪爲方法又置方差加截高爲廉法從開立方除之卽上方加差卽

合所問

求餘粟高及上方術曰以斛法乘出粟三之以乘高羃令方差羃而一爲實此是大小高各自乘又相乘各乘取高是大高者卽是取高與小高幷高乘上方方差而一爲小高令自乘三之爲方法三因小高爲廉法從開立方除之得取出高以減本高餘卽殘粟高置出粟高又以方差乘之以本高除之所得加上方卽餘粟上方此本術曰上下方相乘又各自乘幷以高乘之三而一今還元三之又高羃乘之差羃而一得大小高相乘又各自乘之數何者若高乘下方方差而一得大高也若高乘上方方差而一得小高也然則斯本下方自乘故須高乘之差自乘而一卽得大高自

乘之數小高亦然凡大高者卽是取高與小高幷相連今大高自陳爲大方大方之內卽有取高自乘羃一隅頭小高自乘羃一又其兩邊各一以取高乘小高爲羃二又大小高相乘爲中方中方之內卽有小高乘取高羃一又小高自乘卽是小方之羃又一則小高乘大高又各自乘二等羃皆以乘取高爲立積故三因小羃爲方及三小高爲廉也

假令芻甍上袤三丈下袤九丈廣六丈高一十二丈有甲縣六百三十二人乙縣二百四十三人夏程人功當積三十六尺限八日役自穿築二縣共造今甲縣先到問自下給高廣袤各多少

答曰

高四丈八尺

上廣三丈六尺

袤六丈六尺

求甲縣均給積尺受廣袤術曰以程功乘乙縣人數又以限日乘之爲積尺以六因之又高羃乘之又袤差乘廣而一所得又半之爲實高乘上袤袤差而一爲上袤之高三因上袤之高半之爲廉法從開立方除之得乙高以減甍高餘卽甲高求廣袤依率求之此乙積本倍下袤上袤從之以下廣及高乘之六而一爲一甍積今還元須六因之以高羃乘之爲實乘袤差乘廣而一得取高自乘以乘二上袤之高幷大廣袤相連之數則三小高爲廉法各以取高爲方仍有取高爲立方者故

半之爲立方一又須半廉法

假令圓囤上小下大斛法二尺五寸以率徑一周三上下周差一丈二尺高多上周一丈八尺容粟七百五斛六斗今已運出二百六十六石四斗問殘粟去口上下周高各多少

答曰

上周一丈八尺

下周三丈

高三丈六尺

去口一丈八尺

粟周二丈四尺

求圓囤上下周及高術曰以斛法乘容粟又三十六乘之三而一爲方亭之積又以周差自乘三而一爲隅陽冪以乘截高以減亭積餘爲實又周差乘截高加隅陽冪爲方法又以周差加截高爲廉法從開立方除之得上周加差而合所問

求粟去口術曰以斛法乘出斛三十六乘之以乘高冪如周差冪而一爲實高乘上周周差而一爲小高令自乘三之爲方法三因小高爲廉法從開立方除之即去口（三十六乘訖即是截方亭之前方窖不別）

置去口以周差乘之以本高除之所加上周即粟周

假令有粟二萬三千一百二十斛七斗三升欲作方倉一圓窖一盛各滿中而粟適盡令高深等使方面少於圓徑九寸多於高二丈九尺八寸率徑七周二十二問方徑深各多少

答曰

倉方四丈五尺三寸（容粟一萬二千七百二十二斛九斗五升八合）

窖徑四丈六尺二寸（容粟一萬三百九十七石七斗七升二合）

高與深各一丈五尺五寸

求方徑高深術曰十四乘斛法以乘粟數二十五而一爲實又倍多加少以乘少數又十一乘之二十五而一多自乘加之爲方法又倍少數十一乘之二十五而一又倍多加之爲廉法從開立方除之即高深各加差即方徑（一十四乘斛法以乘粟爲積尺前一十四除今還元一十四乘爲徑自乘者是一十一方自乘者是一十四故并之爲二十五凡此方圓二徑長短不同二徑各自乘爲方大小各別然則此塹方二丈九尺八寸塹徑三丈七寸皆成立方此應塹方自乘一十四乘之塹徑自乘一十一乘之二十五而一爲隅冪即方法也但二隅方皆以塹數爲方面今此術就省倍小隅方加差爲短以差乘之爲短

冪一十一乘之二十五而一又小隅方自乘之數即是方圓之隅同有此此二十五乘之還須二十五除置以小隅方自乘加之故不復乘除又須倍二廉之差一十一乘之二十五而一倍二廉加之故爲廉法不復二十五乘除之也）

還元術曰倉方自乘以高乘之爲實圓徑自乘以深乘之一十一乘一十四而一爲實皆以斛法除之即得容粟（斛法二尺五寸）

假令有粟一萬六千三百四十八石八斗欲作方倉四圓窖三令高深等方面少於圓徑一丈多於高五尺斛法二尺五寸率徑七周二十二問方高徑各多少

答曰

方一丈八尺

高深一丈三尺

圓徑二丈八尺

術曰以一十四乘斛法以乘粟數如八十九而一爲實倍多加少以乘少數三十三乘之八十九而一多自乘加之爲方法又倍少數以三十三乘之八十九而一倍多加之爲廉法從開立方除之卽高深各加差卽方徑一十四乘斛法以乘粟爲徑自乘及方自乘數與前同今方倉四卽四因十四圓窖三卽三因十一并之爲八十九而一此塹徑一丈五尺塹方五尺以高爲立方自外意同前

假令有粟三千七十二石欲作方倉一圓窖一令徑與方等方多於窖深二尺少於倉高三尺盛各滿中而粟適盡圓率斛法並與前同問方徑高深各多少

答曰

方徑各一丈六尺

高一丈九尺

深一丈四尺

術曰三十五粟粟二十五而一爲粟多自乘以并多少乘之以乘一十四如二十五而一所得以減率餘爲實并多少以乘多倍之乘一十四如二十五而一多自乘加之爲方法又并多少以乘一十四如二十五而一倍多加之爲廉法從開立方除之卽窖深各加差卽方徑高截高五尺塹徑及方二尺以深爲立方十四乘斛法故三十五乘粟多自乘并多少乘之爲截高隅積減率餘卽二方廉各二尺長五尺自外意旨皆與前同

假令有粟五千一百四十五石欲作方窖圓窖各一令口小底大方面與圓徑等兩深亦同其深少於下方七尺多於上方一丈四尺盛各滿數各多少

答曰

緝古算經　三　第三函

方窖上方七尺

下方二丈八尺

深二丈一尺

圓窖上下方與方窖同

術曰以四十二乘斛法以乘粟三百八十四而一爲方亭積尺令方差自乘三而一爲隅陽冪以截多乘之以減積餘爲實以多乘差加冪爲方法又以多加差爲廉法從開立方除之卽上方加差卽合所問今以四十二乘圓虛十一者四方虛十四者六合一百二十八虛除之爲一虛之積得者仍三而一爲方亭實積乃依方亭見差覆問求之故三乘一百

二十八除之

假令有勾股相乘冪七百六五十分之一弦多於勾三十六十分之九問三事各多少

答曰

勾十四二十分之七

股四十九五分之一

横虛二立廉倍之為從隅多為上廉即二多法故五之二而一

假令有股弦相乘冪三勾少於弦五十

答曰

術曰冪自乘再自乘半之以乘倍之為方法廉法從開立方冪即股

假令有股弦相乘冪七問股多少

答曰

術曰冪自

除之所得數亦是股為長以股得股冪又開股北分母常

假令有股十六二分

弦五十一四分之一

術曰冪自乘倍多數而一為實半多廉法從開立方除之即勾以弦多即弦以勾除冪即股勾股相乘冪自勾冪乘股冪以倍勾弦差而一得一勾與半差勾冪為方故半差為廉從開立方除之

假令有勾股相乘冪四千三十六五分之

少於弦六五分之一問弦多少

答曰弦一百一十四十分之七

術曰冪自乘倍少數而一為實半少為廉法從開立方除之即股加差即弦

假令有勾弦相乘冪一千三百三十七二十分之一弦多於股一十分之一問股多少

答曰九十二五分之三

術曰冪自乘倍多而一為立冪又多再乘半之減立冪餘為實又多數自乘為方法又置多數五之二而一為廉開立方除之即股勾弦相乘冪自冪乘

弦冪之股弦差而一得一股與半差爲方今多再自乘半之爲隅

十四二十五分

答曰

術曰冪自乘

除之所得又開方

緝古算經終

秘書省

緝古算經一卷一册

元豐七年九月日校定降授宣德郎秘書省校書郎臣葉祖洽上進

校定承議郎行秘書省校書郎臣王仲修

校定朝奉郎行秘書省校書郎臣錢長卿

奉議郎守秘書郎丞臣韓宗古

朝請郎試秘書少監臣趙彦君

元豐七年九月二十八日

進呈奉

御寶批　依已校定鏤板

朝奉郎秘書丞上騎都尉賜緋魚袋臣韓　治

朝散郎試秘書少監上騎都尉賜緋魚袋臣顧　臨

朝議大夫守秘書少監上護軍賜紫金魚袋臣劉　攽

中大夫守尚書右丞護軍東平郡開國侯食邑一千三百戶賜紫金魚袋上臣呂大防

通議大夫守尚書左丞上柱國平原郡開國公食邑二千六百戶食實封五百戶臣李清臣

正議大夫守中書侍郎上柱國馮翊郡開國公食邑三千三百戶食實封五百戶臣張　璪

正議大夫守門下侍郎上柱國南陽郡開國公食邑二千一百戶食實封一千戶臣韓　維

金紫光祿大夫守尚書右僕射兼中書侍郎上柱國東平郡開國公食邑五千三百戶食實封一千九百戶臣呂公著

正議大夫守尚書左僕射兼門下侍郎上柱國河內郡開國公食邑四千五百戶食實封一千五百戶臣司馬光

按唐書選舉志制科之目明算居一其定制云凡算學孫子五曹共限一歲九章海島共三歲張邱建夏侯陽各一歲周髀五經算共一歲綴術四歲緝古三歲記遺三等數皆兼習之竊惟數學爲六藝之一唐以取士共十經周髀昔有刊本餘則世有不能舉其名者調半生求之近得唐太史丞王孝通所著緝古算經一卷係元豐七年秘書省刊板字畫端楷雕鏤精工眞希世之寶也每卷後有秘書省官銜姓名一幅又一幅宰輔大臣自司馬相公而下俱列名於後

用見當時鄭重若此因欲刊以公世但焉得海島五經算綴術三種竟成完璧幷刻流布傳數學不絕於世所深願也綿州李調元雨村謹識

唐張爲撰詩人主客圖一卷所謂主者白居易孟雲卿李益鮑溶孟郊武元衡皆有標目餘有升堂入室及門之殊皆所謂客也宋人詩派之說實本於此求之前代亦如梁參軍鍾嶸分古今作者爲三品名曰詩品上品十一人中品三十九人下品六十九人之例然彼擴拾閎富論者稱其精當無遺茲則落落止此數人於唐代詩人中未及十分之三四即所引諸人之詩亦非其集中之傑出者或第就其耳目所及而次第之故不繫稱博引也余喜其名之舊前人有引以入詩歌者且是本與陳振孫書錄解題所記符合故刻以公世之聞其名而未見其書者童山李調元序

詩人主客圖序畢

主客圖目録

主客圖

唐 張爲 撰　緜州 李調元 雨村 校

廣大教化主

白居易

含沙射人影雖病人不知巧言誣人罪至死人不疑掇蜂殺愛子掩鼻戮寵姬宏恭陷蕭望趙高謀李斯陰德既必報陽禍豈虛施人事雖可罔天道終難欺明卽有刑辟幽卽有神祇苟免勿私喜鬼得而誅之（讀史詩　按此讀史詩第四首誣人本集作搆人兩卽字俱作則字）

厚地植桑麻所要濟生民生民理布帛所求活一身身外充征賦上以奉君親國家定兩稅本意在憂人厥初防其淫明敕內外臣稅外加一物皆以枉法論奈何歲月久貪吏得因循役我以求寵斂索無冬春織絹未盈疋繰絲未盈斤里胥迫我納不許暫逡巡歲暮天地閉陰風生破村夜深燈火盡霰雪白紛紛幼者形不蔽老者體無溫悲喘與寒氣併入鼻頭辛昨日輸殘稅因窺官庫門繒帛如山積絲絮如雲屯號爲羨餘物隨日獻至尊奪我身上暖買爾眼前恩進入瓊林庫歲久化爲塵（秦中吟　按此秦中吟十首之二本集題曰重賦註曰一作無名稅憂人作愛人役我作浚我盈疋作成疋燈火作烟火鼻頭作鼻中隨日作隨月）

豫章生深山七年而後知挺高二百尺本末皆十圍天子建明堂此材獨中規匠人執斤墨釆度將有期孟冬草木枯烈火燎于陂狂風吹猛焰從根燒到枝作養二十年方成棟梁資一朝爲灰燼柯葉無孑遺地雖生爾材天不與爾時不如糞土芝猶有人掇之已矣勿重陳重陳令人悲勿悲焚燒苦但悲釆用遲（按此寓意詩第一首本集于陂作山陂狂風作疾風作養二十作養材三十糞土芝作糞土英勿悲作不悲）

赫赫京內史奕奕中書郞昨傳徵拜日恩私顧殊常貂冠水蒼玉紫綬黃金章佩服身未暖已聞竄炎荒親戚不得別吞聲泣路旁賓客亦已散門前雀羅張富貴來未久倏如瓦溝霜權勢去尤速瞥若石火光不如守貧賤貧賤可久長傳語宦遊子且來歸故鄉（按此寓意詩第二首奕奕本集作炎炎恩私顧作恩賜頗炎荒作遐荒未久作不久）

得意減別恨半酣還遠程（按此及第後歸覲留別諸同年詩還本集作輕）

人吏留不得直入故山雲
長生不似無生理休向青山學鍊丹
白髮鑷不盡根在愁腸中 按已上六句題並無考
峨嵋山勢接雲霓欲逐劉郎此路迷若似剡中
容易到春風猶隔武陵溪 與薛濤詩本集不載 按此

上入室一人

楊乘

豎子未鼎烹大君尚旰食風雷隨出師雲霞有
戰色犒功椎萬牛募勇懸千帛武士日曳柴飛
將競執馘喜氣迎捷書歡聲送羽檄天兵日雄

強桀犬稍離枅賊臂既已斷賊喉既已搤樂禍
但鯨鯢同惡爲肘腋小大勢難侔逆順初不敵
違命固天亡恃險乖長策蠆毒入萌牙狼顧非
日夕禮貌忽驕狂疏奏遂指斥動衆豈佳兵含
忍恐無益鴻恩既已孤小效不足惜腐儒一鉛
刀投筆時感激帝閽不敢干戚戚坐長晝 甲子歲書事

入室三人

張祜

萬國見清道一身成白頭 上令狐相公
此地榮辱盛豈宜山中人 秋晚

葛溪護淬張家劍御是猨聲斷客腸 葛溪
書空疑未決卓地計初成 拄杖
春申還有三千客寂寞無人報李園 按此感春申君詩還有本集作還道報作殺

羊士諤

風前留古瑠笙磬想遺音 歷山
桂朽有遺馥鸞飛安可特 按此二句題無考
塵沙藹如霧長波驚飈度鴈起汀洲寒馬嘶高
城暮銀釭倦秋館綺瑟聽永路重有攜手期清
光倚玉樹 按此八句題無考

元稹

屈指貞元舊朝士幾人同見太平春 感興 按本集作酬白樂天杏花園屈指作算得幾人作幾員
兒歌楊柳葉妾拂石榴花 按此二句題無考
遠路事無限相逢惟一言月色照榮辱長安千
萬門 逢白公

升堂三人

盧仝

詩闕

顧況

汀洲渺渺江離短疑是疑非兩斷腸

巫峽朝雲暮不歸洞庭春水晴空滿

頹垣化爲波陸地堪乘舟按以上六句題皆無考

大姑山盡小姑出月照洞庭行客船按此小孤山詩山盡本集作山遠行客作歸客

沈亞之

詩闕

及門十人

費冠卿

詩闕

皇甫松

燕相謀在茲積金黃巍巍上者欲何顏使我千載悲登郭隗臺

勸僧一杯酒共看青青山窅然萬象滅不動心即閑按此勸僧酒詩

殷堯藩

吳宮愛歌舞夜夜醉嬋娟見日吹紅燭和塵掃翠鈿徒令句踐霸不信子胥賢君問長洲草荒涼無限年宮詞按本集題作吳宮吳宮作吳王苦問作莫問

宮女三千去不回真珠翠羽是塵埃夫差舊國久破碎紅燕自歸花自開館娃宮

暮烟葵葉屋秋月竹枝歌按此送沈亞之尉南康詩

欲射狼星把弓箭休將螢火讀詩書按此下第東歸作

施肩吾

年來如拋梭不老應不得按二句題無考

憶昔將貢年抱愁此江邊魚龍互閃爍白浪高於天今日步青草還來經此道江神也世情爲我風色好及第後過揚子江按本集白浪作魚浪青草作春草還來作復來

周光範按光範一作元範

誰云嵩上烟隨雲倚碧落按白公上一作蒿上按嵩

莫怪西陵風景別鏡湖花草爲先春賀朱慶餘及第

祝天膺按天膺一作元膺

句曲舊眞宅自莊日月英旣涵岳瀆氣安無神仙名松桂邐迤色與君相送情送高道士歸舉按眞宅一作宅眞

兩鬢凝清霜玉鑪焚天香爲我延歲華得入不死鄉寄道友

蟾蜍夜作青冥鏡螮蝀晴爲碧落梯好箇分明天上路誰教移入武陵谿夢仙詞按題一作夢仙謠鏡一作獨移入一作深入

霧紋斑似豹水力健如龍按二句題無考

徐凝

青山舊路在白首醉還鄉别白公

試到第三橋便入千頃花按二句題無考

高景爭來草木頭一生心事酒前休山公自是山人侶攜手醉登城上樓答白公按本集山人作仙人

朱可名

廢齗鏡湖田上書紫閣前愁人久委地詩道未聞天不是燒金手徒抛釣月船多慙兄弟意不敢問林泉應舉日寄兄弟按齗一作劚

陳標

杜甫在時貪入蜀孟郊生處卻歸秦如今始會麻姑意借問山川與後人寄友人

童翰卿

大朴逐物盡哀哉天地功爭得榮辱心灑然歸西風按此詩無題但題曰絶句哀哉一作哀我

高古奥逸主

孟雲卿

羣物歸大化六龍頹西荒感懷

安知浮雲外日月不運行苦雨

孤兒去慈親孤客喪主人莫吟辛苦曲此曲誰忍聞可聞不可說去去無期别行人念前程不待參辰沒朝亦常苦饑暮亦常苦饑飄飄萬里餘貧賤多是非少年莫遠行遠行多不歸悲哉行按篋中集孤客作遠客萬里餘作萬餘里兩遠行並作遠遊

上入室一人

韋應物

欲持一瓢酒遠寄風雨夕按此寄全椒山中道士詩遠寄本集作遠慰

萬籟自生聽太空長寂寥還從靜中起卻向靜

中銷詠聲按本集萬籟作萬物長作恒

山深松子落幽人應未眠按此秋夜寄邱二十二員外詩山深本集作山空

舟泊南池雨簾捲北樓風按此寄楊協律詩簾本集作簟

入室六人

李賀

飛香芝紅滿天春按此上雲樂句芝本集作走

酒酣喝月使倒行按此秦王飲酒句

踏天磨刀割紫雲此硯句按本集題作楊生青花紫石硯歌

杜牧

烟著樹姿嬌雨餘山態活按此池州送孟遲先輩詩烟着本集作烟濕

四海一家無一事將軍攜劍泣霜毫按此長安雜題長句第一首劍本集作鋭毫作毛

山密斜陽多人稀芳草遠按此長安送友人遊湖南詩本集註一作長安送人

仙掌月明孤影過長門燈暗幾聲來按此早鴈詩幾聲本集作數聲

李餘

長安東門別立馬生白髮

霽後軒蓋繁南山瑞烟發

嘗憂車馬煩土薄聞水聲按以上六句題並無考

劉猛

月生十五前日望光采圓月滿十五後日畏光

采瘦不見夜光色一尊成暗酒匣中苦背銅光

短不照空不惜補明月蹔無此良工月中句按夜光一作夜花

自念數年間兩手中藏鉤於心且無恨他日爲

我善古老傳童歌連涯亦兵象夜夢戈甲鳴苦

不願年長苦雨句

朝梳一把白夜波千滴雨可恥垂拱時老作在

家女曉句

李涉

但將鐘鼓悅私愛肯以犬羊爲國羞按此六歎第三首羊本集註一作戎

尼父未適魯屢屢倦迷津徒懷教化心紆鬱不

能伸一遇知已言萬方始喧喧至今百王則孰

不挹其源按此懷古詩

胡幽貞

一朝入紫宮萬古遺芳塵至今溪邊花不敢嬌

青春題西施浣紗石

海色連四明仙舟去容易天籍豈輒問不是卑

朝士歸四明詩

升堂六人

李觀

詩闕

賈馳

河上徵風來關頭樹初濕今朝關城吏又見孤

客入上國誰與期西來徒自急秋入關詩

東風吹曉霜雪鳥雙雙來按此二句題無考

李宣古

冉冉池上烟盈盈池上柳生貴非道旁不斷行人手

翠蓋不西來池上天池歇按以上六句題並無考池字必有一訛

曹鄴

欺暗常不然欺明當自戮難將一人手掩得天下目讀李斯傳按常本集作尚

岐路不在天十年行不至一旦公道開青雲在平地枕上數聲鼓衡門已如市白日探得珠不待驪龍睡忩忩出九衢童僕顏色異故衣未及

換尚有去年淚晴陽照花影落絮浮野翠對酒時忽驚猶疑夢中事自憐孤飛鳥得接鸞鳳翅永懷共濟心莫起胡越意杏園即席上同年

劉駕

馬上續殘夢馬嘶時復驚心孤多所虞僮僕近我行按此早行詩

只恐塞上山低于沙中骨按此古出塞句只恐本集作坐恐

蒲帆出浦去但見浦邊樹不如馬上郎馬跡猶在路大舟不相載買宅令妾住莫道留金多本非愛郎富按此古意詩馬上本集作馬行令妾住作令委住

孟遲

紅映樓臺綠繞城城邊春草傍牆生隋家不向此中盡汴水應無東去聲廣陵城按紅映樓臺一作紅繞樓臺

天地有時饒一擲江山無主合平分垓下按合一作任

冷月微烟渭上愁華清宮樹不勝秋霓裳一曲千門鎖白盡梨園弟子頭過驪山按本集冷月作冷日註一作趙嘏詩

及門二人

陳潤

丈夫不感恩感恩甯有淚心頭感恩血一滴染

天地按此四句題無考

韋楚老按韋一作常

一從黃帝葬橋山碧落千門鎖元氣天上行句

清奇雅正主

李益

閒庭草色能留馬當路楊花不避人按此二句題無考

笳簫漢思繁旌旗邊色故按此五城道中詩

馬汗凍成霜按此從軍有苦樂行句

上入室一人

蘇郁

十二樓藏玉堞中鳳凰雙宿碧芙蓉流霞淺酌誰同醉今夜笙歌第幾重 步虛詞按芙蓉一作梧桐誰同一作留君笙歌一作吹簫

吟倚雨殘樹月收山下村 按此二句題無考

入室十八

劉畋

未秋雲木輕蓮折晚香清雨下侵苔色雲涼出浪聲疊帆依岸盡微照夾隄明渡吏已頭白遙知客姓名 晚泊漢江渡

殘陽來霽岫獨興起滄洲 雨後句

僧清塞 按即周賀

兩鬢已垂白五湖歸釣魚 按賀集送耿山人詩有兩鬢已垂白五湖歸挂晉句此作釣魚或別一首

夜濤鷩栅鎖寒葦露船燈 按此送耿山人歸湖南詩一作送耿逸人歸南

谷水生茶味林風滅扇聲 按此早秋過郭涯書堂詩本集註一作郭勛書齋谷作澗林作松滅作減

磬徹遠巢禽 按此送幻羣法師詩本集註送一作贈一本無羣字

伊流背行客岳響答清猨 按此出關寄賈島詩本集註一作送客背行作偕行清猨作啼猨

盧休

春寒酒力遲冉冉生微紅 寒月聯句

自然草木性誰祝元化功

溢浦風生破膽愁

血染劍花明帳幕三千車馬出漁陽 按以上五句題並無考

于鵠

送死多于生幾人得終老 按此古挽歌句

楊洵美

暮鴉不噪禁城樹衙鼓未殘賓衛秋 按此二句題無考

三山載羣仙峨峨醎浪中雲衣翦不得此路要可從我生亦何事出門如飛蓬白日又黃昏所悲瑤草空蟲聲故鄉夢枕上禾黍風吾道如未喪天運何時通 答李昌期

張籍

蕃漢斷消息死生長別離 按此沒蕃故人詩

長于送人處憶得別家時 按此薊北旅思句本集註一作送遠人長于一作長因

流光暫出還入地使我年少不須臾 按此短歌行句

採樵莫採松與柏松柏生枝堅且直與爾作屋

成家宅 按此燕客吟句本集採樵下有客字堅且直作直且堅與爾作與君

楊巨源

何事慰朝夕不踰詩酒情山河空道路蕃漢共
刀兵禮樂新朝市園林舊弟兄向風一點淚塞
晚暮江平 按此一首題無考

楊敬之

霜樹烏栖夜空街雀報明
碧山相倚暮歸鴈一行斜 按以上四句題並無考

僧無可

白閣未歸日青門又值春 按此新年詩白閣本集作紫閣又值春作

又見春

半天傾瀑溜數郡見廬峯 按此寄題廬山二林寺

姚合

移花兼蝶至買石得雲饒 按此武功縣中作第四首本集註一作武
功閑居
插劍龍纏臂開旗火滿身 按此劍器詞第一首棹本集作掉
家中去城遠日月在船多 按此送顧非熊下第歸越詩家中本集作
家山
身熱山友棄膽賴酒杯扶 按此從軍樂第二首本集註樂一作詩

升堂七人

方干

山木又搖落望君還不還軒車何處去雨雪滿
前山思苦寒星動鄉遙釣渚閒明年見名字惟
我獨何顏 寄李頻 按山木本集作衆木何處去作在何處寒星作文星名字作名
姓
細泉出石飛難盡孤燭和雲濕不明何事懶於
嵇叔夜更無書札答公卿 題桃花塢周處士別業句 按本集題作
書桃花塢周處士壁
枯井夜聞鄰果落廢巢寒見別禽來 貽天目中峯客

馬戴

露氣寒光盡微陽下楚邱猨啼洞庭樹人在木
蘭舟 楚江懷古句 按此楚江懷古三首之一盡本集作集
夜久遊子息月明岐路閒 按此夕次淮口詩
卻憶軒羲日無人尚戰功 按此塞下曲第一首憶本集作想日作氏

任蕃

無語與春別細看枝上紅 按此惜花詩

賈島

夜半長安雨燈前越客吟 贈吳處士句 按夜半本集作半夜
島嶼夏雲起汀洲芳草深 按此亦贈吳處士詩
秋風吹渭水落葉滿長安 按此憶江上吳處士詩吹本集作生

山鐘夜渡空江水汀月寒生古石樓按此早秋寄題天竺靈隱寺詩

舊國別多日故人無少年按此旅遊詩

厲元

邊草早不春劍光增野塵戰場收驥毛清瀚怯龍鱗帆色起歸越松聲厭避秦幾時逢范蠡處處是通津從軍行

項斯

佳人背江坐眉際列烟樹庾樓燕句

馬啼沒青莎船迹成空波按此二句題無考

春風吹雨意何處更相值古意

燭殘僧卷席坐冷怕梳頭按此曉發昭應詩坐本集作手

寒入鴈聲長按此遠水詩聲本集作愁

薛壽按唐無薛壽疑是薛濤之訛

詩闕

及門八人

僧良乂

風泉只向夢中聞身外無餘可寄君戸戸一輪惟曉月挂簷數片是秋雲秋山荅盧鄴按本集題無秋山二字

潘誠按誠一作咸一作成

棧蹹猨聲暮江看劍影秋送人遊蜀句

僧老白雲上磬寒高鳥邊

心已同猨狖不聞人是非按以上四句題並無考

三月獨立看花月只欠子規啼一聲按長安句題一作長安春暮只一作惟

行人渡滻水白馬入前山

秋深雪滿黃雲塞夜夜鴻聲入漢陽按以上四句題並無考

于武陵

白日不西落紅塵應亦深按此東門路詩不西落本集作若不落亦深作更深

青山如有利白石亦成塵按此尋山詩

四海少平路千川無定波按此送客東歸詩路本集作地

詹雄

塵飛遺恨盡花落古宮平洛陽古城句

紅粉笙歌人代遠月明陵樹水流東銅雀臺按流東一作東流

衛準按準一作單

莫言閑話是閑話往往事從閑話來

何必剃頭爲弟子無家便是出家人按此四句題並無考

僧志定

惟有尊前今夜月當時曾照墮樓人

梧桐葉落蟬聲死一夜洞庭波上風按落一作老以上四句題並無考

俞鳧

顏淍明鏡覺恩苦白雲知

滄洲違釣隱紫閣負僧期按以上四句題並無考

酬難塵鬢皓坐久壁燈青按此酬王檀見寄詩

滄洲未歸迹華髮受恩心按此秋日將歸長安留別王尙書詩

朱慶餘

滿酌勸童僕好隨郎馬啼春風愼行李莫上白銅鞮送陳標

古巷戟門誰舊宅早曾聞說屬官家更無新燕來巢屋惟有閒人去看花空廄欲摧塵滿櫪小池初涸草侵沙繁華事歇皆如此立馬踟躕到日斜題王侯廢宅　按本集題作過舊宅繁華作榮華

淸奇僻苦主

孟郊

青山碾爲塵白日無閒人按此大梁送柳淳先入關詩

食薺腸亦苦强歌聲無歡按此贈別崔純亮詩本集註一本無別字

欲知萬里情曉臥半牀月按此獨愁詩本集註一作獨怨一作贈韓愈

上入室二人

陳陶

蟬聲將月短草色與秋長

比屋歌黃竹何人撼白榆按以上四句題並無考

周朴

古陵寒雨絕高鳥夕陽明絕一作集

高情千里外長嘯一聲初按以上四句題並無考

及門二人

劉得仁

吟苦曉燈暗露染秋草疎舊山多夢到流水送愁餘按此雲門寺詩

風定一池星按此宿宣義池亭詩

李溟

喬木挂斗色水驛壞門開向月片帆去背雲行鴈來晩年名利跡甯免路岐哀前計不能息若爲元髩回無題

博解宏拔主

鮑溶

躍馬非壯歲報恩無高功斯言化爲火日夜焚
深衷途中句 按本集題作途中旅思
天王委管籥開閉奏北門頂載日月光口宣雨
露言上太原王尚書句 按本集題作述德上太原嚴尚書綬註一作王尚書無綬字奏
作奏
萬里岐路多一身天地窄秋懷句

上九室一人

李羣玉

詩闕

九室二人

司馬退之

詩闕

張爲 按爲以己詩入句圖蓋用芮挺章國秀集例

詩闕

武元衡

懷奇美麗主

詩闕

上九室一人

劉禹錫

故國思如此若爲天外心寄白公句

湖上收宿雨按此句題無考
故人日以遠窗下塵滿琴坐對一壺酒恨多無
力斟幕疎螢色迴露重月華深萬境與羣籟此
時情豈任無題 按一壺本集作一樽
禪思何妨在玉琴真僧不見聽時心秋堂境寂
夜方半雲去蒼梧湘水深聽琴 按本集註一作聽僧彈琴

九室三人

趙嘏

一千里色中秋月十萬軍聲半夜潮錢塘句
梁王舊館已秋色珠履少年輕繡衣按此二句題無考

滿樓春色傍人醉半夜雨聲前計非 按此寒食新豐別友
人詩
三千宮女自塗地十萬人家如洞天送人尉江都句 按本集題作送沈單作尉江都

長孫佐輔

愁臉無紅衣滿塵萬家門戶不容身曾將一笑
君前去誤殺幾多回顧人傷故人歌伎

曹唐

簫聲欲盡月色苦依舊漢家宮樹秋遊仙句
看卻龍髯攀不得九霞零落鼎湖宮 按此仙都即景九本

集作紅宮作空本詩第二句已押宮字作空字是

一曲哀歌茂陵道漢家天子葬秋風

誰知漢武無仙骨滿竈黃金成白烟按以上四句題並無考

升堂四人

盧頻

春淚爛綺羅泣聲抽恨多莫滴芙蓉池愁傷連

蒂荷按綺羅一作羅綺

一朶花葉飛一枝無光彩美人惜花心但願春

長在按無光一作花光以上八句題並無考

主客圖　卅三　第三函

陳羽

詩闕

許渾

水聲東注市朝變山勢北來宮殿高按此故洛城詩本集註一作登故洛陽城注作去

草生宮闕國無主玉樹後庭花爲誰按此陳宮怨第一首

何郎翠鳳雙飛去三十六宮聞玉簫按此秦樓曲句本集何作潘

經年未葬家人散昨日因齋故吏來按此傷故湖州李郎中詩日本集作夜

垂釣有深意望山多遠情按此贈高處士詩

張蕭遠

秦雲寂寂僧還定盡日無人鹿繞床按此二句題無考

日暮風吹官渡柳白鴉飛出石頭牆廢城句

雙雙白燕入祠堂乳石洞玉女祠句

及門五人

張陵

詩闕

章孝標

明日鑾輿欲向東守宮金翠帶愁紅九門佳氣

已酉去千里花開一夜風按此篇本集題曰宮詞註一作無題

主客圖　卅四　第三函

雍陶

詩闕

周祚

莫道春花獨照人愁花未必怯青春四時風雨

沒時節共保松筠根底塵按此四句題無考

袁不約

愁聲秋繞杵寒色碧山歸深秋句按山歸一作歸山

送將歡笑去收得寂寥歸客去句按歸一作回

主客圖畢

主客圖跋

余視學粵東見坊閒有鬻前閩學紀曉嵐所輯唐張爲詩人主客圖一册居然善本可以復還舊觀但字多訛舛且梨棗亦不佳因覓工書另錄之以成紀之美唐人著作見於世者寥寥矣雖得其半璧猶作完視况實爲全璧乎童山李調元跋

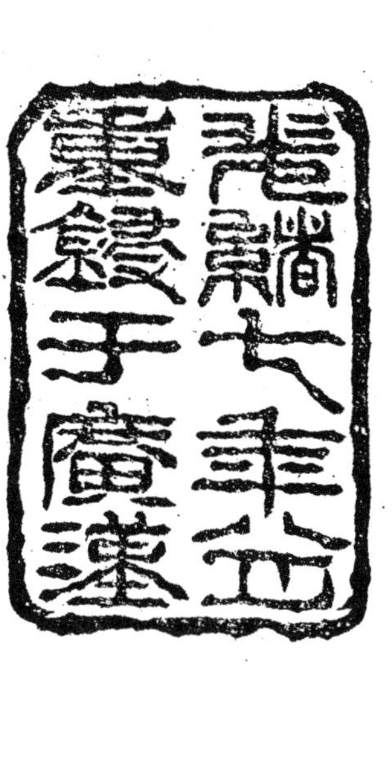

續孟子

續孟子序

自文中子有續經書唐水部郎林虔中亦有續孟子然續經竟無傳者郊時之責而續孟今行於世者有名孫元復焉七篇之書先儒謂最有關於聖門而溫國文正公乃作疑孟至謂瞽叟殺人非孟子之言韓昌黎固嘗謂軻之書非自著其徒萬章公孫丑相與記軻所言程子遂以瞽象之事乃萬章傳聞之誤耳續孟之作又豈非阮逸所謂萬章公孫丑不能極師之奧盡錄其言故孟氏章句畧而多闕今觀水部公出其仁義之言而善於敷演亦長於譬喻如曰堯之比屋可封不有四凶乎紂之比屋可誅不有三仁乎以其大而舉之不以其小而廢之斯言蓋得之矣不寧唯是孟子言必及仁義公之治邑民懷其惠臨難不求苟免仁之至義之盡可謂善學孟子者矣克齊林公稱爲吾閩千載不朽之士豈吾欺哉咸淳癸酉上春莆田劉希仁書

原序

堯舜周孔之道至孟軻斬焉不傳伸蒙子作書續孟此其自任者豈淺鮮也然生值唐亂官不過令長才志不見知於時斥罵逆巢抗首白刃孟氏可作顧不謂之豪傑大丈夫哉所恨事不載史徒得故老傳說四五百年不休續孟伸蒙子卷目雖具藝文志今世所傳者殆放失其本眞矣史書果可盡信哉可傳者不錄所錄者又將泯泯而無傳伸蒙子何爲其生死不遇也哉元統三年南康曹侯明源來宰長樂始訪其子孫於稠巖之野爲之築室立嗣表其大節而纂

之天下耳目是不唯以昭忠烈正人倫亦使時俗知爲善之可願雖掩抑百年猶遇仁賢君子以傳其名也余旣悲伸蒙之志又嘉曹侯之爲政能有所建明故爲之敘贊以見有善者名無不聞而循吏之化民成俗固自有道也贊曰唐室不競以利稗政上替下淩用勦民命維閩伸蒙抗至續孟昌言仁義以藥時病不能者天出宰萬年巢賊稱帝萬乘南遷百僚鼠竄比肩從叛一人抗節羣醜駭亂蒙死則那偷生幾何較其短長得喪孰多夫旣殞身遑恤厥名紀錄失官惟國無人邑老相傳彌遠彌在將五百年始遇賢

原序

孟子稱能言距楊墨者聖人之徒也夫能言未必能行孟子直以聖人之徒與之不已過乎言者旣與則行者可知已伸蒙子續孟之作將以言詔天下者也余謂伸蒙方著書時未必先知其身之死於賊伸蒙旣以義死續孟雖不作可也書之存亡史之得失又焉能爲伸蒙子之有無立祠表義伸蒙亦何心之有抑人心之所以不死者其在是乎三山陳英觀叙

原序

予未冠時嘗見林東一先生寶其上世仲蒙子書同
先君乞言於三山諸先輩至正癸卯予館于林氏與
其弟行一君及其子仲連詳閱其書其間叙跋若林
若吳若黃若陳皆先君友執予所嘗師事者也即言
而求人已不可得於今日況仲蒙子生數百載之上
哉慨然退思不覺涕下主人因集而出之以附於後
併請予誌之以見一　旹之意云孫元復撰

續孟子

唐水部郎中仲蒙子長樂林愼思虔中撰
綿州　李調元　贊菴　校定

孟子書先自其徒記言而著予所以復著者蓋以
孟子久行教化言不在其徒盡矣故演作續孟

篇目　原本分上下二卷

續孟子卷上

唐 林愼思 撰

梁大夫一

梁大夫見孟子問曰吾聞夫子教王遠利而易以仁義有諸孟子曰然大夫曰吾家有民見凍餓於路者非其親而救之脱衣以衣之輟食以食之及已凍餓幾死是其親而不救之而何孟子曰噫是大夫從王厚利而薄仁義故也厚利率民民爭貪欲苟有獨持仁義者宜乎不得全其身矣昔楚有靳氏父子相傳以溫鳩醉人者容過其門則飲之未嘗不斃於路矣

卒有孺子能哀客而告之然後鳩十九不行焉洎靳氏怒反鳩孺子矣然而靳氏家習不仁也孺子身盜爲仁矣一身盜爲仁而罪一家習不仁其家孰容乎今大夫有仁能救民之凍餓也是謂身盜爲仁矣及已之凍餓不得人之救者豈非其家不容乎大夫苟能與王移厚利之心而在仁義移薄仁義之心而在利則上下移矣然後仁義非盜而有也欲人不容其可得乎故易曰立人之道曰仁與義

梁襄王二

梁襄王使人求於孟子孟子再往襄王儀服不整而見孟子孟子曰詩云敬慎威儀維民之則王每見軻若此何以則民乎王曰吾以天下未定國無以安方惕惕然貯憂乎中豈遑以威儀爲務乎孟子曰王苟能恩信來其民必先以容儀正其身夫禮存不以寒暑也暑可畏得以袒虜爲敬乎寒可懼得以縮臂爲恭乎王謂憂國未安不遑以容儀爲務何異畏暑而袒虜懼寒而縮臂邪苟王憂國既然則大夫憂家士庶憂身亦然咸曰不遑以容儀爲務使上下無儀矣君臣父子何以則乎梁襄王矍然曰吾敬從夫子之教

樂正子三

樂正子見孟子曰吾國之君常耽酒嗜音俾俗不治克欲以治道諫之夫子何以教克孟子曰魯君耽嗜與民同之則其庶幾乎他日魯平公備樽罍之器陳金石之音樂正子曰君獨好此致魯俗不治不若與民同之則其庶幾乎平公遂召致魯民卒命樽罍俱執使金石咸奏魯民大酣他日俗益不治樂正子復見孟子告之孟子曰吾昔教子諫魯君耽嗜與民同之君反若是貽民之怨豈謂與民同耶且禽必棲於木魚必泳於川使易禽於籠孰若木之安乎移魚於

沼孰若川之樂乎民居魯國若禽之在木魚之在川也魯君耽嗜召民於側是猶易禽於籠移魚於沼也使民且恐且懼豈暇耽嗜而同於君乎吾所謂與民同者均役於民使民力不乏均賦於君使民用常足然後君有餘而宴樂民有餘而歌詠夫若此豈不謂與民同邪詩云假樂君子顯顯令德宜民宜人受祿于天此之謂也樂正子復以是諫平公平公不悅臧倉曰克之所陳孟軻之言也曩君欲乘輿出見孟子臣常諫之今孟子怨君不見故教克惑君君惡信是哉平公怒他日有人告於孟子孟子曰天富道於予魯國之君其能窮予乎

公都子四

公都子問曰吾聞諸齊人言蚳鼃所以諫於王而不用致爲臣而去是夫子之謀邪孟子曰然公都子曰齊人有言曰夫子能爲蚳鼃不能自爲而何孟子曰齊人安知吾之所爲乎夫吾所以疾脫蚳鼃非他也以昵王故耳汝聞齊姑之欲殺人乎嘗命其婦與焉婦有不忍從者呼隣女爲謀而脫之然而隣女不親於齊婦也殺人未嘗與也所以爲齊婦謀者齊婦之急也不爲己謀者於己非急也今蚳鼃誠猶齊婦也齊王面南蚳鼃面北吾未嘗與焉所以爲蚳鼃謀者於我能急邪汝信齊人言齊人安知吾所爲乎

高子五

孟子將去齊高子曰王欲授夫子室夫子舍之而去然王意於夫子不爲不厚矣夫子或缺所以脫王必補之今何爲不止孟子曰吾嘗觀齊王之意也先有執雅樂之器進於王王始重之使奏而未嘗樂也後有執靡聲之器進於王王始輕之使奏而未嘗舍也然而執雅樂之器者王雖未棄王終不能用矣是執雅聲以得罪於王也今吾以王之未棄也若受王之祿居王之室王終不能矣是媒吾身以得罪於王也不亦甚乎吾幸去何適而不遇哉孔子曰邦有道穀邦無道穀恥也

公孫丑六

孟子去齊反鄒止於晝公孫丑高子從晝人有感於孟子曰齊王能悔過修德日新其道鄒之民聞於路夫子何適哉孟子不懌經宿於晝高子以爲孟子信晝人之言而欲不行乃謂公孫丑曰晝人之言於夫子夫子信乎公孫丑曰諾予請問之入曰衆人之言信僞孰多孟子曰僞多曰能言天不覆地不載乎曰

甚於斯言天不覆地不載是露其機而先見其僞先見其僞欲惑於人其可得乎隱其機而難知其僞欲人不惑其可得乎且設穽於野隱其機也獸不知其防則觸而入矣設僞於國隱其機也人不知其防則觸而入矣曰孰不懼邪曰君子周防其身何懼公孫丑出曰夫子不信晝人之言哉

屋廬子七

孟子適任見季子喜欲授孟子祿孟子辭而去屋廬子撫然曰連敢問昔夫子居鄒任君嘗以幣交之夫子受今之任任君復以祿授之夫子不受何也曰汝

聞孔氏不疑之盜乎不疑宋人也好饋食於士士有館於孔氏者未嘗不羅其盜焉然而不疑豈眞盜耶宋有無肖之氓矣不疑非好士邪反貽盜之名矣今任君待吾誠有孔氏好士焉左右無肖非爲任君盜邪吾今罹盜之人也吾苟不去未始能報任君也適足以貽任君爲盜之名

右上卷七篇

續孟子卷上

續孟子卷下

唐 林 愼 思 撰

咸邱蒙八

咸邱蒙問曰吾聞諸仲尼立身揚名以顯父母孝之終也舜瞽叟有不父之名何也孟子曰瞽叟不父天顯之也天生大孝於舜使化天下之人也故不生於帝裔而生於庶人不事於常父而事於瞽叟生帝裔則身先貴也身先貴則何以育兆人乎事常父則心先安也心先安焉能成大化之節乎是以取庶人之窮以處舜則使舜無怠矣命瞽叟之惡以化舜則使

舜無怨矣然後率天下之爲人子者得以化舜則使邪戒天下之爲人父者得不懲瞽叟之惡邪所以舜有大孝之名由瞽叟化之瞽叟有不父之名由天顯之

齊宣王九

齊宣王問孟子曰吾欲任忠去邪用得其當唯左右前後賢不肖孰辨邪孟子曰用之而已矣王曰惡知可用而用乎曰王誠不見所以用也夫材既伐矣離於山谷處於庭廡久則圬墁以封苔蘚以周目之於外誠不分其松櫟也在斧以削之斤以斷之索其內

然後辨矣賢不肖在王之左右誠久矣進退以恭言容以莊目之於外誠不分其賢不肖也在祿以誘之勞以處之索其內然後辨矣王苟不用則賢不肖何以別乎

萬章十

萬章問曰夫子所謂禹稷顔回同道使易地則皆然然則禹以治水之功著使回易稷其能播種乎稷以播種之功著使回易禹其能治水乎孟子曰惡是何言歟夫山者狩水者漁皆捕於物也善捕於物使狩反於水必能爲漁焉漁反於山必能爲狩焉禹稷居

平世而顯其功非山者狩乎顔回居亂世而守其道非水者漁乎苟禹稷遊於孔門名不後於四科必矣其與狩者反於水漁者反於山何以異乎

宋臣十一

孟子問宋臣曰子之王於民何如曰撫之曰何以撫邪曰民未及歉則開廩以販之不使民歉也民未及寒則散帛以給之不使民寒也孟子曰吁子之王曾不若魯民也子知魯民善教子取薪乎南山百里有薪也北園百步有薪也命子曰汝採薪欲山乎園乎其子曰園近願採諸園魯民曰汝勿以近爲易而採也勿以遠爲難而不採也且近是我家之薪遠是天下之薪也我家之薪人不敢採之以天下之薪盡則我家之薪存焉天下之薪汝胡不先採之以我家之薪盡則天下之薪何有哉子之王於民猶此也民有耕織猶南山有薪不待取其耕織而賑之給之是知魯民教子乎以恩樂於民不知民樂爲惰民惰則何取乎

莊暴十二

莊暴問孟子曰鯀遭殛禹受舜禪其爲孝乎孟子曰禹之孝在乎天下不在乎一家也夫鯀遭殛公

也禹受舜禪亦公也舜不以禹德可立而不殛鯀是無私於禹也禹不以父讎可報而不受禪是無私於舜也且舜哀天下之民於墊溺也命禹治之禹能不私一家之讎而出天下之患也此非禹之孝在乎天下而不在乎一家歟苟私一家之讎而忘天下之患則何以爲禹之孝故孔子曰禹吾無間然矣其是之謂乎

彭更十三

孟子居休嘆曰天富吾道不使齊王用吾豈吾之過歟彭更曰夫子何爲急急乎且善醫者不自造他戶

自造他戶雖善醫人不得不疑自俟他顏雖善相人不得不賤矣今夫子不爲齊王用豈不由自造自俟而使疑且賤乎孟子曰噫汝之言蔽矣夫路有囊金迷於夜而不止者將入寇盜之境非有仁人導而出之不能免其害矣今齊王昏昧若迷於夜也寇盜之害將生亂亡無日矣吾非不仁之人安能忍其害生不導之而出邪所以急急於齊王豈以求用爲心哉然而王不用吾所導是以嘆也詎同醫相之心而懷其利乎

陳臻十四

陳臻問曰堯有天下皆謂比屋可封然而四凶在庭亦可封邪紂有天下皆謂比屋可誅然而三仁在側亦可誅邪孟子曰以其大而舉之不以其小而廢之也堯之仁也化天下皆如堯之仁矣不以四凶不可封而廢天下可封也紂之戾也化天下皆如紂之戾矣不以三仁不可誅而廢天下可誅也且舉目於洪海必曰水彌天矣雖旁有洲島豈能廢彌天之言乎馳心於巨岳必曰勢接霄漢矣雖上隔空虛豈能廢接霄漢之言乎比屋可封若洪海彌天也四凶猶洲島矣遙望彌天孰計洲島邪比屋可誅若巨岳接霄漢也三仁猶虛空矣仰見霄漢孰計虛空耶所謂以其大而舉之不以其小而廢之不亦昭昭歟

右下卷七篇

續孟子卷下畢

續孟子二卷唐林慎思撰慎思字虔中自號伸蒙子咸通中人以孟子七篇非軻自著而弟子共記其言不能盡軻意因傳其說演而續之其書互見於新唐書藝文志鄭樵通志馬端臨經籍志宋史藝文志崇文書目陳振孫直齋書錄解題王應麟玉海焦竑經籍志胡應麟少室山房筆叢宋咸淳中裔孫元復嘗爲校梓莆田劉希仁序朱彝尊經義考擬經十二今存是書得之太史周永年書倉家首尾完善足本也按黃虞稷周在俊徵刻唐宋秘本書目云慎思閩之長樂人唐水部郎中黃巢寇長安不受僞命死之惜新舊唐書俱不爲立傳云綿州李調元雨村識

孟子談仁義數萬言一以正人心爲己任伸蒙子續孟其有孟子之志乎哉然伸蒙處黃巢之亂以萬年令罵賊死官方其罵賊豈不知其必死哉義在於死而不利於苟生也質之孟氏非所謂眞知義利之辨者哉漢揚雄擬論語作法言旣而倍漢任莽是雄非特漢罪人固聖門之罪人已卽雄而覩伸蒙子豈可同日而語哉昔朱文公作通鑑綱目書雄爲新莽大夫今南康曹侯築室以祠伸蒙曹侯之心卽文公之心者也噫使天下邑宰皆如曹之用心世道其不復古乎永陽黃堯臣跋

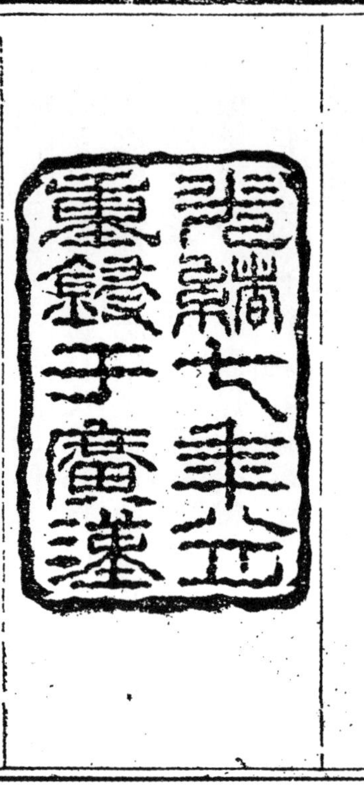

原序

伸蒙子著書於槐里其自序曰如有用我吾言其施吾學其行其自負之重乃如此設使終身不達抱空言而死於槐里伸蒙子不終於蒙也哉及其出萬年爲宰其言亦既施矣然而終不能救唐之亡者所施不遐也設使以壽終於其邑則其所施止於是所施止於是所言過於是伸蒙子將不近於誣也哉惟其罵巢而死是以平昔之言皆足以取信於天下後世而其重若泰山伸蒙猶不死矣雖然士有不幸不得行其志以寶其言者古今何限惟眞有所見者其平

昔之言自缺則伸蒙雖終身不達雖不罵賊而死余以爲奇士然則言以見志亦士之所不能無也哉至正十三年歲在昭陽單閼夏四月三山學士陳留孫謹誌

唐水部郎林虔中著伸蒙子三卷時咸通六年也以其旹考之方奉釋氏寵樂工䑸遊宴怠政事侈費無度兵禍未已而堂老楊收路巖韋皆以賄敗溫璋王有生不逢時之嘆公之志何由而伸乎今三卷中姑與其槩曰遷善則有太甲猶艮馬之喻曰鑒旹則有盜賊不可移之類曰辨惑則有知與不知之别甯非有所感而述歟然公之學與言竟不見之施行所恃以傳遠者遺書而已文忠歐公嘗言讀唐四庫書因見著書之士不可勝數而百不一二存公之書雖見於唐藝文志及　本朝崇文總目而猶未廣其傳公

之名孫元復分教於莆始鋟梓於泮人始得而盡見之賢者之後雖百葉若一體今郡博士能守家法傳家學其猶荀氏之慈明魏鄭公之謩天命非爽不在其身必在其子孫當有用我者則虔中之言非迂矣

咸淳癸酉上元後五日莆田劉希仁書

伸蒙子自序

予沽名未售退棲槐里著舊儒範七篇辭褻里僻不爲時人所知復研精覃思一旦齋沐禱心靈是宵夢有異焉明日召蓍祝之得蒙三三之觀三三曰伸蒙入觀通明之象也因感而有所述焉自號伸蒙子嘗與二三子辯論興亡數陳古今也或引事以明理或摘才以潤詞錄近萬言編成上中下三卷上卷槐里辯三篇象三才敘天地人之事中卷澤國紀三篇象三辰敘君臣人之事下卷時喻二篇象二教敘文武之事焉予所學周公仲尼之道所言堯舜禹湯文武

之行事也如有用我者吾言其施吾學其行乎楊雄謂後世有楊子雲當知吾太元安知後世不有林虔中者出吾言迂乎哉大唐咸通六年二月四日長樂

林慎思虔中自序

伸蒙子三卷先祖唐宏詞水部郎愼思所著書也孔氏没諸子百家之言盈天下至於季代如皮日休隱書宋齊邱化書皆傳於世惟先伸蒙之書藏於屋壁者數百年雖一志於唐藝文再紀於皇朝崇文總目又述於夾漈先生通志而學士大夫猶有未見其書者蓋其不幸而不生於大歷正元之前與韓柳諸公以文章之名顯也又不幸而不生於天朝明道之後與周程諸賢以性命之學著也然其節不周於當時其言可傳於來世其見錄於史史氏也尚矣先復世守遺文日惟廢墜是懼去歲始至旣刻續孟於學宮

迺者詔下郡門采訪遺書以充秘府伸蒙子之書於是可以出矣復校是書三卷俾與續孟並行嗟夫垂憲言以貽後人伸蒙子之志遠矣天之未喪斯文也倘在兹乎敬書其槩以昭聖朝右文之治歲昭陽作噩

咸淳九年正月朔奉議郎新知泉州南安縣事林元復謹識

唐水部郎中伸蒙子家傳

十三世孫通直郎致仕永撰次

伸蒙子姓林氏諱愼思字虔中福州長樂人也少倜儻有大志力學好修與昆仲五人築室讀書稠巖山中咸通五年首薦禮部不第退居槐里命蓍禱心得蒙之觀曰伸蒙入觀通明之象也遂以伸蒙子自名著書上中下三卷上卷槐里辨三篇象三才敘天地人之事中卷澤國紀三篇象三辰敘君臣人之事下卷時喻二篇象二教敘文武之事指喻明切自成一家言又以公孫丑萬章記孟子之言不能盡其師意

作續孟子二卷凡十四篇咸通十年王凝侍郎下歸仁績榜中進士第十一年高實侍郎下再試中宏詞拔萃魁勑改所居崇賢鄉欽平里爲芳桂鄉大宏里以表之授秘書省校書郎興平尉在官舉案如法豪右憚其威令尋除尚書水部郎中守萬年縣令賜緋治邑有最聲民懷其惠屬軍興科歛百出他邑皆事嚴束鞭笞肆行人不堪命獨萬年行之以寛大吏數督趣且怵以危法毅然不爲動民力用紓大吏亦心服不敢按發會黃巢寇長安逼以僞官不受間道與元賊追及之卒不屈罵賊不絶口而死及巢敗諸子

奉其喪歸葬於昌化鄉渡橋大墓山所著二書及外篇宏詞五篇儒範七篇皆藏於家世莫傳焉今稠巖讀書石室遺趾尚存按歐陽文忠公撰唐藝文志載伸蒙子三卷及上崇文總目又載續孟子二卷近世莆陽鄭夾漈先生通志藝文畧亦載此二書克齋林公執善銘蔣居士墓具言伸蒙死節不屈之事且述閩中記所載爲據且稱之爲吾閩千載不朽之高士獨以世遠言煙後生晚輩未識其書不知前輩典刑故叙次其槩爲家傳以詔吾子孫存之五百歲其人若存覽者尚有考於斯文

篇目

槐里辯三篇

上篇五章

中篇四章

下篇五章

澤國紀三篇

上篇五章

中篇三章

下篇二章

時喻二篇

上篇八章

下篇八章

伸蒙子卷上

唐尚書水部郎中長樂林慎思虔中撰
綿州 李調元 贊菴 校定

槐里辯三篇

上篇凡五章

彰變　辯治　喻民　演喻

較功

彰變 賞罰喻妖祥　興衰喻良暴

干祿先生本作岸祿問王道興衰由天之歷數有諸伸蒙子曰非天也人也曰星有妖祥天所示也不使妖見唐虞祥呈幽厲豈非天璣興衰不亂亦妖祥均耶曰

里有良吏暴吏損益於民也不由牧政之心焉然則政之不亂也不使罰及忠信賞歸苛酷矣是賞罰均於政也而良暴豈由於政哉是興衰係乎君人猶良暴係於里吏則天示妖祥顧非均於賞罰邪豈使妖見唐虞祥呈幽厲歟則知化妖祥者由乎天變興衰者由乎人故曰非天也人也

辯治 治大易治小難

干祿先生曰治千乘之國與十室之邑孰難伸蒙子曰國易曰何以然哉曰治大以智治小以力智役眾人力窮一身然則勞眾孰與勞己之難乎夫工於材也有繩墨焉有斧斤焉繩墨以智也斧斤以力也布繩墨豈不易於運斧斤之勞乎矧繩墨誤猶可移斤斧誤其可移哉治國施教令非布繩墨邪治邑承教令非運斤斧邪則治國孰與於治邑之勞乎

喻民 古今化民難易

干祿先生曰古民難化於今民乎伸蒙子曰今人易化曰古民性朴今民性詐安得詐易於朴邪曰朴止也詐流也止猶土也流猶水也水可決使東西乎土可決使東西乎且嬰兒未有知也性無朴乎兆兒已有知也性無詐乎聖人養天下之民猶嬰兒也則古

民嬰然未有知也今民兆然已有知也化已有知孰與化未有知之難乎

演喻

干祿先生曰子謂今民易化何唐堯獨彰於古邪伸蒙子曰吾所謂古民難化性猶土也土不移移則墝埆生矣今民易化性猶水也水可導導則源清矣是以古之民雖唐堯在上終不能化頑嚚使有知今之民有堯之化孰有頑嚚之難化乎故曰今民易化也

較功

干祿先生曰吾聞昔者嬴噬六國劉剪一項較其功

孰難仲蒙子曰嬴難曰六國誤於儀秦之辨嬴因其敝而取之矣其難曰吾聞秦原有鹿獵師不能獲焉一日猛虎殺而棄之然後獵師爭而取之矣且殺之者生鹿也爭之者死鹿也嬴噬六國是虎殺生鹿劉剪一項是獵師爭死鹿也與其得死鹿於劉孰若得生鹿於嬴之難乎然嬴不二世而劉四百年得生鹿之虎又孰如得死鹿之獵師乎

中篇凡四章

演聖　喻時　全明　遷善

演聖

知道先生本作御道問仲尼不得封楚不患無土乎仲蒙子曰仲尼得於楚不爲有土失於楚不爲無土何則鰌居之水鯤不可止也鷃巢之林鵬不可棲也故仲尼無土於一時有土於萬代也且生遇無道則天下猶小不容仲尼也矧一楚國何益乎苟生遇有道則陋巷非隘可封仲尼也雖百楚國何及乎所以仲尼之道高大無窮焉亘萬代而乃容非一時之能容矣苟以一時封楚是鯤止鰌水鵬棲鷃林旣莫能容也孰爲有土乎所以亘萬代而乃容果遇有道而封也孰爲無土乎故儒行曰儒有不祈土地立禮義以爲土地則知仲尼不得封楚不患無土明矣

喻時

知道先生曰仲尼登泰山小天下其然乎仲蒙子曰然曰天覆無窮惡謂小邪曰以時觀之而小也夫越巨川遇昏暝之時望十里之岸如在數步之中是豈川之隘乎蓋昏暝觀之而然也仲尼生於周末歷聘七十國莫能容者非天下昏暝乎天下昏暝觀之而小不亦宜哉若使仲尼生於陶唐之代則君如日也天下皆晝也天下惡得而小哉故曰以時觀之而小矣

全明

知道先生曰吾聞仲尼日月也伐木於宋削迹於衛有損於明乎仲蒙子曰何損哉夫盜者習於昏黑也見明則惡之蓋不利其盜矣宋衛是習昏黑者也見仲尼則惡之蓋不利宋衛之盜矣盜自盜也日月仲尼何損哉曰歷聘無用於天下有損於明乎曰何損哉夫人之寐也見明則避之所以不用日月也是時天下諸侯皆寐見仲尼則避之所以不用仲尼矣寐自寐也日月仲尼何損之有

遷善

知道先生曰吾聞伊尹放太甲於桐宮有諸仲𫾗子曰於書有之曰臣放君忠乎曰太甲始立不肖伊尹放之可也曰桀紂不肖龍逄比干惡不放歟曰桀紂大不肖也安能放哉曰吾聞狸能捕鼠不能捕狗則伊尹其捕鼠邪仲𫾗子莞爾而笑曰先生聞良馬有害人者乎良御必能維縶以馴伏其性也聞猛虎有噬人者乎武士安能囚拘以馴伏其性邪太甲不肖猶良馬也伊尹則可維縶以遷於善也桀紂不肖猶猛虎也龍逄比干豈可囚拘以遷於善乎知道先生釋然曰誠哉吾子可謂知言矣

下篇凡五章

明化　廣賢　較仁　持危

利用

明化 隨其才性而化

求己先生本作秝砚問人之善惡能化而遷乎仲𫾗子曰遷矣曰性有剛柔天然也猶火可遷於水邪曰善不在柔惡不在剛也火能炮燔亦能爲災水能潤澤亦能爲沴及其遷也化災爲炮燔化沴爲潤澤豈在化火爲水乎人之善惡隨化而遷也必能反善爲惡反惡爲善矣孟母正己以化於孟軻及其遷也非反惡爲善邪齊桓大功而化於豎刁及其遷也非反善爲惡邪所謂人善惡隨化而遷不亦明乎

廣賢

求己先生曰周公吐哺以急賢然未聞賢肖周公何爲急邪仲𫾗子曰周公以急賢之心要四方之心不在肖周公而急之也若必肖周公而方急之則無賢可急何以要四方之心乎夫賈者積金市物聞鬻者之聲則必躍然而近之雖物不合賈者亦儐金而取焉所以不阻四方之物也不阻四方之物則四方之心嚮焉周公設禮以待士聞有士之名則必欣然而

迎之雖士不及周公亦下禮而接焉所以不阻四方之士也不阻四方之士則四方之心歸焉則知急賢之心要四方之心也豈有肖周公而後急之邪

較仁

求己先生曰善治天下與善治國者其語大則曰堯仁如天周德至矣然稽其勤治之心昌及於勛邪仲𫾗子曰論其位則勛崇較其仁則昌至先生瞿然曰昌民得及勛民之樂邪曰勛民雖樂不及昌民喜也曰噫昌之時辛方縱毒天下之民皆罹其苦猶過昌德化猶酷父之子其伯叔私撫焉當是時幸其偷生

亦憂且懼矣甯謂喜邪勛之時水不爲沴天下之民皆忘其咎又遇勛仁化猶沃壤之苗而甘澤復加焉當是時生意滋茂泰且樂矣甯無喜邪曰先生聞齊相養士三千乎聞晉臣飯桑下餓人乎餓困而得食與食厭而得魚孰急乎五帝之民與以時治爲常遇勛之仁豈非食厭而得魚歟商末之民以時亂爲常遇昌之德豈非餓困而得食歟故謂勛民雖樂不及昌民喜也亦明矣

持危

求己先生曰四皓遁跡避時名高後代酌其傲君而

處私賂而出非罪人也仲蒙子曰正天下也何罪之有曰狗呂氏以矯高祖是躡邪徑而背直道何反謂正哉曰用邪扶正也且大厦之欹也必欹其木以扶之然後正矣方高祖欲廢嫡立庶太子勢搖羣臣心動是時天下政柄將失所持四皓心是危急可以正之惡能忍其危哉所以狗呂后謀從孝惠出是謂用邪扶正不甚至歟苟爲不然則從其廢嫡立庶戚氏得以惑亂一人侮蔑萬樞欲漢室不危難矣又安得傳其後嗣哉則知四皓始而處者非傲君也辭夫爵也終而出者非私賂也正天下也

利用

求己先生曰治民之用恩刑恩刑之利孰最仲蒙子曰刑最曰刑施而民怨其利邪恩施而民悅其不利邪曰恩施於民民既民矣刑施於民民不民矣且民既民恩不加民自化也民不民刑不加民誰禦哉譬處家而治羣下焉下之良者雖恩賞不至且未失於良矣下之惡者苟刑責不及孰可制其惡哉是知治民用刑爲最

⿱山干⿱山蘇　本注槐里有干蘇先生始隱高山獨懷古節不狗時態嘗語人曰吾逢有道則出無道則隱今遇昭代吾不能遑遂出以干蘇爲字然而棲遲法度進退容儀未嘗忘山故字從山

⿰氵知⿰氵道　本注槐里有知道先生自謂進退有時吾不妄動是以自謂知道蓋有樂水之癖凡居處祇聽以泉源池沼爲樂故字從水表德也

⿰石求⿰石己　本注槐里有求己先生陋巷固窮學道無佗嘗曰莫邪器成不磨礪其刃安能制犀截鐵君子胸迹不磨礪其道安能顯揚故號求己先生字從石

仲蒙子卷上終

伸蒙子卷中

唐尚書水部郎中長樂林愼思虔中撰
綿州 李調元 贊菴 校定

譯國紀三篇

上篇凡五章

辯刑　合天　去亂　鏡旨　鑒旨

辯刑

宏文先生本作䟴峻曰有道之君刑孰峻於無道之君乎伸蒙子曰有道之君刑峻曰何不聞堯舜暴虐桀紂寬仁乎曰水火不暴於虎狼也然水火之爲峻也必能滔湧天地焚燎山川而人不蹈也狼虎之爲峻也止於呀風吼霧噬獸啗人矣豈及水火之大歟所以水火仁於人而人輕之不見其峻也狼虎害於人而人畏之故見其峻也有道之君猶水火然無道之君猶狼虎然狼虎不及水火之大豈不明乎

合天

宏文先生曰秦人焚書坑儒以愚黔首意其帝萬世矣而亡不旋踵何邪伸蒙子曰天亡之也吾聞順天者昌逆天者亡天生羲農黃帝堯舜爲道之宗又生禹湯文武周公孔子爲道之主其言式萬代其政訓百王譬日月不可揜山川不可遷也秦人姍笑先生絕棄禮法悉舉而燔之使天下之人橫目蚩蚩無知識無妨節是日月晦蝕山川崩裂天怒人怨有滅亡之形而人不知也一夫呼七廟隳秦焚書是自焚矣秦坑儒是自坑矣世未有合天而亡逆天而存者也故曰秦之亡天也

去亂

宏文先生曰秦并仁義鞭笞天下爲後代所醜何其烈歟伸蒙子曰天俾秦然所以甚其罪而去天下之亂也當六國相强二周皆弱此時已亡仁義雖尚戰爭故天下大亂不一其主也天俾秦并而一之又不能守故天下復一於漢所以去天下之亂也曰秦曷不尚仁義以守之歟曰仁義者秦人之所諱也秦以山西之習起而馳騁中原惟知干戈弓矢之爲利也惡識仁義哉天厭六國之亂而使秦并之天又厭秦之亂而漢得之南方有蚖縱毒於路而里人惟養鴆以吞之秦之亡六國是鴆之吞蚖也北方有虎食人與獸武士設檻以殺之秦之自亡是虎之投檻也安有亂而不亡乎故曰天之俾秦然所以甚其罪而去天下之亂也

鏡旨

宏文先生曰秦有寶鏡照人肝膽能使左右前後蓄不廉不忠之心者於是鏡皆有不隱若使後代帝王有是鏡也則不廉不忠之人得肆於前後左右邪仲蒙子曰不然是鏡凶鏡也於秦為不忠甚矣斯由之父子高樂之翁壻叟凶鞠頑懷諼飾詐朝夕出入於宮庭之內其為不廉不忠孰甚焉而是鏡曾不能照其奸偽之一毫則是凶鏡也又何以取於後代乎秦尚法律焚詩書肆虐於人上危亡之不暇矣況乎賊盜阻山義兵四起天下族謀以亡秦而是鏡且不能

照之其為不忠莫甚焉秦負鏡哉鏡負秦哉

鑒旨

宏文先生曰三代衰亡垂鑒千古何後代有踵其亡哉仲蒙子曰三代之季鑒於有道不鑒於無道也且居起欲奢鑒之而反儉威刑於暴鑒之而反仁畋遊欲縱鑒之而反禮聲色欲荒鑒之而反德是猶鑒治國之政而成有道之基矣反是猶盜賊之類晝觀刑戮於市暮行誅刼於衛豈刑戮能使之鑒邪蓋盜賊之心不可移也雖知夕必禍而朝且殺人矣是謂三代之季鑒於有道不鑒於無道也

中篇八三章

演忠　明諫　辨惑

演忠

如愚子曰（本作埜愚）比干何如臣乎仲蒙子曰忠也曰比干諫不止致辛有否賢之罪名落千古而為後代之所醜斯實陷君于不義惡為忠乎曰辛為君塗炭生民是時天下之心皆欲亡商興周蓋商之朝猶有賢人賢人存則商不亡商未亡為天下僇是以比干知存無益故力諫就死惡不為忠乎曰知存無益胡不逃去逃去則商無賢人無賢人則辛自亡矣惡有剖

賢人之罪為千古醜歟曰苟使逃去則無忠臣死諫之名垂於後代也且比干非不知辛禍胎已長勢不可止蓋不忍不止則竭忠諫之諫之不聽亦欲垂明鏡於後代則辛有剖賢人之罪得無鑒戒於後代邪是以比干之忠不獨忠於一時而亦忠於後代矣

明諫

如愚子曰夷齊諫周武欲存商紂其為義乎仲蒙子曰然曰商紂肆湯火之威下民罹煎熬之痛周武不忍而伐之是時天下咸欲速兵救世何夷齊獨諫周武之代存商紂之暴而為義乎曰夷齊之諫不獨叶

一時之忠抑垂千古之戒也且人皆曰紂可伐也獨夷齊不以爲然者其意不亦深乎故諫不貴納於一時之周武而貴納於後代之諸侯不貴存於一時之商紂而貴存於後代之王室知後代王室必有肖商紂之暴後代諸侯必有習周武之志故損身諷諫用譏後代伐君者恐中損身之譏無生易國之志此非夷齊之意深乎若謂止周武縱商紂爲心是不能立昭代之謀救下民之難而遁迹餓死眞曰愚矣後聖曷稱爲賢哉蓋立謀救難不乏其臣所以去之將持終身之仁用全諷諫之道故有知者謂之仁義不其

然乎迨後幽厲有商紂之暴不爲諸侯易其國是恐中損身之譏也故得周室不翹於卜數非由夷齊忠諫所致哉如愚子釋然曰夷齊之意深矣有傚夷齊者惟知夷齊衍去周之名豈知惟夷齊全周之義乎

辨惑

如愚子曰吾聞君子不惑小人多惑有諸伸蒙子曰人無不惑蓋君子知其所惑而不惑矣小人不知其所惑而惑矣曰吾聞古之帝王蓄貨財溺酒色未有不亡國喪身矣所以桀紂幽厲皆由是也矧臣民士庶由是而亡家喪身多矣得不爲惑歟曰是不知其所惑矣而惑遂至喪亡焉設使君如堯舜臣如夷齊士如顏閔前設糟邱酒池之樂後陳鹿臺銅山之貨左右列妲己褒姒之容安能亂堯舜之德汚夷齊之風染閔顏之行而至喪亡乎如愚子㦁然寤曰誠哉人無不惑在知與不知耳

下篇凡二章

分賢　彰明

分賢

盧乳子曰（本作齇頡）陶朱公何如人乎伸蒙子曰賢也曰中男殺人不命長男持金如楚誠知其無用之矣然

而長男竟將以行會無教訓之言迨及其反則笑曰吾必知殺其弟矣是事往後言惡得賢邪曰人性勇怯非教導能移也且雷霆倏閃聲騰百里則勇者神不揺怯者眼先慄當是時也人非神之不欲揺如其怯何陶朱公知長男慳秉財之性不可移也所以不命其行及其行也豈可教導以移其慳哉曰然則安得不奪其行邪曰苟奪其行則先見自殺其子也先見自殺其子之名則不見秉財之性又安能明陶朱公不命其子之心乎所以陶朱公之賢由是而分矣

彰明

盧乳子曰吾聞子夏哭子喪明有諸伸蒙子曰喪明而明益彰矣曰喪而益彰何如曰子夏之道全於四科垂於千古而哭其子喪其明書於禮曰吾過矣則千古之人見之孰不以子夏哭子喪明而鑒哉能正天下之爲人父者乎所以喪明明於古人非明益彰邪

⿰宏戈⿰甲文 本注澤國有宏文先生當時兵寇入皆負戈甲獨子喈文或曰方事甲戈安用宏文對曰吾以宏文爲甲戈故字從戈甲

⿰耒如⿰耒愚 本注澤國有如愚子生於田家家本農業獨子捨農而務學慕顏淵德行遂名如愚親族譏其忘本乃曰吾張耒耜于教學有無可待矣故名字從耒文也

⿰盧瓦⿰乳瓦 本注澤國有盧乳子家居山中慕黃老方外之術鍊形息氣恬淡無爲師仲人盧乳修眞之法而又自隱于陶故字皆從瓦

伸蒙子卷中終

伸蒙子卷下

唐尚書水部郎中長樂林愼思虔中撰
綿州 李調元 贊菴 校定

時喻二篇

上篇凡八章

明性　刺奢　顯防　伺難
治難　審類　遠化　譏惑

明性

韶夏之聲人非不知可敬而不能嗜也鄭衛之聲人非不知可去而不能捨也何哉可敬者禮節也禮則難行故人不能嗜矣可去者非禮也非禮易惑故人不能捨矣是以演先王之教不得人之樂者教難行也吐倡優之辭皆得人之喜者辭易惑也惡有聖徒能乘其心者後易惑而難行哉

刺奢

一樹之花人爭盻焉一株之棘人爭忌焉且人皆愛花之鮮研不知鮮研能誘人爲驕奢之患矣人皆忌棘之傷害不知傷害能誡人行正直之路矣嗚呼驕奢事極則花爲禍人之根者也正直路存則棘爲利人之本者也而人不知忌於花而忌於棘噫其惑人也久矣

顯防

居暗室而望明庭者雖隔簾幙而妍醜亦辨矣居明庭而視暗室者雖去簾幙而美惡不分矣故君子居其顯進退不違規矩也脫有一失則庸昧者皆見而誅矣小人處其昧動作皆爲非僻也曾無一是雖尊顯者誰見而誅是以古之聖賢立道光顯爲後代所瞻矚使無一失者得不由妨其誅之邪

伺難

舟行防覆溺之患伺無風波則越重溟如池沼矣車行防鹵掠之患伺無寇盜則喻修嶺如康莊矣君子

行其道則先防惡人伺其善則交之豈知有行善而蓄惡者伺難甚於風波寇盜乎及中路罹其謗譖則何啻於舟車之遇溺掠邪

治難

習幻惑之徒蓄其異術每一呼吸能皆變寒爲暑變正爲非矣習焚鍊之徒蓄其神方每一施用皆能變石爲金變土爲銀矣然外物榮枯貴賤猶能變之而己身榮枯貴賤不能變之何邪信知治外物之易而治己身之難也今有人行文行忠信之道能言於人而不能行於己與夫習幻惑焚鍊之徒何如是知巧婦之手不能飾醜爲容壯夫之力不能扳賤爲貴

審類

負樵蘇者日跨崇巓不告吾勞矣乘麒驥者一涉修途則吾倦矣非負樵者不勞而不告告之無聽於人焉乘馬者一倦而吁則吁有聞於人焉是以處上位者不見下民之艱一有不快其心者則吁聞於天下矣噫豈知下民終日勞心而無告於上乎

遠化

日月之照孰曰偏邪而瞽者不被日月矣雷霆之震孰曰隱邪而聵者不戴雷霆矣聖人以恩信臨人豈

得昧於天下乎蓋習叛者瞽於恩信也刑法示人豈得黙於天下乎蓋習盜者聵於刑法也嗚呼恩信非不博刑法非不大而叛民盜吏瞽聵於下豈恩信刑法能化乎

譏惑

絲蟲常絲也絆人之身孰曰喜邪梟鳥常舌也鳴人之面孰曰怪耶以其爲喜未聞歸福於亂以其爲恠未聞降禍於德是豈蟲鳥之動有微邪蓋爲小人觀聽不能無惑耳則知妖容露於人人皆愛也豈知絆人之心爲疾乎嘳語示於人人皆惡也豈知鳴人之

過爲誡乎

下篇凡八章

由天　警惑　辨功　慎名

指常　指公　諷失　書誤

由天

趙女有巧飾容者越女見之謂傾國之態難移矣豈知習之而反自勝邪郢人有善調歌者巴人聞之謂貫珠之音可奪矣豈知習之而反不及邪且顔容喉舌天然也妍醜清濁豈有同乎蓋以齊莊運動不得無師矣仲尼昔師於老氏也後設其教則大於老師焉是師其齊莊也妍醜豈由於老師乎韓非李斯昔師於荀卿也後行其道則反於荀卿焉是師其運動也清濁豈由於荀卿乎若使人有能否可襃責其師也則妍醜清濁亦可移於人不由天矣

警惑

投數爭輸贏一有勝之者則呵而怒矣卜聲伺凶吉一有不善者則慄而懼矣投之卜之皆我爲也而數與聲豈有情於我乎夫區區於名利之途者朝出暮入投一章卜一句宜爲人所知矣及其不知也則或憤或戚焉噫殊不知自爲之也豈知知道之人而無憤無戚邪

辨功

傭治粟者雖役力求精曾不得其賞焉傭治膳者雖不勞力自精亦先得其賞焉矧治粟功至僅免於誅也治膳功至又加其賞焉何則治粟猶四方外臣也治膳猶左右內臣也外不及內而然也噫使明目達聰鑒難易於內外而賞罰豈有謬加者乎

慎名

終身爲善而善未必聞卒有一惡歸之則爲善之名敗矣終身爲惡而惡不可揜卒有一善歸之則爲惡之名弭矣鯀之職非不專也一旦功不至反戾其職矣管仲之謀非不僭也一旦功既霸反高其謀也嗚呼服玩之器重於千金也忽壞則棄糞壤焉稗草之叢蔓於茸蘭也忽食則同穀粟焉

指常

啗宮之膳以膳爲常雖疊歲飯之而心無荷焉啗人之饌以饌爲異雖一旦飯之而心長感焉人在治代則以聚樂爲常也疊歲受唐虞之化孰有荷乎人在亂代則以聚樂爲異也一旦被湯武之德孰無感乎嗟夫徒知感異恩於一旦豈知荷常德於疊歲邪

指公

郡起虎狼之暴雖隔他郡聞之亦咸有懼心也地產珠玉之珍雖隔異地聞之亦咸有喈心也一有能殺狼虎者衆聞之莫不喜一有能得珠玉者衆聞之莫不嫉蓋殺者去衆害公其利也得者奪衆好私其利也且人心皆知喜公而嫉私也使能得是公去是私而與衆人喜而不嫉者幾人乎

諷失

設穽於路用去害焉害未及去而人過之反爲害矣稅金於市用化利焉利未及化而人叛之反失利矣且養其卒非捕民之冦盗邪冦盗未必由卒捕也而先盡民之父子焉㒒其吏非勸民之農桑邪農桑未必由吏勸也而先奪民之粟帛焉斯不亦用去害而爲害化利而失利歟嗚呼韓非說難嵇康養生亦幾於是矣

書誤

鑿井於路傍用濟路人之渴一有墮之者則罪鑿井焉立署於河側用榷商賈之利一有危之者則反德立署焉然鑿井至仁而反不仁立署至不仁而反仁邪所反者皆誤而然也是以力仁之士人苟防其誤則不得其仁矣力不仁之人不防其誤則不全其不仁矣嗚呼吾見今爲不仁但多防誤者矣孰見今爲仁有不防誤者邪

伸蒙子卷下畢

伸蒙子之書憤時湛思比物馳辯文騶先秦意師孟軻氏軻之書雖傳於世厥後無聞焉後伸蒙子十四世乃有賢孫元復爲吾郡廣文刻於學官而傳之昔蒙而今觀詘於晚唐而伸於盛宋伸蒙子之占至是始驗孔子之後有鮒焉有安國焉有穎達焉孔孟之書如日月孔子不以有鮒安國穎達而後傳也孟子不以無鮒安國穎達而不傳也伸蒙子之書非廣文傳之而孰能知之李習之自言先祖有善知而不傳是不仁也廣文其仁矣乎

咸淳癸酉正月雨水後二日北山方應發敬書於二書之末

素履子三卷唐將仕郎試大理評事張弧撰分履道履德等十四篇其書唐藝文志不載宋志作一卷屬悞而晁昭德郡齋讀書志陳氏直齋書錄解題俱不載今本係明范欽校刻者其中亦頗有訛錯因再爲讐校以壽世焉羅江李調元鶴洲序

素履子卷之上

唐 張弧 撰 綿州 李調元 校

履道

素履子曰道本無名無名居天地之始天地之始號曰混元混元之初無形無象既分二儀能生萬象故云之爲道初自混漠三皇依之設教五帝依之置治始於一化涫樸自然將明寒暑之期遂分陰陽之序上古聖人履之無言無教無心於物物來歸之不教於民民皆仰之此則履涫樸皇道也畫卦之主嘗草之君皆履之而化成至於服牛乘馬履之而去强暴

用之而除民害顓頊履之於忠順帝嚳履之於淸和唐堯履謙順之道而垂裳虞舜履孝弟之道而授讓此履帝道也禹行勤儉之道而治水湯能恭敬而感天西伯以至德而稱尊武王以孝道而去虐此聖人以王道設教使老有所終壯有所用幼有所長鰥寡孤獨癈疾者皆有所養男有分女有歸此以道治世之化也至於黄老唯尚樸而不文素王亦歸之於純素莫不去華飾而作教捨文艷以歸眞不尚賢使人不爭不貴難得之貨使人不盜責山節藻梲之宇尚卑宮菲食之若道德經云吾有三寶保而持之一曰慈二曰儉三曰不敢爲天下先此則履道之原也兼曰吾有大患爲吾有身及吾無身吾有何患此則至道者亡身履象外之道也至於餐霞食氣塞兌轉九履離塵之道也昔鴟夷子在俗教民種植持生之道竟乘舟而去羅眞人卜肆教人忠孝之道乃拔宅而昇此乃大道不器在物皆有知道不虛行物有元應不在高臺廣厦之間東林西域之内（近代淮南高公罷延和閣求道非也）立身行道之本末若君睦臣忠父慈子孝兄友弟恭夫順妻貞勤儉於家忠良於國昔夏殷文武得道而昌桀紂幽厲失道而亡夫如是道不可捨得之則

昌失之則亡故聖人愛人惠俗施德保位者也人之於道如魚之在水魚失水則亡人失道則喪牢籠萬象以道治之謂之大道欲昌其身宜履而行之明矣

履德

素履子曰太上貴德德者衆善所歸百福所集昔舜有羶德而人歸之如蟻羶不慕蟻而蟻慕羶舜不慕民而民慕德文王爲西伯三分天下歸周者二西伯之德猶種竹以待禽竹不慕禽禽爲鷁所逐而自來投竹周不慕民民爲紂所虐而自來投周是知德可施而虐不可肆常以好生之德洽於民心誕敷文德

遠方來格故古昔帝王皆立德以垂教五行五帝在木曰木德在火曰火德在土曰土德在金曰金德在水曰水德五行相生遞相爲德所以金木水火土穀正德利用厚生謂之九功立教於萬祀此德之用也德之施也無名在物物皆得之則存失之則喪天若失德寒暑不時地若失德萬物不生人若失德身必將傾故大禹謨九功臯陶謨九德天下是治君以慈愛立德臣以忠孝成名德唯善政政在養民養民之本在武則有七禁暴戢兵保大定功安民和衆豐財文則有五溫良恭儉讓恭寬信敏惠皆歸五德德也

者能卻水火能感鬼神能伏龍蛇化數禽獸亦能退舍星象亦能整復山河桑穀自枯妖禽亦逝瘞蛇之子捨金之賓遺藥於敵人馳酒於盜者捨絕纓之過成漆身之志皆施之於陰功而獲陽報夫如是宜施之於萬類不可失之於一言天道無親唯德是輔有國有家幸其履之瞬息無倦昌矣盛矣

履忠

素履子曰忠貞者天地之秀氣人倫之英靈凡觀歷世之書唯忠實者名挂史筆萬世常存則夫不忠者必滅亡也昔周公至忠事文王武王至成王成王自繈褓事之於三世盡忠金玉莫比其堅松竹莫比其操至於祝九齡之壽乃自竊爲牲託六尺之孤遂去管蔡之佞事雖往古行跡常新列於典籍之中常爲賢哲之範太公行王風而治周室主霸典而滅紂邦二人來輔於周功業垂於萬祀復聞管仲相桓公一匡天下以尊周子房佐劉氏統鴻溝以興漢至於召四皓而迴惠帝抱幼主而朝諸侯亦有臥屍折檻之士碎首投鑊之臣今古所推實謂忠節若指鹿爲馬以元爲黃爲弱欺孤廢賢奪義生則春嘆臠肉沒爲後世責嫌汙辱二儀之中濫遴三才之內是知忠賢

宜旌之不朽爲今世間傑來世美談詩曰淑人君子其儀不忒賢者履之盛矣

履孝

素履子曰經云夫孝天之經也地之義也人之行也兼曰夫孝德之本教之所由生治國治家者立德爲先立德之本孝之爲始昔舜禹有至德至孝存身之德而成皆以孝行舜讓而尊故云先王有至德要道以順天下民用和睦上下無怨孝之始也孝感天地應乎神明天子孝龜龍負圖庶人孝草木榮茂昔曾子孝父母身體髮膚不敢毀傷至於終身跬步之間

不忘孝道凡夫一切禽獸草木取之以時不違天道竭力盡忠此爲孝子之志也夫人有百行不孝者如玉屑盈匣終無用也能行孝道者自然神明上生天帝添算身安事吉榮顯於時幸君子履之保百福矣

素履子卷上終

素履子卷之中

唐 張 弧 撰 綿 州 李 調 元 校

履仁

素履子曰古者嘗草之君教民粒食而止殺至仁之化也黄帝爲民除害殺蚩尤至仁之教也大羅氏作網罟除禽獸之害至仁之用也堯舜用八元八愷明四目達四聰至仁之治也禹鑿龍門去水害至仁之功也湯去三面羅至仁之政也文王葬枯骨至仁之惠也紂失仁武王殺之飾微子之墟捨箕子之囚封比干之墓乃得赤雀銜書之瑞云仁得之仁守之福

蔭百代天使人君用仁守國故罪己泣辜吞蝗燕蛭所以興也秦不仁焚書坑儒身沒沙邱不及二代子嬰爲劉項所競漢履仁約法捨子嬰而得天下楚不仁暴物殺子嬰而失天下是知履仁爲興國之本故可履之孔聖云仁者愛人亦曰好生惡殺爲仁愛人利物爲仁克己復禮爲仁慈惠惻隱爲仁賞善罰惡拯溺救危皆仁人之履也士有殺身以成仁亡命以成仁設食於翳桑板築於危徑或救黄雀或放白龜惠 於傷蛇探喉於鯁虎博施無倦惠愛有方春不伐樹覆巢夏不燎田傷禾秋賑孤卹寡冬覆蓋伏藏

君子順時履仁而行仁功著矣易曰天地之大德曰生聖人之大寶曰位又曰君子體仁足以長人唯聖賢履之無倦而已

履義

素履子曰理財正辭禁民爲非曰義所以義者不競於物而物自歸之孔子曰義然後取人不厭其取昔周太王之太子曰泰伯太王有疾泰伯義讓其位乃爲父採藥而不返後季歷立封泰伯於吳夫有義必能讓能讓必能和王者履義讓必能和協萬邦賞善罰惡立功立事以義除不義昔者桀惑於妹喜亡義

而喪德紂好妲已失義而害忠賢周幽王寵褒姒乖義而失諸侯晉獻公悅驪姬而終失義於世子鄭莊姜寵過致叔段不悌龐涓疾賢死爲不義之友羅敷沉河魯胡永爲乖義之夫三閭溺於汨羅楚懷王爲不義之主子胥得浣沙女終成守義之賢士有觸槐刎頸燻目漆身之義管鮑陳雷立義名標前史是知義不可不履而不可乖孔子云不義而富且貴於我如浮雲先聖賤不義也若不義而死捨義而生則浪生死矣足不賢也能義和骨肉昆弟在　以義履之有何爭哉故君子義以爲質履而行之國無乖矣

履智

素履子曰夫智者五行之德水水以潤下爲德智以謀慮爲能智不能慮無以爲能水不能潤無以爲德是以水流不止智用無滯水混則濁智撓則亂濁則不能鑒亂則不能慮未若止水而能清定智而能明水止智定則清且明矣如水決流不止則清濆以成弊智用不端則惑亂以招尤矣賢者用智能周萬類若夫鏡之照物妍醜俱見其中如朗月之當空泉沼皆臨其內觀照遐邇明辨是非知衆之苦辛減己之逸樂齊飽暖於一體慮寒餒於四人故能運智而佐

帝王設慮以防姦弊所以子房陳平智周而成商鞅蘇秦智詭而轘夫有國有家者履智而能慮則禍患弗可及也

履信

素履子曰信之爲大人所重焉天失信三光不明地失信四時不成人失信五德不行故孔宣父云大車無輗小車無軏其何以行之哉謂人無信不可行也子貢問政子曰足食足兵民信之矣子貢曰必不得已而去於斯三者何先曰去兵曰必不得已而去於斯二者何先曰去食自古皆有死民無信不立治邦

不可失信昔周幽王西患犬戎北患獫狁王與諸侯立信約舉烽擊鼓則諸侯救至褒姒戲而舉之諸侯皆至無寇乃是妃后戲耳後犬戎逼王城舉烽火擊鼓召諸侯諸侯皆言妃后戲耳遂不至幽王乃爲犬戎所殺此戲而失信之故也故齊桓不遺曹劌之盟晉文捨原以示信俱爲霸主諸侯皆從之所以不乖竹馬之期不爽虞人之約王者履信則神龜見矣故用人之智去其詐用人之勇去其怒用人之仁去其貪用智者之謀勇者之斷仁者之施足以成治矣詐害民信怒害民恩貪害民財三害亂之原也是知可

終身而守約不可斯須而失信易云天所助者順也人所助者信也君子仗忠信而爲甲胄履之無爽矣

履禮

素履子曰禮者天地四時之正氣人倫三綱之端首在物皆敬於人必局故能定親疏決嫌疑別同異明是非守道立德履之方成教訓正俗履之方備決爭訟辨是非君臣上下父子兄弟軍旅征伐祭祀鬼神履之方成其政教郊天祀地禮之爲大經所備焉夫父慈子孝兄良弟悌夫義婦聽長惠幼順君仁臣忠之道禮之本也士唯履之無暫乖失無小大無衆寡

無敢慢故君子正其衣冠尊其瞻視望之儼然卽之也溫聽其言也厲無欺暗室不愧屋漏明則有禮樂幽則有鬼神是以賢者昏行不變節夜浴不改容唯禮唯敬履之則安失之則危詩曰相鼠有體人而無禮人而無禮胡不遄死易曰藉用白茅禮敬之至也

素履子卷之下

唐 張 弧　綿州 李調元校

履樂

素履子曰夫樂者天地四時之和也故律呂調則陰陽和五音調則四時叙是故古昔帝王制禮作樂以化民也是以黃帝曰雲門顓頊曰六韶帝嚳曰五英堯曰咸池舜曰大韶禹曰大夏湯曰大濩武王曰大武皆八代之樂也用彰其德以明其功故天地四時皆順從其化夫八聲之用樂記曰鐘聲鏗鏗以立號號以立橫橫以立武君子聽鐘聲則思武臣石聲硜

硜以立別別以致死君子聽磬聲則思死封疆之臣絲聲哀哀以立廉廉以立志君子聽琴瑟之聲則思志義之臣竹聲濫濫以立信信以嚴衆君子聽竽笙簫管之聲則思畜聚之臣鼙鼓之聲讙讙以立動動以進衆君子聽鼙鼓之聲則思將帥之臣五音之用也五行之音以調正氣春之角以其清濁中人之象春氣和則角聲調樂記曰角亂則憂其民怨也憂之徵以其徵清事之象也夏氣和則徵聲調樂記曰徵亂則哀其事勤也季夏之宮以其嚴大樂記曰宮亂則荒其君驕也秋之商以其濁中次宮臣之象也秋氣和則商聲調樂記曰商亂則陂其臣壞也冬之羽以其嚴清物之象也冬氣和則羽聲調樂記曰羽亂則危其財匱也此五音八聲之用也所以入情不能外也用之祭天地則天神降地祇昇用之祭山川則神鬼饗用之化人則人民和故得其節則樂行而倫清耳目聰明血氣和平移風易俗天下皆甯用失其節則鄭衛之音作桑間濮上之風行所以治世之音安以樂其政和亂世之音怨以怒其政乖亡國之音哀以思其民困又清爲君濁爲臣清爲陽濁爲陰清濁不亂君臣和平陰陽順序賢者聽其音而知其治

然五帝殊時不相沿樂三王異代不相襲禮至於禮情主敬樂情主和敬之與和萬代不易是以禮節之於繁樂節之於過禮繁則亂樂過則淫節樂止淫履之本也

履富貴

素履子曰富與貴是人之所欲不以其道得之不處也當修德而取富貴德富貴也持盈守成恭儉謙讓節用而愛人克已而復禮施而不望報惠而不費財不濫其居不飾其服遇凶年不儉遇豐歲不奢是以管仲鏤簋朱紘山節藻梲君子以爲濫晏平仲祀其

先人豚肩不掩豆澣衣彈冠以朝君子以爲隘則君子當其位行其道不逾越而奢侈不儉陋而乖禮不過濫以聲色不貪暴於貨財絕驕奢去耽嗜貶酒闕色去嫌遠疑濟物利人安民和衆常守謙慎之心不忘忠孝之志道經云知足者富孝經曰高而不危所以長守貴滿而不溢所以長守富易曰天道虧盈而益謙地道變盈而流謙鬼神害盈而福謙人道惡盈而好謙謙尊而光卑而不可逾又曰勞謙君子有終吉

履貧賤

素履子曰貧與賤是人之所惡不以其道得之不去也士志於道而耻惡衣惡食者未足與議也君子憂道不憂貧不患貧而患不安昔釣魚之叟蓬嵩之士貧而遂通故賢子夏之鶉衣原憲之桑樞顏子之一簞食一瓢飲飯疏食飲水曲肱而枕之樂亦在其中矣曾子正冠而纓斷納履而踵決整襟而肘見曳屣而歌商頌聲滿天下若出金石天子不得爲臣諸侯不得爲友此致道者亡身養志者亡命此皆貧而樂道者也亦有門栽五柳庭植三荆扣角而歌採樵而咏皆履貧之士也賢者在事載士而歸留犢而去常遠三惑早慎四知士之廉而履貧者也或捨金存寶棄費重言不嫌蝸舍之居而守蓬蒿之室飯水食菜守道安貧悉士之至賢高尚其道孔宣父云不知命無以爲君子命者窮達之分皆自樂天知命而已若好勇疾貧臨財苟得非君子之人欲慕賢哲之蹤則不耻緼敝之袍篳門圭竇者矣

履平

素履子曰稱之用也取之於衡車之行也通之於轍衡平則毫釐不差轍通則轅轂無滯稱若失之於毫釐則權衡不正車若虧之於轅轂則轍跡難通欲稱

之平則慎之於毫釐欲轍之通宜治之於轅轂毫釐不失轅轂無虧則謂天平地成乃取易象上天下澤履君子以辨上下定民志履之時用居安慮危履平慮蹶所以禮云積而能散安而能遷此君子履平而思進也子房素書曰衣不舉領者倒走不視地者顛士若耽逸遊好財色嗜酒多私則平地生坑坎安處有危亡是以易曰九三君子終日乾乾夕惕若厲无咎亦曰履道坦坦幽人貞吉故詩曰謂天蓋高不敢不跼謂地蓋厚不敢不蹐皆如履薄臨深履平之至也

履危

素履子曰居屯蒙危難之時常見易象云雲雷屯君子以經綸初九盤桓利居貞復見山下有險險而止蒙退則困險進則閡山蒙以養正乃聖功也君子以果行育德屯之時用利在居貞蒙之時宜利於養正是知貞之與正可以涉危難矣虞舜潛居中冀仁孝之心唯堅周公出往東征忠實之志益盛展禽三黜而不已直道子文三已而無慍辭西伯拘羑里仁德愈明冶長囚縲紲而賢行不替遭匡不改仁聖厄陳不徹鼓琴君子福至不喜禍至不懼不緇不磷潔白之德益彰不凋不衰清貞之操彌盛詩云我心匪石不可轉也我心匪席不可卷也又曰風雨如晦雞鳴不已聖賢若是所以長思鴟鴞之篇鵬鳥之賦然而履虎尾畏懼愬愬涉險難慎危競競易曰視履考祥其旋元吉又曰進退不失其正者其惟聖人乎履道亨矣

素履子卷之下終

素履子跋

素履子唐誤作宋大理評事張弧撰分履道履德等十四篇其詩唐藝文志不載宋志作一卷屬誤而晁昭德郡齋讀書志陳氏直齋書錄解題俱不載今本係明范欽校刻者雖其中頗有訛錯然亦不可沒其眞云童山李調元跋

宋晁昭德郡齋讀書志廣成子解一卷眉山蘇軾撰軾取莊子中黄帝問道於廣成子一章爲之解景迂嘗難之其序畧曰某晚玷先生薦賢中安敢與先生異論然先生許我不苟同翰墨具在云按東坡此書語極精粹能發人所未發明范欽曾刻之今不可復得而東坡全集亦不載應係當日單行故重梓以公諸世羅江李調元鶴洲序

廣成子解

宋　蘇　軾　解　綿　州　李　調　元　校

黃帝立爲天子十九年令行天下聞廣成子在於空同之上故往見之曰我聞吾子達於至道敢問至道之精吾欲取天地之精以佐五穀以養民人吾又欲官陰陽以遂羣生爲之奈何

道固有是也然自是爲之則殆不成

廣成子曰而所欲問者物之質也而所欲官者物之殘也

得道者不問問道者未得也得道者無物無我未

得者固將先我而後物夫苟得道則我有餘而物自足豈固先之耶今乃捨己而問物惡其不情也故曰而所欲問者物之質也而所欲官者物之殘也言其情在於欲己長生而外託於養民人遂羣生也夫長生不死豈非物之實而所謂養民人遂羣生者豈非道之餘乎

自而治天下雲氣不待族而雨草木不待黃而落日月之光益以荒矣

天作時雨山川出雨雲行雨施而山川不以爲勞者以其不得已而後雨非雨之也春夏發生秋冬黃落而草木不以爲病者以其不得已而後落非落之也今雲不待族而雨草木不待黃而落雖天地之精不能供此有心之耗故荒亡之符先見於日月以一身占之則耳目先病矣

而佞人之心翦翦者又奚足以語至道

眞人之語佞人猶穀之與稗也所種者穀雖瘠土隋農不生稗也所種者稗雖美田疾耕不生穀也今欲學道而問已不情佞僞之種道何從生

黃帝退捐天下築特室席白茅閒居三月復往邀之廣成子南首而臥黃帝順下風膝行而進再拜稽首

而問曰聞吾子達於至道敢問治身奈何而可以長久

棄世獨居則先物後己之心無所復施故其問如此

廣成子蹷然而起曰善哉問乎來吾語汝至道

廣成子至此始以道語黃帝乎曰否人如黃帝而不足以語道則天下無足語者矣吾觀廣成子之拒黃帝也其語至道已悉矣是以閒居三月而復往見則蹷然爲之變其受道豈始於此乎

至道之精窈窈冥冥至道之極昏昏默默

窈窈冥冥者其狀如登高望遠察千里之毫末如臨深俯幽玩萬仞之藏寶也昏昏默默者其狀如枯木死灰無可生可然之道也曰道止此乎曰此窈冥昏默之狀而致道之方也如指以為道則夫窈冥昏默者可得謂之道乎人能棄世獨居體窈冥昏默之狀以入於精極之淵未有不得道者也學道者患其散且偽也故窈窈冥冥者所以致一也昏昏默默者所以全真也

無視無聽抱神以靜形將自正必靜必清無勞汝形無搖汝精乃可以長生目無所見耳無所聞心無所知汝神將守形形乃長生慎汝內閉汝外多知為敗

自此以上皆真實語廣成子提耳畫一以教人者無視無聽抱神以靜則無為也心無所知則無思也必靜必清無勞汝形無搖汝精則無慾也三者具而形神一形神一而長生矣內不慎外不閉二者不去而形神離矣或曰廣成子之於道若是數數歟曰穀之不為稗在種時一粒耳何數數之有然力耕鋤耘不可廢也

我為汝遂於大明之上矣至彼至陽之原也為汝入於窈冥之門矣至彼至陰之原也

窈冥昏默長生之本長生之本既立則必有堅凝之者二者如日月水火之用所以修錬變化堅氣而凝物者也蓋必有方矣然皆必至其極不極不化也

天地有官陰陽有藏

廣成子以窈冥昏默立長生之本以無思無為無慾去長生之害人以至陰至陽堅凝之吾事足於此矣天地有官自為我治之陰陽有藏自為我蓄之為之在我成之在彼

慎守汝身物將自壯

言長生可必也物豈有穉而不壯者哉

我守其一以處其和故我修身千二百歲矣吾形未嘗衰黃帝再拜稽首曰廣成子之謂天矣廣成子曰來余語汝彼其物無窮而人皆以為終彼其物無測而人皆以為極

物本無終極其分也成也其成也毀也物未嘗有死故長生者物之固然非我獨能我能守一而處和故不見其分成與毀耳

志吾道者上為皇而下為王

皇者其精也王者其粗也

失吾道者上見光而下爲土

生者明死者幽幽者不知明明者不知幽

今夫百昌皆生於土而反於土故余將去女入無窮之門以游無極之野

蓋將有示化去世形解入土之意也歟

吾與日月參光吾與天地爲常當我緡乎遠我昏乎人其盡死而我獨存乎

南榮趎挾三人以見老子老子訶之則瞿然自失

人我皆喪夫挾人以往固非也人我皆喪亦非也故學道者能盡死其人而獨存其我者寡矣可見

可言可取可去者皆人也非我也不可見不可言不可取不可去者是眞我也近是則智遠是則愚得是則得道矣故人其盡死而我獨存者此之謂也古今語異吾不知緡之所謂也以文意求之其猶曰明也歟

按山經廣成子治太易屯蒙二卦運行日月蓋古之眞人黃帝師也范欽跋

廣成子解終

蜀檮杌

蜀檮杌自序

嘗觀自古姦雄竊據成都者皆因中原多故而閉關恃險以苟偷一時之安譬夫穿窬之人利於昏暝之夕至於白晝皎然則無能爲也且韋皐守蜀二十餘年其材智機權過於王孟遠矣正欲求兼兩川節鉞而不能得劉闢惑術士之言自謂才過項羽不數月就檻車之縳蓋是時朝廷清明刑政修舉賢智在位紀綱整葺彼雖欲不臣勢不能爲也使皐闢在五代時其爲惡必有過於王孟者以此知朝廷治則蜀不能亂朝廷不治則不惟蜀爲不順其四方藩鎮之不

順亦有不下於蜀者當王衍之入洛也三蜀之人盡喜中國之有聖人而莊宗總制失馭中外繼叛蒲禹卿慟哭曰觀天下事勢如此蜀人豈有安泰之期耶必重不幸爾洎知祥入蜀之後明宗頗以蜀人爲疑凡高貲有及者盡令東徙張丕立歎曰蜀中之叛非蜀人爲之也皆朝廷所委用之臣所爲也其言蓋有激而云爾善乎田龍游之論曰僭僞之主改廳堂爲宮殿改紫綬爲赭袍改僚佐爲卿相改前驅爲警蹕改妻妾爲后妃何如常稱成都尹永無滅族之禍耶玆可謂玉右切至之言也王孟父子四世九八十年

比之公孫述輩最爲久遠其間善惡之跡亦可爲世之鑒戒然編録者如耆舊傳鑑戒録野人閑話之類皆本末顛倒鄙俗無取眞宗時知制誥路公振修九國書有前蜀後蜀世家列傳然而煩簡失當尚多疏畧如張扶馮涓張士喬段融蒲禹卿張雲陳及田滄之徒諫草章疏皆有益於世教盡棄而不録此觀者所以惜其有未備也予家舊藏前蜀開國記後蜀實録凡三十六卷嘗欲焚棄而不忍今因檢閲始終削去煩冗編年叙事分爲二卷其間事實未顯如髯須肥遺遠望績長禹糧蒲騷之類各爲解其失誤凡五

代史及皇朝日歷所載者皆畧而不書名曰蜀檮杌蓋取楚史之名以爲記惡之戒非徒衍其小說亦使亂臣賊子觀而恐懼云耳張唐英汝功撰

蜀檮杌卷上

宋　尚書屯田員外郎黄松子張唐英汝功撰

王建字光圖其先潁川郾城人後徙居項城隆眉廣顙身長七尺與晉暉輩以剽盜爲事被重罪繫許昌而獄吏縱之使去武當僧處洪謂曰子骨相異常貴不可言何自陷爲盜建感其言因隸軍於忠武而節度使杜審權拔爲列校從討王仙芝有功所乘馬死剖之得一小蛇於心間私自異之秦宗權據淮西募建補軍虞候廣明中僖宗幸蜀建與晉暉韓建張造李師泰同謀率三千人奔行在僖宗大喜乃分其兵

使建等五人主之號隨駕五都田令孜皆録爲假子駕還分典神策軍光啓元年令孜與河中王重榮有隙移鎭易定重榮遂舉兵向闕二年正月僖宗再幸興元以建爲清道使負玉璽以從至堂塗驛而邠甯昌符朱玫等遣人焚棧道建翼僖宗過於烟焰中夜宿坂下僖宗枕建膝而寢賜以金券至褒中以建遥領壁州刺史令孜悔禍求爲西川監軍以楊復恭代爲觀軍容使復恭慮建不附已出爲利州防禦使十月駕還楊守亮鎭興元屢召建建疑其圖已遂招豪猾八千攻閬中殺楊行遷入據其城自稱刺史十

一月昭宗卽位陳敬瑄叛於成都慮建與東川顧彥朗膠固爲患頗憂之令孜曰建吾子也可折簡召之遂與建書曰中原多故惟三蜀可以偷安陳公恢廓無疑同建大事吾父子輔之無不可也建大喜領兵趨成都敬瑄衆謀李乂謂曰建今之奸雄狠顧久矣必不爲人下若爲將校亦非公之利建至東川敬瑄遣人止之建怒進攻破鹿頭入據漢州進攻成都顧彥朗亦懼建反戈相襲上表雪其罪建亦奏請擇大臣帥蜀乃召宰相韋昭度爲成都尹割邛蜀黎雅置永平軍於邛州以建爲節度使建發兵迎昭度於劍

門敬瑄不受代昭度於城東置行府以建爲衙內都指揮使大順元年十月建度敬瑄垂敗心冀全蜀乃紿謂昭度曰相公興數萬之衆未有討賊之效而饋運不繼大衆囂然今關東藩鎮相噬圖傾國家社稷朝廷姑息不暇相公爲國大臣其心安忍不如東還以清中原此根本之策也劍外之事願以相委必不負驅策昭度猶豫未決建陰令軍士擒昭度帳下吏駱保蒼頭保祿臠食之昭度大懼乃以符節付建卽日東還詔復敬瑄官令建罷兵歸邛州建不從急攻成都令孜懼登城與建語曰老夫與八哥素厚何爲

相扼如此建曰建與軍容有父子之恩何心敢忘但大師負國而朝廷使建討之苟太師改心便可釋憾令孜與敬瑄議以勢不可敵其父令孜持符印卽建營授之翌日以成都讓建自稱留後表成其事龍紀元年春制授成都尹西川節度副使仍知節度事管內觀察處置雲南八國招撫等使敬瑄廢處雅州以其子爲刺史旣行建遣殺於三江令孜仍監其軍四月以令孜陰附鳳翔擒下獄餓死光化三年詔建私門立戟加中書令封琅琊王四年封建西平王

三年昭宗還長安建奉表貢茶布等十萬八月封建

司徒蜀王四年八月朱全忠弒昭宗建率將吏百姓學哀制服七年全忠篡位改元開平巨人見青城山鳳凰見萬歲縣左右勸進三遜而後從九月僭卽僞位號大蜀改元武成以王宗佶爲中書令韋莊爲散騎常侍判中書門下事唐道襲爲樞密使任知元藩峭爲宣徽南北院使王宗裕爲太傅王宗侃爲太保兼侍中以唐觀軍容嚴遵美爲內侍監授唐室舊臣王進等三十二人官爵有差十月下僞詔改堂宇廳館爲宮殿其畧曰帝君之居上應神象朝貢臻集華夷會同宮闕殿閣之深嚴臺省府寺之宏壯頒分名

號以正觀瞻況我肇啓丕圖類有嘉瑞允協上元之䝉式光萬世之基至於廚廐之標題倉庫之曹列並宜從革用永維新

大衙門爲宣德門獅子門爲神獸門大廳爲會同殿毬場門爲神武門毬場廳爲神武殿蜀王殿爲承乾殿清風樓爲壽光閣西亭子廳爲咸宜殿九頂堂爲承乾殿會仙樓爲龍飛閣西亭門爲東上閤門亭子西門爲西上閤門節堂南門爲日華門行庫角門爲月華門萬里橋門爲光夏門笮橋門爲神德門大東門爲萬春門小東門爲瑞鼎門大

西門爲乾正門小西門爲延秋門北門依舊大元門子城南門爲崇禮門中隔爲神雀門東門爲神政門西門爲興義門鼓角爲大定門北門爲大安門中隔爲元武門昌橋爲應聖橋舊宅爲昭聖宮堂爲金華殿摩訶池爲龍躍池設廳爲韶光殿軍資庫爲國計庫衙庫爲內藏庫衙內麴佑庫爲齊天庫衙內雜庫爲廣潤庫賞設庫爲常盈庫賞設行庫爲殿前庫南倉爲天富倉贍軍東庫爲左金藏庫北倉爲大倉甲仗庫爲天武庫舊三使院爲彰信門尚書省於舊使院置御史臺於府司置府

城爲皇城使防城使司依舊兩馬步使爲左右街使廂虞候爲街巡使後槽爲飛龍廐客司爲客省使樂營爲教防使廚爲御食廚戟門添置三十六戟神策營爲糧料司六軍爲支計院成都府移在子城外遂穩便處署立府所司新西宅爲天啓宮堂爲玉華樓殿

武成二年正月祀南郊御樓肆赦以韋莊爲吏部侍郎張格爲中書侍郎並平章事因謂曰不恃權不行私惟正是守此宰相之任也三月潽中奏武部郎中張道古卒道古臨淄人少有文詞慕朱雲梅福之節

景福中舉進士釋褐爲著作郎進右拾遺時播遷之後方鎮阻兵道古上疏言五危二亂七事責授施州司戶參軍未幾以輔闕徵由蜀赴闕陳田之變乃變姓名賣卜於溫江建聞其名奏爲節度判官又上建詩序二亂五危七事爲同僚所嫉送茂州安置開國召爲武部郎中至玉壘關謂所親曰吾唐室諫臣終不能拳跽與鷄犬同食今須召還必須再貶於此死之日葬吾於關東不毛之地題曰唐左輔闕張道古墓至蜀果不爲時所容復貶茂州卒於路五月立周氏爲皇后宗懿爲太子十月講武星宿山步騎三十

萬遂晏於行宮謂左右曰得一二人如韓信而將之中原不足平也宗佶跪曰臣雖不才自顧可斫策兵部郎中張扶進曰陛下雄才大畧尚不能得岐隴尺寸之土宗佶小子狂妄願陛下無以中原爲意宗佶憾之諭庖人置藥而毒殺之扶字子持廣都人博學善文凡書奏牋檄皆屬之贈諫議大夫制封諸子爲王王建十一子馬姬生宗仁白姬生宗懿宋姬生宗輅陳姬生宗智宗時喬姬生宗傑褚姬生宗鼎宗平宗澤徐姬生宗衍撲殺晋國公王宗佶宗佶本姓甘氏建未有子錄爲養子以戰功累遷中書令恃位隆

功高所爲不法連上表求爲太子建勉諭令出而不肯去言詞甚悖因叱衛士撲殺之

三年六月下詔勸農桑曰昔劉先主入蜀武侯勸其閉關息民十年而後舉兵震摇關内朕以猥眇托於人上爰念蒸民久罹干戈之苦而不暇力於農桑之業今國家漸寗民用休息其郡守縣令務在惠綏無侵無擾使吾赤子樂於南畝而有豳風七月之詠焉

八月吏部侍郎平章事韋莊卒莊字端已杜陵人見素之後乾甯中舉進士建奏爲掌書記昭宗遇弑梁祖即位遣使宣諭興元節度王宗綰馳驛白建建謀興復莊以兵者不可倉卒而行乃爲建答宗綰教其畧曰吾家受主上恩有年矣衣衿之上宸翰如新墨詔之中泪痕猶在犬馬猶能報主而况人之臣子乎自去年二月車駕東還連貢二十表而絕無一使之報天地阻隔吁呼何及聞上至谷水臣僚及宮妃千餘人皆爲汴州所害及至洛果遭弑逆自聞此詔五内糜潰令兩川鋭旅誓雪國耻不知來使何以宣諭示此告勅令自决進退梁使遂還梁祖遣使通好以建爲兄莊得書笑曰此神堯驕李密之意也建之開國制度號令刑政禮樂皆莊所定拜平章事卒有浣

花集二十卷十二月大赦改元永平

永平元年十一月周德權卒德權汝南人建之妻弟從建入蜀以戰功累遷眉州刺史梁祖既篡德權上表曰按讖文李祐西王逢吉昌土德兌興丹莫當李祐者唐亡也西王者王氏興於西方也逢字如殿下之名也土德坤維也兌興亦西方也丹莫當者丹朱也言朱梁不敢與殿下抗也願稽合天命仰膺寶籙使天地有主神人有依建大悦曰成我者叔舅也建即位累遷太保中書令卒贈太師

二年正月贈張魯扶義公諸葛亮安國王二月朔遊

龍華禪院召僧貫休坐賜茶藥綵段仍令口誦近詩時諸王貴戚皆賜坐貫休欲諷因作公子行曰錦衣鮮華手擎鶻閒行氣皃多輕忽艱難稼穡皆不知五帝三王爲何物建稱善貴倖皆怨之貫休本蘭溪人善詩與齊巳齊名有西岳集十卷三月詔平章事張格專編纂開國以來實録獲玉璞於田令孜之故第以爲國寶其文曰有德承天其祚永昌八月十邡縣獲銅碑石記有膺昌之文改什邡爲通記縣改太子名爲元膺

三年七月大昌軍使徐瑤等脅太子元膺舉宮中以

叛諸軍討之斬元膺瑤伏誅以衍爲太子瑤字伯玉長葛人從建入蜀勇猛善格鬭建初在韋昭度幕府其兵皆文身黧黑衣裝詭異衆皆稱爲鬼兵稱瑤爲鬼魁建克成都瑤多汚辱衣冠士女富人李希妻俞氏有異色瑤虜而逼之俞氏曰君夫夙嘗爲鄉貢進士風流儒雅人比之相如吾尚以非吾匹爾健兒也焉得吾禮無瑤仗劒謂曰爾畏此乎俞氏曰吾甯死必不受辱瑤欲殺之左右謂曰城中婦人無限何必逞暴釋之

四年二月以太子衍判内外六軍事詔以東宮爲崇賢府凡文學道德之士得以延納訪問重陽建出游寶歷寺妃后皆從其日宮女四人逃匿搜尋不獲明日得之乃寺僧誘之藏於民家與僧二十二人同斬於龜化橋十月内樞密使潘炕卒炕字疑夢其先河南人有器量家人未嘗見其喜怒然嬖於美妾解愁遂風養成疾解愁姓趙氏其母夢吞海棠花蕋而生有國色喜爲新聲及工小詞建嘗至炕第見之謂曰朕宮無如此人意欲取之炕曰此臣下賤人不敢以薦於君其實靳之弟峭謂曰綠珠之禍可不戒耶炕曰人生貴於適意豈能愛死而自不足於心耶人皆

服其有守十二月御大安門受秦鳳階成之信大赦改元通正時大霖雨禱於奇相之祠

唐英按古史震蒙氏之女竊黄帝元珠沉江而死化爲此神卽今江瀆廟是也

通正二年正月梁遣使來聘二月翰林學士庾博昌卒博昌後周義成侯信之後富文藻著金行啓運録二十卷青宇載筆記十五卷玉堂集二十卷三月宏農郡王晉暉卒暉許州人少有膽勇初與建爲盜夜泊武陽古墓中聞人呼墓中鬼曰潁州設無遮會可同行否墓中應曰蜀王在此不得相從二人相會曰

蜀王誰是也暉曰八哥狀皃有異於人必有非常之
事建嘗與飲叙舊暉曰武陽墓中言果不誣耳建笑
曰始望不及此卒建親往臨弔十一月大赦改元天
漢元年國號改稱天漢以廣成先生杜光庭爲戶部
侍郎
天漢元年正月封張飛爲靈應王鄧艾爲彰順王張
儀爲昌化王五月祀皇帝於南郊翌日祀地祇於方
邱六月賜百官飛雪九十一月祀昊天上帝於圜邱
大風拔木幕幃皆裂改元光天依舊稱大蜀國
光天二年四月有狐嘷於寢室鵂鶹鳴於帳中鵁鶄

集於摩訶池建因感疾甚篤召大臣賜坐示手書曰
朕比遭亂離干戈定秦蜀賴卿等忠勤夾輔遂正名
號撫有神器競競業業懼不負荷幸托天地之靈廟
社之貺方隅底定民黎樂康二氣叶暢五谷豐稔然
以萬機之大不免勤勞於夙夜感此疾養藥石弗救
太子雖幼有賢德然次不當立卿等固請於外后妃
亦甚篤愛朕不能違立爲儲貳勉力輔戴無負吾邦
家之休又謂曰太子若不克荷但置之別宮選立賢
者愼勿害之徐氏兄弟但優與俸祿以豐其家勿令
掌兵以速其禍詔太子八侍疾六月建薨年七十二

僞諡神武聖文孝德明惠皇帝廟號高祖葬永陵
黃松子曰唐自廣明之亂天下凌遲奸猾亡命之
徒攘袂誓衆於萑蒲之下而所在潰建於此時
乃與晉暉輩攘竊於許蔡之郊藏匿於墟墓之間
其暴固不足以警動郡縣及抵罪被繫死在旦夕
而孟彥暉縱之使去此豈獄吏知其必貴而佑之
耶抑天爲之耶遂能奮跡士伍奔赴行在忠義感
激誠貫白日執戈披銳翼衛乘輿於烟焰之中其
勤至矣巨閹猜忌自壁遷利遂舉兵據閬止謀自
全之計洎陳田召而不納遂抗表請師猶有勤王

之節韋昭度章句書生柔雅醞藉非有將帥之才
駕馭之術建察其可取而代中以機智奪其符印
遂擢敵克城節制全蜀而納貢述職道不絕使及
梁祖受禪非有湯武高光之德建誓師雪恥而爲
岐隴所阻自視才畧不在梁下其肯甘心俯首而
爲之臣耶因僭竊位號亦時使之然也觀其委任
將佐擢用才智撫養士卒惠綏黎庶勸課農桑輕
省徭賦臨終顧託至誠無疑前視劉備可以無愧
予嘗始終考究建之誠心使全忠不篡昭宗尚克
享國必不忍爲鼎足之勢此予所以不深罪之也

衍字化源建幼子舊名宗衍八歲封鄭王為左奉鸞軍使元膺死建以淮王宗輅類已信王宗傑明敏有才欲選立之衍母徐氏有寵密以金百鎰遺宰相張格言上已許衍為太子顧相公助之格遂託表言衍才器英武實堪社稷之託遂得立開崇賢府置僚屬頗好經詩賦即位年十八時梁貞明五年也立妃周氏為皇后十月詔選良家女二十八備後宮十二月拜永陵詔以來年正月有事於南郊改明年為乾德元年以龍躍池為宣華池即摩訶池也

二年八月衍北巡以宰相王鍇判六軍諸衛事旌旗

戈甲百里不絕衍戎裝披金甲珠帽錦袖執弓挾矢百姓望之謂如灌口神后妃餞於昇仙橋以宮人二十人從至漢州駐西湖與宮人泛舟奏樂飲宴彌日九月駐軍西縣自西縣還至益昌泛舟巡閬中舟子皆衣錦綉衍自製水調銀漢曲命樂工歌之郡民何康女有美色將嫁衍取之賜其夫家百縑其夫一慟而卒

三年三月衍還成都五月宣華苑成延袤十里有重光太清延昌會眞之殿清和迎仙之宮降眞蓬萊丹霞之亭土木之功窮極奢巧衍數於其中為長夜之

飲嬪御雜坐舄履交錯嘗召嘉王宗壽赴宴宗壽因持杯諫衍宜以社稷為念少節宴飲其言慷慨激切流涕衍有愧色佞臣潘在迎顧珣韓昭等奏曰嘉王從來酒悲不足恤也乃相與諧謔戲笑衍命宮人李玉簫歌衍所撰宮詞送宗壽酒宗壽懼禍乃盡飲之在迎曰嘉王聞玉簫歌即飲請以玉簫賜之衍曰王必不納衍宮詞曰輝輝赤赤浮五雲宣華池上月華新月華如水浸宮殿有酒不醉眞痴人宗壽字永年王建之族子八月衍受道籙于苑中以杜光庭為傳眞天師崇眞館大學士光庭字賓聖京兆杜陵人寓居處州方干見之謂曰此宗廟中寶

玉大圭也與鄭雲叟應百篇舉不中入天臺為道士僖宗召見賜紫衣出入禁中上表乞游成都隱青城山白雲溪卒於蜀年八十五顏貌如生衆以為尸解有文十餘卷皆本無為之旨九月詔置賢良方正博通經史明達吏理識洞兵機沈滯邱園五科令黃衣選人白衣舉人投策就試吏部考較十月以韓昭為吏部侍郎判三銓昭受賂徇私選人詣鼓院訴之又嘲曰嘉眉印蜀侍郎骨肉導江清城侍郎親情果閬二州侍郎自留巴蓬集壁侍郎不惜衍召而問之昭曰此皆大后太妃國舅之親非臣之親衍默然昭字

德華長安人衍北巡以爲文思殿學士京城留守判官李台段云韓公凡事如僧剃髮無有寸長昭以便佞恩傾一時出入宫掖太妃愛其美風姿而專有辟陽之寵唐兵入蜀王宗弼與之有隙先捕而殺梟其首金馬坊百姓皆溺之

四年二月文明殿試制科白衣蒲禹卿對策其畧曰今朝廷所行者皆一朝一夕之事公卿所陳者非乃子乃孫之謀暫偷目前之安不爲身後之慮衣朱紫者皆盜跖之輩在郡縣者皆虎狼之人奸諛滿朝貪淫如市以斯求治是謂倒行執政皆切齒欲誅之衍

以其言有益擢爲右補闕三月禁百姓不得戴小帽衍好私行往往宿於娼家飲於酒樓索筆題曰王一來云恐人識之故令民間皆帶大帽四月流軍使王陳綱於茂州衍嘗私至陳綱家悅其女有美欲私之陳綱言已許嫁將適人衍不從遂取入宫潘昭與陳綱有隙奏其怨言故被貶女聞陳綱得罪剪髮求贖其罪不從乃自縊死自五月不雨九月林木皆枯赤地千里所在盜起肥遺見紅樓

後蜀辛寅遜修王氏開國記以肥遺爲旱魃唐英按肥遺蛇名角上有大見則大旱非魃也出山海經外傳華山亦有此蛇

五年三月上巳宴怡神亭婦女雜坐夜分而罷衍自執板唱霓裳羽衣及后庭花思越人曲四月遊浣花溪龍舟綵舫十里綿亘自百花潭至萬里橋游人士女珠翠夾岸日正午暴風起須臾雷電冥晦有白魚自江心躍起變爲蛟形騰空而去是日溺者數千人衍懼卽時還宮重陽宴羣臣於宣華苑夜分未罷衍自唱韓琮柳枝詞曰梁苑隋堤事已空萬條猶舞舊春風何須思想千年事惟見楊花入漢宮內侍宋光浦詠胡曾詩曰吳王恃霸棄雄才貪向姑蘇醉綠醅不覺錢塘江上月一宵西送越兵來衍聞之不樂於

是罷宴七月天富倉奏米中生蟲如小蜂尾後如米粒曳之而行十月彗星見長丈餘在井鬼之次司天言恐國家有大災宜修德以禳之詔於玉局建置道場以荅天變右補闕張雲上疏言此是百姓怨氣怨氣上徹於天成此彗星彗者除舊布新之義此乃亡國之兆豈祈禳之可弭衍怒流於黎州雲唐安人立朝蹇諤自雲在朝權倖多疾之宣徽使景潤澄嘗謂曰昔朱雲請斬馬劍以腰斬張禹今上方只有殺雞刀卿欲用乎雲曰雞刀雖小亦可斬羣狗潤澄憾之

至是奏雲誇國遂有黎州之貶雲多病行至臨邛卒
六年正月禁民戴危帽其制狹中俛首卽墜在位者惡之九月唐莊宗遣李稠來通好市珍玩錦綉衍不許以馬落草莊宗怒曰衍豈免落草乎
成康元年正月朔受朝賀大赦改元三月衍朝水陵自爲尖巾民庶皆效之還宴怡神亭嬪妃妾妓皆衣道服蓮花冠髽髻爲樂夾臉連額渥以朱粉曰醉粧國人皆效之四月朔從會辟臣舉觴不欲容色不悅特進顧在珣曰臣聞王憂臣辱今陛下臨軒不樂臣願請罪衍曰北有後唐南有蠻詔既不能弔伐又不

爲臣子此所以憂也在珣曰朝廷有十臣在陛下何憂退而令太子洗馬林罕者著十臣文以進曰只如興土木於禁中選驍雄於麾下爰持斧鉞出鎭藩籬飾宮殿於遐方命鑾輿而遠幸爲釁之端爲禍之原有王承休在權㩳英雄吹揚佞媚全無才智繆處腹心斷性命於戲玩之間戮仇讎於樞機之下有功勞而皆棄非賄賂而不行有朱光嗣在受先皇之付囑爲大國之棟梁既不輸忠又不知退恣一門之奢侈任數力之驕矜徒爲貪饕之人實非社稷之器有王宗弼在謬陟烟霄殊非蹇諤興亂本則逞章程之妙姿奸謀則事頰舌之能心口傾危尚居左右有韓昭在性懷慘毒心姿貪殘焚爇軍營要寬私第不顧喧騰於衆口惟思自任於忿懷有歐陽晃在酷毒害民市井聚貨叨爲郡守實負天恩瘡痍已徧於陽安蒙蔽由憑於密勿有田魯儔在爲君王之元舊受保傅之尊官但務奢華不思輔弼第宅迴同於上苑金珠求滿於貪心有徐延瓊在出爲留守入掌樞機無謀誇以佐君但唯唯而狥旨有景潤澄在搜求女色取悅宸襟常叨不次之恩每冒無厭之寵敷對惟誇於便捷佐時不識於經綸素非忠勤實爲忝竊有嚴凝

日在唱亡國之音衒趫時之侈每爲巫覡以玩聖明致君爲桀紂之昏使上乏唐虞之化有臣在陛下任臣如此何憂社稷不安衍覽之大笑賜在珣綵五百段加開封府在珣以綵之半遺罕罕字仲緘溫江人博通經史獻車駕還都賦除溫江主簿遷太子洗馬落拓不羈文多譏刺執政惡之故不得大用而卒四月唐遣客省使李嚴來聘以覘虛實芻書記敘興亡其畧曰狀自朱溫肆逆運屬昭宗三年痛別於西秦一旦遽遷於東洛誅夷宗室焚爇宮闈雖列藩悉是唐臣無一處不從僞命由是大唐中興皇帝念高祖

太宗之業倏原隳隤憤朱溫雀流之徒同謀篡弒遂乃神機迅發心鼎獨然竭滄溟而誓戮鯨鯢芟林莽而夬除虎兕十年對壘萬陣交鋒慮久困於生靈乃選揀其死士纔過汶水縛王彥章於馬前旋及夷門斬朱友正於樓上劍霜未匣槍雪猶揮段凝領八萬雄兵倒戈仗死趙嵒知一人應運引頸待誅遂使賊將寒心謀夫拱手取乾坤只勞八日救塗炭遂定四維備闡王猷咸遵帝力今則三秦貢表兩浙稱臣淮南陳述職之儀回紇備朝天之禮才安宇宙便息干戈未順梟兇方議除剪豈謂蜀國皇帝柔遠懷邇居

安慮危喜帝祚中興羣妖悉滅特遣蘇張之士將追唐蜀之歡吾王迴感於蜀王國禮遠酬於厚禮宣徽使宋光葆召嚴宴飲與語終日伏其機辨料嚴東還必有鄧艾之謀乃謂衍曰吾先皇承天正命惠養全蜀有鼎足勢今以奸雄相喻是鄙吾也可斬其使以威天下衍不從既還言衍荒淫失政可一鼓而下光葆聞之又上疏時衍荒於游宴不能悉用其策光葆字季正內樞密使光嗣之從弟隋光嗣爲閤給事黃門臬遷東川節度使及衍敗託疾留閬中爲刺史安重霸所殺七月丙午衍應聖節列山棚子得賢門是日有暴風摧之翌日雷震應聖堂摧二柱太常少卿楊玢上言其畧曰陛下誕聖之日而山摧者非不騫不崩之義也在於得賢門者示陛下所用不得賢也應聖摧者示陛下柱石非材也衍不以爲意九月衍與母同禱青城山宮人畢從皆衣雲霞之衣衍自製甘州詞令宮人歌之其詞哀怨聞者悽愴衍至青城住旬日設醮祈福太妃大后謁建鑄像及丈人觀元都觀金華宮丹景山至德寺各有唱和詩刻於石次至彭州幸陽平化漢州三學山夜看聖燈亦各賦詩回至天回驛各又賦詩太后詩曰周游靈景散幽情

千里江山喜得行所恨風光看未足却驅金翠入龜城太妃詩曰翠驛江亭近蜀京夢魂猶是在青城此來出看江山景却被江山看出行徐氏父名耕成都人生二女皆有國色耕教爲詩有藻思耕家甚貧有相者謂之曰公非久貧當大富貴耕因使相其二女相者曰青城山有王氣每夜徹天者一紀矣不十年後有眞人乘運此二子當作妃后君之貴由二女致也及建入城聞有姿色納於後房姊生彭王妹生衍建卽位姊爲淑妃妹爲貴妃耕爲驃騎大將軍衍卽位册貴妃爲順聖太后淑妃爲翌聖太妃兄延瓊弟

廷珪皆致位太師侍中衍既荒於酒色而徐氏姊妹亦各有侍臣不能相規正至於失國皆其致也十月衍還成都是月莊宗遣興慶宮使魏王繼岌樞密使郭崇韜來伐中外皇駭衍有所私秦州節度使王承休妻嚴氏至是自統精兵入秦州以巡邊爲名左右切諫皆不聽補闕蒲禹卿上疏衍不納禹卿成都人從衍入洛及衍被誅乃慟哭曰蜀人自此重不幸也乃題詩於驛門而逃不知所終衍離成都日天地冥晦兵不成列有羣鴉泊於旗杆上其鳴甚哀欠梓大風暴起發屋拔木知星者趙廷乂言曰此貪狼風千

里外必有破軍殺將之凶衍親禱張亞子廟抽簽得逆天者殃四字不悦次綿谷唐將李彥琛等圍鳳州刺使王承捷以城降衍乃以王宗勳宗昱宗儼爲三招討以禦之唐師至三泉諸將皆棄城寨遁還衍令斷桔栢津梁自綿谷還留王宗弼以兵固守仍令斬宗勳等三將俄而宗弼亦棄綿谷奔白芬與三將同謀納欵於魏王十一月衍至成都宮人及百官迎謁於七里亭衍入妓妾中作回紇隊以趨城中知唐師已逼但掩袂泣下既而宗弼擁兵還成都遂刼衍及母妻諸子遷於天啓宮收其璽綬金寶後魏王至德

陽衍報曰比與將校謀歸朝廷爲樞密使宋光嗣景潤澄宣徽使周輅歐陽晃等異謀熒惑各以處斬謹函首以獻又邀李嚴相見以母妻爲託因上表曰臣先人受鉞坤維作藩唐室一開土宇垂四十年屬梁室梃灾皇綱解紐不能助逆遂至從權勉狥輿情正王三蜀逮臣纂紹罔敢怠遑自保土疆以休生聚皇帝陛下嗣唐虞之業興湯武之師郭定中區奄征下國梯航畢集文軌大同臣方議改圖便期納欵逮聞對討實抱驚危今則委千里封疆盡爲王土冀萬家臣妾皆沐皇恩輿櫬有歸負荊俟罪望回日月之照

特寬斧鉞之誅類佈德音以安反側謹奉表歸命翌日魏王至七里亭衍備亡國禮以降魏王入居東內崇韜止天府十二月魏王斬宗弼宗勳宗儼於東內夷其族宗弼姓魏名洪夫隸忠武軍隨建有功賜姓名莊宗下詔慰勞衍曰固當裂土而封必不薄人於險三辰在上一言不欺衍捧詔忻然曰不失爲安樂公乃率其宗屬及僞宰相王鍇等將佐家族上下及數千人東赴洛陽四年三月至鳳翔是時關東危急蜀中未寧莊宗令宦者向延嗣往中路誅之四月衍至長安延嗣至與留守張筠誅衍於秦州驛夷其族

時年二十八母徐氏臨刑呼曰寃哉吾兒以一國迎降反以爲戮信義俱棄吾知爾禍不旋踵矣建自唐光啓三年冬入蜀父子相承凡四十年而亡天成三年衍舊臣王宗壽上表乞改葬明宗下詔追封爲順正公以諸侯禮葬於長安南三趙村

黄松子曰衍幼無英特之質長於驕紈富貴之中及元膺被誅次當以輅傑爲嗣而衍母專寵大臣表裏叶謀遂得嗣立襲位之後不能委任忠賢躬決刑政惟宮苑是務惟宴遊是好惟憸巧是近惟聲色是尚閹官執政於外母后司晨於內張士喬

輩以諫諍而得罪王宗壽輩以鯁忠而見侮既不卑詞厚禮以睦鄰又不選將練武而守國唐師壓境尚謀宣淫於藩臣之家而不采光葆之義其滅亡也宜哉然予觀莊宗之才非司馬文王之比崇韜繼岌庸兒繆將非鍾會鄧艾之比是天下郡國十未得五六藩鎮跋扈經畧未暇雖意在伐蜀亦未有必然之計止於求金帛錦繡以自足其所欲衍誠能啗之以利結之以好勤勞霸政勇於爲治尚可延數十年俟眞主應運納土歸命不失爲竇融而以鄙吝招禍不免面縛及拜裂土之詔忻然自得以不失爲劉禪屬天未厭亂中外有變非幸殞命可也哀哉

蜀檮杌卷上終

蜀檮杌卷下

宋　尚書屯田員外郎黃松子張唐英攽功撰

孟知祥字保胤荆州隴岡人爲郡衙史以咸通十五年甲午歲四月二十一日生有火光照室隣里皆異之有僧見而撫曰此五臺山靈也弱冠補太原衙內都指揮使李克用鎮太原妻以其弟克讓之女累遷親衛軍使天祐五年莊宗嗣晉王位改馬步軍教練使出知嵐州召爲中門使莊宗與梁祖夾河領兵知祥參謀應變事無留滯中官屢以罪被誅知祥懼禍乃薦郭崇韜爲副而辭疾補馬步軍都虞侯莊宗即

位於鄴除太原尹知留守事同光三年十二月魏王繼岌與崇韜伐蜀崇韜素德於知祥臨行奏曰西川平陛下擇帥無如知祥因以知祥爲成都尹劍南西川節度使大使朝於洛陽有司出內府幄幙珍玩館於宮中莊宗既疑崇韜有異志戒知祥誅之知祥曰崇韜國之勳舊必無二心俟臣至蜀觀之如無他志即遣歸闕知祥之石壕中使馬彥圭至言往誅崇韜知祥自洛至蜀凡十七日時天成九年正月則崇韜已被誅諸將恟恟知祥承制宣慰人心稍定初蜀人擊拂以初入爲孟入又王氏宮殿皆題匠人孟得姓名及知祥至人以爲先兆時魏王尚駐於府舍知祥乃館於徐延瓊之第延瓊即衍之舅衍嘗幸其第悅其華麗於壁上書孟字以戲之蓋蜀中以孟爲不佳故也延瓊以紅紗籠之知祥見而笑曰疎狂霸豎亦預知與我代知吾居此耶四月明宗即位十月加知祥檢校太傅兼侍中長興元年二月南郊知祥加中書令改封其妻瓊華宮主爲福慶長公主三年長公主薨朝廷遣使來歸賻並贈晉國雍順長公主六月進封蜀王承制行賞諸將遷秩有差九月葬長公主於星宿山四年二月命修王建墓禁樵採三月宴府

僚於王氏宣華苑因謂左右曰使衍不荒於政有賢臣輔之繼岌小子豈能遽取耶趙季良曰亦天時也不有所廢君何以興知祥大喜九月立三廟十一月明宗崩制服大臨五年正月黃龍見犍爲白鵲集玉局苑白龜遊於宣華苑季良上表陳符瑞率百官勸進知祥曰德薄不足辱天命以蜀王而老於孤足矣季良曰將士大夫盡節效忠於殿下止望攀鱗附翼今不正大統無以足軍民推戴之心閏正月二十八日遂僭即位其日大風晝暝以季良守司空平章事李仁罕爲衛聖諸軍馬步軍指揮使趙廷隱張業爲

中書令判六軍事延隱兼侍中六軍副使張業檢校太尉李肇兼侍中十月仁罕伏誅仁罕字德美陳留人十一月李肇以太子太傅致仕肇汝陰人二年二月尊母李氏爲皇太后李氏長公主之媵嘗夢大星自天墜落其懷以告公主公主曰此婢有福相當生貴子乃令知祥幸之遂生昶六月江原縣民張元毋死負土成墳有白兎馴繞其廬羣鳥銜土置于墳上賜帛三十段及米酒仍付史館編綠七月閬州大雨雹如雞子鳥雀皆死暴風飄船上民屋女巫云灌口神與閬州神交戰之所致三年四月吳越遣使來聘

十月遣使報聘十二月晉高祖卽位改元天福四年三月晉高祖遣使來聘叙姻親之舊其書畧曰大晉皇帝奉書大蜀皇帝伏自中原多故大憝繼興朱氏不道而皇天不親沙陀背義而蒼生失望不期景猥屬聆躬方鼎足以分疆宜隣好之講睦況有姻親之舊敢交玉帛之歡機務方殷保𢹂是望十月百姓譙本罵母忽然化成虎上城趙廷隱射殺之因見昶言曰虎山林之獸而人化之入于城市疑虎旅中有不軌之士其夜張洪謀叛翌日爲其黨所告伏誅洪大原人剛勇猛厲軍號爲張大蟲至是有虎上城被誅

左右匡聖步軍都指揮使三月追尊曾祖佚爲孝元皇帝廟號太祖祖察爲孝景皇帝廟號世祖考蠍爲孝武皇帝廟號顯宗遣宗使持書至洛稱爲大蜀皇帝四月受玉寶玉册追册長公主爲皇后册夫人李氏爲貴妃御得賢門大赦改元明德六月往大慈寺避暑觀明皇僖宗御容宴羣臣于華嚴閣下七夕與宮人乞巧于丹霞樓是月寢疾命子昶監國李昊召術士周仲明問知祥壽仲明曰上合爲眞王食蜀中二十年祿既登九五千壽無益李昊曰可爲金縢乎曰此天數也非人力可爲李昊又問子孫壽何如曰

二紀外有眞人出天下一統爾李昊默然二十六日薨年六十一僞謚文武聖德英烈明孝皇帝廟號高祖葬和陵初有丐者自號醋頭手攜一燈架所至處卓之呼曰不得燈燈便倒至是人以爲應知祥好學問性寬厚撫民以仁惠馭卒以恩威接士大夫以禮薨之日蜀人甚哀之

昶字保元知祥第三子毋李氏雍順公主之媵生昶于太原大成初知祥迎入蜀累遷西川衙內馬步軍都指揮使明德元年七月知祥寢疾以昶監國翌日冊爲太子知祥薨于柩前卽位加李昊司徒仁罕兼

卽其驗也十二月昶耀兵大元門翌日大赦改元廣政

廣政元年上巳游太慈寺宴從官於玉溪院賦詩俳優以王衍爲戲命斬之二月民訛言後宮產蛇取人心肝食百姓驚恐踰月方止十月地震屋柱皆搖三日而後止

二年六月地震恟恟有聲

三年正月上元觀燈露臺舞娼李艷娘有姿色召入宮賜其家錢十萬五月地震昶問大臣曰頃年地頻震此何祥也對曰地道靜而屢動此必强臣陰謀之

事願以爲慮六月教坊部頭孫延應王彥洪等謀爲逆延應趙廷隱之優人以能選入教坊有尼謂曰君貴不可言至是謂其徒胡圭曰今苦竹開花候侍中家馬作人言銀搶營中井水湧出地又數震此判亂之兆也搆得十二人期以宴日因持仗爲俳優盡殺諸將而奪其兵爲其黨趙廷規所告盡擒而誅之九月眉州刺史申貴責授維州司戶貴潞州人殘虐聚歛諭獄吏令賊徒引富民爲黨以納其賂常指獄門曰此吾家錢壚被訴下獄責於維州至牵浦賜死民家相賀十月地震從西北來聲如暴風急雨之狀

四年五月昶著官箴頒於郡國曰朕念赤子旰食宵衣託之令長撫養安綏政在三異道在七絲驅雞爲理留犢爲觀寬猛得所風俗可移無令侵削無使瘡痍下民易虐上天難欺賦輿是切軍國是資朕之爵賞固不踰時爾奉爾祿民膏民脂爲人父母罔不仁慈特爲爾戒體朕深恩昶好學凡爲文皆本於理嘗謂李昊徐光溥曰王衍浮薄而好輕豔之辭朕不爲也

五年正月地震二月湖南遣使來聘三月宴後苑賞瑞牡丹其花雙開者十黃者三白者三紅白相間者

四從官皆賦詩十月地震摧民居者數百

六年春大選良家子以備後宮限年十五歲以上二十以下州縣騷然新津縣令陳及之疏諫昶嘉其言賜白金百兩然采擇不止於是後宮位號十有四品昭儀昭容昭華保芳保香保衣安宸安蹕安情修容修媛修中涓等秩比公卿大夫士

八年九月甯江軍節度使張公鐸卒鐸太原平樂人涉獵文史爲政淸嚴民受其賜及卒昶哭曰嚴而不猛淸而不虐張公而已

九年八月司徒趙季良卒季良字德彰濟陰人謚文

肅十年八月諸王宮侍讀劉保乂卒乂青州人治尚書左氏性嚴急日施檟楚于諸王及昶諸子乳媼密令諭之保乂曰膏粱之性不撻之則他日爲豚犬耳八月漢州奏西水縣令范義死其子文通居喪以孝聞有盜發義家羣虎逐之文廬于墓側虎見之通弭耳而去賜羊酒束帛以旌之是歲漢高祖即位改元天福

十一年十二月宋王趙廷隱卒廷隱開封人

十二年八月昶游浣花是時蜀中百姓富庶夾江皆甃亭榭游賞之處都人士女傾城游玩珠翠綺羅名

花異香馥郁森列昶御龍舟觀水嬉上下十里人望之如神仙之境昶曰曲江金殿鎖千門殆未及此兵部尚書王廷珪賦曰十字水中分島嶼數重花外見樓臺昶稱善久之十月召百官宴芳林園賞紅梔花此花青城山中進三粒子種之而成其花六出而紅清香如梅當時最重之十一月漢兵陷鳳翔王景崇自焚死

十三年五月昶第三子元寶卒年七歲昶因此乃封弟仁毅爲夔王仁贄爲雅王仁裕爲彭王仁操爲嘉王子元喆爲秦王判六軍諸衛事元珏爲褒王元寶幼而奇異既齔誦詩書萬言昶悲悼不已乃下詔封爲遂王贈青城大都督九月令城上植芙蓉盡以幄幙遮護是時蜀中久安賦役俱省斗米三錢城中之人子弟不識稻麥之苗以笋芋俱生于林木之上蓋未嘗出至郊外也村落閭巷之間絃管歌聲合筵社會晝夜相接府庫之積無一絲一粒入于中原所以財幣充寔城上盡種芙蓉九月間盛開望之皆如錦綉昶謂左右曰自古以蜀爲錦城今日觀之眞錦城也十一月左承歐陽彬卒彬字齊美衡上人博學能文昶以爲嘉州刺史喜曰青山綠水中爲二千石作

詩飲酒爲風月主人豈不嘉哉

十四年春周高祖即位改元廣順三月宴後苑放士庶入觀時俳優有唱康老子者昶問李昊等其曲所出昊不能對徐光溥曰康老而無子故制此曲

唐英按老子即長安富家子開元中落拓不事生業好與梨園樂工游一旦家資蕩盡窮悴而卒樂工歎之因爲此曲又一名曰得至寶光溥不知而妄對

四月太子太傅致仕王處回卒回字亞賢彭城人初有道士朱桃椎謁之于堦前以劍撥土取花子三粒

種之須臾成花三朵謂處回曰此仙人旌節花公富貴之兆處回後歷三鎭果如其言性寬厚愛養士家貲數萬初幼時相者周元豹見之曰此寶精也當大富故處回積鏹比內藏三之二

十五年正月下詔勸農三月以趙廷隱別墅爲崇勳園幅幀十餘里臺榭亭沼窮極奢侈六月朔宴教坊俳優作灌口神隊二龍戰鬭之象須臾天地昏暗大雨雹明日灌口奏岷江大漲鎖塞龍處鐵柱頻撼其夕大水漂城壞延秋門深丈餘溺數千家摧司天監及太廟令宰相范仁恕禱青羊觀又遣使往灌州下詔罪已十一月地震十二月天雨毛

十六年三月地震五月端午昶侍其母游淩波殿競渡前蜀宣華苑也八月以翰林學士范禹偁兼簡州刺史偁九隴人父虔爲衙吏禹偁少落拓鬭雞走狗隨母改適張氏因冒姓張有道士謂曰子骨法異常若讀書他日必大貴遂入丹景山從師苦學天成中登第始復姓上郡守啟曰昔年上帝悞標張祿之名今日故園復作范雎之裔知祥以爲滎陽令召入侍太子昶嗣位累遷翰林學士性吝嗇好聚財求守外郡昶不欲其出令兼簡州刺史乃召陽安伯直至成都歲令

輸錢數千緡三掌貢舉賄厚者登高科面評其直無有愧色馮贊堯爲布衣交家貧無貲終不放登第後從昶歸朝爲鴻臚卿有門生白陽城至相見甚歡延話終日乃曰吾近鑿一井水甚甘乃各飲一杯竟不設具其鄙嗇如此九月有鵁鶄集瑞鼎門觀者以爲不祥

十七年周世宗即位改元顯德

十九年正月大赦賜民今年夏租以周師出境也

二十年六月周世宗歸吾秦鳳之俘昶遣使致書謝稱大蜀皇帝世宗不答昶曰朕郊祀天地稱天子時爾方鼠竊作賊何得相薄耶十二月旌表蓬州縣孝子程崇雅門以割股昭父及泣竹林而得冬笋以療母疾也

二十一年十二月天雨血

二十三年正月八日昶謁和陵正月龍見玉壘關時藝祖皇帝建隆元年也十一月宰相李昊請對言曰臣觀太宗啟運不類漢周天厭亂久矣一統天下其在此乎若通職貢亦保安三蜀之長策也昶曰卿且去朕徐自圖之昊字窮佐唐相紳後王師來伐昊勸封府庫以降太祖知其始有歸國之謀拜工部尚書

賜宅一區其妻劉氏至夷陵卒昊追感亦卒年七十二贈左僕射昊事前後蜀五十年貲貨巨萬奢侈踰度妓妾數百嘗讀王愷石崇傳笑曰窮儉乞兒以此爲富可笑可笑　王衍及昶降表皆昊爲之蜀人鄙其所爲夜書其門曰世修降表李家

十二月太后夢青衣神言是宮中衛聖龍神乞出居於外乃於昭覺寺廡下建堂自內引出置於寺中識者以爲不祥

二十四年十月漢州什邡縣井中有火龍騰空而去昶書兆民賴之四字以兆爲趙十一月民訛言國

家東遷於天水皆不祥也

二十五年正月以元喆爲太子元喆字遵聖昶長子歸朝受泰甯節度知貝州封滕國公知滑州滁州卒年二十九弟元珏八朝爲統軍卒二月壁州白石縣巨蛇見長百丈餘徑八九尺三月王師平荆湘昶懼將發使朝貢樞密使王昭遠固止之

二十六年四月遂州方義縣雨雹大如斗五十里內飛鳥六畜皆死

二十七年春昶遣使賫帛書通好於太原尊劉鈞爲天子至境上爲疆吏所獲太祖命王全斌顧彥進等六將由鳳州路劉光乂等二將由夔州路領兵來討遣昭遠趙崇韜韓保正李珪率兵拒戰昶謂昭遠曰今日之師皆卿所召勉力爲朕立功命宰相李昊等餞於城外昭遠酒酣攘臂言曰此行非止克敵當領此雕面惡少數萬人取中原如反掌及行執鐵如意指僞諸將自比孔明人竊笑之十二月王師至興州所在不戰而下遂拔利州崇韜布陣將戰昭遠據胡牀不能起免胄而逃爲追騎所獲昶大懼出金帛募兵令元喆統之守劍門成都震恐皆怨昭遠召禍而恨誅之不速也昭遠成都人依東郭院僧爲小沙彌

知祥飯僧見其惠黠留給侍昶左右累遷捲簾使通奏使知樞密院未幾卽至山南巡邊至汶州見古冢有屍如生誌云大中年汶州步軍都虞候文和之墓命判官文谷作文重葬之夢文和謂曰吾已爲太乙眞人侍者子當有兵刃之厄旣能葬吾可以免禍至是爲王師所獲至闕下太祖詰曰汝何誘昶而結劉鈞昭遠曰臣愚無知但忠於本國耳太祖釋之以爲領軍大將軍開寶中卒

二十八年正月王師陷夔州節度使高彥儔自焚死彥儔太原人是月劍門不守元喆奔還問計於左右

老將石贇曰北軍遠來勢不能久可堅壁以老之昶沉吟久之乃彈指歎曰吾父以豐衣美食養兵四十年無一人爲吾東向發一箭今若閉壘誰肯効命乃遣通奏使伊審徵賫表詣魏城乞降其表畧曰臣生自并州長於蜀土幸以先人之基搆得從幼歲以纂承只知四序之推移不識三靈之改卜伏自皇帝陛下大明出震聖德居尊聲教被於遐荒慶澤流於中夏當凝旒正殿廓以小事大之儀及告類圜丘曠執贄奉琛之禮葢蜀地居遐僻路阻闕庭已慚先見之明因有後時之責今則皇威電赫聖畧風馳干戈所

指而前徒鞾鼓纔臨而自潰山河郡縣半入於堤封將卒倉儲盡歸於圖籍但念臣中外骨肉二百餘人高堂有親七十非遠弱齡侍奉只在庭闈日承訓撫之恩粗勤孝養之道實願克終甘旨保此衰年其次得子孫之團圓守血食之祭祀伏乞皇帝陛下容之如地葢之如天特軫仁慈以寬危辱臣敢輒徵故事上瀆嚴聰竊念劉禪有安樂之封叔保有長城之號皆因歸欵盡獲全生顧眇昧之餘魂得保家而爲幸庶使先人寢廟不爲樵採之塲老母庭除尚有問安之所見今保全府庫巡遏軍城不使毁傷將期臨照

臣昶謹率文武見任官望闕上表歸命全贇至昇仙橋昶備亡國之禮見於軍門全贇承制釋罪翌日舉族并其官屬詣闕自眉陽秉舟至荆州出安陸太祖遣使迎勞并遺其母湯藥五月至京素服待罪赦之封秦國公時乾德三年也錄其子弟舊臣僅百人頒皇朝日歷是歲卒年四十七追封楚王謚恭惠葬洛陽昶幼聰悟才辨自襲位頗勤於政邊境不聳國內阜安其後用王昭遠韓保正掌軍國事其母謂曰如昭遠者始以微賤事汝左右保正世祿素不知兵一旦邊境有急此輩制敵必先敗衂惟高彥儔是汝父

故人可以委任昶不能用及卒其母不哭以酒酹地曰汝不用吾言不死社稷貪生以至今日吾所以不死者以汝在汝既死吾何用生爲因不食亦卒先是蜀人賃錢取息者將徙居必書其門曰召主收贖周世宗先欲平蜀而不果至太祖始克之蜀未亡前一年歲除日昶令學士幸寅遜題桃符板於寢門以其詞工昶命筆自題云新年納餘慶佳節賀長春蜀平朝廷以呂餘慶知成都長春乃太祖誕聖節名也其符合如此昶之行萬民擁道哭聲動地昶以袂掩面而哭自二江至眉州沿路百姓慟絕者數百人葢與

王衍不同耳

黄松子曰知祥以戚里之親領三蜀之寄館留宮中宴居臥內其恩可謂隆矣及明宗即位重誨專政始搆疑貳遂變誠節擅誅李嚴專留季良遂結董璋攻遂閬其跋扈之心著矣議者以王孟僭竊其惡均一予以建之不臣猶有可恕嘗論之於前矣知祥使未臣於後唐托葭莩之援階將相之貴故當勤王戮力爲國藩輔而乃倜然自帝不復顧忌跡其素心眞亂臣賊子也昶戒王衍驕淫荒佚之失孜孜求治與民休息雖刑罰稍峻而不致酷虐人頗安之然不識天時用庸臣之謀結并州之援此至愚極昏者之所不爲而昶爲之固宜誅之無赦及王師弔伐能翻然束手歸命生享太國之封死有眞王之贈子孫俱享厚祿太祖皇帝眞有恩於降虜哉

蜀檮杌卷下終

蜀檮杌後序

治平四年夏六月兩當縣鄧君惟艮顯甫自京師歸傳殿中侍御史裏行張唐英次功前在閬中監征時所編蜀檮杌二卷予嘗得而觀之其編年叙事之體若荀悅漢紀之例至於褒貶善惡本末貫穿駸駸乎馳於漢魏作者之間有古良史風正召試秘閣在神宗邸上大水災異書時政十四事又在英宗朝上愼始書水災封事二道皆究極乎治亂之變而探索乎天人之際今天子特排羣議而擢爲御史以其勇於敢言也次功舊有國體論十卷唐史詠奸發潛論五卷總要監令論五卷渝南集十卷補楚書十三篇樂府歌詩千餘篇皆秘而不傳於人而是編最後出顯甫好事密購以歸予因錄行之昔人得王充論衡藏之以自衒其辨豈予之志哉陸昭迴撰

金華子雜編

金華子雜編序

金華子者河南劉生少慕赤松子兄弟能釋羈鞅於放牧間讀其書想其人怳若遊於金華之境因自號焉生自童蒙歲便解愛人傳學暨乎鬢髮焦禿而無所成名凡爲文章略知宗旨最嗜吟咏而所得亦不出流輩年逾壯室方莅官於畿甸繼宰二邑共換二十餘寒暑雖知趦趄畏愼不能磊落經濟罷秩歸京得留綴班家貧窶在闕三四年甚窘困稍暇猶綴吟不倦縱情任興一聯一句亦時有合於淸奇顧於食玉燃桂不無撓懷纔緩紆斯須則嘯傲自若或遇盛

友良會聞人語話及興亡理亂猶耳聰意悅未嘗不周旋觀察翼或湊會警戒庶幾助於理道者必慷慨反覆至於逾晷不息時皇上憂勤大寶宵衣旰食致治之切無愧前代命有司張皇公道掄擇材雋科第取士鬱然反古時有以春闈策問擧子對義見示者覩强國富民之論古今得失之理則愧惕雀息往往汗流何者以坐遇明盛時而抱名稱不聞於世何疾復甚於斯矣因念爲童時侍立長者左右或于冬宵漏永秋階月瑩尊年省睡率皆話舊時經由多至深夜不寐始則承平事實爰及亂離于故基跡或歎或

泣悽咽僕隸自念髫齔之後甚能記聽今雖稚齒變老耄忘失憶十可二猶存乎心耳併成人遊宦之後其間耳目諳詳公私變易知聞傳載可繫鉛槧者漸恐年代浸遠知者已踈更積新沉故遺絶堪惜宜編序者卽隨而釋之云爾文林郎大理司直臣劉崇遠撰

金華子雜編卷上

南唐　劉崇遠　撰　綿州　李調元　校定

我唐烈祖高皇帝睿哲神明順天膺運相羿禍浹有仍之慶始隆哀莽毒飫銅馬之鋒是顯堯儲復正文廟重新渡沉海之斷綸郤成萬目撥伏灰之餘簡在序九流宗周而一仁風依漢而雜霸道澆漓頓革習尙無虛遂使武必韜鈐不空弓馬文先政理乃播風騷由是勲代子孫知弓裘之可重閭閻童稚識詩書之有望不有所廢其何以興是知楊氏飭弊于前乃自弊也烈祖聿興于後固天興乎始天祐間江表多故洎及寧貼人尙苟安稽古之談幾乎絶侶橫經之席蔑爾無聞及高皇初收金陵首興遺教懸金爲購墳典職吏而寫史籍聞有藏書者雖寒賤必優詞以假之或有贄獻者雖淺近必豐厚以答之時有以學王右軍書一軸來獻因償十餘萬緡帛副焉由是六經臻備諸史條集古書名畫輻凑絳帷俊傑通儒不遠千里而家至戸到咸慕置書經籍道開文武並騖暨昇元受命王業赫然稱明文武莫我䟦及豈不以經營之大其有素乎

王師範鎭青州以其祖父版籍舊地凡本縣令新到

必備儀注躬往投刺縣令畏懼出迎不許之師範令二三客將挾縣令坐于廳上命執事通曰百姓節度使王某參拜于庭中而出縣令惶惑步隨至府謝罪加遜而遣之從事多諫其非宜請不行師範曰以某之見則不然將所以荷國恩而敬念先世示子孫不忘于本故爾師範器宇英儁短于寬恕殺戮過差人知其必敗或曰能用禮以正身丈夫順而舉事反結仇釁禍不旋踵其故何哉金華子曰昔劉越石非不欲立殊勳于世而十萬之衆曾不假息誠統之非才然亦時運不可干也時梁氏方熾謂九鼎在已之掌

握天王窮追痛窄輔誅戮于道路師範適當依附于勤王誠宜鼓扇恩信完結民力寬而有衆才可合順而專任威刑輕視民命以一州之地敵千鼎之豪縱殺戮之心救崩潰之勢抱薪撲燎其可得乎

陸翺字楚臣進士擢第詩不甚高而才調宛麗有子弟之標格未成名時甚貧素其閑居卽事云衰柳欸閑苑白門啼暮雅茅厨煙不動書牖日空斜老憶東山石貧看南阮家沉憂損神慮萱草自開花宴趙氏北樓云殷勤趙公子良夜竟相留明月生東海仙娥在北樓酒闌珠露滴歌迴石城秋本爲愁人設愁人

到曉愁題品物類亦綺美鸚鵡早驚柳絮燕子當時甚播于人口及第累年無人召一遊東諸侯獲鏹僅百萬而已竟無所成卒于江南長子希聲好學多藝勤於讀史非寢食未嘗釋卷中朝諸侯子弟好讀史者無及希聲昭宗朝登庸辭疾不就出遊江外獲全危難

段郎中成式博學精敏文章冠於一時著書甚衆酉陽雜俎最傳於世牧廬陵日常遊山寺讀一碑文不識其閒兩字謂賓客曰此碑無用于世矣成式讀之不過更何用乎客有以此兩字遍諮字學之衆竟無

有識者方驗郎中之奧古絕倫焉連牧江南九江名山匡廬縉雲爛柯廬陵麻姑皆有吟詠前進士許棠寄詩云十三年領郡郡郡管仙山爲廬陵頑民妄訴逾年方明其淸白乃退隱于峴山時溫博士庭筠方謫尉隨縣廉帥徐太師商留爲從事與成式甚相善以其古學相遇常送墨一鋌與飛卿往復致謝遞搜故事者九函在禁集中爲其子安節娶飛卿女安節仕至吏部郎中沂王傅善音律著樂府新行于世

崔涓在杭州其俗端午習競渡于錢塘湖每先數日卽于湖沂排列舟舸結絡綵檻東西延袤皆高數丈

為湖亭之軒飾忽于其夕北風暴作綵船洶湧勢莫可制既而皆逐風飄泊處湖之南岸執事者相顧莫之為計須臾涓與官吏到湖亭見其陳設皆遙指於層波之外大將愧懼以綵艦聯從非人力堪制無計取回涓微笑曰競渡船共有多少令每一綵舫繫以三五隻船齊力一時鼓棹倏忽而至殊不為難觀者歎駭服其權智涓之機捷率多如此

崔涓大夫璵之子小宗伯澹之兄涓性俊逸健于記識初與杭州上事數日喚都押衙謂曰乍到郡中未能憶諸走吏名姓卒要呼喚皆滯人頤指居常當直

將卒都有幾人對曰在衙當直都有三百人乃各令以紙一幅大書姓名貼在胷襟前逐人點過自此一閱逮及三考未嘗誤喚一人者

柳氏舊聞唐宰相李德裕所著也德裕以上元中史臣柳芳得罪黜中時高力士亦徙巫州因相與周旋力士以芳嘗司史為芳言先時禁中事皆所不能知而芳亦以質疑者默識之次其事號問高力士上令采訪故史氏取其書令按其書已失不獲德裕之父與芳子吏部郎中冕貞元初俱為尚書郎後謫官俱東出道相與語遂及高力士之說乃編此為次柳氏舊聞以備史官之說也

宣宗以後近代宰相堂判俊贍無及路公巖者杜尚書覽謝表因問緯曰此人緣何得便之任對曰緣地近授守庶其便於迎送上曰朕以比來二千石多因循官業莫念治民故令其到京親問所施設理道優劣國家將在明行升黜以蘇我赤子耳德音即行豈又逾越宰相可謂有權綱嘗以過承恩顧故擅移授及聞上言時方嚴凝而流汗浹洽重裘皆透令狐補闕滈與弟中書舍人澄皆有才藻令狐之文彩世有稱焉自楚及澄三代皆擅美于紫薇

崔涓弟澹容止清秀擢第累登朝列崔魏公辟為從事清瘦明白猶若鷺絲古之所謂玉而冠者不妄也先是中朝流品相率為朋甲以明德清重之最者為其首咸通之際推李公都為大龍甲頭沙汰名士以經緯其伍涓澹親昆仲也澹即預於品目以涓之俊逸目為麗率不許齒焉多方敬接冀時聯附而甲中之士恭默莫肯應對避之如蠆螫焉

崔起居雍甲族之子少高令聞舉進士擢第之後藹然清名喧于時與鄭顥同為流品所重舉子公車得遊歷其門館者則登第必然矣時人相語為崔鄭世

界雖古之龍門莫之加也

故池州李常侍寬桂林大父卽常侍之兄同營別墅于慆邠公之弟牧泗州爲龐勛所圍以孤城保全於巨賊之中高錫望牧滁州嬰城固守而死巖判崔雍狀引二子以證其事云錫望守城而死巳有追崇杜慆孤城獲全尋加殊獎同營別墅下疑有脫字

杜邠公悰暮年躭於燕會淮海之政有獄市之譽聞于上聽因除崔魏公鉉替悰上賦長韻詩送鉉其落句云今遣股肱親養治一方獄市獲來蘇淮南左都押衙傅希才尙御製因習來蘇隊舞以迎候邠公悅之公自廣陵致仕東洛揚州軍將因入奏經洛中以故吏參焉公問曰來蘇健否軍將不敢對公曰傅希才也對曰健

故事南曹郞旣聞除目如偶然忽變改授他人縱未領命亦不復還省矣南海端揆爲主客員外時有除翰林學士之命旣省吏忽報除目下員外徐彥若除翰林學士端揆以巳未承旨乃駕而將復至故廳至省省門子前曰員外巳受報出省不可更入南曹例舉不敢避遂退彥若公相之子能馳譽淸顯中尉楊復恭善之故能變致中授耳

令狐公綯文公之子也自翰林入相最承恩渥先是上親握庶政之後卽詔諸郡刺史秩滿不得赴別郡須歸闕朝對後方許之任綯以隨房鄰州許其便卽之任上金陵甲第之盛冠于邑下人皆號爲十墻李家宅宣宗嘗親試神童李毂于便殿毂年數歲聰慧詳敏對問機悟上甚悅之因賜解褐官絹二匹香一合子以彰異渥上之儉德皆此類也便卽之任下疑有脫字

宣宗臨御逾於一紀而憂勤之道始終一致但天下雖甯水旱閒有大中之閒越洪潭靑廣等道翻城以上之恭儉明德時無異心方隅諸將雖失統御而恩詔慰撫不日安輯輿論謂上爲小太宗

王尙書式僕射起之子朝廷儒宗最見重于武宗常自舉于上曰讀書則五行皆下爲文則七步成章而式頗有武幹善用兵累總戎平裘甫等温璋失利于徐州朝廷以彭門頻年逐帥乃自河陽移式領河陽全軍赴任焉旣軍于境外優游緩進徐州將士王智興嬌嬌難制其銀刀敎都子父軍相承每日三百人守衙皆露刃立于兩廊夾幕之下稍不如意相顧笑儀于飲食之閒一夫號呼衆卒率和節使多儒素懦怯聞亂則後門逃遁而獲免焉如是殆有年矣曁聞

式到近境先遣衙隊三百人遠接式衩衣坐胡床受參既畢乃問其逐帥之罪命皆斬于帳前不留一人

崔魏公鎮淮海九載法令一設無復更改出入嚴整未嘗經易儀注常列引馬軍將少亦不下二百騎民康物阜軍府晏然天祐末故老猶存喜論其餘愛或戲之爲九年老

崔雍爲起居郎出守和州遇龐勛悖亂賊兵攻和雍棄城奔浙右爲路巖所搆竟坐此見害雍與兄朗序福昆仲八人皆昇籍進士列甲乙科嘗號爲點頭崔家如雍之擢第也其伯父昆仲率賀會飲中堂既醉

而寢忽夢遊歷于公署間有緑衣者命坐于廳事中設酒饌甚備既而醉飽不堪承命其人堅請不已雍乃請曰願以此肉召從人盡之緑衣曰不可須先輩自盡既寤甚惡之及和州失律投于連帥裴公璩奏之鎖縻於思過院雍憂恚且悶乃召獄直軍將話其事不日勅至果如夢焉後周侍中寶之在軍困于芻粟之備有僕忘其姓名恒力負至不令有乏如是綿歷星紀未嘗辭倦及其蓬也舉之隸諸衛使主廏庾以謹厚尤見委任既卒數年矣或一夕夢來報馬料盡公甲午生甚惡之遂病痁而薨

李景讓尙書少孤貧夫人某氏性嚴重明斷近代貴族母氏之賢無及之也孀居東雒諸子尙幼家本清素日用尤乏適値霖雨且久其宅院古墻夜坍隤童僕修築次忽見一缸槽食雜以散錢婢僕等當困窶之際喜其有獲相率奔告于堂上太夫人聞之誡童僕曰切未得輒取俟吾來視之而後發既到命取酒酹之曰吾聞不勤而獲祿猶爲身災士君子所愼者非義之得也吾何堪焉若天實以先君餘慶憫及未亡人當令此諸孤學問成立他日爲俸錢門下此未敢覯乃令凾閉如故其後諸子景讓景溫景莊皆進

士擢第並有重名位至方岳景讓最剛正奏彈無所避爲御史大夫宰相宅有看街樓子皆幃之懼其糾劾也然終以强毅爲時所忌舊俗除亞相者百日內若別有人登庸謂之辱臺而景讓未十旬蔣公伸入相景讓除西川節度赴任不逾年乃請老歸于洛下終身不復再起太夫人孀居之歲才未中年貞幹嚴肅姻族敬憚訓厲諸子言動以禮雖及官達之後稍怠于辭旨則檟楚無捨先是景讓除浙西節度使已而忽問曰取何日進發偶然忘思慮便云擬取某日太夫人曰若此日吾或有事去未得如何景讓惶懼

方悟失對太夫人曰官職貴達不用老母得也命童僕折去巾綬撻于堂下景讓時以班白而高堂嚴厲常若履冰搢紳之流健羨莫及其後在浙西日左都押衙因應對乖禮怒撻而斃之既而三軍洶洶將致翻城太夫人乃候其受衙之際出坐廳中叱景讓立于堦下曰天子以方岳命汝鎮撫安得輕弄刑政苟致一方非寧不惟上負聖君而令垂暮老母銜羞而死且使老婦何面目見汝先大夫于地下言切語正左右感咽乃命坐於庭中將撻其背賓僚將校畢至拜泣乞之移時不許大將以下嗚咽感謝之于是軍伍帖然無復異議矣景莊累舉不捷太夫人聞其黜額郎笞其兒中表皆勸如是累歲連受庭責終不薦託親知切請之則曰朝廷知是李景讓弟非是言取一名者自合放及第耳旣而宰相果謂春官今年李景莊須放及第可憫那老兒一年遭一頓杖是歲景莊登第矣

李趙公紳再鎮廣陵賓僚猶幕江淮修永貞二年相公權德輿門生洎武宗朝踰四十載趙國雖事威嚴亦以修宿老敬之修列筵以迎府公公不拒焉旣而出家樂侑之伶人趙萬金前獻口號以譏之曰相公經文復經武常侍好今又好古昔日曾聞阿舞婆如今親見阿婆舞趙公矍然久之

杜審權以廟堂出鎮浙西清重恭寬雖左右僮僕稀見其語在翰苑最久常侍從親密性習慎厚故也在任三載自上任坐于東廳洎于罷去未嘗他處雖重臣經歷亦不踰中門雍容之度丹青莫及時邠公先達人謂之老杜相公審權人謂之小杜相公也

王尙書式初爲京兆少尹好縱情酣飲京城號爲王鄧子性復放率不拘小節長安坊巷中有欄街鋪設中夜樂神遲明未已式因過之駐馬寓目舞者喜賀主人持杯跪獻于馬前曰主人多福感得達官來顧味稍美敢拜壽觴式笑取而飲媿領而去行百餘步乃回轡復詣之曰向者酒甚不惡可更一杯復據鞍引滿巨鍾而去其放率多如此

高燕公駢雲南之功聞於四海晩節妖亂嗤笑婢子之口嗚呼怒鄰不義幸災不仁亡不旋踵巳則甚之雖自取也然若有天道豈不足以垂戒乎

周侍中寶與高中令駢起家神策打毬軍將而擊拂之妙天下知名李相國公領鹽鐵任江南駐泊潤州萬花樓觀春時酒樂方作乃使人傳語曰在京國久

聞相公打毬盛名如何得一見寶乃輟樂命馬不換公服馳驟于綵塲中都憑城樓下瞰見其懷挾星彈揮擊應手稱嘆者久之曰若今日之所覩卽從來之聞猶未盡此之善也

周侍中寶初在軍中性强毅閽官之門莫肯折節逮將中年猶處下位或自憤悱獨以頷毬子供奉者前後凡三十六度遂挂聖意遷金吾第二番將軍尋遷對御仗第一籌丧其一目授涇原節度移鎮浙東與燕公對境高騁在軍中時以兄呼寶及總元戎意遂輕少兼以對境微釁憎愛日尋漸積爲仇讐矣

韓藩端公大中二年封僕射敖門生也與崔瑄大夫同年而相善瑄廉問宛陵請藩爲副使時幕府諸從事率多後進子弟以藩年齒高碁凡遊從覩會莫肯從押藩不平之一日諸郞府移厨看花而藩爲之幕長方盛服廳中俟其來報移時莫之召藩乃入謁瑄見藩至甚訝其不赴會藩便言不知瑄乃與藩攜手往焉既至彼瑄則讓其失禮于首廳賓從初端揖悚聽俄而判官孔振裴攘袂厲聲曰韓三十五老大漢向同年乞得一副使而更學鬬唇合舌瑄掀髯而起饌席遂散

李瞻王祝繼牧常州皆以名重朝廷于本道不修支郡禮初李給事多不順從廉使猶剛正於可否其王給事則强愎爲巳任周侍中寶皆隱忍之瞻罷秩退隱茅山則免黃巢之難祝剛許北土遂罹王拱之害金華子曰禍福無門惟人所召誠不謬乎

生附子之毒能殺人人固知之矣而醫工或勸人服者唯生黑豆和合可以紓患句屈茅山出烏頭道流水煮爲丸餉遺知聞愚頻見服者踰月而後毒作則痰吐昏迷亟療方止愚外表老丈中與韓藩公是舅甥者云目見藩自宣州罷職退居于鍾山愛敬寺忽

有道流勸服補益藥以生附子數兩以硫黃爲丸藩服之數月乃方似覺有力常日數服忽一日鼻出鮮血頃之耳目口鼻百毛穴中一齊流血莫可制之藩身貌瓌偉既疲委頓簟席流液須臾侍疾骨肉鞋襪皆如緋染自辰及巳午唯皮骨存焉洗澤莫及但以血肉舉骨就木而巳金華子曰吁不知附子之毒遽若此之甚也豈韓公運數會于此也禮曰醫不三世不服其藥以斯而言可以明君子進藥之審也夫肉麵養身之恒物也冷暖苟差猶能灾人而况金石靈草乎藴粹精之神明倘非九轉之制孰可輕脫銜馭

乎處天地間飛動微物盡能顧惜身命況于達明之士也何乃苟利從欲刼掠爲功由彼兵火自貽不戢之禍冀無自焚也不亦遠乎

王昭輔嘗話故鍾陵平江西時見一王處士善筮自云授易于至人纖巨如見鍾陵幕中有楊推官常因休假會同人小飲時賓客未齊聞且于小廳奕碁握槊以佇俱至俄而主人忽南向瞪目神色沮喪遽歸堂前使人傳語賓客託以不安且罷此會于是賓客皆散昭輔方舉進士亦在坐中使人獨命入謂曰聞秀才與王處士有宗盟分今欲奉浼持一金往請卜

一卦可乎王遂函金往遇之既布卦曰卦甚異可速報之寃家亟來索七日當至宜決行計問宜禳禱乎曰至寃得請于天命詎可改乎昭輔復命時揚方危坐以俟其返既聞所筮乃曰斯人信名卜矣問昭輔曰向來覺辭色改常否曰衆皆覩之楊乃自述十五年前高燕公在淮南日任江楊宰有弟收拾一風聲婦人爲歌姬在舍一旦方治晨妝爲諸女姊驕族來惱其嫂甚怒逼逐之出于中門其旦某入府遇放衙歸早忽見不衣裙獨在中門外疑忌其素非廉人時弟又不在大怒之責其黜汚家風遽索杖背笞之二十家人急以藥物躡灌之沉悶不甦經中夕而死爾後絕無影響適來忽見躡履自南廊縱步而前刻期曰我上訴于天已得伸雪七日內當來取爾命矣此固無可奈何然驗王生之卜于前事不誣果七日而卒

杜紫薇牧位終中書舍人自作墓誌云生平好讀書爲人亦不出人曹公曰吾讀兵書戰策孫武深矣因註其書十三篇可爲上窮天時下極人事無以加也後當有知之者矣典吳興日夢人告之曰爾當位至郎中復問其次曰禮部再問曰中書舍人終於典郡

耳又夜寢不寐有人卽告曰爾改名畢又夢書片紙皎皎白駒在彼空谷傍有人曰非空也過隙也逾月而卒臨終留詩誨其二子曹師晦辭捉捉德祥等云萬物有好醜各以姿狀論喻人則不爾不學與學論學非採其花要自撥其根孝友與誠實而不妄爾言根本既深實柯葉自滋繁念爾無忽此期以慶吾門晦辭終淮南節度判官德祥昭宗朝爲禮部侍郎知貢舉甚有聲望

杜晦辭牧之子自南曹郎爲趙公隱從事於西方王郢之叛趙相國以撫御失宜致仕晦辭罷職時北門

李相國在淮南辟爲判官晦辭以恩門休戚辭不受命退隱於陽羨別業時論多之永寧劉相國鎭淮南又辟爲節度判官始方應召狂于美色有父遺風赴淮南之召路經常州李瞻給事方爲郡守晦辭于祖席忽顧營妓朱娘言別掩袂大哭瞻曰此風聲婦人員外如要但言之何用形迹乃以步輦隨而遺之晦辭自飲莚散不及換衣便步歸舟中以告其內內子性仁和聞之無難色遂輦而迎之其喜於適願也如是

金華子雜編卷上

金華子雜編卷下

南唐　劉崇遠　撰　綿州　李調元　校定

瑯邪王氏與太原出于周瑯邪之族世嘗有錐頭之名今太原王氏子弟多事爭炫稱是巳族其實非也太原貴盛之中自有鈒鏤之號而崔氏博陵與清河亦上下其望族博陵三房大房第二房雖長今其子孫郎皆拜三房子弟爲伯叔者蓋第三房婚嫁多達官也姑臧李氏亦然其第三房皆借受大房二房之禮清河崔氏亦小房最專清美之稱崔程郎清河小房世居楚州寶應縣號八寶崔家寶應本安宜縣崔

氏嘗取八寶以獻勅改名焉程之姊北門李相國蔚之夫人蔚乃姑臧小房也判鹽鐵程爲揚州院官舉吳堯卿巧於圖利一時之便蔚以爲得人竟辭莞搉之政程累牧數郡皆無政聲小杜相公聞程諸女有德致書爲其子讓能娶焉初辭之私謂人曰崔氏之門若一杜郎其何堪矣而相國堅請不巳程不能免乃于寶應諸院間取一弟姪以應命而適之其後讓能顯達封國夫人而程之女竟無聞焉

蔡州伯父院諸兄皆少孤泊南海子長擢第之日伯母安定胡氏巳尊年矣詰早僮僕捷至穆氏長阿姨

入賀北堂伯母方起未離寢榻問安之後慮驚尊情不敢遽聞但嬉笑於前久之忽問曰小娘今日何喜色之甚也對曰亦只緣有事甚喜伯母怡然久之曰我知也是郎將及第耶言訖滿目泫然左右因之不覺皆流涕吁長仁之念周而永慕之情至誠非諄摯也不能感物

李郢詩調美麗亦有子弟標格鄭尚書顥門生也居于杭州踈于馳競終于員外郎初將赴舉聞隣氏女有容德求娶之遇同人爭娶之女家無以爲辭乃曰備一千緡先到即許之兩家具錢同日皆往復曰請

各賦一篇以定勝負負者乃甘退女竟適郢初及第回江南經蘇州過親知方作牧邀同赴茶山郢辭以決意春歸爲妻作生日親知不放與之胡琹焦桐方物等令且寄代歸意郢爲寄內曰謝家生日好風煙柳暖花香二月天金鳳對翹雙翡翠蜀琴新上七絲絃鴛鴦交頸期千載琴瑟和諧願百年應恨客程歸未得綠窗紅淚冷涓涓兄子咸通初來牧餘杭郢時入訪猶子留宿虛白堂云闕月斜明虛白堂寒蛩唧唧樹蒼蒼江風徹曙不得睡二十五聲秋點長

張祜詩名聞于海外居潤州之丹陽嘗作俠客傳蓋祜得隱俠術所以託詞自敘也崇遠猶憶往歲赴恩門請承乏丹陽因得追尋往跡而祜之故居垝垣廢址依然東郭長河之隅常訊于廬里則亂前故老猶存頗能記憶舊事說祜之行止亦不異從前所聞問其隱俠則云不覩他異唯邑人往售物於府城每抵晚歸時猶見祜巾褐杖履相翫酒市巳則勁步出郭夜迴縣下及過祜門則又先歸矣如此恒常不以爲怪從縣至府七十里其迢遞而躡履速人莫測焉

韋楚老少有詩名相國李公宗閔之門生也自左拾遺辭官東歸寄居金陵常跨驢策杖經闤中過布袍

貌古羣稚隨而笑之即以杖指畫厲聲曰上不屬天下不屬地中不累人可畏韋楚老引羣兒令笑因吟咏而去

徐太尉彥若之赴東南將渡小海元隨軍將息忽于淺瀨中得一小琉璃瓶子大如嬰兒之拳其內有一小龜子可長一寸許旋轉其間略無暫巳瓶口極小不知所入之由也因取而藏之其夕忽覺船一舷壓重及曉視之即有衆龜層疊乘船而上大懼以其將涉海慮蹈不虞因取所藏之瓶子祝而投于海中龜遂散既而話于海船之胡人胡人曰此所謂龜寶也

希世之靈物惜其遇而不能得蓋薄福之人不勝也茍或得而藏于家何慮寶藏之不豐哉胡人歎惋不已

淮南巨鎮之最人物富庶凡所製作率精巧樂部俳優尤有機捷者雖魏公德重搢紳覲其諧謔亦頗爲之開頤嘗行讌之暇與國夫人盧氏偶坐于公堂忽微笑不已夫人訝而訊之公曰此中有樂人子孫多出言吐氣甚令人笑夫人承命軸簾召之子孫既至撫掌大笑而言曰大人兩個更不著別人風貌閑雅舉止可笑叅拜引辟獻詞敏悟夫人稱善因厚賜之

王師範性甚孝友而執法不渝其舅柴某酒醉毆殺美人張氏爲其父詣州訴冤師範以舅氏之故不以部民目之呼之爲父冀其可厚賂和解勉諭重疊其父確然曰骨肉至冤唯在相公裁斷爾曰若必如是即國法予安敢亂之柴竟伏法其母恚之然亦不敢少責至今青州猶印賣王公判焉

中朝盛時名重之賢指顧即能直人羽翼朱慶餘之赴舉也張水部一爲其發卷于司文遂登第也光德相國崇望舉進士因朔望起居鄭太師從讜閽者已呈刺適遇裴侍郎後至先入從容公乃命屈劉秀才以入相國以主司在前不敢升進坐隅拜于副階之上鄭公乃降而揖焉亟乃趨出鄭公佇立于階所目之候其掩映門屏方回步言曰大好及第舉人裴公亦贊歎明年列于門生矣

李節得道之士通三禮學甚精少工歐陽率更書自稱東山道士杖策孤遊居止無定所每歷諸子之家才止廳事少時遂去兒妻泣留蔑之顧也率多遊于市井之間縱飲酒肆稍稍于脇脅後取碎黄白物鬻換酒價貧鏹時竭即不知所在人皆竊伺蹤跡莫之得也或浹旬又見鄽里中少年之徒多從而學書必

愜意者方許之教常于衢路間忽見士人節謂之曰速將二千錢來二十日內教你歐書取成人敬從之果無謬矣得錢隨手與人又善射法兗州節度使王庶人聞之迎而就試焉節曰當于隙所置一物但略言節可中也王公乃以常所使小僕于毬場內以箬籠覆之謂節曰西望射之可中矣節曰不識此奴可射乎王公笑而許之未深信既一發俞使往覘之奴已貫心而斃矣王公大驚惋無及欲從之學節曰不可公今口得明日即反矣王內惡之而不敢言既而命同出獵即遂亡歸山東忽一旦遍詣知聞告別翌

日而卒葬于城南平地壘石爲椁累年有獵者兎鷹隨走入于墓穴中獵者窺之見其衣冠儼然而寢即戲之曰三禮健否以草杖撥之乃空衣焉方驗其尸解矣

朱冲和五經及第恃其强敏好干忤人所在伺察瑕隙生情爭訟自江南採巨木送于台省卒不能運繫縶既久則又鹵莽捨之如此數四人號爲宦途惡少

黄巢本王仙芝賊中判官仙芝既死賊衆戴之爲首遂日甚横行中原竟陷京洛數年方滅金華子曰民猶水也水能載舟亦能覆舟民于君也善則復歸惡則離貳始盜賊聚於曹濮皆承平之蒸民也官吏刻剥于賦歛水旱不恤其病餒父母妻子求養無計初則竊奪穀粟以救死命黨羽既成則連衡同惡跨山壓海東逾梁宋南窮高廣列嶽無城壁之險重關無百二之固嗥喙嘘天翠華狼狽而西幸豺牙爍日齊民屏腦以塗地釁鎬凌夷往而不反矣世之清平也搢紳之士卒多矜恃儒雅高心世禄靡念文武之本羣尚輕薄之風涖官行法何嘗及治由是大綱不維小漏忘補失民有素上下相蒙百六之運既遭飈飛之變是作愚家自京洛淪陷遂河海播遷此流寓江

南之所自也

劉鄩本事販鬻王氏既承昭皇密詔會諸道將伐朱氏乃遣鄩偷取兖州鄩乃詐爲回圖軍將于兖州置邸院日傭傭夫數百詣青州潜遣健卒僞白衣逐晨就役夜即留寓于密室如是數月間得敢死之士千餘人又于大竹内藏兵杖入監門皆不留意既而迎曉突入州據其甲仗庫時兖州節度使姓張統師伐河北鄩既入據子城甲兵精鋭城内人皆束手莫敢旅拒加以州將素無恩信于衆鄩諭以將爲順舉戢御嚴明雞犬無撓軍庶悦伏青州益師又至兼招誘武勇不日衆逾數萬張氏家族在州供備逾於其舊張帥有母鄩每端笏候問備晨昏之敬加以客止重厚見者畏而敬之俄而張帥聞變回師圍城張母登陴呼其子而語之曰吾今雖在城内與汝隔絶而劉司空晨夕端笏問我起居其餘鷰雀莫敢諠雜汝切不可無禮于他由是張頓兵緩攻青州聽命於梁園解鄩乃歸降梁梁太祖得鄩大喜累用征伐皆獲殊勳平魏府後遂爲梁氏元帥威名顯于北朝矣

咸通中有司天歷生姓胡在監三十年請老還江南後敘傷勞授官江南郡之椽曹辭不赴任歸隱建鄴

舊里有寓居盧荷寶者亦名士也嘗問之曰近年以來相坐多不滿四人非三台星有災乎曰非三台也紫微星受災乎曰此十餘年內數或可備苟或有之郎其家不免大禍後路公巖于公琮王公鐸韋公保衡楊公收劉公鄴盧公攜相次登于台座其後皆不免惟于公琮頼長公主保護獲全于譴中耳

盧公攜入相三日堂判福建觀察使播等九人上官之時衆詞疑惑王回崔程鄭幼復等三人到任之後政事乖張並勒停見任天下為之岌業黃巢勢盛遣使乞鄆州節度勅下許之攜謂妖亂之徒若許則僥

倖得志及潼關不守鑾駕將西幸謂小黃門數十人詣宅擁門詬責之遂寘堇而斃黃巢既入京斵其棺焉

鄭修為江淮留後金帛山疊而性鄙嗇每朝炊報熟郎納于庫逐時量給緘鐍嚴密忽一日早辰其妻少弟至妝閣問其姊起居姊方治妝未畢家人備夫人晨饌于側姊顧謂其弟曰我未及飡爾可且點心止于水飯數匙復備夫人點心修詬曰適已給了何得又請告以某舅飡却修不得已付之曰怎麽人家夫人娘子喫得如許多飯食

朱冲和常遊杭州臨安監吏有姓朱者兄呼冲和頗邀迎止宿情好甚厚冲和深感之來監中訪同姓因出入隣司稍熟亦不防備一日隣房吏偶以私歷一道置在案間冲和窺之皆盜分官錢約數千百萬侯其他適遂取之懷袖而去吏人既失此歷知為冲和所制一監之人無不懼罪辟矣衆情危懼共請主人願以白金十笏贖之冲和既聞念苟不許之則宗人亦當不免乃曰若他人故難以久受弟之殊分則無不可也衆人嘗諳其禀性剛執儻一問不允則無復可搖動初令往探若卜大敵及聞其許成咸私制賀

五百兩銀不時齊足冲和既見乃取銀并歷同封而還之并續絶句三千里內布干戈累得鯨鯢入網羅今日寶刀無殺氣只緣君處受恩多然終以惡名為人所構竟不免焉

以恩地為恩府始于唐馬戴戴大中初為掌書記于太原李司空幕以正言被斥貶朗州龍陽尉戴著書自痛不得盡忠於恩府而動天下之浮議

許棠常言于人曰往者年漸衰暮行倦達官門下身疲且重上馬極難自喜一第以來筋骨輕健攬轡升降猶愈於少年時則知一名能療身心之疾其人世

孤進之還丹也

苗紳貶南中崔相國彥昭其故人也見而憫焉呼紳至第而慰勉曰苗十大是屈人再三言之紳歎久淹屈既聞時宰之撫諭莫勝其喜及還家其子迎於門紳笑語其子曰今日見崔相國憫我如此遂坐于廳高誦其言曰苗十大是屈人喜笑一聲而卒悲夫

顧況著作集中云山中樵人時見長松之上懸挂巨鐘再尋其鐘杳無蹊徑其所在卽貴溪弋陽封疆之間愚宰上饒日有玉山縣民秀頻來說本邑懷玉山內樵蘇人往往見之長松森羅泉石幽麗前望若有

宮苑林樹掩映松門之上有巨藤橫亘掛大鐘可長丈餘去地又若十丈有採樵人矚目望于下徘徊竟日將去卽密記道路遠近明日與親識同往則莫記所在時樵採則忽過之又非向時所在鐘與松門則無異狀云旬月前隣舍之人見之不誑也由是知逋公之記不謬哉

常有新安人說本邑深山中有一水居人食此水者率皆長壽儘有二百歲者鄉人謂仙源疑或有花木靈草常墮水中使之然也亦不知是仙神浸濯芝朮泉流連綿不遠乎餘功及物猶能鎭駐也是知名山巨岳無不聞有靈異之境信州靈山雖不廁于岳鎭盛名中而古仙勝跡亦甚可數其狀秀拔諸峰矗列亦有水源居人多長壽縣之人吏時有父母年過百歲鬢髮不衰者

沂密間有一僧常行井鄽間舉止無定如狂如風邸店之家或有愛惜寶貨若來就覓卽與之雖是貴物亦不敢拒旦若舍之暮必獲十倍之利由是人多愛敬無不迎之往往直入人家云貧道愛喫脂葱雜麵餺飥速便煮來人家見之莫不延接及方就食將半忽捨起而四顧忽見糞土或乾驢糞卽手捧投于椀內自搵其口言曰更敢食嗜美食否則食盡而去然

所歷之處必尋有異事其後河水暴溢州城沉者數版州人恐懼皆登陴危坐立于城上水益漲頃刻去女墻頭數寸城人號哭數十萬衆命在須臾此僧忽大呼而來曰可惜了一城人命須與救取于是自城上投身洪波中軀質以沉巨浪隨陷五尺及日晚城壁皆露明旦大水並涸州人感僧之力共追痛相率出城泝流涕泣而尋其尸忽于城西河水中小洲之上見其端然而坐方袍儼然大衆懽呼云和尚在就問則已溺死矣乃以輦轝舁起赴近岍數百之衆莫

可舉動又其洲上游泥不可起塔廟相顧計議未決經宿其塗泥湧高數尺地變黃土堅若山阜就建巨塔至今在焉

曹拮休莫詳其州里有妻孥居扁舟中往來宣池金陵每于山中兩錢價買柴赴江下一錢價賣與人自云喫利不盡善符鄉野牛瘴卽以片紙書云曹拮休揀殘牛與牛主令歸貼於牛羣之大者角上無不立愈性嗜鱠持網者攜鱠以候之旣見卽問其來意漁人曰業網于圖山每歲夏先得鱖一頭獻于府主例獲一千文今冀早獲取賞故來相投受而許之乃以

符一道付之適去未久復有一人亦攜鱠來告如前沉吟久之復與一符令去旣而先得符者果得鱖魚遂奔赴府主至廳門忽遇賓客遲回未將上次其後得符亦賫一頭來到乃同將上皆獲一緡焉此人靈異甚多已見於沈汾侍御所著續仙傳遺落數件故復敘之也

咸通中金陵秦淮中有小民棹扁舟業以淘河者偶獲一古鏡可徑七八寸方拂拭則清明瑩徹皎潔鑒人心腑洞然見者大驚悸遂棹舟出江口以鏡投于大江中旣投而後悔之方訴于人聞者皆知是軒轅所鑄之一矣吾聞希世神物咸寶藏于天府川瀆之靈密司其職歸藏氏所傳固陰祇之多護何乃忽奮發于泥滓間而又不得令識者一覩豈上古之至寶時亦示顯晦于人哉而隱見有數俾特出愚者之手必其無能滯留於凡目耶

楊琢嘗說在淄青日見一百姓家燕巢累年添按竟踰三尺其燕哺雛旣飛一旦有諸野禽飛集俄而漸衆梁棟之上棲息無空隙不復畏人厨人饋食于堂俄手中盤饌皆被衆禽搏攫莫可驅趕其家老人罔測災祥顧之甚悶忽以杖擊破燕巢隨手有白鳳鶵長數尺自巢而墮未及於地卽掀然飛去又有人家

燕巢生一赤鳳子騰躍飛去

志怪扁曰凡藏諸寶亡不知處者以銅盤盛井華水赴所失處掘地照之見人影者物在下也

楊琢云北海縣中門前有一處地形微高若小堆阜隱起如是積有歲華人莫敢鏟鑿有一縣宰乃特令平之旣去數尺土卽得小鐵錢散實其下如是漸廣衆力運取僅深尺餘東西袤延西面際乃得一記云此是海眼故鑄錢以鎮壓之量其數不可勝計又不明敘時代其錢大小如五銖闔縣懼悚慮致災變乃

備祭酹却以所取錢皆塡瘞如故其後亦無他祥

楊琢云有一人家燕巢中忽然赤焰光芒而隱隱有聲若鳴鼓地中日夜不輟夜後廂巡阿喝于外望之則又光焰亘天居旬日聞人漸聲傳曰或聚衆其家父老懼偶以柱杖探有巢中卽有一小龍長尺餘墜下鱗甲炳煥父老驚懼速以祠禱藉之焚香禱謝未畢既而見一大龍長丈餘自簷廡而入如炬爍人瞻視一家駭震竄伏稽顙徐擁其子入自寢室穴其屋騰天而去其家不數年㯋敗焉

楊琢云膠東屬郡有隱士莫詳其姓氏鄉里布袍單

衣行乞于酒市中日希一大醉而已既醺酣卽以手握衫袖震舉掉臂而行曰吉留馨吉留馨市中孳兒隨繞譟擁咸謂之吉留馨秀才城西有古傳舍郡非衝要使命稀到常寄宿于廨廊土塌之上葦箄一重每醉而歸先以冷水連洗令濕透然後就枕寒暑有變茲固無改也雖風霜如割單袅之衣服覆身人往候之熱氣傍蒸于人驛之門者皆識其非常人每酤酒數升置於床前及常爲水沃箄以候其入見酒卽飲罄而後寢如是經歷累年忽一旦往道齋大會中白日上昇矣

僧守亮受業上元古瓦官寺學行無所聞而好言周易中彖象贊皇李公之鎭浙右以南朝衆寺方袍且多其中必有妙通易道者因帖下諸寺令擇一人送至府中瓦官綱首見亮因戲謂之曰大夫取一解易僧吾師常時愛說易可能去否亮聞之遂請行既至贊皇初見儀容村野未之加敬及與論易道亮乃分條析理出没幽賾凡欲質疑亮乃敷演出人意表

長安閭里中小兒常以纖草刺地穴間共邀勝負戲以手撫地曰顛當出來既見草動則釣出赤色小虫子形如蜘蛛北人見之尋常固不屆意南人偶見因

有異之者蓋江南小兒亦謂之釣駱駝其虫子之臂有若駝峯然也搢紳會同時有此質疑衆默然客有前明經劉寡辭曰此爾雅所謂王蛈蜴景純之注可校焉證之于書皆信衆皆歎服

金華子雜編卷下畢

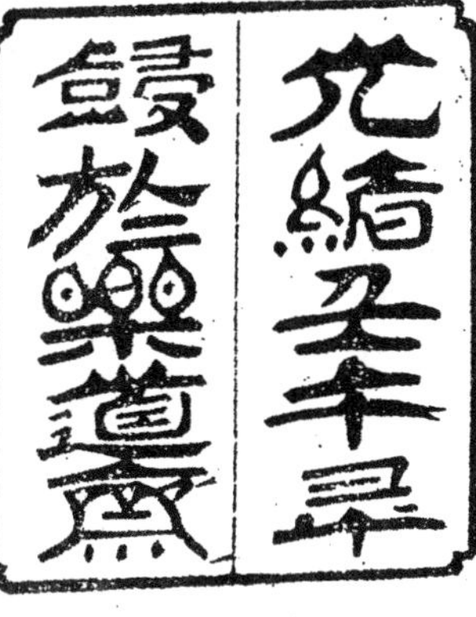

心要經

心要經者諸佛真言神咒也楞嚴云佛與佛自相解了非是餘聖所能通達但誦持之能滅大過速登聖位又云神咒是諸佛密印佛佛相傳不通他解賢首般若疏云咒是諸佛秘密之法非因位所解但當誦持不須强釋又遠公涅槃疏云真言未必專是天竺人語翻譯者不解是以不翻唐釋心要經一卷又名密圓通心要金河寺沙門道㲀所譯語多不解然切於衆生解難除病故從釋藏刋以行世李調元雨村序

心要經卷一

唐釋道㲀譯　羅江李調元纂

淨法界眞言

唵　嚂

岚　气

右梵字二爲淨法界眞言按顯密圓通心要集諸師皆說陁羅尼因位聖賢不能曉解但信而持之滅障成德問曰何以諸佛密咒不通他解答云謂咒圓解偏解生咒喪是以不通他解密義在此宜可思之故法華鈔云諸佛密法不顯其義故云密言也陀羅尼者經律等中最爲第一能除諸罪令諸眾生解脫生死速證涅槃安樂法身彼理趣疏云性德力大密況功强解行雖劣解脫則疾問曰賢首大師等但判華嚴經爲圓餘教皆非今判陀羅尼又是圓教豈不違賢首等耶答云圓宗有二一顯圓二密圓賢者但據顯教正判華嚴爲圓今神變疏鈔曼茶羅疏鈔類彼顯圓判斯密教亦是圓宗顯密既異乃諸師無違也依密圓修鍊亦分爲二一持誦儀軌二驗成行相且初持誦儀軌者謂眞言行者每日欲依法持誦時先須金剛正坐以右脚壓左脚脞上或隨意坐亦得手結大三昧印二手仰掌展舒以右手在左手上二大拇指甲相著安臍輪下此印能滅

一切狂亂妄念雜染思惟澄定身心方人淨法界三昧謂想自身頂上有一梵言气嚂字此字遍有光明猶如明珠或如滿月想此字已復以左手結金剛拳印以大拇指捻無名指根第一節餘四指握大拇指作拳此印能除內外障染成就一切功德右手持數珠口誦淨法界眞言二十一遍此淨法界嚂字若想若誦能令三業悉皆清淨一切罪障盡得消除又能成辦一切勝事隨所住處悉得清淨衣服不淨便成淨衣身不澡浴便當澡沐若用水作淨不名眞淨若用此法界心嚂字淨之卽名畢竟清淨瓶如靈丹一粒點鐵成金眞言一字變染令淨偈云嚂字色鮮白空點以嚴之梵言气羅安上安點卽成气嚂字也如彼髻明珠置之於頂上眞言同法界無量眾罪除一切觸穢處當加此字門若實外緣不具無水洗浴闕新淨衣但用此嚂字淨之若外緣具者先用水了著新淨衣更用此嚂字淨之卽內外具清淨也廣如諸眞言儀軌經說

護身眞言

唵　齒臨二合臨字去聲彈舌呼之

岚　岚

右梵字二爲護直　言按顯密圓通心要此咒能滅五逆十惡一切罪業能除一切種種病若災障

惡夢邪魅鬼神諸不祥事而不成辦一切勝事令一切所願皆得圓滿此咒是諸佛心若人專心誦一遍能守護自身一切鬼神天魔不敢侵近誦兩遍能守護同伴誦三遍能守一宅中人誦四遍能守護四城中人乃至七遍能守護四天下人（廣如文殊根本一字咒經說上二咒各持一百八遍亦得）

太明眞言

唵 麽 抳 鉢 銘（二合） 吽

[梵字]（二合）[梵字]

右梵字六爲六字太明眞言按顯密圓通心要此咒隨所住處有無量諸佛菩薩天龍八部集會又具無量三昧法門誦持之人七代種族皆得解脫腹中諸蟲當異菩薩之位是人日日得具六波羅密圓滿功德得無盡辯才淸淨智聚口中所出之氣觸他人身蒙所觸者離諸嗔毒當得菩薩之位假若四天下人皆得七地菩薩之位彼諸菩薩所有功德與誦六字咒一遍功德等無有異此咒是觀音菩薩微妙本心若人書寫此六字太明則同書寫八萬四千法藏所獲功德等無有異若以金寶造如來像數如微塵不如書寫此六字中字功

德若人得此六字太明是人貪嗔病癡不能染著若戴持此咒在身者亦不染著貪嗔癡病此戴持人身手所觸眼目所睹一切有情速得菩薩之位永不復受生老病死等苦說此六字太明竟有七十七俱胝佛一時現前同聲說准提咒卽知此六字太明與准提眞言次第相須也（廣如大乘莊嚴寶王經記）

准提眞言

南 無 颯 哆 喃 三 藐 三 菩 馱

[梵字]

俱 胝 喃 怛 姪（二合） 他

[梵字]（二合）[梵字]

右梵字十六爲准提眞言按顯密圓通心要此咒能滅十惡五逆一切罪障成就一切白法功德持此咒者不問在家出家飲酒食肉有妻子不揀淨穢但至心持誦能使短命衆生增壽無量迦摩羅疾尙得除差何況餘病若不消滅無有是處若誦滿四十九日准提菩薩令二聖者常隨其人所有善惡心之所念皆於耳邊一一具報若有無福無相求官不遂貧苦所逼者常誦此咒能令現世得輪王福所求官位必得稱遂（人禪宗傳燈錄中引古云俱胝只念三行）

咒便得名超一切人是也若求智慧得大智慧求男女者便得男女凡有所求無不稱遂似如意珠一切隨心又誦此咒能令國王大臣及諸四衆生愛敬心見即歡喜誦此咒人水不能溺火不能燒毒藥怨家軍陣强賊及惡龍獸諸鬼魅等皆不能害若欲請梵王帝釋四天王閻羅天子等但誦此咒隨請必至不敢前次所有驅使隨心皆得此咒於南贍部洲有大勢力移須彌山竭大海水咒乾枯木能生花果何況更能依法持誦不轉肉身得大神足往兜率天若求長生及諸仙藥但依法誦咒即得見觀

世音菩薩或金剛手菩薩授與神仙妙藥隨取食之即成仙道得延壽命齊於日月證菩薩位若依法誦滿一百萬遍便得往詣十方淨土歷事諸佛普聞妙法得證菩提若欲成就壇法不同諸部廣修供養掘地香塗之所建立但以一新鏡未曾用者於佛像前隨月十五日夜面向東方置鏡坐前隨力莊嚴諸供養具燒安息香及淨水然後結印在於心上咒鏡一百八遍以囊盛鏡常將隨身每欲念誦但以鏡壇置於面前結印誦咒若不能遂日對鏡念誦但於十齋日對鏡念誦餘十齋日外不對鏡壇持誦亦得密藏之中今此鏡壇最爲要妙總攝一切諸壇若無鏡者但想一鏡者於面前持誦淨諸惡趣經等多說想成壇法持誦爲上或不能想得壇者但只專注持咒十齋日者所謂一日八日十四日十五日十八日二十三日二十四日二十八日二十九日三十日此准提咒一切諸佛菩薩等同說獨部別行總攝二十五部眞言壇法准梵本有十萬偈說文龍樹菩薩以偈讚曰

准提功德聚　寂靜心常誦　一切諸大難
無能侵是人　天上及人間　受福如佛等
遇此如意珠　定獲無等等

普禮眞言

唵　嚩日囉二合　勿微一切
[illegible]　已乑二合　[illegible]

右梵字四爲普禮眞言供佛利生儀心要夫祈道者若非上供三寶下拯四生福慧無由增長今於密藏之內錄出要妙之門冀諸四衆依而行之若欲供養佛法僧三寶者應先於三寶像前五體投地普禮遍法界無盡佛法僧三寶口誦普禮眞言七遍由眞言不思議力自然遍法界無盡三寶前皆有自身盡皆禮拜奉事也每至晨昏或入寺禮佛等時宜誦此眞言方如以飲食香華等隨力所辦之物并盛飲食器

物等皆以普遍吉祥印印之（右手拇指與無名指相捻餘三指皆捨散）誦淨法界真言加持二十一遍真言曰（嚂）由誦嚂字真言加持及手印力其餘食器物等自然清淨遍法界也

變食真言

娜謨薩嚩怛他蘖多嚩盧

枳帝唵參婆囉參婆囉吽

右梵字二十為變食真言供佛利生儀心要加持

力其飲食等即變成諸天種種餚饍上味奉獻供養滿十方佛法僧三寶亦為讚歎勸請隨喜功德後結出生供養印（二手當心合掌以十指右壓左頭指交復安在頂上誦出生供養真言二十一遍真言曰唵）由誦唵字真言及印不思議力自然遍法界有無盡香華燈燭幢幡傘蓋衣服臥具樓閣宮殿音樂歌舞等種種諸供養具盡供養遍法界無量佛法僧三寶諸天等（若無飲食香華但佛像前手結此印口誦此真言亦自然有無盡供養遍供養法界無盡諸三寶也）若施諸仙以淨飲食盛滿一器誦前變食咒二七遍投於淨流水中即變成天仙美妙之食供養

百千俱胝恒河沙數諸仙彼諸仙等得加持食各各成就根本所願諸善功德等（若有善男子善女人以此密言加持於食施彼諸仙能令現世壽命延長福德安樂心所見聞正解清淨具足成就梵天威德一切冤讐不能侵害）若濟餓鬼每於晨朝及一切時悉無障礙取一淨器盛少淨水置少飯及諸餅食以左手執器右手作寶手印（以大拇指壓頭指中指小指舒無名指用攪食上施仙食亦作此印）誦前變食咒七遍加持已然後稱四如來名號南無多寶如來（能除餓鬼慳悋業得福德圓滿）南無妙色身如來（能破餓鬼醜陋形得色相具足）南無廣博身如來（能令餓鬼喉咽寬大所施之食悉皆充足）南無離怖畏如來（能除餓鬼一切怖畏得離鬼趣）稱四如來名

號已彈指七遍取彼食器於淨地上展臂瀉之（或淨石上生食臺上淨足器中皆得）作此施已於四方百千俱胝那由他恒河沙數餓鬼前各有摩伽陀國七七斛食受此食已悉皆飽滿盡捨鬼趣生於天上（若有比邱比邱尼優婆塞優婆夷常以此密言及四如來名號加持於食施諸餓鬼便能具足無量功德短命之者壽命延長薄福之者福德增榮又得顏色鮮潔威德強記速能滿足檀波羅密一切非人夜叉羅殺諸惡鬼神皆畏是人不敢侵害）

智炬如來心破地獄真言

曩謨阿灑吒悉底喃三藐

三　母　馱　故　緻　喃　唵　艮　謨(二合)

曩　嚩　婆　悉　諦　哩　提　哩　吽

右梵字二十六為破地獄眞言供佛利生儀心要救地獄誦智炬如來心破地獄眞言一遍無間地獄碎如微塵於中受苦衆生悉生極樂世界(若書此陁羅尼於鐘鼓鈴鐸作聲木上等有諸衆生得聞聲者所有十惡五逆等罪悉皆消滅不墮諸惡趣中又凡諸經中說書寫陀羅尼利樂有情者皆用西天梵字非是隨方文字也如或梵漢字雙兼書之更妙)

大灌頂光眞言

唵　阿　謨　伽　尼　嚧　左　曩　摩　賀

母　捺(囉二合)　麽　抳　鉢　納　麽(二合)　入(嚩二合)　攞　鉢　囉(二合)

韈　野　吽(引)

右梵字二十三為不空羂索毗盧遮那佛大灌頂光眞言供佛利生儀心要若救一切亡靈者應誦不空羂索毗盧遮那佛大灌頂光眞言謂若有衆生造具十惡五逆四重諸罪數如微塵滿斯世界身壞命終墮諸惡趣誦此眞言加持土砂一百八遍散亡者屍上骨上或墓塚上彼所亡者若在地獄餓鬼傍生修羅等中以此眞言神通威力加持上砂之力應時即得光明及身除諸罪報捨所苦身往於西方極樂國土蓮花化生更不墮落直至成佛(或用紙帛等書此諸眞言置亡人屍上或骨上甚妙故偈云眞言梵字觸屍骨亡者即生淨土中見佛聞法親授記速證無上大菩提)

聖觀自在菩薩甘露眞言

曩　謨　囉　怛　曩(二合)　怛　囉(二合)　夜(引)　野　曩　謨

阿(去引)　哩　也(二合)　嚩　路　枳　帝　濕　嚩(二合)　囉(引平)　野

冒　地　薩　怛　嚩(二合)　野　摩　賀(引)　薩　怛

嚩(二合)　野　摩　訶　迦(引)　嚕　抳　迦　野　怛

你　也(二合)　他(引)　唵(引)　度　顊　度　顊　迦　度

顊　婆　嚩(二合)　賀

右梵字四十八爲聖觀自在菩薩甘露眞言供佛利生儀心要欲利益一切有情者每至天降雨時起大悲心仰面向空誦聖觀自在菩薩甘露眞言二十一遍其雨滴所霑一切有情盡滅一切惡業重罪皆獲利樂又若誦此陁羅尼者所有遍現作四重五逆謗方等經一闡提罪悉皆消滅無有遺餘身心輕利智慧明達若身若語悉能利樂一切衆生若有衆生廣造一切無間等罪若得遇此持明人影暫映其身忽得共語或聞語聲彼人罪障

悉得消滅樂畧者只唵字已下持之唵字已上是皈敬辭唵字等是正呪也若書此陀羅尼於鍾鼓鈴鐸等一切出聲物上或有撞擊吹振出聲一切衆生聞此聲者悉皆清淨命終得生西方淨土

大輪呪

唵 折 鎍 主 鎍 准 提 娑婆二合 訶

部林二合

右梵字十爲一字大輪呪按心要集云大輪一字蓋即部林是也亦名末法中一字心呪此呪於末法時法欲滅時有大勢力能於勢間作大利益能護如來一切法藏能降伏一切八部之衆能摧世間一切惡是一切諸佛之頂是文殊菩薩之心能施一切衆生無畏能與一切衆生快樂凡有修持隨意得果同如意珠能滿一切之願若誦此呪於四方面五百驛內諸惡鬼神皆自馳散諸惡星曜及諸天魔不敢侵近若持誦餘一切眞言恐不成就即用此呪共餘眞言一處同誦持之决定成就若不成就及無現驗其呪神等即當頭破七分是知此呪能助一切眞言疾得成就或別持此呪亦

得廣如文殊儀軌經於法中一字心呪經說上來次第持誦至准提呪若不能結得准提印者但以左手作金剛拳印右手持珠誦之或不能從前淨法界眞言等次等持誦者只持准提神呪更或根鈍不能具受此准提者只唵字已下持之唵字已上是歸敬詞唵字等是正呪也每誦誦了却用右手作金剛拳印口誦吽字眞言而印五處先印額上次印左肩次印右肩次印心上後印喉上印竟頂上散之能除一切魔障成就一切勝事或比至持誦先印五處亦得又隨所住處欲辟除鬼神結金剛界但誦准提眞

書咒香水二十一遍八方上下灑之即成辟除結界又正持誦時准俱胝陁羅尼經金剛頂經五字陁羅尼頌等數本經教中說隨根所樂亦有多種一瑜伽持但想心月中布字謂想自心如一月輪湛然清淨內外分明以梵書[梵]唵字安心月中以[梵]折[梵]隸[梵]主[梵]隸[梵]准[梵]提[梵]婆婆[梵]訶字從前右旋次第周布輪緣（去聲呼之）終而復始二出入息持誦出入息中想有真言梵字息出字出息入字入字字朗然如貫明珠不得間斷（或息出時想自心月輪中以聖梵字字字連環皆有五色光明從自口中流入准提菩薩口中右旋安布准提菩薩心月輪內若息入時想准提菩薩心月輪中字亦字字連環皆有五色光明從准提菩薩口出流入自口中右旋安布心月輪內如是終而復始想之甚妙）三金剛持脣齒不動舌不至咢但口中微動四微聲持但令自耳聞之不緩不急字字須得分明稱之五高聲持他他聞之滅罪復有二種持誦一無數持誦謂不持珠定數常無間斷持之二有數持誦謂掐數珠每日須得限定其數不須闕少（若掐數珠所獲功德諸經廣讚如數珠功德經說若有人手持數珠雖不念誦佛名及陀羅尼者此人亦獲福無量又金剛頂念珠經偈云若安頂髻淨無間由戴項上滅四重手持臂上除眾罪能令行人速清淨又一子頂輪儀說若用藍字真言如持數珠七遍用持課時一遍或千遍若掐數珠至母珠却迴不得越過母珠）每日依法持誦時須

限定其時分若一時持謂早晨若二時持并黃昏若三時持加正午（若忙務者不拘時分但有暇時持之）若上根持謂須得三密相應一身密結印二語密誦咒三意密或想真言梵字或緣持誦之聲或想准提菩薩或想菩薩手中所執杵瓶華果等物故神變經疏云若用三密為門不須經歷劫數具修諸行只於此生滿足諸波羅蜜又正持誦未滿一百八遍不得共人語話若欲語話時於自舌上想一梵言[梵]藍字縱語話不成間斷問曰為當只持一道真言功德成就為復廣持多本真言功德成就答有二門一者隨根所樂門謂根有多種好樂不同或有樂持三道五道十道乃至百道等中間隨根所樂不同皆得持誦二者疾得成就門謂欲求一切功德疾得成就宜專持誦一道真言成時一切真言功德皆悉成就故文殊儀軌經說若欲一切功德成就不得於別真言而起思想是也如上雖有數道真言皆是持誦准提真言之次第問曰既專誦一咒疾得成就何以多示准提真言令人持誦答云一為准提總含一切諸真言故准提能含諸咒諸咒不含准提如大海能攝百川百川不攝大海（准提

總含諸咒如下所明二爲准提壇法人易成辦故但以一新鏡未曾用者便是壇法不同餘咒建辦壇法須得揀選淨處香塗塗地廣造佛像多用供具方能成就有財物者廣造佛像多辦供具於佛像前安置鏡臺對之持誦更妙三爲准提不揀染淨得持誦故不問在家出家飲酒食肉有妻子等皆持誦不同餘咒須要持戒方得誦習今爲俗流之輩帶妻挾子飲酒噉肉是其常業雖逢僧人教示習性難以改革若不用此大不思議咒法救脫如是人等何人得出生死其有齋戒清淨依法持誦者更爲甚妙故准提經云何况更能結齋具戒依法持誦不轉空身往第四天得入神足是也所以多示准提眞言令人持誦若有樂持餘眞言者隨心皆得勿要定執一

心要經　卷一　十五　第四函

途耳雖專誦二咒須先起圓信信五部咒皆是成佛之門若受一欽餘多成謗法也又眞言行者每日對鏡初欲持誦時或只依前先想自身頂上有一梵言[梵]藍字猶如明珠然後持誦又准大乘觀想曼拏羅經持明藏成就儀軌經尊勝佛頂修瑜伽法等數十本經教中說或想自身頂上[梵]藍字變作三角火輪從頂至足燒盡自身遍周法界唯見清淨縱有五無間罪用此字燒身亦皆除滅無遺次想一梵言[梵]阿字生成自身謂阿字卽體是無相法界從無相法界生成行者之身復想一[梵]暗字在自頂門十字縫中謂暗字卽體是十方諸佛光明法水用灌佛子之頂此是祕密灌頂法門然後持誦或想自心如

一月輪圓滿淸淨於月輪中有一梵言[梵]唵字如來因位多年修道不得菩提後習此觀於初夜分便成正覺謂唵字具含無量法門是一切眞言之母一切如來皆因觀想此字而得成佛或心月輪中想一[梵]阿字謂阿字是毘盧佛身亦是法界亦是菩提心若人想念能生無量功德或心月輪中想一[梵]吽字謂吽字總攝金剛部一切眞言是金剛部主身亦是三解脫門若常想念能除一切罪障成就一切功德或舌上想一[梵]藍字或[梵]吽字想竟然後持誦或想自身頸上出大蓮華於蓮華上現出[梵]阿字復想阿字變成月輪又想月輪變成[梵]字吽字變成五股金剛杵又想此杵移於舌上方得名爲金剛舌然後持誦次於二手中亦想[梵]阿字阿字變成月輪月輪變成

心要經　卷一　十六　第四函

[梵]吽字吽字變爲白色五股金剛杵方得名爲金剛手然後結一切印或想准提九聖梵字每一一字有種種光明安自身分之中所謂想[梵]唵字安頭上[梵]折字安兩目[梵]隸字安頂頸[梵]主字安於心[梵]隸字安兩肩[梵]准字安臍中[梵]提字安兩脞[梵]娑婆二合安兩脛[梵]訶字安兩足想安布已然後持誦持明藏儀軌經說若於准提菩薩法中求成就者先觀准提菩薩根本微妙字輪安自身分一一分明是人先身所造一切罪業悉得除滅凡有所求決定成就安布九字藏經數處說也觀想梵字所有功德廣如諸陀羅尼經中說之此上梵字觀門若四威儀中常思之更妙凡諸經中說想眞言字者皆是梵字非是北方文字故一字頂輪上儀軌云所言觀諸字惟聽於梵字非是隨方文有人神用力

或有不能想得梵字者但只專心持誦亦具一切三昧故大悲心經云陀羅尼是禪定藏百千三昧常現前故若人緊切持誦時或逢種種魔障或忽然怕怖或舌難持誦或身心不安或多瞋多睡或見諸異相或於咒反生疑心不欲持誦等云云若對治者應觀梵書囉字或觀藍字或觀阿字等但隨觀一字彼境界自然消滅若分別心多當觀灑字卽成無分別若著有心多應觀含字卽因緣法本空也

甘露咒

南無素嚕皤耶怛他揭多

耶怛姪他唵素嚕素嚕皤

囉素嚕皤囉皤囉素嚕莎阿

右梵字二十九爲甘露咒供佛利生儀心要欲施水取水一掬用甘露咒咒之七遍散於空中其水一滴卽皆變成十斛甘露一切餓鬼並得飲之無有多少皆得飽足（曼荼羅疏云夫爲道者祈運爲宗上昔不供諸佛菩薩人人智欲求菩提下若不濟諸仙餓鬼何行悲以度薩埵有信之流無遺斯業）

大寶廣博樓閣善住祕密陁羅尼咒

曩謨薩嚩怛他（引）蘖多（去聲）（一）南（引）唵（二）

尾補攞蘖陛（三）麽抳鉢囉（二合）陛（四）怛

他多（五）你捺捨寧（六）麽抳麽抳（七）

蘇（上）鉢囉（二合）陛（八）尾麽黎（九）娑（引）蘖囉（十）儼

鼻嚩（十一）吽（十二）吽（十三）入嚩（二合）攞入嚩（二合）攞（十四）没馱

尾盧枳帝（十五）麌呬夜（二合）地瑟恥（二合）多（上聲）蘖

陛（十六）娑嚩（二合）訶（十七）

右梵字六十三爲大寶廣博樓閣善住祕密陁羅尼供佛利生儀心要欲利樂一切四生等有情者應書大寶廣博樓閣善住祕密陁羅尼在於幢上堂殿上或素𣝈上或紙帛上或經卷上或墻壁牌

版等上有諸衆生暫得眼見者或手觸者或身觸者或影中過者及餘人轉觸此人者又或書之戴在頂上者身上者衣中者或書出聲物上有聞聲者或讀者或誦者或但聞此陁羅尼名者如是衆生等縱有不孝父母者不敬沙門者不敬婆羅門者不敬耆舊者誹謗正法者誹謗聖人者應墮地獄者誹謗諸佛者誹謗菩薩者殺阿羅漢者造五逆罪者殺婆羅門者殺牛犢者抄劫竊盜者故妄語者不與取者邪婬者兩舌者麤惡語者輕秤小斗者強奪財物者匿他財物者負言背信者捕獵

者屠殺者魁膾者如是等罪悉皆消滅决定當得阿耨多羅三藐三菩提能於現世獲無量百千功德常得國王王子宰官及諸四衆歡喜敬愛不受世間種種諸苦毒藥刀杖水火等難一切獅子虎狼諸惡禽獸不敢爲害又無一切諸盜賊難諸鬼神難諸邪魅難諸毒蛇難又現身不受一切諸病所謂一切瘧病眼病耳病鼻病舌病齒病脣病喉病頭病頂病諸支分病手病背病腰病臍病痔病淋病痢病瘻瘡病髀病脚病疔病腫病瘰癧病斑病肚病疥病疱病癩病癬病如是等病悉不著身

不爲厭禱蠱毒咒詛著身無橫災死卧安覺安臨命終時心不散亂一切諸佛現前安慰又一切傍生鹿鳥蚊蝱飛蛾螻蟻乃至胎生卵生濕生化生諸有情等聞此陁羅尼名者或身觸者或影中過者决定當得無上菩提等云云又若人於高山頂上誦此陀羅尼者蓋眼所見處一切衆生皆得滅一切罪業得離一切地獄業得免一切傍生身上來諸咒藏中各有數本不同皆是前後三藏西天諸國語音有異但依一本誦持無得揀擇寡學之者多分受一非餘呵斥聖賢寄語後人勿露斯咎

息災法妙言

唵折隸主隸准提與某甲除災難娑婆合二訶

[illegible]

右梵字十六息災法妙言也按心要經云若作息災法者行者面向北交脚竪膝而坐像面向南於准提像前安置鏡壇更想一白色圓壇於圓壇中遍想𠇗一嚩字或出鑁字尊像供具并行者自身俱想在圓壇之中或於像前只塗拭一圓壇亦得觀准提作白色所獻花果飲食并自身衣服皆作白色塗香用白檀燒香用沈水然酥燈以慈心相應從月一日初夜時起首至八月日滿每日三時澡浴三時換衣至日滿時或斷食或食三白食三白食謂乳酪粳米飯或粥無力者尊像供具衣服但運心想之亦得下准此知之若念誦時前次第持誦至

準提咒誦一百八遍已然後但從唵字誦之若爲自己於娑婆字上稱自巳名及所爲事若爲他人稱他人名及所爲事

增益法妙言

唵折隸主隸準提與某甲所求如意娑婆訶

右梵字十七增益法妙言也按心要經云若作增益法者行者面向東跏趺而坐像面向西於準提像前安置鏡壇更想一黃色方壇於方壇中遍想阿字或暗字尊像供具并行者自身俱想在方壇之中或於像前只塗拭一方壇亦得觀準提作黃色所獻華果飲食并自身衣服等皆作黃色塗香用白檀加少鬱金燒白檀香然芝蔴油燈以喜悅心相應從月九日日初出時起首至十五日滿每日準前三時澡浴換衣至日滿時準前斷食及三白食念誦如前

敬愛法妙言

唵折隸主隸準提令一切人敬愛某甲娑婆訶

右梵字九爲敬愛法妙言也按心要經云若作愛法者行者面向西結賢坐像面向東於準提像前安置鏡壇更想一赤色半月形壇於半月壇中遍想一賀字或含字尊像供具并行者自身俱想在半月壇中或於像前只塗拭一半月形壇亦得觀準提作赤色身著緋衣所獻花果飲食并自身衣服盡皆赤色塗香用鬱金燒香以丁香蘇合香蜜和燒之然諸果油燈以喜怒心相應從十六日後夜時起首至二十三日滿每日澡浴斷食念誦法準前行

降伏法妙言

吽折隸主隸準提吽發吒

右梵字十一爲降伏法妙言也心要經云若作降伏法者行者面向南蹲踞坐左脚押右脚像面向北於準提像前安置鏡壇更想一青色三角壇於三角壇中遍想囉字或藍字尊像供具并行者自身俱想在三角壇中或於像前只塗拭一三角壇亦得觀準提作青色或黑色著青黑衣自身衣服亦皆青色獻青色華臭華不香華曼陀羅華等飲食用石榴汁染作黑色或作青色塗香用栢木閼伽用牛尿以黑色花及芥子栢木塗香等各取少分置閼伽水燒安息香然芥子油燈以忿怒心相應從二十四日午時或夜半起首至月盡日滿每日澡浴斷食念誦法準前行名惡人等身心不安或得大病或命欲終即當勸彼令發善心若是悔過自責永斷惡心者即爲彼人作息災法念誦彼人即免災難此上是四種成就之法若欲

於此四種法中求成就者須得預前持誦准提真言五十萬遍或七十萬遍或百萬遍而為先行方於四種成就法中隨心所欲作一法時決定成就每見今時或法或儒為利為名終年親附竟日趍參用盡身心罕有稱懷無常來至又生下劣之處何如依諸佛之聖言誦祕密之神咒於上增益等法中頻頻作之所求之事決定遂心一切罪業悉得消滅無常來至又生勝處現在未來俱獲利樂豈不善哉有斯鉅利故佛說之

出世間法妙言

心要經云若作出世間法者行者在於山間深谷殊勝巖窟清淨伽藍運大悲心常樂利樂無邊有情同准提王菩薩仗託無盡諸佛菩薩大悲願力助護限四月四日一期之內阻絕人客默斷語言三密相應

心無間斷行者面向東餘方亦得就中向東最言或全跏坐或半跏坐或隨意坐俱得像面向西於准提像前安置鏡壇行者頂上想𑖨𑖽囕字變成火輪燒盡自已有漏之身復想大蓮華上有𑖀阿字生成無漏智身更想𑖀𑖽暗字灌頂已又想𑖨𑖽嚂字變成大火燒此有為世界如何切火燒盡無遺但有空寂復想建立無為之壇於最下方遍想𑖏𑖽欠字雜色而為空輪於空輪上遍想𑖮𑖽含字黑色變成風輪風輪上遍想𑖨𑖽嚂字赤色變成火輪火輪上遍想𑖪𑖽鑁字白色變成水輪水輪上遍想𑖀阿字黃色變成金剛地於金剛地上遍想有大蓮華一一蓮華上皆有准提菩薩無量聖眾圍繞一一准提前皆有行者自身一一身各出無量華果飲食幢幡等諸供養具而為供養必皆對准提鏡提三密相應又行者若無准提像并華果飲食等供具但作此觀亦得吉祥成就一心誦想准提菩薩具無盡相好光明於菩薩心月輪中想有九聖字壇行者想自心月輪中亦有九字壇

缺

身分中想布九聖之字心月輪并身分布字如前已說所獻華果飲食香燭等於上息災增益敬愛三法之中所說物色皆得用之行者衣服但一切新淨者皆得作法就中黃衣最吉又行者不須苦節勞形恐心神散亂於行住坐臥四威儀中皆得三密修習於見聞覺知唯觀𑖀𑖽𑖀阿字於一真清淨法界亦常作觀行依前次第軌儀持誦至准提真言從頭無記無數專精念誦勤策身心不令懈怠欲近成就時必有種種障起應作降伏息災等法隨行者根行差別於其中間必獲三昧現前即於定中見無數佛會聞妙法音證得十地菩薩之位一此

種法唯求出世間若欲於此法中求成就者須得預前持誦准提真言五百萬遍或七百萬遍或千萬遍而為先行方作此法定有靈驗二驗成行相者謂准泥陁羅尼經金剛頂經蘇悉地等共十餘本經皆說真言行者用功持誦或夢見諸佛菩薩聖僧天女或夢見自身騰空自在或渡大海或浮江河或上樓臺高樹或登白山或乘師子白馬白象或夢見好華果或夢見著黃衣白衣沙門或喫白物吐黑物或吞日月等即是無始罪滅之相或正持誦時見諸秪光明或見空中遍地奇特之華或見諸佛菩薩聖僧天仙等或見諸佛淨上或自遊佛國親承供養或暫時聞經於多劫或見

燈光高一二尺乃至一丈或無火爐中自有煙起或見佛像旛蓋自動或聞諸佛菩薩種種美聲或覺自身巍巍高大或齒落重生或髮白返黑或身潤白不生蚤虱或貪嗔癡心自然消滅或總持不忘一字能演多義或智慧頓生自然通曉一切經律論或一切三昧法門自然現前或福德頓高四眾歸仰等云云此上所說是經文今有闇儈儒士沉參禪理者厥見相以為妖異此則非但毀謗最上乘教亦是捨相取性之邪見也不知其相本來是性所若逢如上之事但是福慧增長近成就相莫生疑惑之心勿起取捨之念應觀所逢境界皆是𠁅阿字或𠁅嚂字等或想皆如夢幻或想皆是法界一心若得

如是應驗便須策發三業加功誦持不得宜說咒中境界衒賣與人唯同道者不為名利敬讚方得說之若成就時而有九品初下三品者若下品成就能攝伏一切四眾凡有所求舉意從心一切天龍而來問訊又能伏一切蟲獸及鬼魅等中品成就能驅使一切天龍八部能開一切伏藏或要入修羅宮龍宮使得入之去住隨心上品成就便得仙道乘空往來天上天下而得自在世出世事無不通達中三品者若下品成就便得諸咒仙中為王住壽無數歲福德智慧三界無比中品成就便得神通往餘世界為轉輪王住壽一劫上品成就現證初地已上菩薩之位上三品者若下品成就得至五地已上菩薩之位中品成就得至八地已上菩薩之位上品成就三變密成三身只於此生得證無上菩提之果此是持咒人九品成就若直求成佛不須求下三品等成就若准神變疏有五品成就一現至信位二至初地三至四地四至八地五至成佛此局當經今通依諸經故說有九品謂准提真言總含諸部神咒問曰云何得知准提總含諸部神咒答謂一藏經中神咒不出二十五部一佛部謂諸佛咒二蓮華部謂諸菩薩咒三金剛

部謂諸金剛神咒四寶部謂諸天咒五羯磨部謂諸鬼神咒此五部每部復各有五即成二十五部今准提總攝二十五部故准提經云獨部別行總攝二十五部又云若欲召二十五部天魔等專誦此咒隨請必至又云五部金剛四天王共結總持三昧界又大教王經云七俱胝如來三身讚說准提菩薩真言能度一切聖賢若人持誦一切所求悉得成就不久證得大准提果是知准提真言密藏之中最為第一是真言之母神咒之王

心要經一畢

圖書在版編目（CIP）數據

函海 /（清）李調元輯. —北京：人民出版社，2012
ISBN 978-7-01-010804-9

Ⅰ. ①函… Ⅱ. ①李… Ⅲ. ①叢書－中國－清代
Ⅳ. ①Z121.5

中國版本圖書館 CIP 數據核字(2012)第 061493 號

函海
（清）李調元 輯

出版發行：人民出版社
北京市朝陽門内大街 166 號
郵政編碼：100706
http://www.peoplepress.net
責任編輯：陳鵬鳴　翟金明
責任校對：周思遠
封面設計：赵　晶
版式設計：郭清霞
經　　銷：全國新華書店
印　　刷：三河弘翰印務有限公司
開　　本：787mm×1092mm　1/16
印　　張：400.25
版　　次：2012 年 5 月第 1 版
印　　次：2012 年 5 月第 1 次印刷
書　　號：ISBN 978-7-01-010804-9

定　　價：貳仟捌佰圓（全十册）